Zugang zur Online-Datenbank:

juris.de/stollfuss

Bitte folgenden Freischaltcode im
Eingabefeld „Freischaltcode" eingeben

C2C7TW6D45n

und durch einen Klick auf „Weiter" bestätigen.
Nach erfolgter Registrierung erhalten Sie
Ihre Zugangsdaten direkt per E-Mail.

Stollfuß Verlag

RSM Ebner Stolz / BDI
Steuer- und Wirtschaftsrecht 2024

Steuer- und Wirtschaftsrecht 2024

Redaktionelle Gesamtverantwortung

Dr. Ulrike Höreth
Rechtsanwältin
Fachanwältin für Steuerrecht

Brigitte Stelzer
Rechtsanwältin
Steuerberaterin

Stollfuß

Zitierweise:
RSM Ebner Stolz / BDI, Steuer- und Wirtschaftsrecht 2024, Rz. …

Bibliografische Information der Deutschen Nationalbibliothek
Die Deutsche Nationalbibliothek verzeichnet diese Publikation in der Deutschen Nationalbibliografie; detaillierte bibliografische Daten sind im Internet über http://www.d-nb.de abrufbar.

ISBN: 978-3-08-318460-7
Stollfuß Verlag 2024 · Alle Rechte vorbehalten
Stollfuß Verlag – Lefebvre Sarrut GmbH behält sich eine Nutzung ihrer Inhalte für das Text und Data Mining im Sinne von § 44b Urheberrechtsgesetz/KI-Training vor.
Satz: mediaTEXT Jena GmbH, Jena
Druck und Verarbeitung: Plump Druck & Medien GmbH, Rheinbreitbach
Gedruckt auf 100 % PEFC zert. Papier, EU Eco Label

Geleitwort

Die Wirtschafts- und Steuerpolitik nimmt auch im Jahr 2024 eine zentrale Rolle in der Bundesregierung ein. Zum Ende des Jahres 2023 war die Steuerpolitik durch die kurzfristige Haushaltskrise geprägt und sämtliche steuerpolitische Gesetzgebungsverfahren der Ampelkoalition wurden auf den Prüfstand gestellt.

Umso wichtiger ist es, das Wachstumschancengesetz im neuen Jahr zeitnah zu verabschieden, um Investitionsanreize zu setzen und die Wirtschaft durch gute steuerliche Rahmenbedingungen zu stärken. Eine Umsetzung der Investitionsprämie ist überfällig sowie eine Modernisierung der Unternehmensteuern, insb. durch eine gesetzliche Nachbesserung des Optionsmodells und der Thesaurierungsbegünstigung für Personenunternehmen.

Deutschland bleibt nicht nur hinsichtlich der Höhe der Steuerbelastung, sondern auch bei anderen Faktoren immer noch hinter den steuerlichen Standortqualitäten zurück, die wichtige konkurrierende Länder anbieten. Dies gilt für Abschreibungsbedingungen, die steuerliche Forschungsförderung, die Verlustverrechnung von Unternehmensgewinnen, den steuerlichen Bürokratieaufwand oder die im internationalen Vergleich immer noch wenig fortgeschrittene Digitalisierung des Besteuerungsverfahrens.

Die deutsche Wirtschaft braucht jetzt Rückenwind durch eine Steuerpolitik, die den Standort Deutschland stärkt. Neben einer Senkung der Steuerbelastung der Unternehmen auf ein international angemessenes Niveau müssen strukturelle Verbesserungen und Vereinfachungen im Unternehmensteuerrecht in Angriff genommen werden.

Der neu aufgelegte Ratgeber leistet mit einer Reihe konstruktiver Lösungsansätze einen wichtigen Beitrag zu dem notwendigen Dialog zwischen Wirtschaft, Beratung, Verwaltung und Politik über eine zukunftsorientierte Steuerpolitik in Deutschland.

Tanja Gönner
Hauptgeschäftsführerin und Mitglied des Präsidiums
Bundesverband der Deutschen Industrie e.V.

Vorwort

Zunehmende Konflikte weltweit, Klimawandel, Inflation, Fachkräftemangel, Technologiewandel, Innovationsstau sowie die Entscheidung des Bundesverfassungsgerichts zur Verfassungswidrigkeit des zweiten Nachtragshaushalts 2021 vom 15.11.2023 (Az. 2 BvF 1/22) und das dadurch bestehende Milliardenloch im Bundeshaushalt beschäftigen die deutsche Wirtschaft.

Die mit den multiplen Krisen einhergehende Unsicherheit stellt Unternehmen in Deutschland vor enorme Herausforderungen. Der von der Wirtschaft überwiegend positiv aufgenommene Entwurf des Wachstumschancengesetzes wurde in den Vermittlungsausschuss verwiesen und muss angesichts der Haushaltslage und der Interessenkonflikte zwischen Bund und Ländern neu verhandelt werden – mit derzeit ungewissem Ausgang und damit weiterer Planungsunsicherheit für die Unternehmen. Einige zwingend umzusetzende Maßnahmen konnten im Kreditzweitmarktförderungsgesetz verabschiedet werden, darunter Modifikationen bei der Zinsschranke und steuerliche Anpassungen aufgrund des Wegfalls der Gesamthand zum 1.1.2024. Planmäßig verabschiedet werden konnten wenigstens das Zukunftsfinanzierungsgesetz sowie das Mindestbesteuerungsrichtlinie-Umsetzungsgesetz. Die mit letzterem Gesetz verbundene Umsetzung der globalen Mindeststeuer ist ein äußerst komplexes Regelwerk, das keinesfalls nur die großen international agierenden Konzerne beschäftigen wird.

Turbulent sind auch die Entwicklungen im Bereich der Wirtschaftsprüfung hinsichtlich der Nachhaltigkeitsberichterstattung. Ab 2024 müssen weitaus mehr Unternehmen als bisher die umfangreichen neuen Vorgaben der im November 2023 vom Europäischen Rat gebilligten Corporate Sustainability Reporting Directive (CSRD) und die Vorgaben der European Sustainability Reporting Standards (ESRS) beachten, was zu einem deutlichen Mehraufwand auch für mittelständische Unternehmen führen wird. Zudem besteht zukünftig eine gesetzliche Prüfungspflicht für die Nachhaltigkeitsberichterstattung nach der CSRD.

Hervorzuheben ist im Bereich des Wirtschaftsrechts zudem das Gesetz zur Modernisierung des Personengesellschaftsrechts, das zum 1.1.2024 in Kraft tritt und insbesondere weitreichende Auswirkungen auf Immobilien haltende Gesellschaften bürgerlichen Rechts hat.

In dem vorliegenden nunmehr in 11. Auflage erscheinenden Ratgeber sind alle wesentlichen bis zum Ende des Jahres 2023 abgeschlossenen Gesetzgebungsverfahren im Steuer- und Wirtschaftsrecht sowie der Stand etwaiger noch laufender Gesetzgebungsverfahren zu diesem Zeitpunkt berücksichtigt. Damit steht dem Leser ein Werk zur Verfügung, das einen umfassenden Überblick über den aktuellen Gesetzesstand gibt.

In guter Tradition wird zunächst im ERSTEN TEIL durch den Bundesverband der Deutschen Industrie e.V. (BDI) dargelegt, welche Anforderungen die Industrie in Deutschland an die Steuer- und Wirtschaftspolitik stellt, um erfolgreich wirtschaften und den Wirtschaftsstandort Deutschland sichern oder gar stärken zu können.

Nach dem Soll beschäftigen sich Fachautoren von RSM Ebner Stolz mit dem Ist und stellen in einer Gesamtschau die zahlreichen Veränderungen in den Bereichen Steuerrecht, Wirtschaftsprüfung (nationale und internationale Rechnungslegung) und Wirtschaftsrecht dar. So beinhaltet der ZWEITE TEIL eine Analyse über die ab dem 1.1.2024 anzuwendenden abgeschlossenen Gesetzesänderungen und gibt einen Ausblick auf vom Gesetzgeber derzeit diskutierte Regelungen. Im DRITTEN TEIL wird ein umfassender Überblick über die im Verlauf des Jahres 2023 bereits anzuwendenden gesetzlichen Regelungen sowie über relevante Rechtsprechung, Verwaltungsanweisungen sowie Verlautbarungen der Standardsetzer gegeben.

Der Ratgeber vermittelt damit einen Überblick über den Status quo und liefert wertvolle Beratungshilfen und Hinweise für die Steuererklärung bzw. den Jahresabschluss 2023 sowie über maßgebliche Veränderungen im Wirtschaftsrecht.

Dieses Kompendium bietet Unternehmen einen umfassenden Überblick über alle Disziplinen im Steuer- und Wirtschaftsrecht. Gestaltungsüberlegungen und Beratungshinweise helfen dabei, die eigene Unternehmenssituation durch entsprechende Weichenstellungen zu optimieren. Darüber hinaus unterstützt der Ratgeber Steuerberater sowie Angehörige rechts- und wirtschaftsberatender Berufe bei ihrer Beratungstätigkeit.

Im Januar 2024

Prof. Dr. Bettina Thormann Wirtschaftsprüferin, Steuerberaterin und Partnerin bei RSM Ebner Stolz in Hamburg	Dr. Daniel Kautenburger-Behr Rechtsanwalt, Steuerberater und Partner bei RSM Ebner Stolz in Köln	Prof. Dr. Holger Jenzen Steuerberater und Partner bei RSM Ebner Stolz in Stuttgart

Informationen zu RSM Ebner Stolz / BDI

RSM Ebner Stolz

RSM Ebner Stolz ist eine der größten unabhängigen mittelständischen Beratungsgesellschaften in Deutschland. Das Unternehmen gehört zu den Top Ten der Branche und verfügt über eine breite Expertise in Wirtschaftsprüfung, Steuer-, Rechts- und Unternehmensberatung. Mit diesem multidisziplinären Beratungsansatz und über 2.100 Mitarbeitern an 14 Standorten betreut RSM Ebner Stolz als einer der Marktführer im Mittelstand nationale und internationale Industrie-, Handels- und Dienstleistungsunternehmen aller Branchen. Zudem ist die Kompetenz von RSM Ebner Stolz gefragt, wenn größere Unternehmen hochkarätige Projekte vergeben.

Der hohe Qualitätsanspruch von RSM Ebner Stolz zeigt sich in einer weit überdurchschnittlichen Berufsträgerquote. Mit dem aus eigener unternehmerischer Tätigkeit herrührenden Verständnis für die Bedürfnisse der betreuten Unternehmen werden pragmatische und vorausschauende Gesamtlösungen individuell, schnell und qualifiziert erarbeitet.

Als Mitglied von RSM International bietet RSM Ebner Stolz seinen Mandanten hochwertige Prüfungs- und Beratungsleistungen in weltweit 120 Ländern mit 830 Büros an. Weitere Informationen zu RSM Ebner Stolz finden Sie unter www.ebnerstolz.de.

Bundesverband der Deutschen Industrie

Der Bundesverband der Deutschen Industrie (BDI) ist die Spitzenorganisation im Bereich der Industrieunternehmen und industrienahen Dienstleister. Als Interessenvertretung der Industrie trägt der BDI bei seinen Mitgliedern zur Meinungsbildung und Entscheidungsfindung bei. Er bietet Informationen für alle Bereiche der Wirtschaftspolitik an. Der BDI unterstützt so die Unternehmen im intensiven Wettbewerb, den die Globalisierung mit sich bringt. Mit seinen 39 Branchenverbänden, inklusive einer Arbeitsgemeinschaft bestehend aus 6 Verbänden, vertritt er die Interessen von rund 100.000 Unternehmen und 8 Mio. Beschäftigten.

Autorenverzeichnis

Redaktionelle Gesamtverantwortung

Dr. Ulrike Höreth,
Rechtsanwältin, Fachanwältin für Steuerrecht

Brigitte Stelzer,
Rechtsanwältin, Steuerberaterin

Bundesverband der Deutschen Industrie

Dr. Nadja Fochmann,
Master of Science, International Business Administration, Referentin Steuern und Finanzpolitik

David Gajda,
Master of Science, International Business Administration, Referent Steuern und Finanzpolitik

Philipp Gmoser,
Master of Arts, Politikwissenschaft, Referent Steuern und Finanzpolitik

Benjamin Koller,
Dipl.-Volkswirt, stellvertretender Abteilungsleiter Steuern und Finanzpolitik

Annette Selter,
Dipl.-Volkswirtin, Referentin Steuern und Finanzpolitik

Julian Winkler,
Master of Science, Economics, Referent Steuern und Finanzpolitik

Dr. Monika Wünnemann,
Rechtsanwältin, Abteilungsleiterin Steuern und Finanzpolitik

RSM Ebner Stolz

Sonja Albert,
Wirtschaftsprüferin, Steuerberaterin

Marco Bahmüller,
Wirtschaftsprüfer, Steuerberater

Verena Balke

Thomas Becker,
Steuerberater

Dr. Alexander Bohn,
Wirtschaftsprüfer, Steuerberater

Martina Büttner,
Wirtschaftsprüferin, Steuerberaterin

Christine Diener,
Rechtsanwältin

Timo Eggensperger,
Steuerberater

Klaudija Etter,
Wirtschaftsprüferin

Alexander Euchner,
Steuerberater, Fachberater für internationales Steuerrecht

Marion Gerber,
Steuerberater

Christoph Germer,
Rechtsanwalt

Alexander Glöckner,
Wirtschaftsprüfer

Carolin Göb-Jungclaus,
Rechtsanwältin

Laurin Graf von Perponcher,
Rechtsanwalt

Jan Hendrik Groß,
Rechtsanwalt

Sten Günsel,
Rechtsanwalt, Steuerberater, Fachanwalt für internationales Steuerrecht

Judith Gumpert

Maxine Hauser,
Steuerberaterin

Dr. Detlev Heinsius,
Rechtsanwalt, Fachanwalt für Steuerrecht

Dr. Ulrike Höreth,
Rechtsanwältin, Fachanwältin für Steuerrecht

Jörn R. Karall,
Rechtsanwalt, Fachanwalt für Arbeitsrecht

Autorenverzeichnis

Kai Karcher,
Steuerberater

Christine Kauffmann-Braun,
Rechtsanwältin, Steuerberaterin

Dr. Daniel Kautenburger-Behr,
Rechtsanwalt, Steuerberater

Anne-Marie Kekow,
Wirtschaftsprüferin, Steuerberaterin

Dr. Holger Kierstein,
Rechtsanwalt, Fachanwalt für Handels- und Gesellschaftsrecht

Sonja Kolb,
Wirtschaftsprüferin

Philipp Külz,
Rechtsanwalt, Fachanwalt für Steuerrecht, Zertifizierter Berater für Steuerstrafrecht (DAA)

Nadja Kuner,
Rechtsanwältin, Steuerberaterin

Sebastian Lehmann
Wirtschaftsprüfer

Svenja Lindtner,
Steuerberaterin

Viktoria Lücke,
Steuerberaterin, Fachberaterin für internationales Steuerrecht

Daria Madejska, LL.M.,
Rechtsanwältin, Fachanwältin für Medizinrecht, Fachanwältin für Verwaltungsrecht

Björn Maier,
Wirtschaftsprüfer, Steuerberater

Laurent Meister, LL.M.,
Rechtsanwalt, Fachanwalt für IT-Recht

Alexander Michelutti,
Steuerberater

Markus Mock,
Wirtschaftsprüfer

Dr. Evelyn Nau,
Rechtsanwältin, Fachanwältin für Arbeitsrecht

Dr. Alexander M. Rehs,
Rechtsanwalt

Volker Schmidt,
Rechtsanwalt, Steuerberater

Dr. Christian Steffens,
Wirtschaftsprüfer, Steuerberater

Brigitte Stelzer,
Rechtsanwältin, Steuerberaterin

Dr. Christoph Stock,
Rechtsanwalt

Birgit Weisschuh,
Wirtschaftsprüferin

Bettina Weyh,
Rechtsanwältin, Steuerberaterin

Anna Zander,
Wirtschaftsprüferin, Steuerberaterin

Christian Zimmermann,
Steuerberater, Fachberater für internationales Steuerrecht

Dr. Daniel Zöller,
Steuerberater

Christof Zondler,
Rechtsanwalt, Steuerberater, Fachberater für internationales Steuerrecht

Inhaltsverzeichnis

Seite

Geleitwort 5

Vorwort 6

Informationen zu RSM Ebner Stolz / BDI 8

Autorenverzeichnis 9

Literaturverzeichnis 37

Abkürzungsverzeichnis 47

Erster Teil: Bewertung aus der Sicht der Wirtschaft 63

A. Wachstumschancengesetz 65
    I.   Gesetzgebungsverfahren 65
    II. Überblick über die vorgesehenen Maßnahmen und Bewertung durch den BDI 66
        1. Investitionsprämie 66
        2. Forschungszulage 67
        3. Verlustverrechnung 68
        4. Zinsschranke 69
            a) Reform der Verschonungsregelungen 69
            b) Bildung von Zinsvorträgen 71
            c) Restriktionen bei der Nutzung von Zinsvorträgen 71
            d) Untergang von Zins- und EBITDA-Vorträgen 72
        5. Zinshöhenschranke 72
        6. Innerstaatliche Mitteilungspflicht von Steuergestaltungen 73
        7. Thesaurierungsbegünstigung 74
        8. Anpassungen an das Gesetz zur Modernisierung des Personengesellschaftsrechts 75
        9. Lohnsteuerliche Anpassungen 76
            a) Bereits verabschiedete Regelungen 76
            b) Im Vermittlungsverfahren zu klärende Regelungen 77

B. Zukunftsfinanzierungsgesetz 80
    I.   Übersicht und gesetzgeberische Intention 80
    II. Die Neuregelungen im Einzelnen 81
        1. Höhe des Freibetrages und Zusätzlichkeit 81
        2. Anpassungen an der Sondervorschrift für Einkünfte aus nichtselbständiger Arbeit bei Vermögensbeteiligungen für KMU 81
    III. Bewertung aus der Sicht der Wirtschaft 82

Inhaltsverzeichnis

Seite

C. Einführung der eRechnungspflicht als Basis für ein elektronisches Meldesystem 82
- I. Hintergrund 82
  - 1. Der Vorschlag der Europäischen Kommission 82
  - 2. Das Projekt im Koalitionsvertrag 83
- II. Das Diskussionspapier zur Einführung der eRechnung – Ausrichtung am EU-System 83
  - 1. Erste Grundzüge einer elektronischen Rechnungspflicht 83
  - 2. Forderungen der gewerblichen Wirtschaft 84
    - a) Berücksichtigung der noch ausstehenden Weiterentwicklung der EN 16931 84
    - b) Bestandsschutz für bestehende Abrechnungssysteme 84
    - c) Erleichterungen für kleine Unternehmen 84
    - d) Frühzeitige Entwicklung der Vorgaben für das Meldesystem 85
- III. Das Gesetz zur eRechnung – Bestandschutz für bestehende elektronische Lösungen 85
  - 1. Wachstumschancengesetz 85
  - 2. Wichtige Ergänzungen während der parlamentarischen Beratungen 85
  - 3. Umfassender Bestandsschutz für EDI 86
  - 4. Verschiebung der Ausstellungspflicht um ein Jahr 86
- IV. Fragestellungen für ein BMF-Schreiben zur Einführung der eRechnung 86
  - 1. Rechnungspflichtangaben in begleitenden Dokumenten 86
  - 2. Verträge und Dauerrechnungen 87
  - 3. Keine Gefährdung des Vorsteuerabzugs 87
- V. Fazit und Ausblick auf das kommende Meldesystem 87

D. Die effektive globale Mindeststeuer 88
- I. Historie 88
- II. Zielsetzung der Mindeststeuer 89
- III. Die Mindeststeuervorschriften und ihre Mängel im Überblick 91
  - 1. Anwendungsbereich 91
  - 2. Effektiver Mindeststeuersatz und Bemessungsgrundlage 91
  - 3. Einfluss der Mindeststeuer auf Investitionsentscheidungen 92
  - 4. Substanzbasierter Freibetrag und Wesentlichkeitsgrenze 92
  - 5. Koexistenz mit US-Mindeststeuersystem 93
- IV. GloBE-Regeln im Einzelnen 94
  - 1. Primärergänzungssteuer- und Sekundärergänzungssteuerregelung 94
  - 2. Nationale Ergänzungssteuerregelung 94
  - 3. Subject-to-Tax- und Switch-Over-Rule 95
- V. Abschließende Bewertung aus Sicht der deutschen Industrie 96

Seite

E. Richtlinienvorschlag der EU-Kommission zur Schaffung eines Rahmens für die Unternehmensbesteuerung in Europa (BEFIT) 98
    I.   Einleitung. 98
    II. Hintergrund des aktuellen Richtlinienvorschlags. 99
    III. Richtlinienvorschlag vom 12.9.2023 99
        1.   Zielsetzung 99
        2.   Anwendungsbereich 99
        3.   Regeln für die Berechnung der steuerlichen Bemessungsgrundlage ... 100
        4.   Verfahrensrechtliche Aspekte 100
    IV. Ausblick und Bewertung 101

Zweiter Teil: Neuregelungen ab 2024 und weitere geplante Rechtsänderungen 103

A. Unternehmensbesteuerung 105
    I.   Bilanzierung 105
        1.   Taxonomien für E-Bilanz 105
        2.   Bewertung von Einlagen 105
        3.   Höchstgrenze für die Sofortabschreibung geringwertiger Wirtschaftsgüter 105
        4.   Sammelpostenregelung 105
        5.   Degressive Abschreibung 105
        6.   Sonderabschreibung nach § 7g EStG 106
    II. Gewinnermittlung. 106
        1.   Freigrenze für Geschenke. 106
        2.   Zinsschranke. 106
            a) Änderung des Zinsbegriffs. 106
            b) Änderungen beim EBITDA- und Zinsvortrag 107
            c) Modifizierung der Ausschlussgründe 107
        3.   Bewertung der Privatnutzung eines Firmenfahrzeugs 108
        4.   Ausweitung des steuerlichen Verlustrücktrags. 108
        5.   Temporäre Modifizierung der Mindestbesteuerung. 109
    III. Klimaschutz-Investitionsprämie. 109
        1.   Anspruchsberechtigte 109
        2.   Begünstigte Investitionen. 109
        3.   Höhe der Investitionsprämie. 110
        4.   Ertragsteuerliche Behandlung der Prämie 110
        5.   EU-rechtliche Aspekte. 110
    IV. Forschungszulage. 111
        1.   Ausweitung der förderfähigen Aufwendungen 111
        2.   Höhe der Forschungszulage 111
        3.   Leistung der Forschungszulage 112

			Seite
V.	Personengesellschaften		112
	1.	Thesaurierungsbegünstigung	112
		a) Erhöhung des Begünstigungsvolumens	112
		b) Verschärfung der Fälle der Nachversteuerung	112
		c) Erweiterung der Fortführung eines nachversteuerungspflichtigen Betrags	112
		d) Verzinsung bei Nutzung der Thesaurierungsbegünstigung	113
	2.	Option zur Körperschaftsbesteuerung	113
		a) Ausdehnung des persönlichen Anwendungsbereichs	113
		b) Erstmalige Optionsausübung	113
		c) Unschädliche Zurückbehaltung der Anteile an Komplementärin	113
		d) Zufluss von Gewinnanteilen erst bei tatsächlicher Entnahme	113
VI.	Umwandlungssteuer – Nachspaltungsveräußerungssperre		114
VII.	Sonstige Themen der Unternehmensbesteuerung		114
	1.	Anpassungen der Steuergesetze an das MoPeG	114
		a) Definition rechtsfähiger und nicht rechtsfähiger Personenvereinigungen	115
		b) Zurechnung von Wirtschaftsgütern	115
		c) Grunderwerbsteuerliche Regelung	115
		d) Erbschaftsteuerliche Regelung	115
	2.	Einführung einer Mitteilungspflicht für innerstaatliche Steuergestaltungen	115
		a) Mitteilungspflichtige Gestaltung	116
		b) Persönliche Mitteilungspflicht	116
		c) Meldeverfahren	116
		d) Angaben in der Steuererklärung	117
		e) Sanktionen bei Verstößen	117
	3.	Anhebung der Buchführungspflichtgrenze	117
	4.	Ausländische Körperschaft als Steuerschuldner	117
	5.	Digitalisierung des Spendenverfahrens	118
	6.	Internationale Prüfungsverfahren	118
		a) Einführung eines internationalen Risikobewertungsverfahrens	118
		b) Besondere Formen der Amtshilfe	119
		aa) Gemeinsame Prüfung innerhalb der EU	119
		bb) Gleichzeitige Prüfung innerhalb der EU	119
		cc) Anwendung im Verhältnis zu Drittstaaten	119

B. Arbeitnehmerbesteuerung ... 119

I.	Lohnversteuerung		119
	1.	Betriebsveranstaltungen	119
	2.	Anhebung des steuerlichen Freibetrags für Mitarbeiterkapitalbeteiligungen	120

			Seite
	3.	Ausweitung der aufschiebenden Besteuerung bei Mitarbeiterkapitalbeteiligungen	120
		a) Erweiterung des Anwendungsbereichs	120
		b) Verschiebung des finalen Besteuerungszeitpunkts	120
		c) Besteuerung im Fall von sog. Leaver-Events	121
		d) Einführung einer optionalen Haftungsregelung	121
	4.	Sachbezugswerte für unentgeltliche oder verbilligte Mahlzeiten	121
	5.	Wegfall der Fünftelungsregelung beim Lohnsteuerabzug	121
	6.	Pauschalbesteuerung von Beiträgen zur Gruppenunfallversicherung	121
II.	Werbungskosten		122
	1.	Reisekosten bei Auslandsdienstreisen	122
	2.	Verpflegungspauschalen	122
	3.	Pauschbetrag für Berufskraftfahrer	122
III.	Beschränkte Steuerpflicht		122

C. Umsatzsteuer … 123

I.	Einführung der verpflichtenden eRechnung in Deutschland		123
II.	Vereinfachungen und Erleichterungen		124
	1.	Vereinfachungsregelung zur Steuerschuldnerschaft des Leistungsempfängers	124
	2.	Befreiung von der Abgabepflicht von Umsatzsteuer-Voranmeldungen	124
	3.	Erleichterungen bei der Kleinunternehmerregelung	124
	4.	Anhebung der Ist-Versteuerungsgrenze	124

D. Internationales Steuerrecht … 124

I.	Einführung einer globalen Mindeststeuer		124
	1.	Persönlicher Anwendungsbereich und Erstanwendung	125
	2.	Grundzüge der Mindeststeuer	126
		a) Besteuerungsverfahren	126
		aa) Mindeststeuergruppe	126
		bb) Steuerschuldner	126
		cc) Steuerentstehung	127
		b) Ermittlung des effektiven Steuersatzes	127
		aa) Mindeststeuer-Gewinn bzw. Mindeststeuer-Verlust	127
		bb) Angepasste erfasste Steuern	129
		cc) Effektiver Steuersatz	130
		c) Ermittlung des Steuererhöhungsbetrags	130
		d) Primärergänzungssteuerregelung	131
		e) Sekundärergänzungssteuerregelung	132
		f) Anerkannte nationale Ergänzungssteuer	132
	3.	Erleichterungen von der Mindeststeuer	133
		a) Permanente Erleichterungen	133
		aa) Safe-Harbour-Regelung für vereinfachte Berechnungen	133

Seite

		bb)	Safe-Harbour-Regelung bei anerkannter nationaler Ergänzungssteuer	133
		cc)	Wesentlichkeitsgrenze für kleine Geschäftseinheiten	134
	b)		Befristete Erleichterungen	134
		aa)	Übergangsregelung bei untergeordneter internationaler Tätigkeit	134
		bb)	CbCR-Safe-Harbour-Regelung	135
		cc)	Sekundärergänzungssteuerbetrag-Safe-Harbour-Regelung	135
	4.		Erklärungs- und Berichtspflichten	136
	a)		Mindeststeuererklärung	136
	b)		Mindeststeuer-Bericht	136
II.	Änderungen im Außensteuerrecht			137
	1.		Niedrigsteuerschwelle in der Hinzurechnungsbesteuerung	137
	2.		Wegfall der Stundung der Wegzugssteuer in Altfällen	137
III.	Verrechnungspreise			138
	1.		Änderungen bei der Vorlage von Verrechnungspreisdokumentationen	138
	2.		Finanzierungsbeziehungen	138
	3.		Vereinfachte Preisbildung für Routinevertriebstätigkeiten	139
IV.	Quellensteuer – Freigrenze bei Rechteüberlassungen			140
V.	Offenlegung von Ertragsteuerinformationen			140
VI.	Informationsaustausch zu Kryptowerten			140

E. Immobilienbesteuerung 141

    I. Gebäudeabschreibung 141
        1. Neue degressive Abschreibung für Wohngebäude 141
        2. Sonderabschreibung für Mietwohnungsneubau 142
    II. Für Steuerbegünstigungen unschädliche Einnahmen aus Strom 142
        1. Körperschaftsteuerbefreiung von Wohnungsgenossenschaften und -vereinen 142
        2. Erweiterte gewerbesteuerliche Grundstückskürzung 142

F. Besteuerung von Privatpersonen 142

    I. Überschusseinkünfte 142
        1. Freigrenze bei Einnahmen aus Vermietung und Verpachtung 142
        2. Vermeidung einer doppelten Besteuerung von Renten 143
        3. Anhebung der Freigrenze für sonstige Einkünfte 143
        4. Verzicht auf die Besteuerung der Dezemberhilfe 2022 143
        5. Anhebung der Einkünftegrenze für Aufbewahrungspflichten 143
    II. Einkommensteuertarif 144
        1. Grundfreibetrag 144
        2. Tarifeckwerte 144
    III. Solidaritätszuschlag 144

Seite

G. Wirtschaftsprüfung 144
   I.   Jahres- und Konzernabschlussprüfung: Anhebung der Schwellenwerte für die Größenklassen von Unternehmen und Konzernen 144
   II. Ertragsteuerinformationsbericht: Public Country by Country Reporting 146
       1. Entwicklung 146
       2. Betroffene Unternehmen 147
       3. Inhalt des Ertragsteuerinformationsberichts 147
       4. Berichtszeitraum und Offenlegung 148
       5. Prüfung 148
       6. Sanktionen 149
   III. Verpflichtende Nachhaltigkeitsberichterstattung 149
       1. Corporate Sustainability Reporting Directive 149
           a) Hintergrund 149
           b) Zeitplan der Umsetzung und Anwendungsbereich 150
           c) Inhaltliche Vorgaben für die Berichterstattung 151
           d) Vorgaben der CSRD 151
           e) Zusammenspiel zwischen CSRD und EU-Taxonomie 152
           f) Offenlegung und Prüfungspflicht 152
           g) Überführung in nationales Recht 152
       2. Delegierter Rechtsakt zu den European Sustainability Reporting Standards 153
           a) Hintergrund 153
           b) Entwicklung 153
           c) Überblick über die Standards 154
               aa) Sektoragnostische Standards 154
               bb) Sektorspezifische Standards 154
               cc) Unternehmensspezifische Standards 156
           d) Ausblick auf weitere Standards und Leitlinien 157
           e) Die Standards im Einzelnen 157
               aa) Übergreifender Standard ESRS 1 „Allgemeine Anforderungen" 157
                   (1) Überblick 157
                   (2) Berichtszeitraum 158
                   (3) Struktur der Nachhaltigkeitserklärung 158
                   (4) Übergangsregelungen 158
               bb) Übergreifender Standard ESRS 2 „Allgemeine Angaben" 159
                   (1) Abgrenzung zu ESRS 1 159
                   (2) Definition einer klaren Zielsetzung 159
               cc) Thematische Standards 160
                   (1) ESRS E1 – Klimawandel 161
                   (2) ESRS E2 – Umweltverschmutzung 161
                   (3) ESRS E3 – Wasser- und Meeresressourcen 161
                   (4) ESRS E4 – Biologische Vielfalt und Ökosysteme 161
                   (5) ESRS E5 – Kreislaufwirtschaft 161

Seite

   (6) ESRS S1 – Eigene Belegschaft 162
   (7) ESRS S2 – Arbeitskräfte in der Wertschöpfungskette. . . . 162
   (8) ESRS S3 – Betroffene Gemeinschaften 162
   (9) ESRS S4 – Verbraucher und Endnutzer 162
   (10) ESRS G1 – Unternehmenspolitik. 163
 IV. Internationale Rechnungslegung 163
  1. Noch nicht angewendete neue bzw. geänderte Standards und Interpretationen (IAS 8.30) 163
   a) Einführung. 163
   b) Überblick über die Änderungen im Einzelnen 164
    aa) Änderungen an IAS 1 „Darstellung des Abschlusses" – Klassifizierung von Schulden als kurz- oder langfristig 164
    bb) Änderungen an IAS 7 „Kapitalflussrechnung" und IFRS 7 „Finanzinstrumente: Angaben": Lieferantenfinanzierungsvereinbarungen. 165
    cc) Änderungen an IFRS 16 „Leasingverhältnisse": Leasingverbindlichkeit bei Sale-and-leaseback Transaktionen. 166
    dd) Änderungen an IAS 21: „Auswirkungen von Änderungen der Wechselkurse" – Mangel an Umtauschbarkeit. 166
  2. Prüfungsschwerpunkte der ESMA und BaFin 167

H. Wirtschaftsrecht 168
 I. Gesellschaftsrecht 168
  1. Gesetz zur Modernisierung des Personengesellschaftsrechts 168
   a) Gesetzgebungsverfahren 168
   b) Reform der Gesellschaft bürgerlichen Rechts 169
    aa) GbR als Grundform aller Gesellschaften 169
    bb) Rechtsfähige und nicht rechtsfähige GbR 169
    cc) Öffentliches Register für die GbR 170
    dd) Transparenzregister 171
    ee) Aufgabe des Gesamthandsvermögens 171
    ff) Beschlussfassung und Geschäftsführung 172
    gg) Persönliche Haftung der Gesellschafter 172
    hh) Ausscheiden eines Gesellschafters 172
    ii) Auflösung und Liquidation der Gesellschaft 173
    jj) Handlungs- und Unterlassungspflichten 173
    kk) Grundbucheintragung 174
    ll) Anteilsübertragungen. 174
    mm) Umwandlungen 174
   c) Öffnung der GmbH & Co. KG für Freiberufler 174
   d) Streitigkeiten über Gesellschafterbeschlüsse. 175
  2. Finanzkriminalitätsbekämpfungsgesetz: Weitere Verschärfungen beim Transparenzregister. 175

Inhaltsverzeichnis

Seite

	3. Zukunftsfinanzierungsgesetz: Änderungen im Gesellschafts- und Kapitalmarktrecht	176
	a) Gesetzgebungsverfahren	176
	b) Einführung elektronischer Aktien	176
	c) Herabsetzung der Mindestmarktkapitalisierung für Börsengänge	177
	d) Wiederzulassung von Mehrstimmrechtsaktien	177
	e) Neue Rechtsform der Börsenmantelaktiengesellschaft als Pendant zur SPAC	177
	f) Standardvertragsklauseln bei Finanzgeschäften	177
	g) Erleichterte Investitionen im Bereich der erneuerbaren Energien	178
II.	Kartellrecht: 11. GWB-Novelle	178
	1. Gesetzgebungsverfahren	178
	2. Neue Eingriffsbefugnisse des Bundeskartellamts	178
	3. Erweiterte Anmeldepflicht von Zusammenschlüssen	179
	4. Erleichterte Vorteilsabschöpfung	179
	5. Durchsetzung des Digital Markets Act	179
III.	Arbeitsrecht	180
	1. Referentenentwurf zur Neufassung des Arbeitszeitgesetzes	180
	2. Entgelttransparenz-Richtlinie	181
	3. Gesetz zur Förderung eines inklusiven Arbeitsmarktes	182
	4. Vierte Verordnung zur Anpassung des Mindestlohns	182
	5. Sozialversicherungs-Rechengrößen-Verordnung 2024	183
IV.	IT-Recht und Datenschutz	183
	1. Cyber Resilience Act	183
	a) Hintergrund	183
	b) Produkte mit digitalen Elementen	184
	c) Sanktionen	184
	d) Weiterer Zeitplan	185
	2. Legal AI Act	185
	a) Hintergrund	185
	b) Vorschlag der EU-Kommission zur Regulierung von KI	185
	c) Weitere Schritte	187
V.	Energierecht	187
	1. Anpassung des Energiewirtschaftsrechts an EU-Vorgaben	187
	2. Energiesteuer/Stromsteuer	188
	3. Kosten für CO_2-Zertifikate nach dem Brennstoffemissionshandelsgesetz	189
	4. Energiepreisbremsen	189
	5. Gebäudeenergiegesetz	189
	a) Gesetzgebungsverfahren	189
	b) Pflicht zum Einbau von klimaneutralen Heizungen	189
	c) Verknüpfung mit der kommunalen Wärmeplanung	190
	d) Lastenverteilung zwischen Vermietern und Mietern	191

			Seite
	6.	Solarpaket I	192
		a) Mieterstrom und gemeinschaftliche Gebäudeversorgung	192
		b) PV-Zubau auf Dachanlagen	193
		c) Netzanschlüsse	193
		d) Erleichterungen für „besondere" PV-Anlagen	193
		e) Balkonkraftwerke	193
		f) Sonstiges	194

Dritter Teil: Entwicklungen in Gesetzgebung, Rechtsprechung und Verwaltung 2023 195

A. Unternehmensbesteuerung 197

I.	Bilanzierung		197
	1.	Nutzungsdauer von Computerhardware und Software	197
	2.	Verfassungsmäßigkeit des Abzinsungssatzes für unverzinsliche Verbindlichkeiten	197
	3.	Verpflichtungen aus einem Kundenkartenprogramm	197
	4.	Begrenzung der steuerlichen Rückstellungshöhe auf den handelsrechtlichen Betrag	198
	5.	Steuerschädlicher Vorbehalt bei einer Pensionszusage	198
	6.	Bewertung von Pensionsrückstellungen: Verfassungskonformität des Rechnungszinsfußes von 6 %	199
	7.	Bildung eines passiven Rechnungsabgrenzungspostens durch Schätzung	199
	8.	Genussrechtskapital	200
II.	Gewinnermittlung		201
	1.	Avalprovisionen als Schuldzinsen	201
	2.	Kein Betriebsausgabenabzug für „Supersportwagen"	201
	3.	Betriebsausgabenabzugsverbot bei EG-Kartellgeldbuße	202
	4.	§ 6b-Rücklage: Höhe des Gewinnzuschlags verfassungskonform	202
	5.	Betriebsausgabenpauschale bei selbstständiger schriftstellerischer Tätigkeit	202
	6.	Rücknahme des Antrags auf ermäßigte Besteuerung nach § 34 Abs. 3 EStG	203
	7.	Betriebsaufgabe: Sofort- oder Zuflussbesteuerung bei Veräußerung von Wirtschaftsgütern	203
III.	Personengesellschaften		203
	1.	§ 6 Abs. 5 Satz 3 EStG teilweise verfassungswidrig	203
	2.	Teilentgeltliche Übertragung eines Wirtschaftsguts auf bzw. von einer Personengesellschaft	204
	3.	Vollentgeltliche Übertragung eines Wirtschaftsguts aus dem Privatvermögen in eine Personengesellschaft	205
	4.	Negative Ergänzungsbilanzen bei Gesellschaftereintritt und -austritt	205

Seite

    5. Verlustnutzungsbeschränkung nach § 15a EStG 206
        a) Erhöhung des Verlustausgleichsvolumens durch Einlage 206
        b) Keine Anwendbarkeit des § 8c KStG auf verrechenbare Verluste nach § 15a EStG. 206
    6. Doppelstöckige Personengesellschaft: Ermittlung des gewerbesteuerlichen Gewinns bei Anteilsveräußerung. 207

IV. Kapitalgesellschaften 207
    1. Übergang vom Anrechnungs- zum Halbeinkünfteverfahren teilweise verfassungswidrig. 207
    2. Berechnung der Beteiligungsschwelle für Streubesitzdividenden 208
    3. Verlustrücktrag bei unterjährigem schädlichen Beteiligungserwerb 208
    4. Inkongruenter Vorabgewinnausschüttungsbeschluss. 209
    5. Entstehungszeitpunkt einer Anwartschaft auf den Bezug von GmbH-Anteilen. 209
    6. Gesellschafterfremdfinanzierung 210
        a) Fremdübliche Verzinsung 210
        b) Keine Abgeltungsteuer bei Gesellschafterfremdfinanzierung einer ausländischen Kapitalgesellschaft. 211
    7. Einlagenrückgewähr 211
    8. Organschaft 212
        a) Keine Organschaft bei gleichzeitiger atypisch stiller Gesellschaft . . 212
        b) Organschaft im Fall der Insolvenz. 213
        c) EU-Rechtskonformität der organschaftlichen Bruttomethode 213
        d) Keine Verrechnung vororganschaftlicher Verluste im Organkreis . . . 214
        e) Vororganschaftliche Mehrabführung bei unterlassener Teilwertabschreibung. 214
        f) Rückwirkende Einführung der Regelung zu vororganschaftlichen Mehrabführungen teilweise nichtig 215

V. Gewerbesteuer. 215
    1. Keine Bagatellgrenze bei der Aufwärtsabfärbung gewerblicher Einkünfte 215
    2. Beginn der Gewerbesteuerpflicht. 216
        a) Einzelunternehmen mit Imbissbetrieb 216
        b) Grundbesitzverwaltende Personengesellschaft. 216
    3. Hinzurechnung von Miet- und Pachtzinsen 217
        a) Mieten für Mehrwegbehältnisse im Handel 217
        b) Standplätze für mobile Verkaufsstände 217
        c) Aufwendungen für Sponsoring 218
        d) Wartungskosten bei Leasingverträgen. 218
        e) Aufwendungen für die Teilnahme an Fachmessen 219
        f) Mietaufwendungen einer Kongressveranstalterin 219
        g) Kurzfristig angemietete Räumlichkeiten für Mitarbeiter 220
        h) Aufwendungen für Ferienimmobilien zur Weitervermietung. 220
        i) Keine vorläufigen Festsetzungen mehr 221

			Seite
	4.	Erweiterte Grundstückskürzung	221
		a) Sondervergütungen an nicht gewerbesteuerpflichtige Mitunternehmer	221
		b) Weitervermietungsmodell im Organkreis	222
		c) Reinigungsleistungen im Wohneigentum des Gesellschafters	222
		d) Komplementär-GmbH einer Zebragesellschaft ohne Vermögensbeteiligung	223
		e) Unterjährige Veräußerung des letzten Grundstücks	223
		f) Überlassung von Wohnungen an ukrainische Kriegsflüchtlinge	224
VI.	Umwandlungssteuer		224
	1.	Relevanter Zeitpunkt des Bestehens einer Schachtelbeteiligung bei Anteilstausch	224
	2.	Verschmelzung	224
		a) Abzugsverbot für Übernahmeverlust	224
		b) Zuordnung von Kosten für den Vermögensübergang	225
	3.	Sperrfristverhaftete Anteile bei Formwechsel einer GmbH	225
VII.	Sonstige Themen der Unternehmensbesteuerung		226
	1.	Höhe der Säumniszuschläge verfassungskonform	226
	2.	Verfassungsmäßigkeit des Zinssatzes der Aussetzungszinsen	227
	3.	Solidaritätszuschlag in 2020 und 2021 verfassungskonform	227
	4.	Forschungszulage: Aktualisierung des Anwendungsschreibens der Finanzverwaltung	228
	5.	Unterstützung der Erdbebenopfer in der Türkei und in Syrien	229
	6.	Unterstützungen von durch den Ukraine-Krieg Geschädigten	229
	7.	Übergangsregelung für die TSE Version 1	230
	8.	EU-Energiekrisenbeitrag	230
	9.	Melde- und weitere Pflichten für Plattformenbetreiber	231
		a) Plattform	231
		aa) Voraussetzungen	231
		bb) Indirekter Leistungsaustausch	232
		cc) Ausschlusskriterien	232
		dd) Verbindliche Auskunft	232
		b) Plattformbetreiber	233
		aa) Definition des Plattformbetreibers	233
		bb) Meldender Plattformbetreiber	233
		cc) Ausnahmeregelungen	234
		c) Anbieter	234
		aa) Nutzer und Anbieter	234
		bb) Meldepflichtiger Anbieter	234
		d) Relevante Tätigkeiten	235
		e) Meldepflicht des Plattformbetreibers	235
		f) Sorgfalts- und sonstige Pflichten	236
		g) Automatischer Informationsaustausch	237
		h) Bußgelder und sonstige Maßnahmen bei Pflichtverstößen	237

Seite

B. Arbeitnehmerbesteuerung 238
    I.   Lohnversteuerung. 238
         1. Arbeitgeberwerbung auf Privatfahrzeug des Arbeitnehmers 238
         2. Zufluss von Arbeitslohn bei Wertguthaben („Mannheimer Modell"). . . . 238
         3. Fahrtenbuchmethode bei Schätzung des Treibstoffverbrauchs 238
         4. Ankauf und Rücküberlassung eines Diensthandys. 239
         5. Kurzfristige Beschäftigung. 239
         6. Erstattungsbeträge für Verdienstausfallentschädigungen. 239
    II. Werbungskosten. 240
         1. Erste Tätigkeitsstätte unter Berücksichtigung von Bereitschaftszeiten . . 240
         2. Definition des weiträumigen Tätigkeitsgebiets 241
         3. Häusliches Arbeitszimmer 241
             a) Gesetzliche Neuregelung. 241
             b) Wohnraumanmietung durch mehrere Personen 242
         4. Homeoffice-Pauschale. 242
         5. Arbeitnehmer-Pauschbetrag 243
         6. Stellplatzanmietung bei doppelter Haushaltsführung. 243
         7. Auslandsdienstreisen 243

C. Umsatzsteuer 244
    I.   Besteuerung der Umsätze 244
         1. Zeitpunkt der Steuerentstehung 244
             a) Umsatzsteuerliche Behandlung von Teilleistungen 244
             b) Steuerentstehung mit Leistungsausführung bei späterer Vereinnahmung des Entgelts. 244
         2. EuGH-Vorlage zur Besteuerung von Gutscheinen in Leistungsketten . . . 245
         3. Behandlung von Gebühren als durchlaufende Posten oder Leistungsentgelt. 246
         4. Elektronisch erbrachte Dienstleistungen 246
             a) Dienstleistungskommission bei elektronisch erbrachten Leistungen . 246
             b) Behandlung sog. Donations im Bereich von Video- bzw. Streaming-Plattformen 247
         5. Umsatzsteuerliche Behandlung von Reihengeschäften 248
         6. Umsatzsteuerliche Leistungen beim Ladevorgang von Elektrofahrzeugen 248
         7. Aufteilungsgebot bei mitvermieteten Betriebsvorrichtungen 249
         8. Keine Hin- und Rücklieferung dezentral verbrauchten Stroms 249
         9. EuGH-Vorlage zur Wärmeabgabe von Biogasanlagen 250
         10. Garantiezusagen eines Kfz-Händlers. 250
    II. Vorsteuerabzug 251
         1. Vorsteuerabzug beim Erwerb von Fahrzeugen 251
             a) Kein Vorsteuerabzug aus dem Erwerb von zum Verkauf bestimmten Luxusfahrzeugen 251
             b) Pkw-Überlassung im Rahmen des sog. Ehegattenvorschaltmodells. . 251

Seite

- 2. Keine Mitteilung der Zuordnungsentscheidung bei gemischt-genutzten Gegenständen erforderlich 252
- 3. Unternehmereigenschaft und Vorsteuerabzug bei Forschungseinrichtungen 252
- 4. Vorsteuerabzug bei Betriebsveranstaltungen 253
- 5. Vorsteuerabzug einer geschäftsleitenden Holding 253

III. Steuersatz 254
- 1. Verlängerung des ermäßigten Umsatzsteuersatzes für Restaurations- und Verpflegungsleistungen und bei Gas-/Wärmelieferungen 254
- 2. Nullsteuersatz für Umsätze im Zusammenhang mit bestimmten Photovoltaikanlagen 254
- 3. Vermietung von Wohncontainern an Arbeitnehmer 255
- 4. Bedeutung der zollrechtlichen Einordnung für die Anwendung des ermäßigten Steuersatzes 255
  - a) Ermäßigter Steuersatz für die Lieferung von Holzhackschnitzeln trotz fehlender zolltariflicher Einordnung 255
  - b) Umsatzsteuersatzermäßigung für Werbelebensmittel 256

IV. Organschaft 256
- 1. Erneute EuGH-Vorlage des V. Senats zur deutschen Organschaftsregelung 256
- 2. Personengesellschaft als umsatzsteuerliche Organgesellschaft ... 257
- 3. Wirtschaftliche Eingliederung bei umsatzsteuerlicher Organschaft ... 258
- 4. Beendigung der umsatzsteuerlichen Organschaft in Insolvenzfällen ... 258

V. Sonstige umsatzsteuerliche Themen 259
- 1. Ordnungsgemäße Rechnung bei innergemeinschaftlichen Dreiecksgeschäften 259
- 2. Unberechtigter und unrichtiger Steuerausweis 259
  - a) Steuerschuld für zu Unrecht ausgewiesene Umsatzsteuer 259
  - b) Unrichtiger und unberechtigter Steuerausweis bei Ausweis eines negativen Umsatzsteuerbetrags 260
- 3. Vorabentscheidungsersuchen zum Direktanspruch im Umsatzsteuerverfahren 260
  - a) Direktanspruch im Umsatzsteuerverfahren in grenzüberschreitenden Fällen 260
  - b) Umsatzsteuerlicher Direktanspruch bei zivilrechtlicher Verjährungseinrede 261
- 4. Bruchteilsgemeinschaft kein umsatzsteuerlicher Unternehmer ... 261
- 5. Unternehmereigenschaft einer Gemeinde bei defizitärem Handeln gefährdet 262
- 6. Margenbesteuerung von Reiseleistungen 263
  - a) Weiterverkauf von Hotelkontingenten 263
  - b) Verlängerung der Nichtbeanstandungsregelung bei Reiseleistungen von Drittlandsunternehmen 264

Seite

    7. Steuerschuldnerschaft des Leistungsempfängers bei der Übertragung von Emissionszertifikaten 264
    8. Spenden für technische Hilfe zur Reparatur kriegsgeschädigter Infrastruktur in der Ukraine 264

D. Internationales Steuerrecht 265

  I. Doppelbesteuerungsabkommen 265
    1. Stand der DBA 265
    2. Bedeutung des OECD-Musterkommentars für die DBA-Auslegung 265
    3. Abzug finaler ausländischer Betriebsstättenverluste 266
  II. Außensteuerrecht 267
    1. „Passive Entstrickung" bei Immobilienvermögen in Spanien 267
    2. Wegfall der Wegzugsbesteuerung bei vorübergehender Abwesenheit ... 267
    3. Hinzurechnungsbesteuerung: Verfassungs- und unionsrechtliche Zweifel an der Niedrigsteuerschwelle 268
  III. Quellensteuerabzug 269
    1. Registerfälle 269
    2. Anrechnung ausländischer Quellensteuer 269
      a) Berechnung ausländischer Einkünfte 269
      b) Anrechnungshöchstbetrag 270
  IV. Verlagerung der Buchführung ins Ausland 270
  V. Mitteilungspflichten 271
    1. Mitteilungspflichten bei Auslandsbeziehungen 271
    2. Mitteilung von grenzüberschreitenden Steuergestaltungen 271
      a) Umfang der Mitteilungspflicht 271
      b) Vereinbarkeit mit den EU-Grundrechten 271
  VI. Inländischer Wohnsitz bei wiederholtem Auslandsaufenthalt 272
  VII. Grenzüberschreitend tätige Arbeitnehmer 273
    1. Auslandstätigkeitserlass 273
    2. Luxemburg: Grenzgängerregelung bei „remote work" 273
    3. Schweiz: Tätigkeitsortfiktion für leitende Angestellte 274
    4. Vorsorgeaufwendungen 274
      a) Drittstaatentätigkeit 274
      b) EU-grenzüberschreitende Tätigkeit 275

E. Immobilienbesteuerung 275

  I. Gewinnbesteuerung 275
    1. Lineare Abschreibung für Wohngebäude 275
    2. Gebäudeabschreibung nach der kürzeren tatsächlichen Nutzungsdauer. 276
    3. Sonderabschreibung für Mietwohnungsneubau 276
    4. Mieterabfindungen: Keine anschaffungsnahen Herstellungskosten 277
    5. Erhaltungsrücklage bei Eigentumswohnungen 277

Inhaltsverzeichnis

			Seite
II.	Grunderwerbsteuer		278
	1.	Zurechnung von Grundstücken in mehrstöckigen Gesellschaftsstrukturen	278
		a) Zurechnungserlasse	278
		b) Zurechnung auch zur Obergesellschaft	278
		c) Zurechnung bei Vereinbarungstreuhand	279
	2.	Auseinanderfallen von Signing und Closing	279
	3.	Konzernklausel: Herrschendes Unternehmen bei mehrstufigen Beteiligungen	280
	4.	Gegenleistung	281
		a) Leistungen Dritter	281
		b) Verbilligte Wohnraumüberlassung	281
	5.	Rückgängigmachung eines Grundstückserwerbs	282
		a) Voraussetzung der Nichtfestsetzung von Grunderwerbsteuer	282
		b) Verletzung der Anzeigepflicht	282
III.	Verfassungskonformität der Grundsteuermodelle		283
	1.	Bayerisches Grundsteuermodell verfassungsgemäß	283
	2.	Aussetzung der Vollziehung von Grundsteuerwertbescheiden nach dem Bundesmodell	283

F. Erbschaftsteuer ... 284

I.	Schenkung		284
	1.	Bedarfsabfindung im Scheidungsfall	284
	2.	Disquotale Einlage in ungebundene Kapitalrücklage einer KGaA	285
II.	Nicht als Betriebsvermögen begünstigtes Verwaltungsvermögen		285
	1.	An Dritte überlassene Grundstücke	285
		a) Im Rahmen einer Betriebsaufspaltung überlassenes Grundstück	285
		b) Im Rahmen einer Betriebsverpachtung überlassene Grundstücke	286
		c) Grundstücksüberlassung zur Absatzförderung	286
	2.	Geleistete Anzahlungen	287
III.	Rückwirkende Anwendung von §§ 13a und 13b ErbStG ab dem 1.7.2016		287
IV.	Nachlassverbindlichkeiten – Einkommensteuer auf durch Erben rückwirkend erklärte Betriebsaufgabe		288
V.	Erbschaftsteuerliche Freibeträge bei Enkeln und Urenkeln		288
VI.	Ausschluss der Erbschaftsteuerbefreiung bei Mietwohngrundstücken in Drittstaaten unionsrechtswidrig		289
VII.	Beschränkte Erbschaftsteuerpflicht		289
	1.	Keine beschränkte Steuerpflicht bei Erwerb eines inländischen Grundstücks durch Vermächtnis	289
	2.	Nachlassverbindlichkeiten bei beschränkter Steuerpflicht	290
VIII.	DBA Schweden nach Abschaffung der schwedischen Schenkungsteuer		290
IX.	Grundstücksbewertung		291
	1.	Änderungen für Bewertungen nach dem 31.12.2022	291
		a) Anpassung an die Immobilienwertermittlungsverordnung	291

			Seite
	b)	Änderungen im Ertragswertverfahren	291
	c)	Änderungen im Sachwertverfahren	292
2.		Nachweis des niedrigen gemeinen Werts für Grundstücksbewertungen	292
3.		Selbstständige Bewertung eines Nießbrauch- oder Wohnrechts an einem Grundstück	293

G. Besteuerung von Privatpersonen ... 294

I. Einkünfte aus Kapitalvermögen ... 294
1. Sparerpauschbetrag ... 294
2. Basiszins zur Berechnung der Vorabpauschale für 2023 ... 294
3. Berücksichtigung von Verlusten bei Wirecard-Aktionären ... 294
4. Zurückgezahlte Erstattungszinsen als negative Einnahmen aus Kapitalvermögen ... 295
5. Erstattungszinsen auf Steuererstattungen ... 295
6. Beteiligung an einer US-Corporation als Fall des § 17 EStG ... 296

II. Private Veräußerungsvorgänge ... 296
1. Gewinne aus der Veräußerung von Kryptowährungen ... 296
2. Auf kurzzeitig vermietete Räume entfallender Veräußerungsgewinn ... 297

III. Persönliche Abzüge ... 297
1. Sonderausgabenabzug von Altersvorsorgeaufwendungen ... 297
2. Ausbildungsfreibetrag ... 297
3. Entlastungsbetrag für Alleinstehende ... 297
4. Versorgungsausgleich und Ausgleichsleistungen im Scheidungsfall ... 297
5. Haushaltsnahe Dienstleistungen und Handwerkerleistungen bei Mietern ... 298

IV. Familienleistungen ... 298
1. Kinderfreibetrag ... 298
2. Kindergeld ... 299
3. Steuerliche Berücksichtigung eines in Australien studierenden Kindes ... 299

V. Solidaritätszuschlag ... 299

VI. Aufbau eines direkten Auszahlungsweges für öffentliche Leistungen ... 299

H. Wirtschaftsprüfung ... 300

I. Rechnungslegung: Berücksichtigung der aktuellen wirtschaftlichen Entwicklungen und Auswirkungen der Unsicherheiten von Prognosen ... 300
1. Schwächephase der deutschen Wirtschaft ... 300
2. Immaterielle Vermögensgegenstände und Sachanlagen ... 301
3. Finanzanlagevermögen ... 302
4. Vorratsvermögen ... 302
5. Forderungen ... 303
6. Latente Steuern ... 303
7. Rückstellungen ... 304
8. Pensionsrückstellungen ... 304

			Seite
	9. Anhang		305
	10. Lagebericht		306
II.	Jahresabschluss: Berücksichtigung von Treuhandverhältnissen und ähnlichen Rechtsgeschäften		306
	1. Ziele des Praxishinweises des IDW		306
	2. Begriffe „Treuhandverhältnis" und „ähnliche Rechtsgeschäfte"		306
	3. Grundzüge der handelsbilanziellen Abbildung von Treuhandverhältnissen und ähnlichen Rechtsgeschäften		307
	4. Ausgewählte Treuhandverhältnisse und ähnliche Rechtsgeschäfte		308
		a) Verwaltungstreuhand	309
		aa) Einkaufskommission	309
		bb) Verkaufskommission	309
		cc) Konsignations- bzw. Kommissionslagerverträge	309
		b) Sicherungstreuhand	310
		aa) Sicherungsübereignung	310
		bb) Eigentumsvorbehalt	310
		cc) Echte und unechte Pensionsgeschäfte	311
III.	Konzernabschluss: Änderungen im Bereich Konzernkapitalflussrechnung und im Bereich Konzernlagebericht		312
IV.	Nachhaltigkeitsberichterstattung		313
	1. Berichterstattung zur Konformität im Rahmen der EU-Taxonomie-Verordnung		313
		a) Hintergrund	313
		b) Nicht-Finanzunternehmen	313
		c) Finanzunternehmen	314
		d) Berichterstattung von Nicht-Finanzunternehmen für Veröffentlichungen ab dem 1.1.2024	314
		aa) Technische Bewertungskriterien	315
		bb) Einhaltung des Mindestschutzes	315
		cc) Berechnung der wichtigsten Leistungsindikatoren (KPI)	316
		dd) Offenlegung	316
		ee) Weitere vier Umweltziele	317
		(1) Nicht-Finanzunternehmen	317
		(2) Berichterstattung Finanzunternehmen	317
	2. Zusammenspiel zwischen EU-Taxonomie und Corporate Sustainability Reporting Directive		317
V.	Internationale Rechnungslegung		317
	1. Überblick zu den Angabepflichten in einem EU-IFRS-Konzernabschluss zum 31.12.2023		317
	2. Auswirkungen neuer bzw. geänderter Standards oder Interpretationen (IAS 8.28)		318
		a) Allgemein	318
		b) Überblick über die Änderungen im Einzelnen	319
		aa) Änderungen an IAS 1 und IFRS Practice Statement 2: Offenlegung von Bilanzierungs- und Bewertungsmethoden	319

Seite

	bb)	Bilanzierungs- und Bewertungsmethoden, Änderungen von Schätzungen und Fehler.	319
	cc)	Änderungen an IAS 12: Ertragsteuern – Latente Steuern	320
	dd)	IFRS 17 „Versicherungsverträge" und Änderungen an IFRS 17	321

VI. Energiewirtschaft. 321
   1. Handelsrechtliche Bilanzierung im Zusammenhang mit den Energiepreisbremsen. 321
      a) Strompreisbremsengesetz und Erdgas-Wärme-Preisbremsengesetz.. 321
      b) Bilanzielle Abbildung der Energiepreisbremsen 322
          aa) Entlastungsmechanismus. 322
          bb) Ausweis in der (Konzern-)Gewinn- und Verlustrechnung 323
              (1) Umsatzrealisierung. 323
              (2) Ausweis in der (Konzern-)Bilanz 323
   2. Bilanzielle Fragen im Hinblick auf die Überschusserlösabschöpfung... 323
      a) Mechanismus der Überschusserlösabschöpfung. 323
      b) Bilanzierung bei den Verteilernetzbetreibern 324
          aa) Ausweis in der (Konzern-)Gewinn- und Verlustrechnung 324
          bb) Ausweis in der (Konzern-)Bilanz. 325
      c) Bilanzierung bei den stromerzeugenden Anlagenbetreibern 325
          aa) Ausweis in der (Konzern-)Gewinn- und Verlustrechnung 325
          bb) Ausweis in der (Konzern-)Bilanz. 325
   3. Prüfpflichten im Rahmen der Energiepreisbremse. 326
      a) Allgemeine Nachweis- und Prüfpflichten 326
          aa) Zusätzliche Prüfungs- und Nachweispflichten bei Entlastung von mehr als 4 Mio. Euro – Verfahren vor der Prüfbehörde ... 327
          bb) Besondere Betroffenheit von hohen Energiepreisen 327
          cc) Energieintensive Unternehmen 328
          dd) Besonders von hohen Energiepreisen betroffene Sektoren und Teilsektoren nach EU-Vorgaben 329
          ee) Nachweis der auf den Letztverbraucher anzuwendenden absoluten und relativen Höchstgrenze bei Förderung von mehr als 4 Mio. Euro 329
          ff) Nachweispflichten von Unternehmen bei einer Entlastung von mehr als 2 Mio. Euro. 329
              (1) Meldepflichten gegenüber dem Energieversorger. 329
              (2) Nachweispflichten gegenüber der Prüfbehörde. 330
      b) Angaben im Zusammenhang mit Transparenzpflichten auf EU-Ebene 331
   4. Begrenzung von kalkulatorischen Nutzungsdauern neuer Erdgasleitungsinfrastrukturen. 331
      a) Hintergrund. 331
      b) Auswirkungen auf handelsrechtliche Jahres- und Konzernabschlüsse 331
      c) Voraussetzungen zur Änderung eines Abschreibungsplans 333
      d) Handelsbilanzielle Beurteilung. 334
      e) Angaben im Jahresabschluss 334

Inhaltsverzeichnis

Seite

  f) Angaben im Lagebericht 335
  g) Kalkulatorische Auswirkungen und Korrelation zur handelsrechtlichen Bilanzierung 335
 5. Festlegungen zur Eigenkapitalverzinsung für Strom- und Gasnetze rechtswidrig 336
  a) Hintergrund 336
  b) Entscheidung des OLG Düsseldorf 337
  c) BNetzA bessert bei den Zinssätzen für Strom- und Gasnetze nach . . 337
 6. Xgen Strom: BGH hebt Urteil des OLG Düsseldorf auf 339

I. Wirtschaftsrecht 340

 I. Zivilrecht 340
  1. Gesetz zur Umsetzung der EU-Verbandsklagenrichtlinie 340
   a) Gesetzgebungsverfahren 340
   b) Zwei Arten von Verbandsklagen 340
   c) Neue Abhilfeklage 341
  2. Bestimmtheitsanforderungen an die Übereignung von Sachgesamtheiten im Rahmen eines Asset Deals 342
  3. Unternehmerischer Geschäftsverkehr: Zugang einer E-Mail 342
  4. Kein ordentliches Kündigungsrecht bei zusammen mit Darlehensvertrag geschlossenem Zinssatz-Swap-Vertrag 343
  5. Pfändbarkeit der Energiepreispauschale 343
  6. Keine Zahlungspflicht des Verbrauchers auch bei Widerruf nach Vertragserfüllung 344
  7. Pflicht zur Zahlung von „Negativzinsen" aus einem Schuldscheindarlehen 344
  8. Aufklärungspflichten von Immobilienverkäufern 345
  9. Corona-Pandemie 346
   a) Zweiter Lockdown: Leistungspflicht einer Betriebsschließungsversicherung 346
   b) Anpassung der Miete von gewerblich genutzten Räumen in Pandemie-Zeiten 346
 II. Gesellschaftsrecht 347
  1. Allgemein 347
   a) Gesetz zur Umsetzung der Umwandlungsrichtlinie 347
    aa) Gesetzgebungsverfahren 347
    bb) Inhalte im Einzelnen 347
   b) Unverzüglichkeit der Aufnahme einer Gesellschafterliste in das Handelsregister 349
   c) Offenkundigkeit der Eintragungen im elektronischen Handelsregister 349
  2. Gesellschaft bürgerlichen Rechts – Stimmverbot eines Gesellschafters bei Beschlussfassung 349
  3. Kommanditgesellschaft 350
   a) Haftung des Geschäftsführers einer geschäftsführenden Kommanditisten-GmbH 350

Inhaltsverzeichnis

Seite

  b) Publikums-KG: Haftung von Gründungsgesellschaftern aus Vertriebsverantwortung 350
  c) Zur Bestellung eines Ergänzungspflegers bei schenkweiser Übertragung eines Kommanditanteils an ein Kind 351
 4. Gesellschaft mit beschränkter Haftung 352
  a) Keine Entlastung des Geschäftsführers durch bloße Feststellung des Jahresabschlusses 352
  b) Geschäftsführerhaftung bei Phishing-Angriff 352
  c) Angabe des von einer GmbH übernommenen Gründungsaufwands im Gesellschaftsvertrag 352
  d) Keine Eintragung eines Gewinnabführungsvertrags bei der Obergesellschaft 353
  e) Verletzung der Neutralitätspflicht: Abberufung eines GmbH-Geschäftsführers 353
  f) Vereinbarung einer variablen Geschäftsführer-Vergütung nur für die Dauer der Bestellung unwirksam 354
  g) Anforderungen an die Wahl des richtigen Versammlungsorts einer GmbH 354
  h) Zulässigkeit einer Beschlussfassung im Umlaufverfahren 355
 5. Aktiengesellschaft 355
  a) Selbstbestellung von Vorständen zu Geschäftsführern einer Tochter-GmbH unwirksam 355
  b) Fehlende Vereinbarung der Bemessungskriterien einer erfolgsabhängigen Zusatzvergütung für einen Vorstand 356
 6. Vereinsrecht 356
  a) Gesetz zur Ermöglichung hybrider und virtueller Mitgliederversammlungen 356
  b) Virtuelle Mitgliederversammlung: Regelungen in Vereinssatzung erforderlich 357
  c) Herausgabe von Mitgliederlisten an Vereinsmitglied 357
 7. Transparenzregister 357
  a) Sanktionsdurchsetzungsgesetz II 357
   aa) Verknüpfung des Immobilienbesitzes mit dem Transparenzregister 358
   bb) Neue Mitteilungspflicht von Vereinigungen mit Sitz im Ausland mit Bestandsimmobilien in Deutschland 358
   cc) Erweiterte Angaben zum fiktiv wirtschaftlich Berechtigten 358
   dd) Eigentums- und Kontrollstrukturübersichten für Behörden und Verpflichtete 359
  b) EU-Geldwäscherichtlinie teilweise rechtswidrig 359
III. Restrukturierung und Sanierung 360
 1. Gerichtliche Überprüfung eines Restrukturierungsplans 360
 2. Sofortige Beschwerde gegen Unternehmensrestrukturierungsplan 360
 3. In Insolvenz fortgeführte Unternehmen: Kein Anspruch auf Corona-Soforthilfen 361
 4. Maßgeblicher Zeitpunkt für Insolvenzanfechtung einer Lohnsteuerzahlung bei Lastschriftverfahren 361

Seite

	5.	Haftung des Geschäftsführers für Zahlungen nach Eintritt der Insolvenzreife einer GmbH	361
	6.	Speicherung personenbezogener Daten über Restschuldbefreiung durch Wirtschaftsauskunfteien	362
	7.	Energiesteuerschulden als Masseverbindlichkeiten	362
IV.	Arbeitsrecht		363
	1.	Arbeitszeit	363
		a) Zeiterfassungspflicht von Arbeitgebern	363
		aa) Rechtlicher Hintergrund	363
		bb) Auswirkungen auf flexible Arbeitszeitmodelle	364
		b) Dienstliche SMS müssen in Freizeit nicht gelesen werden	364
		c) Tägliche Ruhezeit unabhängig von wöchentlicher Ruhezeit	364
		d) Verteilung der Arbeitszeit bei Teilzeittätigkeit	365
		e) Arbeit auf Abruf: Dauer der wöchentlichen Arbeitszeit	365
	2.	Vergütungen	366
		a) Lohngleichheit bei Teilzeitbeschäftigung	366
		b) Entgeltgleichheit von Männern und Frauen	366
		c) Gleichbehandlungsgrundsatz gilt auch bei variabler Vergütung	367
		d) Unterschiedlich hohe Tarifzuschläge bei regelmäßiger und unregelmäßiger Nachtarbeit	368
	3.	Urlaubsansprüche	368
		a) Hinweis auf drohenden Verfall von Urlaubsansprüchen	368
		b) Urlaubsabgeltungsansprüche: Beginn der Verjährungsfrist	369
		c) Verfall von Urlaubsansprüchen bei Langzeiterkrankungen	370
		d) Urlaubsanspruch bei Altersteilzeit wegen Krankheit und Wechsel in die Freistellungsphase	371
		e) Tilgung von Urlaubsansprüchen bei fehlender Tilgungsbestimmung des Arbeitgebers	371
	4.	Befristung von Arbeitsverhältnissen bei Tätigkeit in leitender Position	371
	5.	Beendigung von Arbeitsverhältnissen	372
		a) Beginn des Kündigungsverbots für schwangere Arbeitnehmerinnen	372
		b) Widersprüchliches Arbeitgeberverhalten: Fristlose Kündigung und Annahmeverzugslohn	372
		c) Fehler im Massenentlassungsanzeigeverfahren: Aussetzung der Überprüfung des Sanktionssystems	373
		d) Information an Behörden über Massenentlassung vermittelt keinen Individualschutz der Arbeitnehmer	373
	6.	Entsendung von Arbeitnehmern	374
		a) Grenzüberschreitendes Entsenderecht im Straßenverkehr	374
		b) Versetzung von Mitarbeitern ins Ausland	374
		c) Vorübergehende Auslandsentsendung: Hypotax-Verfahren bei tarifvertraglich vorgesehener Bruttovergütung	375
	7.	Sonstiges Arbeitsrecht	375
		a) Erstattung nachentrichteter Lohnsteuer durch den Arbeitnehmer	375
		b) Betriebliche Altersvorsorge: Unwirksamer Kapitalabfindungsvorbehalt mangels Wertgleichheit	376

Seite

  c) Teilzeit: Endgehaltsbezogene Betriebsrente 376
  d) Zusatzvereinbarung über Tätigkeit im Homeoffice gesondert kündbar 377
  e) Arbeitnehmer muss Provision für Personalvermittlung nicht erstatten 377
  f) Unangemessene Benachteiligung eines Arbeitnehmers durch zu hohe Vertragsstrafe in AGB 377
  g) Grundsätzlich kein Verwertungsverbot bei offener Videoüberwachung 378
  h) Erschütterung des Beweiswerts einer Krankschreibung 378
  i) Mindestlohn: Keine persönliche Haftung von GmbH-Geschäftsführern 379
  j) Leiharbeit: Abweichung durch Tarifvertrag vom equal-pay-Grundsatz wirksam 379
 8. Mitbestimmung 380
  a) Gesetz zur Umsetzung der Bestimmungen der Umwandlungsrichtlinie über die Arbeitnehmermitbestimmung 380
  b) Unterbliebene innerbetriebliche Stellenausschreibung 380
 9. Sozialversicherung 381
  a) Gesetz zur Vereinbarkeit von Beruf und Privatleben für Eltern und pflegende Angehörige 381
  b) Gesetz zur Unterstützung und Entlastung in der Pflege 381
  c) Achtes SGB IV-Änderungsgesetz 383
  d) Zusatzleistungen als beitragspflichtiges Arbeitsentgelt 384
  e) Aufhebung eines Statusfeststellungsbescheids bei wesentlicher Änderung der Verhältnisse 384
  f) Teilnahme an Firmenlauf: Kein Unfallversicherungsschutz 384
  g) Arbeitsunfall auch im Pausenbereich „beim Luftschnappen" möglich 385

V. IT-Recht und Datenschutz 385
 1. Kein Auskunftsanspruch eines Insolvenzverwalters gegenüber Steuerbehörden zu Schuldnerdaten 385
 2. Offenlegung der Empfänger von weitergegebenen Daten 386
 3. Verschiedene DSGVO-Rechtsbehelfe können nebeneinander eingelegt werden 386
 4. Deutsche Regelung zum Arbeitnehmerdatenschutz nicht EU-rechtskonform? 387
 5. EuGH-Vorlage zur Datenverarbeitung im Arbeitsverhältnis 388
 6. Umfang des Rechts auf Kopie 389
 7. Ersatz immateriellen Schadens ohne Erheblichkeitsschwelle 389
 8. Vorlage eines zum Zwecke der Steuerprüfung erstellten Personalverzeichnisses als Beweismittel vor Gericht 390

VI. Environmental Social Governance 390
 1. Lieferkettensorgfaltspflichtengesetz 390
  a) Gesetzgebungsverfahren 390
  b) Betroffene Unternehmen 390
  c) Anwendungsbereich des Gesetzes 391
  d) Lieferkette 391
  e) Risikoanalyse 391

Seite

      f)   Interne Verantwortlichkeiten 392
      g) Präventions- und Abhilfemaßnahmen. 393
      h) Dokumentation und Berichterstattung 393
      i)   Kontrollen und Sanktionen 394
      j)   Mögliche Verschärfungen aufgrund der EU Corporate Sustainability Due Diligence Directive 394
           aa) Verfahrensstand 394
           bb) Betroffene Unternehmen 395
           cc) Sorgfaltspflichten nach dem CSDDD. 395
           dd) Sanktionen 396
  2. CO_2-Grenzausgleichsmechanismus: Die neuen CBAM-Berichtspflichten für Importeure 396
      a) Einführung. 396
      b) Ziele der CBAM-Verordnung. 396
      c) Anwendungsbereich und Zeitplan 397
  3. EU-Verordnung für entwaldungsfreie Lieferketten 397
      a) Einführung. 397
      b) Ziele. 398
      c) Anwendungsbereich und Sorgfaltspflichten. 398
  4. Einwegkunststofffondsgesetz und -verordnung 399
      a) Gesetzgebungsverfahren 399
      b) Regelungen des Einwegkunststofffondsgesetzes. 399
      c) Einwegkunststofffondsverordnung. 400
  5. Rechtmäßigkeit der Tübinger Verpackungssteuer 401

VII. Energierecht: Risiken und Problembereiche im Zusammenhang mit Energiepreisbremsen 402
  1. Entlastungsmechanismus. 402
  2. Problembereiche 403
      a) Beihilferechtliche Obergrenzen. 403
      b) Meldepflichten nach § 22 EWPBG und § 30 StromPBG. 403
      c) Sachgerechte Datenerhebung und Abbildung der Energiepreisbremsen in Unternehmensplanungen. 403

VIII. Wirtschaftsstrafrecht: Hinweisgeberschutzgesetz 404
  1. Gesetzgebungsverfahren 404
  2. Implementierungsfristen für die Hinweisgebersysteme 404
  3. Betroffene Unternehmen 404
  4. Mögliche Hinweisgebersysteme. 405
      a) Interne Meldestellen 405
      b) Externe Meldestellen 406
      c) Vorrang interner Meldestellen. 406
  5. Meldungen mit Whistleblower-Schutz. 406
  6. Folgen einer Whistleblower-Meldung 407
  7. Schutzwirkung für den Hinweisgeber 408
  8. Handlungsbedarf 408

	Seite
Anhang.	409
Steuerterminkalender 2024.	411
Stichwortverzeichnis	413

Literaturverzeichnis

Anzinger	Anmerkung zum Urteil des BFH vom 13.12.2022, Az. VII R 49/20 – Zur Qualifizierung von Energiesteuerverbindlichkeiten aus bei Bestellung des schwachen vorläufigen Insolvenzverwalters bereits bestehenden Lieferverträgen, EWiR 2023, 499
Aufterbeck/ Gravenhorst	Anwendbarkeit des § 174 BGB bei der Vertretung einer GmbH und Schadensersatzanspruch eines Dienstverpflichteten bei versäumter Zielvorgabe des Dienstberechtigten, jurisPR-HaGesR 6/2023 Anm. 3
Axtmann	Die Möglichkeiten kollektiven Rechtsschutzes nach dem Verbandsklagenrichtlinienumsetzungsgesetz – Eine darstellende Untersuchung neuer und reformierter kollektiver Klagemöglichkeiten und ihrer Auswirkungen auf Unternehmen, DB 2023, 2614
Bachmann	Das Gesetz zur Modernisierung des Personengesellschaftsrechts, NJW 2021, 3073
Backhaus	Anforderungen an die Übereignung im Rahmen eines Asset Deals, jurisPR-HaGesR 3/2023 Anm. 2
Backhaus	Beschränkte Vertretungsmacht des Vorstandsmitglieds einer AG bei Beschlussfassung über Geschäftsführerbestellung der Tochtergesellschaft, jurisPR-HaGesR 5/2023 Anm. 1
Bäßler	Gewerbesteuerliche Hinzurechnung von Aufwendungen für die Anmietung von beweglichen und unbeweglichen Wirtschaftsgütern, StEd 2023, 251
Bäßler	Verminderung der erweiterten Grundstückskürzung um Sonderbetriebseinnahmen, StEd 2023, 403
Bäßler	Gewerbesteuerrechtliche Hinzurechnung von Aufwendungen für die Überlassung von Ferienimmobilien zur Weiterüberlassung an Reisende, StEd 2023, 659
Bathe	Reihengeschäft: Ausfuhr und Innergemeinschaftliche Lieferung, BC 2023, 316
Becker	Anwendungsschreiben des BMF zur Steuersatzermäßigung für Photovoltaikanlagen, MwStR 2023, 290
Behrendt/Euhus/ Schmahl	Pillar Two – Scoping der Constituent Entities einer multinationalen Unternehmensgruppe im IFRS-Konzern, IStR 2023, 1
Bissels/Emmert/ Schmitter	Verdachtskündigung wegen fehlerhafter Arbeitszeiterfassung, jurisPR-ArbR 25/2023 Anm. 2
Bissels/Menke	Aktuelles Arbeitsrecht in Krise und Insolvenz – Oktober bis Dezember 2022, NZI 2023, 113
Bissels/Singraven	Erschütterung des Beweiswertes einer Arbeitsunfähigkeitsbescheinigung, jurisPR-ArbR 24/2023 Anm. 6
Bissels/Singraven	Abweichung vom Gleichstellungsgrundsatz durch Tarifvertrag unter Achtung des Gesamtschutzes von Zeitarbeitnehmern, jurisPR-ArbR 40/2023 Anm. 3
Bleckmann/Fetzer	Holdinggesellschaften und der Vorsteuerabzug – Neue Wege des EuGH?, BB 2023, 668
Bodden	Beginn der sachlichen GewSt-Pflicht eines Grundstücksunternehmens, BeSt 2023, 41

Literaturverzeichnis

Bolik/Zawodsky	Erstes höchstrichterliches Judikat zu Krypto-Währungen, WPg 2023, 659
Brill	Zuordnung zur unternehmerischen Sphäre bei der Umsatzsteuer, BeSt 2022, 47
Brinkmann/Walter-Yadegarjam	Auf ein neues: Die umsatzsteuerliche Organschaft erneut vor dem EuGH – Die Folgeentscheidungen des BFH zu den Urteilen des EuGH v. 1.12.2022, DStR 2023, 1441
Carlé	Die Einbringung gegen teilweise Gewährung von Gesellschaftsrechten ist ein vollentgeltliches Geschäft, BeSt 2023, 27
Cranshaw	Wirksamwerden einer SEPA-Lastschrift aus insolvenzanfechtungsrechtlicher Sicht, jurisPR-InsR 1/2023 Anm. 1
Cranshaw	Offenlegung des von der GmbH übernommenen Gründungsaufwands im Gesellschaftsvertrag, jurisPR-HaGesR 8/2023 Anm. 4
Dötsch	Wahlrecht zwischen Sofort- und Zuflussbesteuerung auch bei Veräußerung von Wirtschaftsgütern gegen wiederkehrende Bezüge im Rahmen einer Betriebsaufgabe, jurisPR-SteuerR 15/2023 Anm. 2
Durst	Ehegatten-Vorschaltmodell für Arzt-Pkw anerkannt, BeSt 2023, 21
Ebner Stolz / BDI	Steuer- und Wirtschaftsrecht 2022, Bonn 2022
Ebner Stolz / BDI	Steuer- und Wirtschaftsrecht 2023, Bonn 2023
Feldgen	Verlustabzugsverbot gem. § 4 Abs. 6 Satz 6 UmwStG 2006 bei Verschmelzung mit steuerlicher Rückwirkung, StEd 2023, 678
Fischer	Keine Nachholung innerbetrieblicher Stellenausschreibungen im Zustimmungsersetzungsverfahren, jurisPR-ArbR 12/2023 Anm. 7
Fischer	Kein ermäßigter Steuersatz für die Lieferung von Holzhackschnitzeln, jurisPR-SteuerR 49/2018 Anm. 5
Fleischer	Ein Rundgang durch den Regierungsentwurf eines Gesetzes zur Modernisierung des Personengesellschaftsrechts, DStR 2021, 430
Fortmann	Pflichten des GmbH-Geschäftsführers bei Phishing-Angriffen, jurisPR-HaGesR 2/2023, 3
Geserich	AdV-Verfahren: Keine ernstlichen Zweifel an der Verfassungsmäßigkeit der Höhe der Säumniszuschläge, jurisPR-SteuerR 2/2023 Anm. 1
Geserich	Erste Tätigkeitsstätte bei Ableistung von Arbeitsbereitschafts- und Bereitschaftsruhezeiten, jurisPR-SteuerR 17/2023 Anm. 3
Geserich	Haftung für Lohnsteuer – Zufluss von Arbeitslohn bei Wertguthaben, jurisPR-SteuerR 42/2023 Anm. 2
Gravenhorst	Arbeitszeiterfassung generell erforderlich, jedoch kein Initiativrecht des Betriebsrats, jurisPR-ArbR 50/2022 Anm. 1
Grotherr	Einführung von Melde- und Sorgfaltspflichten für Plattformbetreiber nach dem Plattformen-Steuertransparenzgesetz ab 2023 – Umsetzung der „DAC7-Richtlinie", Ubg 2023, 60
Grotherr	Klärung weiterer Anwendungsfragen zum Plattformen-Steuertransparenzgesetz – Analyse der wesentlichen Klarstellungen im BMF-Schreiben vom 2.2.2023, Ubg 2023, 113

Grotherr	Temporäre und dauerhafte Vereinfachungen und Ausnahmen bei der künftigen Mindestbesteuerung von Unternehmensgruppen – Überblick über die sog. Safe-Harbour-Regelungen und Ausnahmen im geplanten Mindeststeuergesetz („Pillar-Two-Umsetzungsgesetz"), Ubg 2023, 221
Halaczinsky	Grunderwerbsteuer – Gegenleistung, jurisPR-SteuerR 18/2023 Anm. 4
Halaczinsky	Anmerkung zum Urteil des FG München vom 8.2.2023 – Verfassungsmäßige Zulässigkeit der rückwirkenden Anwendung von §§ 13a, 13b ErbStG durch das ErbStAnpG 2016, UVR 2023, 170
Halaczinsky	Anmerkung zum Urteil des FG Niedersachsen vom 28.6.2023 – Inanspruchnahme des Erbfallkostenpauschbetrages durch eine Vermächtnisnehmerin, UVR 2023, 305
Heckerodt/Rieck	Die Umsetzung der globalen effektiven Mindestbesteuerung in Deutschland – ein Überblick über den Regierungsentwurf vom 17.8.2023, BB 2023, 2583
Henning	Streit zwischen dem II. und dem XI. Zivilsenat des BGH um Konkurrenzen im Prospekthaftungsrecht beigelegt – zugleich Anmerkung zu BGH, Beschlüsse vom 27.06.2023 – II ZR 57/21, II ZR 58/21 und II ZR 59/21 sowie BGH, Beschl. v. 11.07.2023 – XI ZR 60/22, jurisPR-BKR 8/2023 Anm. 1
Herbrich	Grundsatzurteil zum immateriellen Schadensersatzanspruch gemäß Art. 82 DSGVO, jurisPR-ITR 13/2023 Anm. 2
Hermanns	Gesetz zur Modernisierung des Personengesellschaftsrechts (MoPeG) – Entstehung und Überblick, DNotZ 2022, 3
von Hesberg	Verletzung einer spezifisch organschaftlichen Pflicht eines GmbH-(Mit-)Geschäftsführers aus § 43 Abs. 2 GmbHG, jurisPR-Compl 1/2023 Anm. 1
Heydecke/Schick	Verpflichtung zur Drittintermediär-Unterrichtung in DAC-6-Richtlinie verletzt Berufsgeheimnis eines Rechtsanwalts-Intermediärs, DStR 2023, 351
Hippeli	Bestellung des Vorstands einer AG zum Geschäftsführer der Tochter-GmbH, jurisPR-Compl 2/2023 Anm. 2
Hippeli	Ausschluss des Gesellschafters einer GbR von einer auf Missbilligung seines Verhaltens abzielenden Abstimmung über die Kündigung eines Vertrags, jurisPR-HaGesR 4/2023 Anm. 2
Hippeli	Keine Eintragungsfähigkeit eines zwischen zwei GmbHs bestehenden Gewinnabführungsvertrags, jurisPR-HaGesR 5/2023 Anm. 2
Höreth	Grundstück mit Lagerbewirtschaftung als steuerschädliches Verwaltungsvermögen, StEd 2023, 643
Höreth/Stelzer	Regierungsentwurf zum Wachstumschancengesetz – Hält der Entwurf, was er verspricht?, DStZ 2023, 792
Höring	DAC 7-Umsetzungsgesetz – Ein erster Überblick, DStZ 2023, 173
Höring	Nichtberücksichtigung „finaler" ausländischer Betriebsstättenverluste, DStZ 2023, 559
Höring	Nichtberücksichtigung „finaler" Verluste einer italienischen Betriebsstätte, DStZ 2023, 600

Höring	Hinzurechnungsbesteuerung gemäß §§ 7 ff. AStG: Verfassungs- und unionsrechtliche Zweifel, StEd 2023, 644
Hofer	Lohnsteuer – Zufluss von Arbeitslohn (Entlassungsentschädigung) bei Wertguthaben, ArbRAktuell 2023, 469
Hoffmann	Keine Anwendung der Fahrtenbuchmethode bei Schätzung des Treibstoffverbrauchs des überlassenen Kfz, BeSt 2023, 16
Holler	Differenzierung zwischen wöchentlicher und täglicher Ruhezeit, jurisPR-ArbR 15/2023 Anm. 1
Holler	„In der Regel" beschäftigte Arbeitnehmer i.S.v. § 17 KSchG, jurisPR-ArbR 35/2023 Anm. 3
Holler	Besseres Verhandlungsgeschick des einen zahlt sich auch für die anderen aus, jurisPR-ArbR 36/2023 Anm. 2
Jachmann-Michel	Verfassungsmäßigkeit des Solidaritätszuschlags, jurisPR-SteuerR 10/2023 Anm. 1
Jachmann-Michel	Private Veräußerungsgeschäfte – Besteuerung des auf tageweise vermietete Räume entfallenden Veräußerungsgewinns, jurisPR-SteuerR 12/2023 Anm. 4
Jachmann-Michel	Sofortabzug von Mieterabfindungen als Werbungskosten bei den Einkünften aus Vermietung und Verpachtung, jurisPR-SteuerR 13/2023 Anm. 1
Jachmann-Michel	Relevante Beteiligung gemäß § 17 Abs. 1 EStG an einer „Corporation" nach US-amerikanischem Recht (Delaware), jurisPR-SteuerR 26/2023 Anm. 1
Jachmann-Michel	Selbstbindung der Verwaltung und zur Berücksichtigung vorteilsmindernder Aufwendungen im Rahmen der Kraftfahrzeugüberlassung, jurisPR-SteuerR 42/2023 Anm. 1
Janott	Umsatzsteuerliche Organschaft – unionsrechtskonform, aber nutzlos?, WPg 2023, 601
Kahsnitz	vGA: Unverzinslichkeit einer Forderung und Margenteilungsgrundsatz, BeSt 2023, 35
Kahsnitz	Haushaltsnahe Dienstleistungen bei Wohnungseigentümergemeinschaften, BeSt 2023, 39
Kirch	Steuerschuldner und finanzielle Eingliederung, StEd 2023, 190
Kirch	Vorsteuerabzug bei Betriebsveranstaltungen, StEd 2023, 462
Kirch	Organschaft – wirtschaftliche Eingliederung, StEd 2023, 572
Klein	BFH zur umsatzsteuerrechtlichen Behandlung von Gutscheinen in einer Leistungskette – nach alter und neuer Rechtslage – Anmerkungen zu BFH v. 3.11.2022 – XI R 21/21 und v. 29.11.2022 – XI R 11/21, MwStR 2023, 368
Kloppenburg	Keine Verjährung des Anspruchs auf bezahlten Jahresurlaub bei unterbliebenem Hinweis, jurisPR-ArbR 49/2022 Anm. 2
Kofler/Schnitger	Die deutsche Umsetzung der Mindeststeuer – Berlin, we might have a problem ..., IStR 2023, 405
Koisiak	EuGH-Vorlage zur Umsatzbesteuerung von unentgeltlichen Wertabgaben, StEd 2023, 207
Koisiak	BFH lehnt nun auch Aufteilungsgebot bei Vermietung und Verpachtung mit Betriebsvorrichtungen ab, StEd 2023, 556
Korn	Rückstellung für Verbindlichkeiten aus einem Kundenbindungsprogramm, BeSt 2023, 13

Korn	Report, kösdi 2023, 23326, 23335, Rz. 377
Korn	Report, kösdi 2023, 23326, 23327, Rz. 348
Korn	Report, kösdi 2023, 23326, 23332, Rz. 368
Korn	Report, kösdi 2023, 23336, 23376, Rz. 411
Korn	Report, kösdi 2023, 23410, 23421, Rz. 464
Korn	Report, kösdi 2023, 23410, 23419, Rz. 456
Korn	Report, kösdi 2023, 23410, 23423, Rz. 470
Korn	Report, kösdi 2023, 23454, 23465, Rz. 522
Korn	Report, kösdi 2023, 23498, 23502, Rz. 538
Korn	Report, kösdi 2023, 23454, 23459
Köster	Steuerliche Behandlung eines punktuell satzungsdurchbrechenden inkongruenten Vorabgewinnausschüttungsbeschlusses, DStZ 2023, 63
Köster	Anwartschaft auf den Bezug von GmbH-Anteilen im Rahmen einer Kapitalerhöhung, DStZ 2023, 151
Köster	Keine gewerbesteuerrechtliche Hinzurechnung von Aufwendungen für Messestände und Messestandflächen bei Produktionsunternehmen, DStZ 2023, 403
Köster	Keine erweiterte Kürzung des Gewerbeertrags einer Komplementär-GmbH bei fehlender Beteiligung am Gesellschaftsvermögen einer nicht gewerblich geprägten GmbH & Co. KG, DStZ 2023, 554
Kröger	Folgen eines Verbraucherwiderrufs bei fehlenden Widerrufsinformationen, jurisPR-HaGesR 7/2023 Anm. 1
Kurzenberger	Die Nichtanwendung des § 25 UStG für im Drittland ansässige Unternehmen – eine fragwürdige Praxis der Finanzverwaltung, DStR 2021, 1334
Küsters	Gewerbesteuerrechtliche Hinzurechnung von Leistungen im Rahmen eines Sponsoringvertrags, jurisPR-SteuerR 25/2023 Anm. 5
Kußmaul/Linster/ Nikolaus	Zur grundsätzlichen Ausgestaltung der CbCR-Safe-Harbour-Regelungen im Rahmen des Mindeststeuergesetzes – alles schon im sicheren Hafen?, BB 2023, 2592
Langohr-Plato	AGB-Kontrolle einer Kapitalisierungsoption, jurisPR-ArbR 16/2023 Anm. 1
Leinekugel	Anmerkung zum Beschluss des KG Berlin vom 17.5.2023, Az. 2 U 159/21 – Zur Reichweite der Geltung der COVMG-Erleichterungen für Beschlussfassung im Umlaufverfahren, EWiR 2023, 649
Leuering/Rubner	Lieferkettensorgfaltspflichtengesetz, NJW-Spezial 2021, 399
Loose	Beschränkte Erbschaftsteuerpflicht bei Erwerb durch Vermächtnis, jurisPR-SteuerR 17/2023 Anm. 4
Loose	Zurechnung von Grundstücken nach Abschluss einer Vereinbarungstreuhand, jurisPR-SteuerR 21/2023 Anm. 5
Loose	Geleistete Anzahlungen als Verwaltungsvermögen i.S.d. § 13b ErbStG, jurisPR-SteuerR 26/2023 Anm. 3
Loose	Leistungen Dritter als grunderwerbsteuerrechtliche Gegenleistung, jurisPR-SteuerR 47/2023 Anm. 5

Lutter	Keine gewerbesteuerliche Hinzurechnung der Aufwendungen für die Teilnahme an Fachmessen gemäß § 8 Nr. 1 Buchst. d) und e) GewStG, jurisPR-SteuerR 4/2023 Anm. 3
Märtens	Aufspaltungsbedingter Übertragungsgewinn ist Organträgerin zuzurechnen, jurisPR-SteuerR 5/2022 Anm. 5
Märtens	Anrechnung ausländischer Quellensteuer, jurisPR-SteuerR 12/2023 Anm. 2
Märtens	Unionsrechtmäßigkeit des Ausschlusses des Sonderausgabenabzugs für Sozialversicherungsbeiträge eines in Österreich tätigen Arbeitnehmers, jurisPR-SteuerR 24/2023 Anm. 4
Märtens	Nichtberücksichtigung „finaler" ausländischer Betriebsstättenverluste, jurisPR-SteuerR 25/2023 Anm. 2
Märtens	Fremdübliche Verzinsung einer Darlehensforderung, jurisPR-SteuerR 27/2023 Anm. 4
Marquadsen	Einstimmigkeit in Steuerfragen – Reformbedarf?, ifSt-Schrift 534 (2020)
Nassall	Zeitpunkt der Befriedigung durch Zahlung im Wege der SEPA-Lastschrift i.S.d. § 140 Abs. 1 InsO, jurisPR-BGHZivilR 25/2022 Anm. 2
Neumair	Versetzung an ausländischen Arbeitsort aufgrund Weisungsrechts, jurisPR-ArbR 25/2023 Anm. 4
Nier	Beginn der Verjährungsfrist des Urlaubsabgeltungsanspruchs bei beendetem Arbeitsverhältnis vor der EuGH-Entscheidung vom 6.11.2018 (C-684/16), jurisPR-ArbR 29/2023 Anm. 2
Nöcker	Kein Sonderausgabenabzug für Vorsorgeaufwendungen bei Bezug von steuerfreiem Arbeitslohn aus einer Tätigkeit in einem Drittstaat, juris-PR-SteuerR 43/2023 Anm. 1
Nücken	Die umsatzsteuerliche Organschaft nach den EuGH-Urteilen – Wie geht es jetzt weiter?, AG 2023, 78
Nürnberg	Das neue Plattformen-Steuertransparenzgesetz – Ein Überblick, NWB 2023, 1897
Paschmanns	Reichweite des Maßgeblichkeitsprinzips – Bewertung von Rückstellungen, BeSt 2023, 25
Pfützenreuter	Gewerbesteuerrechtliche Hinzurechnung von Wartungskosten bei Leasingverträgen, jurisPR-SteuerR 14/2023 Anm. 5
Pfützenreuter	Passive Rechnungsabgrenzung erhaltener Zahlungen bei zeitraumbezogenen Leistungen, jurisPR-SteuerR 49/2023 Anm. 1
Pinkernell/zum Bruch	Überblick zum Plattformen-Steuertransparenzgesetz, DB 2023, 1879
Pörksen	Anspruch eines Vereinsmitglieds auf Übermittlung einer vollständigen Mitgliederliste mit Namen, Anschriften und E-Mail-Adressen aller Mitglieder, jurisPR-ITR 14/2023 Anm. 4
Prätzler	Umsatzsteuer bei Streaming im Internet, jurisPR-SteuerR 35/2022 Anm. 4
Prätzler	Bedeutung des Neutralitätsgrundsatzes für Steuersatzermäßigungen – Mehrwertsteuersatz für Holzhackschnitzel, jurisPR-SteuerR 35/2022 Anm. 5
Prätzler	EuGH: kein Vorsteuerabzug einer Holding zur Eingangsleistung für Gesellschaftsbeitrag, jurisPR-SteuerR 44/2022 Anm. 5

Prätzler	EuGH zum sog. „Reemtsma"-Anspruch, jurisPR-SteuerR 11/2023 Anm. 4
Prätzler	Zeitnahe Dokumentation der Zuordnungsentscheidung, jurisPR-SteuerR 13/2023 Anm. 5
Prätzler	Besteuerung der Vermietung nicht ortsfester Wohncontainer an Arbeitnehmer, jurisPR-SteuerR 19/2023 Anm. 5
Prätzler	EuGH-Urteil „Fenix International" – die Rechtsgrundsätze zur umsatzsteuerlichen Leistungskette bei Internetanbietern werden bestätigt, jurisPR-SteuerR 20/2023 Anm. 4
Prätzler	Umsatzsteuerliche Organschaft: EuGH-Vorlage zu steuerbaren Innenumsätzen, jurisPR-SteuerR 22/2023 Anm. 6
Prätzler	Lieferungen von Gegenständen und Dienstleistungen gegen Entgelt einer Gemeinde im Rahmen des Ausbaus erneuerbarer Energien – Begriffe „Steuerpflichtiger" und „wirtschaftliche Tätigkeit", jurisPR-SteuerR 24/2023 Anm. 6
Prätzler	EuGH: Mitvermietung von Betriebsvorrichtungen als umsatzsteuerliche Nebenleistung zur Gebäudevermietung, jurisPR-SteuerR 29/2023 Anm. 4
Prätzler	EuGH zu Reiseleistungen in der Mehrwertsteuer, jurisPR-SteuerR 35/2023 Anm. 4
Prätzler	BFH: Kein Vorsteuerabzug einer Holding aus Gesellschafterbeitrag für Tochterunternehmen, jurisPR-SteuerR 37/2023 Anm. 4
Prätzler	Steuerentstehung bei ratenweise vergüteten Vermittlungsleistungen, jurisPR-SteuerR 40/2019 Anm. 6
Prätzler	EuGH-Urteil „Schütte": Direktanspruch in der Umsatzsteuer bei Einrede der Verjährung, jurisPR-SteuerR 46/2023 Anm. 5
Prätzler	Keine Lieferung dezentral verbrauchten Stroms, jurisPR-SteuerR 49/2023 Anm. 6
Reichert	Einschränkungen des Vorsteuerabzugs bei Holdinggesellschaften – Aktuelle Entwicklungen, DStR 2022, 2405
Rüschenbaum	Verfall des Urlaubs bei langfristiger Arbeitsunfähigkeit, jurisPR-ArbR 24/2023 Anm. 3
Rüschenbaum	Tilgung von Urlaubsansprüchen bei fehlender Tilgungsbestimmung des Arbeitgebers, jurisPR-ArbR 34/2023 Anm. 5
Schäfer	InvStG: Wieder Ansatz einer Vorabpauschale für 2023, StB 2023, 51
Scharpf	Art. 15 DSGVO umfasst Anspruch auf Nennung der konkreten Empfänger personenbezogener Daten, jurisPR-ITR 7/2023 Anm. 6
Schiffers	Keine Auflösung der für die Altgesellschafter anlässlich des Eintritts eines Neugesellschafters gebildeten negativen Ergänzungsbilanzen bei nachfolgendem entgeltlichen Ausscheiden des neu Eingetretenen, DStZ 2023, 523
Schmidt-Herscheidt	Ausschluss des Abgeltungsteuertarifs bei Gesellschafterfremdfinanzierung einer im Ausland ansässigen Kapitalgesellschaft, jurisPR-SteuerR 48/2023 Anm. 4
Schnitger/Gebhardt	Pillar Two: Anwendungsbereich und Erhebungsnormen der sog. GloBE Rules, IStR 2023, 113

Literaturverzeichnis

Schröder	Anmerkung zum Beschluss des VGH München vom 3.8.2022, Az. 22 ZB 22.1151 – Zum Anspruch auf Corona-Soforthilfen für ein vom Insolvenzverwalter fortgeführtes Unternehmen, EWiR 2023, 56
Schultze-Moderow/ Steinle/Muchow	Die neue Sammelklage – Ein Balanceakt zwischen Verbraucher- und Unternehmensinteressen, BB 2023, 72
Schulz-Trieglaff	Die Verfestigung der nach „Timac Agro Deutschland" geänderten Rechtsprechung des BFH zu den finalen Verlusten, StuB 2023, 539
Schwenker	Aufklärungspflicht eines Grundstücksverkäufers bei Einrichtung eines Datenraums, jurisPR-BGHZivilR 22/2023 Anm. 1
Seiler	Auslegung des Umfangs des datenschutzrechtlichen Auskunftsanspruchs, des Begriffs „Kopie" und des Begriffs „Informationen" durch den EuGH, jurisPR-BKR 5/2023 Anm. 1
Selder	Gewerbesteuerrechtliche Hinzurechnung von Mieten für Mehrwegbehältnisse im Handel, jurisPR-SteuerR 11/2023 Anm. 2
Selder	Keine erweiterte Kürzung des Gewerbeertrags einer Komplementär-GmbH bei fehlender Beteiligung am Gesellschaftsvermögen einer nicht gewerblich geprägten GmbH & Co. KG, jurisPR-SteuerR 33/2023 Anm. 1
Selder	Hausreinigung und die Folgen für die erweiterte Kürzung gemäß § 9 Nr. 1 Satz 2 GewStG; Betreuung von Wohnungsbauten, jurisPR-SteuerR 35/2023 Anm. 2
Sittard/Rombay	Anmerkung zum Vorlagebeschluss des BAG vom 22.9.2022, Az. 8 AZR 209/21 (A) – Zur Datenverarbeitung im Arbeitsverhältnis, EWiR 2023, 380
Spilger	Unzulässige Richtervorlage zur Verfassungsmäßigkeit des festen Rechnungszinsfußes von 6 % bei Pensionsrückstellungen, jurisPR-ArbR 46/2023 Anm. 7
Spitz	Offene Videoüberwachung eines Arbeitnehmers – Verwertungsverbot, jurisPR-ITR 18/2023 Anm. 3
Staake	Unverzügliche Aufnahme in das Handelsregister gemäß § 16 Abs. 1 S. 2 GmbHG, jurisPR-HaGesR 8/2023 Anm. 3
Steinhauff	Verfassungsmäßigkeit von Säumniszuschlägen, jurisPR-SteuerR 22/2023 Anm. 1
Steinhauff	Änderung von Antrags- und Wahlrechten, jurisPR-SteuerR 27/2023 Anm. 2
Strahl	Wegzugsbesteuerung und „vorübergehende Abwesenheit" NWB 2023, 1224
Strecker	Arbeitszimmer bei Anmietung durch mehrere Personen, BeSt 2023, 6
Strecker	Gestaltungsmodell zur Erlangung der Steuerfreiheit für die Nutzung eines betrieblichen, zuvor vom Arbeitnehmer erworbenen Mobilfunkgeräts, BeSt 2023, 18
Strecker	Kein Vorsteuerabzug für Betriebsveranstaltungen bei Überschreiten der 110 €-Grenze, BeSt 2023, 43
von Streit/Streit	Kann ein Reemtsma-Anspruch vom Bestehen mehrwertsteuerlicher Rechte und Pflichten im Ausland abhängig gemacht werden? – Anmerkung zum Vorlagebeschluss des BFH v. 3.11.2022 – XI R 6/21, MwStR 2023, 412

Temming	Gleichbehandlung bei Nachtarbeit – höherer tarifvertraglicher Nachtarbeitszuschlag für unregelmäßige als für regelmäßige Nachtarbeit, jurisPR-ArbR 51/2022 Anm. 3
Urbach	Steuerbarkeit von Gewinnen aus der Veräußerung von Kryptowährungen, BeSt 2023, 20
Urbach	Gewerbesteuerrechtliche Hinzurechnung von Leistungen im Rahmen eines Sponsoringvertrags, BeSt 2023, 31
Wachter	Das Vermächtnis an einem inländischen Grundstück unterliegt nicht der beschränkten Erbschaftsteuerpflicht, FR 2023, 333
Wagner	Anmerkung zum Beschluss des OLG Düsseldorf vom 22.12.2022, Az. 12 U 46/22 – Zur Darlegungslast in Bezug auf die Zahlungsunfähigkeit bei der Geschäftsführerhaftung, EWiR 2023, 341
Waßmuth/Rummel	Das Gesetz zur Umsetzung der EU-Verbandsklagenrichtlinie, ZIP 2023, 1515
Weber-Grellet	Erstattung nachentrichteter Lohnsteuer, jurisPR-ArbR 17/2023 Anm. 7
Weber-Grellet	Bildung der Pensionsrückstellung nach § 6a Abs. 1 Nr. 2 EStG bei Pensionszusage unter Vorbehalt, jurisPR-SteuerR 18/2023 Anm. 6
Weber-Grellet	Vorsteuerabzug bei Betriebsveranstaltungen, jurisPR-SteuerR 35/2023 Anm. 6
Wedde	Kein Initiativrecht des Betriebsrats zur Einführung eines elektronischen Systems zur Arbeitszeiterfassung, aber umfassende arbeitsschutzrechtlich begründete Verpflichtung von Arbeitgebern zur Erfassung von Beginn und Ende der täglichen Arbeitszeit sowie Dauer und Überstunden, jurisPR-ArbR 3/2023 Anm. 1
Widmann/Mayer	Umwandlungsrecht Kommentar, Loseblatt, Bonn
Wünnemann	Steuerpolitik in der zweiten Hälfte der 20. Legislaturperiode, DStR 2023, 1161
Würdinger	Zugang einer E-Mail im unternehmerischen Geschäftsverkehr, jurisPR-BGHZivilR 24/2022 Anm. 1
Zapf	Berechnung der Beteiligungsschwelle für Streubesitzdividenden, jurisPR-SteuerR 47/2023 Anm. 1
Zehelein	Anmerkung zum Urteil des BGH vom 23.11.2022, Az. XII ZR 96/21 – Zu Ansprüchen des Gewerberaummieters bei Betriebsbeschränkungen infolge der COVID-19-Pandemie, EWiR 2023, 173
Zöller/Gläser	Der Veranlassungszusammenhang in § 34c Abs. 1 Satz 4 EStG – praxisrelevante Überlegungen im Lichte aktueller finanzgerichtlicher Rechtsprechung, ISR 2019, 313
Zöller/Steffens	Der EU-Richtlinienentwurf zur Umsetzung der globalen Mindeststeuer (GloBE) – Funktionsweise und Praxisimplikation, ISR 2022, 118
Zöller/Steffens/ Becker	GloBE-Ergebnisermittlung und Auswirkungen auf die ETR, ISR 2022, 222

Abkürzungsverzeichnis

a.A.	anderer Auffassung
ABl.	Amtsblatt
ABl.EG	Amtsblatt der Europäischen Gemeinschaft
ABl.EU	Amtsblatt der Europäischen Union
Abs.	Absatz
Absch.	Abschnitt
AdV	Aussetzung der Vollziehung
a.E.	am Ende
AEAO	Anwendungserlass zur Abgabenordnung
AEntG	Arbeitnehmerentsendegesetz
AEUV	Vertrag über die Arbeitsweise der Europäischen Union
a.F.	alte Fassung
AfA	Absetzung für Abnutzung
AG	Arbeitsgericht
AGB	Allgemeine Geschäftsbedingungen
AGG	Allgemeines Gleichbehandlungsgesetz
AGVO	Allgemeine Gruppenfreistellungsverordnung
AktG	Aktiengesetz
Alt.	Alternative
a.M.	am Main
Amend.	Amendment
AMT	Alternative Minimum Tax
Anm.	Anmerkung
AO	Abgabenordnung
APM	Alternative Performance Measures
ArbG	Arbeitsgericht
ArbRAktuell	Arbeitsrecht Aktuell *(Zeitschrift)*
ArbZG	Arbeitszeitgesetz
ARegV	Anreizregulierungsverordnung
Art.	Artikel
AStG	Außensteuergesetz
ATAD	Anti-Tax-Avoidance Directive
ATADUmsG	Gesetz zur Umsetzung der Anti-Steuervermeidungsrichtlinie (ATAD-Umsetzungsgesetz)
Aufl.	Auflage

AÜG	Arbeitnehmerüberlassungsgesetz
AV	Anlagevermögen
Az.	Aktenzeichen
B2B	Business-to-Business
B2G	Business-to-Government
B+P	Betrieb und Personal *(Zeitschrift)*
BAFA	Bundesamt für Wirtschaft und Ausfuhrkontrolle
BaFin	Bundesanstalt für Finanzdienstleistungsaufsicht
BAG	Bundesarbeitsgericht
BAnz	Bundesanzeiger
BayLfSt	Bayerisches Landesamt für Steuern
BB	Betriebsberater *(Zeitschrift)*
BBF	Bundesamt zur Bekämpfung von Finanzkriminalität
BBP	Betriebswirtschaft im Blickpunkt *(Zeitschrift)*
BC	Zeitschrift für Bilanzierung, Rechnungswesen und Controlling *(Zeitschrift)*
BDEW	Bundesverband der Energie- und Wasserwirtschaft e.V.
BDI	Bundesverband der Deutschen Industrie e.V.
BDSG	Bundesdatenschutzgesetz
BEEG	Bundeselterngeld- und Elternzeitgesetz
BEFIT	Business in Europe: Framework for Income Taxation
BEHG	Brennstoffemissionshandelsgesetz
BEPS	Base Erosion and Profit Shifting
BeSt	Beratersicht zur Steuerrechtsprechung (Quartalsbeilage zu EFG und HFR)
BetrAVG	Gesetz zur Verbesserung der betrieblichen Altersversorgung (Betriebsrentengesetz)
BetrVG	Betriebsverfassungsgesetz
BewG	Bewertungsgesetz
BFH	Bundesfinanzhof
BFHE	Entscheidungen des Bundesfinanzhofs
BFH/NV	Sammlung der Entscheidungen des Bundesfinanzhofs mit allen amtlich und nicht amtlich veröffentlichten Entscheidungen
BGB	Bürgerliches Gesetzbuch
BGBl.	Bundesgesetzblatt
BGH	Bundesgerichtshof
BGHZ	Entscheidungen des Bundesgerichtshofs in Zivilsachen
BilMoG	Bilanzrechtsmodernisierungsgesetz
BMAS	Bundesministerium für Arbeit und Soziales

BMAG	Börsenmantelaktiengesellschaft
BMF	Bundesministerium der Finanzen
BMJ	Bundesministerium der Justiz
BMUV	Bundesministerium für Umweltschutz
BMWi	Bundesministerium für Wirtschaft und Energie
BMWK	Bundesministerium für Wirtschaft und Klimaschutz
BNetzA	Bundesnetzagentur
BörsG	Börsengesetz
BpO	Betriebsprüfungsordnung
BR-Drucks.	Bundesratsdrucksache
BSI	Bundesamt für Sicherheit in der Informationstechnik
BSIG	Gesetz über das Bundesamt für Sicherheit in der Informationstechnik
bspw.	beispielsweise
BStBl	Bundessteuerblatt
BT-Drucks.	Bundestagsdrucksache
BeurkG	Beurkundungsgesetz
Buchst.	Buchstabe
BUrlG	Bundesurlaubsgesetz
BVerfG	Bundesverfassungsgericht
BZSt	Bundeszentralamt für Steuern
bzw.	beziehungsweise
CapEx	Capital Expenditures oder Capital Expenses
CAPM	Capital-Asset-Pricing-Model
CBAM	Carbon Border Adjustment Mechanism (CO_2-Grenzausgleichsmechanismus)
CbC	Country by Country
CbCR	Country by Country Reporting
CEN	Comité Européen de Normalisation
CFC	Controlled Foreign Corperation
ChatGPT	Generative Pre-trained Transformer
CSDDD	Corporate Sustainability Due Diligence Directive
CMS	Compliance-Management-Systems
COVID-19	Coronavirus disease 2019
CSRD	Corporate Sustainability Reporting Directive
CSRS	Rechtsakt zu dem European Corporate Sustainability Standards
ct/KWh	Cent pro Kilowattstunde
CR	Computer und Recht *(Zeitschrift)*

DAC7-UmsG	Gesetz zur Umsetzung der Richtlinie (EU) 2021/514 des Rates vom 22. März 2021 zur Änderung der Richtlinie 2011/16/EU über die Zusammenarbeit der Verwaltungsbehörden im Bereich der Besteuerung und zur Modernisierung des Steuerverfahrensrechts
DB	Der Betrieb *(Zeitschrift)*
DBA	Doppelbesteuerungsabkommen
DCGK	Deutsche Corporate Governance Kodex
d.h.	das heißt
DIN	Deutsches Institut für Normung
DNK	Deutscher Nachhaltigkeitskodex
DNotZ	Deutsche Notar-Zeitschrift *(Zeitschrift)*
DNSH	Do No Significant Harm
Doppelbuchst.	Doppelbuchstabe
DRÄS	Deutscher Rechnungslegungs Änderungsstandard
DRS	Deutsche Rechnungslegungs Standards
DRSC	Deutsches Rechnungslegungs Standards Committee
DRV Bund	Deutsche Rentenversicherung Bund
DSGVO	EU-Datenschutzgrundverordnung
DStR	Deutsches Steuerrecht *(Zeitschrift)*
DStRE	Deutsches Steuerrecht Entscheidungsdienst *(Entscheidungssammlung)*
DStZ	Deutsche Steuerzeitung *(Zeitschrift)*
D/NI	Deduction/No-Inclusion
e.V.	eingetragener Verein
EAV	Ergebnisabführungsvertrag
EBIT	Earnings before interests, taxes
EBITDA	Earnings before interests, taxes, depreciation and amortisation
EBT	Earnings before taxes
ECEP	European Common Enforcement Priorities
EDI	Electronic Data Interchange
EDIFACT	Electronic Data Interchange for Administration, Commerce and Transport
EEG	Erneuerbare-Energien-Gesetz
EFA	Energiefachausschuss des IDW
EFG	Entscheidung der Finanzgerichte *(Zeitschrift)*
EFRAG	European Financial Reporting Advisory Group
EFZG	Gesetz über die Zahlung des Arbeitsentgelts an Feiertagen und im Krankheitsfall (Entgeltfortzahlungsgesetz)
EGAO	Einführungsgesetz zur Abgabenordnung

eGbR	eingetragene Gesellschaft bürgerlichen Rechts
EGBGB	Einführungsgesetz zum Bürgerlichen Gesetzbuche
EGHGB	Einführungsgesetz zum Handelsgesetzbuch
EGMR	Europäischer Gerichtshof für Menschenrechte
EKI-Zinssatz	Eigenkapitalzinssatz I
EKII-Zinssatz	Eigenkapitalzinssatz II
ELStAM	Elektronische Lohnsteuerabzugsmerkmale
EnergieStG	Energiesteuergesetz
EnEV	Energieeinsparverordnung
EnFG	Energiefinanzierungsgesetz
EntgTranspG	Gesetz zur Förderung der Transparenz von Entgeltstrukturen (Entgelttransparenzgesetz)
EnWG	Energiewirtschaftsgesetz
EPPS	Studierenden-Energiepreispauschalengesetz
EOG	Erlösobergrenze
ER	Zeitschrift für die gesamte Energierechtspraxis *(Zeitschrift)*
ErbSt	Erbschaftsteuer
ErbStDV	Erbschaftsteuer-Durchführungsverordnung
ErbStG	Erbschaftsteuer- und Schenkungsteuergesetz
ErbStH	Hinweise zu den Erbschaftsteuer-Richtlinien
ErbStR	Erbschaftsteuer-Richtlinien
Erl.	Erlass
Ertrag-StB	Der Ertrag-Steuer-Berater *(Zeitschrift)*
ESanMV	Verordnung zur Bestimmung von Mindestanforderungen für energetische Maßnahmen bei zu eigenen Wohnzwecken genutzten Gebäuden nach § 35c des Einkommensteuergesetzes (Energetische-Sanierungsmaßnahmen-Verordnung)
ESEF	European Single Electronic Format
ESMA	Europäische Wertpapieraufsichtsbehörde
ESRS	European Sustainability Reporting Standards
EStDV	Einkommensteuer-Durchführungsverordnung
EStG	Einkommensteuergesetz
EStH	Einkommensteuer-Hinweise
EStR	Einkommensteuer-Richtlinien
et al.	(et alii =) und andere
ETD	Europäische Energiesteuerrichtlinie
eTin	elektronische Transfer-Identifikations-Nummer
EU	Europäische Union

EUAHiG-E	Gesetz über die Durchführung der gegenseitigen Amtshilfe in Steuersachen zwischen den Mitgliedstaaten der Europäischen Union (EU-Amtshilfegesetz)
EU-EnergieKBG	EU-Energiekrisenbeitragseinführungsgesetz
EuG	Gericht der Europäischen Union
EuGH	Europäischer Gerichtshof
EURLUmsG	Gesetz zur Umsetzung von EU-Richtlinien in nationales Steuerrecht und zur Änderung weiterer Vorschriften (EU-Richtlinien-Umsetzungsgesetz)
EUSt	Einfuhrumsatzsteuer
EuZW	Europäische Zeitschrift für Wirtschaftsrecht *(Zeitschrift)*
evtl.	eventuell
EVU	Energieversorgungsunternehmen
EWiR	Entscheidungen zum Wirtschaftsrecht und Kurzkommentare *(Zeitschrift)*
EWKFondsG	Gesetz über den Einwegkunststofffonds (Einwegkunststofffondsgesetz)
EWKFondsV	Einwegkunststofffondsverordnung
EWPBG	Gesetz zur Einführung von Preisbremsen für leitungsgebundenes Erdgas und Wärme (Erdgas-Wärme-Preisbremsengesetz)
eWPG	Gesetz über elektronische Wertpapiere
EWR	Europäischer Wirtschaftsraum
EWSG	Erdgas-Wärme-Soforthilfegesetz
EZ	Erhebungszeitraum
EZB	Europäische Zentralbank
EZG	Ermittlungszentrum Geldwäsche
FA	Finanzamt
FAB	Fachausschuss Unternehmensberichterstattung
FAQ	Frequently Asked Questions
FASB	Financial Accounting Standards Board
FATCA	Foreign Account Tax Compliance Act
FATF	Financial Action Task Force
FAUB	Fachausschuss für Unternehmensbewertung und Betriebswirtschaft
f./ff.	folgend/folgende
FG	Finanzgericht
FGO	Finanzgerichtsordnung
FinBeh.	Finanzbehörde
FinMin	Finanzministerium
FinVerw	Finanzverwaltung
FKAustG	Finanzkonten-Informationsaustauschgesetz

FoStoG	Fondsstandortgesetz
FR	Finanz Rundschau (Zeitschrift)
FuE	Forschung und Entwicklung
FVerlV	Verordnung zur Anwendung des Fremdvergleichsgrundsatzes nach § 1 Abs. 1 des Außensteuergesetzes in Fällen grenzüberschreitender Funktionsverlagerungen (Funktionsverlagerungsverordnung)
FZulG	Gesetz zur steuerlichen Förderung von Forschung und Entwicklung (Forschungszulagengesetz)
GasNEV	Gasnetzentgeldverordnung
GasNZV	Gasnetzzugangsverordnung
GAufzV	Verordnung zu Art, Inhalt und Umfang von Aufzeichnungen im Sinne des § 90 Abs. 3 der Abgabenordnung (Gewinnabgrenzungsaufzeichnungsverordnung)
GBO	Grundbuchordnung
GbR	Gesellschaft bürgerlichen Rechts
GDPdU	Grundsätze zum Datenzugriff und zur Prüfbarkeit digitaler Unterlagen
GEG	Gebäudeenergiegesetz
gem.	gemäß
GewO	Gewerbeordnung
GenG	Gesetz betreffend die Erwerbs- und Wirtschaftsgenossenschaften (Genossenschaftsgesetz)
GeschGehG	Gesetz zum Schutz von Geschäftsgeheimnissen
GewSt	Gewerbesteuer
GewStG	Gewerbesteuergesetz
GG	Grundgesetz
ggf.	gegebenenfalls
GILTI	Global Intangible Low-Taxed Income
GJ	Geschäftsjahr
GKKB	Gemeinsame konsolidierte Körperschaftsteuerbemessungsgrundlage
GloBE	Global Anti-Base Erosion Rules
GmbH	Gesellschaft mit beschränkter Haftung
GmbHG	Gesetz betreffend die Gesellschaften mit beschränkter Haftung
GmbHR	GmbH-Rundschau (Zeitschrift)
GmbH-StB	GmbH-Steuerberater (Zeitschrift)
GrESt	Grunderwerbsteuer
GrEStG	Grunderwerbsteuergesetz
GoB	Grundsätze ordnungsgemäßer Buchführung

Abkürzungsverzeichnis

GoBD	Grundsätze zur ordnungsmäßigen Führung und Aufbewahrung von Büchern, Aufzeichnungen und Unterlagen in elektronischer Form sowie zum Datenzugriff
GoBS	Grundsätze ordnungsmäßiger DV-gestützter Buchführungssysteme
GRI	Global Reporting Initiative
GrStG	Grundsteuergesetz
GrStRefG	Gesetz zur Reform des Grundsteuer- und Bewertungsrechts (Grundsteuer-Reformgesetz)
GuV	Gewinn- und Verlustrechnung
GWB	Gesetz gegen Wettbewerbsbeschränkungen
GwG	Gesetz über das Aufspüren von Gewinnen aus schweren Straftaten (Geldwäschegesetz)
GWG	Geringwertiges Wirtschaftsgut
GWh	Gigawattstunde
HFA	Hauptfachausschuss des Instituts der Wirtschaftsprüfer
HFR	Höchstrichterliche Finanzrechtsprechung *(Zeitschrift)*
HGB	Handelsgesetzbuch
HinSchG	Hinweisgeberschutzgesetz
h.M.	herrschende Meinung
HVPS	Harmonisierter Verbraucherindex
IAS	International Accounting Standards
IASB	International Accounting Standards Board
i.d.F.	in der Fassung
i.d.R.	in der Regel
i.d.S.	in dem Sinne
IDW	Institut für Wirtschaftsprüfer
IDW EFA	Energiefachausschuss des IDW
IDW RH HFA	Regelungshinweise des IDW, Stellungnahmen des Hauptfachausschusses
IDW RS HFA	Stellungnahmen des Hauptfachausschusses des IDW
IDW RS IFA	Stellungnahmen des Immobilienwirtschaftlichen Fachausschusses des IDW
IDW RS VFA	Stellungnahmen des Versicherungsfachausschusses des IDW
i.E.	im Einzelnen
IF	Inclusive Framework on BEPS
IFA	Immobilienwirtschaftlicher Fachausschuss
IFRS	International Financial Reporting Standards
IFRS IC	International Financial Reporting Standards Interpretations Committee
IfSG	Infektionsschutzgesetz

iGZ	Interessenverband Deutscher Zeitarbeitsunternehmen e.V.
i.H.v.	in Höhe von
IIR	Income Inclusion Rule
IKS	Internes Kontrollsystem
ImmoWertV	Immobilienwertermittlungsverordnung
INDat-Report	Fachmagazin für Restrukturierung, Sanierung und Insolvenz *(Zeitschrift)*
INF	Information über Steuer und Wirtschaft
insb.	insbesondere
InsO	Insolvenzordnung
InvStG	Investmentsteuergesetz
InvStRG	Gesetz zur Reform der Investmentbesteuerung (Investmentsteuerreformgesetz)
IOSS	Import-One-Stop-Shop
IR	InfrastrukturRecht *(Zeitschrift)*
IRA	Inflation Reduction Act
i.S.d.	im Sinne der/des
ISR	Internationale Steuer-Rundschau *(Zeitschrift)*
ISSB	International Sustainability Standards Board
IStR	Internationales Steuerrecht *(Zeitschrift)*
i.S.v.	im Sinne von
IT-SiG	Gesetz zur Erhöhung der Sicherheit informationstechnischer Systeme (IT-Sicherheitsgesetz)
i.V.m.	in Verbindung mit
i.Z.m.	im Zusammenhang mit
JbFfStR	Jahrbuch der Fachanwälte für Steuerrecht
j.P.d.ö.R.	Juristische Person des öffentlichen Rechts
JStG	Jahressteuergesetz
jurisPR-ArbR	juris PraxisReport Arbeitsrecht *(Zeitschrift)*
jurisPR-BGHZivilR	juris PraxisReport BGH-Zivilrecht *(Zeitschrift)*
jurisPR-BKR	juris PraxisReport Bank- und Kapitalmarktrecht *(Zeitschrift)*
jurisPR-Compl	juris PraxisReport Compliance & Investigations *(Zeitschrift)*
jurisPR-HaGesR	juris PraxisReport Handels- und Gesellschaftsrecht *(Zeitschrift)*
jurisPR-ITR	juris PraxisReport IT-Recht *(Zeitschrift)*
jurisPR-SteuerR	juris PraxisReport Steuerrecht *(Zeitschrift)*
KANU	Kalkulatorische Nutzungsdauer
KapESt	Kapitalertragsteuer
Kartell-VO	Kartellverordnung

Kfz	Kraftfahrzeug
KG	Kommanditgesellschaft / Kammergericht
KGaA	Kommanditgesellschaft auf Aktien
KI	Künstliche Intelligenz
KKa	Kapitalkostenaufschlag
Klimaschutz-InvPG	Klimaschutz-Investitionsprämiengesetz
KMU	kleine und mittlere Unternehmen
KöMoG	Körperschaftsteuermodernisierungsgesetz
kösdi	Kölner Steuerdialog *(Zeitschrift)*
KommJur	Kommunaljurist *(Zeitschrift)*
KoR	Zeitschrift für internationale und kapitalmarktorientierte Rechnungslegung *(Zeitschrift)*
KoSIT	Koordinierungsstelle für IT-Standards
KPI	Key-Performance-Indicator
KSchG	Kündigungsschutzgesetz
KSI	Krisen-, Sanierungs- und Insolvenzberatung Wirtschaft Steuern Recht *(Zeitschrift)*
KStG	Körperschaftsteuergesetz
KStR	Körperschaftsteuer-Richtlinien
KWK	Kraft-Wärme-Kopplung
KWKG	Kraft-Wärme-Koppelungsgesetz
kWh	Kilowattstunde
kWp	Kilowatt Peak
LAG	Landesarbeitsgericht
LF	Lieferant
LfSt	Landesamt für Steuern
LG	Landgericht
Lifo-Methode	Last-In-First-Out-Methode
LkSG	Lieferkettensorgfaltspflichtengesetz
LKW	Lastkraftwagen
LNG	Liquefied Natural Gas (Flüssigerdgas)
Ls.	Leitsatz
LSG	Landessozialgericht
LStDV	Lohnsteuer-Durchführungsverordnung
LStR	Lohnsteuer-Richtlinien
max.	maximal
MDR	Monatsschrift für Deutsches Recht *(Zeitschrift)*

MDSH	Marketing and Distribution Safe Harbour
MgFSG	Gesetz über die Mitbestimmung der Arbeitnehmer bei grenzüberschreitendem Formwechsel und grenzüberschreitender Spaltung
MinStG	Mindeststeuergesetz
MinBestRL-UmsG	Mindestbesteuerungsrichtlinie-Umsetzungsgesetz
Mio.	Millionen
MLI	Multilaterales Instrument
MNE	Multinationales Unternehmen
MoPeG	Gesetz zur Modernisierung des Personengesellschaftsrechts
MOSS	Mini-One-Stop-Shop
Mrd.	Milliarden
MuSchG	Mutterschutzgesetz
m.w.N.	mit weiteren Nachweisen
MWh	Megawattstunde
MwStR	Zeitschrift für das gesamte Mehrwertsteuerrecht *(Zeitschrift)*
MwStSystRL	Mehrwertsteuersystem-Richtlinie
MwStVO	Mehrwertsteuer-Verordnung
NACE-Code	Statistische Systematik der Wirtschaftszweige in der Europäischen Gemeinschaft
NES	National Evaluation Systems
n.F.	neue Fassung
NFE	Nichtfinanzielle (Konzern-)Erklärung
NFRD	Non-Financial Reporting Directive
NGO	Non-Governmental Organisations (Deutsch: Nichtregierungsorganisationen)
NJW	Neue Juristische Wochenschrift *(Zeitschrift)*
NJW-RR	NJW Rechtsprechungs-Report Zivilrecht *(Zeitschrift)*
NPL	Non-Performing-Loans
npoR	Zeitschrift für das Recht der Non Profit Organisationen *(Zeitschrift)*
Nr.	Nummer
n.v.	nicht veröffentlicht
NWB	Neue Wirtschafts-Briefe *(Zeitschrift)*
NZA	Neue Zeitschrift für Arbeitsrecht *(Zeitschrift)*
NZA-RR	NZA Rechtsprechungs-Report Arbeitsrecht *(Zeitschrift)*
NZB	Nichtzulassungsbeschwerde
NZBau	Neue Zeitschrift für Baurecht und Vergaberecht *(Zeitschrift)*
NZG	Neue Zeitschrift für Gesellschaftsrecht *(Zeitschrift)*
NZI	Neue Zeitschrift für Insolvenz- und Sanierungsrecht *(Zeitschrift)*

NZM	Neue Zeitschrift für Miet- und Wohnungsrecht *(Zeitschrift)*
NZS	Neue Zeitschrift für Sozialrecht *(Zeitschrift)*
o.a.	oben angeführt
OECD	Organisation for Economic Cooperation and Development (Organisation für wirtschaftliche Zusammenarbeit und Entwicklung)
OECD-MA	OECD-Musterabkommen zur Vermeidung der Doppelbesteuerung
OFD	Oberfinanzdirektion
o.g.	oben genannt
OHG	Offene Handelsgesellschaft
OLG	Oberlandesgericht
OpEx	Operational Excellence
OSS	One-Stop-Shop
OWiG	Gesetz über Ordnungswidrigkeiten
p.a.	per anno, pro Jahr
PartG	Partnerschaftsgesellschaft
PES	Primärergänzungssteuerregelung
PIEs	Große Unternehmen von öffentlichem Interesse
Pkw	Personenkraftwagen
PPA	Power Purchase Agreements
PStR	Praxis Steuerstrafrecht *(Zeitschrift)*
PStTG	Plattformen-Steuertransparenzgesetz
PTC	Periodische Transaktionskontrollen
PublG	Publizitätsgesetz
QDMTT	Qualified Domestic Minimum Top-Up-Tax
RAB	Regulated Asset Base
RCV	Reverse Charge Verfahren
RdE	Recht der Energiewirtschaft *(Zeitschrift)*
RegE	Regierungsentwurf
REIT	Real-Estate-Investment-Trust
Rn.	Randnummer
RETT	Real Estate Transfer Tax
rkr.	rechtskräftig
RL	Richtlinie
RL-E	Richtlinien-Entwurf
Rspr.	Rechtsprechung
Rev.	Revision eingelegt
RP	Regulierungsperiode
Rz.	Randziffer

S.	Seite
s.	siehe
SAF-T	Standard Audit File-Tax
SanInsFoG	Gesetz zur Fortentwicklung des Sanierungs- und Insolvenzrechts (Sanierungsfortentwicklungsgesetz)
SAP IDoc	zentrales Format zum Datenaustausch zwischen SAP-Systemen
SDG	Sanktionsdurchsetzungsgesetz
SEAB	Stromerzeugender Anlagenbetreiber
SEC	Sector Classification Standards
SES	Senior Experten Service
SFDR	Sustainable Finance Disclosure Regulation
SGB	Sozialgesetzbuch
s.o.	siehe oben
sog.	sogenannt
SolZ	Solidaritätszuschlag
SolzG	Solidaritätszuschlaggesetz
SPAC	Special Purpose Acquisition Companie
StAbwG	Steueroasen-Abwehrgesetz
StaRUG	Gesetz über den Stabilisierungs- und Restrukturierungsrahmen für Unternehmen (Unternehmensstabilisierungs- und -restrukturierungsgesetz)
Stbg	Die Steuerberatung *(Zeitschrift)*
StEd	Steuer-Eildienst *(Zeitschrift)*
Stpfl.	Steuerpflichtiger
st. Rspr.	ständige Rechtsprechung
str.	strittig
StromPBG	Strompreisbremsengesetz
StromNEV	Stromnetzentgeltverordnung
StromNZV	Verordnung über den Zugang zu Elektrizitätsversorgungsnetzen
StromStG	Stromsteuergesetz
STTR	Subject-To-Tax-Rule
STTR-MLI	Multilaterales Instrument der Subject-To-Tax-Rule
StuB	Unternehmensteuern und Bilanzen *(Zeitschrift)*
SvEV	Sozialversicherungsentgeltverordnung
TCMS	Tax Compliance Management System
TSE	Technische Sicherheitseinrichtung
TTDSG	Telekommunikation-Telemedien-Datenschutz-Gesetz
Tz.	Textzahl

TzBfG	Gesetz über Teilzeitarbeit und befristete Arbeitsverträge (Teilzeit- und Befristungsgesetz)
u.a.	unter anderem
Ubg	Die Unternehmensbesteuerung (*Zeitschrift*)
u.E.	unseres Erachtens
ÜNB	Übertragungsnetzbetreiber
UmRUG	Gesetz zur Umsetzung der Umwandlungsrichtlinie und zur Änderung weiterer Gesetze
UmwG	Umwandlungsgesetz
UmwRMitbestG	Gesetz zur Umsetzung der Bestimmungen der Umwandlungsrichtlinie über die Mitbestimmung der Arbeitnehmer bei grenzüberschreitenden Umwandlungen, Verschmelzungen und Spaltungen
UmwStG	Umwandlungssteuergesetz
UNGC	United Nations Global Compact
UR	UmsatzsteuerRundschau *(Zeitschrift)*
Urt.	Urteil
US	United States
USt	Umsatzsteuer
UStAE	Umsatzsteuer-Anwendungserlass
UStB	Umsatz-Steuerberater *(Zeitschrift)*
UStDV	Umsatzsteuer-Durchführungsverordnung
UStG	Umsatzsteuergesetz
USt-Idnr.	Umsatzsteuer-Identifikationsnummer
UTPR	Undertaxed Payment Rule
u.U.	unter Umständen
UVR	Umsatz- und Verkehrsteuer-Recht *(Zeitschrift)*
UZK	Unionszollkodex
v.	vom/von
v.a.	vor allem
VAT	Valued Added Tax
VDuG	Verbraucherrechtedurchsetzungsgesetz
VerkProspG	Wertpapier-Verkaufsprospektgesetz (Verkaufsprospektgesetz)
VG	Vermögensgegenstand
vGA	verdeckte Gewinnausschüttung
vgl.	vergleiche
ViDA	VAT in the Digital Age
VIP	Verbraucherpreisindex
VKU	Verband kommunaler Unternehmen
VNB	Verteilernetzbetreiber

VO	Verordnung
VRUG	Verbandsklagenrichtlinienumsetzungsgesetz
VWG BsGa	Grundsätze für die Anwendung des Fremdvergleichsgrundsatzes auf die Aufteilung der Einkünfte zwischen einem inländischen Unternehmen und seiner ausländischen Betriebsstätte und auf die Ermittlung der Einkünfte der inländischen Betriebsstätte eines ausländischen Unternehmens nach § 1 Absatz 5 des Außensteuergesetzes und der Betriebsstättengewinnaufteilungsverordnung (Verwaltungsgrundsätze Betriebsstättengewinnaufteilung)
VZ	Veranlagungszeitraum
WachstumschancenG-E	Entwurf eines Wachstumschancengesetzes
WM	Wertpapier Mitteilungen *(Zeitschrift)*
WPg	Die Wirtschaftsprüfung *(Zeitschrift)*
WPK	Wirtschaftsprüfungskammer
WpÜG	Wertpapiererwerbs- und Übernahmegesetz
Xgen	Sektoraler Produktivitätsfaktor
z.B.	zum Beispiel
z.T.	zum Teil
ZD	Zeitschrift für Datenschutz *(Zeitschrift)*
ZEV	Zeitschrift für Erbrecht und Vermögensnachfolge *(Zeitschrift)*
ZfZ	Zölle und Verbrauchsteuern *(Zeitschrift)*
Ziff.	Ziffer
ZInsO	Zeitschrift für das gesamte Insolvenz- und Sanierungsrecht *(Zeitschrift)*
ZIP	Zeitschrift für Wirtschaftsrecht *(Zeitschrift)*
ZKF	Zeitschrift für Kommunalfinanzen *(Zeitschrift)*
ZM	Zusammenfassende Meldung
ZPO	Zivilprozessordnung
ZUGfeRD	Zentraler User Guide des Forums elektronische Rechnung Deutschland
ZVR	Zeitschrift für Verkehrsrecht *(Zeitschrift)*

Erster Teil: Bewertung aus der Sicht der Wirtschaft

A. Wachstumschancengesetz

I. Gesetzgebungsverfahren

Das „Gesetz zur Stärkung von Wachstumschancen, Investitionen und Innovation sowie Steuervereinfachung und Steuerfairness (Wachstumschancengesetz)" wurde 2023 mit dem Ziel angestoßen, die **wesentlichen steuerlichen Punkte des Koalitionsvertrages** umzusetzen – wie z.B. um die Investitionsprämie, die Anzeigepflicht für nationale Steuergestaltungen, die Zinshöhenschranke, die eRechnung sowie die Verbesserungen bei der Thesaurierungsbegünstigung und dem Optionsmodell – und weitere Änderungen zur **Stimulation der deutschen Wirtschaft** auf den Weg zu bringen.

Es sollte, neben dem Mindeststeuerumsetzungsgesetz, das größte Steuergesetz im Jahr 2023 werden. Dabei wurde die Jahreswirkung des Wachstumschancengesetzes im Regierungsentwurf mit zunächst 7 Mrd. Euro angegeben, wobei der Bund mit 2,6 Mrd. Euro Steuermindereinnahmen belastet worden wäre, die Länder mit 2,4 Mrd. Euro und die Gemeinden mit 1,9 Mrd. Euro. Hervorzuheben ist aber, dass längst nicht die gesamte Aufkommenswirkung dauerhaft gewesen wäre, teilweise liegen temporäre Effekte vor (z.B. hinsichtlich der degressiven AfA).

Allerdings stieß das Wachstumschancengesetz bereits im ersten Durchgang des Bundesrates auf **erhöhten Widerstand**. Bemängelt wurden vor allem die **Gesamtkosten für Länder und Gemeinden** sowie die administrativen Hürden für die Länder bei der Umsetzung der Investitionsprämie. Zwar wurde das Wachstumschancengesetz vom Bundestag mit umfangreichen Änderungen beschlossen, die in Teilen auf die Stellungnahme des Bundesrates und die Belange der deutschen Wirtschaft eingegangen waren, allerdings lag die Administration der Investitionsprämie nach dem Gesetzesbeschluss auch weiterhin bei den Ländern und der finanzielle Rahmen wurde auf „nur" 6,3 Mrd. Euro gesenkt (Bund: 2,2 Mrd. Euro, Länder: 2,1 Mrd. Euro, Gemeinden: 1,9 Mrd. Euro).

Damit zeichnete sich bereits vor dem zweiten Durchgang im Bundesrat am 24.11.2023 ab, dass das Wachstumschancengesetz in der Länderkammer keine Zustimmung erhalten wird. Zu groß waren die Vorbehalte der Länder angesichts ihrer nicht aufgegriffenen Änderungsvorschläge, der erwarteten Aufkommenswirkung zulasten der Länderhaushalte und auch administrativer Fragen zur Umsetzung der Investitionsprämie. Das Wachstumschancengesetz wurde nicht verabschiedet und der Vermittlungsausschuss angerufen, so dass das Wachstumschancengesetz in die Hände der 32 Mitglieder des Vermittlungsausschusses gegeben wurde.

Die Verhandlungen gestalteten sich jedoch schwierig, wozu neben den steuerpolitischen Differenzen auch die **verschärfte Haushaltslage** nach dem Urteil des Bundesverfassungsgerichts zum Zweiten Nachtragshaushalt 2021 vom 15.11.2023[1] beitrug. Das **vorläufige Scheitern des Wachstumschancengesetzes** wurde von Seiten der – insb. unionsgeführten – Länder mit **unklaren finanzpolitischen Rahmenbedingungen** angesichts des noch immer nicht verabschiedeten Bundeshalts 2024 begründet. Zudem kritisieren die Länder, dass der Bundestag die zahlreichen Änderungsvorschläge des Bundesrates nur punktuell übernommen hat. Aus der Koalition wird CDU/CSU dagegen eine Blockade vorgeworfen. Einzelne Teile des Wachstumschancengesetzes sind in das zwischenzeitlich im BGBl. verkündete Kreditzweitmarktförderungsgesetz überführt worden und daher nicht mehr Gegenstand des Vermittlungsausschusses. Hierzu → Rz. 5 und → Rz. 13.

Aus Sicht des BDI muss das Vermittlungsverfahren zum Wachstumschancengesetz schnell zu einem Ergebnis führen. Die Unternehmen brauchen **Rechts- und Planungssicherheit** bezüglich der vorgesehenen steuerlichen Entlastungsmaßnahmen, z.B. für die Umsetzung der Investitionsprämie. Bundestag und Bundesrat sind daher gemeinsam

---

[1] BVerfG v. 15.11.2023, 2 BvF 1/22, NJW 2023, 3775.

in der Verantwortung, einen Kompromiss zu erzielen, um der Wirtschaft mit Investitionsanreizen und verbesserten Unternehmenssteuern den Rücken zu stärken. Eine politische Hängepartie über mehrere Wochen würde dem Standort Deutschland sehr schaden und die ohnehin schon große Unsicherheit in der Wirtschaft weiter verstärken.

II. Überblick über die vorgesehenen Maßnahmen und Bewertung durch den BDI

1. Investitionsprämie

2   Im **Referentenentwurf des Wachstumschancengesetzes** sollte auch die Investitionsprämie für die Jahre 2024 bis 2027 eingeführt werden. Mit der Prämie (→ Rz. 81) sollten Investitionen in klimafreundliche Technologien kurzfristig angestoßen werden: Firmen, die in Energie- und Ressourceneffizienz investieren, sollten gewinnunabhängig 15 % der Investition in den Klimaschutz (max. 30 Mio. Euro) zurückerhalten können. Die Bemessungsgrundlage beträgt im Förderzeitraum insg. maximal 200 Mio. Euro pro Anspruchsberechtigtem. Es sollten Investitionen in neue abnutzbare bewegliche Wirtschaftsgüter des Anlagevermögens sowie in bestehende bewegliche Wirtschaftsgüter des Anlagevermögens, die zu nachträglichen Anschaffungs- oder Herstellungskosten führen, geltend gemacht werden können.

Voraussetzung dabei war, dass die Investitionen in einem Energiesparkonzept oder Energiemanagementsystem enthalten sind. Die Prämie sollte innerhalb eines Monats nach Bekanntgabe des Bescheids liquiditätssteigernd ausgezahlt und auf die Ertragssteuer angerechnet werden. Laut dem Referentenentwurf sollte sie somit auch in Verlustfällen wirken. Darüber hinaus sollte ein weiterer Ausbau der Prämie geprüft werden.

Im **Gesetzentwurf** sollte gegenüber dem Referentenentwurf der Förderzeitraum von vier auf sechs Jahre (bis 2029) erhöht werden. Auch die Anzahl der Anträge im Förderzeitraum sollte von zwei Anträgen auf vier Anträge pro Anspruchsberechtigtem zwischen dem 31.12.2024 und dem 1.1.2032 erweitert werden. Anträge sollten allerdings erst gestellt werden können, wenn die Voraussetzungen einer elektronischen Übermittlung geschaffen wurden. Da das Antragsverfahren neu aufgebaut und entwickelt werden muss, wurde hierfür ein Zeitraum von mindestens einem Jahr eingeplant. Aus diesem Grund sollte eine Antragstellung frühestens ab dem 1.1.2025 möglich sein. Das Mindestinvestitionsvolumen sollte von 50.000 Euro auf 10.000 Euro und der Sockelbetrag für förderfähige Investitionen von 10.000 Euro auf 5.000 Euro reduziert werden. Eine weitere Änderung gegenüber dem Referentenentwurf war, dass dem Antrag das erforderliche Einsparkonzept sowie eine schriftliche Bestätigung des Energieberaters oder des eigenen Energiemanagers, mit dessen Hilfe das Einsparkonzept erstellt wurde, dass die im Antrag aufgeführten Investitionen mit den im Einsparkonzept enthaltenen Maßnahmen übereinstimmen und die erforderlichen Voraussetzungen erfüllt werden, elektronisch beizufügen ist. Außerdem sollte die Investitionsprämie, soweit sie im Zeitpunkt der Festsetzung den Restbuchwert übersteigt, gewinnerhöhend zu erfassen sein.

Laut der **Beschlussempfehlung des Deutschen Bundestages** sollten gegenüber dem Regierungsentwurf die angeschafften oder hergestellten Wirtschaftsgüter ebenfalls begünstigt werden, wenn sie in einer Betriebsstätte ausschließlich oder fast ausschließlich betrieblich genutzt werden, die in einem Mitgliedstaat der Europäischen Union oder einem Vertragsstaat des Abkommens über den Europäischen Wirtschaftsraum (EWR-Abkommen) oder in der Schweizerischen Eidgenossenschaft gelegen ist. Der Beginn des Förderzeitraumes sollte mit dem 29.2.2024 beginnen. Laut der Beschlussempfehlung sollte auch die Definition einer abgeschlossenen Investition auf Maßnahmen, die zu nachträglichen Anschaffungs- und Herstellungskosten führen, ausgeweitet werden.

> **Kritische Stellungnahme:**
>
> Der BDI hat die Einführung der Investitionsprämie gefordert, da damit wichtige Anreize für Innovationen und Investitionen in den Klimaschutz angestoßen werden. Es ist somit wichtig, dass die Einführung möglichst bald umgesetzt wird. Um die gewünschte Anreizwirkung zu entfalten, ist es allerdings notwendig, die Investitionsprämie dauerhaft und nicht nur befristet einzuführen und zunächst **mindestens auf acht Jahre zu erweitern**.
>
> Die geplante Bemessungsgrundlage sollte ebenfalls erhöht werden, damit der in den kommenden Jahren nötige Transformationsprozess von den Unternehmen erfolgreich durchlaufen werden kann.
>
> Auch der geplante Fördersatz i.H.v. 15 % bleibt deutlich hinter den Möglichkeiten des EU-Beihilferechts von 30 % zurück.
>
> Die im Zuge des Gesetzgebungsverfahrens geplante Herabsetzung des Mindestinvestitionsvolumens und Sockelbetrages für förderfähige Investitionen ist erfreulich, da gerade KMU sonst de facto von der Inanspruchnahme der Investitionsprämie ausgeschlossen würden. Die geplante Ausweitung der Begünstigung einer Nutzung angeschaffter oder hergestellter Wirtschaftsgüter auf solche aus bestimmten Betriebsstätten über das Inland hinaus ist zu begrüßen. Auch die Erhöhung der Anzahl möglicher Anträge im Förderzeitraum sowie die Aufnahme von Maßnahmen, die zu nachträglichen Anschaffungs- und Herstellungskosten führen, wird befürwortet.

2. Forschungszulage

Im **Referentenentwurf des Wachstumschancengesetzes** sollte die **Ausweitung der Forschungszulage** durch u.a. den Einbezug von Sachkosten und die Verdreifachung der Höchstbemessungsgrenze von 4 auf 12 Mio. Euro erfolgen (→ Rz. 87). Der Prozentsatz der Förderung für die Auftragsforschung sollte auf 70 % erhöht werden. Mit der Forschungszulage sollten bei einem Fördersatz von 25 % somit zukünftig FuE-Ausgaben bis zur Höhe von 3 Mio. Euro gefördert werden können.

Im **Regierungsentwurf** sollte gegenüber dem Referentenentwurf der förderfähige Wert der geleisteten Arbeitsstunde für die Eigenleistungen eines Einzelunternehmers in einem begünstigten Forschungs- und Entwicklungsvorhaben mit 70 anstatt nur 40 Euro je nachgewiesener Arbeitsstunde bei maximal 40 Arbeitsstunden pro Woche als förderfähiger Aufwand berücksichtigt werden können, um die Forschungszulage auch für Einzelunternehmer attraktiver zu gestalten. Um die Forschungszulage insb. für KMU attraktiver auszugestalten, sollten diese laut Gesetzentwurf eine Forschungszulage in Höhe von 35 % der Bemessungsgrundlage beantragen können.

> **Anmerkung:**
>
> KMU sind laut dem Gesetz Unternehmen, die weniger als 250 Personen beschäftigen und die entweder einen Jahresumsatz von höchstens 50 Mio. Euro erzielen oder deren Jahresbilanzsumme sich auf höchstens 43 Mio. Euro beläuft.

Bei dem Satz „*Zu den förderfähigen Aufwendungen eines nach dem 31.12.2023 beginnenden Wirtschaftsjahres gehört auch der Teil der Anschaffungs- und Herstellungskosten eines abnutzbaren beweglichen Wirtschaftsguts des Anlagevermögens, der auf die ermittelte Wertminderung entfällt, soweit dieses Wirtschaftsgut nach dem 31.12.2023 angeschafft oder hergestellt wurde, im begünstigten Forschungs- und Entwicklungsvorhaben ausschließlich eigenbetrieblich verwendet wird und für die Durchführung des Forschungs- und Entwicklungsvorhabens erforderlich und unerlässlich ist*" wurde das Wort unerlässlich gestrichen. Außerdem sollten i.S.d. Grundsatzes der Datenminimierung sollen nur anonymisierte Daten verarbeitet werden können.

Laut der **Beschlussempfehlung des Deutschen Bundestages** sollten keine Änderungen am Gesetzentwurf vorgenommen werden.

Erster Teil: Bewertung aus der Sicht der Wirtschaft

> **Kritische Stellungnahme:**
>
> Eine Förderquote von 25 % bleibt unter der Anreizschwelle, um Forschungsaktivitäten in Deutschland den Vorzug gegenüber anderen Ländern zu geben bzw. Forschungsaktivitäten auszulösen, die sonst nicht durchgeführt würden. Sinnvoll ist daher eine Anhebung der Förderquote auch für große Unternehmen auf ein im internationalen Vergleich attraktives Niveau von 30 %.
>
> Dass der Prozentsatz der Förderung für die Auftragsforschung erhöht wird, ist angesichts der Einbeziehung von Sachkosten zu begrüßen und in Hinblick auf die Konsistenz der Förderung auch erforderlich. Dabei ist allerdings nicht klar, warum die Erhöhung lediglich 10 Prozentpunkte auf zukünftig 70 % betragen soll. Auftragsforschung mit Hochschulpartnern sollte zu 100 % förderfähig sein. Beim Einbezug der Sachkosten in die Forschungszulage sollten auch Miet- und Leasingkosten sowie Kosten für unbewegliche Wirtschaftsgüter und Verbrauchsgüter, die einem FuE-Vorhaben zugewiesen werden können, aufgenommen werden. Es sollte auch der zeitanteilige Einsatz von Wirtschaftsgütern in einzelnen Vorhaben förderungswürdig sein. Für den Bescheinigungsantrag sollte nur eine zusammenfassende inhaltliche Plausibilisierung der erforderlichen Wirtschaftsgüter, keine einzelne Begründung und insb. keine Kostenaufstellung erforderlich sein. Es sollten keine Gebühren bei mehr als einem Vorhaben innerhalb eines Wirtschaftsjahres erhoben werden.
>
> Die Auszahlung der Forschungszulage sollte sofort nach Erhalt des Bescheides gewährt werden.
>
> Die Streichung der Unerlässlichkeit eines Wirtschaftsgutes bei der Durchführung des Forschungs- und Entwicklungsvorhabens und der Beschränkung auf die Erforderlichkeit ist zu begrüßen. Es ist außerdem zu begrüßen, dass nur anonymisierte Daten verarbeitet werden sollen.

3. Verlustverrechnung

4 Mit dem 2. und dem 3. Corona-Steuerhilfegesetz wurde der maximale Verlustrücktrag von 1 Mio. Euro auf 10 Mio. Euro für die Jahre 2020 und 2021 angehoben, um den Unternehmen mehr Liquidität in Anbetracht ihrer krisenbedingten Verluste zukommen zu lassen. Im **Referentenentwurf** des Wachstumschancengesetz sollte die **maximale Höhe des Verlustrücktrags dauerhaft auf 10 Mio. Euro** festgesetzt werden (→ Rz. 79). Darüber hinaus sollte der **rücktragsfähige Zeitraum auf drei Jahre** erweitert werden. Dem Referentenentwurf war außerdem zu entnehmen, dass der Verlustvortrag verbessert werden sollte, die genaue Ausgestaltung zu diesem Zeitpunkt jedoch noch offen war und in der Ressortabstimmung festgelegt werden musste. Der Gesetzesbegründung war zu entnehmen, dass die Begrenzungen der sog. Mindestgewinnbesteuerung temporär – für die Veranlagungszeiträume 2024 bis 2027 – ausgesetzt werden sollte. Dies ist vor allem zur Liquiditätssicherung der Unternehmen von essenzieller Bedeutung, jedoch auch vor dem Hintergrund der Besteuerung nach dem Leistungsfähigkeitsprinzip, das aus dem Gleichheitsgrundsatz nach Art. 3 GG erwächst, geboten.

Auch der **Regierungsentwurf** sah die dauerhafte Erhöhung des Verlustrücktrags auf 10 Mio. Euro sowie die Erweiterung des Rücktragszeitraums auf drei Jahre vor. Allerdings wurde die **Mindestgewinnbesteuerung beim Verlustvortrag nicht**, wie zunächst erwartet, **ausgesetzt**, sondern für die Wirtschaftsjahre 2024 bis 2027 auf 20 % abgesenkt. Der Sockelbetrag von 1 Mio. Euro blieb dabei unangetastet.

In der Beschlussempfehlung des Bundestags wurde der maximal zulässige **Verlustrücktrag nur für die Veranlagungszeiträume 2024 und 2025 bei 10 Mio. Euro belassen, danach jedoch auf 5 Mio. Euro gesenkt**. Die Anhebung des Rücktragszeitraums auf drei Jahre blieb jedoch bestehen. Beim **Verlustvortrag** wird die Senkung der Mindestbesteuerung von den ursprünglich vorgesehenen 20 % auf 25 % für die VZ 2024 bis 2027 erhöht.

> **Kritische Stellungnahme:**
>
> Der Verlustrücktrag sollte über die bisher vorgesehen Maßnahmen hinaus verbessert werden, indem der rücktragsfähige Zeitraum auf mindestens fünf Jahre ausgeweitet und das Verlustrücktragsvolumen auf mehr als 10 Mio. Euro erhöht wird. Der Verlustvortrag sollte vollumfänglich nutzbar sein und die Mindestbesteuerung mittelfristig abgeschafft werden. Zumindest sollte die Regelung zur Mindestbesteuerung temporär ausgesetzt werden und danach mit einem erhöhten Sockelbetrag (z.B. 10 Mio. Euro) und einem geringeren zu versteuernden Anteil (z.B. 10 %) fortgeführt werden.

4. Zinsschranke

Die Zinsschranke sollte durch das Wachstumschancengesetz umfangreich geändert und an die ATAD-Richtlinie angepasst werden, wurde jedoch gleichzeitig in jeder neuen Fassung umfangreich überarbeitet, so dass letztlich die größten Änderungen nicht länger enthalten waren (→ Rz. 74 ff.).

> **Anmerkung:**
> Zum Überblick der eigentlichen gesetzgeberischen Intention sowie den zwischenzeitlichen Überarbeitungen stellen wir kurz die wichtigsten Änderungen in den jeweiligen Fassungen des Wachstumschancengesetzes vor.

Letztlich wurden die Zinsschrankenänderungen – genau wie die steuerlichen Anpassungen zum Gesetzes zur Modernisierung des Personengesellschaftsrechts (MoPeG) und einige lohnsteuerliche Anpassungen – durch entsprechende Änderungsanträge des Finanzausschusses des Bundestags in das Gesetz zur Förderung geordneter Kreditzweitmärkte und zur Umsetzung der Richtlinie (EU) 2021/2167 über Kreditdienstleister und Kreditkäufer und zur Änderung weiterer finanzrechtlicher Bestimmungen (**Kreditzweitmarktförderungsgesetz**) integriert und am 14.12.2023 vom Bundestag beschlossen sowie am 15.12.2023 vom Bundesrat verabschiedet. Das Kreditzweitmarktförderungsgesetz vom 22.12.2023 wurde am 29.12.2023 im Bundesgesetzblatt verkündet und ist am darauffolgenden Tag in Kraft getreten.[1]

a) Reform der Verschonungsregelungen

Der **Referentenentwurf** zum Wachstumschancengesetz sah umfangreiche Änderungen bei den Verschonungsregelungen vor, die zum einen den **Ersatz der aktuellen Freigrenze** in Höhe von 3 Mio. Euro in § 4h Abs. 2 Satz 1 Buchst. a EStG **durch einen Freibetrag** in entsprechender Höhe beinhaltete und zum anderen die sog. **Anti-Fragmentierungsregelung** für die Nutzung des Freibetrags schufen. Nach dieser sollten gleichartige Betriebe, die unter der einheitlichen Leitung einer Person oder Personengruppe stehen oder auf deren Leitung jeweils dieselbe Person oder Personengruppe unmittelbar oder mittelbar einen beherrschenden Einfluss ausüben kann, für Zwecke des vorgesehenen Freibetrags als ein Betrieb gelten. Der Freibetrag wäre folglich auf diese Betriebe entsprechend dem Verhältnis der Nettozinsaufwendungen aufzuteilen.

Die vorgeschlagene Anti-Fragmentierungsregelung sollte Gestaltungen entgegenwirken, bei denen ein Unternehmer für bestimmte gleichartige Tätigkeiten (z.B. Bauvorhaben) jeweils gesonderte Tochterkapitalgesellschaften gründet und diesen Gesellschafterdarlehen gewährt, deren jährlicher Zins knapp unterhalb der derzeitigen Freigrenze von 3 Mio. Euro liegt. Damit sollte explizit der Wirtschaftszweig getroffen werden, der maßgeblich zur Bekämpfung des akuten Wohnungsnotstands gebraucht wird. Aufgrund der gestiegenen Zinsen und Baukosten ist die Finanzierung weiterer Bauvorhaben ohnehin deutlich erschwert. Dies hat auch der Gesetzgeber erkannt und zur Förderung des Wohnungsbaus im Regierungsentwurf des Wachstumschancengesetzes sogar die Einführung einer befristeten degressiven Gebäudeabschreibung vorgesehen. Umso unverständlicher war es, dass auch im **Regierungsentwurf** weiterhin an der Anti-Fragmentierungsregelung festgehalten wurde, die eine Finanzierung von Bauvorhaben erheblich erschwert hätte. Die Regelung hätte überdies dazu geführt, dass innerhalb von Konzernstrukturen bzw. bereits auch bei konzernähnlichen Strukturen der Freibetrag von 3 Mio. Euro auf alle Tochtergesellschaften für den gesamten Zinsaufwand aufzuteilen gewesen wäre. Die Regelung hätte damit bei den betroffenen Strukturen zu erheblichen Steuermehrbelastungen geführt, was insb. in Zeiten steigender Zinsen erhebliche negative wirtschaftliche Konsequenzen zur Folge gehabt hätte.

---

1) BGBl. I 2023 Nr. 411 v. 29.12.2023.

Während die Anti-Fragmentierungsregelung im Regierungsentwurf noch enthalten war, war die **positive Umwandlung des Freibetrags in eine Freigrenze** bereits wieder **rückgängig** gemacht worden. Erst mit der Beschlussempfehlung des Bundestags und damit der Verabschiedung des Wachstumschancengesetzes **entfiel** auch die einst vorgesehene **Anti-Fragmentierungsregelung**, so dass es im Zuge der Zinsschranke bei einer Freigrenze i.H.v. 3 Mio. Euro je Steuerpflichtigem bleibt. Dies wurde auch mit dem Kreditzweitmarktförderungsgesetz[1] letztlich umgesetzt.

Neben den Änderungen bei der Freigrenze in § 4h Abs. 2 Satz 1 Buchst. a EStG sah der Referentenentwurf die **Streichung der derzeitigen Konzernklausel** (§ 4h Abs. 2 Satz 1 Buchst. b EStG) sowie **der Eigenkapital-Escape-Regel** in § 4h Abs. 2 Satz 1 Buchst. c EStG vor. In der Gesetzesbegründung wurde ausgeführt, dass diese Regelungen vor dem Hintergrund der ATAD-Richtlinie nicht aufrechterhalten werden können.

Entgegen der Gesetzesbegründung sieht jedoch auch die ATAD-Richtlinie Ausnahmevorschriften vor und ist nicht als vollständiges Zinsabzugsverbot ausgestaltet. Vielmehr ist die Zinsschranke der ATAD-Richtlinie in Übereinstimmung mit dem Sinn und Zweck der deutschen Regelung als Missbrauchsverhinderungsnorm ausgestaltet, die Gestaltungen verhindern soll, mit denen überhöhte Zinsen Steuersubstrat in Niedrigsteuergebiete abziehen. Die Ausnahmetatbestände der bisherigen deutschen Regelung ähneln in der Grundkonzeption der ATAD-Richtlinie. Insoweit bestünde allenfalls ein punktueller Korrekturbedarf an der deutschen Zinsschrankenregelung. Eine komplette Streichung der Ausnahmeregeln wie ursprünglich angedacht wäre jedoch keinesfalls gerechtfertigt.

Die Abschaffung der Eigenkapital-Escape-Regelung verbunden mit der Einführung einer Anti-Fragmentierungsregelung hätte zwangsläufig dazu geführt, dass viele Konzerne marktübliche Bankdarlehenszinsen steuerlich nicht zum Abzug bringen könnten. In Zeiten sinkender EBITDA aufgrund der nachlassenden Konjunktur und derzeitiger Zinsniveaus hätten Unternehmen Steuern zahlen müssen, obwohl sie sich in einer wirtschaftlichen Verlustsituation befinden.

Mit dem **Regierungsentwurf** wurde sowohl die **Streichung der Stand-alone-Klausel** als auch der **Eigenkapital-Escape-Regel zurückgenommen**. Die Stand-alone-Klausel wurde vielmehr an die Vorgaben der ATAD angepasst, indem diese nun nur noch in Anspruch genommen werden kann, wenn der Steuerpflichtige keiner Person im Sinne des § 1 Abs. 2 AStG (bei Personengesellschaften i.V.m. § 1 Abs. 1 Satz 2 AStG) nahesteht und über keine Betriebsstätte außerhalb des Staates verfügt, in dem sich sein Wohnsitz, gewöhnlicher Aufenthalt, Sitz oder seine Geschäftsleitung befindet.

Bei Betrieben von Personengesellschaften oder Mitunternehmerschaften tritt für Zwecke der Stand-alone-Klausel an die Stelle des Steuerpflichtigen die Personengesellschaft oder Mitunternehmerschaft. Der **Sachstand des Regierungsentwurfs** wurde danach sowohl in der Beschlussempfehlung des Bundestags zum Wachstumschancengesetz als auch in der Verabschiedung des **Kreditzweitmarktförderungsgesetzes**[2] **übernommen** und ist damit in Kraft getreten.

> **Kritische Stellungnahme:**
>
> **Positiv** zu bewerten ist, dass sowohl die Einführung der Anti-Fragmentierungsregelung als auch die Streichung der Stand-alone-Klausel und Eigenkapital-Escape-Regel unterblieben sind. Allerdings wäre es wünschenswert gewesen, dass die Regierung die Möglichkeit der ATAD-Richtlinie nutzt und die derzeitige Freigrenze in § 4h Abs. 2 Satz 1 Buchst. a EStG durch einen Freibetrag ersetzt.

---

1) BGBl. I 2023 Nr. 411 v. 29.12.2023.
2) BGBl. I 2023 Nr. 411 v. 29.12.2023.

b) Bildung von Zinsvorträgen

Gemäß § 4h Abs. 1 Satz 3, 2. Halbsatz EStG-E in der Fassung des Wachstumschancengesetzes darf in Wirtschaftsjahren, in denen die Nettozinsaufwendungen unter 3 Mio. Euro liegen oder negativ sind (Überhang von Zinserträgen), kein EBITDA-Vortrag gebildet werden. Erwirtschaftet ein Unternehmen ohne wesentliche Fremdkapitalaufnahme und damit in der gewünschten Finanzierungsstruktur jahrelang ein positives EBITDA und gerät dann (unverschuldet) in eine wirtschaftlich schlechtere Situation (z.B. durch eine Wirtschaftskrise), in der es auf die Aufnahme von Fremdkapital angewiesen ist, steht ihm das vorherige, ungenutzte EBITDA-Potential nicht zur Verfügung. Dies stellt eine **systemwidrige Benachteiligung eigenkapitalstarker Unternehmen** dar und läuft damit dem Sinn und Zweck des EBITDA-Vortrags zuwider.

Diese Versagung der Bildung des EBITDA-Vortrags ist seit der Einführung im Referentenentwurf unverändert auch in die Beschlussempfehlung des Bundestags und die Umsetzung durch das Kreditzweitmarktförderungsgesetz[1] übernommen worden.

> **Kritische Stellungnahme:**
>
> Anstelle der Versagung zur Bildung von EBITDA-Vorträgen in Wirtschaftsjahren, in denen die Zinserträge die Zinsaufwendungen überschreiten, sollte den Unternehmen ein **Wahlrecht** eingeräumt werden, auch in Wirtschaftsjahren, in denen die Nettozinsaufwendungen unter 3 Mio. Euro liegen oder negativ sind, eine gesonderte Feststellung des EBITDA-Vortrags nach § 4h Abs. 4 Satz 1 EStG zu beantragen.
>
> Damit würde auch den Unternehmen, die regelmäßig ein vom Gesetzgeber angestrebte Überhang von Zinserträgen aufweisen, die Möglichkeit gewährt, einen EBITDA-Vortrag als Fall-back-Option für schwierigere Wirtschaftszeiten zu bilden.

c) Restriktionen bei der Nutzung von Zinsvorträgen

Eine weitere **Willkür** in der neuen Zinsschrankenregelung wird mit dem Wachstumschancengesetz in § 4h Abs. 1 Satz 7 EStG-E geschaffen, wonach Zinsvorträge nicht im Rahmen der Escape-Klauseln gemäß Abs. 2 EStG-E abzugsfähig sein sollen. Ein **Abzug von Zinsvorträgen** soll nur möglich sein, soweit **ausreichend verrechenbares EBITDA** vorhanden ist. Ein Unternehmen, das sich entschuldet und seine Zinsbelastung unter die Freigrenze senkt, kann daher nicht seine vorgetragenen Zinsaufwendungen geltend machen. Höhere laufende Zinsaufwendungen wären dagegen im Rahmen der Escape-Regelungen abzugsfähig.

> **Kritische Stellungnahme:**
>
> Die Schlechterstellung bzgl. vorgetragener Zinsen ist nicht sachgerecht, da es Anreize zur Entschuldung reduziert.
>
> Die Regelung ist zudem, wie auch das selektive Verbot zur Bildung eines EBITDA-Vortrags, innerhalb des Systems der Zinsschranke **systemwidrig** und **verstößt gegen das objektive Nettoprinzip**. Im Grunde bewirken die beiden Regelungen, dass in Jahren hoher Zinsaufwendungen der Zinsabzug versagt wird (dies entspricht dem Grundgedanken der Zinsschranke), in Jahren mit sehr geringen Zinsaufwendungen jedoch die Bildung eines EBITDA-Vortrags verboten (§ 4h Abs. 1 Satz 3, 2. Halbsatz EStG-E) und die Verrechnung der vorgetragenen Zinsaufwendungen wiederum versagt wird (§ 4h Abs. 2 Satz 3 EStG-E).
>
> Für die letzten beiden Einschränkungen ist keine systematische Rechtfertigung ersichtlich. Daher sollten die Escape-Klauseln nach § 4h Abs. 2 EStG-E auch dann weiterhin greifen, wenn ein Zinsvortrag die Zinsaufwendungen erhöht. Andernfalls wird die Nutzung von Zinsvorträgen unverhältnismäßig erschwert.

---

[1] BGBl. I 2023 Nr. 411 v. 29.12.2023.

d) Untergang von Zins- und EBITDA-Vorträgen

9 Bereits der Referentenentwurf des Wachstumschancengesetzes erweiterte mit § 4h Abs. 5 Satz 4 EStG-E die Regelungen zum Untergang von Zins- und EBITDA mit Vorträgen, indem danach auch ein (anteiliger) Untergang bei Aufgabe oder Übertragung eines Teilbetriebs entsteht. Diese Regelung findet sich auch in dem nunmehr verabschiedeten Kreditzweitmarktförderungsgesetz[1] wieder. Laut Gesetzesbegründung gilt als Teilbetriebsaufgabe auch das Ausscheiden einer Organgesellschaft aus dem Organkreis mit der Folge, dass es auf Ebene des Organträgers zu einem (anteiligen) Untergang eines möglichen Zins- bzw. EBITDA-Vortrags kommen würde.

> **Kritische Stellungnahme:**
> Eine Definition, wonach eine Organgesellschaft ein Teilbetrieb eines Organträgers sein soll, ergibt sich u.E. nicht aus der bisherigen Gesetzeslage und ist schwer nachvollziehbar. Zudem steht eine Regelung zum (anteiligen) Untergang von Zins- und EBITDA-Vorträgen im starken Kontrast zu ähnlichen Regelungen, wie z.B. § 8c KStG, wonach es eben nicht zu einem (anteiligen) Verlustuntergang auf Ebene des Organträges kommt, sofern eine Organgesellschaft aus dem Organkreis (z.B. durch Kündigung des Gewinnabführungsvertrags) ausscheidet.

5. Zinshöhenschranke

10 Mit dem Wachstumschancengesetz sollte ebenfalls die im Koalitionsvertrag vorgesehene, sog. **Zinshöhenschranke** in § 4l EStG-E eingeführt werden. Danach sollten Zinszahlungen zwischen verbundenen Unternehmen nur bis zur Höhe eines Zinssatzes, der maximal zwei Prozentpunkte über dem aktuellen Basiszinssatz nach § 247 BGB liegt, abgezogen werden dürfen. Eine Ausnahme von der Beschränkung hätte geltend gemacht werden können, wenn der Steuerpflichtige nachgewiesen hätte, dass sowohl der Gläubiger als auch die oberste Muttergesellschaft das Kapital bei sonst gleichen Umständen nur zu einem über dem Höchstsatz liegenden Zinssatz hätten erhalten können.

Außerdem sah die Regelung einen **Substanztest** vor, wonach die Zinshöhenschranke dann nicht anzuwenden ist, wenn der Gläubiger in dem Staat, in dem er seinen Sitz oder seine Geschäftsleitung hat, einer wesentlichen wirtschaftlichen Tätigkeit nachgeht.

Die damit vorgesehene Nichtabzugsfähigkeit der Zinsen hätte in einigen Fällen zu einer **Erhöhung des zu versteuernden Einkommens** oder – im Falle bestehender körperschaft- und gewerbesteuerlicher Verlustvorträge – zu einer **höheren und schnelleren Verlustnutzung** geführt. Dies hätte der Zielsetzung des Wachstumschancengesetzes entgegengestanden, die Rahmenbedingungen für mehr Wachstum, Investitionen und Innovationen zu verbessern und die Wettbewerbsfähigkeit des Standorts Deutschland zu stärken.

Auch der Bundesrat äußerte in seiner Stellungnahme zum Gesetzentwurf ganz erhebliche Bedenken gegen die Einführung einer Zinshöhenschranke. Er argumentierte zutreffend, dass die geplante Regelung nicht ausreichend zielgenau sei und voraussichtlich erheblichen **Kollateralschaden** verursachen werde. Um eine übermäßige Fremdkapital-Ausstattung in Deutschland ansässiger Unternehmen bzw. überhöhte Zinssätze zu vermeiden bzw. steuerlich zu korrigieren, stünden mit der Zinsschranke (§ 4h EStG), den Verrechnungspreisregelungen, der Hinzurechnungsbesteuerung nach AStG, der Hinzurechnung verdeckter Gewinnausschüttungen und letztendlich den Vorschriften des § 42 AO bereits ausreichend Instrumente zur Verfügung. Aus den genannten Gründen schlug der Bundesrat eine Überarbeitung der Fremdvergleichsgrundsätze in §§ 1 und 21 AStG vor, die sich wohl auf die OECD-Richtlinien stütze und

---

[1] BGBl. I 2023 Nr. 411 v. 29.12.2023.

gab hierzu konkrete Empfehlungen ab, die auf den Regelungen basierten, die während des Vorschlags eines ATAD-Umsetzungsgesetzes 2019 diskutiert wurden.

Tatsächlich wurde die strittige **Zinshöhenschranke** auf den letzten Metern gestrichen und in der Beschlussempfehlung **durch** die vom Bundesrat angeregte **Überarbeitung der Fremdvergleichsgrundsätze ersetzt**. Diese sehen die Einführung der Absätze 3d und 3e in § 1 AStG vor, wonach eine Geschäftsbeziehung nur dann fremdkonform ist, wenn der Steuerpflichtige (wohl im Einzelfall) glaubhaft machen kann, dass er den Kapitaldienst für die gesamte Laufzeit der Finanzierungsbeziehung von Anfang an hätte erbringen können und die Finanzierung wirtschaftlich benötigt sowie für den Unternehmenszweck verwendet wird. Im Übrigen wäre es erforderlich, dass bei internen Konzernfinanzierungen ausschließlich das Rating der Unternehmensgruppe verwendet wird, um den Fremdvergleichskriterien zu entsprechen. Darüber hinaus wird der konzerninterne Kapitaldienst bzw. die Finanzierungsfunktion (exkulpierbar) als funktions- und risikoarme Dienstleistung definiert.

> **Kritische Stellungnahme:**
>
> Durch die Streichung der Zinshöhenschranke wären zumindest inländische Darlehen nicht länger von einer Zinsabzugsbeschränkung betroffen. Allerdings erscheint bei dieser Neuerung die **nicht international abgestimmte Anwendung** besonders problematisch, die zur Doppelbesteuerung und Einschränkung der Konzernfinanzierung führen könnte. Diese **einseitige Positionierung Deutschlands** ohne OECD- und EU-Grundlage würde zu einem Wettbewerbsnachteil und Rechtsrisiken führen.
>
> Des Weiteren sehen wir die Einführung von § 1 Abs. 3d, 3e AStG kritisch, da dies zu einheitlichen Finanzierungskonditionen innerhalb einer Unternehmensgruppe führen würde, die in der Realität nicht vorhanden sind. Die Regelungen drohen zu einer Doppelbesteuerung zu führen und verursachen **erhebliche Rechtsunsicherheit**.

6. Innerstaatliche Mitteilungspflicht von Steuergestaltungen

Die Einführung der im Koalitionsvertrag vereinbarten Mitteilungspflicht von innerstaatlichen Steuergestaltungen führt zu einer **zusätzlichen steuerlichen Compliance-Pflicht** der Unternehmen (→ Rz. 107).

Aus Sicht des BDI ist dies ein Schritt in die gänzlich falsche Richtung: Die Compliance-Pflichten der Unternehmen müssen zurückgeführt und nicht immer weiter ausgedehnt werden. Außerdem ist sehr zu bezweifeln, dass die damit einhergehenden administrativen Belastungen in einem angemessenen Verhältnis zu den erwarteten Vorteilen stehen. Die Unternehmen sind bereits jetzt aufgrund einer Vielzahl von Erklärungs- und Berichtspflichten sehr transparent gegenüber der Finanzverwaltung – gerade im Falle von anschlussgeprüften Unternehmen.

Dies bestätigt auch die Antwort der Bundesregierung vom 8.5.2023 auf die Kleine Anfrage der Fraktion der CDU/CSU zur Wirksamkeit der Mitteilungspflicht grenzüberschreitender Steuergestaltungen,[1] wonach im Zusammenhang mit der Einführung der Mitteilungspflicht über grenzüberschreitende Steuergestaltungen [...] zwischen den Jahren 2019 und 2022 im BZSt und beim ITZB und insgesamt 44,5 Mio. Euro Haushaltsmittel für einmalige Kosten abgeflossen [sind]. Dabei sind darin außerhalb der Bundesverwaltung tatsächlich angefallene Kosten zur Einführung der Mitteilungspflicht auf Seiten der Finanzverwaltung und auf Seiten der Unternehmen und der Finanzintermediäre nicht berücksichtigt.[2] Informationen zu Steuermehreinnahmen aus der Bekämpfung der identifizierten grenzüberschreitenden Steuergestaltungen liegen hingegen der Bundesregierung nach eigenen Angaben nicht vor.[3]

---

1) BT-Drucks. 20/6503 v. 21.4.2023.
2) Vgl. BT-Drucks. 20/6503 v. 21.4.2023.
3) BT-Drucks. 20/6503 v. 21.4.2023.

Erster Teil: Bewertung aus der Sicht der Wirtschaft

Kritische Stellungnahme:
Die zusätzliche Mitteilungspflicht ist daher nicht erforderlich. Sie trifft die Unternehmen in einer Zeit außergewöhnlicher Belastungen – Ukrainekrieg, Inflation, massive Energiepreiserhöhungen, beschleunigte Transformation und Strukturwandel. Die Wucht dieser Belastungen hätte Anlass genug sein sollen, von der zusätzlichen Mitteilungspflicht abzusehen. Immerhin sieht die konkrete Umsetzung Ausnahmen für KMU, eine – im Vergleich zur grenzüberschreitenden Mitteilungspflicht – längere Frist zur Mitteilung nach Eintritt des die Mitteilungspflicht auslösenden Ereignisses und einen sachgerechten Umsetzungszeitraum vor.

7. Thesaurierungsbegünstigung

12 Nach den Neuerungen der Beschlussempfehlung des Wachstumschancengesetzes in § 34a Abs. 2 EStG mindern zu zahlende Einkommensteuer, Gewerbesteuer und Solidaritätszuschlag nicht länger den begünstigungsfähigen Betrag, wodurch es unter der aktuellen Regelung nicht zu einer intendierten Steuerbelastung von 30 %, sondern zu über 36 % kommt. Nach dem neuen Gesetzeswortlaut wird nun der Tatsache Rechnung getragen, dass die unternehmensbezogenen Ertragsteuern auch aus den Gewinnen des Unternehmens und nicht den Ersparnissen der Steuerpflichtigen gezahlt werden (→ Rz. 91 ff.).

Dies ist ein **wichtiger Schritt zur steuerlichen Gleichstellung** von Kapital- und Personengesellschaften. Allerdings ist diese punktuelle Änderung nur ein Tropfen auf den heißen Stein. Die Thesaurierungsbegünstigung nach § 34a EStG weist bereits seit ihrer Einführung im Jahr 2008 weitreichende Probleme und Schwächen in ihrer Ausgestaltung aus, welche der BDI seitdem stetig anmahnt. Zuletzt hat dies auch eine Umfrage unter betroffenen Unternehmen ergeben, die der BDI auf Bitten des BMF unter seinen Mitgliedern durchgeführt und an das BMF im Januar 2023 übersandt hat. Dabei wurde auch auf die unten genannten Probleme hingewiesen, die im Entwurf des Wachstumschancengesetz nicht angegangen werden und ebenso dafür ursächlich sind, dass die Thesaurierungsbegünstigung bis dato nur in so geringem Umfang genutzt wird.

Die steuerliche Gleichstellung der Personen- und Kapitalgesellschaft durch die Thesaurierungsbegünstigung wird trotz der Änderungen in § 34a Abs. 2 EStG **nicht konsequent vollzogen**. Die Einkommensteuer auf den Nachversteuerungsbetrag nach § 34a Abs. 4 Satz 2 EStG-E bleibt bei 25 % und stellt damit allein einen Gleichlauf mit der Abgeltungsteuer von Kapitalerträgen im Privatvermögen her. Tatsächlich haben jedoch die Anteilseigner einer Kapitalgesellschaft gemäß § 32d Abs. 6 EStG die Möglichkeit zur Günstigerprüfung mit Bezug auf den individuellen Grenzsteuersatz. Den Anwendern der Thesaurierungsbegünstigung bleibt diese Alternative bislang verwehrt. Dadurch liegt die Steuerbelastung inklusive der Nachbesteuerung bei über 48 % und geht damit über den Spitzensteuersatz hinaus, der alternativ maximal zu zahlen wäre, wenn die Gewinne nicht thesauriert würden. Daher wäre eine **Regelung zur Günstigerprüfung** oder die **Senkung des Nachversteuerungssatzes** sinnvoll, um auch für Gesellschafter von kleinen und mittelständischen Unternehmen einen Anreiz zur Gewinnthesaurierung und damit zur Bildung von Eigenkapital zu setzen.

Ebenfalls nicht verbessert wurde der **Übergang** von der Thesaurierungsbegünstigung auf das **Optionsmodell**. Möchte ein Unternehmen, das bislang die Thesaurierungsbegünstigung in Anspruch genommen hat, das Optionsmodell nutzen – also einen fiktiven Formwechsel vollziehen –, müssen die Gesellschafter die thesaurierten Gewinne nachversteuern. Diese Regelung ist weiterhin ein **steuerliches Umstrukturierungshindernis**. Daher sollte der nachversteuerungspflichtige Betrag kraft gesetzlicher Anwendung auf die optierende Gesellschaft übergehen und dort den ausschüttbaren Gewinn i.S.d. § 27 KStG erhöhen. Zum Zeitpunkt der tatsächlichen Ausschüttung würden die Gewinne ebenfalls mit einer (Dividenden-)Steuer von 25 % versteuert, so dass dem Fiskus keine Steuerausfälle oder Steuermindereinnahmen entstünden.

Ebenso problematisch ist die **drohende Nachversteuerung** nach § 34a Abs. 6 Satz 1 Nr. 1 EStG des Regierungsentwurfs des Wachstumschancengesetzes im Falle einer **Insolvenz**. Während bei Kapitalgesellschaften im Falle einer Insolvenz keine Steuerzahlungen veranlasst werden, müssen Gesellschafter, die die Thesaurierungsbegünstigung in Anspruch genommen haben, eine entsprechende Nachversteuerung vornehmen, auch wenn ihnen keine Liquidität zufließt. Dies stellt ein Ungleichgewicht gegenüber dem Kapitalgesellschaftsfall dar und hemmt die Bereitschaft der Steuerpflichtigen, diese Regelung in Anspruch zu nehmen.

Es ist darüber hinaus bedauerlich, dass die im Referentenentwurf zum Wachstumschancengesetz vorgesehene Neuregelung zur **Nachversteuerung von Altrücklagen**, die in § 34a Abs. 4 EStG noch vorgesehen war, im Regierungsentwurf entfallen ist. Damit besteht für Unternehmen auch weiterhin die Notwendigkeit, dass sie die bereits gebildeten Rücklagen vor Nutzung der Thesaurierungsbegünstigung entnehmen müssten, um einen lock-in-Effekt zu verhindern. Dies steht der Intention entgegen, durch die Thesaurierungsbegünstigung die Eigenkapitalquote der Personenunternehmen zu stärken. Die Thesaurierungsbegünstigung bleibt damit auch weiterhin für Unternehmen mit bereits bestehenden Altrücklagen unattraktiv. Daher sollte die Verwendungsreihenfolge, auch für bereits bestehende Altrücklagen, geändert werden, indem Altrücklagen und Einlagen einem gesonderten, nachsteuerfreien Konto zugeordnet werden. Für die Verwendungsreihenfolge bei Entnahmen sollte ein Wahlrecht bzgl. der Zuordnung von Entnahmen (nachsteuerpflichtig oder nachsteuerfreie Altrücklagen) eingeräumt werden.

8. Anpassungen an das Gesetz zur Modernisierung des Personengesellschaftsrechts

Bereits im Jahr 2021 wurde das Gesetz zur Modernisierung des Personengesellschaftsrechts (MoPeG) verabschiedet, welches zum 1.1.2024 in Kraft tritt (→ Rz. 232). Mit dem MoPeG wird die überholte Rechtsauffassung in den §§ 705 ff. BGB, wonach die **Gesellschaft bürgerlichen Rechts** (GbR) keine eigene Rechtsfähigkeit besaß, sondern lediglich eine zur Durchführung einer begrenzten Anzahl von Einzelgeschäften gegründete Gesamthandsgemeinschaft darstellte, grundlegend neu konzipiert. Um die tatsächlichen Anforderungen an die Gesellschaft bürgerlichen Rechts und die BGH-Rechtsprechung auch gesetzlich zu kodifizieren, wurde zum einen die Rechtsnatur der GbR dahingehend geändert, dass nunmehr gemäß § 705 Abs. 2 BGB die GbR sowohl als rechtsfähige als auch als nicht rechtsfähige Gesellschaft ausgestaltet werden kann. Zum anderen wird der GbR in § 713 BGB auch **Gesellschaftsvermögen** zugestanden und dadurch das **Gesamthandsvermögen ersetzt**. Die Neuregelung ist jedoch nicht auf die GbR begrenzt, sondern erstreckt sich gemäß § 105 Abs. 2, § 161 Abs. 2 HGB und § 1 Abs. 4 PartGG auch auf die offene Handelsgesellschaft (OHG), die Kommanditgesellschaft (KG) sowie die Partnerschaftsgesellschaft (PartG).

Obwohl die Gesetzesbegründung zum MoPeG ausführt, dass *„Änderungen an den ertragsteuerlichen Grundsätzen bei der Besteuerung von Personengesellschaften […] mit dem vorliegenden Entwurf nicht verbunden"* sind, löst der **Wegfall der Gesamthand** und damit auch des Gesamthandsvermögen mindestens **steuerliche Rechtsunsicherheiten** aus. Daher wurde bereits der Gesetzgebungsprozess zum MoPeG von intensiven Debatten über notwendige Anpassungen im Steuerrecht, die vor allem im **Grunderwerbsteuerrecht** notwendig sind. Ohne steuerliche Anpassungen droht zum einen eine **Sperrfristverletzung** der §§ 5 und 6 GrEStG und damit eine rückwirkende Besteuerung von Grundstücksübertragungen der letzten 10 Jahre. Zum anderen würden ab dem 1.1.2024 die **steuerfreien Übertragungen bei Personengesellschaften** zumindest nicht länger rechtssicher möglich sein.

Das Wachstumschancengesetz wollte den Forderungen der Steuerpflichtigen nach Rechtssicherheit letztlich Genüge tun und hat im Referentenentwurf an verschiedenen Stellen Änderungen vorgenommen, um den zivilrechtlichen Anpassungen durch das (MoPeG) derart gerecht zu werden, dass es, wie in der Gesetzesbegründung zum MoPeG angedacht, **keine steuerlichen Auswirkungen** haben soll (→ Rz. 102 ff.). So regelt u.a. § 39 Abs. 2 Nr. 2 AO-E für Zwecke der Ertragsbesteuerung sowie § 2a ErbStG für Zwecke der Erbschaft- und Schenkungsteuer, dass rechtsfähige Personengesellschaften (§ 14a Abs. 2 Nr. 2 AO-E) als Gesamthand und deren Vermögen als Gesamthandsvermögen gelten. Aufgrund weiterer redaktioneller Anpassungen sind die entsprechenden Regelungen auch nach Inkrafttreten des MoPeG anwendbar.

Der **Referentenentwurf** sah jedoch zunächst keine Anpassungen im Grunderwerbsteuerrecht vor und ließ damit die große Frage nach Rechtssicherheit zunächst unbeantwortet. Ursächlich hierfür waren zeitgleich laufende Bestrebungen einer **grundlegenden Modernisierung des Grunderwerbsteuerrechts**, welche von der Wirtschaft begrüßt wurden. Neben den notwendigen Anpassungen angesichts des MoPeG adressierte der Vorschlag auch grundlegende Probleme bei den Mehrfachzurechnungen bei Grundstücken innerhalb der Konzernkette, dem Risiko der Doppelbesteuerung beim zeitlichen Auseinanderfallen von Signing und Closing von Grundstücksübertragungen, Lücken innerhalb der Konzernklausel und erheblichem administrativem Aufwand beim Monitoring der Börsenklausel.

Da sich die Verständigung von BMF und Ländern zur grundlegenden Modernisierung des Grunderwerbsteuerrechts jedoch verzögerten, wurde im **Regierungsentwurf** zum Wachstumschancengesetz zumindest eine erste Regelung zur rückwirkenden Sperrfristverletzung im Grunderwerbsteuerrecht allein durch das Inkrafttreten des MoPeG aufgenommen. Analog zur Brexit-Regelung sollte § 23 Abs. 25 GrEStG-E eingeführt werden und rechtssicher klarstellen, dass das Inkrafttreten des **MoPeG nicht zu einer rückwirkenden Sperrfristverletzung** der §§ 5 und 6 GrEStG führt. Diese Klarstellung war zwar ausdrücklich zu begrüßen, löste jedoch auch weiterhin nicht die Problematik des drohenden Wegfalls von steuerbegünstigten Grundstücksübertragungen bei Personengesellschaften ab dem 1.1.2024. Dies hätte betriebswirtschaftlich notwendige Umstrukturierungen gerade auch im Mittelstand erheblich erschwert.

Nachdem sich eine Verständigung zwischen Bund- und Ländern auch bis zum Jahresende nicht abzeichnete, wollte die angenommene Beschlussempfehlung des Bundestages den Status quo für Personengesellschaften im Grunderwerbsteuergesetz mit der Einführung des neuen § 24 GrEStG zunächst für das Jahr 2024 befristet fortführen, indem Personengesellschaften weiterhin für Zwecke der Grunderwerbsteuer als Gesamthand fingiert werden. Die hierdurch gewonnene Zeit sollte dafür genutzt werden, dass die Bundesregierung gemeinsam mit den Ländern die Prüfung des Anpassungsbedarfs des Grunderwerbsteuergesetzes intensiv fortsetzt. Durch die in § 24 GrEStG eingeführte Regelung wurde jedoch die zunächst vorgenommene Klarstellung zur rückwirkenden Sperrfristverletzung in § 23 Abs. 25 GrEStG-E obsolet.

Letztlich wurden die **Anpassungen zum MoPeG** wie auch die Änderungen bei der Zinsschranke auf den letzten Metern durch einen **Änderungsantrag im Kreditzweitmarktförderungsgesetz** vom 22.12.2023[1)] umgesetzt, der auf der Beschlussempfehlung des Bundesrates aufsetzte, die **befristete Fortführung des Status Quo für Personengesellschaften im Grunderwerbsteuerrecht** jedoch sogar **auf drei Jahre** ausweitete. Diese Zeit sollten Bundesregierung und Länder nutzen, um eine umfangreiche und handhabbare Modernisierung des Grunderwerbsteuerrechts zu beschließen.

9. Lohnsteuerliche Anpassungen

14   Das Wachstumschancengesetz sieht folgende lohnsteuerrechtliche Anpassungen vor, die teilweise **erhebliche Auswirkungen auf die Entgeltabrechnung** in den Unternehmen haben.

a) Bereits verabschiedete Regelungen

15   Folgende Regelungen aus dem Wachstumschancengesetz konnten bereits im Rahmen des Kreditzweitmarktförderungsgesetzes[2)] verabschiedet werden.

---

1) BGBl. I 2023 Nr. 411 v. 29.12.2023.
2) BGBl. I 2023 Nr. 411 v. 29.12.2023.

Datenübermittlung privat kranken- und pflegeversicherter Beschäftigter über das ELStAM-Verfahren

Der ursprünglich gesetzlich vorgesehene Starttermin der Einführung des Datenaustauschs mit den Arbeitgebern (1.1.2024) wird – wie vom Bundesrat vorgeschlagen – um zwei Jahre verschoben (1.1.2026). Die Regelung wurde aus dem Wachstumschancengesetz ausgegliedert und mit dem Gesetz zur Förderung geordneter Kreditzweitmärkte und zur Umsetzung der Richtlinie (EU) 2021/2167 über Kreditdienstleister und Kreditkäufer sowie zur Änderung weiterer finanzmarktrechtlicher Bestimmungen (Kreditzweitmarktförderungsgesetz) bereits umgesetzt.

> **Kritische Stellungnahme:**
>
> Der BDI bedauert diese – auf noch zu lösenden technischen Fragen beruhende – Verschiebung der praxisrelevanten Ausbaustufe des ELStAM-Verfahrens. Von Seiten der Wirtschaft besteht unverändert ein großes Interesse an einem vollständig digitalen Verfahren. Der betrieblichen Praxis ist aber mit einer bislang offenbar nicht-funktionstüchtigen Lösung nicht geholfen. Die Verschiebung ist daher nachvollziehbar. Es bleibt aber festzuhalten, dass in den Fällen, in denen von Unternehmen die Umsetzung einer gesetzlichen Neuregelung verlangt wird, technische Schwierigkeiten in aller Regel nicht als Grund für eine Verschiebung akzeptiert werden.

Änderungen beim Lohnsteuerabzugsverfahren

Ebenfalls in das Kreditzweitmarktförderungsgesetz wurden Änderungen beim Lohnsteuerabzugsverfahren übernommen. Mit dem Pflegeunterstützungs- und -entlastungsgesetz wurde § 55 Abs. 3 SGB XI dahingehend ergänzt, dass sich der Beitragssatz zur sozialen Pflegeversicherung für jedes zu berücksichtigende Kind ab dem zweiten Kind bis zum fünften Kind um jeweils einen Abschlag in Höhe von 0,25 Beitragssatzpunkten reduziert. Als Folgeänderung wird § 39b Abs. 2 Satz 5 Nr. 3 Buchst. c EStG an die Regelungen in § 55 Abs. 3 SGB XI angepasst. Damit wird auch bei der Lohnsteuerberechnung die Reduzierung des Beitragssatzes zur sozialen Pflegeversicherung berücksichtigt. Die Änderungen treten am 1.1.2024 in Kraft und sind über § 52 Abs. 1 EStG erstmals anzuwenden auf laufenden Arbeitslohn, der für einen nach dem 31.12.2023 endenden Lohnzahlungszeitraum gezahlt wird, und auf sonstige Bezüge, die nach dem 31.12.2023 zufließen. Der Beitragsabschlag für zu berücksichtigende Kinder kann damit bei der Aufstellung des geänderten Programmablaufplans für die maschinelle Lohnsteuerberechnung für das Jahr 2024 berücksichtigt werden.

b) Im Vermittlungsverfahren zu klärende Regelungen

Folgende Punkte aus dem Wachstumschancengesetz sind im Vermittlungsverfahren noch zu klären:

Pauschbetrag für Berufskraftfahrer und Verpflegungspauschalen

Der Pauschbetrag für Berufskraftfahrer, die im Fahrzeug übernachten, soll auf 9 Euro angehoben werden (→ Rz. 133) und die Pauschalen für Verpflegungsmehraufwendungen sollen – stärker als im Regierungsentwurf vorgesehen –

– auf 32 Euro für einen vollen Kalendertag,
– auf 16 Euro für Tage ohne Übernachtung bei Abwesenheit von mehr als acht Stunden
– und auf ebenfalls 16 Euro für An- und Abreisetage

angehoben werden (→ Rz. 132).

Dienstwagenbesteuerung

Im Rahmen der Dienstwagenbesteuerung ist geplant, dass die **Bemessungsgrundlage für extern aufladbare Hybridelektrofahrzeuge** nur noch dann zur Hälfte angesetzt wird, wenn das Fahrzeug einen Kohlendioxidausstoß von höchstens 50 Gramm je gefahrenem Kilometer hat. Die bisher vorgesehene Alternative einer elektrischen Mindestreichweite des Fahrzeugs von mindestens 80 Kilometern entfällt. Dies gilt für Fahrzeuge, die nach dem 31.12.2024 angeschafft werden.

Die **Bruttolistenpreisgrenze für reine Elektrofahrzeuge** (Viertelung der Bemessungsgrundlage) wird gegenüber dem Regierungsentwurf nur um 10.000 Euro auf 70.000 Euro angehoben. Dies gilt für Fahrzeuge, die nach dem 31.12.2023 angeschafft werden.

> **Kritische Stellungnahme:**
>
> Aus Sicht des BDI wäre die ursprünglich vorgesehene Erhöhung des maximalen Bruttolistenpreises auf 80.000 Euro sachgerecht gewesen – auch angesichts der Technologie- und Preisentwicklung. Der Eingriff in die ursprünglich bis Ende 2030 vorgesehenen, geltenden Regelungen zur Mindestreichweite bei Hybridelektrofahrzeugen ist aus Gründen der Planungssicherheit und des **Vertrauensschutzes** abzulehnen. Der Wegfall des Reichweitenkriteriums ist zudem problematisch, weil auf europäischer Ebene eine Anpassung der Ermittlung der CO_2-Werte beschlossen wurde. Somit werden ab 2025 aufgrund einer geänderten Ermittlungsmethode höhere CO_2-Werte ausgewiesen, obwohl die Fahrzeuge keine technischen Änderungen erfahren.

21 Steuerliche Identifikationsnummer von Beschäftigten

Die **Abfragemöglichkeit für den Arbeitgeber** zur Mitteilung der steuerlichen Identifikationsnummer von Beschäftigten durch das Finanzamt soll – wie vom Bundesrat vorgeschlagen – eingeführt werden. Dies ist vor dem Hintergrund der Abschaffung der eTIN sachgerecht, kommt aber für die Praxis mehr als ein Jahr zu spät. Für Lohnsteuerbescheinigungen ist bereits ab 2023 die Übermittlung unter Angabe der eTIN nicht mehr zulässig, sondern ausschließlich anhand der Identifikationsnummer möglich. In der Praxis führt dies zu Problemen, insb. wenn der Arbeitgeber die Identifikationsnummer des Arbeitnehmers nicht erhält. Zukünftig übermitteln die Finanzämter die Identifikationsnummer des Arbeitnehmers auf Anfrage an den Arbeitgeber, wenn dieser für den Arbeitnehmer bereits eine Lohnsteuerbescheinigung für das Jahr 2022 (mittels eTIN) übermittelt hat und der Arbeitgeber zugleich versichert, dass das Dienstverhältnis über den 31.12.2022 hinaus fortbestanden hat und der Arbeitnehmer seiner Verpflichtung, dem Arbeitgeber die Identifikationsnummer mitzuteilen, trotz Aufforderung nicht nachgekommen ist. Dies gilt auch, wenn die Identifikationsnummer dem Arbeitnehmer erstmals zuzuteilen ist. Einer Bevollmächtigung oder Zustimmung des Arbeitnehmers bedarf es insoweit nicht.

22 Steuerlicher Freibetrag für Betriebsveranstaltungen

Der steuerliche Freibetrag für Betriebsveranstaltungen soll von 110 auf 150 Euro angehoben werden (→ Rz. 121).

> **Kritische Stellungnahme:**
>
> Dies ist angesichts der Preisentwicklung sachgerecht. Allerdings besteht in der unternehmerischen Praxis ein Bürokratieproblem, das mit der bloßen Erhöhung des Freibetrages nicht gelöst wird: Für die Anwendung des Freibetrages ist die Zahl der „teilnehmenden Arbeitnehmer" einer Betriebsveranstaltung die relevante Größe. Würde die Vorschrift stattdessen auf die Anzahl der angemeldeten Teilnehmer abstellen, könnten sich Unternehmen und Finanzverwaltung den bürokratischen Aufwand ersparen, der durch die Erfassung der tatsächlich Teilnehmenden entsteht. Außerdem würde so eine nicht sachgerechte Besteuerung vermieden, da Arbeitgeberaufwendungen für angemeldete, aber nicht erschienene Beschäftigte (No-Show-Kosten v.a. bei kurzfristigen Absagen) bei den teilnehmenden Beschäftigten keine Bereicherung auslösen. Gerade dieser Punkt hat sich in der Praxis als streitanfällig erwiesen.[1]

---

[1] Z.B. BFH v. 29.4.2021, VI R 31/18, BStBl II 2021, 606 (die hiergegen eingelegte Verfassungsbeschwerde wurde nicht zur Entscheidung angenommen, vgl. BVerfG v. 20.7.2023, 2 BvR 1443/21, StEd 2023, 588).

Abschaffung der Fünftelregelung 23

Die vorgesehene Abschaffung der Fünftelregelung im Rahmen des Lohnsteuerabzugs durch die Arbeitgeber wird in der betrieblichen Praxis sehr unterschiedlich beurteilt (→ Rz. 129). Teilweise wird die in der Gesetzesbegründung dargelegte Einschätzung zur **Bürokratieentlastung** geteilt, teilweise wird aber auch neuer Aufwand (z.B. Nachfragen von Seiten der Beschäftigten im Rahmen der Veranlagung) befürchtet. Außerdem erwarten einige Unternehmen **negative Auswirkungen** auf den Betriebsfrieden oder die Ausgestaltung von **Abfindungsprogrammen**. Der BDI hatte vor diesem Hintergrund vorgeschlagen, dass Arbeitgeber die Fünftelregelung beim Lohnsteuerabzug nicht mehr anwenden müssen, aber freiwillig anwenden können.

> **Kritische Stellungnahme:**
>
> Sollte die Abschaffung der Fünftelregelung im Rahmen des Lohnsteuerabzugs im Vermittlungsverfahren vereinbart werden, sollte dies keinesfalls rückwirkend, sondern erst zum 1.1.2025 beschlossen werden. Rückwirkende Änderungen wären mit erheblichem Aufwand verbunden und würden Rechtsunsicherheit für bereits erfolgte Zahlungen (z.B. Abfindungen) auslösen.

Tätigkeit im ausländischen Homeoffice 24

Die geplante Neuregelung zur Besteuerung von Tätigkeiten im ausländischen Homeoffice, wenn Deutschland nach DBA ein Besteuerungsrecht zusteht, wird um eine **Klarstellung** ergänzt, dass diese Neuregelung nicht auf im Ausland ansässiges Bordpersonal von Schiffen im internationalen Verkehr anzuwenden ist (tatsächliche Geschäftsleitung der Reederei im Inland). Die Intention der Neuregelung ist, die verwaltungsentlastende Wirkung von abkommensrechtlichen oder sonstigen bilateralen Vereinbarungen zur grenzüberschreitenden mobilen Arbeit auch im Falle von nach Deutschland einpendelnden Beschäftigten rechtssicher auszugestalten (→ Rz. 134).

Dies sei anhand der sog. Bagatell-Regelung zwischen Luxemburg und Deutschland exemplarisch erläutert:

Ein Arbeitnehmer aus Luxemburg, der in Deutschland weder seinen Wohnsitz noch seinen gewöhnlichen Aufenthalt hat, pendelt täglich zu seinem in Deutschland ansässigen Arbeitgeber. Das Besteuerungsrecht für den Arbeitslohn liegt beim Tätigkeitsstaat Deutschland (beschränkte Einkommensteuerpflicht).

Im Zuge der veränderten Arbeitswelt wird der Arbeitnehmer auch in seinem Homeoffice in Luxemburg tätig. Das DBA zwischen Luxemburg und Deutschland sieht vor, dass die Besteuerung im Ansässigkeitsstaat (hier: Luxemburg) freizustellen ist, wenn der Arbeitnehmer an weniger als 35 Arbeitstagen im Kalenderjahr im Homeoffice im Ansässigkeitsstaat anwesend ist und dieser Teil des Arbeitslohns durch den (regelmäßigen) Tätigkeitsstaat (hier: Deutschland) tatsächlich besteuert wird. Eine aufwendige Aufteilung des Besteuerungsrechts unterbleibt demnach.

Die Voraussetzung der tatsächlichen Besteuerung im (regelmäßigen) Tätigkeitsstaat Deutschland wurde als problematisch identifiziert, da eine deutsche beschränkte Einkommensteuerpflicht der Einkünfte bzw. Einkunftsteile, die auf die Homeoffice-Tätigkeit im anderen Vertragsstaat entfallen, fraglich ist. Folglich könnten nach Deutschland einpendelnde Arbeitnehmer von dieser und vergleichbaren Vereinfachungsregelungen nicht profitieren, da die fehlende tatsächliche Besteuerung in Deutschland insoweit zur Nichtanwendbarkeit der Regelungen führt.

§ 49 Abs. 1 Nr. 4 Buchst. a EStG **fingiert** daher für den Fall, dass ein Abkommen zur Vermeidung der Doppelbesteuerung oder eine bilaterale Vereinbarung eine Zuweisung eines Besteuerungsrechts für den eigentlichen Tätigkeitsstaat im Rahmen einer wie oben beschriebenen Bagatellregelung vorsieht, eine **inländische Ausübung oder Verwertung** und führt damit in diesen Fällen zu einer beschränkten Steuerpflicht. Die Regelung spiegelt die (zukünftig) bestehenden konkreten Vereinbarungen mit anderen

Erster Teil: Bewertung aus der Sicht der Wirtschaft

Staaten wider, um Deutschland zu ermöglichen, ein grundsätzlich zugestandenes Besteuerungsrecht auch tatsächlich auszuüben. Soweit die abkommensrechtliche Regelung einschlägig ist, wird eine Aufteilung des Besteuerungssubstrats zwischen Ansässigkeitsstaat und Tätigkeitsstaat – wie als Verwaltungserleichterung angestrebt – entbehrlich.

25 Beitragssatzdifferenzierung in der sozialen Pflegeversicherung

Um die durch das Bundesverfassungsgericht geforderte Beitragssatzdifferenzierung in der sozialen Pflegeversicherung praktisch umsetzbar zu machen, soll ein digitales Verfahren (ab 1.7.2025) zur Ermittlung der Elterneigenschaft sowie der Kinderanzahl im Beitragsrecht der sozialen Pflegeversicherung eingeführt werden.

> **Kritische Stellungnahme:**
> Dies ist für die Praxis ein wichtiger Schritt, um das bestehende aufwendige Selbstauskunftsverfahren der Arbeitnehmerinnen und Arbeitnehmer abzulösen.

B. Zukunftsfinanzierungsgesetz

I. Übersicht und gesetzgeberische Intention

26 Mit dem Gesetz zur Finanzierung von zukunftssichernden Investitionen (Zukunftsfinanzierungsgesetz) vom 11.12.2023[1)] werden die steuerlichen Rahmenbedingungen für die Mitarbeiterkapitalbeteiligung in Deutschland reformiert. In der Gesamtbetrachtung des Gesetzes stehen **außersteuerliche Regelungen** im Mittelpunkt, insb. die Verbesserung des Kapitalmarktzugangs für Start-ups (→ Rz. 249 ff.). Gleichwohl sind die Veränderungen bei den steuerlichen Vorschriften zur Mitarbeiterkapitalbeteiligung von großer praktischer Bedeutung, nicht zuletzt da auf diese Weise einige wesentliche Verbesserungen im Vergleich zur vorangegangenen Reform des Jahres 2021 (Gesetz zur Stärkung des Fondsstandorts Deutschland und zur Umsetzung der Richtlinie (EU) 2019/1160 zur Änderung der Richtlinien 2009/65/EG und 2011/61/EU im Hinblick auf den grenzüberschreitenden Vertrieb von Organismen für gemeinsame Anlagen (Fondsstandortgesetz – FoStoG) vom 3.6.2021)[2)] erzielt werden.

Mit dem Zukunftsfinanzierungsgesetz werden **zwei Regelungsbereiche** der Mitarbeiterkapitalbeteiligung reformiert:

– Für alle Unternehmen wird der steuerliche Freibetrag (§ 3 Nr. 39 EStG) angehoben (→ Rz. 93). In den Grenzen dieses Freibetrages können unentgeltliche oder verbilligte Beteiligungen an Mitarbeiter (z.B. „Mitarbeiteraktien") steuerfrei gewährt werden.

– Für KMU und Start-ups wird die Sonderregelung des § 19a EStG reformiert (→ Rz. 123). Diese ermöglicht es, dass der geldwerte Vorteil aus einer unentgeltlichen oder verbilligten Beteiligung (z.B. weil der Freibetrag nicht genutzt werden kann oder überschritten wird) nicht sofort versteuert werden muss, sondern erst bei Veräußerung der Beteiligung, beim Arbeitgeberwechsel oder nach spätestens 15 Jahren. Dies ist gerade für Start-ups von Bedeutung, da deren Beteiligungen oftmals nicht sofort zu einem Geldzufluss (z.B. in Form von Dividenden) bei den Beschäftigten führen („dry income").

Ziel der Reform ist, die **steuerlichen Regelungen für die Mitarbeiterkapitalbeteiligung zeitgemäß** auszugestalten, so dass sie als attraktiver Vergütungsbestandteil im Kontext von Fachkräftegewinnung und -sicherung besser genutzt werden kann. Dieses Ziel wurde zumindest weitgehend erreicht.

---
1) BGBl. I 2023 Nr. 354 v. 14.12.2023.
2) BGBl. I 2021, 1498 = BStBl I 2021, 803 (Auszug).

II. Die Neuregelungen im Einzelnen

1. Höhe des Freibetrages und Zusätzlichkeit

27 Im Referentenentwurf des Zukunftsfinanzierungsgesetzes war zunächst in § 3 Nr. 39 EStG vorgesehen, dass der – auf 5.000 Euro erhöhte – Freibetrag zukünftig nur noch dann zur Anwendung kommt, wenn eine Vermögensbeteiligung *„zusätzlich zum ohnehin geschuldeten Arbeitslohn"* (sog. Zusätzlichkeitsvoraussetzung gemäß § 8 Abs. 4 EStG) gewährt wird. Eine steuerfreie Entgeltumwandlung wäre demnach nicht mehr möglich gewesen (→ Rz. 122).

Der BDI – wie auch zahlreiche andere Verbände und Organisationen – hatte dies deutlich kritisiert, da diese Neuregelung dazu geführt hätte, dass die **Erhöhung des Freibetrags in vielen Fällen ins Leere** gelaufen wäre. Der BDI drang daher auf Änderungen am Regierungsentwurf, da die Entgeltumwandlung ein wesentliches und etabliertes Instrument bei der Gewährung von Mitarbeiterbeteiligungen ist. Dieses Engagement war erfolgreich.

Das nunmehr beschlossene Gesetz beinhaltet eine andere, deutlich **praxisgerechtere Ausgestaltung des steuerlichen Freibetrages** ab 1.1.2024: Der steuerliche Freibetrag wird von bisher 1.440 Euro auf 2.000 Euro angehoben, wobei – wie bisher – die Möglichkeit der Entgeltumwandlung besteht.

Die zunächst im Regierungsentwurf vorgesehene Anhebung des Freibetrages auf 5.000 Euro unter Beachtung der Zusätzlichkeit, soweit der Vorteil 2.000 Euro übersteigt, wurde gestrichen, da diese der Koalition *„auch im Hinblick auf die haushalterischen Auswirkungen nicht geboten"* erschien.[1] Konsequenterweise wird – was positiv zu bewerten ist – auf die ursprünglich vorgesehene mittelbare dreijährige Haltefrist der Vermögensbeteiligung verzichtet. Danach hätten in den Fällen des § 3 Nr. 39 EStG die steuerfreien geldwerten Vorteile nicht zu den Anschaffungskosten bei der Ermittlung des Gewinns bei den Kapitaleinkünften gehört, wenn die Vermögensbeteiligung innerhalb von drei Jahren veräußert oder unentgeltlich übertragen wurde. Im Ergebnis wäre die Abgeltungsteuer in Höhe von 25 % (zuzüglich Solidaritätszuschlag) nicht nur auf einen etwaigen Veräußerungsgewinn, sondern auch auf den bisher steuerfrei belassenen Lohnanteil erhoben worden.

2. Anpassungen an der Sondervorschrift für Einkünfte aus nichtselbständiger Arbeit bei Vermögensbeteiligungen für KMU

Breiterer Anwendungsbereich des § 19a EStG

28 Wie bereits im Referentenentwurf vorgesehen, wird der Anwendungsbereich des § 19a EStG deutlich erweitert (→ Rz. 124). Ab 1.1.2024 ist nicht mehr auf den einfachen, sondern betreffend den Jahresumsatz und die Jahresbilanzsumme auf den doppelten KMU-Schwellenwert und betreffend die Anzahl der beschäftigten Personen sogar auf den vierfachen KMU-Schwellenwert abzustellen. Die Unternehmen müssen danach weniger als 1.000 Mitarbeiter beschäftigen und dürfen einen Jahresumsatz von höchstens 100 Mio. Euro oder eine Jahresbilanzsumme von höchstens 86 Mio. Euro erzielen, um § 19a EStG anwenden zu können.

Weiterhin werden auch **vinkulierte Anteile** an einer Gesellschaft, bei denen die Übertragung durch entsprechende Bestimmungen beschränkt ist, in die Regelung aufgenommen. Dies ist sachgerecht.

In diesem Zusammenhang wird auch der Zeitraum für die **unschädliche KMU-Schwellenwert-Überschreitung** von zwei auf sieben Jahre ausgedehnt. § 19a EStG kann demnach angewendet werden, wenn die o.g. Schwellenwerte im Zeitpunkt der Übertragung der Vermögensbeteiligung oder in einem der sechs vorangegangenen Kalenderjahre nicht überschritten wurden. Der maßgebliche **Gründungszeitpunkt des**

---

[1] Beschlussempfehlung und Bericht des Finanzausschusses, BT-Drucks. 20/9363 v. 15.11.2023.

Unternehmens liegt bis zu zwanzig Jahre (bislang zwölf Jahre) vor dem Beteiligungszeitpunkt.

29 Spätestmögliche Besteuerung

Die finale Besteuerung des geldwerten Vorteils erfolgt nicht mehr nach zwölf Jahren, sondern erst nach 15 Jahren. Laut Gesetzesbegründung soll diese Verschiebung des spätesten Besteuerungszeitpunkts auch für Vermögensbeteiligungen gelten, die vor 2024 übertragen wurden.

30 Optionale Haftungsregelung

Zur weiteren Entschärfung der sog. Dry Income-Problematik wird eine neue **optionale Arbeitgeberhaftungsregelung** eingeführt. Danach findet für die Tatbestände „Ablauf von 15 Jahren" und „Beendigung des Dienstverhältnisses" keine Besteuerung mehr statt, wenn der Arbeitgeber auf freiwilliger Basis unwiderruflich erklärt, dass er die Haftung für die einzubehaltende und abzuführende Lohnsteuer übernimmt. In diesen Fällen löst somit erst der spätere Tatbestand „Übertragung" eine Besteuerung aus. Die Erklärung des Arbeitgebers erfolgt mit der Lohnsteuer-Anmeldung.

31 Keine neue Lohnsteuerpauschalierung im Rahmen von § 19a EStG

Der Referentenentwurf des Zukunftsfinanzierungsgesetzes sah ergänzend eine Möglichkeit zur Lohnsteuerpauschalierung mit einem Steuersatz von 25 % für alle Besteuerungstatbestände des § 19a Abs. 4 Satz 1 EStG (d.h. Übertragung der Vermögensbeteiligung, Zeitablauf von – zukünftig – 15 Jahren, Beendigung des Dienstverhältnisses) vor. Diese optionale Lohnsteuerpauschalierung wäre eine weitere, praxisgerechte Möglichkeit zur Entschärfung der Dry Income-Problematik gewesen. Kritik an der vorgesehenen Lohnsteuerpauschalierung hatten jedoch insb. die Deutsche Steuergewerkschaft und der DGB geäußert. Die geplante Lohnsteuerpauschalierung wurde schließlich nicht umgesetzt.

III. Bewertung aus der Sicht der Wirtschaft

32 In der Gesamtbetrachtung sind die Reformmaßnahmen bei den steuerlichen Regelungen zur Mitarbeiterkapitalbeteiligung sehr zu begrüßen und stellen einen Schritt nach vorn dar. Die Anpassung des steuerlichen Freibetrages des § 3 Nr. 39 EStG ist als politischer Kompromiss (von auch innerhalb der Koalition unterschiedlichen Positionen) zu verstehen. Der Freibetrag von 2.000 Euro bleibt zwar hinter den Erwartungen vieler Unternehmen zurück, ist aber deutlich besser als die ursprünglich vorgesehene „Zusätzlichkeit ab dem ersten Euro".

Die Ausweitung des Anwendungsbereichs von § 19a EStG ist vor dem Hintergrund entsprechender Rückmeldungen aus der betrieblichen Praxis sachgerecht. Ob die neue optionale Arbeitgeberhaftung angesichts der damit verbundenen Komplexität in der betrieblichen Praxis häufig genutzt wird, erscheint dagegen fraglich. Die Streichung der ursprünglich vorgesehenen Lohnsteuerpauschalierung ist offensichtlich auf eine politische Motivation (nicht gewünschte „Entlastung") zurückzuführen und aus Sicht des BDI bedauerlich. Bedauerlich ist zudem, dass die geplante Einführung der Konzernklausel in § 19a EStG gestrichen wurde.

C. Einführung der eRechnungspflicht als Basis für ein elektronisches Meldesystem

I. Hintergrund

1. Der Vorschlag der Europäischen Kommission

33 Die 2022 veröffentlichten Pläne der Europäische Kommission zu „VAT in the digital Age" kurz ViDA haben zum Ziel, die **Mehrwertsteuersystemrichtlinie** mithilfe der Digitalisierung zu **modernisieren** und **an digitale Geschäftsmodelle anzupassen**. Die

Digitalisierung eröffnet die Möglichkeit, das europäische Mehrwertsteuersystem zur besseren **Betrugsbekämpfung** weiterentwickeln. Zur Kontrolle der innergemeinschaftlichen Warenbewegungen ist die Einführung eines elektronischen Meldesystems geplant, das vorzugsweise alle Transaktionen mit **Echtzeiterfassung** umfassen und mit einem europäischen Standard auch Vorgaben für nationale Meldesysteme setzen sollte. Zentrales Element des Vorschlags der Europäischen Kommission ist die **Harmonisierung der elektronischen Rechnungsstellung**. Dafür ist vorgesehen, die bereits bestehende europäische elektronische Rechnungsnorm EN 16931 verpflichtend für die innergemeinschaftlichen Warenlieferungen einzuführen. Auf dieser Rechnungsnorm sollen das europäische Meldesystem, aber auch die nationalen Meldesysteme basieren, bzw. damit kompatibel sein.

Ziel ist es, mit der digitalen Initiative die **Fragmentierung der nationalen Steuererhebungssysteme** für die Mehrwertsteuer in Europa zu **überwinden**. Notwendig ist dies, da es aktuell einen regelrechten Wettlauf der nationalen Steuerbehörden gibt, digitale Lösungen zur Betrugsbekämpfung zu entwickeln, um mit elektronischen Meldesystemen eine lückenlose Transparenz über die Transaktionen der Unternehmen zu bekommen. Die Unternehmen sind dadurch in jedem Mitgliedstaat mit anderen Melde- und Rechnungspflichten konfrontiert. Basis der Meldepflichten ist vielfach eine elektronische Rechnung zur Sicherstellung einer kontinuierlichen Transaktionskontrolle. Dies wird sichergestellt durch die Rechnungsstellung und -weiterleitung über ein zentrales Behördensystem (verbunden mit einer Rechnungskontrolle (Clearance) in Italien und Polen) oder dezentral über private Provider (wie in Frankreich oder Belgien).

2. Das Projekt im Koalitionsvertrag

Mit der Einführung elektrischer Meldesysteme in vielen Mitgliedstaaten hatte sich auch die jetzige Regierung im Koalitionsvertrag auf die schnellstmögliche Einführung eines Systems transaktionaler steuerlicher Berichtspflichten im unternehmerischen Bereich (B2B) festgelegt. Damit soll die Betrugsanfälligkeit des deutschen Mehrwertsteuersystems bekämpft und die Finanzverwaltung modernisiert werden. Die Spitzenverbände der gewerblichen Wirtschaft hatten das Vorhaben positiv aufgenommen, aber frühzeitig die Sorge geäußert, dass mit dem geplanten elektronischen Meldesystem für Rechnungen zur Betrugsbekämpfung allein die Umsetzungs- und Verwaltungskosten für die Unternehmen steigen werden. Für eine breite Akzeptanz dieses Vorhabens wurde gefordert, mit der Einführung der elektronischen Rechnungsstellungspflicht auch Effizienzgewinne auf Seiten der Unternehmen sicherzustellen. Dafür sollte eine enge Abstimmung mit dem ViDA-Vorschlag erfolgen und der Bestandsschutz für bestehende elektronische Abrechnungssysteme garantiert werden. Zudem wurden Erleichterungen für kleine Unternehmen mit der Bereitstellung eines kostenfreien Systems für Erstellung und Übermittlung von Rechnungen gefordert.

In Anbetracht der umfassenden Betroffenheit haben die Unternehmen frühzeitig eine Einbeziehung der Praxis während des gesamten Entwicklungsprozesses gefordert. Mit dem Vorschlag einer Testphase wollten die Unternehmen sicherstellen, dass die verschiedenen Übertragungsformate validiert und in das zukünftige Meldesystem eingebracht werden können. Außerdem wurde der Beitrag zur Betrugsbekämpfung hinterfragt und Erleichterungen in der Steuererhebung angemahnt.

II. Das Diskussionspapier zur Einführung der eRechnung – Ausrichtung am EU-System
1. Erste Grundzüge einer elektronischen Rechnungspflicht

Im April 2023 veröffentlichte das Bundesministerium der Finanzen (BMF) zur Verbandsanhörung ein Diskussionspapier zur Einführung der obligatorischen elektronischen Rechnung (eRechnung) für inländische B2B-Umsätze. Damit wurde die Wirtschaft frühzeitig in die Entwicklung eines Gesetzesvorschlags einbezogen (vgl. auch → Rz. 135 ff.).

Erster Teil: Bewertung aus der Sicht der Wirtschaft

Das Diskussionspapier setzte wichtige Parameter: In § 14 des UStG wird die eRechnung zukünftig als ein strukturiertes elektronisches Format definiert, das elektronisch übermittelt und empfangen wird, eine elektronische Verarbeitung ermöglicht und der europäischen elektronischen Rechnungsnorm EN 19631 und den veröffentlichten Syntaxen entspricht. Der Diskussionsvorschlag orientiert sich damit am Kommissionsvorschlag zur Einführung eines europäischen elektronischen Meldesystems. Als Erstanwendungszeitpunkt wurde 2025 festgelegt. Die Vorgaben für die Rechnungsübermittlung sollen erst mit Einführung des Meldesystems ab 2028 erfolgen. Eine erste Festlegung des BMF stellte hierfür eine private wie eine öffentliche Plattform zur Rechnungsübertragung und Weiterleitung an das Meldesystem in Aussicht.

Weiter stellte das BMF zur Sicherstellung einer erleichterten Einführung der eRechnung für kleine und mittelgroße Unternehmen verschiedene Alternativen wie die zeitliche Staffelung der Einführung nach Unternehmensgröße oder Rechnungsbetrag und die zeitliche Trennung von Empfangs- und Ausstellungspflicht zur Diskussion. Auch wurden Ausnahmen für Kleinstbetragsrechnungen in Aussicht gestellt.

2. Forderungen der gewerblichen Wirtschaft

a) Berücksichtigung der noch ausstehenden Weiterentwicklung der EN 16931

36 Die im Diskussionsvorschlag getroffene Festlegung, das deutsche eRechnungs- und Meldesystem an den europäischen Vorgaben zur Sicherstellung nur einer Meldepflicht auszurichten, wurde von den Spitzenverbänden der gewerblichen Wirtschaft begrüßt. Mit der geplanten Einführung der eRechnung in Deutschland rückte jedoch die notwendige Weiterentwicklung der bereits bestehenden elektronischen Rechnungsnorm EN 16931 in den Fokus. Da allein für den B2G-Bereich entwickelt, wurde mit der geplanten umfassenden Einführung für die Breite der Wirtschaft auf die Notwendigkeit verwiesen, die bestehende Rechnungsnorm für Umsatzsteuerzwecke weiterzuentwickeln. Nach den entsprechenden Planungen des Europäischen Forums für Normung (CEN) als Verantwortlicher für die Weiterentwicklung der EN 16931 ist mit einer Fertigstellung jedoch nicht vor Ende 2024 zu rechnen. Der BMF-Zeitplan zur Einführung einer verpflichtenden eRechnung zum 1.1.2025 wurde angesichts der vielfältigen Anforderungen als nicht realisierbar beurteilt. Für die notwendige Weiterentwicklung wurde seitens der Verantwortlichen aus Deutschland auf die notwendige Mitarbeit der Unternehmenspraxis über das Deutsche Institut für Normung (DIN) im CEN hingewiesen.

b) Bestandsschutz für bestehende Abrechnungssysteme

37 Der Bestandsschutz zum Erhalt seit Jahrzehnten entwickelter effizienter Abrechnungssysteme spielte in der Kommentierung des Diskussionspapiers ebenfalls eine wichtige Rolle. Die vorgeschlagene Definition der eRechnung engte die Vorgaben des ViDA-Vorschlags auf die für den B2G-Bereich definierten EN 16931-Formate ein. Damit gefährdete die vorgesehene Regelung die seit Jahrzehnten etablierten elektronischen Abrechnungssysteme wie die globalen EDI-Standards EDIFACT oder auch SAP IDoc. Es war daher eine frühzeitige Forderung der betroffenen Unternehmen, dass diese auch weiterhin genutzt werden können müssen, sofern die Vertragspartner eine entsprechende Übereinkunft erzielen. Jede andere Vorgabe würde effiziente Systeme gefährden, immense Kosten verursachen und bestehende Investitionen entwerten.

c) Erleichterungen für kleine Unternehmen

38 Zusätzlich wurde zur Sicherung von Effizienzgewinnen für alle Unternehmen die Minimierung der Ausnahmetatbestände gefordert und der zur Diskussion gestellte Vorschlag einer Empfangsbereitschaftspflicht aller Unternehmen mit einer späteren gestaffelten Ausstellungspflicht nach Unternehmensgröße favorisiert. Diese Vorgehens-

weise ermöglicht eine Testphase zur Erprobung elektronischer Rechnungssysteme. Als Voraussetzung einer allgemeinen Empfangspflicht wurden Maßnahmen gefordert, um insb. kleinen Unternehmen die Implementierung zu erleichtern. Die Verwendung hybrider elektronischer Rechnungsformate mit Sichtkomponente ist hierfür eine zentrale Forderung. Die rechtssichere Nutzung der bestehenden Rechnungsformate XRechnung und ZUGfeRD, die beide auf der europäischen Rechnungsnorm basieren, sollte dafür ermöglicht werden. Zum anderen wurde die Bereitstellung eines kostenlosen Übermittlungstools auf Basis der existierenden Plattform zur Übertragung von elektronischen Rechnungen im B2G-Bereich (KOSIT) gefordert.

d) Frühzeitige Entwicklung der Vorgaben für das Meldesystem

In Bezug auf das zukünftige Meldesystem wurde die Festlegung zur Übernahme des geplanten europäischen Systems für nationalen B2B-Umsätzen sehr positiv beurteilt. Dennoch sollten nach den Vorstellungen der Unternehmen nicht erst 2028 die technischen Vorgaben für das geplante Meldesystem, insb. für Schnittstellen und Zertifizierungen, sondern bereits vor Einführung der eRechnungsverpflichtung bekanntgegeben werden, um doppelten Investitionsaufwand und Umstellungsbedarf zu vermeiden. Das gilt insb. für die privaten elektronischen Abrechnungssysteme. Damit verbunden ist die Forderung eines direkten Übermittlungswegs von Unternehmen zu Unternehmen. Entscheidend sollten die verlässliche Extraktion und Übermittlung der geforderten Meldedaten sein. In diesem Zusammenhang war die Datensicherheit ein weiteres wichtiges Thema. Die Unternehmen forderten, die Berichtspflichten auf die Übermittlung wesentlicher Daten zu beschränken und nicht die Übermittlung der gesamten Rechnung zu fordern, um Datensicherheit zu gewährleisten. **39**

III. Das Gesetz zur eRechnung – Bestandschutz für bestehende elektronische Lösungen

1. Wachstumschancengesetz

Der **Gesetzentwurf zur Einführung der elektronischen Rechnungspflicht** wurde im Juli 2023 im Rahmen des **Referentenentwurfs zum Wachstumschancengesetz** veröffentlicht (→ Rz. 135 ff.). Der Gesetzentwurf basierte im Wesentlichen auf dem Diskussionsentwurf. Die Definition der elektronischen Rechnung wurde trotz der zahlreichen Einwände unverändert übernommen. Auch wurde eine allgemeine Empfangspflicht unverändert ab dem 1.1.2025 und die allgemeine Ausstellungspflicht ab dem 1.1.2026 festgelegt. Zur Erleichterung für kleine Unternehmen bis zu einem Jahresumsatz von 800.000 Euro wurde die Ausstellungspflicht auf den 1.1.2027 verschoben. Kleinstbetragsrechnungen wurden von der Ausstellungspflicht befreit. Weitere Regelungen in Hinblick auf das kommende Meldesystem wurden nicht getroffen. Im September 2023 wurden die Regelungen unverändert im Regierungsentwurf beschlossen und in die parlamentarischen Beratungen gegeben. **40**

2. Wichtige Ergänzungen während der parlamentarischen Beratungen

Im Oktober 2023 hatte das BMF **nachträgliche Änderungen am Regierungsentwurf** angekündigt und eine Formulierungshilfe zum Erhalt der bestehenden elektronischen Abrechnungssysteme und Formate (EDI) in die parlamentarischen Beratungen eingebracht. In der an die Wirtschaftsverbände adressierten Ankündigung der Änderungen wurde klargestellt, dass unter die Definition der elektronischen Rechnung sowohl eine Rechnung nach dem XStandard als auch nach dem ZUGFeRD-Format ab Version 2.0.1 fällt. In diesem Zusammenhang wurde darauf hingewiesen, dass ab der Einführung der obligatorischen elektronischen Rechnung bei einem hybriden Format der strukturierte Teil der führende sein sollte, was bedeutet, dass im Fall einer Abweichung die Daten aus dem strukturierten Teil denen aus der Bilddatei vorgehen. Weiter wurde eine Formulierungshilfe zum Gesetzentwurf zur Beibehaltung der bestehenden EDI-Verfahren angekündigt. **41**

Erster Teil: Bewertung aus der Sicht der Wirtschaft

3. Umfassender Bestandsschutz für EDI

42 Nach dem vom Bundestag beschlossenen Wachstumschancengesetz zur Einführung der eRechnung kann jetzt jedes strukturierte elektronische Format einer elektronischen Rechnung zwischen Rechnungsaussteller und Rechnungsempfänger vereinbart werden, wenn das Format die richtige und vollständige Extraktion der nach diesem Gesetz erforderlichen Angaben aus der elektronischen Rechnung in ein Format ermöglicht, das der CEN-Norm EN 16931 entspricht oder mit dieser interoperabel ist. Damit wird die Möglichkeit geschaffen, dass sich Rechnungsaussteller und Rechnungsempfänger gemeinsam auf die Verwendung eines anderen strukturierten elektronischen Formats einigen. Voraussetzung in diesem Fall ist, dass die für Zwecke der Umsatzsteuer erforderlichen Informationen so aus dem verwendeten Rechnungsformat richtig und vollständig extrahiert werden können, dass das Ergebnis der CEN-Norm EN 16931 entspricht oder mit dieser kompatibel ist. Ist dies sichergestellt, gelten insb. über EDI-Verfahren ausgestellte Rechnungen, deren Format den Vorgaben der CEN-Norm EN 16931 nicht entspricht, ebenfalls als elektronische Rechnungen. Die Formulierung ist dabei **technologieoffen** und erlaubt auch eine Anwendung auf weitere – auch neue – elektronische Rechnungsformate. Weiterhin besteht die Übergangsregelung, nach der erst ab 2028 mit Einführung des Meldesystems die Interoperabilität der EDI-Standards hergestellt werden muss.

4. Verschiebung der Ausstellungspflicht um ein Jahr

43 Weiter wurde vom Bundestag beschlossenen, die Ausstellungspflichten um jeweils ein Jahr zu verschieben. Damit besteht die allgemeine Ausstellungspflicht ab dem 1.1.2027 und die Ausstellungspflicht für kleinere Unternehmen ab dem 1.1.2028. Die allgemeine Empfangspflicht wurde, obwohl vom Bundesrat gefordert, nicht verschoben und gilt unverändert ab dem 1.1.2025. Eventuell ergibt sich in diesem Punkt noch eine Verschiebung durch den Bundesrat.

Insgesamt steht die geplante Einführung der elektronischen Rechnung nicht im Fokus der Nachverhandlungen des Wachstumschancengesetzes im Vermittlungsausschuss und sollte möglichst schnell beschlossen werden, um Rechtssicherheit zu schaffen. Die in den parlamentarischen Beratungen erreichten Anpassungen stellen aus Sicht der Unternehmen wichtige Klarstellungen und Verbesserungen dar.

IV. Fragestellungen für ein BMF-Schreiben zur Einführung der eRechnung

44 Mit Verabschiedung des Gesetzes hat das BMF die zeitnahe Veröffentlichung eines BMF-Schreibens angekündigt, da sich mit der Umsetzung zahlreiche Fragestellungen ergeben werden. Aus Sicht der Wirtschaft sind die folgenden Punkte von besonderer Relevanz.

1. Rechnungspflichtangaben in begleitenden Dokumenten

45 Nach der neuen Definition einer elektronischen Rechnung nach § 14 UStG müssen B2B-Rechnungen zukünftig elektronisch übermittelt werden. Das Umsatzsteuergesetz legt für eine ordnungsgemäße Rechnung, die zum Vorsteuerabzug berechtigt, Pflichtangaben (nach § 14 Abs. 4 UStG) einer Rechnung fest.

In der bisherigen Praxis werden Rechnungspflichtangaben auch in anderen Dokumenten angegeben, insb. bei komplexen Leistungen oder Werkverträgen. Diese Dokumente werden dann zum Bestandteil der Rechnung. Die Frage ist, ob zukünftig die Regelungen nach A 14.5 (1) UStAE weiterhin Bestand haben können, wenn diese zusätzlichen Dokumente nicht im strukturierten Format übermittelt werden können. Hier sind insb. Leistungsbeschreibungen zu nennen, die sich aus Verträgen, Angeboten, Lieferscheinen oder sonstigen Dokumenten ergeben, auf die in der Rechnung zweifelsfrei referenziert wird. Bei den bisherigen XRechnungen an die öffentliche Verwaltung war das kein Problem, da das Rechnungsformat nicht in § 14 UStG vorgeschrieben war.

2. Verträge und Dauerrechnungen

Weiter gilt gemäß Abschn. 14.1 Abs. 2 Satz 1 UStAE auch ein Vertrag als Rechnung, der die in § 14 Abs. 4 UStG geforderten Angaben enthält. Auch hier ergibt sich die Fragestellung, ob ein gemäß Abschn. 14.1 Abs. 2 Satz 1 UStAE als Rechnung anzusehender Vertrag nach der neuen Definition einer elektronischen Rechnung als ordnungsgemäße Rechnung anzusehen ist, auch wenn dieser nicht elektronisch übermittelt wird. Damit verbunden sind zahlreiche Ausnahmen zu Pflichtangaben in Rechnungen, bspw. wenn in einem Miet- oder Pachtvertrag, Wartungsvertrag oder Pauschalvertrag der Zeitraum, über den sich die jeweilige Leistung oder Teilleistung erstreckt, nicht angegeben ist, sich dieser aber aus den einzelnen Zahlungsbelegen ergibt. **46**

Bislang ist unklar, wie diese Vorgaben mit den neuen Überlegungen zu eRechnung in Einklang stehen und wie ein Vertrag ein strukturierter Datensatz sein kann bzw. inwieweit die bisherigen Regelungen der Finanzverwaltung mit der Einführung der eRechnung weiterhin zur Anwendung kommen können. Weiter stellt sich bei Dauersachverhalten die Frage, wie umsatzsteuerpflichtige Vermietungsleistungen, Darlehensverträge, Leasingverträge, die bislang als Dauerrechnungen gestellt wurden bzw. als Rechnung nach A 14.1 Abs. 2 UStAE galten, zukünftig ebenfalls als Rechnung nach der neuen Definition gelten können. Es wäre für die Praxis von großem Aufwand, wenn zukünftig ein Vertrag nur noch dann als Rechnung genutzt werden könnte, wenn eine Leistung im B2B-Bereich von der Umsatzsteuer befreit ist.

3. Keine Gefährdung des Vorsteuerabzugs

Im Zusammenhang mit der zeitlichen Staffelung der eRechnungsverpflichtung für bestimmte kleine Unternehmen sollte sichergestellt sein, dass der Vorsteuerabzug des Rechnungsempfängers nicht daran scheitert, dass der Rechnungsaussteller unberechtigterweise eine sonstige Rechnung ausgestellt hat, denn der Rechnungsempfänger kann die Berechtigung des Ausstellers nicht prüfen. **47**

V. Fazit und Ausblick auf das kommende Meldesystem

Das BMF hatte im Rahmen der Verbändeanhörung zum Diskussionsvorschlag einen Ausblick auf das kommende Meldesystem gegeben. Die Einführung der obligatorischen eRechnung steht danach in unmittelbarem Zusammenhang mit der Einführung eines elektronischen Systems zur transaktionsbezogenen Meldung von B2B-Umsätzen an die Finanzverwaltung. **48**

In Abstimmung zum vorliegenden ViDA-Vorschlag mit einem verpflichtenden, transaktionsbasierten Reporting zum 1.1.2028 strebt das BMF für die nationalen B2B-Umsätze wie für die innergemeinschaftlichen B2B-Umsätze ein **einheitliches elektronisches System** für die transaktionsbezogene Meldung an, um die Belastungen für die Wirtschaft möglichst gering zu halten. Für die laufenden nationalen konzeptionellen Arbeiten zur Ausgestaltung dieses Meldesystems sind daher die **laufenden Verhandlungen auf EU-Ebene ausschlaggebend**. Die Einführung eines nationalen Meldesystems wird sich nach dem BMF an den Entwürfen zu Art. 271a und Art. 271b MwStSystRL orientieren, nach denen Steuerpflichtige den Steuerbehörden auf elektronischem Weg bestimmte Rechnungsdaten (sog. Meldedaten) zu ihren im Inland steuerbaren Umsätzen übermitteln sollen. Eine Übermittlung der vollständigen Rechnung an die Steuerbehörden zur inhaltlichen Überprüfung vor der Weiterleitung bzw. Unterbrechung der Weiterleitung im Rahmen des einzurichtenden Systems soll nach den aktuellen nationalen Überlegungen nicht vorgesehen sein. Bei der Einführung des Meldesystems hat vielmehr die Abwicklung des Rechnungsaustauschs wahlweise über eine staatliche eRechnungs-Plattform oder über private eRechnungs-Plattformen zu erfolgen. Die Anforderungen der Verwaltung zur sicheren Übermittlung werden nach dem BMF erst mit Einführung des Meldesystems festgelegt werden. Nach ersten Überlegungen im Diskussionspapier sollte die eRechnungs-Plattform des Rechnungsausstellers vor Übermittlung der Rechnung an den Rechnungsempfänger Plausibilitätsprüfungen durchführen (z.B. ob alle Pflichtangaben enthalten sind bzw. ob der Aufbau der eRechnung den Vorgaben entspricht) und die extrahierten Meldedaten aus der eRechnung an das staatliche Portal (Annahme-Portal) übermitteln.

In der Kommentierung des Diskussionsentwurfs wurde von der gewerblichen Wirtschaft der **Ansatz des BMF begrüßt**, ein einheitliches System für die transaktionsbezogene Meldung von nationalen und grenzüberschreitenden B2B-Umsätzen vorzusehen. Es wurde jedoch angemahnt, die technischen Vorgaben für dieses geplante Meldesystem, insb. für Schnittstellen und Zertifizierungen, frühestmöglich bekanntzugeben, um doppelten Investitionsaufwand und Umstellungsbedarf zu vermeiden. Dass mit Einführung eines transaktionalen Meldesystems der Rechnungsaustausch wahlweise über eine staatliche eRechnungs-Plattform oder über eine private eRechnungs-Plattform erfolgen soll, wurde sehr unterstützt.

Insbesondere kleinere Unternehmen plädierten für eine staatliche eRechnungs-Plattform. Aus Sicht dieser Unternehmen fördert die kostenfreie Bereitstellung der notwendigen Infrastruktur die breite Unterstützung der Maßnahme. Andere Unternehmen sprechen sich dagegen für private eRechnungs-Plattformen aus. Mit der Akzeptanz von EDI-Standards muss der direkte Übermittlungsweg von Unternehmen zu Unternehmen ermöglicht werden. Den Unternehmen sollte freigestellt werden, ob sie eine staatliche, eine private oder eine Kombination aus verschiedenen Plattformen nutzen wollen. Entscheidend wird sein, dass die Transaktionswege und Schnittstellen verlässlich, sicher, belastbar und voll funktionsfähig implementiert werden, so dass die für Zwecke der Umsatzsteuer erforderlichen Informationen aus dem verwendeten Rechnungsformat richtig und vollständig, dem EN 16931-Format entsprechend extrahiert werden können. Eine zentrale Forderung ist außerdem, dass die Maßnahmen zur Betrugsbekämpfung im Verhältnis zum Eingriff in bestehende Unternehmensprozesse und -strukturen stehen müssen.

In Anbetracht der umfassenden Betroffenheit haben die Unternehmen die Einbeziehung der Praxis während des gesamten Entwicklungsprozesses insb. auch in Hinblick auf das kommende Meldesystem gefordert. Das BMF hat mit der Unterstützung der Wirtschaft die Einrichtung von Praxisarbeitsgruppen angekündigt. Dies ist sehr positiv zu bewerten.

D. Die effektive globale Mindeststeuer

I. Historie

49 Mit dem OECD/G20-Projekt Base Erosion and Profit Shifting (BEPS) hatte die OECD bereits in Aktionspunkt 1 versucht, Besteuerungsregeln für die „digitale Wirtschaft" zu etablieren, was sich aufgrund rechtlicher und technischer Schwierigkeiten als problematisch erwies. Angesichts des öffentlichen Interesses an Aufklärung über die Enthüllungen der aggressiven Steuerplanung von US-amerikanischen Unternehmen und die politischen Diskussionen dazu, wurde der BEPS-Aktionspunkt 1 in einem neuen Projekt aufgegriffen.[1]

---

[1] Vgl. exemplarisch, Kaum Steuerlast: Wie Starbucks den deutschen Staat austrickst, abrufbar unter https://www.welt.de/wirtschaft/article128247128/Wie-Starbucks-den-deutschen-Staat-austrickst.html#:~:text=In%20Deutschland%20gibt%20es%20nicht,geschaffen%2C%20kaum%20Steuern%20zu%20zahlen.

Bereits 2020 wurde ein erstes Grundkonzept mit den **OECD-Blueprints zu Säule 1 (Pillar 1) und Säule 2 (Pillar 2)** veröffentlicht. Darauf folgte im Juli 2021 ein sehr stark überarbeitetes Konzept, welches dem heutigen Regelwerk eher ähnelt als den frühen Anfängen. Mit diesem neuen Konzept konnte eine **Einigung auf das Zwei-Säulen-Projekt im Oktober 2021** erzielt werden – der Weg für eine Reform der internationalen Besteuerung war politisch geebnet.[1] Mit der Veröffentlichung der OECD-Modellregeln („Model Rules") im Dezember 2021 wurden die Schwierigkeiten des Projekts durch die schiere Menge an Regeln und die **enorme Komplexität** erneut deutlich.

Die **EU** folgte zwei Tage später mit einem **Richtlinienentwurf zur Umsetzung der Mindeststeuer**[2] in der EU. Das Inclusive Framework on BEPS (IF) war sich der Komplexität bewusst, weshalb im März 2022 der (erste) **OECD-Musterkommentar** zu den Global Anti-Base Erosion Regeln (GloBE) veröffentlicht wurde.[3] Der Musterkommentar soll die Regeln durch eine einheitliche Auslegung weltweit harmonisieren und Umsetzungs- sowie Anwendungsfragen klären und einen einheitlichen Maßstab vorgeben. Im Dezember 2022 folgten die „Safe-Harbour-Ausnahmen", die Vereinfachungen von den Modellregeln vorsehen, insb. in der von de facto 2024 bis 2026 dauernden Übergangsphase.

Darüber hinaus wurde das Regelwerk bisher durch weitere sog. „Administrative Guidance" der OECD, zuletzt am 18.12.2023, konkretisiert.[4] Die OECD plant im ersten Halbjahr 2024 eine Konsolidierung aller bisher veröffentlichten Leitlinien und Handreichungen in einem **einheitlichen und finalen Musterkommentar zu den GloBE-Regeln**.

Mit der Veröffentlichung des Diskussionsentwurfs eines **Mindestbesteuerungsrichtlinie-Umsetzungsgesetzes** Ende März 2023 sorgte das Bundesministerium der Finanzen (BMF) durch den Entwurf mit einem geplanten Umfang von 89 Paragrafen für Erstaunen – zu diesem Zeitpunkt hatten sich viele Stakeholder eine schlankere Umsetzung angesichts der angespannten konjunkturellen und wirtschaftspolitischen Lage (u.a. durch Inflation Reduction Act (IRA) in den USA) gewünscht. In Anbetracht des geplanten Inkrafttretens zum 31.12.2023 und der Erstanwendung ab 2024 mit bereits verpflichtenden Berichtsangaben in den Jahresabschlüssen für 2023 ist die **Umsetzung ambitioniert** und für die Unternehmen eine starke und unnötige Belastung, der mit einer einjährigen Verschiebung hätte entgegengetreten werden können. Das Gesetz wurde letztlich mit 101 Paragrafen am 10.11.2023 vom Deutschen Bundestag beschlossen.[5] Der Bundesrat stimmte dem Gesetz am 15.12.2023 zu. Das zwischenzeitlich im BGBl. verkündete Gesetz vom 21.12.2023[6] ist am Tag nach seiner Verkündung, also am 28.12.2023 mit Wirkung für alle nach diesem Stichtag folgenden Geschäftsjahre in Kraft (→ Rz. 140 ff.).[7]

II. Zielsetzung der Mindeststeuer

Die globale Mindeststeuer zielt darauf ab, den **internationalen Steuersatzwettbewerb** („race to the bottom") zwischen den Staaten **einzudämmen** sowie (aggressive) Gewinn-

---

1) OECD/G20, Base Erosion and Profit Shifting Project Statement on a Two-Pillar Solution to Address the Tax Challenges Arising from the Digitalisation of the Economy, October 8, 2021, abrufbar unter: https://www.oecd.org/tax/beps/statement-on-a-two-pillar-solution-to-address-the-tax-challenges-arising-from-the-digitalisation-of-the-economy-october-2021.htm.
2) Proposal for a COUNCIL DIRECTIVE on ensuring a global minimum level of taxation for multinational groups in the Union, COM (2021), 823, 2021/0433 (CNS).
3) Tax Challenges Arising from the Digitalisation of the Economy – Commentary to the Global Anti-Base Erosion Model Rules (Pillar Two), First Edition : Inclusive Framework on BEPS | OECD/G20 Base Erosion and Profit Shifting Project | OECD iLibrary (oecd-ilibrary.org); https://www.oecd-ilibrary.org/taxation/oecd-g20-base-erosion-and-profit-shifting-project_23132612, zuletzt abgerufen 19.12.2023.
4) https://www.oecd.org/tax/oecd-g20-inclusive-framework-releases-new-information-on-key-aspects-of-the-two-pillar-solution.htm#:text=The%20Agreed%20Administrative%20Guidance%20for,Reporting%20Safe%20Harbour%20and%20a, zuletzt abgerufen 20.12.2023.
5) BT-Drucks. 20/8668, i.d.F. 20/9190 (neu).
6) BGBl. I 2023 Nr. 397 v. 27.12.2023.
7) BR-Drucks. 595/23 (Beschluss) v. 15.12.2023.

verlagerungen und **Steuervermeidung zu verhindern**, indem es sicherstellt, dass multinationale Unternehmen überall dort, wo sie Geschäfte betreiben, einen angemessenen Steuerbetrag zahlen. Damit soll ein „Level Playing Field" bei der Besteuerung von Unternehmensgewinnen geschaffen und das Steueraufkommen hieraus angemessener zwischen den Staaten verteilt werden.

Dies bedeutet, dass Gewinne multinationaler Unternehmen unabhängig vom Land, in dem sie erzielt werden, mit einem **effektiven Mindeststeuersatz** besteuert werden. Dieser Satz liegt bei 15 %.

Der Steuerwettbewerb wird damit aber nicht beendet, sondern vom Steuersatz auf andere Gebiete verlagert, insb. auf die **Förderung durch direkte Subventionen oder Steueranreize** für Arbeitnehmer, die dem Arbeitgeber im Wettbewerb um Fachkräfte einen Vorteil verschaffen sollen. Hierbei müssen Deutschland und die EU aufpassen, nicht ins Hintertreffen zu geraten, insb. hinsichtlich des **strengen europäischen Beihilferechts**, um stets konkurrenzfähig zu bleiben. Das gilt besonders vor dem Hintergrund, dass weltweit nur wenige Staaten aus dem IF die Mindeststeuer umsetzen, wodurch zunächst nur die „Early-Adopter" durch den neuen Bürokratieaufwand belastet sind.

Die **EU** nimmt dabei eine **Vorreiterrolle** bei der Umsetzung der globalen Mindeststeuer ein. Im internationalen Vergleich setzen nur wenige Länder außerhalb der EU das Gesetz bereits 2024 um, darunter u.a. das Vereinigte Königreich, Japan und Kanada. Andere Staaten gewähren den Unternehmen eine längere Vorbereitungszeit und planen die Anwendung der Regelungen voraussichtlich erst für Geschäftsjahre ab 2025. Obwohl das Inclusive Framework on BEPS aus rund 140 Mitgliedern besteht, haben bisher nur etwa 50 Staaten, darunter die 27 EU-Mitgliedsstaaten, konkrete Pläne zur Umsetzung der Mindeststeuer bekannt gegeben. Große Volkswirtschaften wie die USA zeigen bisher keine klaren Absichten zur Umsetzung, während China und Indien ohne erkennbare Initiative zurückhaltend reagieren und frühestens nach 2024 aktiv werden könnten.

In Deutschland und anderen EU-Mitgliedsländern wird jedoch eine **verpflichtende Umsetzung durch die EU-Mindeststeuerrichtlinie** vorgenommen. Dies führt nicht nur zur festen Verankerung der Mindeststeuer in den EU-Staaten aufgrund des EU-Einstimmigkeitsprinzips bei direkten Steuern, sondern **erschwert auch Anpassungen der Steuergesetzgebung an neue Gegebenheiten**.

Die Mindeststeuer besteht aus **zwei zentralen Regelungsbereichen**, die sich wiederum im Wesentlichen in zwei Vorschriften untergliedern. Im engeren Sinne sind das die **GloBE** (Global Anti-Base Erosion) Regeln, die vornehmlich aus der Primärergänzungssteuerregelung (zuvor engl. „Income Inclusion Rule", IIR) und der Sekundärergänzungssteuerregelung (SES) (zuvor engl. „Undertaxed Payment Rule", UTPR) bestehen. Darüber hinaus wird den Staaten die Möglichkeit eingeräumt, eine nationale Ergänzungssteuer (NES) zu erheben (zuvor engl. „Qualified Domestic Minimum Top Up Tax", QDMTT), die vorrangig im Quellenstaat anzuwenden ist und bereits auf Ebene der Tochtergesellschaft für eine adäquate Vorbelastung in Höhe von 15 % sorgt. Im weiteren Sinne werden die Mindeststeuervorschriften auf Ebene der Doppelbesteuerungsabkommen durch "Subject-to-Tax" und "Switch-Over"-Regeln ergänzt.

Im Unterschied zu Pillar 1 ist die Anwendung der GloBE-Regeln für die Staaten jedoch nicht verpflichtend, sondern sie stellen lediglich einen sog. „common approach" dar.

Staaten, die sich zur Umsetzung von Pillar 2 entscheiden, müssen allerdings sicherstellen, dass die nationale Gesetzgebung vollumfänglich mit der von der OECD erarbeiteten Mustergesetzgebung deckungsgleich ist. Gleichzeitig haben sich die Mitglieder des OECD/G20 Inclusive Framework on BEPS aber dazu verpflichtet, die Anwendung der GloBE-Regeln durch die anderen Staaten zu dulden und zu akzeptieren.

III. Die Mindeststeuervorschriften und ihre Mängel im Überblick

1. Anwendungsbereich

In den Anwendungsbereich der Mindeststeuer fallen alle Unternehmen, die einen **jährlichen konsolidierten Gesamtumsatz von wenigstens 750 Mio. Euro** in mindestens zwei der vier unmittelbar vorgehenden Geschäftsjahre aufweisen, analog zu dem Schwellenwert für das Country-by-Country Reporting (§ 1 Abs. 1 MinStG, → Rz. 141).

Es ist wichtig, dass der Schwellenwert von 750 Mio. Euro regelmäßig an die **Inflationsrate** angepasst wird, um zu verhindern, dass durch die Inflation mehr Unternehmen als ursprünglich beabsichtigt in den Anwendungsbereich der Mindeststeuer fallen. Dadurch wird sichergestellt, dass der Geltungsbereich der Regelung konstant bleibt und nicht aufgrund von Wertschwankungen erweitert wird.

Unternehmen, die sich nah an der aktuellen Umsatzschwelle bewegen, sind durch die enorme Anzahl an den hochkomplexen Regelungen besonders belastet; eine Erweiterung des Aufwands durch die Hintertür sollte vermieden werden.

2. Effektiver Mindeststeuersatz und Bemessungsgrundlage

Der GloBE-Mindeststeuersatz beträgt **15 %**. Es handelt sich dabei um einen Effektivsteuersatz bei länderbezogener Betrachtungsweise (sog. „jurisdictional blending"), wodurch ein Verrechnen von Einkünften aus hoch- und niedrigbesteuerten Ländern (sog. „global blending") nicht möglich ist.

Beim **„jurisdictional blending"** werden alle Konzerneinheiten pro Jurisdiktion betrachtet und deren effektive Steuerbelastung zusammengerechnet. Dies steht im direkten Kontrast zu der US-amerikanischen „Global Intangible Low-Taxed Income" (GILTI) Vorschrift, die ebenfalls verhindern soll, dass multinationale Unternehmen Gewinne in Niedrigsteuerländer verlagern. Zur Ermittlung der effektiven Steuerbelastung wird das „global blending" genutzt. Dabei werden Steuersätze aus Hochsteuerländern mit denen aus Niedrigsteuerländern verrechnet.

Als Bemessungsgrundlage für die Zwecke von GloBE wird auf den **IFRS-Abschluss** oder auf einen den OECD-Modellregeln entsprechenden handelsrechtlichen Abschluss auf Basis des Rechnungslegungsstandards der Konzerngesellschaft mit einigen GloBE spezifischen Überleitungsrechnungen abgestellt (§ 7 Abs. 4 MinStG). Die Modifikation des IFRS-Abschlusses wird benötigt, um eine weltweit einheitliche, für die Besteuerung geeignete Bemessungsgrundlage zu schaffen. Die **Ermittlung der gemeinsamen Bemessungsgrundlage** ist das **Kernstück der Regelungen** und verursacht den höchsten Anteil an den Befolgungskosten sowie **schiere Rechtsunsicherheiten**.

Damit ist auch der effektive Steuersatz länderbezogen aus dem modifizierten IFRS-Abschluss abzuleiten. Bereits hier stellen sich für die Unternehmen aufwändige Probleme, denn nicht immer gibt es für die betroffenen Konzerngesellschaften einen IFRS-Abschluss. Hierbei handelt es sich häufig um unwesentliche, kleine Konzerngesellschaften, die aus Wesentlichkeitsgründen auch nicht Bestandteil des IFRS-Konzernabschlusses sein müssen oder Betriebsstätten, die nicht bilanzieren. Dieser ist dann unter großen Mühen zu erstellen bzw. an den IFRS-Abschluss für die Mindeststeuerzwecke anzugleichen. Dazu werden sowohl neue Verknüpfungen und Prozesse in den IT-Systemen als auch neues Personal benötigt, welches mit den Abläufen betraut werden muss. Dabei sind länderspezifische Besonderheiten zu beachten, die für Mindeststeuerzwecke anzupassen sind, dazu gehören besonders latente Steuern, die Berechnung der lokalen Substanzausnahmen („Carve-Outs") und die ggf. erhobene NES.

Personenunternehmen werden ebenfalls stark von der Mindeststeuer betroffen sein. Sie treffen aufgrund der Vielzahl an Sonder- und Einzelbestimmungen für Personengesellschaften besondere Härten in Sachen Administration und Rechtssicherheit. Viele der aktuellen Vorschriften von OECD und EU lassen **Interpretationsspielraum bei der**

Gewinnermittlung für Mindeststeuerzwecke. Die deutschen Besonderheiten im zivil- und steuerlichen Personengesellschaftsrecht sind zahlreich, so kann in der üblichen Mittelstandskonstellation GmbH & Co. KG unklar sein, wer die Konzernobergesellschaft darstellt und die Mindeststeuerberechnungen durchzuführen hat. Weitere unzählige Fragen treffen die transparente Behandlung der Gesellschafter. Die mögliche Einbeziehung von Informationen über Gesellschafter, insb. bei natürlichen Personen, in die GloBE Information Return führt zu zusätzlicher Komplexität und **erhöhtem Compliance-Aufwand**. Es besteht Bedarf an klaren Richtlinien zum Schutz sensibler Daten und zur Wahrung des Steuergeheimnisses, insb. im Kontext des internationalen Informationsaustausches.

Eine der größten und aufwändigsten Modifikationen an dem IFRS-Abschluss ist bei der **Berücksichtigung von latenten Steuern** vorzunehmen. Der Berücksichtigungszeitraum von latenten Steuern wird auf fünf Jahre beschränkt und vernachlässigt damit langjährige Abweichungen und zwingt Unternehmen in die Schattenrechnung für alle Wirtschaftsgüter, aus denen sich latente Steuern ergeben können, gar solche aus „Geringwertigen Wirtschaftsgütern". Übermäßig erschwerend kommt hinzu, dass latente Steuern für Mindeststeuerzwecke ausschließlich mit dem Mindeststeuersatz von 15 % bewertet werden dürfen. Damit verkennt die Regelung zum einen die tatsächlichen künftigen Steuerverbindlichkeiten aus den passiven Latenzen, sofern Steuersätze anzuwenden sind, die höher als der Mindeststeuersatz sind. Das wird in den überwiegenden Fällen dazu führen, dass Unternehmen die latenten Steuern neu berechnen werden müssen, da diese regelmäßig in den Staaten über dem Mindeststeuersatz liegen werden. Durch den kurzen Betrachtungszeitraum und die abwegig niedrige Bewertung zu 15 % wird nicht die gesamte Steuerlast antizipiert, sondern lediglich ein Bruchteil betrachtet. Es entsteht durch die nachträgliche Berücksichtigung und Korrektur von längeren temporären Differenzen sowie den Neubewertungen ein erheblicher administrativer Zusatzaufwand. Latente Steuern können in jedem Wirtschaftsgut entstehen, weshalb eine schiere Vielzahl an Einzelposten zu betrachten ist.

3. Einfluss der Mindeststeuer auf Investitionsentscheidungen

53 Das Steuersystem, insb. die Mindeststeuer, hat einen signifikanten Einfluss auf Investitionsentscheidungen von Unternehmen. Die Mindeststeuer beeinflusst maßgeblich die steuerlichen Rahmenbedingungen und Verwaltungsaufwände, was die Rentabilität von (Direkt-)Investitionen beeinträchtigen kann. **Unterschiedliche Ansätze in der Steuerförderung**, wie Steuergutschriften oder Abschreibungen, wirken sich auf die Steuerbilanz aus, jedoch nicht unbedingt auf den handelsrechtlichen Gewinn, was zu Diskrepanzen im effektiven Steuersatz führen kann.

Wenn politisch gewollte und initiierte Steueranreize, wie „Tax Credits" für Forschung- und Entwicklungsaktivitäten oder Klimainvestitionen in einzelnen Ländern anfallen, könnte der effektive Steuersatz rechnerisch unter den Mindeststeuersatz fallen, obwohl die tatsächliche Steuerlast weit über dem Mindeststeuersatz liegt. Insb. klimapolitisch gewollte Investitionen werden vielerorts über „Tax Credits" gefördert. Das führt nicht nur zu einer faktischen Doppelbesteuerung, sondern steht bei steuerpolitisch gewollten Investitionsanreizen den wirtschaftlichen Effekten entgegen.

4. Substanzbasierter Freibetrag und Wesentlichkeitsgrenze

54 Im Rahmen der Mindeststeuer ist ein **substanzbasierter Freibetrag** (engl. „Substance-based Carve-out") **für Sachanlagevermögen und Personalaufwendungen** (Lohnkostenanteile) enthalten (§§ 56–60 MinStG). Der Mindeststeuersatz kann um diesen Freibetrag, der mit 5 % (§ 56 MinStG) festgesetzt ist, unterschritten werden. Während eines zehnjährigen Übergangszeitraums gilt ein abschmelzender höherer Freibetrag (§ 60 MinStG). Dieser beginnt bei 8 % für Sachanlagen und bei 10 % für Personalaufwendungen. In den ersten fünf Jahren sinken diese jeweils um 0,2 Prozentpunkte, für die

letzten fünf Jahre schließlich um 0,4 Prozentpunkte für Sachanlagen und 0,8 Prozentpunkte für Personalaufwendungen. Darüber hinaus ist im Rahmen einer Wesentlichkeitsgrenze (de-minimis-Ausnahme) vorgesehen, dass die GloBE-Regelungen in Staaten, in denen ein Konzern im Drei-Jahres-Schnitt einen Mindeststeuer-Gesamtumsatz von weniger als 10 Mio. Euro und einen Mindeststeuer-Gesamtgewinn von weniger als 1 Mio. Euro erzielt, nicht zur Anwendung kommen (§ 54 MinStG).

5. Koexistenz mit US-Mindeststeuersystem

Die globale Mindeststeuer erlaubt die Koexistenz mit vergleichbaren Mindestbesteuerungssystemen. Damit ein Mindeststeuersystem als Äquivalent gelten kann, muss es dem Hauptinstrument, der Primärergänzungssteuerregelung, entsprechen. Zentral ist dabei, dass die Berechnungsgrundlagen vergleichbar sind, insb. die Ermittlung des Effektivsteuersatzes.

Die USA haben mit **US-GILTI**[1] ein eigenes Mindeststeuerregime, das eine Mindestbesteuerung von mindestens 10,5 bis 13,125 % sicherstellt.[2] Durch das sog. „global blending" werden Steuersätze aus Hochsteuerländern mit denen aus Niedrigsteuerländern verrechnet. Mit der OECD/EU-Vorschrift besteht durch das „jurisdictional blending" diese Möglichkeit nicht. Hierbei wird für jedes Land einzeln der effektive Steuersatz ermittelt und auch darauf entsprechend die Mindeststeuer erhoben.

Diese beiden **Berechnungsweisen weichen fundamental voneinander ab**. Würde US-GILTI als Äquivalent zur PES gesehen, würde dies mit einem Wettbewerbsnachteil für die Staaten einhergehen, die an die OECD-Mindeststeuerregeln gebunden sind. Die im Februar 2023 veröffentlichten OECD-Leitlinien sehen für eine erste Übergangsphase vor, dass im Rahmen eines CFC-Steuerregimes (Controlled Foreign Corporation) erhobene Steuern mittels einer Formel zwischen den beteiligten Unternehmen umgelegt werden sollen. Das GILTI-Regime dient hier als Beispiel für ein solches CFC-Regime. US-amerikanische multinationale Unternehmen, die GILTI-Steuern zahlen, werden diese Steuern unter den GloBE-Regeln auf die einzelnen CFC-Jurisdiktionen für die Berechnung der Zusatzsteuer verteilen. Diese Verteilung reduziert die Zusatzsteuer nach der PES oder der SES, jedoch nicht nach der NES. Diese Verteilungsmethode gilt für Geschäftsjahre bis spätestens 30.6.2027, wobei über ihre Anwendung für spätere Jahre noch entschieden wird. Damit wird US-GILTI zunächst nicht als unter Pillar 2 anerkanntes Mindeststeuerregime anerkannt. Eine Anerkennung als qualifiziertes Mindeststeuerregime sollte nur dann erfolgen, falls die USA die Vorschriften denen von GloBE angleichen. Andernfalls entsteht eine **Ungleichbehandlung**, die in **Wettbewerbsnachteilen für die Mindeststeuer-Staaten** mündet.

Zwischenzeitlich haben die USA ein weiteres Mindeststeuerregime eingeführt. Mit dem „Inflation Reduction Act of 2022"[3] wurde die Book Minimum Tax bzw. Alternative Minimum Tax (AMT) eingeführt. Die AMT basiert ähnlich wie die Mindeststeuer auf dem handelsrechtlichen US-Jahresabschluss der Unternehmen, nutzt aber ebenfalls das „global blending". Damit sollte auch die AMT kein Äquivalent zur PES darstellen. Gesellschaften aus Staaten, die keine vergleichbare PES eingeführt haben, unterliegen der SES, um eine effektive Besteuerung von mindestens 15 % sicherzustellen. Da weder US-GILTI noch die AMT mit der PES vereinbar sind, unterlägen US-Tochtergesellschaften und Betriebsstätten, deren effektiver Steuersatz unter 15 % liegt, in Staaten, die die Mindeststeuer anwenden, einer Zusatzsteuer im betroffenen Land. In der Zwischenzeit hat das US-House Committee on Ways and Means als Reaktion angedroht, in den USA tätige Anleger und Unternehmen aus Staaten, die die SES auf US-amerikanische (Toch-

---

1) 26. US-IRC 951 A, Global intangible low-taxed income.
2) Vgl. IRS Guidance on GILTI, abrufbar unter: https://www.irs.gov/newsroom/irs-and-treasury-issue-guidance-related-to-global-intangible-low-taxed-income-gilti.
3) U.S. Government Publishing Office, 117th Congress Public Law 169, https://www.govinfo.gov/content/pkg/PLAW-117publ169/html/PLAW-117publ169.htm

ter-)Unternehmen anwenden, mit einer (Straf-)Zusatzabgabe von bis zu 20 Prozentpunkten zu belegen.[1]

Aus Sicht der Wirtschaft ist dieses Ergebnis konsequent und befördert das Erreichen eines einheitlichen Level Playing Fields in der Besteuerung. Problematisch ist jedoch, dass eine effektive SES Steuerdaten der Konzernmuttergesellschaft benötigt, die die USA vermutlich nicht aushändigen werden. Damit wäre eine Nivellierung des Steuerwettbewerbs durch die Sekundärergänzungssteuerregelung stark eingeschränkt. Außerdem verbleiben Bedenken, dass das US-Mindeststeuerregime wider Erwarten nach Ablauf der aktuellen Übergangsfrist als Äquivalent eingestuft wird und so dann zu einem erheblichen Wettbewerbsnachteil für die europäische und deutsche Wirtschaft führt.

IV. GloBE-Regeln im Einzelnen

1. Primärergänzungssteuer- und Sekundärergänzungssteuerregelung

56 Die GloBE-Regeln bestehen aus **zwei komplementären Regeln**. Die PES kommt vorrangig zur Anwendung und wird ergänzt um die SES, die konsekutiv zur Anwendung gelangt, wenn der Ansässigkeitsstaat eines im Anwendungsbereich befindlichen Unternehmens durch die PES nicht das Mindestbesteuerungsniveau erreichen konnte oder aber der Ansässigkeitsstaat keine oder keine der PES entsprechende Regelung implementiert hat (→ Rz. 143 f.).

Die **Primärergänzungssteuerregelung** ist der **Kernmechanismus der Mindeststeuer** und folgt einem „Top-Down"-Ansatz, um eine Nachversteuerung von nachgeordneten, unter dem globalen Mindeststeuersatz besteuerten Konzerneinheiten sicherzustellen. Dabei wird im Gegensatz zur deutschen Hinzurechnungsbesteuerung keine Unterscheidung zwischen aktiven und passiven Einkünften getroffen. Es erfolgt eine grundsätzliche Einbeziehung von Einkünften niedrig besteuerter ausländischer Tochtergesellschaften. Die **Nachversteuerung** erfolgt im **Sitzstaat der Konzernobergesellschaft** auf den Mindeststeuersatz. Damit stärkt die Primärergänzungssteuerregelung das (Wohn-)Sitzstaatprinzip.

Die **Sekundärergänzungssteuerregelung** ist der nachrangige Mechanismus von GloBE (→ Rz. 143, → Rz. 157). Sie kommt nur in denjenigen Fällen zur Anwendung, in denen die niedrig besteuerten Einkünfte nicht einer ausländischen PES oder einem Äquivalent unterliegen. Die Vorschrift erlaubt dem Quellenstaat, die Mindestbesteuerung sicherzustellen. Hierzu können u.a. der Betriebsausgabenabzug für Zahlungen an verbundene Unternehmen versagt werden oder Abkommensvergünstigungen nur dann gewährt werden, wenn die Einkünfte der Mindeststeuer unterliegen. Damit ist die SES eine Stärkung des Quellenstaatsprinzips.

2. Nationale Ergänzungssteuerregelung

57 Die Ansässigkeitsstaaten der Tochtergesellschaften ausländischer Konzerne können vorrangig der PES bereits in ihrem Hoheitsgebiet eine NES erheben, die die Mindestbesteuerung von 15 % sicherstellt (→ Rz. 143, → Rz. 158).

Es ist folgerichtig davon auszugehen, dass die Staaten die Erhebung einer NES nutzen werden und somit der **eigentliche Primärmechanismus der Mindeststeuer ausgehebelt** wird und an Bedeutung verliert. Letztlich ist zu erwarten, dass durch die NES jegliches Steuermehraufkommen ausgeglichen wird, der Administrationsaufwand für die Unternehmen aber bleibt.

---

1) Vgl. Ways and Means Republicans Introduce Bill to Combat Biden's Global Tax Surrender – House Committee on Ways and Means; vgl. https://gop-waysandmeans.house.gov/ways-and-means-republicans-introduce-bill-to-combat-bidens-global-tax-surrender/, zuletzt abgerufen am 19.12.2023.

3. Subject-to-Tax- und Switch-Over-Rule

Neben den GloBE-Regeln soll Pillar 2 auch noch eine abkommensrechtliche Subject-to-Tax-Rule (STTR) enthalten, die bei konzerninternen Zahlungen zur Anwendung kommt. Diese stellte insb. für Entwicklungsländer eine Voraussetzung über die Einigung über Pillar 2 dar.

Am 17.7.2023 hat die OECD Mustervorschriften und einen Kommentar zur STTR veröffentlicht.[1] Diese soll (ausschließlich) in Doppelbesteuerungsabkommen mit Entwicklungsländern aufgenommen werden. Ziel ist es, den Quellenstaaten einen Teil des Besteuerungsrechts auf konzerninterne Zahlungen zu sichern, wenn die Einkünfte im Ansässigkeitsstaat mit weniger als 9 % besteuert werden. Entwicklungsländer, definiert als Staaten mit einem Pro-Kopf-Bruttonationaleinkommen von weniger als 12.535 USD nach der Atlas-Methode der Weltbank (2019), können die Aufnahme der STTR in bilaterale Abkommen beantragen. Die anwendenden Entwicklungsländer sind verpflichtet, die OECD über die Anwendung des STTR-MLI auf ihre Doppelbesteuerungsabkommen in Kenntnis zu setzen.

Das Multilaterale Instrument (MLI) zur Umsetzung der STTR liegt seit Anfang Oktober 2023 zur Unterzeichnung vor.[2] Es ändert bestehende Steuerabkommen unmittelbar, um die STTR umzusetzen. Einer dezidierten förmlichen Änderung des bilateralen Völkerrechtsvertrags bedarf es dadurch nicht. Darüber hinaus wurden dem MLI weitere Musterbestimmungen im Anhang hinzugefügt, darunter Optionen für die Definition von „anerkannten Pensionsfonds" (Anhang IV) und eine Schutzklausel für den Übergang von Entwicklungsländern zu Industrieländern (Anhang V).

Die STTR in Doppelbesteuerungsabkommen regelt die Besteuerungsrechte für Einkünfte, die im Ansässigkeitsstaat mit einem Steuerbetrag von weniger als 9 % besteuert werden. Das DBA findet keine Anwendung, wenn andere Abkommensbestimmungen einen Gesamtsteuersatz von mindestens 9 % gewährleisten. Andernfalls wird der Steuersatz auf 9 % erhöht.

Zu den von der STTR betroffenen Zahlungen gehören Zinsen, Lizenzgebühren, Gebühren für die Nutzung von Vertriebsrechten, Versicherungsprämien, Finanzierungsgebühren, Mietzahlungen für Ausrüstungen und Gebühren für Dienstleistungen. Ausgenommen sind Mietzahlungen für Schiffe im internationalen Verkehr und Einkünfte, die der Tonnagebesteuerung unterliegen.

Von besonderer Bedeutung ist die STTR für Dienstleistungen, insb. für digitale Vermittlungsdienste. Viele Länder haben Schwierigkeiten, solche Dienstleistungen von nicht ansässigen Anbietern zu besteuern. Die STTR ermöglicht es den Quellenländern, diese Zahlungen mit bis zu 9 % zu besteuern. Dabei muss aber zwingend beachtet werden, dass es zu einer einheitlichen Anwendung der Regel kommt, um unnötige Doppelbelastungen zu vermeiden.

Die Mindeststeuer soll sich zudem auf Betriebsstätten erstrecken, auf die Doppelbesteuerungsabkommen angewandt werden und für Betriebsstättengewinne eine Freistellung vorsehen. Unter dem Mindeststeuersatz besteuerte Betriebsstätten wären damit von der Anwendung der Primärergänzungssteuerregelung qua DBA freigestellt. Daher soll bei ausländischen Betriebsstätten, die einer Effektivbesteuerung unter dem globalen Mindeststeuersatz unterliegen, ein Wechsel von der Freistellungs- zur Anrechnungsmethode erfolgen (Switch-Over-Rule).

---

1) Vgl. OECD (2023), *Tax Challenges Arising from the Digitalisation of the Economy – Subject to Tax Rule (Pillar Two): Inclusive Framework on BEPS*, OECD/G20 Base Erosion and Profit Shifting Project, OECD Publishing, Paris, https://doi.org/10.1787/9afd6856-en.
2) Vgl. Multilateral Convention to Facilitate the Implementation of the Pillar Two Subject to Tax Rule, abrufbar unter https://www.oecd.org/tax/beps/multilateral-convention-to-facilitate-the-implementation-of-the-pillar-two-subject-to-tax-rule.htm.

V. Abschließende Bewertung aus Sicht der deutschen Industrie

59 Der BDI unterstützt das Vorhaben der OECD/G20 Inclusive Framework on BEPS über diese globale Lösung (Pillar 1 und Pillar 2) grundsätzlich. Im Ergebnis kann hierdurch unter gewissen Voraussetzungen ein „Level Playing Field" bei der Besteuerung von Unternehmensgewinnen geschaffen werden. Für die deutsche Wirtschaft ist bei der anstehenden Umsetzung entscheidend, dass **kein unverhältnismäßiger Aufwand** und **keine Doppelbesteuerung der Unternehmen** entstehen.

Zudem muss die globale Einigung dazu führen, **Sondersteuern** wie nationale Digitalsteuern **zu vermeiden** bzw. bereits eingeführte Digitalsteuern rückwirkend abzuschaffen. Es braucht daher ein **schlüssiges Gesamtkonzept**, da die Detailregelungen nach wie vor hohe Doppelbesteuerungsrisiken der Unternehmen begründen. Es bedarf **verbindlicher Kollisionsregeln** zwischen den Staaten, um eine Mehrfachbesteuerung zu verhindern.

Ebenso müssen **internationale Streitvermeidungs- und Streitbeilegungsmechanismen verbessert** und verbindlich ausgestaltet werden. Ziel muss ein praxistaugliches Regelwerk für die Umsetzung der Vorschläge sowohl durch die Unternehmen als auch auf Seiten der Finanzverwaltung sein, so dass eine Umsetzung ohne unverhältnismäßigen Aufwand möglich ist.

Die Mindeststeuerregelungen basieren auf OECD-Vereinbarungen und einer EU-Richtlinie, wodurch der **deutsche Gesetzgeber nur begrenzten Spielraum** hat. Eine praktikable Umsetzung ist dennoch anzustreben, begleitet von nationalen Maßnahmen zur Entlastung von Auslandsaktivitäten deutscher Unternehmen.

Positiv ist die **Absenkung der Niedrigsteuergrenze** im Außensteuergesetz von 25 auf 15 %, mit der endlich eine langjährige Forderung des BDI umgesetzt wurde. Dies stellt einen bedeutenden Fortschritt dar, der die Bürokratiebelastung in der Hinzurechnungsbesteuerung in einem ersten Schritt auf ein akzeptableres Maß reduzieren wird. Weitere Erleichterungen könnten sein:

– Anerkennung ausländischer nationaler Ergänzungssteuern im Niedrigsteuertest, idealerweise ohne Nachweis der Steuerbelastung bei einer Zwischengesellschaft in einem Staat mit anerkannter Ergänzungssteuer,

– Ausschluss der Hinzurechnungsbesteuerung aus der Gewerbesteuer, um Belastungssprünge zu vermeiden,

– Anrechnung ausländischer nationaler Ergänzungssteuern in Deutschland zur Verhinderung von Überbesteuerungen,

– Schließung von Regelungslücken im Einklang mit internationalen Mindeststeuer-Mustervorschriften und deutschem Recht, z.B. im Umgang mit latenten Steuern.

Die Bundesregierung sollte die Leitlinien des IF künftig vollständig umsetzen und bestenfalls in ordentliche Gesetze überführen. Das Mindeststeuergesetz bedarf nun schnellstmöglich **klarer Richtlinien der Finanzverwaltung** zur Klärung von Problem oder Anwendungsfragen, ggf. durch BMF-Schreiben oder Nichtbeanstandungsregelungen.

International sollten **Safe-Harbour-Regelungen für Staaten mit geringem Mindeststeuerrisiko** und eine „White List" zur Vereinfachung entwickelt werden. **Reportingpflichten** könnten hierbei ebenfalls zusammengeführt werden. **Eine zentrale Anlaufstelle** („One-Stop-Shop") mit Einigungszwang und Bindung für die Koordination mit ausländischen Finanzverwaltungen ist unerlässlich, ansonsten droht ein Flickenteppich bei der Anwendung der Vorschriften.

Die **geplante Anwendung der Mindeststeuer ab 2024 ist ambitioniert** angesichts unvollendeter Gesetzgebung und Komplexität der Regelungen. Eine spätere Einführung wäre angemessen gewesen, mit einem Übergangszeitraum, in dem Fehler bei der Umsetzung nicht sanktioniert und Auslegungsspielräume akzeptiert werden. Dies hätte sowohl die Unternehmen wie die Finanzverwaltung bei der Vorbereitung und Umsetzung entlastet.

Rückblickend auf den Ausgangspunkt der globalen Mindestbesteuerung und die Zielsetzung des OECD/G20-Projekts ergibt sich ein nüchternes Bild. Das OECD/G20 Inclusive Framework on BEPS wurde mandatiert, ein Besteuerungsregime zu erarbeiten, das insb. die aggressiven Steuerplanungen und Gewinnverlagerungen von US-amerikanischen Digitalkonzernen unterbindet und ein weltweites steuerliches Level-Playing-Field herstellt. Die aktuelle Lage zeichnet jedoch ein von der Zielsetzung divergierendes Bild: Die **Umsetzung von Pillar 1 verzögert sich** und droht zu scheitern. Bei **Pillar 2** zeichnet sich aktuell ein **Alleingang der EU** und weniger weiterer Staaten ab, so dass deutsche und europäische Unternehmen gegenüber US-amerikanischen Unternehmen benachteiligt werden.

Bekräftigt wird dieses Bild durch das **sehr geringe zu erwartende Steueraufkommen**. Die Prognosen aus der ifo Studie 4/2022[1] legten nahe, dass das Steueraufkommen für Deutschland zwischen 1,6 und 6,2 Mrd. Euro liegen könnte, während eine neuere Studie (07/2023)[2] im Auftrag des BMF ein „wahrscheinlichstes Szenario" von lediglich 2,4 bis 3,4 Mrd. Euro veranschlagt. Die Initial- und laufenden Aufwendungen stehen in keinem Verhältnis zum Steueraufkommen. Auch rechnet das BMF damit, dass sich das Steueraufkommen durch die NES und Verhaltensanpassungen langfristig auf einen niedrigen Betrag einpendelt. Die deutsche Wirtschaft rechnet mit einem sehr geringen, bis keinem Steueraufkommen aus der Mindeststeuer. So ist in der Schweiz ein regelrechter Kampf um die möglichen Steuermehreinnahmen aus der NES entbrannt.[3] Es ist daher davon auszugehen, dass die meisten, wenn nicht gar alle betroffenen Staaten, von dieser Option Gebrauch machen werden.

Da die **Implementierungsphase** bei vielen Unternehmen erst anläuft, ist mit einem zusätzlichen sehr **hohen Anstieg der Kosten**, u.a. durch Beraterhonorare, neue IT-Systeme und Personal, in der Zukunft zu rechnen. Neben dem sehr hohen finanziellen Aufwand stellt die **praktische Umsetzung** der Mindeststeuer die Unternehmen vor **erhebliche strukturelle und personelle Herausforderungen**. Die notwendigen Vorbereitungen in Form von Umsetzungs- und IT-Prozessen sind zeit- und ressourcenraubend und binden anderweitig dringend benötigtes Personal, das in Zeiten des Fachkräftemangels eine hohe Belastung darstellt.

Als deutsche Wirtschaft begrüßen wir einige innovative Vorschläge, die Einzug mit der Mindeststeuer finden. Die Sachanlagen- und Lohnkostenanteile im substanzbasierten Carve-out unter Pillar 2, die berechtigen, den Mindeststeuersatz zu unterschreiten, sind grundsätzlich begrüßenswert. Dies gilt insb. für die erhöhte Übergangsfrist von 10 Jahren, allerdings könnten die Anteile für Sachanlagen und Personalaufwendungen dennoch insgesamt höher ausfallen. Wichtig wäre, die Substanzausnahmen nicht nur auf Sachanlagen und Lohnkosten zu beschränken, sondern auch innovative Forschungs- und Entwicklungsarbeiten einzubeziehen, insb. im Bereich zur nachhaltigen Transformation. Die USA gewähren mit dem Inflation Reduction Act bereits eine Vielzahl an „Tax Credits" für klimafreundliche Investitionen. Die EU muss hier nachfolgen, nicht nur, um den europäischen Wirtschaftsstandort zu schützen, sondern auch, um die Transformation zu einer klimafreundlichen Wirtschaft zu unterstützen.

Die globale Einigung zeigt jedoch eines klar auf: Die **Dringlichkeit einer umfassenden Unternehmensteuerreform in Deutschland**. Attraktive Unternehmensteuern sind eine wesentliche Voraussetzung zur Stärkung des Wirtschaftsstandortes Deutschland. Dies

---

1) Vgl. ifo Schnelldienst, 2022, 75, Nr. 04, 41–49.
2) Vgl. David Gstrein, Elena Herold, Florian Neumeier, Kurzexpertise im Auftrag des Bundesministeriums der Finanzen im Rahmen des Forschungsauftrags fe 3/19, 2023, ifo Institut, München.
3) Vgl. exemplarisch Neue Züricher Zeitung vom 22.11.2022, abrufbar unter: https://www.nzz.ch/meinung/mindeststeuer-geldverteilungswahn-im-bundeshaus-ld.1713480, letzter Aufruf Dezember 2022.

E. Richtlinienvorschlag der EU-Kommission zur Schaffung eines Rahmens für die Unternehmensbesteuerung in Europa (BEFIT)

I. Einleitung

60 Der europäische Binnenmarkt ist der größte gemeinsame Markt der Welt. Zugleich ist er jedoch nach wie vor segmentiert und grenzüberschreitend tätige Unternehmen sehen sich mit einer Reihe an Hindernissen konfrontiert. Das gilt nicht nur, aber insb. für den Bereich der **Körperschaftsteuer**, wo **große Unterschiede** sowohl bei der **Bemessungsgrundlage** als auch bei den **Steuersätzen** bestehen.

Das europäische Primärrecht selbst kennt – im Unterschied zum Bereich der indirekten Steuern – **keinen ausdrücklichen Harmonisierungsauftrag** für direkte Steuern und überlässt diesen Bereich den Mitgliedstaaten.[1] Daraus resultieren u.a. die eingangs skizzierten Unterschiede zwischen den Körperschaftsteuersystemen in den EU-Mitgliedstaaten. Daher gibt es insb. aus steuerrechtlicher Sicht noch zahlreiche Potenziale im Binnenmarkt zu heben, um grenzüberschreitenden Handel und Investitionen zu erleichtern und zu fördern.

Die EU-Kommission hat bereits mehrfach Initiativen vorgeschlagen, um steuerliche Hindernisse im Binnenmarkt abzubauen. Der oben skizzierte Befund findet sich bspw. im Kommissionsbericht „Company Taxation in the Internal Market" aus dem Jahr 2001 oder in der Mitteilung „Hindernisse für den Binnenmarkt ermitteln und abbauen" vom März 2020. Sowohl im Jahr 2001 als auch 19 Jahre später werden die Steuervorschriften bzw. die „fehlende Steuerharmonisierung" von der EU-Kommission als eines der größten Hemmnisse für grenzüberschreitende Tätigkeit von Unternehmen in der EU benannt.[2] Richtigerweise geht daher auch aus der Begründung des in weiterer Folge kurz dargestellten Legislativvorschlags „zur Schaffung eines Rahmens für die Unternehmensbesteuerung in Europa (BEFIT)" vom 12.9.2023[3] hervor, dass die Befolgung von (bis zu) 27 unterschiedlichen Rechtssystemen im Bereich der Unternehmensbesteuerung und deren „Zusammenspiel (...) und die sich daraus ergebenden Diskrepanzen zu ungleichen Wettbewerbsbedingungen, mehr Steuerunsicherheit und höheren Steuerbefolgungskosten" führt.[4]

Der **BEFIT-Richtlinienvorschlag** enthält ein neues, einheitliches **Regelwerk zur Berechnung und Konsolidierung der steuerlichen Bemessungsgrundlage** von in der EU tätigen Konzernen sowie Vorschriften zu deren Aufteilung auf die EU-Mitgliedstaaten. Die steuerliche Gewinnaufteilung in der EU würde für die unter den Anwendungsbereich der Richtlinie fallenden Unternehmen dann nicht mehr auf dem System der Verrechnungspreise bzw. dem Fremdvergleichsgrundsatz, sondern auf einem Verteilungsschlüssel in der EU beruhen.

Die EU-Kommission möchte mit der Initiative u.a. die Befolgungskosten größer, in erster Linie in mehreren Mitgliedstaaten tätiger Unternehmen substanziell senken, die Anzahl der Streitigkeiten über Verrechnungspreise reduzieren sowie die Steuerbehörden in die Lage versetzen, die geschuldeten Steuern leichter festzusetzen. Ferner soll eine Vereinfachung der Steuervorschriften, die Generierung von Wachstums- und Investitionsanreizen sowie die Sicherstellung fairer und nachhaltiger Steuereinnahmen erreicht werden.[5]

---

1) Siehe dazu etwa Marquardsen, ifSt-Schrift 534 (2020).
2) Siehe SEC(2001) 1681 oder COM(2020) 93 final, 9.
3) COM(2023) 532 final.
4) COM(2023) 532 final, 1.
5) COM(2023) 532 final, 12.

E. BEFIT-Richtlinienvorschlag der EU-Kommission

II. Hintergrund des aktuellen Richtlinienvorschlags

Im Bericht „Company Taxation in the Internal Market" aus dem Jahr 2001 kommt die EU-Kommission zum Schluss, dass eine gemeinsame konsolidierte Steuerbemessungsgrundlage mit großen Vorteilen für in der EU tätige Konzerne einher gehen würde, weil dadurch Hindernisse für grenzüberschreitende Wirtschaftstätigkeit abgebaut werden können (u.a. in Form geringerer Compliance-Kosten, aufgrund wegfallender Verrechnungspreisprobleme zumindest innerhalb der EU, dank der Möglichkeit zur Konsolidierung von Gewinnen und Verlusten auf EU-Ebene sowie der Vereinfachung internationaler Umstrukturierungsmaßnahmen).[1] Mit den Vorschlägen für eine GKB bzw. GKKB aus den Jahren 2011[2] und 2016[3] gab es in der jüngeren Vergangenheit bereits **politische Versuche** zur **Harmonisierung der Körperschaftsteuersysteme** und der Gewinnermittlungsvorschriften auf europäischer Ebene, die mangels politischer Zustimmung durch die EU-Mitgliedstaaten im Rat jedoch gescheitert sind und die mit dem BEFIT-Vorschlag zurückgezogen werden.

Neuen politischen Rückenwind bekam das Projekt mit der Veröffentlichung der Mitteilung über die „Unternehmensbesteuerung für das 21. Jahrhundert" durch die EU-Kommission am 18.5.2021.[4] Die EU-Kommission verweist darin insb. auf die Konzepte einer formelhaften Aufteilung unter OECD Säule 1 und die gemeinsamen Regeln für die Berechnung der Steuerbemessungsgrundlage für Zwecke der globalen Mindeststeuer unter OECD Säule 2 (→ Rz. 49 ff., → Rz. 140 ff.) und kündigt an, diese Konzepte in einem breiteren europäischen Kontext nutzen zu wollen, um „*auf der Grundlage einer gemeinsamen Steuerbemessungsgrundlage und der formelbasierten Zuordnung von Gewinnen zu den Mitgliedstaaten*" einen vollständigen europäischen Rahmen für die Unternehmensbesteuerung zu schaffen.[5] Eine Stakeholder-Konsultation fand vom 13.10.2022 bis zum 26.1.2023 statt.

III. Richtlinienvorschlag vom 12.9.2023

1. Zielsetzung

Die EU-Kommission hat den Richtlinienentwurf „zur Schaffung eines Rahmens für die Unternehmensbesteuerung in Europa (BEFIT)" am 12.9.2023 vorgelegt und möchte mit diesem die steuerlichen Bedingungen im Binnenmarkt vereinfachen, für einheitliche Wettbewerbsbedingungen sorgen, mehr Rechtssicherheit durch weniger Verrechnungspreisstreitigkeiten und geringere steuerlichen Compliance-Kosten sicherstellen sowie durch die Möglichkeit der grenzüberschreitenden Verlustverrechnung die grenzüberschreitende Geschäftstätigkeit von Unternehmen erleichtern und Wachstum sowie Investitionen in der EU fördern.[6] Um dies zu erreichen, sieht der Vorschlag die Schaffung eines einheitlichen Regelwerks zur Berechnung der steuerlichen Bemessungsgrundlage von großen, in der EU tätigen Konzernen vor.

2. Anwendungsbereich

Gemäß Art. 2 RL-E gilt BEFIT für in einem EU-Mitgliedstaat steuerlich ansässige Unternehmen einschließlich ihrer Betriebsstätten in anderen EU-Mitgliedstaaten sowie für in der EU gelegene Betriebsstätten von in einem Drittland steuerlich ansässigen Einheiten, sofern diese die folgenden Kriterien erfüllen:

BEFIT soll laut Art. 2 Abs. 1 Buchst. a RL-E für in der EU ansässige Unternehmen von EU belegenen Konzernen, die einen Konzernabschluss aufstellen und die einen jährli-

---

1) SEC(2001) 1681, 14.
2) COM(2011) 121 final.
3) COM(2016) 683 final sowie COM(2016) 685 final.
4) COM(2021) 251 final.
5) COM(2021) 251 final, 14.
6) COM(2023) 532 final, 3/17.

chen Gesamtumsatz von mind. 750 Mio. Euro in mind. zwei der letzten vier Geschäftsjahre aufweisen (CbCR-Schwellenwert und Anwendungsbereich der globalen Mindeststeuer unter OECD Pillar 2), verpflichtend sein. Voraussetzung ist, dass die oberste Muttergesellschaft direkt oder indirekt mind. 75 % der Eigentumsrechte oder Ansprüche auf Gewinnbeteiligung hält (Art. 5 Abs. 1 RL-E). Bei Teilkonzernen oder Tochtergesellschaften von nicht in der EU ansässigen Konzernen mit einem jährlichen Gesamtumsatz von mind. 750 Mio. Euro muss gemäß Art. 2 Abs. 2 RL-E ferner entweder die Schwelle eines EU-Umsatzes von mehr als 5 % des globalen Gesamtumsatzes oder von mehr als 50 Mio. Euro überschritten werden (jeweils in mind. zwei der letzten vier Wirtschaftsjahre). Ferner eröffnet Art. 2 Abs. 7 RL-E für kleinere Unternehmensgruppen mit einem Umsatz von weniger als 750 Mio. Euro ein Wahlrecht auf optionale Anwendung von BEFIT, sofern diese einen Konzernabschluss aufstellen.

3. Regeln für die Berechnung der steuerlichen Bemessungsgrundlage

64 Unter BEFIT müssen alle Mitglieder einer BEFIT-Gruppe das vorläufige Steuerergebnis für jedes Geschäftsjahr auf Grundlage der gemäß Richtlinienentwurf angepassten bilanziellen Nettoerträge oder -verluste ermitteln (Art. 4 RL-E). Kapitel 2, Abschnitt 2 des Richtlinienentwurfs sieht dazu eine Reihe an Anpassungen dieser bilanziellen Nettoerträge oder -verluste (Hinzurechnungen/Kürzungen) vor, die sich im Wesentlichen an den Bestimmungen zu OECD Pillar 2 orientieren und auszugsweise dargestellt werden. So sind unter bestimmten Voraussetzungen etwa 95 % des Betrags der während des Geschäftsjahres erhaltenen oder aufgelaufenen Dividenden oder sonstigen Ausschüttungen herauszurechnen (Art. 8 RL-E). Ebenso ist das Ergebnis um Gewinne oder Verluste aus der Veräußerung von Anteilen (Art. 9 RL-E), Erträge oder Verluste aus Betriebsstätten (Art. 12 RL-E), Gewinne und Verluste aus unter eine Tonnagesteuerregelung fallende Seeverkehrstätigkeiten (Art. 15 RL-E), Erträge bzw. Aufwendungen aus abschreibungsfähigen Wirtschaftsgütern des Anlagevermögens (Art. 19 RL-E) sowie Wechselkursgewinne oder -verluste (Art. 20 RL-E) anzupassen.

Auf Basis dieser Kürzungen und Hinzurechnungen und der Berücksichtigung weiterer Bestimmungen zu Abschreibungsregelungen (Kapitel 2, Abschn. 3 RL-E) sowie zum maßgeblichen Zeitpunkt und die Bestimmung von Beträgen (Kapitel 2, Abschn. 4 RL-E) sieht der Richtlinienentwurf schließlich eine **Aggregation bzw. Zusammenfassung der vorläufigen Steuerergebnisse** aller Mitglieder der BEFIT-Gruppe (Art. 42 RL-E) und die **anschließende Aufteilung bzw. Zurechnung** der aggregierten BEFIT-Steuerbemessungsgrundlage auf die Mitglieder der BEFIT-Gruppe vor (Art. 45 bis 49 RL-E). Dies erlaubt gemäß EU-Kommission sowohl eine grenzüberschreitende Verlustverrechnung als auch eine leichtere Einhaltung der Verrechnungspreisvorschriften. Ferner entfällt auch die Quellensteuer auf Zahlungen und Transaktionen innerhalb der BEFIT-Gruppe.

Für die Zwecke der Aufteilung der aggregierten Bemessungsgrundlage wird für den Zeitraum einer Übergangsperiode (vom 1.7.2028 bis 30.6.2035) ein prozentualer Anteil der aggregierten BEFIT-Steuerbemessungsgrundlage berechnet, wobei das zu versteuernde Ergebnis für jedes Mitglied der BEFIT-Gruppe dem Durchschnitt der zu versteuernden Ergebnisse der drei vorangegangenen Geschäftsjahre entspricht (Art. 45 RL-E). Im Anschluss an die Aufteilung sind weitere Anpassungen vorzunehmen. Ferner steht es darüber hinaus auch den Mitgliedstaaten frei, nationale Anpassungen in Form von Hinzurechnungen oder Kürzungen vorzusehen (Art. 48 RL-E).

4. Verfahrensrechtliche Aspekte

65 Aus verfahrensrechtlicher Sicht verfolgt die EU-Kommission hinsichtlich der Einreichung der BEFIT-Steuererklärung einen **One-Stop-Shop Ansatz**. Art. 57 RL-E sieht diesbezüglich vor, dass die **oberste Muttergesellschaft** die BEFIT-Erklärung für die gesamte BEFIT-Gruppe spätestens vier Monate nach Ende des Geschäftsjahres bei der für sie zuständigen Finanzverwaltung einreicht. Art. 57 RL-E sieht ferner vor, dass die Finanzverwaltung der Erklärungsabgabe die Erklärung an die jeweils zuständigen Behörden weiterreicht, in denen die Mitglieder der BEFIT-Gruppe steuerlich ansässig bzw. belegen sind. Zur grenzüberschreitenden Zusammenarbeit der Finanzverwaltungen sieht der RL-E in den Art. 60 bis 61 ferner die Einrichtung von sog. **BEFIT-Teams** vor, die u.a. die Vollständigkeit und Richtigkeit der BEFIT-Erklärungen, jedoch nicht die Berechnung des vorläufigen Steuerergebnisses, prüfen sollen. Steuerprüfungen sollen weiterhin von den zuständigen Behörden eines Mitgliedsstaates bei Mitgliedern einer BEFIT-Gruppe eingeleitet und koordiniert werden, die in diesem Mitgliedstaat steuerlich ansässig sind bzw. mit einer Betriebstätte präsent sind (Art. 65 RL-E).

Die avisierten Erleichterungen des One-Stop-Shop Ansatzes werden jedoch teilweise durch die Bestimmungen des Art. 62 RL-E konterkariert – dieser sieht vor, dass jedes Mitglied der BEFIT-Gruppe darüber hinaus eine individuelle Steuererklärung mit nationalen Anpassungen bei seiner lokal zuständigen Finanzverwaltung einreichen muss.

IV. Ausblick und Bewertung

Gemäß den Plänen der EU-Kommission sollen die EU-Mitgliedstaaten die Richtlinie nach der notwendigen (und zum Zeitpunkt Januar 2024 ausstehenden) einstimmigen Annahme im Rat gemäß Art. 78 RL-E bis zum 1.1.2028 in nationales Recht umsetzen und die Bestimmungen ab 1.7.2028 anwenden. Für die Zurechnung der BEFIT-Bemessungsgrundlage wird für einen Übergangszeitraum zwischen dem 1.7.2018 und dem 30.6.2035 ein vorläufiger Aufteilungsschlüssel verwendet. Für diese Übergangsregelung ist gemäß Art. 45 RL-E eine Evaluation durch die EU-Kommission vorgesehen. Diese ist dem Rat binnen drei Jahren nach Beginn des Übergangszeitraums vorzulegen. In diesem Zusammenhang kündigt die EU-Kommission auch eine Studie über die eventuelle Zusammensetzung einer formelbasierten Aufteilung an. Bei einer positiven Schlussfolgerung plant die EU-Kommission, einen weiteren Legislativvorschlag zur allfälligen Änderung der BEFIT-Richtlinie vorzulegen, *„um eine Methode für die Zurechnung der BEFIT-Steuerbemessungsgrundlage unter Verwendung einer faktorbasierten Formelaufteilung vorzuschlagen"*

66

Die Ziele des Richtlinienvorschlags – Vereinfachung der steuerlichen Bestimmungen im Binnenmarkt, Reduzierung von Verrechnungspreisstreitigkeiten, Erhöhung der Tax Certainty sowie insb. die Möglichkeit zur grenzüberschreitenden Verlustverrechnung – sind für sich genommen angesichts des in den vergangenen Jahren immer komplexer gewordenen EU-Steuerrechts begrüßenswert. Zweifellos erschwert und verteuert das Operieren in 27 unterschiedlichen Körperschaftsteuersystemen und die Befolgung entsprechender Vorschriften grenzüberschreitendes Wirtschaften in der EU.

Der Erfolg der Initiative der EU-Kommission wird neben dem politischen Erfordernis der Einstimmigkeit im Rat vor allem davon abhängen, ob dem Vorschlag innewohnende Komplexitäten im Rahmen der anstehenden Ratsverhandlungen abgebaut werden können. Dazu zählen insb. die zahlreichen vorgesehenen **Anpassungen der steuerlichen Bemessungsgrundlage**. Kritisch ist zu bewerten, dass die Mitgliedstaaten im Anschluss an die Aufteilung die Möglichkeit erhalten sollen, **nationale Anpassungen in Form von Hinzurechnungen oder Kürzungen** vorzunehmen. Dies läuft dem Ziel der Vereinfachung entgegen. Nicht zuletzt gilt es, das **Zusammenspiel mit den Bestimmungen der globalen Mindeststeuer** (OECD Pillar 2 → Rz. 49 ff., → Rz. 140 ff.) zu klären. Nur wenn die EU als ein Blendingkreis für Zwecke von OECD Pillar 2 angesehen werden kann, würden sich die Vorteile der grenzüberschreitenden Verlustverrechnung für die Unternehmen materialisieren. Ob dies auf internationaler Ebene zu erreichen ist, erscheint jedoch fraglich.

Zweiter Teil: Neuregelungen ab 2024 und weitere geplante Rechtsänderungen

A. Unternehmensbesteuerung

I. Bilanzierung

1. Taxonomien für E-Bilanz

Das BMF veröffentlichte mit Schreiben vom 9.6.2023[1]) die Taxonomien 6.7 vom 1.4.2023. Diese sind für die Übermittlung von Jahresabschlüssen für **Wirtschaftsjahre, die nach dem 31.12.2023 beginnen**, anzuwenden.

> **Beratungshinweis:**
>
> Das BMF weist explizit darauf hin, dass die Anwendung der neuen Taxonomien auch für das kalenderjahrgleiche Wirtschaftsjahr 2023 oder ein abweichendes Wirtschaftsjahr 2023/2024 möglich ist.

2. Bewertung von Einlagen

Einlagen werden grundsätzlich mit dem Teilwert bewertet. Wurden diese innerhalb der letzten drei Jahre vor der Zuführung in das Betriebsvermögen angeschafft oder hergestellt, sind diese höchstens mit den Anschaffungs- oder Herstellungskosten zu bewerten. Mit dem Wachstumschancengesetz, das sich derzeit im Vermittlungsausschuss befindet, soll klarstellend ergänzt werden, dass dies nur im Fall der **Zuführung aus dem Privatvermögen** gilt (§ 6 Abs. 1 Nr. 5 Satz 1 Buchst. a EStG-E). Diese Regelung soll erstmals auf Wirtschaftsgüter anzuwenden sein, die nach dem Tag der Verkündung des Gesetzes eingelegt werden (§ 52 Abs. 12 Satz 6 EStG-E).

3. Höchstgrenze für die Sofortabschreibung geringwertiger Wirtschaftsgüter

Die Höchstgrenze für die Sofortabschreibung geringwertiger Wirtschaftsgüter (GWG) soll mit dem derzeit im Vermittlungsausschuss befindlichen Wachstumschancengesetz für nach dem 31.12.2023 angeschaffte, hergestellte oder in das Betriebsvermögen eingelegte Wirtschaftsgüter statt bisher 800 Euro auf dann **1.000 Euro** angehoben werden (§ 6 Abs. 2 Satz 1, § 52 Abs. 12 Satz 7 EStG-E).

4. Sammelpostenregelung

Die Betragsgrenze für die Bildung eines Sammelpostens soll von derzeit 1.000 Euro auf **5.000 Euro** für nach dem 31.12.2023 angeschaffte, hergestellte oder in das Betriebsvermögen eingelegte Wirtschaftsgüter angehoben werden (§ 6 Abs. 2a Satz 1, § 52 Abs. 12 Satz 11 EStG-E). Eine entsprechende Regelung ist in dem Wachstumschancengesetz vorgesehen, das sich derzeit noch im Vermittlungsausschuss befindet.

Zudem soll die Dauer der Auflösung des Sammelpostens von fünf auf **drei Jahre** gesenkt werden (§ 6 Abs. 2a Satz 2 EStG-E).

5. Degressive Abschreibung

Für bewegliche Wirtschaftsgüter des Anlagevermögens, die **nach dem 30.9.2023 und vor dem 1.1.2025** angeschafft oder hergestellt werden, soll laut dem Wachstumschancengesetz, das derzeit im Vermittlungsausschuss verhandelt wird, die degressive Abschreibung wieder in Anspruch genommen werden können (§ 7 Abs. 2 Satz 1 EStG-E). Demnach kann anstelle der linearen Abschreibung eine Abschreibung in fallenden Jahresbeträgen beansprucht werden, wobei der Abschreibungssatz maximal das Zweieinhalbfache der linearen Abschreibung, höchstens 25 %, betragen darf.

---

1) BMF v. 9.6.2023, IV C 6 – S 2133-b/22/10002 :002, BStBl I 2023, 994.

6. Sonderabschreibung nach § 7g EStG

72 Die Sonderabschreibung bei nach § 7g EStG begünstigten angeschafften oder hergestellten Wirtschaftsgütern für Betriebe, die die Gewinngrenze von 200.000 Euro im Jahr vor der Investition nicht überschreiten, soll ausgeweitet werden. Mit dem Wachstumschancengesetz, das derzeit im Vermittlungsausschuss verhandelt wird, ist eine Anhebung der Sonderabschreibung von 20 % der Anschaffungs- und Herstellungskosten für nach dem 31.12.2023 angeschaffte oder hergestellte Wirtschaftsgüter auf 50 % der Anschaffungs- und Herstellungskosten vorgesehen (§ 7g Abs. 5, § 52 Abs. 16 Satz 6 EStG-E).

II. Gewinnermittlung

1. Freigrenze für Geschenke

73 Die Freigrenze, bis zu der Geschenke an Personen, die nicht Arbeitnehmer des Steuerpflichtigen sind, als Betriebsausgaben abgezogen werden können, soll mit dem Wachstumschancengesetz inflationsbedingt von 35 Euro für nach dem 31.12.2023 beginnende Wirtschaftsjahre auf **50 Euro** angehoben werden (§ 4 Abs. 5 Satz 1 Nr. 1 Satz 2, § 52 Abs. 6 Satz 10 EStG).

> **Anmerkung:**
> Da sich das Wachstumschancengesetz derzeit noch im Vermittlungsverfahren befindet, bleibt abzuwarten, ob die Änderung tatsächlich umgesetzt wird.

2. Zinsschranke

74 Die Änderungen der Zinsschranke, die zunächst im Wachstumschancengesetz vorgesehen waren, wurden nun mit dem Kreditzweitmarktförderungsgesetz vom 22.12.2023[1] umgesetzt und sind erstmals für **Wirtschaftsjahre** anzuwenden, die nach dem 14.12.2023 beginnen und **nicht vor dem 1.1.2024 enden** (§ 52 Abs. 8b EStG).

a) Änderung des Zinsbegriffs

75 Der bisher verwendete Begriff der **Zinsaufwendungen** wird um wirtschaftlich gleichwertige Aufwendungen und sonstige Aufwendungen im Zusammenhang mit der Beschaffung von Fremdkapital i.S.d. ATAD-Richtlinie erweitert (§ 4h Abs. 3 Satz 2 EStG).

> **Anmerkung:**
> In der Gesetzesbegründung wird dazu ausgeführt, dass die ATAD-Richtlinie hierunter fallende vergleichbare Aufwendungen nicht abschließend aufführt.

Zumindest zum Teil korrespondierend wird der Begriff der **Zinserträge** um wirtschaftlich gleichwertige Erträge im Zusammenhang mit Kapitalforderungen erweitert (§ 4h Abs. 3 Satz 3 EStG).

Die Auf- und Abzinsung niedrig verzinslicher Verbindlichkeiten und Kapitalforderungen ist hingegen nicht mehr Teil der Zinsaufwendungen und -erträge, § 4h Abs. 3 Satz 4 EStG a.F. wurde gestrichen. Zudem ist mit § 4h Abs. 6 EStG eine neue Ausnahme für Zinserträge und -aufwendungen aus bestimmten Darlehen zur Finanzierung von öffentlichen Infrastrukturprojekten eingeführt worden.

---
1) Gesetz v. 22.12.2023, BGBl. I 2023 Nr. 411 v. 29.12.2023.

b) Änderungen beim EBITDA- und Zinsvortrag

Bereits bislang ist vorgesehen, dass ein sog. EBITDA-Vortrag möglich ist, soweit das verrechenbare EBITDA die um Zinserträge geminderten Zinsaufwendungen übersteigt. Der bereits bislang gebräuchliche Begriff der Nettozinsaufwendungen als Differenz zwischen Zinsaufwendungen und Zinserträgen wurde nun legal definiert (§ 4h Abs. 1 Satz 3 EStG).

Ergänzt werden allerdings die Fälle, in denen **kein EBITDA-Vortrag entsteht**. Bislang entsteht der sog. EBITDA-Vortrag nicht für Wirtschaftsjahre, in denen die Zinsschranke wegen der Anwendbarkeit einer Ausnahmeregel nach § 4h Abs. 2 EStG nicht zur Anwendung kommt (§ 4h Abs. 1 Satz 3 Halbsatz 2 EStG). Nunmehr darf dieser ebenfalls nicht gebildet werden, wenn die Zinsaufwendungen die Zinserträge nicht übersteigen (§ 4h Abs. 1 Satz 3 Halbsatz 2 EStG).

Bisher geht ein bestehender EBITDA-Vortrag, aber auch ein Zinsvortrag, der durch infolge der Zinsschranke nicht abziehbare Zinsaufwendungen entsteht, unter, wenn der Betrieb aufgegeben oder übertragen wird. Dies gilt jetzt ebenfalls bei **Aufgabe oder Übertragung eines Teilbetriebs** und führt zu einem entsprechend **anteiligen Untergang von EBITDA- und Zinsvortrag** (§ 4h Abs. 5 Satz 4 EStG).

> **Beratungshinweis:**
> Gemäß der Gesetzesbegründung soll darunter auch das Ausscheiden einer Organgesellschaft aus der Organschaft fallen.

c) Modifizierung der Ausschlussgründe

Die bestehenden drei Ausschlussgründe für die Anwendung der Zinsschranke nach § 4h Abs. 2 EStG bleiben grundsätzlich weiterhin anwendbar. Allerdings finden sie jetzt insgesamt **keine Anwendung**, **soweit** Zinsaufwendungen aufgrund eines **Zinsvortrags** erhöht wurden (§ 4h Abs. 1 Satz 7 EStG).

> **Beratungshinweis:**
> Zinsaufwendungen, die aus einem Zinsvortrag resultieren, sind damit nur im Rahmen der Zinsschranke abziehbar. Unklar ist allerdings, ob für laufende Nettozinsaufwendungen zugleich die Ausnahmeregelungen in Anspruch genommen werden können.

Der Ausschlussgrund der fehlenden Konzernzugehörigkeit („**Stand-alone-Klausel**") greift nur noch dann, wenn der Steuerpflichtige keiner Person i.S.d. § 1 Abs. 2 AStG nahesteht und er über keine Betriebsstätte außerhalb seines Ansässigkeitsstaats verfügt (§ 4h Abs. 2 Satz 1 Buchst. b EStG). Da die Neuregelung die Vorschrift zur Anwendung der Ausschlussregelung bei Körperschaften in Bezug auf Gesellschafterfremdfinanzierungen entbehrlich macht, wurde § 8a Abs. 2 KStG a.F. gestrichen.

Die Regelung des **Eigenkapital-Escapes** wurde leicht in § 4h Abs. 2 Satz 1 Buchst. c Satz 5 EStG modifiziert. Für die Konzernzugehörigkeit eines Betriebs genügt nun allerdings nicht mehr, wenn dieser mit einem oder mehreren anderen Betrieben konsolidiert werden könnte (§ 4h Abs. 3 Satz 5 EStG). Zudem wurden die Voraussetzungen gem. § 8a Abs. 3 KStG für Kapitalgesellschaften bei Gesellschafterfremdfinanzierung klarstellend an die maßgebliche Beteiligungsgrenze des § 1 Abs. 2 AStG sowie des Art. 2 Abs. 4 der ATAD-Richtlinie angepasst. Dementsprechend wird diese von bisher „mehr als 25 %" auf „mindestens 25 %" abgesenkt (§ 8a Abs. 3 Satz 1 KStG). Als Reaktion auf die BFH-Rechtsprechung[1] werden die Vergütungen für Fremdkapital der einzelnen

---
[1] BFH v. 11.11.2015, I R 57/13, BStBl II 2017, 319.

wesentlich beteiligten Gesellschafter bei Prüfung der 10 %-Grenze zur schädlichen Gesellschafterfremdfinanzierung zusammengerechnet (§ 8a Abs. 3 Satz 1 KStG).

> **Anmerkung:**
> Die Gesetzesänderung entspricht der bisherigen Verwaltungsauffassung.[1]

3. Bewertung der Privatnutzung eines Firmenfahrzeugs

78 Bei der Ermittlung des Werts der Privatnutzung sowohl nach der sog. Ein-Prozent-Methode als auch nach der Fahrtenbuchmethode ist bei **rein elektrischen Firmenfahrzeugen** nur ein Viertel des Bruttolistenpreises heranzuziehen, sofern dieser eine **Wertgrenze** nicht übersteigt. Mit dem Wachstumschancengesetz, das derzeit im Vermittlungsausschuss verhandelt wird, soll diese Grenze bei nach dem 31.12.2023 angeschafften Fahrzeugen von bislang 60.000 Euro auf **70.000 Euro** angehoben werden (§ 6 Abs. 1 Nr. 4 Satz 2 Nr. 3 und Satz 3 Nr. 3, § 52 Abs. 12 Satz 5 EStG-E).

> **Beratungshinweis:**
> Durch die Bezugnahme in § 8 Abs. 2 Satz 2 und 4 EStG würde sich die Anhebung der Wertgrenze auch auf die Ermittlung des geldwerten Vorteils bei Überlassung eines betrieblichen Elektrofahrzeugs an Arbeitnehmer zur Privatnutzung auswirken.

Der Wert der Privatnutzung von **hybriden Firmenfahrzeugen** ist unter Berücksichtigung des hälftigen Bruttolistenpreises zu ermitteln, wenn das Fahrzeug bestimmte Grenzwerte nicht übersteigt. Die bereits bislang bestehende, für nach dem 31.12.2024 und vor dem 1.1.2031 angeschaffte Hybridfahrzeuge geltende Regelung soll dahingehend modifiziert werden, dass es **nur noch auf den Kohlendioxidausstoß** ankommt, der höchsten 50 Gramm je gefahrenen Kilometer betragen darf (§ 6 Abs. 1 Nr. 4 Satz 2 Nr. 5 und Satz 3 Nr. 5 EStG-E). Eine Begünstigung bei Erreichen einer Mindestreichweite unter ausschließlicher Nutzung des Elektroantriebs soll dann nicht mehr möglich sein.

4. Ausweitung des steuerlichen Verlustrücktrags

79 Die mit dem Dritten Corona-Steuerhilfegesetz[2] angehobenen Höchstbetragsgrenzen für den steuerlichen Verlustrücktrag von **10 Mio. Euro** (bzw. 20 Mio. Euro bei der Zusammenveranlagung von Ehegatten) sollen – anders als derzeit noch geregelt – **dauerhaft** beibehalten werden (§ 10d Abs. 1 Satz 1 EStG-E). Eine entsprechende Modifizierung ist mit dem Wachstumschancengesetz vorgesehen, dass sich derzeit allerdings im Vermittlungsausschuss befindet.

Zudem soll der Verlustrücktrag ab dem VZ 2024 von zwei auf **drei Jahre** erweitert werden. Damit könnten Verluste, die bis zu dem vorgenannten Höchstbetrag in dem ersten oder zweiten dem Veranlagungszeitraum vorangegangenen Veranlagungsjahr nicht ausgeglichen werden konnten, in das dritte, dem Veranlagungszeitraum vorangegangene Veranlagungsjahr zurückgetragen werden (§ 10d Abs. 1 Satz 2, § 52 Abs. 18b Satz 3 EStG-E).

> **Beratungshinweis:**
> Somit könnten erstmals Verluste, die im VZ 2024 angefallen sind, in die VZ 2023 bzw. 2022, und sofern sie dort nicht vollständig bis zum Höchstbetrag verrechnet werden können, in den VZ 2021 zurückgetragen werden. Allerdings dürfte dabei davon auszugehen sein, dass der Verlustrücktrag insgesamt auf die vorgenannten Höchstbetragsgrenzen beschränkt ist.

---

1) BMF v. 4.7.2008, IV C 7 – S 2742-a/07/10001, BStBl I 2008, 718.
2) Gesetz v. 10.3.2021, BGBl. I 2021, 330 = BStBl I 2021, 330.

A. Unternehmensbesteuerung

5. Temporäre Modifizierung der Mindestbesteuerung

Mit dem Wachstumschancengesetz, zu dem derzeit ein Vermittlungsergebnis verhandelt wird, soll die Mindestbesteuerung für den Verlustvortrag befristet für die **VZ 2024 bis 2027** gesenkt werden. In diesem Zeitraum sollen nicht ausgeglichene negative Einkünfte, die nicht in vorangegangene Veranlagungszeiträume zurückgetragen werden, bis zu einem Höchstbetrag von 1 Mio. Euro bzw. 2 Mio. Euro bei zusammenveranlagten Ehegatten vom Gesamtbetrag der Einkünfte des folgenden VZ, darüber hinaus bis zu **75 %** (bisher 60 %) des 1 Mio. Euro bzw. 2 Mio. Euro übersteigenden Gesamtbetrags der Einkünfte abgezogen werden können (§ 10d Abs. 2 Satz 1 i.V.m. § 52 Abs. 18b Satz 3 EStG-E). Ab dem VZ 2028 soll auf die derzeit bestehende Regelung der Mindestbesteuerung wieder zurückgekehrt werden (§ 10d Abs. 2 i.V.m. § 52 Abs. 18b Satz 4 EStG-E).

80

> **Anmerkung:**
> Über die Verweisungsnorm in § 8 Abs. 1 Satz 1 KStG gilt dies entsprechend für die Körperschaftsteuer. Die temporäre Änderung der Mindestbesteuerung soll gleichermaßen für die Gewerbesteuer gelten (§ 10a i.V.m. § 36 Abs. 1 und 5a Satz 2 GewStG-E).

III. Klimaschutz-Investitionsprämie

In dem Wachstumschancengesetz, das am 17.11.2023 im Bundestag verabschiedet wurde, aber keine Zustimmung im Bundesrat fand und nun im Vermittlungsausschuss verhandelt wird, sollte ein neues Gesetz zur steuerlichen Förderung von Investitionen in den Klimaschutz (Klimaschutz-Investitionsprämiengesetz, Klimaschutz-InvPG) geschaffen werden. Ziel des Gesetzes ist es, **Anreize für Anschaffungen zur Energieeffizienzsteigerung im Zeitraum März 2024 bis Dezember 2029** zu setzen. Es bleibt allerdings abzuwarten, ob und inwieweit eine Klimaschutz-Investitionsprämie nun tatsächlich eingeführt wird.

81

1. Anspruchsberechtigte

Anspruchsberechtigt sollen unbeschränkt und beschränkt steuerpflichtige Unternehmen i.S.d. EStG sowie des KStG sein, die **Gewinneinkünfte** (§§ 13, 15, 18 EStG) erzielen. Im Falle von Mitunternehmerschaften ist die Mitunternehmerschaft selbst als Anspruchsberechtigte definiert (§ 1 Abs. 1 und 2 Klimaschutz-InvPG-E).

82

2. Begünstigte Investitionen

Begünstigte sein sollen die Anschaffung und Herstellung **neuer abnutzbarer beweglicher Wirtschaftsgüter** des Anlagevermögens sowie Maßnahmen an bestehenden beweglichen Wirtschaftsgütern des Anlagevermögens, die zu nachträglichen Anschaffungs- oder Herstellungskosten führen. Dabei müssen die Wirtschaftsgüter in einem von einem zertifizierten Energieberater oder einem unternehmenseigenen zertifizierten Energiemanager erstellten **Einsparkonzept** enthalten sein und die Energieeffizienz der betrieblichen Tätigkeit (über die geltenden EU-Normen hinaus oder künftige EU-Normen vorwegnehmend) verbessern (§ 2 Abs. 1 Satz 1 Nr. 1 und 2, Abs. 2 Klimaschutz-InvPG-E). Erforderlich ist zudem, dass die Wirtschaftsgüter im Jahr der Anschaffung bzw. Herstellung und im Folgejahr (fast) **ausschließlich in einer Betriebsstätte** in der EU, dem EWR oder der Schweiz genutzt werden (§ 2 Abs. 1 Satz 1 Nr. 3 Klimaschutz-InvPG-E).

83

Explizit **nicht begünstigt** sollen Investitionen für Kraft-Wärme-Kopplung, Fernwärme und/oder Fernkälte oder für Energieanlagen sein, die mit fossilen Brennstoffen betrieben werden (§ 2 Abs. 1 Satz 2 Klimaschutz-InvPG-E).

Die Förderung soll allerdings nur für begünstigte Investitionen beansprucht werden können, wenn die förderfähigen Aufwendungen einen **Sockelbetrag von 5.000 Euro** übersteigen (§ 2 Abs. 3 Klimaschutz-InvPG-E).

3. Höhe der Investitionsprämie

84 Die Investitionsprämie soll für einen befristeten Förderzeitraum gelten. Maßgeblich soll sein, dass die Investition **nach dem 29.2.2024 begonnen und vor dem 1.1.2030 abgeschlossen** wird bzw. bei Abschluss nach dem 31.12.2029 bis dahin Teilherstellungskosten bzw. Anzahlungen auf Anschaffungskosten entstanden sind (§ 3 Abs. 1 Klimaschutz-InvPG-E). Als begonnen gilt die Investition mit der verbindlichen Bestellung oder dem Herstellungsbeginn. Abgeschlossen sollen die Investitionen sein, wenn die Wirtschaftsgüter angeschafft oder hergestellt oder die Maßnahmen, die zu nachträglichen Anschaffungs- oder Herstellungskosten führen, beendet sind (§ 3 Abs. 2 Klimaschutz-InvPG-E).

Innerhalb des vorgenannten Förderzeitraums soll der Anspruchsberechtigte **förderfähige Aufwendungen von bis zu 200 Mio. Euro** geltend machen können (§ 4 Abs. 2 Klimaschutz-InvPG-E). Als förderfähige Aufwendungen gelten die nachgewiesenen (nachträglichen) Anschaffungs- und Herstellungskosten bzw. vor dem 1.1.2030 entstandene Teilherstellungskosten oder geleistete Anzahlungen (§ 4 Abs. 1 Klimaschutz-InvPG-E).

Die Investitionsprämie soll **15 %** der im Förderzeitraum geltend gemachten Bemessungsgrundlage betragen (§ 4 Abs. 3 Klimaschutz-InvPG-E). Somit könnten von einem Anspruchsberechtigten maximal 30 Mio. Euro in Anspruch genommen werden.

Um von der Förderung zu profitieren, soll diese elektronisch beantragt werden müssen. Jeder Anspruchsberechtigte soll nach dem 31.12.2024 und vor dem 1.1.2032 maximal vier Anträge auf Investitionsprämie stellen können, wobei die Bemessungsgrundlage bei Antragstellung mindestens 10.000 Euro betragen muss (§ 5 Abs. 1 Klimaschutz-InvPG-E).

4. Ertragsteuerliche Behandlung der Prämie

85 Die Investitionsprämie soll ab dem Zeitpunkt ihrer Festsetzung **nachträglich von den Anschaffungs- oder Herstellungskosten** der geförderten Investitionsgüter **abzusetzen** sein, was die AfA nach § 7 EStG, die erhöhte Absetzung sowie eventuelle Sonderabschreibungen für diese Wirtschaftsgüter entsprechend mindert. Soweit die Investitionsprämie im Zeitpunkt der Festsetzung den Restbuchwert übersteigt, ist eine gewinnerhöhende Erfassung vorgesehen (§ 9 Klimaschutz-InvPG-E).

> **Anmerkung:**
> Laut der Gesetzesbegründung soll die Gewährung der Prämie als Einlage im Sinne einer erfolgsneutralen Einnahme zu verbuchen sein. Bei Kapitalgesellschaften soll eine Erfassung in der Gewinnrücklage erfolgen.

5. EU-rechtliche Aspekte

86 Zwar soll die Investitionsprämie grundsätzlich neben anderen staatlichen Beihilfen i.S.d. Art. 107 Abs. 1 AEUV gewährt werden können, allerdings nicht für dieselben förderfähigen Aufwendungen (§ 6 Abs. 1 und 2 Klimaschutz-InvPG-E). Erhält ein Unternehmen neben der Investitionsprämie für Maßnahmen des Einsparkonzepts weitere staatliche Beihilfen, sollen alle Fördergelder **in Summe 30 Mio. Euro nicht überschreiten** dürfen (§ 4 Abs. 4 Klimaschutz-InvPG-E).

Die Investitionsprämie stellt eine Beihilferegelung i.S.d. Art. 107 AEUV dar, die grundsätzlich der Notifizierung und der Feststellung der EU-Kommission bedarf, dass die

A. Unternehmensbesteuerung

Beihilfe mit dem Binnenmarkt vereinbar ist. Werden allerdings die Vorgaben der AGVO erfüllt, entfällt die Notifizierungspflicht. Diese Freistellung gilt nach Art. 1 Abs. 2 Buchst. a AGVO allerdings **zunächst nur für sechs Monate**. Die angestrebte längere Anwendung bedarf der Genehmigung durch die Europäische Kommission. Sofern ein entsprechender Beschluss der Europäischen Kommission i.S.v. Art. 1 Abs. 2 Buchst. a AGVO erfolgt, soll das Gesetz auch nach Ablauf des Sechs-Monatszeitraums weiter Anwendung finden (§ 15 Klimaschutz-InvPG-E).

IV. Forschungszulage

Mit dem Wachstumschancengesetz, das zwar am 17.11.2023 im Bundestag beschlossen, dem der Bundesrat aber seine Zustimmung verweigert hat und das sich nunmehr im Vermittlungsausschuss befindet, sollen die Regelungen zur Forschungszulage modifiziert werden. Es bleibt abzuwarten, ob und inwieweit diese Regelungen im Vermittlungsergebnis enthalten sein und beschlossen werden. Laut den Vorgaben des Wachstumschancengesetzes sollen die Änderungen des Forschungszulagengesetzes (FZulG) **zum 1.1.2024 in Kraft treten** (Art. 53 Abs. 5 WachstumschancenG-E). **87**

1. Ausweitung der förderfähigen Aufwendungen

Zu den förderfähigen Aufwendungen gehören nach bereits geltender Regelung auch Eigenleistungen eines Einzelunternehmers oder Mitunternehmers in einem begünstigten Forschungs- und Entwicklungsvorhaben. Der förderfähige Wert einer geleisteten **Arbeitsstunde** soll von derzeit 40 Euro auf **70 Euro** ab 1.1.2024 erhöht werden (§ 3 Abs. 3 Satz 2 und 3 FZulG-E). **88**

Neben Personalaufwendungen, die durch die mit Forschungs- und Entwicklungstätigkeiten befassten Arbeitnehmer entstehen (§ 3 Abs. 1 FZulG), sollen in nach dem 31.12.2023 beginnenden Wirtschaftsjahren zudem ein **der AfA entsprechender Teil der Anschaffungs- und Herstellungskosten abnutzbarer beweglicher Wirtschaftsgüter** des Anlagevermögens, die nach dem 31.12.2023 angeschafft oder hergestellt werden, zu den förderfähigen Aufwendungen zählen, soweit die Wirtschaftsgüter ausschließlich eigenbetrieblich verwendet werden und für das Forschungsvorhaben erforderlich sind (§ 3 Abs. 3a FZulG-E). Die Erforderlichkeit für das Forschungsvorhaben soll dazu mittels Bescheinigung festgestellt werden müssen (§ 6 Abs. 3 FZulG-E).

Werden Forschungs- und Entwicklungsvorhaben mittels **Auftragsforschung** betrieben, kann ein Anteil der dadurch entstandenen Aufwendungen als förderfähige Aufwendungen berücksichtigt werden. Dieser Anteil beträgt bislang 60 % und soll bei nach dem 31.12.2023 in Auftrag gegebenen Forschungs- und Entwicklungsvorhaben **70 %** betragen (§ 3 Abs. 4 Satz 2 FZulG-E).

2. Höhe der Forschungszulage

Die Höhe der Forschungszulage ermittelt sich nach einem Prozentsatz der Bemessungsgrundlage. **89**

Die **Bemessungsgrundlage** ist bislang auf einen Betrag von 4 Mio. Euro im Wirtschaftsjahr gedeckelt. Dieser Höchstbetrag soll verdreifacht werden, so dass ab dem 1.1.2024 **bis zu 12 Mio. Euro** förderfähige Aufwendungen begünstigt wären (§ 3 Abs. 5 FZulG-E).

Grundsätzlich soll die Forschungszulage zwar weiterhin 25 % der Bemessungsgrundlage betragen. Für Unternehmen, die nach Anhang I der AGVO als kleine und mittlere Unternehmen (**KMU**) qualifizieren, ist allerdings vorgesehen, dass diese eine Erhöhung der Forschungszulage um 10 Prozentpunkte auf **35 %** beantragen können (§ 4 Abs. 1 Satz 2 FZulG-E).

3. Leistung der Forschungszulage

90 Die festgesetzte Forschungszulage wird grundsätzlich bei der nächsten erstmaligen Festsetzung von Einkommen- oder Körperschaftsteuer auf die festgesetzte Steuer angerechnet (§ 10 Abs. 1 Satz 2 FZulG).

Ab 1.1.2024 sollen, sofern für die nächste erstmalige Steuerfestsetzung noch keine Steuererklärung abgegeben wurde, **Vorauszahlungen** zur Einkommen- oder Körperschaftsteuer im Rahmen der verfahrensrechtlichen Möglichkeiten auf Antrag für den letzten noch nicht veranlagten Zeitraum **angepasst** werden (§ 10 Abs. 2a FZulG-E).

> **Anmerkung:**
> Damit soll im Vergleich zur bislang geltenden Regelung den Anspruchsberechtigten die Forschungszulage noch schneller zukommen.

V. Personengesellschaften

1. Thesaurierungsbegünstigung

91 § 34a EStG-E sollte mit dem Wachstumschancengesetz, das sich derzeit im Vermittlungsverfahren befindet, modifiziert werden. Es bleibt abzuwarten, ob die vorgesehenen Änderungen noch gesetzgeberisch umgesetzt und wie zuletzt vorgesehen bereits **ab dem VZ 2024** zur Anwendung kommen werden (§ 52 Abs. 34 Satz 2 EStG-E).

Die Grundstruktur der Besteuerung thesaurierter Gewinne mit einem Steuersatz von 28,25 % und einer Nachversteuerung im Falle der späteren Entnahme mit einem Steuersatz von 25 % bleibt jedenfalls unberührt.

a) Erhöhung des Begünstigungsvolumens

92 Der nicht entnommene Gewinn, der auf Antrag ganz oder teilweise dem Thesaurierungssteuersatz von 28,25 % unterliegt, soll **nicht mehr um Entnahmen für die Zahlung der** zum Thesaurierungssteuersatz anfallenden **Einkommensteuer** zuzüglich des darauf entfallenden Solidaritätszuschlags zu mindern sein (§ 34a Abs. 2 Satz 2 EStG-E). Dazu soll gemäß § 34a Abs. 2 Satz 3 EStG-E fingiert werden, dass Entnahmen vorrangig für die Begleichung dieser Steuerbeträge verwendet werden, so dass der Steuerpflichtige keine weiteren Verwendungsnachweise beizubringen hat. Zudem soll die im Wirtschaftsjahr anfallende **Gewerbesteuer den nicht entnommenen Gewinn erhöhen** (§ 34a Abs. 2 Satz 1 EStG-E).

b) Verschärfung der Fälle der Nachversteuerung

93 Verschärfend sollen Fälle ergänzt werden, die zu einer Nachversteuerung des nachversteuerungspflichtigen Betrags führen. Zum einen wird der Fall des **Ausscheidens eines Mitunternehmers**, dessen **Anteil** dem oder den übrigen Mitunternehmern unentgeltlich zuwächst, ergänzend aufgeführt (§ 34a Abs. 6 Satz 1 Nr. 3 EStG-E). Zum anderen sollen Fälle der Veräußerung, Einbringung oder **unentgeltlichen Übertragung eines Teils eines Einzelunternehmens** oder Mitunternehmeranteils bzw. eines Teilbetriebs eine entsprechend anteilige Nachversteuerung auslösen (§ 34a Abs. 6 Satz 2 EStG-E).

c) Erweiterung der Fortführung eines nachversteuerungspflichtigen Betrags

94 Wird eine **natürliche Person unentgeltlich** in ein Einzelunternehmen aufgenommen oder auf diese ein **Teil eines Mitunternehmeranteils unentgeltlich übertragen**, soll der nachversteuerungspflichtige Betrag anteilig auf sie als Rechtsnachfolger übergehen (§ 34a Abs. 7 Satz 2 EStG-E). Entsprechend soll bei der **Buchwerteinbringung nach**

§ 24 UmwStG eines Teils eines Mitunternehmeranteils vorzugehen sein (§ 34a Abs. 7 Satz 5 EStG-E).

d) Verzinsung bei Nutzung der Thesaurierungsbegünstigung

Unterbunden werden soll die Möglichkeit, durch eine späte Antragstellung auf Nutzung der Thesaurierungsbegünstigung, die bis zur Unanfechtbarkeit des Einkommensteuerbescheids noch möglich ist, Erstattungszinsen auszulösen. Dazu soll **§ 233a Abs. 2a AO entsprechend** anzuwenden sein, so dass sich der Zinslauf an der Antragstellung orientiert (§ 34a Abs. 1 Satz 3 EStG-E).[1]

2. Option zur Körperschaftsbesteuerung

Die in § 1a KStG vorgesehene Option zur Körperschaftsbesteuerung sollte mit dem Wachstumschancengesetz punktuell modifiziert werden. Da der Bundesrat dem Gesetz nicht zustimmte und den Vermittlungsausschuss anrief, bleibt abzuwarten, ob die Änderungen noch Gesetzeskraft erlangen.

Die Änderungen sollen ab dem Tag nach der Gesetzesverkündung in Kraft treten (Art. 46 Abs. 1 WachstumschancenG-E) und könnten damit **ggf. ab dem VZ 2024** anzuwenden sein.

a) Ausdehnung des persönlichen Anwendungsbereichs

Bislang steht die Optionsmöglichkeit nur Personenhandels- oder Partnerschaftsgesellschaften offen.

Der persönliche Anwendungsbereich soll nun auf **eingetragene Gesellschaften bürgerlichen Rechts** (→ Rz. 235) ausgedehnt werden (§ 1a Abs. 1 Satz 1 bis 4 KStG-E).

b) Erstmalige Optionsausübung

Zwar ist der Antrag grundsätzlich bis spätestens einen Monat vor Beginn des Wirtschaftsjahres zu stellen, ab dem die Körperschaftsbesteuerung anzuwenden sein soll.

Im Fall der **Neugründung** soll davon abweichend die Antragstellung aber bis zum Ablauf eines Monats nach Abschluss des Gesellschaftsvertrags und im Fall des Formwechsels in eine Personengesellschaft bis zum Ablauf eines Monats nach dessen Anmeldung beim zuständigen Register möglich sein (§ 1a Abs. 1 Satz 7 KStG-E).

c) Unschädliche Zurückbehaltung der Anteile an Komplementärin

Der Übergang zur Körperschaftsbesteuerung nach Optionsausübung kann nur dann steuerneutral erfolgen, wenn **alle funktional wesentlichen Betriebsgrundlagen miteingebracht** werden (§ 1a Abs. 2 Satz 2 KStG i.V.m. §§ 25, 20 UmwStG).

Künftig soll allerdings allein die **Zurückbehaltung der Beteiligung an einer Komplementärin** einer Kommanditgesellschaft (regelmäßig Komplementär-GmbH einer GmbH & Co. KG) **unschädlich** sein, auch wenn es sich dabei um eine funktional wesentliche Betriebsgrundlage handeln sollte (§ 1a Abs. 2 Satz 2 2. Halbsatz KStG-E).

d) Zufluss von Gewinnanteilen erst bei tatsächlicher Entnahme

Der Gesellschafter einer optierenden Personengesellschaft wird wie ein Gesellschafter einer Kapitalgesellschaft behandelt, so dass er ihm zufließende Gewinnanteile als Dividenden zu versteuern hat. Bislang **gelten** Gewinnanteile **als ausgeschüttet**, wenn sie tatsächlich entnommen werden oder ihre Auszahlung verlangt werden kann.

---

1) Zur geringen praktischen Relevanz s. Höreth/Stelzer, DStZ 2023, 792.

Künftig soll hier **nur noch auf die tatsächliche Entnahme** abzustellen sein (§ 1a Abs. 3 Satz 5 KStG-E).

> **Anmerkung:**
>
> Laut Begründung des Regierungsentwurfs soll dies – anders als bei einer Kapitalgesellschaft – unabhängig von der beherrschenden Stellung des Gesellschafters gelten.[1]

VI. Umwandlungssteuer – Nachspaltungsveräußerungssperre

101 Als Reaktion auf die BFH-Rechtsprechung[2] zum Buchwertansatz im Fall einer Spaltung i.Z.m. der Veräußerung von Anteilen der an der Spaltung beteiligten Kapitalgesellschaft sollen mit dem Wachstumschancengesetz, das sich derzeit im Vermittlungsverfahren befindet, § 15 Abs. 2 Satz 2 bis 4 UmwStG geändert und damit die Möglichkeiten für steuerneutrale Spaltungen beschränkt werden.

Bereits bislang ist eine Spaltung zum Buch- oder Zwischenwert nicht zulässig, wenn durch die Spaltung die Veräußerung des übertragenen Vermögens an außenstehende Personen vollzogen wird. Dies soll auf den Fall ausgedehnt werden, dass eine solche **anschließende Veräußerung vorbereitet** wird (§ 15 Abs. 2 Satz 2 UmwStG-E).

Außenstehende Person in diesem Sinn ist jede Person, die nicht ununterbrochen fünf Jahre vor der Spaltung an der übertragenden Körperschaft beteiligt war (§ 15 Abs. 2 Satz 3 UmwStG-E). Ein neu eingefügter § 15 Abs. 2 Satz 7 UmwStG-E soll ausdrücklich klarstellen, dass verbundene Unternehmen i.S.d. § 271 Abs. 2 HGB nicht als außenstehende Personen gelten. Als Veräußerung eines Anteils an einer an der Spaltung beteiligten Körperschaft i.S.d. § 15 Abs. 2 Satz 4 UmwStG-E soll auch die mittelbare Veräußerung dieses Anteils durch ein verbundenes Unternehmen gelten.

Das **Merkmal „Vorbereitung der Veräußerung"** soll in § 15 Abs. 2 Satz 4 und 5 UmwStG-E definiert werden. Bei Beteiligung von außenstehenden Personen an der übertragenden Körperschaft soll die Spaltung ausdrücklich nur dann als Veräußerung an außenstehende Personen gelten, wenn die Spaltung zu einer Werteverschiebung zugunsten dieser Personen führt (§ 15 Abs. 2 Satz 6 UmwStG-E).

> **Anmerkung:**
>
> Nach den Ausführungen im Wachstumschancengesetz sollen die Änderungen erstmals auf Spaltungen anzuwenden sein, bei denen die Anmeldung zur Eintragung in das für die Wirksamkeit des jeweiligen Vorgangs maßgebende öffentliche Register nach dem 14.7.2023 erfolgt (§ 27 Abs. 19 UmwStG). Da sich nun das Gesetzgebungsverfahren durch das Vermittlungsverfahren verzögert und noch nicht absehbar ist, ob und welchen Inhalts es zum Abschluss gebracht wird, bleibt abzuwarten, ob diese Anwendungsregelung Bestand haben wird.

VII. Sonstige Themen der Unternehmensbesteuerung

1. Anpassungen der Steuergesetze an das MoPeG

102 Infolge des MoPeG[3], das u.a. **zivilrechtlich die Aufgabe des Gesamthandsprinzips zum 1.1.2024** vorsieht (→ Rz. 237), werden Anpassungen in der Abgabenordnung sowie punktuell in weiteren Steuergesetzen notwendig, die zunächst im Wachstumschancengesetz enthalten waren, nun aber mit dem Kreditzweitmarktförderungsgesetz[4] beschlossen wurden. Die Regelungen sind **zum 1.1.2024 in Kraft getreten** (Art. 36 Abs. 3 Kreditzweitmarktförderungsgesetz).

---

1) S. dazu auch Höreth/Stelzer, DStZ 2023, 792.
2) BFH v. 11.8.2021, I R 39/18, HFR 2022, 265.
3) Gesetz v. 10.8.2021, BGBl. I 2021, 3436.
4) Gesetz v. 21.12.2023, BGBl. I 2023 Nr. 411 v. 29.12.2023.

A. Unternehmensbesteuerung

a) Definition rechtsfähiger und nicht rechtsfähiger Personenvereinigungen

In § 14a AO werden explizit, aber nicht abschließend **rechtsfähige Personenvereinigungen** definiert, worunter z.B. rechtsfähige Personengesellschaften einschließlich der GbR fallen (§ 14a Abs. 2 Nr. 1 AO). **Nicht rechtsfähige Personenvereinigungen** sind z.B. Bruchteils-, Güter- oder Erbengemeinschaften (§ 14a Abs. 3 AO).

103

> **Anmerkung:**
> In der AO finden sich zahlreiche Folgeänderungen, in denen die neu definierten Begriffe verwendet werden. Zudem werden u.a. Verfahrens-, Bekanntgabe- und Vollstreckungsvorschriften sowie Vorschriften zur Einspruchsbefugnis bei der gesonderten und einheitlichen Feststellung angepasst (§ 181 Abs. 2 Satz 2, § 183, § 267 Abs. 1 und 2, § 284 Abs. 1 Satz 3 und § 352 AO), deren Anwendung in Art. 97 § 39 EGAO geregelt wird.

b) Zurechnung von Wirtschaftsgütern

Für die Zurechnung von Wirtschaftsgütern wird in § 39 Abs. 2 Nr. 2 Satz 2 AO explizit geregelt, dass **rechtsfähige Personengesellschaften** (→ Rz. 103) weiterhin für ertragsteuerliche Zwecke als **Gesamthand mit Gesamthandsvermögen** gelten. Die Wirtschaftsgüter eine solchen Gesellschaft werden den Beteiligten oder Gesellschaftern anteilig zugerechnet (§ 39 Abs. 2 Nr. 2 Satz 1 AO).

104

c) Grunderwerbsteuerliche Regelung

Für grunderwerbsteuerliche Zwecke wird in § 24 GrEStG explizit geregelt, dass rechtsfähige Personengesellschaften (→ Rz. 103) **als Gesamthand mit Gesamthandsvermögen** gelten. Die Regelung kommt für den Zeitraum **1.1.2024 bis 31.12.2026** zur Anwendung.

105

> **Beratungshinweis:**
> Damit können in diesem Zeitraum insb. die Begünstigungen bei Grundstücksübergängen von bzw. auf eine Gesamthand (§§ 5 bis 7 GrEStG) weiterhin genutzt werden.
>
> Laut der Beschlussempfehlung des Finanzausschusses des Bundestags zum Kreditzweitmarktförderungsgesetz vom 13.12.2023 sollen bereits laufende Nachbehaltensfristen der §§ 5 und 6 GrEStG nicht allein durch Inkrafttreten des MoPeG verletzt werden. Zudem wird dort ausgeführt, dass der Zeitraum der befristeten Anwendung des § 24 GrEStG für die Entwicklung einer Grunderwerbsteuerreform genutzt werden soll.

d) Erbschaftsteuerliche Regelung

Klarstellend wird in § 2a ErbStG geregelt, dass rechtsfähige Personengesellschaften i.S.d. § 14a Abs. 2 Nr. 2 AO **für Zwecke der Erbschaft- und Schenkungsteuer als Gesamthand** und deren Vermögen als Gesamthandsvermögen gelten. Zudem werden die erbschaftsteuerlichen Regelungen an die neuen Begrifflichkeiten, wie u.a. Personenvereinigungen als Oberbegriff, angepasst.

106

2. Einführung einer Mitteilungspflicht für innerstaatliche Steuergestaltungen

Mit den neuen, im Wachstumschancengesetz enthaltenen §§ 138l bis 138n AO-E beabsichtigt der Gesetzgeber die Einführung einer Pflicht zur Mitteilung bestimmter innerstaatlicher Steuergestaltungen. Die Vorschriften orientieren sich eng an der bereits bestehenden Mitteilungspflicht für grenzüberschreitende Steuergestaltungen (§§ 138d bis 138h AO), sollen aber in deutlich weniger Fällen zur Anwendung kommen.

107

Die Regelungen sollen, sofern das Wachstumschancengesetz nach Durchlaufen des Vermittlungsverfahrens in dieser Form doch noch zum Abschluss gebracht werden kann, in allen Fällen anzuwenden sein, in denen das maßgebende Ereignis gemäß § 138n Abs. 1 Satz 2 AO-E **nach einem vom BMF mindestens ein Jahr zuvor zu bestimmenden und bekannt zu machenden Stichtag** eintritt. Die Regelungen sollen aber spätestens nach Ablauf des 31.12. des vierten Kalenderjahres, das auf das Kalenderjahr des Inkrafttretens des Gesetzes folgt, anzuwenden sein (Art. 97 § 33 Abs. 7 EGEAO-E).

a) Mitteilungspflichtige Gestaltung

108 Die **Merkmale**, bei deren Erfüllung eine innerstaatliche Steuergestaltung meldepflichtig ist, sollen in § 138l Abs. 2 AO-E definiert werden. Vom Anwendungsbereich der Vorschrift sind demnach rein innerstaatliche Steuergestaltungen aus dem Bereich der Einkommen- oder Vermögensteuer, der Gewerbesteuer, der Erbschaft- und Schenkungsteuer oder der Grunderwerbsteuer erfasst, die mindestens eines der in § 138l Abs. 3 AO-E abschließend aufgeführten Kennzeichen aufweisen. Zudem muss ein verständiger Dritter vernünftigerweise erwarten können, dass der Hauptvorteil bzw. einer der Hauptvorteile der Gestaltung die Erlangung eines steuerlichen Vorteils i.S.d. § 138d Abs. 3 Satz 1 AO ist, der im Geltungsbereich der Abgabenordnung entsteht (§ 138l Abs. 2 Satz 1 Nr. 4 AO-E).

> **Anmerkung:**
> Bei einer innerstaatlichen Steuergestaltung soll somit – anders als im grenzüberschreitenden Fall – **stets ein Main-Benefit-Test** erforderlich sein, um ggf. mitteilungspflichtig zu sein.

Die Kennzeichen sollen im Wesentlichen den Kennzeichen für grenzüberschreitende Steuergestaltungen gem. § 138e Abs. 1 Nr. 1, 2 und 3 Buchst. a bis c AO entsprechen. Ergänzend sollen drei weitere Kennzeichen eingeführt werden, die nur für innerstaatliche Gestaltungen gelten (§ 138l Abs. 3 Nr. 3 Buchst. d bis f AO-E).

Zusätzlich soll ein **nutzer- oder gestaltungsbezogenes Kriterium** vorliegen müssen. Nach § 138l Abs. 5 AO-E entfällt eine Mitteilungspflicht u.a., wenn ein Nutzer in mindestens zwei von drei vorausgehenden Jahren eine Umsatzschwelle pro Wirtschaftsjahr von 50 Mio. Euro oder eine Einkünfte- bzw. Einkommensschwelle von 2 Mio. Euro nicht überschreitet.

b) Persönliche Mitteilungspflicht

109 Entsprechend den Vorschriften zur Mitteilungspflicht von grenzüberschreitenden Steuergestaltungen soll der **Intermediär** zur Mitteilung einer innerstaatlichen Gestaltung verpflichtet werden. Als Intermediär soll gelten, wer eine in § 138d Abs. 1 AO aufgeführte Tätigkeit im Hinblick auf eine innerstaatliche Steuergestaltung ausübt (§ 138m Abs. 1 Satz 1 AO-E). Zusätzlich soll dieser einen hinreichenden Bezug zu Deutschland aufweisen müssen (§ 138m Abs. 1 Satz 2 AO-E).

Sofern ein meldepflichtiger Intermediär vorliegt, soll ihn die Pflicht zur Mitteilung der die Gestaltung selbst betreffenden Angaben treffen sowie die Pflicht zur Mitteilung von personenbezogenen Angaben, wenn er nicht der gesetzlichen Verschwiegenheitspflicht unterliegt bzw. davon entbunden wurde (§ 138m Abs. 3 AO-E). Sofern es keinen Intermediär gibt, soll der Nutzer selbst zur Mitteilung der Gestaltung verpflichtet sein (§ 138m Abs. 2 Satz 1 AO-E).

c) Meldeverfahren

110 Das Meldeverfahren und die dem BZST zu übermittelnden Informationen entsprechen im Wesentlichen denjenigen für grenzüberschreitende Steuergestaltungen. Davon abweichend soll die Meldung innerhalb von einer **Frist von zwei Monaten** nach Ablauf des Tages vorzunehmen sein, an dem das erste der in § 138n Abs. 1 Satz 2 AO-E genannten Ereignisse eintritt. Die **Meldepflicht auslösende Ereignisse** sind demnach

A. Unternehmensbesteuerung

- die Bereitstellung der innerstaatlichen Steuergestaltung zur Umsetzung,
- die Bereitschaft des Nutzers zur Umsetzung der innerstaatlichen Steuergestaltung sowie
- der Vollzug des ersten Schritts der Umsetzung der innerstaatlichen Steuergestaltung durch mindestens einen Nutzer.

Der **Inhalt** der Meldung soll durch § 138n Abs. 2 AO-E definiert werden. Auch diese Vorgaben orientieren sich an denen für grenzüberschreitende Steuergestaltungen.

d) Angaben in der Steuererklärung

Die vom BZSt erteilte **DE-Registriernummer und DE-Offenlegungsnummer** soll in der Steuererklärung, in der sich der Vorteil der innerstaatlichen Steuergestaltung zum ersten Mal auswirken soll, angegeben werden (§ 138k Abs. 2 i.V.m. Abs. 1 AO-E). 111

e) Sanktionen bei Verstößen

Verstöße gegen die Meldepflicht sollen als Ordnungswidrigkeit mit einem **Bußgeld von bis zu 10.000 Euro** geahndet werden können. 112

Als Verstoß gilt das vorsätzliche oder fahrlässige Unterlassen der Meldung sowie die nicht rechtzeitige, unvollständige oder unrichtige Meldung (§ 379 Abs. 2 Nr. 1j AO-E). Eine Ordnungswidrigkeit soll ebenfalls vorliegen, wenn in der Steuererklärung, in der sich der Vorteil zum ersten Mal auswirken soll, keine Angabe zu der DE-Registriernummer und der DE-Offenlegungsnummer gemacht wird (§ 379 Abs. 2 Nr. 1k AO-E).

3. Anhebung der Buchführungspflichtgrenze

Die Umsatz- und Gewinngrenzen für die Buchführungspflicht von gewerblichen Unternehmern und Land- und Forstwirten, die nicht bereits nach anderen Gesetzen buchführungspflichtig sind, sollen für Wirtschaftsjahre mit Beginn nach dem 31.12.2023 (Art. 97 § 19 Abs. 3 und 4 EGAO-E) inflationsbedingt wie folgt modifiziert werden: 113

- Anhebung der Umsatzgrenze von 600.000 Euro auf 800.000 Euro (§ 141 Abs. 1 Satz 1 Nr. 1 AO-E) und
- Anhebung der Gewinngrenze von 60.000 Euro auf 80.000 Euro (§ 141 Abs. 1 Satz 1 Nr. 4 und 5 AO-E).

> **Anmerkung:**
> Diese Regelung sollte mit dem Wachstumschancengesetz umgesetzt werden, das sich noch im Vermittlungsverfahren befindet. Es bleibt abzuwarten, ob die Regelung Gesetzeskraft erlangt.

4. Ausländische Körperschaft als Steuerschuldner

Mit dem Kreditzweitmarktförderungsgesetz[1] wird eine Regelung für Körperschaften mit Sitz im Ausland und Geschäftsleitung im Inland in § 14b AO eingeführt, die zunächst im Wachstumschancengesetz vorgesehen war und nun im Rahmen dieses Gesetzes verabschiedet worden ist. Die Regelung ist ab 1.1.2024 anzuwenden (Art. 36 Abs. 3 Kreditzweitmarktförderungsgesetz). 114

Diese Gesellschaften sind als Steuerschuldner zu behandeln, **ungeachtet** dessen, ob sie **nach inländischen Gesellschaftsrecht als juristische Person gelten** (§ 14b Abs. 1 Satz 2 AO).

---

[1] Gesetz v. 22.12.2023, BGBl. I 2023 Nr. 411 v. 29.12.2023.

Sofern die Gesellschaft nicht als juristische Person nach inländischem Gesellschaftsrecht anzuerkennen ist, insb. weil die Sitztheorie dem entgegensteht, **haften deren Anteilseigner** für die Steuerschulden der Gesellschaft unbeschränkt (§ 14b Abs. 4 AO)

5. Digitalisierung des Spendenverfahrens

115 Durch eine Ergänzung der Regelung zur Ausstellung von Zuwendungsbestätigungen in § 50 Abs. 1 Satz 2 und 3 EStDV-E soll es für **nicht im Inland ansässige Zuwendungsempfänger** nach § 10b Abs. 1 Satz 2 Nr. 1 und 3 EStG ermöglicht werden, einen Zuwendungsnachweis nach amtlich vorgeschriebenem Vordruck auszustellen oder die **elektronische Zuwendungsbestätigung** nach § 50 Abs. 2 EStDV zu verwenden. Voraussetzung hierfür soll sein, dass der Zuwendungsempfänger in dem durch das BZSt geführten Zuwendungsempfängerregister nach § 60b AO aufgenommen wurde.

> **Anmerkung:**
> Die neuen Bestimmungen in § 50 Abs. 1 EStDV-E, die im Wachstumschancengesetz enthalten sind, sollen erstmals für Zuwendungen gelten, die nach dem 31.12.2024 zufließen (§ 84 Abs. 2d EStDV-E). Da derzeit noch um ein Vermittlungsergebnis zum Wachstumschancengesetz gerungen wird, bleibt abzuwarten, ob die Regelung umgesetzt wird.

6. Internationale Prüfungsverfahren

a) Einführung eines internationalen Risikobewertungsverfahrens

116 Bisher war Deutschland lediglich auf Grundlage allgemeiner Regelungen der AO sowie den Regeln zur zwischenstaatlichen Amtshilfe durch Informationsaustausch in Steuersachen an internationalen Risikobewertungsverfahren wie dem International Compliance Assurance Programme (ICAP) und dem European Trust and Cooperation Approach (ETACA) beteiligt.

Mit einer neuen, im Wachstumschancengesetz vorgesehenen Vorschrift, § 89b AO-E, soll ein rechtssicherer Rahmen für Voraussetzungen, Abläufe und die rechtliche Einordnung von internationalen Risikobewertungsverfahren geschaffen und damit die Grundlage für eine intensivere Nutzung dieser Verfahren gelegt werden.

Vorbehaltlich verschiedener Ausschlussgründe sollen **inländische Konzernobergesellschaften** i.S.d. § 138a Abs. 1 Satz 1 AO, die zur Erstellung eines länderbezogenen Berichts verpflichtet sind, sowie beherrschende inländische Gesellschaften einer multinationalen Unternehmensgruppe, für die nach § 90 Abs. 3 Satz 3 AO eine Stammdokumentation zu erstellen ist, ein **internationales Risikobewertungsverfahren beantragen können** (§ 89b Abs. 3 AO-E). Im Rahmen dieses Verfahrens soll eine gemeinsame Einschätzung von steuerlichen Risiken von bereits verwirklichten Sachverhalten mit einem oder mehreren Staaten getroffen werden (§ 89b Abs. 2 AO-E), dessen Ergebnis in einem Bericht festgehalten werden soll (§ 89b Abs. 6 AO-E).

Sofern dieses Verfahren mit dem Ergebnis abgeschlossen wird, dass das steuerliche Risiko gering ist, soll die Finanzverwaltung auf die Ermittlung der steuerlichen Verhältnisse des Steuerpflichtigen im Rahmen einer Außenprüfung verzichten können (§ 89b Abs. 1 AO-E). Zudem soll das Ergebnis des Risikobewertungsverfahrens bei der Bestimmung des Umfangs der Außenprüfung berücksichtigt werden (§ 194 Abs. 1a AO-E).

> **Anmerkung:**
> Derzeit befindet sich das Wachstumschancengesetz noch im Vermittlungsausschuss. Sofern hier ein Ergebnis errungen und verabschiedet wird, sollen die Regelungen ab dem Tag nach der Gesetzesverkündung in Kraft treten (Art. 53 Abs. 1 WachstumschancenG-E).

b) Besondere Formen der Amtshilfe

Mit dem Wachstumschancengesetz sollen die bestehenden Regelungen zur gleichzeitigen und gemeinsamen Prüfung innerhalb der EU neu gefasst sowie Regelungen im Verhältnis zu Drittstaaten geschaffen werden. Abzuwarten bleibt, ob und welchen Inhalts diese Regelungen nach einem etwaigen Abschluss des Vermittlungsverfahrens tatsächlich umgesetzt werden und damit ab dem Tag nach der Gesetzesverkündung in Kraft treten (Art. 53 Abs. 1 WachstumschancenG-E).

117

aa) Gemeinsame Prüfung innerhalb der EU

Mit § 12a EUAHIG-E soll ein Rechtsrahmen für die Durchführung gemeinsamer Prüfungen von Finanzbehörden innerhalb der EU geschaffen werden. Gemeinsame Prüfung i.d.S. sollen **behördliche Ermittlungen** sein, die von der **zuständigen Finanzbehörde mit der entsprechenden Behörde eines anderen Mitgliedstaats** oder den entsprechenden Behörden mehrerer anderer Mitgliedstaats in Bezug auf eine Person oder mehrere Personen von gemeinsamem oder ergänzendem Interesse durchgeführt werden (§ 12a Abs. 2 Satz 1 EUAHiG-E).

118

Die zuständige Finanzbehörde kann dem zentralen Verbindungsbüro vorschlagen, bei einen oder mehreren Mitgliedstaaten um die Durchführung einer gemeinsamen Prüfung zu ersuchen (§ 12a Abs. 1 EUAHiG-E). In Deutschland ist dies das BZSt (§ 3 Abs. 2 Satz 1 EUAHiG). Erfolgt eine gemeinsame Prüfung, soll das zentrales Verbindungsbüro die Koordination mit dem Ziel einer Einigung der betroffenen Staaten über den Sachverhalt, die Umstände sowie die steuerliche Würdigung übernehmen (§ 12a Abs. 2 Satz 2 EUAHiG-E).

bb) Gleichzeitige Prüfung innerhalb der EU

Um die gleichzeitige Prüfung von Finanzbehörden innerhalb der EU rechtssicher von der gemeinsamen Prüfung **abzugrenzen**, soll der bisherige § 12 EUAHiG angepasst werden. Daher soll die gleichzeitige Prüfung zukünftig definiert werden als behördliche Ermittlungen, die von der zuständigen Finanzbehörde gleichzeitig mit der entsprechenden Behörde eines anderen Mitgliedstaats im jeweils eigenen Hoheitsgebiet in Bezug auf eine Person oder mehrere Personen von gemeinsamem oder ergänzendem Interesse durchgeführt werden, um die dabei erlangten Informationen auszutauschen (§ 12 Abs. 2 Satz 1 EUAHIG-E).

119

cc) Anwendung im Verhältnis zu Drittstaaten

§ 117e AO-E soll zukünftig einen Rechtsrahmen zur Inanspruchnahme und Leistung besonderer Formen der Amtshilfe im Verhältnis zu Drittstaaten schaffen. Vorbehaltlich spezieller in § 117e Abs. 2 AO-E genannter Maßgaben sollen die aufgeführten Formen der Amtshilfe **im Verhältnis zu Drittstaaten für anwendbar** erklärt werden (§ 117e Abs. 1 AO-E). Dazu gehören insb. die Durchführung gleichzeitiger und gemeinsamer Prüfungen (→ Rz. 118 f.).

120

B. Arbeitnehmerbesteuerung

I. Lohnversteuerung

1. Betriebsveranstaltungen

Zuwendungen des Arbeitgebers, die er seinen Arbeitnehmern anlässlich einer Betriebsveranstaltung zukommen lässt, sind bislang bei maximal zwei Betriebsveranstaltungen jährlich steuerfrei, soweit sie nicht 110 Euro übersteigen. Dieser Freibetrag soll auf **150 Euro** angehoben werden (§ 19 Abs. 1 Satz 1 Nr. 1a Satz 3 EStG-E). Diese

121

2. Anhebung des steuerlichen Freibetrags für Mitarbeiterkapitalbeteiligungen

122 Der steuerliche Freibetrag für Mitarbeiterkapitalbeteiligungen wird mit dem Zukunftsfinanzierungsgesetz vom 11.12.2023[1)] von bisher 1.440 Euro mit Wirkung ab 1.1.2024 auf **2.000 Euro** angehoben (§ 3 Nr. 39 EStG).

3. Ausweitung der aufschiebenden Besteuerung bei Mitarbeiterkapitalbeteiligungen

123 § 19a enthält Regelungen, nach denen unter bestimmten Voraussetzungen der geldwerte Vorteil aus der unentgeltlichen oder verbilligten Übertragung von Vermögensbeteiligungen am Unternehmen des Arbeitgebers im Zeitpunkt der Überlassung steuerfrei gestellt ist und erst **nachgelagert besteuert** wird. Mit dem Zukunftsfinanzierungsgesetz vom 11.12.2023[2)] wurde der Anwendungsbereich und die Vorteile des § 19a EStG mit Wirkung ab 1.1.2024 ausgeweitet.

a) Erweiterung des Anwendungsbereichs

124 Die aufschiebende Besteuerung kann nunmehr von Arbeitnehmern genutzt werden, die in einem Unternehmen mit weniger als 1.000 Mitarbeiter beschäftigt und einem Jahresumsatz von höchstens 100 Mio. Euro bzw. einer Jahresbilanzsumme von höchstens 86 Mio. Euro beschäftigt sind.

> **Anmerkung:**
> Damit werden die Schwellenwerte auf den **vierfachen bzw. doppelten KMU-Schwellenwert** erweitert.

Die aufschiebende Besteuerung kann ab 2024 auch angewendet werden, wenn die o.g. Schwellenwerte im Zeitpunkt der Übertragung der Vermögensbeteiligung oder in einem der sechs vorangegangenen Kalenderjahre (statt wie bisher lediglich im Vorjahr) nicht überschritten wurden. Zudem darf der **maßgebliche Gründungszeitpunkt** des Unternehmens nun bis zu **20 Jahre** (bisher bis zu 12 Jahre) vor dem Beteiligungszeitpunkt liegen (§ 19a Abs. 3 EStG).

Arbeitnehmer können ab 2024 von der aufschiebenden Besteuerung auch dann Gebrauch machen, wenn ihnen die Gesellschaftsanteile nicht vom Arbeitgeber selbst, sondern von den Gesellschaftern des Unternehmens überlassen werden (§ 19a Abs. 1 Satz 1 EStG).

Des Weiteren wird der Anwendungsbereich der aufschiebenden Besteuerung auch auf die Übertragung von Anteilen, über die der Arbeitnehmer nicht rechtlich verfügen kann (**sog. vinkulierte Anteile**), ausgeweitet (§ 19a Abs. 1 Satz 3 EStG).

> **Anmerkung:**
> Solche vinkulierten Anteile sind gerade bei Unternehmen mit kleinem Gesellschafterkreis, bspw. bei Start-ups, häufig anzutreffen.

b) Verschiebung des finalen Besteuerungszeitpunkts

125 Sofern nicht zwischenzeitlich ein anderer Besteuerungstatbestand eingetreten ist, ist die finale Besteuerung des geldwerten Vorteils nicht wie bisher nach 12 Jahren, sondern erst nach **15 Jahren** durchzuführen (§ 19a Abs. 4 Satz 1 Nr. 2 EStG).

---

1) Gesetz v. 11.12.2023, BGBl. I 2023 Nr. 354 v. 14.12.2023.
2) Gesetz v. 11.12.2023, BGBl. I 2023 Nr. 354 v. 14.12.2023.

c) Besteuerung im Fall von sog. Leaver-Events

Für den Fall der Besteuerung des geldwerten Vorteils bei Beendigung des Dienstverhältnisses regelt eine Ergänzung der Vorschrift, dass bei Rückerwerb der Anteile durch den Arbeitgeber oder eine Konzerngesellschaft für die Ermittlung des zu versteuernden geldwerten Vorteils nur die **tatsächlich** vom Arbeitgeber an den Arbeitnehmer **gewährte Vergütung** heranzuziehen ist (§ 19a Abs. 4 Satz 1 Nr. 3 EStG).

d) Einführung einer optionalen Haftungsregelung

Eine Besteuerung bei Vorliegen der die nachträgliche Besteuerung auslösenden Tatbestände „Ablauf von 15 Jahren" und „Beendigung des Dienstverhältnisses" findet ab 2024 nicht statt, wenn der Arbeitgeber auf freiwilliger Basis unwiderruflich i.R.d. Lohnsteuer-Anmeldung erklärt, dass er die **Haftung für die einzubehaltende und abzuführende Lohnsteuer** übernimmt (§ 19a Abs. 4a Satz 1 EStG). In diesen Fällen löst erst die tatsächliche Veräußerung oder Übertragung der Anteile eine Besteuerung aus.

4. Sachbezugswerte für unentgeltliche oder verbilligte Mahlzeiten

Mit Schreiben vom 7.12.2023[1] veröffentlicht das BMF die ab 1.1.2024 geltenden Sachbezugswerte für an Arbeitnehmer unentgeltlich oder verbilligt abgegebene Mahlzeiten. Die neuen Sachbezugswerte resultieren aus der 14. Verordnung zur Änderung der Sozialversicherungsentgeltverordnung vom 27.11.2023[2] und betragen:

	Bis 31.12.2023	Ab 1.1.2024
Mittag- oder Abendessen	3,80 Euro	4,13 Euro
Frühstück	2,00 Euro	2,17 Euro
Vollverpflegung	9,60 Euro	10,43 Euro

5. Wegfall der Fünftelungsregelung beim Lohnsteuerabzug

Im Wachstumschancengesetz, das sich derzeit im Vermittlungsverfahren befindet, ist die Streichung von § 39b Abs. 3 Satz 9 und 10 EStG vorgesehen. Damit wäre ab dem VZ 2024 die Fünftelungsregelung nach § 34 Abs. 1 EStG i.R.d. Berechnung der Lohnsteuer nicht mehr anwendbar.

> **Anmerkung:**
> Laut der Gesetzesbegründung soll damit eine Entlastung des Arbeitgebers bei der Prüfung und Berechnung des Lohnsteuerabzugs erreicht werden. Nachteile für den Arbeitnehmer sollen sich daraus jedoch nicht ergeben, da dieser die Fünftelungsregelung weiterhin i.R.d. Einkommensteuerveranlagung geltend machen kann. Abzuwarten bleibt, ob diese Streichung tatsächlich vorgenommen wird.

6. Pauschalbesteuerung von Beiträgen zur Gruppenunfallversicherung

Der Arbeitgeber kann Beiträge für eine Gruppenunfallversicherung seiner Arbeitnehmer pauschal mit 20 % versteuern. Bislang ist hierzu Voraussetzung, dass der steuerliche Durchschnittsbetrag ohne Versicherungsteuer 100 Euro im Kalenderjahr nicht übersteigt.

Um bürokratische Hemmnisse abzubauen, soll mit einer entsprechenden Streichung in § 40b Abs. 3 EStG-E dieser **Grenzbetrag entfallen**, so dass auch im Falle eines – z.B. durch eine Beitragserhöhung – Durchschnittsbetrags über 100 Euro die Pauschalbe-

---
1) BMF v. 7.12.2023, I V C 5 – S 2334/19/10010 :005, BStBl I 2023, 2075.
2) Verordnung v. 27.11.2023, BGBl. I 2023 Nr. 328.

II. Werbungskosten

1. Reisekosten bei Auslandsdienstreisen

131 Mit Schreiben vom 21.11.2023[1] gibt das BMF die **ab 1.1.2024 geltenden Pauschbeträge** für Verpflegungsmehraufwendungen und Übernachtungskosten bei Dienstreisen ins Ausland und doppelten Haushaltsführungen im Ausland bekannt. Die Werte wurden zuletzt mit Schreiben vom 23.11.2022[2] mit Wirkung ab 1.1.2023 aktualisiert.

> **Beratungshinweis:**
>
> Die im Schreiben aufgeführten Pauschbeträge für Übernachtungskosten sind ausschließlich für die Arbeitgebererstattung anwendbar (R 9.7 Abs. 3 LStR). Als Werbungskosten (bzw. Betriebsausgaben) können hingegen nur tatsächliche Übernachtungskosten herangezogen werden (R 9.7 Abs. 2 LStR, R 4.12 Abs. 2 und 3 EStR).

2. Verpflegungspauschalen

132 Die als Werbungskosten abzugsfähigen inländischen Verpflegungspauschalen sollen mit dem Wachstumschancengesetz, das sich derzeit noch im Vermittlungsverfahren befindet, **angehoben** werden (§ 9 Abs. 4a Satz 3 Nr. 1 bis 3 EStG-E):

	Bis 31.12.2023	Ab 1.1.2024
Abwesenheit von Wohnung und erster Tätigkeitsstätte 24 Stunden	28 Euro	32 Euro
An- und Abreisetag bei anschließender oder vorhergehender Übernachtung außerhalb der Wohnung	14 Euro	16 Euro
Abwesenheit von mehr als 8 Stunden von Wohnung und erster Tätigkeitsstätte ohne auswärtige Übernachtung	14 Euro	16 Euro

3. Pauschbetrag für Berufskraftfahrer

133 Arbeitnehmer, denen während einer beruflichen auswärtigen Tätigkeit auf einem Kraftfahrzeug des Arbeitnehmers notwendige Mehraufwendungen durch die Übernachtung in dem Fahrzeug entstehen, können kalendertäglich einen Pauschbetrag als Werbungskosten berücksichtigen. Dieser Pauschbetrag beläuft sich derzeit auf 8 Euro und soll mit dem Wachstumschancengesetz, das sich derzeit im Vermittlungsverfahren befindet, mit Wirkung ab 1.1.2024 auf **9 Euro** erhöht werden (§ 9 Abs. 1 Satz 3 Nr. 5b Satz 2 EStG-E).

III. Beschränkte Steuerpflicht

134 Einkünfte aus nichtselbständiger Arbeit unterliegen der beschränkten Steuerpflicht, wenn die Tätigkeit im Inland ausgeübt oder verwertet wird. Davon soll nach § 49 Abs. 1 Nr. 4 Buchst. a Satz 2 EStG-E für nach dem 31.12.2023 zufließende Einkünfte auch auszugehen sein, soweit die **Tätigkeit im Ansässigkeitsstaat des Arbeitnehmers** oder in einem anderen Staat ausgeübt wird und das anzuwendende DBA **Deutschland inso-**

---

[1] BMF v. 21.11.2023, IV C 5 – S 2353/19/10010 :005, BStBl I 2023, 2076.
[2] BMF v. 23.11.2022, IV C 5 – S 2353/19/10010 :004, BStBl I 2022, 1654.

weit das **Besteuerungsrecht** zuweist. Dies soll allerdings nicht für Einkünfte aus einer an Bord eines Schiffes im internationalen Verkehr ausgeübten Arbeitnehmertätigkeit gelten (§ 49 Abs. 1 Nr. 4 Buchst. a Satz 3 EStG-E). Entsprechende Regelungen sind im Wachstumschancengesetz vorgesehen, das sich derzeit im Vermittlungsverfahren befindet.

> **Anmerkung:**
>
> Laut der Gesetzesbegründung ist eine solche Regelung, die insb. auf eine grenzüberschreitende Homeoffice-Tätigkeit abzielt, bislang nur in wenigen von Deutschland vereinbarten DBAs zu finden, so dass oftmals eine Aufteilung des Besteuerungsrechts nach Tätigkeitsstaat und Ansässigkeitsstaat zu erfolgen hat. Die Neuregelung soll vorbereitend für zu erwartende künftige DBA-Regelungen dienen.

C. Umsatzsteuer

I. Einführung der verpflichtenden eRechnung in Deutschland

Zusätzlich zu den Vorschlägen der EU-Kommission zur **elektronischen Rechnungstellung** bei innergemeinschaftlichen Umsätzen soll mit der **Neufassung des § 14 Abs. 2 UStG-E** im Rahmen des derzeit im Vermittlungsausschuss befindlichen Wachstumschancengesetzes die Einführung einer **verpflichtenden eRechnung für im Inland steuerbare Umsätze** zwischen **inländischen Unternehmern (B2B)** umgesetzt werden. Aus der Begründung des Regierungsentwurfs zum Wachstumschancengesetz ergibt sich, dass die obligatorische eRechnung im Vorgriff auf die spätere Einführung eines bundeseinheitlichen elektronischen Meldesystems der Verwaltung umgesetzt wird. Die geplanten Regelungen sollen zum **1.1.2025** in Kraft treten (Art. 46 Abs. 7 WachstumschancenG-E).

135

> **Beratungshinweis:**
>
> Allerdings sind in § 27 Abs. 39 Nr. 1 bis 3 UStG-E spezielle **zeitliche Übergangsregelungen** vorgesehen: So können Unternehmer **bis 31.12.2026** für in 2025 und 2026 ausgeführte Umsätze aus Vereinfachungsgründen mit Zustimmung des Rechnungsempfängers weiterhin andere Rechnungsformate einschließlich der Papierrechnungen verwenden. Handelt es sich beim Aussteller der Rechnung um einen Unternehmer, dessen **Gesamtumsätze im vorangegangenen Kalenderjahr nicht mehr als 800.000 Euro** betragen haben, gilt diese **Übergangsregelung bis zum 31.12.2027** für bis Ende 2027 ausgeführte Umsätze. Außerdem kann **bis zum 31.12.2027** für in den Jahren 2026 und 2027 ausgeführte Umsätze mit Zustimmung des Rechnungsempfängers weiterhin das **EDI-Verfahren** genutzt werden.

Welchen **technischen Anforderungen** eine eRechnung genügen muss, ergibt sich aus § 14 Abs. 1 Satz 2 ff. UStG-E. So muss eine eRechnung insbesondere einem strukturierten elektronischen Datenformat folgen, welches der europäischen Norm für die elektronische Rechnungsstellung entspricht oder zwischen dem Rechnungsaussteller und dem Rechnungsempfänger vereinbart wird (§ 14 Abs. 1 Satz 6 UStG-E). Eine **Papierrechnung** oder eine Rechnung in einem anderen Format soll dann als sonstige Rechnung gelten (§ 14 Abs. 1 Satz 4 UStG-E). Der bisherige Vorrang der Papierrechnung soll bei innerstaatlichen B2B-Umsätzen gestrichen werden (§ 14 Abs. 1 Satz 5 i.V.m. Abs. 2 Satz 2 Nr. 1 UStG-E).

Für **Kleinbetragsrechnungen und Fahrausweise** sind Ausnahmen von der eRechnungspflicht vorgesehen (§§ 33 Satz 4, 34 Abs. 1 Satz 2 UStDV-E).

II. Vereinfachungen und Erleichterungen

1. Vereinfachungsregelung zur Steuerschuldnerschaft des Leistungsempfängers

136 Die Vereinfachungsregelung zum Übergang der Steuerschuldnerschaft in Fällen, in denen sowohl der Leistungsempfänger als auch der leistende Unternehmer den Umsatz irrtümlich der Regelung des § 13b Abs. 2 UStG unterworfen haben, soll laut Wachstumschancengesetz ab 1.1.2024 auch **auf Umsätze mit Emissions-, Gas- und Elektrizitätszertifikaten** nach § 13b Abs. 2 Nr. 6 UStG angewandt werden (§ 13b Abs. 5 Satz 8 UStG-E). Da sich das Wachstumschancengesetz derzeit im Vermittlungsverfahren befindet, bleibt abzuwarten, ob und wann diese Vereinfachung anzuwenden ist.

2. Befreiung von der Abgabepflicht von Umsatzsteuer-Voranmeldungen

137 Die Möglichkeit der Befreiung von der Verpflichtung zur Abgabe von Umsatzsteuer-Voranmeldungen und damit der Leistung von Vorauszahlungen soll nach § 18 Abs. 2 Satz 3 UStG-E bestehen, wenn die Steuer für das vorangegangene Kalenderjahr **nicht mehr als 2.000 Euro** betragen hat.

Bislang ist hier ein Schwellenwert von 1.000 Euro vorgesehen, der mit dem Wachstumschancengesetz, das sich derzeit im Vermittlungsverfahren befindet, ab 1.1.2024 angehoben werden soll.

3. Erleichterungen bei der Kleinunternehmerregelung

138 Unternehmer, die die Kleinunternehmerregelung in Anspruch nehmen, sollen laut Wachstumschancengesetz gemäß § 19 Abs. 1 Satz 4 UStG-E – entgegen der bisherigen Regelung – grundsätzlich von den umsatzsteuerlichen **Erklärungspflichten** in § 18 Abs. 1 bis 4 UStG **befreit** werden.

Zudem soll die **Frist zum Verzicht** auf die Anwendung der Kleinunternehmerregelung modifiziert werden. Bislang kann der Verzicht bis zur Unanfechtbarkeit der Steuerfestsetzung erklärt werden. Künftig soll die Erklärung bis zum Ablauf des zweiten auf den Besteuerungszeitraum folgenden Kalenderjahres erklärt werden können (§ 19 Abs. 2 Satz 1 UStG-E).

> **Anmerkung:**
> Im Wachstumschancengesetz, das sich derzeit im Vermittlungsverfahren befindet, war eine Erstanwendung der Regelungen bereits für nach dem 31.12.2022 endende Besteuerungszeiträume vorgesehen. Abzuwarten bleibt, ob und mit welcher Anwendungsregelung die Maßnahmen umgesetzt werden.

4. Anhebung der Ist-Versteuerungsgrenze

139 Die Möglichkeit der Berechnung der Umsatzsteuer nach vereinnahmten Entgelten gemäß § 20 Satz 1 Nr. 1 UStG-E soll laut Wachstumschancengesetz ab 1.1.2024 bis zu einem Gesamtumsatz von **800.000 Euro** anstatt bislang 600.000 Euro möglich sein. Da sich dieses Gesetz noch im Vermittlungsverfahren befindet, ist nicht abzusehen, ob die Regelung Gesetzeskraft erlangt.

D. Internationales Steuerrecht

I. Einführung einer globalen Mindeststeuer

140 Ende 2021 haben sich rund 140 Staaten im Rahmen des **BEPS 2.0 Projekts** der **OECD** auf die Einführung einer **globalen Mindeststeuer** (auch Global Anti Base Erosion Rules,

kurz „GloBE" bzw. Pillar 2) für große Unternehmen geeinigt.[1] Große international tätige Unternehmensgruppen sollen damit verpflichtet werden, sicherzustellen, dass das **Einkommen aller Gruppenmitglieder** innerhalb einer Jurisdiktion einer Besteuerung von effektiv **mindestens 15 %** unterliegt. Wird dieser Mindeststeuersatz unterschritten, wird grundsätzlich auf Ebene der obersten Muttergesellschaft (→ Rz. 144) eine zusätzliche Steuer i.H.d. Differenz zwischen dem effektiven Steuersatz (→ Rz. 147) und dem Mindeststeuersatz von 15 % erhoben.

Beruhend auf den Vorgaben der OECD hat der Rat der Europäischen Union Ende 2022 die Richtlinie zur Gewährleistung einer globalen Mindestbesteuerung für multinationale Unternehmensgruppen und große inländische Gruppen in der Union **(Mindestbesteuerungsrichtlinie)**[2] beschlossen.[3] Darin werden die EU-Mitgliedstaaten verpflichtet, die Vorgaben dieser Richtlinie bis 31.12.2023 in nationales Recht umzusetzen.

Die Umsetzung dieser Richtlinie in deutsches Recht erfolgte mit dem **Gesetz zur Umsetzung der Richtlinie (EU) 2022/2523 des Rates zur Gewährleistung einer globalen Mindestbesteuerung und weiterer Begleitmaßnahmen** (Mindestbesteuerungsrichtlinie-Umsetzungsgesetz).[4] Das Gesetz beinhaltet neben der Einführung eines neuen Stammgesetzes zur Gewährleistung einer globalen Mindestbesteuerung für Unternehmensgruppen (Mindeststeuergesetz, kurz MinStG) u.a. eine Herabsenkung der Niedrigsteuerschwelle von 25 % auf 15 % im Rahmen der Hinzurechnungsbesteuerung nach §§ 7 ff. AStG und der Lizenzschranke nach § 4j EStG sowie handelsrechtliche Änderungen.

1. Persönlicher Anwendungsbereich und Erstanwendung

Der Mindeststeuer unterliegen **im Inland** belegene **Geschäftseinheiten multinationaler sowie nationaler Unternehmensgruppen** mit **einem Gesamtjahresumsatz von 750 Mio. Euro oder mehr** in mindestens zwei von vier dem Geschäftsjahr unmittelbar vorangehenden Geschäftsjahren (§ 1 MinStG). Maßgeblich für die vorgenannte Umsatzgrenze sind die in den Konzernabschlüssen der sog. obersten Muttergesellschaft (→ Rz. 144) ausgewiesenen Umsatzerlöse. Bei Unternehmensumstrukturierungen sind besondere Vorschriften zur Ermittlung der Umsatzgrenze zu beachten (§ 63 MinStG).

141

> **Anmerkung:**
> Die Umsatzgrenze von 750 Mio. Euro entspricht grundsätzlich dem Schwellenwert für die Pflicht zur länderbezogenen Berichterstattung bzw. **Country-by-Country-Reporting** (CbCR) nach § 138a AO. Anders als bei der globalen Mindeststeuer kommt es beim CbCR auf das Erreichen oder Überschreiten der Umsatzschwelle im vorangegangenen Wirtschaftsjahr an.

Aus dem Anwendungsbereich des MinStG **ausgenommen** sind u.a. Non-Profit Organisationen, staatliche Einheiten, internationale Organisationen und Pensionsfonds (§ 1 Abs. 4 i.V.m. § 5 MinStG).

Erstmalig anzuwenden sind die Regeln über die Mindestbesteuerung grundsätzlich für **Geschäftsjahre**, die nach dem **30.12.2023** beginnen (§ 101 Abs. 1 MinStG). Bei kalenderjahrgleichem Geschäftsjahr ist somit die Mindeststeuer erstmals im Geschäftsjahr 2024 anzuwenden.

142

Die sog. Sekundärergänzungssteuerregelung (→ Rz. 157) gilt grundsätzlich erst ein Jahr später, findet also erstmals Anwendung für Geschäftsjahre, die nach dem 30.12.2024 beginnen (§ 101 Abs. 2 MinStG).

---

1) Vgl. hierzu Ebner Stolz / BDI, Steuer- und Wirtschaftsrecht 2023, Rz. 164 ff.
2) Richtlinie v. 14.12.2022, ABl. L 328/1 v. 22.12.2022, berichtigt in Abl. L 13/9 v. 16.1.2023.
3) Vgl. hierzu Schnitger/Gebhardt, IStR 2023, 113.
4) Gesetz v. 21.12.2023, BGBl. I 2023 Nr. 397 v. 27.12.2023.

2. Grundzüge der Mindeststeuer

143 Die insgesamt nach den Vorschriften des MinStG zu entrichtende Mindeststeuer setzt sich zusammen aus dem sog **Primärergänzungssteuerbetrag** (→ Rz. 156), **dem Sekundärergänzungssteuerbetrag** (→ Rz. 157) **und dem nationalen Ergänzungssteuerbetrag** (→ Rz. 158; § 2 MinStG).

Unterschreitet der effektive Steuersatz von Geschäftseinheiten der Gruppe in einem Steuerhoheitsgebiet den Mindeststeuersatz von 15 %, ist nach der sog. **Primärergänzungssteuerregelung** (§§ 8 bis 10 MinStG) grundsätzlich die oberste Muttergesellschaft (→ Rz. 144) verpflichtet, einen entsprechenden Steuererhöhungsbetrag (→ Rz. 151) abzuführen. Im Falle einer in Deutschland belegenen obersten Muttergesellschaft wäre diese somit zur Steuerzahlung gegenüber dem deutschen Fiskus verpflichtet.[1]

Im MinStG wird zudem von der in der Mindestbesteuerungsrichtlinie vorgesehenen Möglichkeit Gebrauch gemacht, **eine nationale Ergänzungssteuer** (→ Rz. 158; §§ 90 bis 93 MinStG) einzuführen. Sollten die im Inland belegenen Geschäftseinheiten eines ausländischen Konzerns einer effektiven Steuer von unter 15 % unterliegen, kommt die nationale Ergänzungssteuer zur Anwendung. Auf Ebene der im Ausland ansässigen obersten Muttergesellschaft (→ Rz. 144) ist diese nationale Ergänzungssteuer (→ Rz. 158) für Zwecke der Mindeststeuer grundsätzlich zu berücksichtigen.

Sofern die Primärergänzungssteuerregelung nicht greift, weil im Ansässigkeitsstaat der Muttergesellschaft keine entsprechende Regelung besteht, sieht das Gesetz als Auffangregelung die **Sekundärergänzungssteuerregelung** (→ Rz. 157; §§ 11 bis 14 MinStG) vor. Dazu ist den im Inland steuerpflichtigen Geschäftseinheiten ein anteiliger Steuererhöhungsbetrag (→ Rz. 151) für die gesamte Gruppe zuzurechnen.

a) Besteuerungsverfahren

aa) Mindeststeuergruppe

144 Die **oberste Muttergesellschaft** ist in der Regel die Einheit einer Unternehmensgruppe, die unmittelbar oder mittelbar eine Kontrollbeteiligung an einer anderen Einheit hält, ohne dass an ihr von einer anderen Einheit eine Kontrollbeteiligung gehalten wird (§ 4 Abs. 3 Satz 1 Nr. 1 MinStG). Eine Kontrollbeteiligung ist gegeben, wenn eine Beteiligung besteht, die eine Konsolidierung dieser Einheit in den Konzernabschluss bewirkt (§ 7 Abs. 20 MinStG).

Eine **Unternehmensgruppe** umfasst nach § 4 Abs. 1 MinStG alle Einheiten, die durch Eigentum oder Beherrschung miteinander verbunden sind und in den Konzernabschluss der obersten Muttergesellschaft einzubeziehen sind (Voll- oder Quotenkonsolidierung). Ferner gehören auch diejenigen Einheiten, die nur aus Größen- oder Wesentlichkeitsgründen nicht im Konzernabschluss zu konsolidieren sind, zur Unternehmensgruppe.

Zur Vereinfachung des Besteuerungsverfahrens führt das MinStG eine sog. **Mindeststeuergruppe** (§ 3 MinStG) ein. Eine solche entsteht kraft Gesetzes, wenn innerhalb einer Unternehmensgruppe mehrere nach § 1 MinStG im Inland steuerpflichtige Geschäftseinheiten vorhanden sind.

Sog. **Gruppenträger** ist grundsätzlich die **oberste Muttergesellschaft**, wenn sie im Inland belegen ist (§ 3 Abs. 3 MinStG).[2]

bb) Steuerschuldner

145 Die Mindeststeuergruppe (→ Rz. 144) bewirkt eine Konzentration der (inländischen) **Steuerschuld** beim **Gruppenträger**. Dieser schuldet die (im Inland anfallende) Mindest-

---
1) Ausführlich zur Funktionsweise der globalen Mindeststeuer Zöller/Steffens, ISR 2022, 118.
2) Vgl. hierzu Behrendt/Euhus/Schmah, IStR 2023, 1.

steuer (§ 3 Abs. 1 MinStG) und ist verpflichtet, dem BZSt seine Stellung als Gruppenträger mitzuteilen (§ 3 Abs. 4 MinStG). Die Geschäftseinheiten, deren Ergänzungssteuerbeträge dem Gruppenträger zugerechnet werden, haften jedoch gesamtschuldnerisch für die Mindeststeuer des Gruppenträgers (§ 3 Abs. 5 MinStG).

> **Anmerkung:**
> Für die Zahlung der Mindeststeuer ist in § 3 Abs. 6 MinStG ein **Ausgleichsanspruch** vorgesehen. Geschäftseinheiten, deren Ergänzungssteuerbeträge dem Gruppenträger zugerechnet werden, sind diesem gegenüber zum Ausgleich der auf sie entfallenden Anteile an der Mindeststeuer verpflichtet. Ein umgekehrter Mechanismus gilt für Steuererstattungen.
> Diese Ausgleichsansprüche beeinflussen das Einkommen nach dem EStG oder KStG nicht.

cc) Steuerentstehung

Die Mindeststeuer für ein Geschäftsjahr entsteht mit Ablauf des Kalenderjahres, in dem das Geschäftsjahr endet (§ 94 MinStG). **146**

b) Ermittlung des effektiven Steuersatzes

Um prüfen zu können, ob die Geschäftseinheiten der Unternehmensgruppe, die in einem Steuerhoheitsgebiet ansässig sind, einer Steuerbelastung i.H.v. mindestens 15 % unterliegen, sind die **angepassten erfassten Steuern** (→ Rz. 149; § 44 MinStG) und der **für Zwecke der Mindeststeuer angepasste Gewinn** (sog. Mindeststeuer-Gewinn bzw. -Verlust, → Rz. 148; § 15 MinStG) heranzuziehen. Das Verhältnis hieraus ergibt den **effektiven Steuersatz** (§ 53 MinStG). Mehrere Geschäftseinheiten in einem Steuerhoheitsgebiet sind dabei im Rahmen des sog. Jurisdictional Blending zusammenzufassen. **147**

Eine der wesentlichen praktischen Herausforderungen bei der Umsetzung der Regelungen des MinStG ist die Ermittlung des Mindeststeuer-Gewinns (→ Rz. 148) und der angepassten erfassten Steuern (→ Rz. 149).[1]

> **Anmerkung:**
> Regelmäßig werden nicht alle erforderlichen Daten bereits im Rahmen des Konzernabschlusses vorliegen. Vielmehr ist je nach Einzelfall eine ggf. umfangreiche steuerliche Würdigung sowie die Erhebung weiterer Daten und damit einhergehend eine Verknüpfung der Datenquellen erforderlich.

aa) Mindeststeuer-Gewinn bzw. Mindeststeuer-Verlust

Ausgangsgröße für die Berechnung des Mindeststeuer-Gewinns bzw. -Verlusts ist der für Konsolidierungszwecke aus den Rechnungslegungsdaten der jeweiligen Geschäftseinheit abgeleitete und an konzerneinheitliche Ansatz- und Bewertungsregeln angeglichene Jahresüberschuss oder Jahresfehlbetrag vor Konsolidierungsanpassungen und Zwischenergebniseliminierungen (sog. Mindeststeuer-Jahresüberschuss oder Mindeststeuer-Jahresfehlbetrag; § 15 Abs. 1 MinStG). Vereinfacht gesagt handelt es sich um das **Ergebnis**, das in der sog. Handelsbilanz II der jeweiligen Gesellschaft in dem nach **anerkannten Rechnungslegungsstandards aufgestellten Konzernabschluss** der obersten Muttergesellschaft (→ Rz. 144) ausgewiesen ist. **148**

> **Anmerkung:**
> Welche Rechnungslegungsvorschriften neben HGB und IFRS als **anerkannte Rechnungslegungsstandards** gelten, ist in § 7 Abs. 4 MinStG aufgezählt.

---
1) Vgl. hierzu Wünnemann, DStR 2023, 1161.

> In § 15 Abs. 1 Satz 2 MinStG ist ausdrücklich festgelegt, dass das sog. **Purchase Price Accounting**, das oftmals bei Beteiligungserwerben im Zusammenhang mit Unternehmenszusammenschlüssen zur Anwendung kommt, und bei dem Vermögenswerte und Schulden mit dem beizulegenden Zeitwert bei Erwerb der Beteiligung bewertet werden, nicht berücksichtigt werden darf.
>
> Durch die Einführung der Mindeststeuer ergeben sich zudem auch Änderungen in den **handelsrechtlichen Vorgaben zu Jahres- und Konzernabschlüssen für nach dem 30.12.2023 endende Geschäftsjahre**. So sind insb. im Anhang Angaben zum Steueraufwand infolge des MinStG oder eines ausländischen Mindeststeuergesetzes für das Geschäftsjahr zu machen bzw. zu erläutern, welche Auswirkungen zu erwarten sind, sofern anzuwendende Mindeststeuervorgaben im Ausland noch nicht in Kraft getreten sind (§ 285 Nr. 30a HGB).

Anschließend sind an dem „HB II-Ergebnis" (Mindeststeuer-Jahresüberschuss oder Mindeststeuer-Jahresfehlbetrag) zahlreiche **Anpassungen** zur Ermittlung des Mindeststeuer-Gewinns bzw. -Verlusts vorzunehmen, die in §§ 16 bis 29 MinStG aufgeführt sind und in §§ 30 bis 33 MinStG um sektorspezifische Vorgaben ergänzt werden.[1] Zudem sind in §§ 34 bis 41 MinStG Wahlrechte bei der Gewinnermittlung vorgesehen, die von jeder Geschäftseinheit durch entsprechenden Antrag ausgeübt werden können.

So sieht § 16 MinStG bestimmte Anpassungen an den **Fremdvergleichsgrundsatz** vor. Grundsätzlich anzupassen sind insb. Geschäftsvorfälle zwischen in verschiedenen Steuerhoheitsgebieten belegenen Geschäftseinheiten der Unternehmensgruppe, die in den jeweiligen Jahresabschlüssen nicht in derselben Höhe erfasst sind oder nicht dem Fremdvergleichsgrundsatz entsprechen. Ausnahmen davon können bei einer nur unilateralen Verrechnungspreiskorrektur greifen.

Eine korrespondierende Einstufung von hybriden Finanzinstrumenten soll über § 17 MinStG sichergestellt werden.

Zu den in § 18 MinStG aufgezählten **Hinzurechnungen und Kürzungen** zählen beispielsweise:

– Dividendenkürzungsbetrag (§ 20 MinStG)
– Gewinne oder Verluste aus Eigenkapitalbeteiligungen (§ 21 MinStG)
– Bußgelder, Sanktionen sowie Bestechungs- und Schmiergelder (§ 18 Nr. 6, 7 MinStG)
– Gruppeninterne Finanzierungsvereinbarungen (§ 26 MinStG)
– Steuerliche Zulagen (§ 27 MinStG).

Im Rahmen der **Dividendenkürzung** werden damit etwa Dividenden aus Schachtelbeteiligungen von mindestens 10 % und aus Langzeitbeteiligungen (Beteiligung an der ausschüttenden Gesellschaft von mindestens 12 Monaten) aus dem Mindeststeuer-Ergebnis ausgenommen.

> **Anmerkung:**
>
> In zahlreichen Steuersystemen werden, ähnlich der deutschen Regelung in § 8b KStG, **Gewinnausschüttungen zwischen Kapitalgesellschaften** von der Ertragsbesteuerung ausgenommen. Um dieser Behandlung auch für Zwecke der Mindeststeuer Rechnung zu tragen, wird auch bei der Ermittlung des Mindeststeuer-Gewinns bzw. -Verlusts eine Dividendenkürzung vorgenommen.

Ferner sind Aufwendungen aus **gruppeninternen Finanzierungen** bei der Ermittlung des Mindeststeuer-Gewinns oder Mindeststeuer-Verlusts einer Geschäftseinheit in einem Niedrigsteuerhoheitsgebiet nicht zu berücksichtigen, wenn während der erwarteten Laufzeit dieser Vereinbarung nach vernünftigem kaufmännischem Ermessen

---

1) Ausführlich zu den Anpassungen zur Ermittlung des Mindeststeuer-Gewinns anhand von Fallbeispielen Zöller/Steffens/Becker, ISR 2022, 222.

davon auszugehen ist, dass die den Aufwendungen entsprechenden Erträge beim hochbesteuerten Gläubiger zu keiner entsprechenden Erhöhung des steuerlichen Gewinns führen. Die Regelung soll ausweislich der Gesetzesbegründung der Verhinderung hybrider Finanzierungsgestaltungen dienen.

Mit der Regelung zur Behandlung **steuerlicher Zulagen** wird bei der Einbeziehung steuerlicher Zulagen in die Ermittlung des effektiven Steuersatzes zwischen sog. anerkannten steuerlichen Zulagen und nicht anerkannten steuerlichen Zulagen unterschieden: Anerkannte steuerliche Zulagen sind als Erträge bei der Ermittlung des Mindeststeuer-Gewinns oder -Verlusts zu erfassen, nicht anerkannte Zulagen sind hingegen als Minderung der angepassten erfassten Steuern (→ Rz. 149) zu behandeln. Allerdings können sog. marktfähige und übertragbare Zulagen unter bestimmten Voraussetzungen als anerkannte steuerliche Zulagen zu behandeln sein, auch wenn es sich dabei ihrer Ausgestaltung nach um nicht anerkannte Zulagen handelt (§ 28 MinStG).

> **Anmerkung:**
>
> Gehören Personengesellschaften zu einer Unternehmensgruppe, sieht § 43 MinStG vor, dass der Mindeststeuer-Jahresüberschuss oder -Jahresfehlbetrag dieser transparenten Einheit nur insoweit der Unternehmensgruppe zuzuordnen sein soll, als an dieser Gesellschafter beteiligt sind, die der Unternehmensgruppe angehören. Besonderheiten gelten ferner für Personengesellschaften (transparente Einheiten) als oberste Muttergesellschaft der Unternehmensgruppe (§ 69 MinStG).

bb) Angepasste erfasste Steuern

Die für den effektiven Steuersatz (→ Rz. 147) maßgeblichen Steuerzahlungen werden als **angepasste erfasste Steuer** bezeichnet (§ 44 MinStG). Diese setzen sich aus den im „HB II-Ergebnis" (Mindeststeuer-Jahresüberschuss oder Mindeststeuer-Jahresfehlbetrag) erfassten laufenden Steuern der jeweiligen Geschäftseinheit zusammen, die um zahlreiche Hinzurechnungen und Kürzungen anzupassen sind, sowie aus den sog. angepassten latenten Steuern. **149**

Unter die erfassten Steuern (§ 45 MinStG) fallen insb. **Steuern vom Einkommen oder Ertrag** der Geschäftseinheit, die in der Handelsbilanz II der Geschäftseinheit in Bezug auf ihre Erträge oder Gewinne ausgewiesen sind.

Diese Ausgangsgrößen sind gem. §§ 47, 48 MinStG um **Hinzurechnungen und Kürzungen** anzupassen, u.a. um

– Hinzurechnung von Steuern, die bei der Ermittlung des Mindeststeuer-Jahresüberschusses oder Mindeststeuer-Jahresfehlbetrags als Aufwendungen im Ergebnis vor Steuern berücksichtigt wurden

– Hinzurechnung anerkannter steuerlicher Zulagen sowie marktfähige und übertragbare steuerliche Zulagen, die den Steueraufwand gemindert haben

– Kürzung um den Steueraufwand für ungewisse Steuerrückstellungen

– Kürzung um den Steueraufwand, der voraussichtlich nicht binnen drei Jahren nach Ablauf des Geschäftsjahres entrichtet wird.

Neben dem laufenden Steueraufwand sind die in dem „HB II-Ergebnis" erfassten **latenten Steuern** zu berücksichtigen. Zu beachten ist hierbei u.a., dass der in der Konzernrechnungslegung ausgewiesene Betrag der latenten Steuern für Zwecke der Mindeststeuer mit dem Mindeststeuersatz von 15 % neu zu berechnen ist, wenn der für die Berechnung der latenten Steuern herangezogene Steuersatz den Mindeststeuersatz überschreitet (§ 50 Abs. 1 Satz 1 MinStG). Die Berücksichtigung latenter Steuern ist ausgeschlossen, wenn deren Bildung ein in § 50 Abs. 1 Satz 2 MinStG aufgeführter Sachverhalt zugrunde liegt, z.B., wenn die latente Steuer auf einen Posten gebildet wurde, der bei der Ermittlung des Mindeststeuer-Gewinns bzw. -Verlusts (→ Rz. 148) auszunehmen ist. Ferner enthält § 50 Abs. 4 MinStG einen Nachversteuerungsmechanismus für passive latente Steuern, soweit die zugrundeliegende Differenz nicht nach fünf Jahren aufgelöst worden ist.

> **Beratungshinweis:**
>
> Zahlreiche Unternehmen verzichten unter Nutzung des **Wahlrechts nach § 274 HGB** auf den **Ausweis latenter Steuern**, wenn die **aktiven latenten Steuern** die passiven latenten Steuern übersteigen. Die fehlende Berücksichtigung eines entsprechenden (späteren) latenten Steueraufwands kann jedoch für die Berechnung des effektiven Steuersatzes (→ Rz. 147) nach dem MinStG nachteilig sein. Vor dem Hintergrund der globalen Mindeststeuer sollte die **bisherige Bilanzpolitik** daher überdacht werden. Ferner sind Besonderheiten zu berücksichtigen, sofern latente Steuern auf nach dem 30.11.2021 und vor dem Jahr der erstmaligen Anwendung der Mindeststeuer erfolgten Übertragungen von Vermögenswerten zwischen Geschäftseinheiten beruhen (§ 82 Abs. 3, 4 MinStG).

cc) Effektiver Steuersatz

150 Der **effektive Steuersatz** ergibt sich aus dem Verhältnis des Gesamtbetrags der angepassten erfassten Steuern (→ Rz. 149) zum Mindeststeuer-Gewinn (→ Rz. 148) und ist auf vier Nachkommastellen zu runden (§ 53 Abs. 1 MinStG).

c) Ermittlung des Steuererhöhungsbetrags

151 Der zu entrichtende **Steuererhöhungsbetrag** ermittelt sich gem. § 54 Abs. 2 MinStG wie folgt:

Ergänzungssteuersatz × bereinigter Mindeststeuer-Gesamtgewinn
+ zusätzlicher Steuererhöhungsbetrag nach §§ 46, 57 Abs. 1 MinStG
− anerkannte nationale Ergänzungssteuer.

Der **Ergänzungssteuersatz** entspricht der Differenz zwischen dem Mindeststeuersatz von 15 % (§ 54 Abs. 1 MinStG) und dem effektiven Steuersatz nach § 53 Abs. 1 MinStG (→ Rz. 150).

Der **Mindeststeuer-Gesamtgewinn** ist der positive Unterschiedsbetrag zwischen den Mindeststeuer-Gewinnen und Mindeststeuer-Verlusten (→ Rz. 148) aller in einem Steuerhoheitsgebiet belegenen Geschäftseinheiten. Der **bereinigte** Mindeststeuer-Gesamtgewinn entspricht der positiven Differenz aus dem Mindeststeuer-Gesamtgewinn für das Geschäftsjahr und dem substanzbasierten Freibetrag, sofern auf die Anwendung des substanzbasierten Freibetrags nicht per Antrag verzichtet wird (§ 58 Abs. 2 MinStG).

152 Der **substanzbasierte Freibetrag** (§§ 58 ff. MinStG) ermittelt sich grundsätzlich aus der Summe von 5 % der berücksichtigungsfähigen Lohnkosten und 5 % des Werts der berücksichtigungsfähigen materiellen Vermögenswerte. Für die ersten Jahre der Anwendung der Mindeststeuer sind in § 62 MinStG höhere, mit 10 % bzw. 8 % startende und jährlich abschmelzende Prozentsätze vorgesehen.

153 Führen bestimmte Tatbestände, wie etwa die Veräußerung von unbeweglichem Vermögen (§ 36 Abs. 1 MinStG), nachträgliche Anpassungen der erfassten Steuern nach § 52 Abs. 1, 2, 4, 6 MinStG oder eine Nachversteuerungspflicht für passive latente Steuern nach § 50 Abs. 4 MinStG (→ Rz. 149), zu einer Änderung des effektiven Steuersatzes (→ Rz. 150) und des Steuererhöhungsbetrags für ein vorangegangenes Geschäftsjahr, werden diese Größen neu berechnet. Ergibt sich aus dieser Neuberechnung eine Erhöhung des Steuererhöhungsbetrags (→ Rz. 151) für die Vergangenheit, wird dieser Betrag als **zusätzlicher Steuererhöhungsbetrag** gemäß § 57 Abs. 1 MinStG für das laufende Geschäftsjahr behandelt.

Ein zusätzlicher Steuererhöhungsbetrag kann sich nach § 46 MinStG auch im Falle eines Mindeststeuer-Gesamtverlusts (→ Rz. 148) ergeben.

D. Internationales Steuerrecht

Wird in einem Staat eine anerkannte **nationale Ergänzungssteuer** (→ Rz. 158) erhoben, kann diese unter bestimmten Voraussetzungen auf den Steuererhöhungsbetrag (→ Rz. 151) angerechnet werden und mindert den Steuererhöhungsbetrag für diesen Staat entsprechend. Bei Erfüllung weiterer (umfangreicher) Voraussetzungen des Safe-Harbour bei anerkannter nationaler Ergänzungssteuer (§ 81 MinStG) kommt anstelle der Anrechnung der ausländischen Ergänzungssteuer auf Antrag eine „Reduzierung auf null" des im Inland anfallenden Steuererhöhungsbetrags für den ausländischen Staat in Betracht.

154

Der insgesamt für ein Steuerhoheitsgebiet bzw. für einen Staat ermittelte Steuererhöhungsbetrag (→ Rz. 151) wird den in diesem Gebiet belegenen Geschäftseinheiten zugeordnet.

155

Die **Zuordnung** erfolgt grundsätzlich **im Verhältnis des Mindeststeuer-Gewinns der einzelnen Geschäftseinheit zur Summe der Mindeststeuer-Gewinne** aller in dem Steuerhoheitsgebiet belegenen Geschäftseinheiten (§ 54 Abs. 4 MinStG).

d) Primärergänzungssteuerregelung

Für eine im **Inland ansässige Muttergesellschaft**, die zu einem Zeitpunkt während des Geschäftsjahrs unmittelbar oder mittelbar eine Eigenkapitalbeteiligung an einer **niedrig besteuerten Geschäftseinheit** hält oder ggf. sogar **selbst niedrig besteuert** ist, entsteht ein **Ergänzungssteuerbetrag** i.H.d. ihr zuzurechnenden Anteils am Steuererhöhungsbetrag (→ Rz. 151) dieser niedrig besteuerten Geschäftseinheit für das Geschäftsjahr (sog. Primärergänzungssteuerbetrag, §§ 8 ff. MinStG).

156

Der Mindeststeuer in Form der Primärergänzungssteuer (PES bzw. Income Inclusion Rule, IIR) unterliegt grundsätzlich die Muttergesellschaften einer Unternehmensgruppe (§ 4 Abs. 3 MinStG). Unter den Begriff der Muttergesellschaft fallen neben der **obersten Muttergesellschaft** (→ Rz. 144) auch die zwischengeschaltete und die im Teileigentum stehende Muttergesellschaft nach § 4 Abs. 4 und 5 MinStG.

Werden die Anteile an einer Geschäftseinheit zu mehr als 20 % von Personen außerhalb der Unternehmensgruppe gehalten, handelt es sich bei dieser Geschäftseinheit um eine im **Teileigentum stehende Muttergesellschaft**, wenn sie ihrerseits wiederum unmittelbar oder mittelbar eine Eigenkapitalbeteiligung an einer anderen Geschäftseinheit derselben Unternehmensgruppe hält, aber keine oberste Muttergesellschaft (→ Rz. 144) und auch keine Betriebsstätte noch Investmenteinheit ist (§ 4 Abs. 5 MinStG).

Zwischengeschaltete Muttergesellschaft ist jede Geschäftseinheit, die unmittelbar oder mittelbar eine Eigenkapitalbeteiligung an einer anderen Geschäftseinheit derselben Unternehmensgruppe hält und die selbst weder oberste Muttergesellschaft (→ Rz. 144) noch in Teileigentum stehende Muttergesellschaft und auch keine Betriebsstätte oder Investmenteinheit ist (§ 4 Abs. 4 MinStG).

Entscheidend für die Anwendung der Primärergänzungssteuerregelung ist, welche Geschäftseinheit in der Gesellschaftsstruktur am höchsten steht („**Top-Down-Ansatz**"). Die Anwendung der Primärergänzungssteuerregelung auf oberster Ebene schließt daher regelmäßig eine erneute Anwendung auf einer niedrigeren Ebene in der Gesellschaftsstruktur aus. Eine Ausnahme davon liegt im Falle einer in Teileigentum stehenden Muttergesellschaft vor.

> **Beispiel:**
> Eine in Deutschland ansässige GmbH ist oberste Muttergesellschaft einer unter die Mindeststeuer fallenden Unternehmensgruppe und zu 70 % an einer Kapitalgesellschaft im EU-Ausland beteiligt. Die verbleibenden 30 % der Anteile an der EU-Kapitalgesellschaft werden in Streubesitz gehalten. Die EU-Kapitalgesellschaft ist wiederum zu 100 % an einer Kapitalgesellschaft in einem Drittstaat beteiligt, die in ihrem Ansässigkeitsstaat einem effektiven Steuersatz von 10 % unterliegt.

In dieser Struktur handelt es sich bei der deutschen GmbH um die oberste Muttergesellschaft und bei der EU-Kapitalgesellschaft um eine in Teileigentum stehende Muttergesellschaft.

Die Erhebung der Mindeststeuer erfolgt im Wege der Primärergänzungssteuerregelung auf Ebene der EU-Kapitalgesellschaft als in Teileigentum stehende Muttergesellschaft in Höhe der Differenz zum Mindeststeuersatz von 5 % (§ 8 Abs. 3 MinStG). Ferner kommt es auch auf Ebene der deutschen GmbH zur Anwendung der Primärergänzungssteuerregelung, jedoch unter anteiliger Berücksichtigung der bereits auf Ebene der EU-Kapitalgesellschaft erfolgten Besteuerung (§ 10 MinStG).

Variante:

Die in Deutschland ansässige GmbH hält alle Anteile an der EU-Kapitalgesellschaft, die wiederum Alleinanteilseigner der Drittstaats-Kapitalgesellschaft ist. Diese unterliegt in ihrem Ansässigkeitsstaat einem effektiven Steuersatz von 10 %.

In diesem Fall erfolgt die Erhebung der Mindeststeuer nach der Primärergänzungssteuerregelung ausschließlich auf Ebene der in Deutschland ansässigen GmbH als oberste Muttergesellschaft (§ 8 Abs. 1 MinStG). Diese geht der Besteuerung auf Ebene der EU-Kapitalgesellschaft als zwischengeschaltete Muttergesellschaft vor (§ 8 Abs. 2 Satz 2 Nr. 1 MinStG).

e) Sekundärergänzungssteuerregelung

157 Grundsätzlich ist die Sekundärergänzungssteuerregelung (SES bzw. Undertaxed Profit Rule, UTPR, §§ 11 ff. MinStG) anzuwenden, wenn die Primärergänzungssteuerregelung (→ Rz. 156) nicht greift. Sie fungiert als **Auffangtatbestand für die Erhebung der Mindeststeuer**, in Fällen, in denen eine ausländische Muttergesellschaft im Ausland keiner Mindestbesteuerungsregelung nach der Primärergänzungssteuerregelung unterliegt.

Bei Anwendung der Sekundärergänzungssteuerregelung ist jeder im Inland steuerpflichtigen Geschäftseinheit ein **Anteil am Steuererhöhungsbetrag** (→ Rz. 151) zuzuordnen. Dieser Anteil wird durch eine substanzbasierte Formel (§ 12 Abs. 1 MinStG) ermittelt. Diese Formel stellt auf die Anzahl der Beschäftigten im Inland und auf den Wert der materiellen Vermögenswerte im Inland im Verhältnis zur Gesamtanzahl aller Beschäftigten und dem Gesamtwert der materiellen Vermögenswerte in allen Steuerhoheitsgebieten mit anerkannter Sekundärergänzungssteuerregelung ab (sog. **Inlandsquote**).

> **Beratungshinweis:**
>
> Die **Sekundärergänzungssteuerregelung** ist erst für **Geschäftsjahre, die nach dem 30.12.2024 beginnen,** anzuwenden (§ 101 Abs. 2 MinStG). Die spätere Erstanwendung der Sekundärergänzungssteuerregelung gilt allerdings nicht für Unternehmensgruppen, deren oberste Muttergesellschaften (→ Rz. 144) in Mitgliedstaaten der Europäischen Union belegen sind, die die Option nach Art. 50 Abs. 1 der Mindestbesteuerungsrichtlinie ausgeübt haben. Diese Option ermöglicht es einem EU-Mitgliedstaat, ab dem 31.12.2023 für sechs aufeinanderfolgende Geschäftsjahre von der Einführung einer Primär- und Sekundärergänzungssteuerregelung abzusehen, wenn in diesem Mitgliedstaat höchstens zwölf oberste Muttergesellschaften (→ Rz. 144) einer in den Anwendungsbereich der Mindestbesteuerungsrichtlinie fallenden Unternehmensgruppe belegen sind. Kommt infolge der Anwendung dieser Ausnahmeregelung im EU-Ausland die Anwendung der **Sekundärergänzungssteuerregelung in Deutschland** in Betracht, gilt diese bereits erstmals für Geschäftsjahre, die nach dem 30.12.2023 beginnen.

f) Anerkannte nationale Ergänzungssteuer

158 In dem MinStG macht Deutschland von der in der Mindestbesteuerungsrichtlinie vorgesehenen Möglichkeit der Einführung einer **anerkannten nationalen Ergänzungssteuer** (NES bzw. Qualified Domestic Minimum Top-up Tax, QDMTT) Gebrauch (§§ 90 ff. MinStG). Eine solche nationale Ergänzungssteuer ermöglicht es einem **Staat**, die Nachversteuerung im Rahmen der Mindeststeuer bei **inländischen niedrig besteuerten Konzerneinheiten** vorrangig **selbst vorzunehmen**. Damit wird sichergestellt, dass der Steuererhöhungsbetrag (→ Rz. 151) keinem anderen Staat in Form der dortigen

Primär- oder Sekundärergänzungssteuerregelung zufällt. Insofern ist die nationale Ergänzungssteuer vorrangig gegenüber der Primärergänzungssteuerregelung anzuwenden.[1)]

3. Erleichterungen von der Mindeststeuer

Zu den komplexen Mindeststeuer-Regelungen bestehen einige Vereinfachungs- und Ausnahmeregelungen: Zum einen bestehen **permanente Safe-Harbour-Regelungen** für vereinfachte Berechnungen (§ 79 MinStG) und vereinfachte Ausgangsgrößen bei unwesentlichen Geschäftseinheiten (§ 80 MinStG). Außerdem bestehen eine permanente Safe-Harbour-Regelung bei anerkannter nationaler Ergänzungssteuer (§ 81 MinStG) sowie eine allgemeine Wesentlichkeitsgrenze (§ 56 MinStG).

159

Ferner enthält das MinStG **temporäre** Übergangsregelungen bei untergeordneter internationaler Tätigkeit (§ 83 MinStG), temporäre Safe-Harbour-Regelungen, die an die länderbezogene Berichterstattung (Country-by-Country-Reporting, CbCR) anknüpfen (§§ 84 ff. MinStG) und einen Sekundärergänzungssteuerbetrag-Safe-Harbour (§ 89 MinStG).[2)]

a) Permanente Erleichterungen

aa) Safe-Harbour-Regelung für vereinfachte Berechnungen

Nach § 79 MinStG wird auf Antrag der **Steuererhöhungsbetrag** auf der Grundlage zugelassener vereinfachter Berechnungen bei Erfüllung einer der folgenden **Tests** für eine Unternehmensgruppe auf null Euro reduziert:

160

- **Routinegewinn-Test:** Der nach vereinfachten Berechnungen ermittelte Mindeststeuer-Gewinn in einem Steuerhoheitsgebiet beläuft sich höchstens auf die Höhe des substanzbasierten Freibetrags nach §§ 58 ff. MinStG.
- **Wesentlichkeitsgrenze-Test:** Der vereinfacht ermittelte durchschnittliche Mindeststeuer-Gesamtumsatz beträgt weniger als 10 Mio. Euro und der durchschnittliche Mindeststeuer-Gesamtgewinn weniger als 1 Mio. Euro (entsprechend der Wesentlichkeitsgrenzen in § 56 MinStG) oder es liegt ein Mindeststeuer-Gesamtverlust vor.
- **Effektivsteuersatz-Test:** Der für ein Steuerhoheitsgebiet vereinfacht ermittelte effektive Steuersatz entspricht mindestens dem Mindeststeuersatz von 15 %.

Für die Anwendung der Safe-Harbour-Regelung für vereinfachte Berechnungen können bei **unwesentlichen Geschäftseinheiten** vereinfachte **Ausgangsgrößen** für den Mindeststeuer-Umsatz, den Mindeststeuer-Gewinn (→ Rz. 148) und den Betrag der angepassten erfassten Steuern (→ Rz. 149) auf Basis des länderbezogenen Berichts (**CbCR**) zugrunde gelegt werden (§ 80 MinStG). Unwesentliche Geschäftseinheiten sind Geschäftseinheiten einer Unternehmensgruppe, die aufgrund von Wesentlichkeitserwägungen für das Geschäftsjahr nicht in einen durch einen externen Prüfer testierten Konzernabschluss einbezogen worden sind (§ 80 Abs. 1 MinStG). Erzielen diese Geschäftseinheiten einen Umsatz über 50 Mio. Euro, müssen weitere Voraussetzungen erfüllt sein, damit die Vereinfachungen zur Anwendung kommen können (§ 80 Abs. 3 MinStG).

bb) Safe-Harbour-Regelung bei anerkannter nationaler Ergänzungssteuer

§ 81 MinStG sieht auf Antrag vor, dass der Steuererhöhungsbetrag (→ Rz. 151) für ein Steuerhoheitsgebiet auf null Euro reduziert wird, wenn für das betreffende Geschäftsjahr eine **anerkannte nationale Ergänzungssteuer erhoben** wird, die im Einklang mit

161

---

1) Vgl. hierzu Heckerodt/Rieck, BB 2023, 2583.
2) Vgl. hierzu Grotherr, Ubg 2023, 221.

den Vorschriften der OECD steht (auch QDMTT Safe-Harbour genannt) und weitere Voraussetzungen erfüllt sind.

Hintergrund dieser Safe-Harbour-Regelung ist, dass bereits durch die Erhebung der anerkannten nationalen Ergänzungssteuer sichergestellt ist, dass in dem betreffenden Steuerhoheitsgebiet die Steuerschuld auf den Mindeststeuersatz angehoben wird.

Die Anwendbarkeit der Safe-Harbour-Regelung setzt u.a. voraus, dass die anerkannte nationale Ergänzungssteuer im Ausland bestimmte definierte Standards hinsichtlich einheitlich zu verwendender Rechnungslegungsstandards (Ergänzungssteuer-Rechnungslegungsstandard), hinsichtlich der maßgeblichen Gewinnermittlung und des maßgeblichen Mindeststeuersatzes (Ergänzungssteuer-Konsistenzstandard) und hinsichtlich der Erhebung auf Grundlage eines mit den Vorgaben des § 76 MinStG vergleichbaren Mindeststeuer-Berichts (Ergänzungssteuer-Administrationsstandard) erfüllt.

cc) Wesentlichkeitsgrenze für kleine Geschäftseinheiten

162 Der Steuererhöhungsbetrag (→ Rz. 151) kann für einen Staat mit null Euro angesetzt werden, wenn die in dem Staat belegenen Geschäftseinheiten einen durchschnittlichen **Gesamt-Mindeststeuer-Umsatz von weniger als 10 Mio. Euro** und einen durchschnittlichen **Gesamt-Mindeststeuer-Gewinn von weniger als 1 Mio. Euro** aufweisen (§ 56 MinStG). Allerdings sind nach dem Gesetzeswortlaut trotzdem eine Mindeststeuer-Erklärung und ein Mindeststeuer-Bericht abzugeben.

b) Befristete Erleichterungen

aa) Übergangsregelung bei untergeordneter internationaler Tätigkeit

163 Im Rahmen einer Übergangsregelung werden Unternehmensgruppen bei **untergeordneter internationaler Tätigkeit** in den **ersten fünf Jahren von der Mindeststeuer befreit**. Dies gilt jedoch nicht für einen Primärergänzungssteuerbetrag (→ Rz. 156), soweit dieser auf einem von einer ausländischen niedrig besteuerten Geschäftseinheit zuzurechnenden Steuererhöhungsbetrag (→ Rz. 151) beruht (§ 83 Abs. 1 MinStG).

Eine untergeordnete internationale Tätigkeit ist gem. § 83 Abs. 2 MinStG gegeben, wenn die Unternehmensgruppe (mit unterstellter obersten Muttergesellschaft und dem höchsten Gesamtwert an materiellen Vermögenswerten in Deutschland) über **Geschäftseinheiten in höchstens sechs Steuerhoheitsgebieten** (inklusive Deutschland) **verfügt** und der **Gesamtwert der materiellen Vermögenswerte** aller Geschäftseinheiten, die in allen Steuerhoheitsgebieten außerhalb Deutschlands belegen sind, **50 Mio. Euro** nicht übersteigt. Zu beachten ist, dass sich die Steuerbefreiung nur auf einen etwaigen Steuererhöhungsbetrag bezieht, der auf die inländische oberste Muttergesellschaft selbst und ihre inländischen Geschäftseinheiten entfällt.

Der begünstigungsfähige Zeitraum von fünf Jahren beginnt grundsätzlich, sobald eine Unternehmensgruppe erstmals in den Anwendungsbereich eines Gesetzes fällt, mit dem die Mindestbesteuerungsrichtline in nationales Recht umgesetzt wird (§ 83 Abs. 4 MinStG). Vor dem Hintergrund der erstmaligen Anwendung der Mindeststeuer in Deutschland umfasst der Fünfjahreszeitraum bei kalenderjahrgleichem Wirtschaftsjahr für die Primärergänzungssteuer (→ Rz. 156) den Zeitraum vom 1.1.2024 bis 31.12.2028 und für die Sekundärergänzungssteuer (→ Rz. 157) vom 1.1.2025 bis 31.12.2029.[1]

---

1) Vgl. hierzu Kofler/Schnitger, IStR 2023, 405.

> **Beratungshinweis:**
>
> Auch wenn eine teilweise Befreiung von der Mindeststeuer aufgrund einer untergeordneten internationalen Tätigkeit gegeben ist, sind gleichwohl ein **Mindeststeuer-Bericht** und eine **Mindeststeuer-Erklärung** abzugeben (→ Rz. 166 ff.). Erleichterungen hinsichtlich der Deklarationstiefe könnten gleichwohl noch im Wege einer Rechtsverordnung erlassen werden (§ 99 Abs. 3 MinStG).

bb) CbCR-Safe-Harbour-Regelung

Die CbCR-Safe-Harbour-Regelung (§§ 84 ff. MinStG) ermöglicht eine **Reduktion des Steuererhöhungsbetrags** (→ Rz. 151) **auf null Euro**, wenn auf Basis der Daten aus dem länderbezogenen Bericht (Country-by-Country-Reporting, **CbCR**) einer Unternehmensgruppe bestimmte Voraussetzungen insb. an das CbCR selbst erfüllt und mindestens einer der nachfolgend beschriebenen drei Tests für ein betrachtetes Steuerhoheitsgebiet bestanden werden:[1]

164

- De-Minimis-Test: Die Unternehmensgruppe weist in ihrem CbCR für das Steuerhoheitsgebiet weniger als 10 Mio. Euro Umsatzerlöse und weniger als 1 Mio. Euro Gewinn vor Steuern aus (§ 84 Abs. 1 Nr. 1 MinStG).
- Vereinfachter Effektivsteuersatz-Test: Der u.a. auf Basis der CbCR-Daten vereinfacht berechnete effektive Steuersatz übersteigt für das Steuerhoheitsgebiet einen sog. Übergangssteuersatz. Der Übergangssteuersatz beträgt 15 % in 2024, 16 % in 2025 bzw. 17 % in 2026 (§§ 84 Abs. 1 Nr. 2, 87 Nr. 6 MinStG).
- Routinegewinntest bzw. Substanztest: Der im CbCR ausgewiesene Gewinn oder Verlust vor Steuern für das Steuerhoheitsgebiet beläuft sich höchstens auf die Höhe des substanzbasierten Freibetrags. Bei dem substanzbasierten Freibetrag (§§ 58 ff. MinStG) handelt es sich um einen formelbasierten Freibetrag, der sich anhand des Werts der materiellen Wirtschaftsgüter und der Lohnkosten ermittelt.

Diese Vereinfachungsregelung gilt nur **für Geschäftsjahre, die am oder vor dem 31.12.2026 beginnen und vor dem 1.7.2028 enden,** und ist damit zeitlich begrenzt. Bei kalenderjahrgleichem Geschäftsjahr kommt somit die Anwendung der CbCR-Safe-Harbour-Regelung bis einschließlich dem Geschäftsjahr 2026 in Betracht.

Der CbCR-Safe-Harbour kann nur auf **Antrag** in Anspruch genommen werden. Stellt die Unternehmensgruppe für ein Geschäftsjahr keinen entsprechenden Antrag oder erfüllt sie für ein Geschäftsjahr nicht die Voraussetzungen, ist sie grundsätzlich für alle folgenden Geschäftsjahre von der Anwendung des CbCR-Safe-Harbours für das Steuerhoheitsgebiet ausgeschlossen.

> **Beratungshinweis:**
>
> Auch bei Inanspruchnahme der CbCR-Safe-Harbour-Regelung besteht die Pflicht zur Abgabe der **Mindeststeuer-Erklärung** und des **Mindeststeuer-Berichts**.[2] Erleichterungen hinsichtlich der Deklarationstiefe könnten gleichwohl noch im Wege einer Rechtsverordnung erlassen werden (§ 99 Abs. 3 MinStG).

cc) Sekundärergänzungssteuerbetrag-Safe-Harbour-Regelung

Im Rahmen des Sekundärergänzungssteuerbetrag-Safe-Harbours gem. § 89 MinStG wird auf Antrag für die Berechnung der Sekundärergänzungssteuer (→ Rz. 157) der Steuererhöhungsbetrag für den Belegenheitsstaat der obersten Muttergesellschaft (→ Rz. 144) auf null Euro reduziert, wenn der kombinierte **nominelle Körperschaftsteuersatz** in diesem Steuerhoheitsgebiet im jeweiligen Geschäftsjahr **mindestens 20 %** beträgt.

165

---

1) Vgl. hierzu Kußmaul/Linster/Nikolaus, BB 2023, 2592.
2) Vgl. hierzu Heckerodt/Rieck, BB 2023, 2583.

Diese Regelung gilt für Geschäftsjahre, die nicht mehr als zwölf Monate umfassen und am oder **vor dem 31.12.2025 beginnen und vor dem 31.12.2026 enden**.

> **Beratungshinweis:**
>
> Beantragt eine Unternehmensgruppe die Nutzung der Sekundärergänzungssteuerbetrag-Safe-Harbour-Regelung für ein Steuerhoheitsgebiet, ist eine **Inanspruchnahme des CbCR-Safe-Harbours** für dieses Steuerhoheitsgebiet für alle folgenden Geschäftsjahre nicht möglich.

4. Erklärungs- und Berichtspflichten

a) Mindeststeuererklärung

166 Die nach § 1 MinStG (im Inland) steuerpflichtigen Geschäftseinheiten haben gem. § 95 Abs. 1 MinStG für jedes Kalenderjahr in Deutschland eine **Steuererklärung** abzugeben und darin die Steuer selbst zu berechnen (**Steueranmeldung**). Diese Verpflichtung gilt ebenfalls für Jahre, in denen sich keine Mindeststeuer ergibt (Nullanmeldung). Liegt eine Mindeststeuergruppe (→ Rz. 144) vor, hat nur der **Gruppenträger** eine Steuererklärung abzugeben. Er ist in diesem Fall auch Inhaltsadressat der Steuerfestsetzung.

Die Steuererklärung ist nach amtlich vorgeschriebenem Datensatz elektronisch über die amtlich bestimmte Schnittstelle zu übermitteln. Örtlich zuständig ist das Finanzamt, das auch nach den allgemeinen Regelungen in § 20 AO zuständig ist. Besteht eine Mindeststeuergruppe (→ Rz. 144), handelt es sich hierbei um das für die Besteuerung des Einkommens des Gruppenträgers zuständige Finanzamt (§ 96 MinStG).

Die **Abgabe der Steuererklärungen** hat spätestens 15 Monate nach Ablauf des Geschäftsjahres zu erfolgen. Handelt es sich um das erste Geschäftsjahr, für das eine Steuererklärung abgegeben werden muss, hat die Übermittlung bis spätestens 18 Monate nach Ablauf des Geschäftsjahres zu erfolgen (§§ 95 Abs. 2, 75 Abs. 3 MinStG).

Die Steuer ist einen Monat nach Abgabe der Steuererklärung **fällig** und bis dahin zu entrichten. Wird die Mindeststeuer abweichend von der Steueranmeldung höher festgesetzt, ist der Unterschiedsbetrag einen Monat nach Bekanntgabe des Steuerbescheids fällig und bis dahin zu entrichten (§ 95 Abs. 1 MinStG).

b) Mindeststeuer-Bericht

167 Zusätzlich zu der Steuererklärung muss ein sog. **Mindeststeuer-Bericht** abgegeben werden (§ 75 MinStG), bei dem es sich jedoch verfahrensrechtlich nicht um eine Steuererklärung handelt.[1]

Dieser Bericht muss grundsätzlich von jeder nach § 1 MinStG steuerpflichtigen Geschäftseinheit abgegeben werden. Bei mehreren steuerpflichtigen Geschäftseinheiten einer Unternehmensgruppe im Inland kann eine dieser Geschäftseinheiten im Auftrag der übrigen Geschäftseinheiten den Mindeststeuer-Bericht übermitteln (§ 75 Abs. 1 MinStG). Ferner kann die Abgabeverpflichtung entfallen, wenn der Mindeststeuer-Bericht von der obersten Muttergesellschaft (→ Rz. 144) oder einer von ihr zur Übermittlung beauftragten Geschäftseinheit in ihrem jeweiligen Belegenheitsstaat abgegeben wurde (§ 75 Abs. 2 MinStG). Diese Befreiung von der Abgabeverpflichtung setzt allerdings das Bestehen einer wirksamen völkerrechtlichen Vereinbarung voraus, die für das Geschäftsjahr einen automatischen Austausch von Mindeststeuer-Berichten durch den jeweiligen Belegenheitsstaat mit der zuständigen deutschen Behörde vorsieht. Bislang sind solche Informationsaustauschabkommen noch nicht abgeschlossen worden.

---

1) Vgl. hierzu Heckerodt/Reick, BB 2023, 2583.

> **Anmerkung:**
> Nach § 5 MinStG ausgeschlossene Einheiten unterliegen nach der Gesetzesbegründung des Regierungsentwurfs zum MinStG keinen administrativen Verpflichtungen, wie der Abgabe der Mindeststeuererklärung oder dem Mindeststeuer-Bericht.[1]

Die elektronische Übermittlung des Mindeststeuer-Berichts an das BZSt hat spätestens **15 Monate nach Ablauf des Geschäftsjahrs** zu erfolgen. Abweichend hiervon hat die Übermittlung spätestens **18 Monate** nach Ablauf des Geschäftsjahrs zu erfolgen, für das erstmals für die Unternehmensgruppe ein Mindeststeuer-Bericht zu erstellen ist (§ 75 Abs. 3 MinStG).

Nach § 98 Abs. 1 MinStG stellen die vorsätzliche oder leichtfertige Nichtabgabe, die nicht vollständige Abgabe oder die nicht rechtzeitige Übermittlung des Mindeststeuer-Berichts **Ordnungswidrigkeiten** dar, die mit einem Bußgeld bis zu 30.000 Euro geahndet werden können.

> **Beratungshinweis:**
> Für eine Übergangszeit (d.h. für Geschäftsjahre, die am oder vor dem 31.12.2026 beginnen und vor dem 1.7.2028 enden; § 84 Abs. 1 MinStG) findet § 98 Abs. 1 MinStG keine Anwendung, wenn nachgewiesen wird, dass **angemessene Maßnahmen** ergriffen wurden, die eine nicht rechtzeitige oder nicht in vorgeschriebener Weise oder eine nicht richtige oder vollständige Übermittlung rechtfertigen (§ 101 Abs. 3 MinStG). Hierunter fallen etwa entsprechende Compliance-Systeme.[2]

Die **Inhalte des Mindeststeuer-Berichts** ergeben sich aus § 76 MinStG: In dem Bericht sind u.a. umfassende Informationen zur Struktur der Mindeststeuergruppe (→ Rz. 144) anzugeben sowie die notwendigen Angaben zur Berechnung des effektiven Steuersatzes, der Ergänzungssteuerbeträge für jede Geschäftseinheit und die Primär- bzw. ggf. Sekundärergänzungssteuerbeträge für jedes Steuerhoheitsgebiet.

II. Änderungen im Außensteuerrecht

1. Niedrigsteuerschwelle in der Hinzurechnungsbesteuerung

Werden passive Einkünfte einer ausländischen Zwischengesellschaft niedrig besteuert (§§ 7 ff. AStG), unterliegen sie nach § 10 AStG als Hinzurechnungsbetrag der inländischen Besteuerung.

168

Bislang ist von einer niedrigen Besteuerung auszugehen, wenn die passiven Einkünfte der ausländischen Gesellschaft mit weniger als 25 % Ertragsteuern belastet werden. Mit dem Mindestbesteuerungsrichtlinie-Umsetzungsgesetz vom 21.12.2023[3] wird diese Niedrigsteuerschwelle auf **15 %** abgesenkt (§ 8 Abs. 5 AStG).

> **Beratungshinweis:**
> Die neue Niedrigsteuerschwelle ist erstmals für den VZ anzuwenden, für den Zwischeneinkünfte hinzuzurechnen sind, die in einem nach dem 31.12.2023 endenden Wirtschaftsjahr der Zwischengesellschaft entstanden sind (§ 21 Abs. 6 AStG). Somit kommt diese **ab 2024** zur Anwendung.
>
> Neben der Niedrigsteuerschwelle der Hinzurechnungsbesteuerung wurde auch die Niedrigsteuerschwelle der **Lizenzschranke** (§ 4j EStG) von 25 % auf 15 % gesenkt. Auch diese kommt erstmals für Aufwendungen zur Anwendung, die nach dem 31.12.2023 entstehen (§ 52 Abs. 8b Satz 2 EStG).

2. Wegfall der Stundung der Wegzugsteuer in Altfällen

Nach der bis 30.6.2021 geltenden Fassung der Wegzugsbesteuerung nach § 6 AStG wurde die Wegzugsteuer im Fall des **Wegzugs** in einen EU-/EWR-Staat **vor dem**

169

---
1) BT-Drucks. 20/8668 v. 6.10.2023, 107.
2) BT-Drucks. 20/8668 v. 6.10.2023, 237.
3) Gesetz v. 21.12.2023, BGBl. I 2023 Nr. 397 v. 27.12.2023.

1.1.2022 zinslos und ohne Sicherheitsleistung gestundet (§ 6 Abs. 5 AStG a.F. i.V.m. § 21 Abs. 3 Satz 1 AStG). Bei vor dem 1.1.2022 erfolgtem Wegzug in einen Drittstaat war eine Stundung auf Antrag mit auf maximal fünf Jahre gestreckter Ratenzahlung vorgesehen (§ 6 Abs. 4 AStG a.F. i.V.m. § 21 Abs. 3 Satz 1 AStG).

Mit dem Mindestbesteuerungsrichtlinie-Umsetzungsgesetz vom 21.12.2023[1] wurde nun eine Regelung zum Wegfall dieser Stundungen eingeführt. Demnach ist die Stundung in den vorgenannten Altfällen zu widerrufen, **soweit nach dem 16.8.2023 Gewinnausschüttungen oder eine Einlagenrückgewähr erfolgen** und **soweit** deren gemeiner Wert insgesamt **mehr als 25 %** des gemeinen Werts der Anteile zum Wegzugszeitpunkt beträgt (§ 21 Abs. 3 Satz 2 Nr. 2 AStG).

> **Beratungshinweis:**
> Damit wird eine parallele Regelung zur aktuell anzuwendenden Wegzugsbesteuerung getroffen. Bei Wegzügen nach dem 31.12.2021 wird sowohl in EU-/EWR- als auch in Drittstaatsfällen auf Antrag eine Stundung mit auf sieben Jahren gestreckter Ratenzahlung unter Gestellung von Sicherheiten gewährt (§ 6 Abs. 4 Satz 1 AStG). Die noch nicht entrichtete Steuer ist allerdings bei Ereignissen nach § 6 Abs. 4 Satz 5 AStG innerhalb eines Monats fällig. Ein solches Ereignis gilt u.a. als vorliegend, soweit Gewinnausschüttungen oder eine Einlagerückgewähr erfolgen und soweit deren gemeiner Wert insgesamt mehr als 25 % des gemeinen Werts der Anteile beträgt (§ 6 Abs. 5 Satz 5 Nr. 5 AStG).

III. Verrechnungspreise

1. Änderungen bei der Vorlage von Verrechnungspreisdokumentationen

170 Verrechnungspreisdokumentationen sind bislang nur auf Verlangen der Finanzbehörde vorzulegen. Dabei soll die Vorlage im Regelfall nur zur Durchführung einer Außenprüfung verlangt werden, wobei eine Vorlagefrist von 60 Tagen vorgesehen ist (§ 90 Abs. 3 Sätze 5 bis 7 AO).

Mit dem sog. DAC7-UmsG[2] wurde geregelt, dass Finanzbehörden **jederzeit** die Vorlage von Aufzeichnungen nach § 90 Abs. 3 AO verlangen können, wobei die Vorlagefrist auf **30 Tage** verkürzt wurde (§ 90 Abs. 4 Satz 1 und 3 AO).

Im Fall einer Außenprüfung ist zudem kein gesondertes Verlangen zur Vorlage von Aufzeichnungen zur Verrechnungspreisdokumentation mehr erforderlich. Zur Beschleunigung der Außenprüfung ist vielmehr vorgesehen, dass die Aufzeichnungen ohne gesondertes Verlangen **innerhalb von 30 Tagen nach Bekanntgabe der Prüfungsanordnung** vorzulegen sind (§ 90 Abs. 4 Satz 2 und 3 AO). In begründeten Ausnahmefällen kann die 30-tägige Vorlagefrist allerdings verlängert werden (§ 90 Abs. 4 Satz 4 AO).

> **Anmerkung:**
> Die Neuregelung ist erstmals auf Steuern anwendbar, die nach dem 31.12.2024 entstehen. Zudem ist die Neuregelung aber auch für Steuern anzuwenden, die vor dem 1.1.2025 entstehen, wenn für diese Steuern nach dem 31.12.2024 eine Prüfungsanordnung bekanntgegeben wurde (Art. 97 § 37 Abs. 2, 3 EGAO).

2. Finanzierungsbeziehungen

171 Mit dem Wachstumschancengesetz, welches sich derzeit im Vermittlungsverfahren befindet, soll eine ergänzende Regelung für grenzüberschreitende Finanzierungsbeziehungen in einer multinationalen Unternehmensgruppe in § 1 Abs. 3d AStG-E eingefügt

---

1) Gesetz v. 21.12.2023, BGBl. I 2023 Nr. 397 v. 27.12.2023.
2) Gesetz v. 20.12.2022, BGBl. I 2022, 2730.

werden. Demnach soll es **nicht dem Fremdvergleichsgrundsatz entsprechen, wenn** ein aus einer solchen Finanzierungsbeziehung resultierender Aufwand die Einkünfte des im Inland Steuerpflichtigen gemindert hat und

– der Steuerpflichtige nicht glaubhaft machen kann, dass er den Kapitaldienst für die gesamte Laufzeit der Finanzierung von Anfang an hätte erbringen können, die Finanzierung wirtschaftlich notwendig ist und für den Unternehmenszweck verwendet wird oder

– soweit der zu entrichtende Zinssatz den Zinssatz übersteigt, zu dem sich die Unternehmensgruppe unter Zugrundelegung des Ratings für die Unternehmensgruppe gegenüber fremden Dritten finanzieren könnte. Sofern nachgewiesen werden kann, dass ein aus dem Unternehmensgruppenrating abgeleitetes Rating dem Fremdvergleichsgrundsatz entspricht, soll dieses bei der Bemessung des Zinssatzes berücksichtigt werden können.

Exemplarisch soll zudem definiert werden, was als Finanzierungsbeziehung gilt. Hierunter sollen insb. Darlehensverhältnisse sowie die Nutzung oder Bereitstellung von Fremdkapital und fremdkapitalähnlichen Instrumenten fallen.

Zudem soll geregelt werden, dass die **Vermittlung oder Weiterleitung von Finanzierungsbeziehungen** innerhalb der multinationalen Unternehmensgruppe regelmäßig als funktions- und risikoarme Dienstleistung zu bewerten ist (§ 1 Abs. 3e AStG-E). Hierunter sollen sowohl typische „Treasury"-Funktionen der Unternehmensgruppe als auch das sog. Cash Pooling fallen. Allerdings soll möglich sein, durch eine Funktions- und Risikoanalyse nachzuweisen, dass keine funktions- und risikoarme Dienstleistung vorliegt.

> **Anmerkung:**
> Die Regelungen sollen erstmals für den VZ bzw. EZ 2024 zur Anwendung kommen (§ 21 Abs. 1a AStG-E). Zunächst bleibt aber abzuwarten, ob diese Regelungen tatsächlich Gesetzeskraft erlangen.

3. Vereinfachte Preisbildung für Routinevertriebstätigkeiten

Mit der Veröffentlichung eines Konsultationspapiers zu Amount B[1] als eines der Bestandteile des Maßnahmenpakets Pillar I beabsichtigt die OECD die Vereinfachung und Vereinheitlichung der Verrechnungspreisregeln für bestimmte Kernvertriebsaktivitäten.

Der darin vorgeschlagene Ansatz soll für **alle Unternehmensgruppen mit grenzüberschreitenden Vertriebsfunktionen** greifen und an keine Umsatz- und Profitabilitätsanforderungen geknüpft sein. Daher wäre eine große Zahl von Steuerpflichtigen und somit auch der Mittelstand von dem Amount-B-Regelwerk betroffen.

Das Amount-B-Konzept soll die Verrechnungspreisbestimmung von **Routinevertriebseinheiten** im Konzern („baseline marketing" und „distribution activities") vereinfachen und vereinheitlichen, indem entsprechende Anpassungen in den OECD Transfer Pricing Guidelines vorgenommen werden. Dazu soll die standardisierte Vergütung entsprechend dem Amount-B-Konzept vorrangig auf den (Großhandels-)Vertrieb von Waren anwendbar sein. In den Geltungsbereich des Amount B sollen die folgenden konzerninternen Geschäftsbeziehungen fallen:

– der Kauf/Verkauf von Fertigwaren (Großhandel) an fremde Dritte,
– die Tätigkeiten eines Handelsvertreters oder Kommissionärs, die zum Großhandel der Waren führen.

---

[1] OECD, Public consultation document: Pillar One – Amount B v. 17.7.2023, abrufbar unter https://www.oecd.org/tax/beps/public-consultation-document-pillar-one-amount-b-2023.pdf.

Eine Anwendung auf Rohstoffe und Dienstleistungen ist nach derzeitigem Stand hingegen ausgeschlossen. Auch zusätzliche wirtschaftlich bedeutsame Tätigkeiten soll die Vertriebsgesellschaft nur ausüben können, wenn diese klar abgrenzbar sind. Als zusätzliche Voraussetzung ist die Einhaltung bestimmter Kennzahlen vorgesehen.

Erfüllt die Vertriebsgesellschaft diese Anforderungen, sollen die Verrechnungspreise mittels der geschäftsvorfallbezogenen **Nettomargenmethode und der EBIT-Marge als Vergleichskennzahl** gebildet werden. Hierzu gibt die OECD eine Preismatrix vor, die abhängig von Branche und ökonomischer Kennziffer (Anlage- und Kostenintensität) eine EBIT-Marge zwischen 1,5 % und 5,5 % ermittelt. Eine Anpassung der Matrix unter Berücksichtigung von individuellen Länderrisiken ist ebenfalls vorgesehen.

> **Anmerkung:**
> Der finale Bericht der OECD zu Amount B wurde für Ende 2023 erwartet, liegt bislang aber noch nicht vor. Die geplanten Maßnahmen könnten nach der Berichtsveröffentlichung in die OECD Transfer Pricing Guidelines aufgenommen werden. Derzeit wird über einen Implementierungsplan und den Zeitpunkt der erstmaligen Anwendung diskutiert. Ob es sich dabei um eine verbindliche Anwendung handelt, oder ob die Umsetzung der Maßnahmen den Steuerpflichtigen freistehen wird, ist bislang noch offen. Unternehmen sollten die Entwicklungen daher genau verfolgen und entsprechende Vorbereitungshandlungen treffen.

IV. Quellensteuer – Freigrenze bei Rechteüberlassungen

173 Die Freigrenze, bis zu der kein Quellensteuereinbehalt durch den Vergütungsschuldner von beschränkt steuerpflichtigen Einkünften aus der Überlassung von Rechten vorzunehmen ist, beträgt derzeit 5.000 Euro. Diese soll mit dem Wachstumschancengesetz, das sich derzeit im Vermittlungsverfahren befindet, auf **10.000 Euro** erhöht werden. Es bleibt abzuwarten, ob die Regelung wie im Wachstumschancengesetz vorgesehen, für Vergütungen nach dem 31.12.2023 Anwendung finden wird (§ 50c Abs. 2 Satz 1 Nr. 2, § 52 Abs. 47a Satz 2 EStG-E).

V. Offenlegung von Ertragsteuerinformationen

174 Mit dem Gesetz zur Umsetzung der Richtlinie (EU) 2021/2101 im Hinblick auf die Offenlegung von Ertragsteuerinformationen durch bestimmte Unternehmen und Zweigniederlassungen sowie zur Änderung des Verbraucherstreitbeilegungsgesetzes und des Pflichtversicherungsgesetzes[1] wurde das sog. public Country by Country-Reporting in deutsches Recht übertragen.

Die Regelungen, die insb. im Handelsbilanzrecht und dort in §§ 342 bis 342p HGB vorgenommen wurden und die Einführung eines sog. Ertragsteuerinformationsberichts vorsehen, sind **erstmals für ein nach dem 21.6.2024 beginnendes Geschäftsjahr** anzuwenden (→ Rz. 189 ff.).

> **Anmerkung:**
> Damit wird im Fall eines kalenderjahrgleichen Geschäftsjahrs erstmals ab dem Geschäftsjahr 2025 ein Ertragsteuerinformationsbericht offenzulegen sein. Bei abweichendem Geschäftsjahr kann diese Pflicht bereits für das Geschäftsjahr 2024/2025 bestehen, sofern das Jahr nach dem 21.6.2024 beginnt.

VI. Informationsaustausch zu Kryptowerten

175 Am 17.10.2023 hat der Rat der EU die Richtlinie zur Änderung der EU-Vorschriften über die Zusammenarbeit der Verwaltungsbehörden im Bereich der Besteuerung

---
[1] Gesetz v. 19.6.2023, BGBl. I 2023 Nr. 154.

(DAC 8) formell angenommen. Mit der Änderung wird der automatische Informationsaustausch auf Kryptowerte und auf Vorbescheide für vermögende Einzelpersonen ausgeweitet.

Ziel der Richtlinie ist es, insb. die durch den dezentralen Charakter von Kryptowerten entstandene „Nachverfolgungslücke" zu schließen. Zu diesem Zweck wird der **Anwendungsbereich der Registrierungs- und Meldepflichten** sowie die **allgemeine Zusammenarbeit der Steuerbehörden ausgeweitet**.

Im Kern sollen Anbieter von Kryptodienstleistungen künftig einer Meldepflicht für Transaktionen von Kryptowerten und E-Geld unterliegen. Die gemeldeten Daten sollen den Mitgliedstaaten im Rahmen des automatischen Informationsaustauschs zu Verfügung stehen, um die Einhaltung der Steuervorschriften sicherzustellen.

> **Anmerkung:**
> Die Vorgaben der Richtlinie sind von den Mitgliedstaaten grundsätzlich bis zum 31.12.2025 in nationales Recht umzusetzen und ab dem 1.1.2026 anzuwenden.

E. Immobilienbesteuerung

I. Gebäudeabschreibung

1. Neue degressive Abschreibung für Wohngebäude

Mit dem Wachstumschancengesetz, das noch im Vermittlungsausschuss verhandelt wird, soll eine neue, zeitlich befristet anwendbare degressive Abschreibung i.H.v. **6 % vom jeweiligen Restbuchwert** für in der EU bzw. EWR belegene Gebäude, soweit sie Wohnzwecken dienen, eingeführt werden. **176**

Die Abschreibung soll für Wohngebäude in Anspruch genommen werden können, deren Herstellung **nach dem 30.9.2023 und vor dem 1.10.2029 begonnen** hat bzw. die in diesem Zeitraum mit rechtswirksam abgeschlossenem obligatorischem Vertrag angeschafft wurden (§ 7 Abs. 5a Satz 1 EStG-E). Als Beginn der Herstellung soll das Datum der – ggf. freiwillig erfolgten – Baubeginnsanzeige gelten (§ 7 Abs. 5a Satz 2 und 3 EStG-E).

> **Anmerkung:**
> Da die beabsichtigte Neuregelung die Schaffung von zusätzlichem Wohnraum fördern soll, soll im Fall der Anschaffung des Gebäudes die Regelung nur zur Anwendung kommen, wenn die Anschaffung bis zum Ende des Jahres der Fertigstellung des Gebäudes erfolgt.

Im Jahr der Anschaffung oder Herstellung des Gebäudes soll die Abschreibung nur zeitanteilig möglich sein (§ 7 Abs. 5a Satz 5 EStG-E). Bei Inanspruchnahme der degressiven Abschreibung soll eine gleichzeitige Inanspruchnahme der Absetzungen für außergewöhnliche technische oder wirtschaftliche Abnutzung nicht zulässig sein (§ 7 Abs. 5a Satz 6 EStG-E). Eine Inanspruchnahme neben der Sonderabschreibung für Mietwohnungsneubau (§ 7b EStG) ist allerdings explizit vorgesehen (§ 7b Abs. 1 Satz 1 EStG-E).

Ein Übergang zur linearen Abschreibung soll jederzeit möglich sein und erfolgt dann basierend auf dem Restwert und dem unter Berücksichtigung der Restnutzungsdauer maßgebenden Prozentsatz (§ 7 Abs. 5a Satz 7 EStG-E).

2. Sonderabschreibung für Mietwohnungsneubau

177 Die bestehende Regelung zur Sonderabschreibung für Mietwohnungsneubau soll über einen zwei Jahre verlängerten Zeitraum anwendbar sein. Im Wachstumschancengesetz, das derzeit im Vermittlungsausschuss verhandelt wird, ist vorgesehen, die Inanspruchnahme auf Baumaßnahmen auf Grund eines **vor dem 1.10.2029** (anstatt 1.1.2027) gestellten Bauantrags zu ermöglichen (§ 7b Abs. 2 Satz 1 Nr. 1 und 2 EStG-E).

Zudem soll die Inanspruchnahme der Sonderabschreibung aufgrund eines nach dem 31.12.2022 und vor dem 1.10.2029 (anstelle 1.1.2027) gestellten Bauantrags möglich sein, wenn die Anschaffungs- oder Herstellungskosten **5.200 Euro** (statt 4.800 Euro) pro Quadratmeter Wohnfläche nicht übersteigen (§ 7b Abs. 2 Satz 2 Nr. 2 EStG-E).

Schließlich soll auch die Deckelung der Bemessungsgrundlage pro Quadratmeter Wohnfläche in den vorgenannten Fällen von bislang 2.500 Euro auf **4.000 Euro** angehoben werden (§ 7b Abs. 3 Nr. 2 EStG-E).

II. Für Steuerbegünstigungen unschädliche Einnahmen aus Strom

1. Körperschaftsteuerbefreiung von Wohnungsgenossenschaften und -vereinen

178 Wohnungsgenossenschaften und -vereine sind auch dann von der Körperschaftsteuer befreit, wenn ihre übrigen, nicht im Befreiungstatbestand als begünstigt aufgeführten Einnahmen die Unschädlichkeitsgrenze von 10 % der Gesamteinnahmen nicht übersteigen. Erzielen diese Unternehmen Einnahmen aus Stromlieferungen aus Mieterstromanlagen, erhöht sich die Unschädlichkeitsgrenze bislang auf 20 %. Diese **Unschädlichkeitsgrenze** soll **30 %** der Gesamteinnahmen betragen (§ 5 Abs. 1 Nr. 10 Satz 3 KStG-E). Eine entsprechende Änderung ist mit dem Wachstumschancengesetz vorgesehen, dass sich derzeit im Vermittlungsverfahren befindet.

2. Erweiterte gewerbesteuerliche Grundstückskürzung

179 Ferner soll ebenso im Hinblick auf die **erweiterte gewerbesteuerliche Grundstückskürzung** die Unschädlichkeitsgrenze für bestimmte Einnahmen aus der Lieferung von Strom von 10 % auf **20 %** ab dem EZ 2023 angehoben werden (§ 9 Nr. 1 Satz 3 Buchst. b GewStG-E).

> **Anmerkung:**
> Die Regelungen ist im Wachstumschancengesetz vorgesehen, das sich derzeit noch im Vermittlungsverfahren befindet, so dass abzuwarten bleibt, ob und mit welcher Anwendungsregelung die Änderung Gesetzeskraft erlangt.

F. Besteuerung von Privatpersonen

I. Überschusseinkünfte

1. Freigrenze bei Einnahmen aus Vermietung und Verpachtung

180 Zur Reduzierung von Bürokratieaufwand sollen laut dem Wachstumschancengesetz, das sich derzeit im Vermittlungsverfahren befindet, Einnahmen aus Vermietung und Verpachtung ab dem VZ 2024 steuerfrei bleiben, sofern die Einnahmen **weniger als 1.000 Euro** im VZ betragen. Von der Anwendung dieser Freigrenzenregelung soll jedoch auf Antrag Abstand genommen werden können, wenn die in unmittelbarem wirtschaftlichen Zusammenhang stehenden Ausgaben die Einnahmen übersteigen (§ 3 Nr. 73 EStG-E).

2. Vermeidung einer doppelten Besteuerung von Renten

Der Besteuerungsanteil von Renten ab der Rentenkohorte 2023 soll statt einem Prozentpunkt **nur noch um einen halben Prozentpunkt steigen**. Damit würden Leibrenten und andere Leistungen aus der Basisversorgung nicht bereits ab der Kohorte 2040, sondern erst ab der Kohorte 2058 vollständig der Besteuerung unterliegen (§ 22 Nr. 1 Satz 3 Buchst. a Doppelbuchst. aa Satz 3 EStG-E).

181

> **Anmerkung:**
> Mit dieser im Wachstumschancengesetz vorgesehenen Änderung, die mit Gesetzesverkündung in Kraft treten soll, reagiert der Gesetzgeber auf die Kritik des BFH, der für künftige Rentenkohorten eine etwaige Doppelbesteuerung nicht ausschließt.[1)] Derzeit befindet sich das Wachstumschancengesetz im Vermittlungsverfahren, so dass abzuwarten bleibt, ob die Änderung umgesetzt oder – wie teilweise gefordert – eine umfassende Anpassung vorgenommen wird.

Entsprechend der Verlangsamung des Anstiegs des Besteuerungsanteils von Renten soll auch der **Versorgungsfreibetrag** und der Zuschlag zum Versorgungsfreibetrag bei Versorgungsbezügen langsamer abschmelzen und erst ab 2058 entfallen (§ 19 Abs. 2 Satz 3 EStG-E). Zudem ist auch ein verlangsamtes Abschmelzen des **Altersentlastungsbetrags** vorgesehen (§ 24a Satz 5 EStG-E).

3. Anhebung der Freigrenze für sonstige Einkünfte

Gewinne aus privaten Veräußerungsgeschäften bleiben steuerfrei, wenn sie im Kalenderjahr weniger als 600 Euro betragen. Diese Freigrenze soll ab dem VZ 2024 auf **1.000 Euro** angehoben werden (§ 23 Abs. 3 Satz 5 EStG-E). Eine entsprechende Anhebung der Freigrenze ist im Wachstumschancengesetz vorgesehen, das sich derzeit im Vermittlungsverfahren befindet.

182

4. Verzicht auf die Besteuerung der Dezemberhilfe 2022

Bislang war vorgesehen, dass die einmalige Entlastung durch die Gas- bzw. Wärmepreisbremse (sog. Dezemberhilfe 2022) als sonstige Einkünfte zu erfassen ist, soweit sie nicht bereits zu einer anderen Einkunftsart gehört.

183

Da aber ein automatisiertes Kontrollmitteilungsverfahren aus rechtlichen und technischen Gründen nicht verfügbar ist und der Steuervollzug einen erheblichen personellen Aufwand hervorrufen würde, wird auf die Besteuerung der Dezemberhilfe 2022 verzichtet. §§ 123 bis 126 EStG werden mit dem Kreditzweitmarktförderungsgesetz vom 22.12.2023[2)] **rückwirkend aufgehoben**, so dass die Besteuerung der Dezemberhilfe 2022 als sonstige Einkünfte vollständig entfällt.

> **Beratungshinweis:**
> Bezieher von Dezemberhilfe 2022, die diese im Rahmen der anderen Einkünfte erhalten, haben die erhaltene Entlastung im Rahmen dieser Einkünfte weiterhin der Besteuerung zu unterwerfen.

5. Anhebung der Einkünftegrenze für Aufbewahrungspflichten

Steuerpflichtige, die Überschusseinkünfte von mehr als 500.000 Euro im Kalenderjahr erzielen, unterliegen Aufbewahrungspflichten nach § 147a AO. Die Einkünftegrenze soll mit Wirkung **ab dem VZ 2027 auf 750.000 Euro** angehoben werden (§ 147a Abs. 1 AO-E, Art. 97 § 40 Satz 1 EGAO-E). Die Änderung ist im Wachstumschancengesetz vorgesehen, das sich derzeit im Vermittlungsverfahren befindet.

184

---

1) BFH v. 19.5.2021, X R 20/19, HFR 2021, 659, und X R 33/19, HFR 2021, 648.
2) Gesetz v. 22.12.2023, BGBl. I 2023 Nr. 411 v. 29.12.2023.

Steuerpflichtige, die bis zum VZ 2026 die bisher geltende Einkünftegrenze von 500.000 Euro, nicht aber die ab 2027 vorgesehene Einkünftegrenze von 750.000 Euro übersteigen, sollen bis zum Auslaufen der Aufbewahrungspflicht nach § 147a Abs. 1 Satz 4 AO weiter zur Aufbewahrung verpflichtet sein. Die Verpflichtung endet für diese somit mit Ablauf des fünften aufeinanderfolgenden Kalenderjahres, in dem die neue Einkünftegrenze nicht erfüllt wird (Art. 97 § 40 Satz 2 EGAO-E).

II. Einkommensteuertarif

1. Grundfreibetrag

185 Mit dem Inflationsausgleichsgesetz[1] wurde der Grundfreibetrag (§ 32a EStG) bereits zum 1.1.2023 auf 10.632 Euro (zuvor 10.347 Euro) angehoben und wird nochmals mit Wirkung **ab 1.1.2024 auf 10.932 Euro erhöht**.

2. Tarifeckwerte

186 Ebenso mit dem Inflationsausgleichsgesetz[2] wurden die Tarifeckwerte des Einkommensteuertarifs nach rechts verschoben. So greift für den VZ 2023 der Spitzensteuersatz von 42 % ab einem zu versteuernden Einkommen von **62.810 Euro** (zuvor 58.597 Euro). Für den **VZ 2024** ist der **Spitzensteuersatz ab einem zu versteuernden Einkommen von 66.761 Euro** anzuwenden.

> **Anmerkung:**
> Weder für den VZ 2023 noch für den VZ 2024 wurde jedoch der Betrag, ab dem die sog. „Reichensteuer" (45 %) zu zahlen ist, verändert. Ungeachtet der Modifikationen der Tarifeckwerte fällt somit die „Reichensteuer" auf das zu versteuernde Einkommen ab 277.826 Euro an.

III. Solidaritätszuschlag

187 Die Freigrenze für den Solidaritätszuschlag wurde mit dem Inflationsausgleichsgesetz[3] bereits für den VZ 2023 von zuvor 16.956 Euro (bei zusammenveranlagten Steuerpflichtigen 33.912 Euro) auf 17.543 Euro (bzw. 35.086 Euro) angehoben. Nach einer mit diesem Gesetz beschlossenen weiteren Erhöhung gilt **ab 2024** eine **Freigrenze von 18.130 Euro** (bzw. 36.260 Euro).

> **Anmerkung:**
> Übersteigt die festgesetzte Einkommensteuer die vorgenannte Freigrenze nicht, ist kein Solidaritätszuschlag zu entrichten. Wird die Freigrenze überschritten, bewirkt § 4 SolZG innerhalb eines Übergangsbereichs eine gewisse Steuerentlastung.

G. Wirtschaftsprüfung

I. Jahres- und Konzernabschlussprüfung: Anhebung der Schwellenwerte für die Größenklassen von Unternehmen und Konzernen

188 Am 13.9.2023 hat der Mitarbeiterstab der Europäischen Kommission vorgeschlagen, die Schwellenwerte für die monetären Größenmerkmale Bilanzsumme und Nettoumsatzerlöse zeitnah um grundsätzlich 25 % anzuheben. Am 17.10.2023 hat die Europäische Kommission den Vorschlag in leicht geänderter Fassung angenommen.

---

1) Gesetz v. 8.12.2022, BGBl. I 2022, 2230 = BStBl I 2023, 3.
2) Gesetz v. 8.12.2022, BGBl. I 2022, 2230 = BStBl I 2023, 3.
3) Gesetz v. 8.12.2022, BGBl. I 2022, 2230 = BStBl I 2023, 3.

Nach Art. 3 Abs. 13 der Rechnungslegungsrichtlinie muss die Europäische Kommission die **monetären Kriterien alle fünf Jahre überprüfen** und ggf. im Wege von delegierten Rechtsakten inflationsbedingt bereinigen. Die Schwellenwerte wurden zuletzt im Jahr 2013 angepasst.

Im Zehnjahreszeitraum vom 1.1.2013 bis 31.3.2023 betrug die kumulierte Inflationsrate im Euro-Währungsgebiet 24,3 %, während sie in der EU-27 bei 27,2 % lag.[1] Die Erhöhung der monetären Schwellenwerte in den §§ 267, 267a und 293 HGB erscheint vor diesem Hintergrund seit einiger Zeit überfällig.

> **Anmerkung:**
> Die monetären Größenmerkmale Bilanzsumme und Nettoumsatzerlöse sind neben der durchschnittlichen Zahl der Arbeitnehmer maßgeblich für die **Einstufung von haftungsbeschränkten Unternehmen** als kleinst, klein, mittelgroß und groß bzw. für die Bestimmung der Konzernrechnungspflicht. Die Anhebung der Schwellenwerte für monetäre Größenmerkmale soll der eingetretenen Geldentwertung Rechnung tragen und verhindern, dass insb. Kleinst- und Kleinunternehmen aufgrund der Inflation unwillentlich den für größere Unternehmen geltenden strengeren Rechnungslegungsvorschriften unterworfen werden.

Die angehobenen Schwellenwerte sollen erstmals auf Abschlüsse für Geschäftsjahre anzuwenden sein, die nach dem 31.12.2023 beginnen. Abweichend vom Vorschlag des Mitarbeiterstabs der Europäischen Kommission vom 13.9.2023 sieht der Vorschlag der Europäischen Kommission vom 17.10.2023 nun vor, dass die EU-Mitgliedstaaten eine **Anwendung der angehobenen Schwellenwerte** bereits auf **Abschlüsse für Geschäftsjahre** gestatten können, die **am oder nach dem 1.1.2023** beginnen (d.h. im Falle eines kalenderjahrgleichen Geschäftsjahres bereits erstmals auf Abschlüsse für 2023). Der delegierte Rechtsakt der EU Kommission ist am 21.12.23 im Amtsblatt der EU veröffentlicht worden und drei Tage später – und somit am 24.12.2023 – in Kraft getreten. Dieser ist im Anschluss von den EU-Mitgliedstatten innerhalb von zwölf Monaten umzusetzen.

Die Europäische Kommission hebt die in der Bilanzrichtlinie genannten monetären Schwellenwerte auf die folgenden Werte an:

	Kleinstunternehmen	Kleine Unternehmen	Mittelgroße Unternehmen	Große Unternehmen
Bilanzsumme	≤ 450.000 Euro)	≤ 7,5 Mio. Euro	≤ 25 Mio. Euro	> 25 Mio. Euro
	(bisher: ≤ 350.000 Euro)	(bisher: ≤ 6,0 Mio. Euro)	(bisher: ≤ 20 Mio. Euro)	(bisher: > 20 Mio. Euro)
Umsatzerlöse	≤ 900.000 Euro	≤ 15 Mio. Euro	≤ 50 Mio. Euro	> 50 Mio. Euro
	(bisher: ≤ 700.000 Euro)	(bisher: ≤ 12 Mio. Euro)	(bisher: ≤ 40 Mio. Euro)	(bisher: > 40 Mio. Euro)
Mitarbeiter	≤ 10 (unverändert)	≤ 50 (unverändert)	≤ 250 (unverändert)	> 250 (unverändert)

Bislang hat Deutschland das Mitgliedstaatenwahlrecht genutzt und die Schwellenwerte jeweils am oberen Ende des Spektrums festgelegt.

Für die **Konzernrechnungslegung** sind die **Schwellenwerte für große Unternehmen im konsolidierten Fall** relevant. Im nichtkonsolidierten Fall sind die Schwellenwerte um 20 % höher.

Das Bundesministerium der Justiz hat am 22.12.2023 eine Formulierungshilfe zur Umsetzung der Richtlinie in deutsches Recht veröffentlicht. Ziel des Entwurfs ist es,

---

[1] Eurostat, alle Positionen, Harmonisierter Verbraucherpreisindex (HVPI), monatlicher Index – 2015 Basis 100 (Online-Datencode: PRC_HICP_MIDX).

sämtliche Spielräume, die die Delegierte Richtlinie 2023/2775 der Europäischen Kommission vom 17.10.2023 zur Entlastung der Unternehmen bietet, umzusetzen.

Der Entwurf sieht vor, dass die Schwellenwerte (Umsatzerlöse und Bilanzsumme) zur Bestimmung der Größenklassen nach § 267 HGB und § 293 HGB um jeweils ca. 25 % angehoben werden. Auch die Schwellenwerte nach § 267a HGB werden angehoben.

Neben der Erhöhung der Schwellenwerte soll den Unternehmen ein Wahlrecht eingeräumt werden, die neuen Schwellenwerte bereits auf (Konzern-)Abschlüsse und (Konzern-)Lageberichte anzuwenden, die nach dem 31.12.2022 beginnen. Wird das Wahlrecht nicht in Anspruch genommen, sind die neuen Schwellenwerte erstmals für Geschäftsjahre anzuwenden, die nach dem 31.12.2023 beginnen.

Der Formulierungsvorschlag enthält zudem in der Begründung einen klarstellenden Hinweis, wonach für Zwecke des Zweijahresvergleichs auch für den früheren Abschlussstichtag bereits die angehobenen monetären Schwellenwerte zugrunde gelegt werden dürfen.

> **Beratungshinweis:**
>
> Zu beachten ist, dass die neuen Schwellenwerte ggf. rückwirkend bereits ab 2023 gelten. Eine Erhöhung der Schwellenwerte kann dazu führen, dass nach den bisherigen Größenkriterien mittelgroße Unternehmen aus der **Prüfungspflicht** herausfallen. Auch große Unternehmen, die bislang ab dem 1.1.2025 den Vorschriften zur **Nachhaltigkeitsberichterstattung** unterliegen, könnten hiervon als nunmehr mittelgroße Unternehmen wieder befreit sein.

II. Ertragsteuerinformationsbericht: Public Country by Country Reporting

1. Entwicklung

189 Die Richtlinie des Europäischen Parlaments und des Rates im Hinblick auf die **Offenlegung von Ertragsteuerinformationen** durch bestimmte Unternehmen und Zweigniederlassungen wurde Ende des Jahres 2021 amtlich veröffentlicht. Die Bundesregierung beschloss am 7.12.2022 den Entwurf eines Gesetzes zur Umsetzung der Richtlinie (EU) 2021/2101 im Hinblick auf die Offenlegung von Ertragsteuerinformationen durch bestimmte Unternehmen und Zweigniederlassungen sowie zur Änderung des Verbraucherstreitbeilegungsgesetzes und des Pflichtversicherungsgesetzes. Konkret ging es im Wesentlichen um die Einführung eines sog. Public Country by Country Reporting (kurz: Public CbCR). Mit dem Gesetz sollte in erster Linie die Richtlinie (EU) 2021/2101 zur Änderung der Richtlinie 2013/34/EU im Hinblick auf die Offenlegung von Ertragsteuerinformationen durch bestimmte Unternehmen und Zweigniederlassungen umgesetzt werden. Durch das Umsetzungsgesetz vom 19.6.2023[1] wurde der Vierte Abschnitt des Dritten Buchs des HGB um einen neuen Unterabschnitt ergänzt, in dem die Pflichten zur Erstellung (§§ 342b bis 342f HGB) und zur Offenlegung (§ 342m bis 342n HGB), die Vorgaben zu Inhalt und Form (§§ 342g bis 342l HGB) und die Sanktionsvorschriften (§§ 342o bis 342p HGB) für das Public Country by Country Reporting enthalten sind. Die Änderungen sind am Tag nach deren Verkündung – und damit am 22.6.2023 – in Kraft getreten.

> **Anmerkung:**
>
> Das Public Country by Country Reporting soll Ertragsteuerinformationen multinationaler umsatzstarker Unternehmen und Konzerne, die in der EU entweder ansässig sind oder aber Tochterunternehmen oder Zweigniederlassungen einer bestimmten Größe haben, transparent machen. Die Offenlegung der Ertragsteuerinformationen ermöglicht daneben eine öffentliche Debatte, ob Unternehmen ihren Beitrag zum Gemeinwohl auch dort leisten, wo sie tätig sind.

---

[1] BGBl. I 2023 Nr. 154 v. 21.6.2023.

In Deutschland kommen die Vorgaben für die Ertragsteuerinformationsberichterstattung für alle **nach dem 21.6.2024 beginnende Geschäftsjahre** zur Anwendung. Das erste Anwendungsjahr ist damit bei kalenderjahrgleichem Geschäftsjahr das am 1.1.2025 beginnende Geschäftsjahr, bei abweichendem Geschäftsjahr erfolgt die Anwendung ab dem Geschäftsjahr 2024/2025 (falls nach dem 21.6.2024 beginnend) bzw. ab dem Geschäftsjahr 2025/2026.

> **Anmerkung:**
>
> Bei kalendergleichem Geschäftsjahr bedeutet dies, dass erstmals 2026 für das Geschäftsjahr 2025 ein Ertragsteuerinformationsbericht (EIB) zu erstellen und offenzulegen ist. Der Abschlussprüfer muss über die Prüfung im Bestätigungsvermerk zum Jahresabschluss für das Geschäftsjahr 2026 berichten.

2. Betroffene Unternehmen

Im Inland ansässige konzernunverbundene Unternehmen und **oberste Mutterunternehmen** sind verpflichtet, einen Ertragsteuerinformationsbericht zu erstellen und offenzulegen, wenn die Umsatzerlöse bzw. Konzernumsatzerlöse in zwei aufeinander folgenden Geschäftsjahren weltweit jeweils 750 Mio. Euro übersteigen (§ 342b Abs. 1 HGB, § 342c Abs. 1 HGB). Dem Public CbCR unterliegen nur Kapitalgesellschaften und haftungsbeschränkte Personenhandelsgesellschaften (§ 342 Abs. 1 HGB). **190**

Bei **außerhalb der EU ansässigen konzernunverbundenen Unternehmen** und **außerhalb der EU ansässigen obersten Mutterunternehmen**, die vergleichbar umsatzstark sind und die im Inland über ein mittelgroßes oder großes Tochterunternehmen bzw. eine hinreichend große Zweigniederlassung tätig sind (Umsatzerlöse in zwei aufeinanderfolgenden Geschäftsjahren von mindestens 12 Mio. Euro), soll das Public CbCR von jenem Tochterunternehmen bzw. jener Zweigniederlassung beschafft und lokal offengelegt werden (§ 342d Abs. 1 HGB, § 342e Abs. 1 HGB, § 342f Abs. 1 HGB).

> **Anmerkung:**
>
> Es wird geschätzt, dass rund 500 inländische Mutterunternehmen, rund 50 inländische Tochterunternehmen und rund 50 inländische Zweigniederlassungen verbundener Unternehmen den EIB-Pflichten unterliegen, unverbundene Unternehmen bzw. deren Zweigniederlassungen dagegen nur selten.

3. Inhalt des Ertragsteuerinformationsberichts

Die im Ertragsteuerinformationsbericht einer breiten Öffentlichkeit zugänglich zu machenden Informationen umfassen (§ 342h Abs. 2 HGB): **191**

- Name des unverbundenen Unternehmens bzw. des obersten Mutterunternehmens sowie Namen der in den Konzernabschluss einbezogenen Tochterunternehmen mit Sitz in einem EU-Mitgliedstaat oder einer Steueroase,
- Je EU-Mitgliedstaat bzw. Steueroase laut EU-Blacklist bzw. EU-Greylist:
  - kurze Beschreibung der Art der Geschäftstätigkeiten
  - Zahl der Arbeitnehmer
  - Erträge
  - Gewinn/Verlust vor Ertragsteuern
  - für den Berichtszeitraum zu zahlende und die in diesem Zeitraum gezahlte Ertragsteuer
  - Betrag der einbehaltenen Gewinne.

Die vorgenannten Angaben sollen jeweils getrennt für jeden EU-Mitgliedstaat, für jedes Steuerhoheitsgebiet, das nach der EU-Liste als nicht kooperativ eingestuft wurde, sowie für die anderen Steuerhoheitsgebiete zusammengefasst ausgewiesen werden (§ 342i Abs. 1 HGB).

> **Anmerkung:**
> Folgende bilanzrechtliche Vorgaben sind einzuhalten:
> - Zahl der Arbeitnehmer ist in Vollzeitäquivalenten auf Basis des Durchschnitts der im Berichtszeitraum beschäftigten Personen zu bestimmen.
> - Erträge umfassen alle Ertragsposten bzw. Erträge nach den Rechnungslegungsgrundsätzen, nach denen der Jahresabschluss aufgestellt wurde, mit Ausnahme der Posten „Bestandsveränderung" und „andere aktivierte Eigenleistungen" bei der Anwendung des Gesamtkostenverfahrens sowie der von verbundenen Unternehmen erhaltenen Dividenden.
> - Gewinn/Verlust vor Ertragsteuern ist in Anwendung der Rechnungslegungsgrundätze zu bestimmen, auf deren Grundlage der Jahresabschluss für den Berichtszeitraum aufgestellt wird.
> - Die zu zahlende Ertragsteuer entspricht dem laufenden Steueraufwand auf zu versteuernde Gewinne oder Verluste im Berichtszeitraum ohne den latenten Steueraufwand.
> - Die gezahlte Ertragsteuer umfasst alle im Berichtszeitraum entrichteten Ertragsteuern und schließt Quellensteuern ein, die von verbundenen Unternehmen in Bezug auf Zahlungen an das einzubeziehende Unternehmen entrichtet wurden.
> - Die einbehaltenen Gewinne umfassen die Gewinne vergangener Geschäftsjahre und den laufenden Gewinn, für die noch keine Gewinnausschüttung beschlossen wurde.

Betroffene Unternehmen müssen nach § 342k Abs. 1 HGB ausnahmsweise bestimmte Angaben bei entsprechender Begründung nicht in den Ertragsteuerinformationsbericht aufnehmen, wenn ihre Offenlegung der Marktstellung des Unternehmens einen erheblichen Nachteil zufügen würde (Safeguard-Klausel). Die nicht aufgenommenen Angaben sind allerdings spätestens in den Ertragsteuerinformationsbericht aufzunehmen, der für das vierte Geschäftsjahr nach dem Berichtszeitraum erstellt wird (§ 342k Abs. 2 HGB).

4. Berichtszeitraum und Offenlegung

192 Der Ertragsteuerinformationsbericht ist **jährlich für das vergangene Geschäftsjahr** zu erstellen.

Die Offenlegung des Ertragsteuerinformationsberichts hat **im Unternehmensregister** zu erfolgen. Dazu ist der Bericht spätestens ein Jahr nach dem Ende des Berichtszeitraums in deutscher Sprache an das Unternehmensregister zu übermitteln (§ 342m Abs. 1 HGB).

Zudem muss mit entsprechender Frist der Bericht für mindestens fünf Jahre auf der **Internetseite der Gesellschaft** veröffentlicht werden. Die Pflicht zur Veröffentlichung auf der Internetseite der Gesellschaft entfällt allerdings, wenn die Offenlegung über das Unternehmensregister erfolgt und auf der Internetseite der Gesellschaft auf die Zugänglichkeit des Berichts über die Internetseite des Unternehmensregisters für einen Zeitraum von mindestens fünf Jahren hingewiesen wird (§ 342n Abs. 1 HGB).

5. Prüfung

193 Die Prüfungspflicht des **Aufsichtsrats** wird sich künftig auch auf den Ertragsteuerinformationsbericht erstrecken (§ 171 Abs. 1 Satz 4 AktG).

Der **Abschlussprüfer** des Jahresabschlusses hat im Rahmen der Prüfung auch zu beurteilen, ob die zu prüfende Gesellschaft zur Offenlegung eines Ertragsteuerinformationsberichts verpflichtet war und ob die Gesellschaft die Verpflichtung zur Offenlegung erfüllt hat (§ 317 Abs. 3b HGB). Über das Ergebnis der Prüfung ist im Bestätigungsvermerk jeweils in einem gesonderten Abschnitt zu berichten (§ 322 Abs. 1 Satz 4 HGB).

> **Anmerkung:**
> Eine Pflicht zur inhaltlichen Prüfung des Ertragsteuerinformationsberichts besteht nicht, kann aber freiwillig beauftragt werden.

6. Sanktionen

Die Durchsetzung der Offenlegungspflichten obliegt dem Bundesamt für Justiz. Das Bundesamt für Justiz hat bei Säumnis **Ordnungsgelder** (§ 342p HGB) und bei inhaltlichen Verstößen **Bußgelder** von bis zu 250.000 Euro (§ 342o HGB) zu verhängen. 194

III. Verpflichtende Nachhaltigkeitsberichterstattung

1. Corporate Sustainability Reporting Directive

a) Hintergrund

Im Zuge des Green Deals[1] veröffentlichte die Europäische Kommission im April 2021 ihren Vorschlag zur Corporate Sustainability Reporting Directive (CSRD)[2], welche ab 1.1.2024 die bisherigen Berichtspflichten der Non-Financial Reporting Directive (NFRD)[3] ablösen. Die NFRD gilt seit 2017 für große Unternehmen von öffentlichem Interesse (EU PIEs) mit durchschnittlich mehr als 500 Mitarbeitenden. 195

Am 21.6.2022 erzielten der Rat der Europäischen Union und das Europäische Parlament im Rahmen des Trilog-Verfahrens eine politische Einigung[4] zur Überarbeitung der gesetzlichen Vorgaben zur nichtfinanziellen Berichterstattung in der EU, die von beiden Institutionen Ende November offiziell genehmigt und am 16.12.2022 im Amtsblatt der Europäischen Union veröffentlicht wurde und damit am 5.1.2023 in Kraft getreten ist. Die Mitgliedstaaten müssen nun die **Vorgaben der Richtlinie bis Anfang Juli 2024 in nationales Recht** überführen. Die Einigung sieht sowohl eine deutliche Ausweitung des Kreises der berichtspflichtigen Unternehmen als auch eine grundlegende Überarbeitung der Berichtsinhalte in Form verpflichtender Standards für die Nachhaltigkeitsberichterstattung vor.

> **Anmerkung:**
> Unter der aktuell gültigen NFRD sind in der EU geschätzt 11.600 und in Deutschland etwa 500 Unternehmen zur nichtfinanziellen Berichterstattung verpflichtet. Durch die Ausweitung des Anwendungskreises wird sich die Anzahl der berichtspflichtigen Unternehmen in der EU auf ca. 49.000 und in Deutschland auf ca. 15.000 erhöhen, für Deutschland entspricht dies einer Erhöhung um den Faktor 30.

---

1) Der sog. Green Deal der EU aus dem Jahr 2019 verfolgt das Ziel einer „neue Wachstumsstrategie, mit der die EU zu einer fairen und wohlhabenden Gesellschaft mit einer modernen, ressourceneffizienten und wettbewerbsfähigen Wirtschaft werden soll, in der im Jahr 2050 keine Netto-Treibhausgasemissionen mehr freigesetzt werden und das Wirtschaftswachstum von der Ressourcennutzung abgekoppelt ist". Die entsprechende Mitteilung der Kommission, „Der europäische Grüne Deal", ist abrufbar unter https://eur-lex.europa.eu/legal-content/DE/TXT/?qid=1576150542719&uri=COM%3A2019%3A640%3AFIN (zuletzt abgerufen am 07.11.2023).
2) Vorschlag für eine RICHTLINIE DES EUROPÄISCHEN PARLAMENTS UND DES RATES zur Änderung der Richtlinien 2013/34/EU, 2004/109/EG und 2006/43/EG und der Verordnung (EU) Nr. 537/2014 hinsichtlich der Nachhaltigkeitsberichterstattung von Unternehmen (COM/2021/189 final), im Folgenden CSRD-E.
3) Richtlinie 2014/95/EU des Europäischen Parlaments und des Rates vom 22. Oktober 2014 zur Änderung der Richtlinie 2013/34/EU im Hinblick auf die Angabe nichtfinanzieller und die Diversität betreffender Informationen durch bestimmte große Unternehmen und Gruppen (Text von Bedeutung für den EWR).
4) Directive modifiant les directives 2013/34/UE, 2004/109/CE et 2006/43/CE ainsi que le règlement (UE) n° 537/2014 en ce qui concerne la publication d'informations en matière de durabilité par les entreprises - Lettre du président du COREPER à la présidence de la commission JURI du Parlement européen, abrufbar unter https://eur-lex.europa.eu/legal-content/EN/TXT/?uri=consil%3AST_10835_2022_INIT (zuletzt abgerufen am 09.11.2023).

Als Ziel der CSRD ist die **Erhöhung der Rechenschaftspflicht** europäischer Unternehmen im Hinblick auf **Nachhaltigkeitsaspekte** zu benennen. Durch die Einführung erstmals verbindlicher Berichtsstandards auf europäischer Ebene sollen die Inhalte der Berichte vereinheitlicht und somit vergleichbarer werden. Hierzu gehört auch ein Fokus auf Messbarkeit durch eine stärkere Quantifizierung der Berichtsinhalte.

Im größeren Kontext des EU Green Deals soll es Finanzmarktakteuren durch die Schaffung von Transparenz zur Nachhaltigkeitsleistung – insb. auch von nicht-kapitalmarktorientierten Unternehmen – ermöglicht werden, **Kapitalströme** (vor allem in Form von Investitionen und Krediten) **in nachhaltigere Wirtschaftszweige umzulenken**, um so zur Erreichung der europäischen Nachhaltigkeitsziele beizutragen. Neben der CSRD kommt dabei der EU-Taxonomie eine wesentliche Rolle zu, auf die die neue Regulatorik zur Berichterstattung entsprechend Bezug nimmt (→ Rz. 199).

b) Zeitplan der Umsetzung und Anwendungsbereich

196 Während die aktuell gültige NFRD lediglich große kapitalmarktorientierte Unternehmen, Kreditinstitute und Versicherungen mit durchschnittlich mehr als 500 Mitarbeitenden betrifft, soll durch die CSRD sukzessive eine deutliche Erweiterung der betroffenen Unternehmen erfolgen.

Ab dem **Geschäftsjahr 2024** (Beginn am oder nach dem 1.1.2024 mit Veröffentlichung der Berichterstattung als Teil des Lageberichts in 2025) **ersetzt die CSRD die NFRD** und legt zunächst denselben **Anwenderkreis** zu Grunde.

> **Anmerkung:**
> Durch die verpflichtende Veröffentlichung im Lagebericht (→ Rz. 200) ergeben sich für die Veröffentlichung der Nachhaltigkeitserklärung (oder auch Nachhaltigkeitsbericht genannt) gemäß CSRD dieselben Offenlegungsfristen.

Ab dem **Geschäftsjahr 2025** (Beginn am oder nach dem 1.1.2025 mit Veröffentlichung der Nachhaltigkeitsberichterstattung als Teil des Lageberichts in 2026) sind **sämtliche große haftungsbeschränkte Unternehmen**, unabhängig von der Kapitalmarktorientierung, von der Verordnung betroffen. Hierbei ausschlaggebend sind die Größenklassen gemäß § 267 HGB.

Als groß gelten Unternehmen, die mindestens zwei der drei Kriterien erfüllen:

– Bilanzsumme größer 20 Mio. Euro,
– Umsatz größer 40 Mio. Euro sowie
– mehr als 250 Mitarbeitende.

Inflationsbedingt sollen diese Größenkriterien gemäß Delegiertem Rechtsakt der EU-Kommission vom 17.10.2023 zur Änderung der Richtlinie 2013/34/EU um 25 % inflationsbereinigt werden (→ Rz. 188). Damit ergäben sich gerundet die Schwellen

– 25 Mio. Euro Bilanzsumme sowie
– 50 Mio. Euro Umsatz.

Die Mitgliedstaaten müssen die neuen Schwellen spätestens ab dem Geschäftsjahr 2024 anwenden (am oder nach dem 1.1.2024 beginnend), können sich jedoch auch für eine frühzeitige Anwendung ab dem Geschäftsjahr 2023 (am oder nach dem 1.1.2023 beginnend) entscheiden. Die Pflicht zur Aufstellung einer Nachhaltigkeitserklärung trifft Einzelgesellschaften (Art. 19a BilanzRL) ebenso wie Konzerne (Art. 29a BilanzRL), es gilt derselbe Konsolidierungskreis wie für die Finanzberichterstattung.

Im darauffolgenden Geschäftsjahr, beginnend **ab dem 1.1.2026**, wird der Kreis der betroffenen Unternehmen auf **kapitalmarktorientierte KMU, kleine und nicht-komplexe Kreditinstitute sowie firmeneigene Versicherungsunternehmen** erweitert. Hierbei räumt der europäische Gesetzgeber den kapitalmarktorientierten KMUs jedoch eine **zweijährige Übergangsphase** ein, so dass eine erstmalige Anwendung für diese spätestens im Geschäftsjahr 2028 verpflichtend ist.

Die letzte Erweiterung soll dann im Geschäftsjahr 2028 erfolgen, in dem ebenfalls EU-Tochterunternehmen sowie Nicht EU-Unternehmen, die mehr als 150 Mio. Euro Nettoumsatz (in den beiden vorangegangen Geschäftsjahren) in der EU erwirtschaften und mindestens eine (große oder kapitalmarktorientierte) Tochtergesellschaft oder Zweigniederlassung in der EU (mit mindestens 40 Mio. Euro Nettoumsatz in der EU im vorangegangenen Geschäftsjahr) haben, in den Anwendungsbereich der CSRD fallen.

Tochterunternehmen erfahren eine Befreiung von der Berichterstattungspflicht, sofern es sich bei ihnen nicht um große kapitalmarktorientierte Tochterunternehmen handelt. Bestehen signifikante Unterschiede in den Risiken und Auswirkungen von Tochterunternehmen im Vergleich zum Gesamtkonzern, ist auf diese trotz Befreiungsoption einzugehen. Auch eine Selbstbefreiung des Mutterunternehmens durch den eigenen Konzern-Nachhaltigkeitsbericht soll möglich sein.

c) Inhaltliche Vorgaben für die Berichterstattung

Die Berichtsinhalte werden sowohl im Richtlinientext selbst als auch in ergänzenden Berichtsstandards („European Sustainability Reporting Standards" – ESRS) spezifiziert, die die EU-Kommission gemäß CSRD per Delegierten Rechtsakten verabschieden darf. Grundsätzlich umfassen die Inhalte neben qualitativen Indikatoren auch entsprechende quantitative Angaben.

d) Vorgaben der CSRD

Die CSRD[1] selbst fordert Angaben zu folgenden Themenblöcken:

- Beschreibung von **Geschäftsmodell und Strategie** im Hinblick auf verschiedene Nachhaltigkeitsaspekte:

    Dies umfasst die Widerstandsfähigkeit und Chancen im Hinblick auf Nachhaltigkeitsaspekte. Zudem gilt es, die Pläne zur Vereinbarkeit von Geschäftsmodell und Strategie mit dem Übergang in eine nachhaltige Wirtschaft und der Begrenzung der Erderwärmung auf das 1,5 °C-Ziel einer klimaneutralen Wirtschaft bis 2050 darzustellen. Ebenfalls hat das betroffene Unternehmen Auskunft darüber zu geben, inwieweit es den Belangen seiner Interessenträger und den Auswirkungen seines wirtschaftlichen Handelns Rechnung trägt.

- **Nachhaltigkeitsziele** und **-politik** sowie **Zuständigkeiten der Organe**:

    Es gilt, sowohl die zeitbezogenen Nachhaltigkeitsziele und Konzepte als auch die Rolle und Nachhaltigkeitsexpertise der Verwaltungs-, Leitungs- und Aufsichtsorgane im Zusammenhang mit diesen zu beschreiben. Für die Organe der Gesellschaft sind darüber hinaus Angaben zu **Incentivierungen** mit Nachhaltigkeitsbezug zu machen.

- **Due Diligence**, **negative Auswirkungen** und **Risiken**:

    Prozesse im Zusammenhang mit Sorgfaltspflichten sind zu beschreiben und ggf. in Bezug zu gesetzlichen Verpflichtungen zu ihrer Einführung zu setzen. Das Unternehmen muss darüber hinaus negative Auswirkungen des eigenen Geschäftsbetriebs und der Wertschöpfungskette inklusive Maßnahmen zur Identifizierung dieser und etwaiger Gegenmaßnahmen darstellen. Gleiches gilt für die Beschreibung der wichtigsten Risiken, denen das Unternehmen im Zusammenhang mit Nachhaltigkeitsthemen ausgesetzt ist.

---

1) Siehe Artikel 1 (3) 2. des Einigungstextes (Fußnote 4).

Für alle genannten Inhaltselemente sind **Indikatoren** in die Berichterstattung aufzunehmen.

e) Zusammenspiel zwischen CSRD und EU-Taxonomie

199 Seit Geschäftsjahren mit Beginn ab 1.1.2021 sind die meisten Unternehmen, die unter den Anwendungskreis der NFRD fallen, durch die Taxonomie-Verordnung[1)] dazu verpflichtet, in ihrer nichtfinanziellen Berichterstattung quantitative Informationen zu nachhaltigen Wirtschaftstätigkeiten auszuweisen. Angabepflichtig sind insb. der Anteil vom **Umsatz**, die **Investitionen** („CapEx") und **Betriebsausgaben** („OpEx"), die in Verbindung mit **nachhaltigen („taxonomiekonformen") Wirtschaftstätigkeiten** stehen.

Durch die CSRD wird der Anwendungskreis der Art. 19a bzw. Art. 29a der Richtlinie 2013/34/EU des Europäischen Parlaments und des Rates zur nichtfinanziellen Berichterstattung ausgeweitet. Da sich die Taxonomie-Verordnung für den Anwendungskreis auf ebendiese Artikel bezieht, werden somit alle Unternehmen, die zukünftig nach der CSRD berichtspflichtig werden, auch zur Berichterstattung gemäß Taxonomie Verordnung verpflichtet.

f) Offenlegung und Prüfungspflicht

200 Die Nachhaltigkeitsberichterstattung hat in einem **gesonderten Abschnitt des Lageberichts**, der sog. **Nachhaltigkeitserklärung oder Nachhaltigkeitsbericht**, zu erfolgen und ist gemeinsam mit diesem offenzulegen. Darüber hinaus sind die Nachhaltigkeitsangaben nach den Vorgaben zum **ESEF-Tagging** des Lageberichts in einem digitalen Format zu markieren.

> **Anmerkung:**
> Die CSRD verändert bewusst die Begrifflichkeiten, ‚nichtfinanzielle' wird zu ‚Nachhaltigkeits-' Berichterstattung. Damit soll der Tatsache Rechnung getragen werden, dass die enthaltenen Informationen zunehmend auch finanzielle Bedeutung haben.

Für kapitalmarktorientierte Unternehmen wird der **Bilanzeid** des Vorstands durch die CSRD um die Nachhaltigkeitserklärung erweitert.

Darüber hinaus unterliegt die Nachhaltigkeitsberichterstattung zukünftig einer externen **Prüfungspflicht**. Hinsichtlich des Prüfers wird den Mitgliedstaaten ein Wahlrecht eingeräumt: So kann die Prüfung durch den Abschlussprüfer, einen anderen Wirtschaftsprüfer oder einen unabhängigen Erbringer von Bestätigungsleistungen erfolgen. Der Umfang der Prüfung soll sich zunächst auf eine Prüfung mit begrenzter Sicherheit („limited assurance") beschränken. In den ersten Anwendungsjahren erfolgt dann durch die Kommission eine Beurteilung, ob und inwieweit ein Erlangen von hinreichender Prüfungssicherheit („reasonable assurance") für Unternehmen und Abschlussprüfer durchführbar ist. Die CSRD sieht diesbezüglich vor, dass bis Oktober 2028 Standards für eine Prüfung der Nachhaltigkeitserklärung mithinreichende Prüfungssicherheit erlassen werden sollen.

g) Überführung in nationales Recht

201 Nach Veröffentlichung der CSRD im Amtsblatt der Europäischen Union am 16.12.2022 trat die Richtlinie offiziell am zwanzigsten Tag nach deren Veröffentlichung und somit

---

1) Verordnung (EU) des Europäischen Parlaments und des Rates vom 18. Juni 2020 über die Einrichtung eines Rahmens zur Erleichterung nachhaltiger Investitionen und zur Änderung der Verordnung (EU) 2019/2088 sowie die hierzu erlassenen delegierten Rechtsakte, verfügbar unter https://finance.ec.europa.eu/regulation-and-supervision/implementing-and-delegated-acts/taxonomy-regulation_en (zuletzt abgerufen am 10.11.2023).

am 5.1.2023 Kraft. Die Mitgliedstaaten sind daraufhin verpflichtet, die Vorgaben innerhalb von 18 Monaten, also bis Juli 2024, in nationales Recht zu überführen. Für Deutschland besteht hier insb. noch Unsicherheit, ob Unternehmen, die unter das Publizitätsgesetz fallen, zur Offenlegung einer Nachhaltigkeitserklärung gemäß CSRD verpflichtet werden.

> **Anmerkung:**
> Die Verabschiedung der branchenspezifischen ESRS ist gemäß CSRD bis zum 30.6.2024 vorgesehen, wobei der unter → Rz. 203) dargestellte gestaffelte Prozess zur Standardentwicklung durch die EFRAG diesen Zeitplan nur für einen Teil der Branchen einhalten würde. Ebenfalls bis zum 30.6.2024 sollen die Standards für KMU und Nicht-EU-Unternehmen per Delegiertem Rechtsakt verabschiedet werden.

2. Delegierter Rechtsakt zu den European Sustainability Reporting Standards

a) Hintergrund

202 Der Delegierte Rechtsakt zu den European Sustainability Standards (ESRS) ergänzt die Rechnungslegungsrichtlinie in ihrer durch die Corporate Sustainability Reporting Directive geänderten Fassung. Sie spezifiziert die Inhalte und zum Teil die zu verwendende Struktur, die Unternehmen bei der Erstellung ihrer Nachhaltigkeitserklärung gemäß der CSRD zu berücksichtigen haben.

Anhang I der Delegierten Verordnung beinhaltet eine detaillierte Auflistung und Beschreibung der ESRS, Anhang II enthält Abkürzungen und ein Glossar.[1]

Die Erarbeitung der ESRS unterliegt der fachlichen Beratung der European Financial Reporting Advisory Group (EFRAG) und sieht die Konsultation verschiedener Interessengruppen vor.

b) Entwicklung

203 Im November 2022 übergab die EFRAG die Entwürfe des ersten Sets an ESRS an die Europäische Kommission. Dem vorangegangen waren eine öffentliche Konsultation (April bis August 2022) und mehrere Informationsveranstaltungen mit verschiedenen Interessengruppen (Mai bis Juli 2022) bezüglich der 13 von der EFRAG erarbeiteten Entwürfe der ESRS Exposure Drafts sowie eine Überarbeitung derselben entsprechend der in den Konsultationen eingegangenen Kommentare.

Gemäß den Vorgaben der Rechnungslegungsrichtlinie folgten weitere Konsultationen. Neben Anpassungen im redaktionellen Bereich umfassten die daraus resultierenden Änderungen insb.:

- Eine höhere Flexibilität für einige der obligatorischen Datenpunkte in ESRS 1,
- Erleichterungen in der Erstanwendung betroffener Unternehmen,
- Umwandlung einiger obligatorischer in freiwillige Angaben.

Betroffene Unternehmen sollen auf diese Weise entlastet und die Verhältnismäßigkeit der Standards gewährleistet werden. Dieser Entwurf der EU-Kommission sieht gegenüber dem Entwurf, welcher im November 2022 von der EFRAG an die EU-Kommission übergeben wurde, eine deutliche Entlastung der von der verpflichtenden Nachhaltigkeitsberichterstattung betroffenen Unternehmen vor.

---

[1] Delegierte Verordnung der Kommission vom 31.7.2023 zur Ergänzung der Richtlinie 2013/34/EU der Europäischen Parlaments und des Rates durch Standards für die Nachhaltigkeitsberichterstattung, sowie zugehörige Anhänge 1 und 2.
https://ec.europa.eu/info/law/better-regulation/have-your-say/initiatives/13765-European-sustainability-reporting-standards-first-set_en.

Die EU-Kommission veröffentlichte am 9.6.2023 den Entwurf des delegierten Rechtsakts zu den European Sustainability Reporting Standards (ESRS) inklusive Anhang 1 „European Sustainability Reporting Standards" und Anhang 2 „Acronyms and Glossary of Terms". Bis 7.7.2023 stand der Entwurf zur Kommentierung zur Verfügung. Die finalen Standards wurden am 31.7.2023 als Delegierter Rechtsakt durch die Europäische Kommission verabschiedet und veröffentlicht. Die Verordnung tritt **zum 1.1.2024** und damit vier Monate nach Verabschiedung **in Kraft**.

> **Anmerkung:**
> Der Entwurf der EU-Kommission betrifft lediglich die Standards (ESRS) und damit Art und Umfang der Nachhaltigkeitsberichterstattung. Unverändert bleibt hingegen der Kreis der zur Nachhaltigkeitsberichterstattung im Lagebericht betroffenen Unternehmen (in Deutschland rd. 15.000 „große" haftungsbeschränkte Unternehmen mit einer Bilanzsumme von mehr als 20 Mio. Euro, einem Umsatz von mehr als 40 Mio. Euro oder mehr als 250 Mitarbeitenden, wobei zwei von drei Kriterien zu erfüllen sind), was bereits durch die Corporate Sustainability Reporting Directive (CSRD) festgelegt wurde (→ Rz. 196). Die der CSRD unterliegenden Unternehmen haben zudem unverändert alle Angaben gemäß EU-Taxonomieverordnung zu berichten. Die Überführung der CSRD in deutsches Recht ist bis Juli 2024 zu erwarten.

c) Überblick über die Standards

204 Das Rahmenwerk setzt sich zusammen aus branchenübergreifenden („sektoragnostischen") und branchenspezifischen („sektorspezifischen") Berichtsstandards. Unternehmen können zudem bei Bedarf zusätzliche unternehmensspezifische Standards betrachten und es sind weitere spezifischere Standards und Leitlinien in Aussicht gestellt.

aa) Sektoragnostische Standards

205 Das im Juli 2023 veröffentliche **erste Set an ESRS** beinhaltet zwölf sektoragnostische Berichtstandards: zwei übergreifende Standards („cross-cutting standards"; ESRS 1 und ESRS 2) und zehn branchenübergreifende thematische Standards (fünf Umweltstandards ESRS E1 bis ESRS E5, vier Sozialstandards ESRS S1 bis ESRS S4 und einen Governance-Standard G1). Insgesamt umfassen die zwölf Berichtsstandards 82 Angabepflichten mit insgesamt über 1.100 Datenpunkten.

Die branchenübergreifenden Standards werden im Folgenden näher umrissen (→ Rz. 206 f.).

bb) Sektorspezifische Standards

206 Noch **in der Erarbeitung befindlich** ist das Set an branchenspezifischen Standards. Diese sollen das erste Set von sektoragnostischen ESRS grundsätzlich erweitern sowie einzelne Berichtspflichten der sektoragnostischen Standards konkretisieren. Ziel ist es, die spezifischen Nachhaltigkeitsrisiken und -chancen für bestimmte Branchen zu identifizieren und entsprechend neue Anforderungen für die Berichterstattung aufzustellen. Dies bedeutet, dass die Standards für Unternehmen in bestimmten Branchen detaillierter und spezifischer sein werden als die branchenübergreifenden Standards.

Sektorspezifische Standards gelten für alle Unternehmen innerhalb eines Sektors. So soll eine bessere Vergleichbarkeit zwischen Unternehmen innerhalb einer Branche ermöglicht werden.

Für die Entwicklung der branchenspezifischen Standards sind drei Phasen vorgesehen. Es sollen 14 Branchengruppen und 39 Branchen betrachtet und in der Erarbeitung der Standards Branchen basierend auf ihren Nachhaltigkeitsrisiken und Auswirkungen priorisiert werden.

G. Wirtschaftsprüfung

Der ursprüngliche Zeitplan sah eine Verabschiedung in den drei Phasen Juni 2024, 2025 und 2026 vor. Aufgrund der Prioritätensetzung der Kommission, welche zunächst die Bereitstellung von Implementierungshilfen für den ersten Satz ESRS sowie die Reduzierung der Berichtspflichten vorsieht, kann dieser jedoch nicht eingehalten werden. **Zunächst erarbeitet** werden sollen nun erste Entwürfe für die Branchen

- „Mining, Coal and Quarrying",
- „Oil and Gas" sowie
- der Sector Classification Standard (SEC) 1.

Entsprechende Konsultationen werden voraussichtlich im ersten Halbjahr 2024 stattfinden. Das Arbeitsprogramm der Europäischen Kommission sieht zudem eine Verschiebung der Verabschiedungsphase um zwei Jahre vor, von 2024 auf 2026.

Der nächste Satz zur Ausarbeitung umfasst voraussichtlich u.a. die Branchen

- „Agriculture, Farming and Fishing",
- „Road Transportation",
- „Motor Vehicles",
- „Textiles, Accessoires, Footwear and Jewelleries" sowie
- „Food and Beverages".

Darüber hinaus sind Standards für die folgenden Branchen zu erwarten:

- „Chemicals",
- „Forestry",
- „Construction Materials",
- „Construction and Engineering",
- „Construction and Furnishing",
- „Defence",
- „Power Production and Energy Utilities",
- „Electronics and Electronical Equipment",
- „Information Technology",
- „Machinery and Equipment",
- „Medical Instruments",
- „Metal Processing",
- „Motor Vehicles",
- „Paper and Wood Products",
- „Pharma and Biotechnology",
- „Real Estate and Services",
- „Sales and Trade",
- „Sporting Equipment and Toys",
- „Tobacco",
- „Other Transportation",
- „Water and Waste Service",
- „Accommodations",
- „Capital Markets",
- „Credit Institutions",
- „Education",

- „Food and Beverage Services",
- „Gaming",
- „Health Care and Services",
- „Insurance",
- „Marketing",
- „Media and Communication",
- „Professional Services", and
- „Recreation and Leisure."

Die Bestimmung der zugehörigen Sektoren erfolgt mithilfe der sog. NACE-Codes sowie der zu verabschiedenden ESRS SEC 1 Standards.

Die Anwendung der branchenspezifischen Standards beruht, ebenso wie die der branchenübergreifenden Standards, auf dem Prinzip der doppelten Wesentlichkeit nach ESRS 1 (→ Rz. 209). Im Falle der branchenspezifischen Standards wird diese anhand der folgenden Kriterien ermittelt:

- Die Branche erwirtschaftet mehr als 10% der Einnahmen aus allen Aktivitäten des Unternehmens oder
- Tätigkeiten, mit denen Einnahmen erzielt werden und die mit wesentlichen tatsächlichen (sowohl positiv als auch negativ) oder mit wesentlichen potenziellen negativen Auswirkungen verbunden sind.

cc) Unternehmensspezifische Standards

207 Bei Bedarf ist die zusätzliche Verwendung unternehmensspezifischer Standards zulässig: „Gelangt das Unternehmen zu dem Schluss, dass Auswirkungen, Risiken oder Chancen, die nicht oder mit nur unzureichender Granularität durch einen ESRS abgedeckt sind, aufgrund ihrer spezifischen Fakten und Umstände dennoch wesentlich sind, so stellt es zusätzlich zu den in den drei ESRS-Kategorien festgelegten Angaben weitere unternehmensspezifische Angaben zur Verfügung, die es den Nutzern ermöglichen, die nachhaltigkeitsbezogenen Auswirkungen, Risiken oder Chancen des Unternehmens nachzuvollziehen" (ESRS 1 – 11).

Macht ein Unternehmen von dieser Option Gebrauch, so hat es gewisse **qualitative Anforderungen** an die Angaben bzw. Informationen zu erfüllen:

- Unternehmensspezifischer Angaben müssen
  - den gemäß ESRS 2 Kapitel 2 festgelegten qualitativen Merkmalen von Informationen entsprechen (Relevanz und wahrheitsgetreue Darstellung sowie Vergleichbarkeit, Überprüfbarkeit und Verständlichkeit) und
  - ggf. alle wesentlichen Informationen im Zusammenhang mit den Bereichen Governance, Strategie, Management der Auswirkungen, Risiken und Chancen, sowie Parameter und Ziele enthalten (ESRS 2 Kapitel 2 bis 5).
- Etwaige einbezogene Parameter haben Aufschluss zu gehen
  - über die Wirksamkeit von Unternehmenspraktiken zur Verringerung negativer und/oder zur Erhöhung positiver Ergebnisse für Mensch und Umwelt (in Bezug auf die Auswirkungen) und die Wahrscheinlichkeit, dass die Praktiken zu finanziellen Auswirkungen (in Bezug auf Risiken und Chancen) auf das Unternehmen führen,
  - darüber, ob die gemessenen Ergebnisse hinreichend zuverlässig sind und
  - ob das Unternehmen ausreichend kontextbezogene Informationen für eine angemessene Interpretation der Leistungsparameter bereitgestellt hat und ob Variationen derselben die Vergleichbarkeit der Parameter im Zeitverlauf beeinflussen können.

- Des Weiteren ist bei der Erstellung unternehmensspezifischer Angaben darauf zu achten, dass Vergleichbarkeit zwischen Unternehmen gegeben ist bei gleichzeitiger Gewährleistung der Relevanz der bereitgestellten Informationen, und dass Vergleichbarkeit im Zeitverlauf gegeben ist.
- Weitere Leitlinien für die Erstellung unternehmensspezifischer Angaben ergeben sich aus den Informationen, die im Rahmen des thematischen ESRS erforderlich sind, der sich mit ähnlichen Nachhaltigkeitsaspekten befasst.

d) Ausblick auf weitere Standards und Leitlinien

Darüber hinaus sollen Standards für Nicht-EU-Unternehmen, Standards für kapitalmarktorientierte KMU sowie freiwillige Leitlinien für nicht-kapitalmarktorientierte KMU entwickelt werden.

e) Die Standards im Einzelnen

aa) Übergreifender Standard ESRS 1 „Allgemeine Anforderungen"

(1) Überblick

ESRS 1 „Allgemeine Anforderungen"[1] ist der erste von insgesamt zwei Grundlagenstandards und zielt darauf ab, die **allgemeinen Anforderungen** festzulegen, die die betroffenen Unternehmen bei der Erstellung und Darstellung ihrer Nachhaltigkeitsinformationen berücksichtigen müssen. Offenzulegen sind im Rahmen der CSRD-Berichterstattung alle wesentlichen Informationen zu Auswirkungen, Risiken und Chancen des Unternehmens in Bezug auf Umwelt, Sozial- und Governance-Aspekte.

Weiter muss sich die Berichterstattung auf die **Themen** konzentrieren, die **für das Unternehmen und seine Stakeholder besonders relevant** sind. Dabei müssen Mindestanforderungen an die Berichtsqualität eingehalten werden. Unternehmen müssen sich auf grundlegende, qualitative Merkmale der Informationen sowie die Relevanz und die Darstellung im Sinne der Vergleichbarkeit, Überprüfbarkeit und Verständlichkeit konzentrieren. Dabei ist das Prinzip der doppelten Wesentlichkeit von besonderer Bedeutung.

Für die Ermittlung der berichtspflichtigen Inhalte müssen die Unternehmen entsprechend **zwei Perspektiven** betrachten. Und zwar sowohl Themenaspekte, die den Unternehmenswert beeinflussen („**financial materiality**") als auch solche, bei denen das Unternehmen eine Auswirkung auf Wirtschaft, Umwelt und Gesellschaft („**impact materiality**") hat.

Als Grundlage zur Beurteilung, ob Auswirkungen im Hinblick auf ein Nachhaltigkeitsthema wesentlich sind, sollen gemäß ESRS 1 – 58 **Sorgfaltspflichten-Prozesse („Due Diligence-Prozesse")** herangezogen werden, die im Unternehmen implementiert sind. Das Ergebnis der Due-Diligence Prüfung fließt anschließend in die Bewertung der wesentlichen Auswirkungen, Risiken und Chancen des Unternehmens ein. Die Idee dieser Vorgehensweise rührt daher, dass Due-Diligence-Prozesse von Unternehmen mit dem Ziel durchgeführt werden, die wesentlichen – tatsächlichen und potenziellen – nachteiligen Auswirkungen im Zusammenhang mit ihren Tätigkeiten zu ermitteln, zu überwachen, zu mildern oder zu beseitigen.

Von großer Bedeutung ist außerdem die **Einbeziehung der Wertschöpfungskette**. Die zu berichtenden Nachhaltigkeitsinformationen beziehen sich grundsätzlich nicht nur auf die eigene Unternehmenstätigkeit, sondern auf die gesamte Wertschöpfungskette (ESRS 1 – 63). Entsprechend muss das Unternehmen auch die wesentlichen Auswirkun-

---

[1] Anhang I der Delegierten Verordnung der Kommission vom 31.7.2023 zur Ergänzung der Richtlinie 2013/34/EU der Europäischen Parlaments und des Rates durch Standards für die Nachhaltigkeitsberichterstattung (S. 1–40).

gen, Risiken und Chancen der vor- und nachgelagerten Wertschöpfungskette in die Berichterstattung einbeziehen. Liegen diese nicht oder nur unzureichend vor, sind die Angaben unter Einbeziehung aller angemessenen und vertretbaren Informationen zu schätzen.

(2) Berichtszeitraum

210 Der **Berichtszeitraum für die Nachhaltigkeitsberichterstattung** muss dabei mit dem der finanziellen Berichterstattung übereinstimmen und sowohl kurz-, mittel- als auch langfristige Zeithorizonte beachten. Bei der Aufbereitung und Darstellung der Informationen ist weiter darauf zu achten, dass jede Messgröße der aktuellen Periode mit einem Vergleichsjahr veröffentlicht werden muss. Dieses Vergleichsjahr ist, sofern durch die einschlägigen Angabepflichten nicht anders vorgeschrieben, ein festgelegtes Basisjahr, d.h. ein historischer Bezugszeitpunkt oder -zeitraum, für den Informationen verfügbar sind und mit dem nachfolgende Informationen verglichen werden können. Gibt die einschlägige Angabepflicht Abweichendes vor, ist entsprechend zu verfahren. Eine zusätzliche Offenlegung von zwischen Basisjahr und Berichtszeitraum erreichten Meilensteinen ist zulässig, sofern es sich hierbei um relevante Informationen handelt. Eine Ausnahme gilt dabei für das erste Anwendungsjahr, für das auf die Veröffentlichung von Vorjahresdaten verzichtet werden kann (ESRS 1 – 136).

(3) Struktur der Nachhaltigkeitserklärung

211 Hinsichtlich der **Struktur der Nachhaltigkeitserklärung** ist darauf zu achten, dass diese innerhalb des Lageberichts deutlich von anderen Informationen abzugrenzen ist. Die Erklärung sollte in vier Teile untergliedert sein: allgemeine Informationen, umwelt-, sozial- und unternehmensführungsbezogene Informationen.

Angaben gemäß Art. 8 der Verordnung (EU) 2020/852 des Europäischen Parlaments und des Rates und gemäß den Delegierten Verordnungen der Kommission, die Inhalt und andere Modalitäten dieser Angaben festlegen, sind im Umweltteil der Nachhaltigkeitserklärung gesondert aufzunehmen. Angaben gemäß branchenspezifischer Standards werden nach Berichterstattungsbereichen und ggf. nach Nachhaltigkeitsthemen gruppiert und zusammen mit den Angaben dargestellt, die nach dem ESRS 2 und den entsprechenden themenbezogenen ESRS erforderlich sind. Angaben, die sich aus unternehmensspezifischen Standards ergeben, sind gleichermaßen in die Berichtsabschnitte Umwelt, Soziales und Governance einzugliedern. Ergänzend zu den ESRS können auch die ESRS komplettierende weitere Standards (z.B. gemäß GRI oder ISSB) beziehungsweise Angaben, die sich aus anderen Rechtsvorschriften für das Unternehmen verpflichtend ergeben, mittels klarer Referenz und unter Berücksichtigung der Anforderungen an qualitative Merkmale von Informationen inkludiert werden.

Die offengelegten Angaben sollen es den Lesern ermöglichen, die Zusammenhänge zwischen den Informationen zu Auswirkungen, Risiken und Chancen sowie anderen Bereichen der Unternehmensberichterstattung zu beurteilen. Die Angaben sind daher alle in einem Abschnitt des Lageberichts zu erstellen, eine Darstellung durch Verweis ist gestattet, um Doppelungen innerhalb der Lageberichterstattung zu vermeiden.

(4) Übergangsregelungen

212 In Bezug auf die ersten drei Nachhaltigkeitserklärungen sind Übergangsbestimmungen vorgesehen. Diese betreffen unternehmensspezifische und wertschöpfungskettenbezogene Informationen. Sollten gewisse Informationen zur Wertschöpfungskette nicht vorliegen, muss das Unternehmen in den ersten drei Jahren die Anstrengungen, die unternommen wurden, um die erforderlichen Informationen zu erhalten, Gründe für das Fehlen sowie Pläne zur zukünftigen Informationsbeschaffung darlegen (ESRS 1 – 132).

Für die Erstanwendung gelten darüber hinaus weitere Erleichterungen, welche in Anhang C des ESRS 1 zu finden sind. Mit der Veröffentlichung des Delegierten Rechtsakts zu den ESRS am 9.6.2023 durch die EU-Kommission wurde die Liste dieser Erleichterungen zuletzt noch erweitert. So können nun beispielsweise kleinere Unternehmen mit weniger als 750 Mitarbeitenden im ersten Jahr bzw. in ihrer ersten Nachhaltigkeitserklärung die Offenlegung von Informationen hinsichtlich ihrer Scope 3 Treibhausgas-Emissionsdaten vernachlässigen.

bb) Übergreifender Standard ESRS 2 „Allgemeine Angaben"

(1) Abgrenzung zu ESRS 1

Während der ESRS 1 den allgemeinen verpflichtenden Rahmen vorgibt, finden sich im ESRS 2[1] neben den allgemeinen Offenlegungspflichten bereits die ersten (vor allem qualitativen) **Datenpunkte**. Weiter handelt es sich bei ESRS 2 um den einzigen Standard, **der für alle Unternehmen** – unabhängig von den Wesentlichkeitsanalysen – verpflichtend zu berichtende Angabepflichten („Disclosure Requirements") enthält. **213**

Die geforderten Angaben überschneiden sich („cross-cutting") inhaltlich zum Teil mit den themenspezifischen Standards zu Umwelt, Sozialem und Governance. Sie sind zusammen mit dem jeweiligen Thema bereitzustellen (Anlage C). Zudem beinhaltet der ESRS 2 diverse Offenlegungspflichten („Disclosure Requirements"), die u.a. konkrete Informationen zu unterschiedlichen Nachhaltigkeitsthemen verlangen.

(2) Definition einer klaren Zielsetzung

Sowohl die Struktur der themenspezifischen ESRS als auch die des ESRS 2 sieht zunächst eine klare Zielsetzung vor. Anders als im ESRS 2 wird in den themenspezifischen Standards anschließend die Interaktion mit anderen ESRS aufgeführt. Für beide wiederum folgen die generellen Berichtsanforderungen, die sog. „Disclosure Requirements". Darüber hinaus enthält Anhang A des ESRS 2 die Anwendungsvorgaben („Application Requirements"), die die Offenlegungspflichten nochmals konkretisieren. **214**

In ESRS 2 finden sich zudem weitere Anhänge, wie die Berichtsanforderungen und Datenpunkte, die im Anhang B aufgelistet werden, die aus verpflichtenden EU-Vorschriften hervorgehen.

Grundsätzlich ist der ESRS 2 in fünf Bereiche unterteilt, die den Unternehmen eine Art Leitfaden an die Hand geben, wie sie den Anforderungen an die Nachhaltigkeitsberichterstattung nachkommen können:

- **Grundlagen für die Erstellung:** Die geforderten Angaben sollen den Adressaten der Berichterstattung ein Verständnis darüber vermitteln, auf welcher Basis die zu berichtenden Informationen gesammelt und erstellt werden.
- **Governance:** Im Zuge der allgemeinen Angabepflichten sollen die Unternehmen über ihre Nachhaltigkeit und umwelt-, sozial- und Governance-bezogene Themen, einschließlich der Verantwortlichkeiten der Verwaltungs-, Leitungs- und Aufsichtsebene berichten. Weiter haben sie offenzulegen, inwieweit diese Themen im Anreizsystem der unterschiedlichen Organe berücksichtigt werden. Zudem sind eine Übersicht über das Verfahren zur Erfüllung der Sorgfaltspflicht und das Risikomanagement und das interne Kontrollsystem in Bezug auf das Verfahren der Nachhaltigkeitsberichterstattung anzugeben.
- **Strategie:** Der ESRS 2 fordert eine Beschreibung der vom Unternehmen verfolgten Nachhaltigkeitsstrategie sowie Informationen zum Geschäftsmodell und der Wertschöpfungskette. Weiter soll erläutert werden, wie die unterschiedlichen Interessen

---
1) Anhang I der Delegierten Verordnung der Kommission vom 31.7.2023 zur Ergänzung der Richtlinie 2013/34/EU der Europäischen Parlaments und des Rates durch Standards für die Nachhaltigkeitsberichterstattung (S. 40–75).

der Stakeholder in Bezug auf die Strategie berücksichtigt werden. Außerdem wird eine Beschreibung der Wechselwirkung zwischen der durchgeführten Wesentlichkeitsanalyse und der Nachhaltigkeitsstrategie des Unternehmens gefordert.

- **Management der Auswirkungen, Risiken und Chancen:** Unternehmen sollen den grundlegenden Prozess zur Identifikation und Bewertung wesentlicher Auswirkungen, Risiken und Chancen beschreiben. Dabei ist offenzulegen, inwieweit die Angabepflichten gemäß ESRS erfüllt werden.

- **Parameter und Ziele:** Unternehmen sollen die verwendeten Mess- und Zielgrößen, die zur Identifikation und Messung wesentlicher Nachhaltigkeitsaspekte herangezogen wurden, offenlegen. So lässt sich nachvollziehen, ob und wie das Unternehmen die Wirksamkeit seiner Maßnahmen zur Bewältigung wesentlicher Auswirkungen, Risiken und Chancen nachverfolgt. Weiter lassen sich so Rückschlüsse auf den Gesamtfortschritt der definierten Ziele erkennen.

Darüber hinaus gibt der ESRS 2 **Mindestangabepflichten** zu Strategien (MDR-P; Strategien zu Umgang mit wesentlichen Nachhaltigkeitsaspekten) und Maßnahmen (MDR-A; Maßnahmen und Mittel in Bezug auf wesentliche Nachhaltigkeitsaspekte) sowie zu Parametern (MDR-M; Parameter in Bezug auf wesentliche Nachhaltigkeitsaspekte) und Zielen (MDR-T; Nachverfolgung der Wirksamkeit von Strategien und Maßnahmen durch Zielvorgaben) vor. Diese sind bei der Angabe von Informationen bezüglich Strategien, Maßnahmen, Parametern und Zielen in den thematischen sowie in den sektorspezifischen Standards entsprechend zu berücksichtigen und offenzulegen.

Die im ESRS 2 enthaltenen themenübergreifenden Berichtsanforderungen gelten für alle Unternehmen, die in den Anwendungsbereich der CSRD fallen vollumfänglich verpflichtend. Durch die Einhaltung der Offenlegungspflichten kann ein Unternehmen entsprechend sicherstellen, dass die Nachhaltigkeitsinformationen transparent, aussagekräftig und letztlich auch vergleichbar sind und den Anforderungen der CSRD entsprechen.

cc) Thematische Standards

215 Die thematischen ESRS[1] decken die Bereiche Umwelt, Soziales und Governance ab und umfassen insgesamt zehn Standards, fünf davon umwelt-, vier sozial- und einer Governance-bezogen, wie im Folgenden dargestellt. Sie sind unterteilt in Themen und Unterthemen sowie erforderlichenfalls Unter-Unterthemen. Mittels der verpflichtenden Wesentlichkeitsanalyse identifiziert ein berichtspflichtiges Unternehmen, welche thematischen Standards es zu berichten hat.

Die thematischen Standards können Anforderungen enthalten, die die allgemeinen Angabepflichten des ESRS 2 ergänzen und zusammen mit diesen zu berichten sind. ESRS 1 Anlage C beinhaltet eine Liste der entsprechenden zusätzlichen Anforderungen in thematischen Standards. Mitunter überschneiden sie sich inhaltlich. Wenn die gemäß einem Standard offenzulegenden Informationen auch Informationen enthalten, die gemäß einem anderen Standard anzugeben sind, ist ein Verweis in einem Teil auf die in einem anderen Teil enthaltenen Informationen zulässig, um Doppelungen zu vermeiden. Dabei sind die in ESRS 2 Kapitel 3.6 enthaltenen Bestimmungen diesbezüglich zu beachten.

---

1) Anhang I der Delegierten Verordnung der Kommission vom 31.7.2023 zur Ergänzung der Richtlinie 2013/34/EU der Europäischen Parlaments und des Rates durch Standards für die Nachhaltigkeitsberichterstattung (ab S. 75).

(1) ESRS E1 – Klimawandel

ESRS E1 bezieht sich auf das Thema Klimawandel mit den Unterthemen **216**

- Anpassung an den Klimawandel
- Klimaschutz
- Energie.

(2) ESRS E2 – Umweltverschmutzung

ESRS E2 bezieht sich auf das Thema Umweltverschmutzung mit den Unterthemen **217**

- Luftverschmutzung
- Wasserverschmutzung
- Bodenverschmutzung
- Verschmutzung von lebenden Organismen und Nahrungsressourcen
- Besorgniserregende Stoffe
- Besonders besorgniserregende Stoffe
- Mikroplastik.

(3) ESRS E3 – Wasser- und Meeresressourcen

ESRS E3 bezieht sich auf das Thema Wasser- und Meeresressourcen mit den Unterthemen **218**

- Wasser
- Meeresressourcen (jeweils: Wasserverbrauch; Wasserentnahme; Ableitung von Wasser; Ableitung von Wasser in die Ozeane; Gewinnung und Nutzung von Meeresressourcen).

(4) ESRS E4 – Biologische Vielfalt und Ökosysteme

ESRS E4 bezieht sich auf das Thema Biologische Vielfalt und Ökosysteme mit den Unterthemen **219**

- Direkte Ursachen des Biodiversitätsverlusts (Klimawandel; Landnutzungsänderungen, Süßwasser- und Meeresnutzungsänderungen; Direkte Ausbeutung; Invasive gebietsfremde Arten; Umweltverschmutzung; Sonstige)
- Auswirkungen auf den Zustand der Arten (Beispiele: Populationsgröße von Arten; Globales Ausrottungsrisiko von Arten)
- Auswirkungen auf den Umfang und den Zustand von Ökosystemen (Beispiele: Landdegradation; Wüstenbildung; Bodenversiegelung)
- Auswirkungen und Abhängigkeiten von Ökosystemdienstleistungen.

(5) ESRS E5 – Kreislaufwirtschaft

ESRS E5 bezieht sich auf das Thema Kreislaufwirtschaft mit den Unterthemen **220**

- Ressourcenzuflüsse, einschließlich Ressourcennutzung
- Ressourcenabflüsse im Zusammenhang mit Produkten und Dienstleistungen
- Abfälle.

(6) ESRS S1 – Eigene Belegschaft

221 ESRS S1 bezieht sich auf das Thema Eigene Belegschaft mit den Unterthemen

- Arbeitsbedingungen (Sichere Beschäftigung; Arbeitszeit; Angemessene Entlohnung; Sozialer Dialog; Vereinigungsfreiheit; Existenz von Betriebsräten und Rechte der Arbeitnehmer auf Information, Anhörung und Mitbestimmung; Tarifverhandlungen, einschließlich der Quote der durch Tarifverträge abgedeckten Arbeitskräfte; Vereinbarkeit von Berufs- und Privatleben; Gesundheitsschutz und Sicherheit)
- Gleichbehandlung und Chancengleichheit für alle (Gleichstellung der Geschlechter und gleicher Lohn für gleiche Arbeit; Schulungen und Kompetenzentwicklung; Beschäftigung und Inklusion von Menschen mit Behinderungen; Maßnahmen gegen Gewalt und Belästigung am Arbeitsplatz; Vielfalt)
- Sonstige arbeitsbezogene Rechte (Kinderarbeit; Zwangsarbeit; Angemessene Unterbringung; Datenschutz).

(7) ESRS S2 – Arbeitskräfte in der Wertschöpfungskette

222 ESRS S2 bezieht sich auf das Thema Arbeitskräfte in der Wertschöpfungskette mit den Unterthemen

- Arbeitsbedingungen (Sichere Beschäftigung; Arbeitszeit; Angemessene Entlohnung; Sozialer Dialog; Vereinigungsfreiheit, einschließlich der Existenz von Betriebsräten; Tarifverhandlungen; Vereinbarkeit von Berufs- und Privatleben; Gesundheitsschutz und Sicherheit)
- Gleichbehandlung und Chancengleichheit für alle (Gleichstellung der Geschlechter und gleicher Lohn für gleiche Arbeit; Schulungen und Kompetenzentwicklung; Beschäftigung und Inklusion von Menschen mit Behinderungen; Maßnahmen gegen Gewalt und Belästigung am Arbeitsplatz; Vielfalt)
- Sonstige arbeitsbezogene Rechte (Kinderarbeit; Zwangsarbeit; Angemessene Unterbringung; Wasser- und Sanitäreinrichtungen; Datenschutz).

(8) ESRS S3 – Betroffene Gemeinschaften

223 ESRS S3 bezieht sich auf das Thema Betroffene Gemeinschaften mit den Unterthemen

- Wirtschaftliche, soziale und kulturelle Rechte von Gemeinschaften (Angemessene Unterbringung; Angemessene Ernährung; Wasser- und Sanitäreinrichtungen; Bodenbezogene Auswirkungen; Sicherheitsbezogene Auswirkungen)
- Bürgerrechte und politische Rechte von Gemeinschaften (Meinungsfreiheit; Versammlungsfreiheit; Auswirkungen auf Menschenrechtsverteidiger)
- Rechte indigener Völker (Freiwillige und in Kenntnis der Sachlage erteilte vorherige Zustimmung; Selbstbestimmung; Kulturelle Rechte).

(9) ESRS S4 – Verbraucher und Endnutzer

224 ESRS S4 bezieht sich auf das Thema Verbraucher und Endnutzer mit den Unterthemen

- Informationsbezogene Auswirkungen für Verbraucher und/oder Endnutzer (Datenschutz; Meinungsfreiheit; Zugang zu (hochwertigen) Informationen)
- Persönliche Sicherheit von Verbrauchern und/oder Endnutzern (Gesundheitsschutz und Sicherheit; Persönliche Sicherheit; Kinderschutz)
- Soziale Inklusion von Verbrauchern und/oder Endnutzern (Nichtdiskriminierung; Zugang zu Produkten und Dienstleistungen; Verantwortliche Vermarktungspraktiken).

(10) ESRS G1 – Unternehmenspolitik

ESRS G1 bezieht sich auf das Thema Unternehmenspolitik mit den Unterthemen **225**

- Unternehmenskultur
- Schutz von Hinweisgebern (Whistleblowers)
- Tierschutz
- Politisches Engagement
- Management der Beziehungen zu Lieferanten, einschließlich Zahlungspraktiken
- Korruption und Bestechung (Vermeidung und Aufdeckung einschließlich Schulungen; Vorkommnisse).

IV. Internationale Rechnungslegung

1. Noch nicht angewendete neue bzw. geänderte Standards und Interpretationen (IAS 8.30)

a) Einführung

Nach IAS 8.30 ist über bereits verabschiedete Standards oder Interpretationen des IASB **zu berichten, sofern** diese in dem Berichtszeitraum **noch nicht verpflichtend anzuwenden** sind und auch nicht vorzeitig angewandt werden. **226**

Folgende **Angaben im Anhang** sind bspw. erforderlich:

- Titel des neuen Standards oder der neuen Interpretation,
- Art der bevorstehenden Änderung der Rechnungslegungsmethode,
- Zeitpunkt, ab dem die Anwendung des Standards bzw. der Interpretation verpflichtend ist,
- Zeitpunkt, ab dem das Unternehmen die Anwendung des Standards bzw. der Interpretation beabsichtigt,
- erwartete Auswirkungen auf den Abschluss oder wenn diese Auswirkungen unbekannt oder nicht verlässlich abzuschätzen sind, eine Erklärung mit diesem Inhalt.

Die folgende Tabelle gibt einen Überblick über die potenziell angabepflichtigen Vorschriften nach IAS 8.30 in einem EU-IFRS Konzernabschluss zum 31.12.2023.

Für sämtliche tabellarisch dargestellten Standards und Interpretationen ist noch keine Übernahme in EU-Recht (EU-Endorsement) erfolgt, so dass diese noch nicht verpflichtend in der EU anzuwenden sind (ggf. vorzeitige freiwillige Anwendung).

Bei den dargestellten potenziell angabepflichtigen Vorschriften wird eine allgemeine Einschätzung hinsichtlich der Auswirkung auf die Bilanzierungspraxis vorgenommen. Auf Standards und Interpretationen mit grundsätzlicher Bedeutung sowie solche, bei denen eine Auswirkung erwartet wird, sollte im Anhang eingegangen werden. Eine vollständige Darstellung der nicht angewendeten neuen bzw. geänderten Standards und Interpretationen ist nicht erforderlich.

Sofern sich bei mehreren neuen Standards oder Interpretationen keine wesentlichen Auswirkungen auf das Unternehmen ergeben, kann eine Formulierung verwendet werden, in der die betreffenden Standards und Interpretationen ohne wesentliche Auswirkung weder beschrieben noch aufgelistet werden. Dies könnte bspw. in Form einer Sammelaussage erfolgen, dass außer den ausführlich beschriebenen Standards und Interpretationen die übrigen vom IASB verabschiedeten Standards und Interpretationen erwartungsgemäß keinen wesentlichen Einfluss auf den Konzernabschluss haben werden.

Ferner kann zum Zeitpunkt der Anwendung der Standards oder der Interpretationen durch das Unternehmen auch eine **Sammelaussage** getroffen werden, dass eine frühzeitige Anwendung der neuen Standards bzw. Interpretationen nicht geplant ist.

Standard	Titel	IASB Effective date*	Vorauss. Erstanwendungszeitpunkt in der EU*	Auswirkung**
EU-Endorsement noch ausstehend (Stand 28.11.2023)				
Amend. IAS 1 (Januar 2020/ Juli 2020/ Oktober 2022)	Darstellung des Abschlusses – Klassifizierung von Schulden als kurz- oder langfristig, Klassifizierung von Schulden als kurz- oder langfristig – Verschiebung des Inkrafttretens und langfristige Verbindlichkeiten mit Covenants	1.1.2024	Ausstehend	Branchen- bzw. unternehmensspezifische Bedeutung
Amend. IAS 7 und IFRS 7 (Mai 2023)	Kapitalflussrechnung und Finanzinstrumente: Angaben – Lieferantenfinanzierungsvereinbarungen	1.1.2024	Ausstehend	Branchen- bzw. unternehmensspezifische Bedeutung
Amend. IFRS 16 (September 2022)	Leasingverbindlichkeiten aus Sale-and-leaseback Transaktionen	1.1.2024	Ausstehend	Branchen- bzw. unternehmensspezifische Bedeutung
Amend. IAS 21 (August 2023)	Auswirkungen von Änderungen der Wechselkurse – Mangel an Umtauschbarkeit	1.1.2025	Ausstehend	Branchen- bzw. unternehmensspezifische Bedeutung

* Für Jahresabschlüsse, die am oder nach diesem Datum beginnen.

** Die allgemeine Einschätzung hinsichtlich der Auswirkung auf die Bilanzierungspraxis dient als Orientierung – die individuellen Auswirkungen auf das einzelne Unternehmen sind davon unabhängig zu erläutern.

b) Überblick über die Änderungen im Einzelnen

aa) Änderungen an IAS 1 „Darstellung des Abschlusses" – Klassifizierung von Schulden als kurz- oder langfristig

227 Das IASB hat am 31.10.2022 Änderungen an IAS 1 zur Klassifizierung von Schulden mit Covenants im Zusammenhang mit langfristigen Darlehensverhältnissen als kurz- oder langfristig veröffentlicht. Die Änderung stellt klar, dass nur solche **Covenants**, die ein Unternehmen am oder vor dem **Abschlussstichtag** einhalten muss, die Klassifizierung einer Verbindlichkeit als kurz- oder langfristig beeinflussen.

Eine **Verbindlichkeit** ist als **langfristig** einzustufen, wenn das bilanzierende Unternehmen am Abschlussstichtag ein substanzielles Recht besitzt, die Erfüllung um mindestens zwölf Monate zu verschieben. Für diese als langfristig klassifizierte Verbindlichkeiten sind zwingend bestimmte Informationen anzugeben, die es den Abschlussadressaten ermöglichen sollen, das Risiko zu beurteilen, dass diese Verbindlichkeit innerhalb von zwölf Monaten rückzahlbar werden könnte. Die Angabepflicht umfasst folgende Informationen:

– den Buchwert der Verbindlichkeit,

– Informationen über die Covenants, die das Unternehmen einzuhalten hat

   (z.B. die Art der Covenants und das Datum, zu dem das Unternehmen diese einhalten muss),

– Tatsachen und Umstände, die darauf hindeuten, dass das Unternehmen Schwierigkeiten haben könnte, die Covenants einzuhalten.

Hängt das Recht, die Erfüllung der Verbindlichkeit um mindestens zwölf Monate zu verschieben davon ab, dass innerhalb von zwölf Monaten nach dem Abschlussstichtag Bedingungen (Covenants) erfüllt werden, haben diese Bedingungen keinen Einfluss auf den Ausweis als kurz- oder langfristig.

Ein zwischenzeitlich vorgesehener separater Ausweis von als langfristig klassifizierten Verbindlichkeiten, die innerhalb von zwölf Monaten nach dem Abschlussstichtag an die Einhaltung von Bedingungen geknüpft sind, wird nicht mehr gefordert.

> **Anmerkung:**
> Die vorstehende Änderung des IAS 1 ändert die beiden – noch nicht verpflichtend anzuwendenden – Änderungen an IAS 1 zum gleichen Thema aus Januar 2020 und Juli 2020.

bb) Änderungen an IAS 7 „Kapitalflussrechnung" und IFRS 7 „Finanzinstrumente: Angaben": Lieferantenfinanzierungsvereinbarungen

Das IASB hat am 25.5.2023 Änderungen an IAS 7 und IFRS 7 (Supplier Finance Arrangements) veröffentlicht, in dem ergänzende Angabevorschriften im Rahmen von IAS 7 „Kapitalflussrechnungen" und IFRS 7 „Finanzinstrumente: Angaben" enthalten sind.

228

Die zusätzlichen Angabevorschriften betreffen den Ausweis der gegenüber Lieferanten eingeräumten Finanzierungsvereinbarungen (sog. Supplier Finance Arrangements), zu denen insb. Reverse Factoring-Vereinbarungen zählen. Eine Definition dieser Vereinbarungen wird im Änderungsschreiben nicht vorgenommen; stattdessen werden die Merkmale einer Vereinbarung beschrieben, für die ein Unternehmen die vorgeschlagenen Angaben aufzunehmen hat. Weiter werden Beispiele für die verschiedenen Formen solcher Vereinbarungen dargestellt.

Die quantitativen und qualitativen Angabepflichten betreffen u.a.:

– die Vertragsbedingungen der Supplier Finance Arrangements (einschließlich verlängerter Zahlungsfristen, Sicherheiten bzw. Garantien),
– für die Vereinbarungen zu Beginn und zum Ende der Berichtsperiode
    – den Buchwert der finanziellen Verbindlichkeiten, die Teil der Vereinbarung sind sowie
    – den Buchwert der zuvor genannten finanziellen Verbindlichkeiten, für die die Lieferanten bereits Zahlungen vom Finanzgebern erhalten haben,
    – die Bandbreite der Fälligkeitstermine der finanziellen Verbindlichkeiten (z.B. 30 bis 40 Tage nach Rechnungsdatum), die Teil der Vereinbarung sind, sowie
– die Bandbreite der Fälligkeitstermine von finanziellen Verbindlichkeiten und von vergleichbaren Verbindlichkeiten aus Lieferungen und Leistungen, die nicht Teil eines Supplier Finance Arrangements sind.

Aggregierte Informationen über diese Vereinbarungen sind nach Entscheidung des IASB in den meisten Fällen ausreichend, um den Informationsbedarf der Abschlussadressaten zu erfüllen; Angaben pro Lieferantenfinanzierungsvereinbarung sind daher nicht erforderlich.

Unternehmen müssen darüber hinaus auch Angaben offenlegen, die es den Abschlussadressaten ermöglichen, die **Auswirkungen der Lieferantenfinanzierungsvereinbarungen** auf die Schulden und Cashflows des Unternehmens zu beurteilen. Denn die Änderungen enthalten keine konkreten Vorgaben zum Ausweis der zugrundeliegenden Verpflichtungen. Die Angabepflichten gelten auch hinsichtlich der damit verbundenen Zahlungsströme, gleichgültig ob diese in der Kapitalflussrechnung als operative Cashflows oder als Cashflows aus Finanzierungstätigkeit ausgewiesen sind.

Zudem beinhalten die Änderungen in IFRS 7 Finanzinstrumente: ergänzende Angaben zur Steuerung des Liquiditätsrisikos unter Berücksichtigung bestehender Supplier Finance Arrangements sowie der damit verbundenen Risiken. Diese umfassen u.a. auch Risikokonzentrationen, die sich aus den Lieferantenfinanzierungsvereinbarungen ergeben. Die Unternehmen müssen zudem darstellen, wie betroffen sie sein könnten, wenn die Vereinbarungen nicht mehr zur Verfügung stehen würden.

> **Anmerkung:**
>
> Im Rahmen der Erstanwendung sind keine entsprechenden Vergleichsinformationen für die Vorjahresperiode anzugeben.
>
> Bestehende Angabepflichten zu Lieferantenfinanzierungsvereinbarungen (Supply Chain Financing Arrangements – Reverse Factoring) hatte das IFRS IC bereits in einer Agenda-Entscheidung im Dezember 2020 erläutert.

cc) Änderungen an IFRS 16 „Leasingverhältnisse": Leasingverbindlichkeit bei Sale-and-leaseback Transaktionen

229 Das IASB hat am 22.9.2022 Änderungen an IFRS 16 „Leasingverhältnisse" veröffentlicht, die die Anforderungen an die Bilanzierung von Leasingverbindlichkeiten aus Sale- und -leaseback Transaktionen betreffen. Durch die Änderung soll klargestellt werden, dass ein Leasingnehmer im Anschluss an einen Verkauf die Leasingverbindlichkeit so zu bewerten hat, dass er keinen Betrag im Gewinn oder Verlust erfasst, der sich auf das zurückbehaltene Nutzungsrecht bezieht. Darüber hinaus werden, u.a. anhand von Beispielen, unterschiedliche mögliche Vorgehensweisen, insb. bei variablen Leasingzahlungen, erläutert.

> **Anmerkung:**
>
> Die Bilanzierung von Leasingverhältnissen, die nicht im Rahmen einer Sale-and-leaseback Transaktion entstehen, ändert sich hierdurch nicht.

dd) Änderungen an IAS 21: „Auswirkungen von Änderungen der Wechselkurse" – Mangel an Umtauschbarkeit

230 Das IASB hat am 15.8.2023 Änderungen an IAS 21 „Auswirkungen von Änderungen der Wechselkurse – Mangel an Umtauschbarkeit" veröffentlicht, die Leitlinien zur Bilanzierung bei mangelnder Umtauschbarkeit von Währungen enthalten.

Die Klarstellungen sollen Unternehmen bei ihrer Verpflichtung zur Bereitstellung nützlicherer Informationen in ihren Abschlüssen unterstützen, wenn eine Währung nicht in eine andere Währung umtauschbar ist. Die Klarstellungen schließen damit eine bislang in IAS 21 vorherrschende Regelungslücke.

Die vom IASB verabschiedeten Änderungen betreffen insb.:

– **Einheitlicher Ansatz** zur Beurteilung, ob eine Währung umtauschbar ist: Eine Währung gilt als umtauschbar, wenn ein Unternehmen zum jeweiligen Berichtszeitpunkt in der Lage ist, eine Währung für einen bestimmten Zweck über Märkte oder Umtauschmechanismen in eine andere Währung umzutauschen, sofern dabei ohne unangemessene Verzögerungen durchsetzbare Rechte und Pflichten geschaffen werden. Hingegen gilt eine Währung als nicht in eine andere Währung umtauschbar, wenn ein Unternehmen eine Währung lediglich in unwesentlicher Höhe erhalten kann.

– **Vorgaben zur Bestimmung des anzuwendenden Stichtagskurses**, wenn ein Umtausch in eine andere Währung nicht möglich ist: Ist eine Währung zum Berichtszeitpunkt nicht in eine andere Währung umtauschbar, hat das Unternehmen den Stichtagskurs als den Kurs zu schätzen, der für eine ordnungsgemäße Transaktion zwischen Teilnehmern am Markt gegolten hätte, um die vorherrschenden wirtschaftlichen Bedingungen angemessen widerzuspiegeln.

- **Zusätzliche Angabepflichten**, wenn eine Währung nicht umtauschbar ist: Das Unternehmen hat den Abschlussadressaten Informationen zur Verfügung zu stellen, die eine Beurteilung über die Auswirkungen auf die finanzielle Leistung, die finanzielle Lage und die Cashflows des Unternehmens ermöglichen, wenn eine Währung nicht in eine andere Währung umtauschbar ist.

Hintergrund der Änderungen war eine an das IFRS IC gestellte Anfrage, welchen Wechselkurs ein Unternehmen bei langfristiger mangelnder Umtauschbarkeit zu verwenden hat, wenn der Stichtagskurs nicht beobachtbar ist. Das IFRS IC hatte nach Prüfung der Anfrage dem IASB empfohlen, eng umrissene Änderungen an IAS 21 vorzunehmen. Daraufhin wurde seitens des IASB im April 2021 der Änderungsentwurf ED/2021/4 Lack of Exchangeability veröffentlicht, der nun finalisiert wurde.

Die Änderungen betreffen auch entsprechende Änderungen an IFRS 1, da darin bisher keine Definition zur Umtauschbarkeit enthalten war.

> **Anmerkung:**
> Die Änderungen an IAS 21 sind für Geschäftsjahre anzuwenden, die am oder nach dem 1.1.2025 beginnen. Bei EU-IFRS Abschlüssen gilt dies vorbehaltlich eines zuvor entsprechend erfolgten EU-Endorsements. Eine vorzeitige Anwendung der Änderung ist zulässig.

2. Prüfungsschwerpunkte der ESMA und BaFin

Die Europäische Wertpapieraufsichtsbehörde (ESMA) hat am 26.10.2023 die gemeinsamen europäischen Prüfungsschwerpunkte (European Common Enforcement Priorities (ECEP)) für die Unternehmensberichterstattung 2023 veröffentlicht. Diese beziehen sich sowohl auf die **finanzielle als auch auf die nicht-finanzielle Berichterstattung** und betreffen klima- und sonstige umweltbezogene Angelegenheiten und das makroökonomische Umfeld.

Die ESMA veröffentlicht jährlich Prüfungsschwerpunkte, die die europäischen nationalen Enforcer bei der Prüfung von Geschäftsberichten besonders im Fokus haben werden. Daher sollten insb. kapitalmarktorientierte Unternehmen und deren Abschlussprüfer diese Themen besonders sorgfältig bei der Erstellung der Konzern- und Jahresabschlüsse und bei deren Prüfung beachten:

- **Einfluss von klima- und umweltbezogenen Themen**

  Insbesondere die Konsistenz zwischen den Informationen in den IFRS-Abschlüssen und in den nichtfinanziellen Erklärungen oder Nachhaltigkeitsberichten, die Bilanzierung von Emissionshandelssystemen und Zertifikaten für erneuerbare Energien, die Wertminderung nichtfinanzieller Vermögenswerte und Stromabnahmeverträge (PPAs) werden von der ESMA als Schwerpunkte aufgeführt.

  Von den Finanzinstituten erwartet die ESMA, dass sie Informationen über ihr Engagement in der grünen Finanzierung offenlegen und dass das Klimarisiko bei der Bemessung der Rückstellung angemessen berücksichtigt wird.

  Des Weiteren nimmt die ESMA Bezug auf ihren Bericht „Disclosures of Climate-Related Matters in the Financial Statements", der praktische Beispiele zur Verbesserung von Angaben zu klimabezogenen Themen in IFRS-Abschlüssen enthält, sowie auf Lehrmaterialien des IASB.

- **Makroökonomisches Umfeld**

  Darüber hinaus weist die ESMA auf die bilanzielle Berücksichtigung des aktuellen makroökonomische Umfelds (insb. Zinsanstieg und Inflation) hin. Dieses wirkt sich nicht nur auf die Bilanzierung und Bewertung von Finanzinstrumenten, sondern auch auf die Risikolage u.a. im Hinblick auf die Finanzierungs- und Liquiditätsrisiko aus.

- **Prüfungsschwerpunkte in Bezug auf die nichtfinanzielle Berichterstattung**
  - Angaben im Zusammenhang mit Artikel 8 der EU-Taxonomie,
  - die Berichterstattung über klimabezogene Ziele,
  - Maßnahmen und Fortschritte sowie die Berichterstattung über Scope 3 – Treibhausgasemissionen.

Damit führt die ESMA die Schwerpunkte des Jahres 2022 inhaltlich auch für das Geschäftsjahr 2023 fort. Darüber hinaus wird auch auf eine konsistente Ermittlung und Bewertung von alternativen Leistungskennzahlen (Alternative Performance Measures (APM)) und auf die digitale Auszeichnung von Abschlüssen nach der ESEF-Verordnung hingewiesen. Die ESMA weist bei der Veröffentlichung von Alternativen Kennzahlen darauf hin, dass ihre eigenen APM-Leitlinien beachtet werden. Darüber hinaus ist es für die ESMA von besonderer Bedeutung, dass etwaige Bereinigungen ausreichend erläutert werden müssen und eine Überleitung zum Konzernabschluss möglich sein muss.

Die **BaFin** hat am 4.12.2023 ihren **nationalen Prüfungsschwerpunkt für 2024** bekannt gegeben. Zusätzlich zu den oben dargestellten gemeinsamen Prüfungsschwerpunkten des ESMA wird die BaFin bei der Prüfung von IFRS-Abschlüssen für das Geschäftsjahr 2023 den Fokus auf den **(Konzern-)Lagebericht** legen.

Ein Schwerpunkt ist die Darstellung des Geschäftsmodells. Der Umfang und die Komplexität der Geschäftstätigkeit eines Unternehmens oder Konzerns muss sich im (Konzern-)Lagebericht widerspiegeln. Daher sind vollständige, verlässliche und ausgewogene Informationen zur Geschäftstätigkeit und dem Geschäftsmodell erforderlich, damit sich Dritte anhand des (Konzern-)Lageberichts selbst ein Bild von der Lage des Unternehmens machen können. Hierzu kann es wichtig sein, etwa auf die Organisationsstruktur, Beschaffungs- und Absatzmärkte sowie Geschäftsprozesse einzugehen.

Die Darstellung des Steuerungssystems ist ein weiterer Schwerpunkt. Die Geschäftsleitung hat darzulegen, wie sie das Unternehmen oder den Konzern steuert und die gesteckten Ziele erreichen will. Dazu gehört auch die Angabe bzw. Beschreibung der finanziellen und nichtfinanziellen Kennzahlen, die zur Steuerung des Unternehmens verwendet werden.

> **Praxistipp:**
> Im Gegensatz zu den meisten anderen europäischen Ländern wird sich das Bilanzkontrollverfahren der BaFin in Deutschland unverändert nur auf eine **formelle Prüfung** der nichtfinanziellen Berichterstattung beschränken. Allerdings wird die nichtfinanzielle Berichterstattung bei kapitalmarktorientierten Unternehmen nach der Corporate Sustainability Reporting Directive (CSRD → Rz. 195 ff.) ab dem Geschäftsjahr 2024 auch in Deutschland einer materiellen Prüfung durch die BaFin unterliegen.

H. Wirtschaftsrecht

I. Gesellschaftsrecht

1. Gesetz zur Modernisierung des Personengesellschaftsrechts

a) Gesetzgebungsverfahren

232 Am 20.1.2021 beschloss das Bundeskabinett die größte Reform des Personengesellschaftsrechts seit mehr als 120 Jahren. Sie basiert auf dem sog. Mauracher Entwurf einer Expertenkommission vom April 2020 und dem Referentenentwurf vom 19.11.2020. Der Bundestag verabschiedete am 24.6.2021 das sog. Gesetz zur Modernisierung des Personengesellschaftsrechts (MoPeG). Der Bundesrat billigte das Gesetz am 25.6.2021. Damit wurde ein struktureller Wandel im Recht der Personengesellschaften vollzogen. Die Verkündung des Gesetzes vom 10.8.2021 im Bundesgesetzblatt erfolgte am 17.8.2021.[1] Die Neuregelungen traten überwiegend zum 1.1.2024 in Kraft.

Dabei ist im Rahmen der Reform ein radikaler Kurswechsel unterblieben. Die im deutschen Wirtschaftsrecht charakteristische Trennung zwischen gewerblicher und freiberuflicher Tätigkeit bleibt zwar ebenso erhalten wie die Unterscheidung zwischen kaufmännischer und nicht-kaufmännischer Unternehmung. Sie wird jedoch durch die Annäherung der GbR an die OHG und die Öffnung der Handelsgesellschaften für Freiberufler aufgeweicht.[2]

b) Reform der Gesellschaft bürgerlichen Rechts

aa) GbR als Grundform aller Gesellschaften

233 Im Mittelpunkt der Reform steht die Gesellschaft bürgerlichen Rechts (GbR), deren bisheriges gesetzliches Leitbild der Gelegenheitsgesellschaft auf eine Personengesellschaft von gewisser Dauer und mit eigenen Rechten und Pflichten umgestellt wurde. Hier ging es insbesondere darum, den in Rechtsprechung und Literatur bereits vollzogenen Systemwechsel von der von ihren Mitgliedern getragenen und abhängigen Gesamthandsgemeinschaft zur rechtsfähigen Außengesellschaft gesetzlich zu kodifizieren.[3]

> **Anmerkung:**
> Die Reform wurde bereits vor gut zwanzig Jahren angestoßen, als der BGH die GbR – entgegen der gesetzlichen Konzeption – für rechtsfähig erklärte und sie dem Haftungsregime der OHG unterstellte.[4]

Neben richtungweisenden Neuregelungen, wie der Abschaffung des Gesamthandvermögens oder der Einführung eines Gesellschaftsregisters, trägt die Neuregelung in erster Linie zu einer erleichterten Teilnahme der GbR am Geschäftsverkehr bei und macht diese im Ergebnis zu einer für das Wirtschaftsleben besser geeigneten Gesellschaftsform.

Regelungstechnisch wird die **GbR als Grundform aller rechtsfähigen Personengesellschaften** weiter aufgewertet.[5] Anders als bisher stehen jedoch nicht mehr die „Gesellschafter", sondern steht die „Gesellschaft" als solche im Mittelpunkt der gesetzlichen Regelungen. Wie bisher kann die GbR aber weiterhin nicht nur zu Erwerbszwecken, sondern auch zu rein ideellen Zwecken gegründet werden.

bb) Rechtsfähige und nicht rechtsfähige GbR

234 Die grundlegende Neuregelung besteht darin, dass die GbR nach der Reform entweder als sog. **rechtsfähige Gesellschaft** selbst Rechte erwerben und Verbindlichkeiten eingehen kann, wenn sie nach dem gemeinsamen Willen der Gesellschafter am Rechtsverkehr teilnehmen soll. Dient sie den Gesellschaftern lediglich zur Ausgestaltung ihres Rechtsverhältnisses untereinander, handelt es sich demgegenüber um eine **nicht rechtsfähige Gesellschaft**, § 705 Abs. 2 BGB n.F.

---

1) BGBl. I 2021, 3436. Zum MoPeG vgl. u.a. Bachmann, NJW 2021, 3073.
2) Bachmann, NJW 2021, 3073.
3) Hermanns, DNotZ 2022, 3.
4) Bachmann, NJW 2021, 3073.
5) Vgl. Fleischer, DStR 2021, 430, 433.

Die Abgrenzung zwischen rechts- und nichtrechtsfähiger GbR erfolgt nach § 705 Abs. 2 BGB n.F. anhand des **gemeinsamen Willens der Gesellschafter** zur Teilnahme am Rechtsverkehr. Diese subjektive Abgrenzung wurde teilweise kritisiert und eine Vermutungsregelung analog österreichischem Recht propagiert.[1] Von der Aufnahme einer entsprechenden Regelung hat der deutsche Gesetzgeber jedoch abgesehen. In der Begründung des Regierungsentwurfs sind jedoch bestimmte Kriterien enthalten, die für einen solchen gemeinsamen Willen sprechen sollen. Dabei handelt es sich insbesondere um vertragliche Bestimmungen, wie etwa Name und Sitz, Handlungsorganisation und Haftung, sowie den konkreten Gesellschaftszweck und lediglich ergänzend um die tatsächliche Art der Teilnahme am Rechtsverkehr.

cc) Öffentliches Register für die GbR

235 Kernelement der Reform ist die Einführung eines Gesellschaftsregisters für GbRs zum 1.1.2024, in das sich Gesellschaften bürgerlichen Rechts eintragen lassen können bzw. ggf. auch eintragen lassen müssen.

> **Anmerkung:**
> Damit soll das **Publizitätsdefizit der GbR behoben** werden, das sich insbesondere im Grundstücksverkehr nachteilig bemerkbar machte.[2]

Dieses neue Gesellschaftsregister wird wie das bekannte Handelsregister bei den Registergerichten geführt. Dort können die für den Geschäftsverkehr benötigten Informationen, bspw. zur Existenz, zur Firma oder zu den Vertretungsberechtigten der jeweiligen Gesellschaft, eingesehen werden.

Die Registrierung als eGbR ist grundsätzlich freiwillig, § 707 Abs. 1 BBG n.F. Allerdings wird für einen Großteil der GbRs ein faktischer Zwang zur Eintragung bestehen. Hiervon betroffen sind insbesondere alle GbRs, die Immobilien besitzen oder an Gesellschaften beteiligt sind, die ihrerseits im Handelsregister eingetragen sind (bspw. GmbH, GmbH & Co. KG, AG). Ab 2024 können in öffentlichen Registern, wie dem Grundbuch oder dem Handelsregister, zugunsten von GbRs nämlich nur noch dann Rechte eingetragen werden, wenn die GbR ihrerseits im neuen Gesellschaftsregister eingetragen ist.

Zwar gilt für GbRs, die bereits im Grundbuch, im Handelsregister, in Gesellschafterlisten oder Aktienregistern als Rechtsinhaber eingetragen sind, eine Art Bestandsschutz. Soweit sich also keine maßgeblichen Änderungen bezüglich der GbR oder dem eingetragenen Recht ergeben, kann die GbR auch ohne Registrierung wie bisher bestehen bleiben und muss sich nicht in das neue Gesellschaftsregister eintragen lassen.

Jedoch wird eine GbR aufgrund der Gesetzesänderungen ab 1.1.2024 faktisch kein Grundstück und keine Gesellschaftsbeteiligung mehr erwerben oder veräußern können, ohne sich zuvor in das Gesellschaftsregister eintragen zu lassen. Für derartige Vorgänge ist nämlich nach dem neuen Recht stets eine Eintragung der GbR im Gesellschaftsregister erforderlich. Insbesondere für die in der Praxis weit verbreitete Immobilien-GbR wird eine Eintragung im Gesellschaftsregister also zwingend erforderlich sein.

Darüber hinaus ist damit zu rechnen, dass Geschäftspartner und Banken vielfach ebenfalls die Eintragung im Gesellschaftsregister fordern werden, da mit der Eintragung für den Rechtsverkehr eine größere Rechtssicherheit bei Geschäften mit GbRs einhergeht.

Im Gesellschaftsregister eingetragene Gesellschaften sind dazu verpflichtet, den Zusatz „eingetragene Gesellschaft bürgerlichen Rechts" oder „**eGbR**" zu tragen, § 707a Abs. 2 BGB n.F.

---

1) Vgl. Fleischer, DStR 2021, 430, 437.
2) Vgl. Fleischer, DStR 2021, 430, 434.

> **Anmerkung:**
> Will eine GbR nicht nach außen in Erscheinung treten, sondern dient der Zusammenschluss ausschließlich einem zwischen den Gesellschaftern bestehenden Zweck – bspw. der internen Abstimmung von Stimmrechtskonsortien – ist auch weiterhin keine Eintragung erforderlich.

Gemäß § 707b Ziff. 2 BGB n.F. sind die dort genannten handelsrechtlichen Vorschriften auf die registerrechtliche Behandlung der GbR anzuwenden. Dies bedeutet, dass die Eintragung der GbR in das Gesellschaftsregister von sämtlichen Gesellschaftern in notariell beglaubigter Form beantragt werden muss.[1]

In das Gesellschaftsregister eingetragen werden dabei der

- Name und der Sitz der Gesellschaft,
- eine Anschrift innerhalb der EU,
- die Vertretungsbefugnis der Gesellschafter sowie
- von allen Gesellschaftern Name, Vorname, Geburtsdatum und Wohnort.

Handelt es sich bei einem Gesellschafter um eine Gesellschaft, sind die Handelsregisterdaten einzutragen.

Ist eine GbR einmal im Gesellschaftsregister eingetragen, besteht hinsichtlich aller **zukünftigen Änderungen** in Bezug auf die Gesellschaft (Name, Sitz, etc.), ihre Gesellschafter sowie die Vertretungsbefugnis eine Anmeldepflicht.

Vorteile der eGbR sind u.a. die Publizität der Vertretung der eGbR im Rechtsverkehr, ihre Umwandlungsfähigkeit und die mit der Eintragung in das Gesellschaftsregister einhergehende Sitzwahlfreiheit. Nur die eGbR kann einen von ihrem Verwaltungssitz abweichenden sog. Vertragssitz haben. Dies könnte insbesondere für GbRs mit Auslandsbezug im Einzelfall interessant sein.

dd) Transparenzregister

236 Weiterhin sind eGbRs zur Meldung ihrer wirtschaftlich Berechtigten zum Transparenzregister verpflichtet. Gegebenenfalls sind also über das Transparenzregister Beteiligungsverhältnisse offenzulegen, die bisher nicht publik sind.

ee) Aufgabe des Gesamthandsvermögens

237 Das Vermögen der Gesellschaft wird aufgrund der Reform der GbR selbst und nicht mehr wie bisher den Gesellschaftern in ihrer Gesamtheit (Gesamthand) zugerechnet. In § 713 BGB n.F. ist danach geregelt, dass die Beiträge der Gesellschafter sowie die durch oder für die Gesellschaft erworbenen Rechte und die gegen sie begründeten Verbindlichkeiten Vermögen der Gesellschaft sind. Das **Gesamthandsprinzip** wurde damit auf dem Gebiet des Gesellschaftsrechts **aufgegeben**.[2]

> **Anmerkung:**
> **Ertragsteuerlich** sollte die Abschaffung des Gesamthandsvermögens zu keinen Änderungen führen, insbesondere sollte es zunächst bei der transparenten Besteuerung von Personengesellschaften bleiben. Zwischenzeitlich hat aber der Gesetzgeber erkannt, dass im Steuerrecht Anpassungsbedarf an das MoPeG besteht Entsprechende Anpassungen werden im Rahmen des **Kreditzweitmarktförderungsgesetzes** umgesetzt (→ Rz. 102 f.). In diesem Zusammenhang ist insb. die **Änderung des § 39 Abs. 2 Nr. 2 AO** hervorzuheben. Die Neufassung soll klarstellen, dass bei der Besteuerung nach dem Einkommen weiterhin rechtsfähige Personengesellschaften steuerlich als Gesamthand und deren Vermögen als Gesamthandsvermögen gelten.

---

1) Hermanns, DNotZ 2022, 3, 7.
2) Fleischer, DStR 2021, 430, 435.

ff) Beschlussfassung und Geschäftsführung

238 In §§ 714, 715 BGB n.F. sind die Grundlagen der gesellschaftsrechtlichen Willensbildung und deren Abgrenzung von der Geschäftsführung geregelt. Bei außergewöhnlichen Geschäftsführungsmaßnahmen und sofern gesellschaftsvertraglich vorgesehen, bedarf es Gesellschafterbeschlüsse, die einstimmig erfolgen müssen, sofern nichts Abweichendes geregelt ist.

Nach § 715 Abs. 1 BGB n.F. sind alle Gesellschafter zur Führung der Geschäfte der Gesellschaft berechtigt und verpflichtet. Somit ist **Gesamtgeschäftsführung** der gesetzliche Regelfall, § 715 Abs. 3 BGB n.F. Sofern einzelne Gesellschafter von der Geschäftsführung ausgeschlossen sind, bedürfen außergewöhnliche Geschäfte auch ihrer Zustimmung, § 715 Abs. 2 BGB n.F.

Zur Vertretung der Gesellschaft gegenüber Dritten sind alle Gesellschafter gemeinsam befugt, es sei denn, der Gesellschaftsvertrag bestimmt etwas anderes, § 720 Abs. 1 BGB n.F.

Kodifiziert wurde darüber hinaus eine **zwingende Notgeschäftsführungsbefugnis**. Gemäß § 715a Satz 1 BGB n.F. kann – sofern alle geschäftsführenden Gesellschafter verhindert sind – jeder Gesellschafter das Geschäft vornehmen, vorausgesetzt mit dem Aufschub wäre eine Gefahr für die Gesellschaft oder das Gesellschaftsvermögen verbunden. Diese Notgeschäftsführungsbefugnis kann gesellschaftsvertraglich nicht abbedungen werden.

Darüber hinaus wurde in § 715b BGB n.F. die Gesellschafterklage, sog. **actio pro socio**, verankert. Danach ist jeder Gesellschafter befugt, einen auf dem Gesellschaftsverhältnis beruhenden Anspruch der Gesellschaft gegen einen anderen Gesellschafter im eigenen Namen gerichtlich geltend zu machen, wenn der dazu berufene geschäftsführungsbefugte Gesellschafter dies pflichtwidrig unterlässt.

gg) Persönliche Haftung der Gesellschafter

239 Gemäß § 721 BGB n.F. haften die Gesellschafter für die Verbindlichkeiten der Gesellschaft den Gläubigern als **Gesamtschuldner** persönlich. Eine entgegenstehende Vereinbarung ist Dritten gegenüber unwirksam. Mit dieser Regelung wird die neuere BGH-Rechtsprechung zur unbeschränkten Gesellschafterhaftung kodifiziert.[1] Die Haftungsregelung gilt für eingetragene und nicht eingetragene Gesellschaften bürgerlichen Rechts gleichermaßen.

> **Anmerkung:**
> Die von der Rechtsprechung entwickelten Ausnahmen für Bauherrengemeinschaften, geschlossene Immobilienfonds, Gelegenheitsgesellschaften sowie gemeinnützige Gesellschaften sollen laut Begründung des Regierungsentwurfs weitergelten.

hh) Ausscheiden eines Gesellschafters

240 In Bezug auf das Ausscheiden eines Gesellschafters aus der Gesellschaft bürgerlichen Rechts wurde ein Richtungswechsel weg von der Personen- und hin zur **Verbandskontinuität** vollzogen.[2] Sofern gesellschaftsvertraglich nichts Abweichendes geregelt wurde, führte bisher der Tod eines Gesellschafters zur Auflösung der GbR. Nach der Reform führt der Tod eines Gesellschafters mangels anderweitiger Abrede zu seinem Ausscheiden, § 723 Abs. 1 Nr. 1 BGB n.F. Dies gilt auch bei

– Kündigung der Mitgliedschaft durch den Gesellschafter (Nr. 2);
– Eröffnung des Insolvenzverfahrens über das Vermögen des Gesellschafters (Nr. 3);

---
[1] Fleischer, DStR 2021, 430, 436.
[2] Fleischer, DStR 2021, 430, 436.

- Kündigung der Mitgliedschaft durch einen Privatgläubiger des Gesellschafters (Nr. 4);
- Ausschließung des Gesellschafters aus wichtigem Grund (Nr. 5).

> **Anmerkung:**
> Damit wird laut Begründung des Regierungsentwurfs die wirtschaftspolitische Absicht verfolgt, den **Unternehmenserhalt** zu fördern.

Ist das Gesellschafterverhältnis – wie häufig – auf unbestimmte Zeit eingegangen, kann jeder Gesellschafter seine Mitgliedschaft mit einer Frist von drei Monaten zum Ablauf des Kalenderjahres kündigen, es sei denn, es wurde etwas Abweichendes vereinbart. Im Zuge der Reform wird nun ausdrücklich geregelt, dass für einen BGB-Gesellschafter einer auf eine bestimmte Zeit eingegangenen Gesellschaft ein **außerordentliches Kündigungsrecht aus wichtigem Grund** besteht, § 725 Abs. 2 BGB n.F. Ein wichtiger Grund liegt dabei insbesondere dann vor, wenn ein anderer Gesellschafter eine ihm nach dem Gesellschaftsvertrag obliegende wesentliche Verpflichtung vorsätzlich oder grob fahrlässig verletzt hat oder wenn die Erfüllung einer solchen Verpflichtung unmöglich wird.

> **Anmerkung:**
> Diese Kündigungsrechte führen nicht zur Auflösung der Gesellschaft, sondern lediglich zum Ausscheiden des kündigenden Gesellschafters.

ii) Auflösung und Liquidation der Gesellschaft

241 Die **Auflösungsgründe** einer Gesellschaft bürgerlichen Rechts sind in § 729 BGB n.F. kodifiziert. Weitere Gründe können gesellschaftsvertraglich bestimmt werden. Neu ist das **zwingende Recht zur Kündigung der Gesellschaft aus wichtigem Grund**, § 731 BGB n.F., als ultima ratio, wenn dem kündigenden Gesellschafter die Fortsetzung der Gesellschaft nicht zugemutet werden kann.

Ein **Beschluss über die Auflösung der Gesellschaft** muss mit einer Mehrheit von mindestens drei Viertel der abgegebenen Stimmen gefasst werden, § 732 BGB n.F., sofern nach dem Gesellschaftsvertrag Mehrheitsentscheidungen zulässig sind

> **Anmerkung:**
> Ist der Auflösungsgrund beseitigt, können die Gesellschafter unter den Voraussetzungen des § 734 BGB n.F. die Fortsetzung der aufgelösten Gesellschaft beschließen.

Nach Auflösung der Gesellschaft ist eine **Liquidation** erforderlich, wobei die Gesellschafter nach § 735 BGB n.F. auch andere Arten der Abwicklung vereinbaren können. Mit der Auflösung der Gesellschaft erlischt die einem Gesellschafter gesellschaftsvertraglich übertragene Befugnis zur Geschäftsführung und Vertretung. Diese Befugnis steht von der Auflösung an allen Liquidatoren gemeinsam zu. Zur Liquidation sind nach § 736 Abs. 1 BGB n.F. grundsätzlich alle Gesellschafter berufen.

jj) Handlungs- und Unterlassungspflichten

242 Sind an Gesellschaften bürgerlichen Rechts ausschließlich Gesellschaften beteiligt, obliegen den **Organen der beteiligten Gesellschaften** bei Zahlungsunfähigkeit oder Überschuldung der GbR **gesteigerte Handlungs- und Unterlassungspflichten**. So muss mit Eintritt von Insolvenzgründen prinzipiell jede hiernach von den Geschäftsführern der beteiligten Gesellschaften für die GbR geleistete Zahlung vollumfänglich erstattet werden. Ferner sind die Organe zur Stellung eines Insolvenzantrags verpflichtet.

kk) Grundbucheintragung

243 Im Grundbuch wird nur noch die GbR selbst eingetragen, die namentliche Nennung sämtlicher Gesellschafter ist damit obsolet. Bei einem Wechsel im Gesellschafterbestand erübrigt sich damit die zeitintensive Berichtigung des Grundbuchs. Eine Eintragung im Grundbuch erfolgt nur dann, wenn die GbR auch im Gesellschaftsregister eingetragen ist, § 47 Abs. 2 GBO n.F.

ll) Anteilsübertragungen

244 Anteilsübertragungen bei der GbR sind nach der Reform grundsätzlich zulässig. Diese sind jedoch an die **Zustimmung der übrigen Gesellschafter** geknüpft, § 711 Abs. 1 BGB n.F. Die Übertragung bedarf keiner Form, was auch für den Fall gelten soll, dass die GbR über Grundbesitz oder Anteile an Gesellschaften verfügt. Abweichende Regelungen im Gesellschaftsvertrag sind zulässig. Eigene Anteile kann die GbR nicht erwerben.

mm) Umwandlungen

245 Schließlich wurde im Zuge der Reform im Umwandlungsgesetz die Beteiligung der GbR an innerstaatlichen Umwandlungen ermöglicht. Die GbR kann sowohl passiv wie auch aktiv an Verschmelzungen, Spaltungen und anderen Umwandlungsakten teilnehmen.[1] Außerhalb des Umwandlungsgesetzes kann sich eine registrierte GbR durch einen sog. Statuswechsel in eine OHG, KG oder PartG und umgekehrt „umwandeln". § 707c BGB n.F., §§ 106, 107 HGB n.F. und § 4 Abs. 4 PartGG n.F. enthalten Regelungen, um die Identität der registerwechselnden Gesellschaft dokumentieren zu können und Doppeleintragungen zu vermeiden.[2]

c) Öffnung der GmbH & Co. KG für Freiberufler

246 Die Reform des Personengesellschaftsrechts erstreckt sich zudem auf die im Mittelstand beliebte Rechtsform der GmbH & Co. KG. So können sich jetzt Gesellschafter auch zur gemeinsamen Ausübung der sog. „Freien Berufe" – z.B. Ärzte, Wirtschaftsprüfer, Steuerberater, Rechtsanwälte – in der Rechtsform der Kommanditgesellschaft bzw. GmbH & Co. KG zusammenschließen; § 107 HGB n.F. Bislang war dies ausschließlich Unternehmungen mit gewerblichem Gegenstand vorbehalten.

> **Anmerkung:**
> Wirtschafsprüfer, Steuerberater und Rechtsanwälte können diese Option bspw. schon nutzen.

Dies steht jedoch unter dem **Vorbehalt**, dass die berufsrechtlichen Vorschriften des jeweiligen Berufsstandes einen Zusammenschluss in der Rechtsform der (GmbH & Co.) KG zulassen. Die aktuell geltenden Beschränkungen auf Ebene des Landesrechts sollen aufgeweicht und spezifische Regelungen im sachnäheren Berufsrecht geschaffen werden.

---

1) Vgl. hierzu Vossius in Widmann/Mayer, Umwandlungsrecht aktuell, A. Gesellschaftsrecht, 1 ff. (Stand: Oktober 2021).
2) Hermanns, DNotZ 2022, 3, 7.

> **Anmerkung:**
>
> Die Entwicklung dieser Vorgabe auf Landesebene ist daher aufmerksam zu beobachten.
>
> Für Rechtsanwälte wurde der Gang in die Freiberufler-KG mit der BRAO-Reform, die zum 1.8.2022 in Kraft getreten ist, ermöglicht.

Unter der genannten Prämisse tritt die GmbH & Co. KG bei Berufsträgern daher in direkte Konkurrenz zur Partnerschaftsgesellschaft mit beschränkter Berufshaftung (PartG mbB).

Die Wahl zwischen diesen beiden Rechtsformen dürfte im Wesentlichen von der Gewichtung folgender Gesichtspunkte abhängen:

Die GmbH & Co. KG erzielt im Falle der gewerblich geprägten Personengesellschaft Einkünfte aus Gewerbebetrieb, welche der Gewerbesteuer unterliegen. Die PartG mbB hingegen wird nicht als Gewerbebetrieb qualifiziert und unterliegt demzufolge keiner Gewerbesteuerpflicht.

Die Haftung der Partner einer PartG mbB ist nur insoweit beschränkt, als diese auf einer fehlerhaften Berufsausübung, bspw. auf Beratungsfehlern, beruht. Nur unter diesen Voraussetzungen ist eine Haftung des Berufsträgers auf die Versicherungssumme der Berufshaftpflichtversicherung beschränkt. Für sonstige Verbindlichkeiten – bspw. aus Mietverhältnissen oder gegenüber Angestellten – haften die Partner hingegen unbeschränkt und mit ihrem Privatvermögen.

Die GmbH & Co. KG bietet insoweit den Vorteil, dass eine Haftung der Kommanditisten hinsichtlich aller Verbindlichkeiten (auf die Hafteinlage) beschränkt werden kann, unabhängig davon, ob die Verbindlichkeit bei spezifischer Berufsausübung oder in sonstiger Weise begründet wurde.

d) Streitigkeiten über Gesellschafterbeschlüsse

247 Will ein Gesellschafter einer OHG oder (GmbH & Co.) KG die Rechtswidrigkeit eines in der Gesellschafterversammlung gefassten Beschlusses gerichtlich geltend machen, ist hierfür – mit Ausnahme besonders schwerwiegender Verstöße gegen Rechtsvorschriften, auf die Gesellschafter nicht verzichten können – eine Frist von drei Monaten zu beachten, § 112 Abs. 1 HGB n.F. Lässt er die Frist verstreichen, ist der betreffende Beschluss unanfechtbar.

Um den damit verbundenen Zeitdruck der Gesellschafter zur gerichtlichen Geltendmachung der Beschlussmängel abzumildern und die Möglichkeit einer einvernehmlichen Streitbeilegung nicht zu gefährden, wird der Lauf dieser Frist bei Vergleichsverhandlungen gehemmt; § 112 Abs. 3 HGB n.F.

2. Finanzkriminalitätsbekämpfungsgesetz: Weitere Verschärfungen beim Transparenzregister

248 Das Bundeskabinett hat am 11.10.2023 den Entwurf eines Finanzkriminalitätsbekämpfungsgesetzes beschlossen, den der Bundestag am 14.12.2023 in erster Lesung beraten hat. Die 2. und 3. Lesung des Bundestages steht noch aus. Eine Zustimmung des Bundesrates ist nicht erforderlich. Das Gesetz soll in wesentlichen Teilen am 1.4.2024 in Kraft treten. Danach soll es ein neues **Bundesamt zur Bekämpfung von Finanzkriminalität** (BFF) sowie ein neues **Ermittlungszentrum Geldwäsche** (EZG) geben, das „in bedeutsamen Fällen der internationalen Geldwäsche mit Inlandsbezug" strafrechtlich ermitteln soll.

Zur Verbesserung der Datenqualität im **Transparenzregister** sieht der Entwurf **zusätzliche Abfragebefugnisse** vor, um Falscheintragungen leichter aufdecken und Berichtigungen anstoßen zu können. Nach dem Regierungsentwurf sollen der Bundesanzeiger sowie das Bundesverwaltungsamt dafür neben der Einsichtnahme in öffentliche Register die folgenden Auskunftsbefugnisse erhalten:

- Kontenabrufverfahren nach dem Kreditwesengesetz (KWG),
- Einsichtnahme in Melderegister,
- Einsichtnahme in die Stiftungsverzeichnisse der Länder.

Für Unternehmen sollen zudem Anreize gesetzt werden, **freiwillig** ihre Eigentums- und Kontrollstrukturen im Transparenzregister offenzulegen. Zusätzlich soll der Geburtsort des wirtschaftlich Berechtigten als eintragungspflichtige Information im Transparenzregister gemeldet werden.

Der Bundesanzeiger soll zusätzlich befugt sein, die Vertretungsbefugnis der meldenden Person bei Zweifeln zu verifizieren. Alternativ kann auch die Vereinigung selbst eine natürliche Person als Vertreter benennen.

Durch die Einrichtung eines **Immobilientransaktionsregisters** sollen die Daten, die künftig aus den Angaben zu den elektronischen Veräußerungsanzeigen resultieren, gespeichert werden. Damit soll den zuständigen Stellen für die Kriminalitäts- und insbesondere für die Geldwäschebekämpfung sowie den Behörden im Bereich der Sanktionsdurchsetzung ein volldigitaler Zugriff auf Immobiliendaten ermöglicht werden, um dem Missbrauch von Immobiliengeschäften vorzubeugen.

> **Anmerkung:**
> Mit dem Gesetz sollen Defizite im Bereich der Geldwäschebekämpfung abgestellt werden, die die Financial Action Task Force (FATF) 2022 in ihrem Abschlussbericht zur Prüfung Deutschlands reklamiert hatte.

3. Zukunftsfinanzierungsgesetz: Änderungen im Gesellschafts- und Kapitalmarktrecht

a) Gesetzgebungsverfahren

249 Am 16.8.2023 hat die Bundesregierung den Entwurf eines sog. Zukunftsfinanzierungsgesetzes beschlossen. Sie beabsichtigt damit, den Finanzstandort Deutschland zu stärken. So soll mit den darin enthaltenen Maßnahmen der Kapitalmarkt modernisiert und Start-ups, KMU sowie Wachstumsunternehmen der Zugang zum Kapitalmarkt erleichtert werden. Neben steuerlichen Änderungen (→ Rz. 122 ff.) enthält das Gesetz auch Änderungen im Gesellschafts- und Kapitalmarktrecht. Am 17.11.2023 verabschiedete der Bundestag den Gesetzentwurf der Bundesregierung. Die Zustimmung des Bundesrates erfolgte am 15.12.2023 und das Zukunftsfinanzierungsgesetz vom 11.12.2023[1)] wurde am 14.12.2023 im Bundesgesetzblatt verkündet.

b) Einführung elektronischer Aktien

250 Das Zukunftsfinanzierungsgesetz sieht vor, das Aktiengesetz sowie das im Jahr 2021 eingeführte Gesetz über elektronische Wertpapiere (eWpG) für elektronische Aktien zu öffnen. Damit können nun neben **Inhaberschuldverschreibungen** auch **Aktien** durch Eintragung in ein **elektronisches Wertpapierregister** als Zentralregisteraktie oder Kryptoaktie begeben werden.

Allerdings werden Inhaberaktien nur als Zentralregisteraktien in einem zentralen Register nach § 12 eWpG eingetragen, § 10 AktG. Damit steht nur Namensaktien der Weg der Begebung als Kryptoaktie durch Eintragung in ein Kryptowertpapierregister nach § 16 eWpG unter Nutzung der Blockchain-Technologie oder vergleichbarer Technologie offen. Voraussetzung für eine elektronische Begebung ist, dass die Satzung die

---

1) BGBl. I 2023 Nr. 354 v. 14.12.2023.

Begebung durch urkundliche Verbriefung ausschließt und im Fall der Kryptoaktien diese ausdrücklich vorsieht.

> **Anmerkung:**
> Die neuen elektronischen Aktien bilden jedoch keine eigene Aktienart.

c) Herabsetzung der Mindestmarktkapitalisierung für Börsengänge

251 Start-ups sowie kleinere und mittlere Unternehmen erhalten einen erleichterten Zugang zum Kapitalmarkt, indem z.B. die Mindestmarktkapitalisierung für Börsengänge von 1,25 Mio. Euro auf 1 Mio. Euro herabgesetzt wird, § 2 Abs. 1 Satz 1 Börsenzulassungs-Verordnung.

d) Wiederzulassung von Mehrstimmrechtsaktien

252 Außerdem ist die Wiederzulassung von Mehrstimmrechtsaktien innerhalb bestimmter gesetzlicher Grenzen vorgesehen, § 12 AktG.

> **Anmerkung:**
> Mehrstimmrechte sind seit Inkrafttreten des Gesetzes zur Kontrolle und Transparenz im Unternehmensbereich am 1.5.1988 (KontraG)[1] unzulässig.

Vorgaben zur Mehrstimmrechtsaktie in Bezug auf **Anleger- und Minderheitenschutz** werden durch die Einfügung eines § 135a AktG gesetzlich festgeschrieben. Diese Vorschrift soll die Mehrstimmrechte der Mehrstimmrechtsaktie auf höchstens das Zehnfache des Stimmrechts begrenzen.

e) Neue Rechtsform der Börsenmantelaktiengesellschaft als Pendant zur SPAC

253 Als neue Rechtsform wird die Börsenmantelaktiengesellschaft (BMAG) nach Vorbild der **Special Purpose Acquisition Companies** (SPACs) in den USA eingeführt, Abschn. 4a im Börsengesetz.

> **Anmerkung:**
> Eine SPAC ist eine Mantelgesellschaft ohne eigenes operatives Geschäft. Sie wird gegründet, um anhand eines Börsengangs Kapital einzusammeln und dadurch ein – vor dem Börsengang unbestimmtes – nicht-börsennotiertes Unternehmen zu übernehmen und dadurch mittelbar an die Börse zu bringen.

Geschäftsgegenstand der neuen Rechtsform der BMAG ist allein die **Vorbereitung eines Börsengangs** und die Suche nach einem geeigneten Unternehmen, das auf diese Weise durch die abschließende Transaktion an die Börse gelangt.

f) Standardvertragsklauseln bei Finanzgeschäften

254 Weiter besteht eine Neuerung im AGB-Recht durch Einfügung eines Abs. 1a zu § 310 Abs. 1 BGB, um **Rechtssicherheit** hinsichtlich internationaler Standards herzustellen.

Bei im Inland erlaubnispflichtigen und sonstigen der Aufsicht unterliegenden Geschäften, die Unternehmer im Finanzdienstleistungsbereich untereinander schließen, werden nämlich häufig Standardvertragsklauseln verwendet. Deren rechtssichere Ausge-

---
1) BGBl. I 1998, 786.

staltung ist im Einzelnen auch Voraussetzung für die aufsichtsrechtliche Anerkennung nach nationalem und internationalem Recht. Gerade bei großvolumigen Verträgen besteht in der Praxis erhebliche Rechtsunsicherheit, inwieweit die üblichen Standardvertragsklauseln auch den AGB-rechtlichen Anforderungen entsprechen. Dies kann zu einer Verunsicherung des Finanzmarktes führen.

§ 310 Abs. 1 BGB schafft eine Bereichsausnahme von der AGB-Kontrolle nach § 307, § 308, Nr. 1a und 1b BGB für Verträge über erlaubnispflichtige Finanzgeschäfte zwischen Finanzunternehmen, vorausgesetzt es liegt eine aufsichtsrechtliche Erlaubnis für eben diese Finanzgeschäfte vor.

g) Erleichterte Investitionen im Bereich der erneuerbaren Energien

255 Schließlich sind Erleichterungen von Investitionen in erneuerbare Energien durch **offene Immobilienfonds** vorgesehen. So wird in Ergänzung des § 231 Abs. 1 Satz 1 KAG ein **neuer erwerbbarer Vermögensgegenstand** eingeführt, der Grundstücke umfasst, auf denen sich ausschließlich Anlagen zur Erzeugung, zum Transport und zur Speicherung von Strom, Gas oder Wärme aus erneuerbaren Energien befinden.

II. Kartellrecht: 11. GWB-Novelle

1. Gesetzgebungsverfahren

256 Die Bundesregierung hat am 5.4.2023 die 11. Novelle des Gesetzes gegen Wettbewerbsbeschränkungen (GWB) beschlossen, das der Bundestag am 6.7.2023 verabschiedet hat. Die Zustimmung des Bundesrates erfolgte am 29.9.2023. Das Gesetz wurde am 6.11.2023 im Bundesgesetzblatt veröffentlicht.[1] Es trat am Tag nach seiner Verkündung in Kraft.

Das sog. „Wettbewerbsdurchsetzungsgesetz" sieht eine tiefgreifende Reform des Kartellrechts vor mit dem Ziel, die „Eingriffsinstrumente des Kartellrechts" zu schärfen. Im Zentrum der Novelle steht eine erhebliche Ausweitung der Befugnisse des Bundeskartellamts im Anschluss an eine Sektoruntersuchung.

2. Neue Eingriffsbefugnisse des Bundeskartellamts

257 Das Bundeskartellamt kann bereits seit der 7. GWB-Novelle im Jahre 2005 sog. **Sektoruntersuchungen** durchführen, wenn die Umstände, wie insbesondere „starre Preise", vermuten lassen, dass der Wettbewerb in einem Wirtschaftszweig möglicherweise beeinträchtigt ist.

Sektoruntersuchungen richten sich nicht gezielt gegen einzelne Unternehmen wegen eines konkreten Verdachts einer Zuwiderhandlung, sondern untersuchen übergreifend die Strukturen und Wettbewerbsverhältnisse in einzelnen Wirtschaftszweigen. Maßnahmen des Bundeskartellamts gegen Unternehmen zur Beseitigung einer in diesem Zusammenhang festgestellten Störung des Wettbewerbs setzten **bislang** aber einen **Kartellrechtsverstoß** voraus.

Durch die verabschiedete Gesetzesänderung werden dem Bundeskartellamt nun im Anschluss an eine solche Sektoruntersuchung **erhebliche Eingriffsmöglichkeiten** eingeräumt, **ohne** dass eine **Zuwiderhandlung** vorliegt. Im Falle der Feststellung einer „erheblichen und fortwährenden Störung des Wettbewerbes" kann das Amt künftig „alle Abhilfemaßnahmen verhaltensorientierter oder struktureller Art" ergreifen, die zur „Beseitigung oder Verringerung der Störung des Wettbewerbs erforderlich sind".

Als Maßnahmen sind u.a. vorgesehen, dass Unternehmen, „die durch ihr Verhalten und ihre Bedeutung für die Marktstruktur zur Störung des Wettbewerbs wesentlich beitragen",

---

[1] BGBl. I 2023 Nr. 294 v. 6.11.2023.

- Zugang zu Daten, Schnittstellen, Netzen oder sonstigen Einrichtungen gewähren müssen,
- Vorgaben zu Geschäftsbeziehungen, Vertragsgestaltungen oder der Offenlegung von Informationen gemacht werden können, oder
- zur organisatorischen Trennung von Unternehmens- oder Geschäftsbereichen verpflichtet werden können.

In Extremfällen kann das Bundeskartellamt als **ultima ratio** sogar die **Entflechtung marktbeherrschender Unternehmen** anordnen. Dieses erweiterte Instrumentarium stellt eine erhebliche systematische Neuerung dar, da Maßnahmen gegen Unternehmen unabhängig davon getroffen werden können, ob ihnen ein Kartellrechtsverstoß vorgeworfen werden kann.

3. Erweiterte Anmeldepflicht von Zusammenschlüssen

Zudem kann das Bundeskartellamt Unternehmen im Anschluss an eine Sektoruntersuchung – unabhängig vom Erreichen der Aufgreifkriterien des § 35 GWB – verpflichten, bestimmte **Zusammenschlüsse präventiv zur Fusionskontrolle** anzumelden. 258

Ziel ist es dabei, **Konzentrationstendenzen** auf kleineren regionalen Märkten **besser kontrollieren** zu können. Eine entsprechende Regelung sieht das Gesetz mit § 39a GWB seit der letzten GWB-Novelle im Jahr 2021 bereits vor; diese wurde nun aber deutlich ausgeweitet. Durch die 11. GWB-Novelle werden die Schwellen, ab der diese „Sonder-Fusionskontrolle" eingreift, deutlich herabgesetzt. Es ist ausreichend, dass

- der **Erwerber** Umsatzerlöse von mehr als 50 Mio. Euro und
- das **Zielunternehmen** Umsatzerlöse von mehr als 1 Mio. Euro

im letzten Geschäftsjahr in Deutschland erzielte. Damit können Unternehmen in bestimmten wettbewerbskritischen Branchen verpflichtet werden, (nahezu) jede Transaktion anzumelden, mit in der Folge entsprechenden zeitlichen Verzögerungen innerhalb der Transaktionsplanung und Untersagungsbefugnissen des Bundeskartellamtes.

4. Erleichterte Vorteilsabschöpfung

Ein weiterer Aspekt der Novelle ist die effektivere Ausgestaltung der Vorteilsabschöpfung. Durch die Vorteilsabschöpfung können Unternehmen die **Vorteile des wettbewerbswidrigen Verhaltens entzogen** werden. Das GWB sieht dieses Instrument zwar in § 34 GWB bereits seit der 7. GWB-Novelle vor, allerdings kam es bislang nie zur Anwendung. Nunmehr wird **widerleglich vermutet**, dass der wirtschaftliche Vorteil mindestens ein Prozent der tatbefangenen Umsätze beträgt, die im Inland erzielt wurden. Dadurch können den Unternehmen kartellrechtswidrig erlangte Gewinne einfacher wieder entzogen und Kartellverstöße (noch) effektiver sanktioniert werden. 259

5. Durchsetzung des Digital Markets Act

Schließlich wurde das Bundeskartellamt durch die Novelle in die Lage versetzt, die Europäische Kommission bei der Durchsetzung des Digital Markets Act (DMA) zu unterstützen. Durch den DMA werden großen digitalen Plattformen, sog. Gatekeepern, bereits seit dem 2.5.2023 besondere Verpflichtungen auferlegt. Zwar ist die EU-Kommission alleinige Durchsetzungsbehörde des DMA, vorgesehen ist laut DMA jedoch die Einbindung nationaler Wettbewerbsbehörden. Sie sind berechtigt, auf eigene Initiative mögliche Verstöße gegen den DMA auf ihrem Hoheitsgebiet zu untersuchen. Die hierfür erforderlichen Kompetenzen werden im Rahmen der 11. GWB-Novelle nunmehr dem Bundeskartellamt verliehen, § 32g GWB. Sie entsprechen den in Kartellverfahren bestehenden Kompetenzen. 260

Darüber hinaus sieht die Novelle Erleichterungen für die private Rechtsdurchsetzung des DMA vor. Insbesondere sind nun die Gerichte in diesen Fällen auch an die (bestandskräftige) Feststellung der Gatekeeper-Eigenschaft durch die Europäische Kommission nach Art. 3 DMA gebunden.

> **Beratungshinweis:**
>
> Für mittelständische Unternehmen haben die neuen Regelungen der 11. GWB-Novelle insbesondere unter folgenden Gesichtspunkten Relevanz:
> - Die erweiterten Anmeldepflichten, die das Bundeskartellamt in wettbewerbskritischen Branchen infolge einer Sektoruntersuchung nun anordnen kann, betreffen bereits mittelständische Unternehmen mit über 50 Mio. Euro Umsatz in Deutschland bei nahezu jeder Akquisition bzw. jeder relevanten Beteiligung an einem anderen Unternehmen – auch im Falle von sehr kleinen Targets. Dies ist bei der Planung von Akquisitionen künftig zu berücksichtigen.
> - Die Verschärfung des Sanktionsinstruments der Vorteilsabschöpfung erhöht das bereits erhebliche Sanktionsrisiko bei Kartellverstößen und macht noch einmal deutlich, dass auch mittelständische Unternehmen angemessene Maßnahmen zur Gewährleistung kartellrechtlicher Compliance treffen sollten.
> - Neue Chancen bieten sich mittelständischen Unternehmen möglicherweise durch die vorgesehenen Erleichterungen bei der zivilrechtlichen Durchsetzung der Regelungen des DMA. Hierdurch können Unternehmen, die auf die Leistungen „zentraler Plattformdienste" angewiesen sind, einfacher und effektiver gegen unzulässige Beeinträchtigungen, wie z.B. Self Preferencing, bestimmte Koppelungen und Nutzungen von Daten, vorgehen.

III. Arbeitsrecht

1. Referentenentwurf zur Neufassung des Arbeitszeitgesetzes

261 Mit Beschluss vom 13.9.2022[1] hat das BAG klargestellt, dass die Arbeitgeber – bereits nach aktueller Gesetzeslage – verpflichtet sind, ein System zur Erfassung der täglichen Arbeitszeit aller Arbeitnehmer vorzuhalten (→ Rz. 612 ff.). Daraufhin teilte das Bundesministerium für Arbeit und Soziales mit, zeitnah einen praxistauglichen gesetzlichen Rahmen zur Arbeitszeiterfassung vorzugeben. Seit 18.4.2023 liegt nun der Referentenentwurf zur Änderung des Arbeitszeitgesetzes und anderer Vorschriften vor, der bisher aber noch nicht ins Gesetzgebungsverfahren eingebracht wurde.

Während der BAG-Beschluss die Form der Arbeitszeitaufzeichnung offen ließ, soll nach dem Referentenentwurf die **tägliche Arbeitszeit** der Beschäftigten in Deutschland künftig **elektronisch aufgezeichnet** werden müssen.

> **Anmerkung:**
>
> Nach dem bisherigen Arbeitszeitgesetz mussten nur Überstunden und Sonntagsarbeit, nicht jedoch die gesamte Arbeitszeit dokumentiert werden. Eine bestimmte Art der elektronischen Aufzeichnung wird aber nicht vorgeschrieben.

Gemäß § 16 Abs. 2 ArbZG-E soll der Arbeitgeber verpflichtet werden, Beginn, Ende und Dauer der täglichen Arbeitszeit der Beschäftigten jeweils **am Tag der Arbeitsleistung elektronisch aufzuzeichnen**. Es soll aber möglich bleiben, die Aufzeichnung auf die Mitarbeitenden selbst oder einen Dritten, etwa den Vorgesetzten, zu delegieren, § 16 Abs. 3 ArbZG-E. Gemäß § 16 Abs. 4 ArbZG-E kann der Arbeitgeber auf die Kontrolle der vertraglich vereinbarten Arbeitszeit verzichten, wenn er durch geeignete Maßnahmen sicherstellt, dass ihm Verstöße gegen die gesetzlichen Bestimmungen zu Dauer und Lage der Arbeits- und Ruhezeiten bekannt werden. Dies kann laut Gesetzesbegründung z.B. durch die entsprechende Meldung eines elektronischen Arbeitszeiterfassungssystems erfolgen. Ferner enthält der Referentenentwurf eine sog. **Tarif-**

---
1) BAG v. 13.9.2022, 1 ABR 22/21, NZA 2022, 1616; vgl. hierzu Wedde, jurisPR-ArbR 3/2023 Anm. 1.

öffnungsklausel, die abweichende Regelungen zur Form und zum Zeitpunkt der Aufzeichnung zulässt.

§ 16 Abs. 8 ArbZG-E enthält eine nach Unternehmensgröße gestaffelte **Übergangsregelung** für die Einführung eines elektronischen Systems der Arbeitszeiterfassung. Generell sollen Arbeitgeber bis zu einem Jahr nach Inkrafttreten des Gesetzes die Arbeitszeit nicht nur elektronisch, sondern etwa auch handschriftlich aufzeichnen können. Für Arbeitgeber mit weniger als 250 Mitarbeitenden gilt die Übergangsregelung zwei Jahre, für solche mit weniger als 50 Mitarbeitenden fünf Jahre. Arbeitgeber mit bis zu zehn Mitarbeitenden (Kleinbetriebsklausel) sollen dauerhaft von der Vorgabe der elektronischen Arbeitszeitaufzeichnung abweichen können.

Schließlich soll die Möglichkeit von sog. **Vertrauensarbeitszeit**, d.h. flexiblen Arbeitszeitmodellen ohne Festlegung von Beginn und Ende der Arbeitszeit, durch die Pflicht zur Arbeitszeitaufzeichnung nicht beeinträchtigt werden.

> **Anmerkung:**
> Der Referentenentwurf beschränkt sich inhaltlich auf die bereits nach dem BAG-Beschluss bestehende Arbeitszeitaufzeichnungspflicht. Darüberhinausgehende Themen des Arbeitszeitrechts werden – zumindest bisher – mit diesem Entwurf nicht angegangen. Es bleibt abzuwarten, ob der Referentenentwurf in den weiteren Abstimmungen ggf. noch umfassendere Änderungen erfährt.

2. Entgelttransparenz-Richtlinie

Wie bereits das EU-Parlament am 30.3.2023, hat am 24.4.2023 auch der Rat der Europäischen Union den im Trilogverfahren erzielten Kompromisstext zum Vorschlag einer Entgelttransparenz-Richtlinie angenommen. Die Entgelttransparenz-Richtlinie ist demnach am 6.6.2023 in Kraft getreten.

Der Richtlinien-Vorschlag stärkt die Rechte der Beschäftigten. Alle Beschäftigten haben danach einen **Auskunftsanspruch** gegenüber ihrem Arbeitgeber. Denn anders als im deutschen Entgelttransparenzgesetz ist keine Mindestbeschäftigtenzahl für das Auskunftsrecht zur durchschnittlichen Gehaltshöhe nach Geschlecht bei gleicher Arbeit vorgesehen. Auch sollen Berichtspflichten gestaffelt nach der Beschäftigtenzahl eingeführt werden.

Ab 100 Beschäftigte müssen Arbeitgeber nach dem Richtlinien-Vorschlag regelmäßig Daten zur geschlechtsspezifischen Lohnlücke in ihrem Unternehmen veröffentlichen. Wenn sich eine geschlechtsspezifische Lohnlücke (Gender Pay Gap) von mehr als 5 % zeigt, muss der Arbeitgeber in einer Entgeltbewertung die Gründe dafür analysieren und Abhilfe schaffen. Weiter ist vorgesehen, dass Klauseln, wonach das Gehalt nicht gegenüber anderen Mitarbeitenden offengelegt werden darf, unzulässig sein sollen. Dies gilt auch für die Frage im Bewerbungsgespräch, wieviel in einem vorhergehenden Arbeitsverhältnis verdient wurde.

Ferner verlangt die Richtlinie, dass qualifizierte Verbände Kläger in Verwaltungs- oder Gerichtsverfahren unterstützen können. Schließlich muss der Arbeitgeber transparente Kriterien für Aufstiegsmöglichkeiten für Mitarbeitende vorsehen.

> **Anmerkung:**
> Die Mitgliedstaaten haben nunmehr bis zu drei Jahre Zeit, die Vorschriften in nationales Recht umzusetzen.

3. Gesetz zur Förderung eines inklusiven Arbeitsmarktes

263 Das Bundesministerium für Arbeit und Soziales veröffentlichte am 24.11.2022 den Referentenentwurf eines Gesetzes zur Förderung eines inklusiven Arbeitsmarktes, der am 21.12.2022 in das Gesetzgebungsverfahren eingebracht und vom Bundestag am 20.4.2023 in zweiter und dritter Lesung verabschiedet wurde. Am 12.5.2023 hat auch der Bundesrat dem Gesetz seine Zustimmung erteilt. Es wurde am 13.6.2023 im Bundesgesetzblatt[1] verkündet. Das Gesetz tritt in wesentlichen Teilen zum 1.1.2024 in Kraft.

Bezweckt wird, Menschen mit Behinderungen stärker und gezielter zu unterstützen, um sie **mehr in reguläre Arbeit** zu bringen. Ferner sollen mehr Menschen mit gesundheitlichen Beeinträchtigungen in Arbeit gehalten und Menschen mit Schwerbehinderung gezielter unterstützt werden.

Nach bereits geltender Rechtslage sind alle Arbeitgeber mit mindestens 20 Arbeitsplätzen verpflichtet, wenigstens 5 % davon mit schwerbehinderten Menschen zu besetzen (§ 154 SGB IX). Für jeden nicht mit einem schwerbehinderten Menschen besetzten Pflichtarbeitsplatz ist eine Ausgleichsabgabe zu zahlen. Eine Maßnahme des Gesetzes ist, dass Arbeitgeber eine höhere Ausgleichsabgabe zahlen, wenn sie trotz gesetzlicher Vorgaben keinen einzigen Menschen mit Behinderung beschäftigen, § 160 Abs. 2 SGB IX n.F.

So werden sog. Null-Beschäftiger mit mehr als 60 Angestellten nun 720 Euro monatlich pro unbesetzte Stelle zahlen müssen. Für kleinere Arbeitgeber mit weniger als 60 berücksichtigenden Arbeitsplätzen gelten wie bisher Sonderregelungen.

> **Anmerkung:**
> Bislang gab es drei Stufen der Ausgleichszahlung, die höchste sah einen Betrag von 360 Euro monatlich vor. Im Gegenzug wurde die Bußgeldregelung abgeschafft, wonach bisher sog. Null-Beschäftiger zunächst mit einem Bußgeld von bis zu 10.000 Euro belegt werden konnten.

Die Mittel aus der Ausgleichsabgabe werden vollständig zur Förderung der Beschäftigung von schwerbehinderten Menschen auf dem allgemeinen Arbeitsmarkt verwendet.

Die **Begrenzung des Lohnkostenzuschusses** beim Budget für Arbeit wurde aufgehoben. Zudem kann eine schwerbehinderte Person, die zuvor in einer Werkstatt tätig war, in den ersten zwei Beschäftigungsjahren auf zwei Pflichtarbeitsplätze angerechnet werden, § 159 Abs. 2a SGB IX n.F. Für Arbeitgeber soll es damit attraktiver werden, Menschen mit Behinderungen einzustellen.

4. Vierte Verordnung zur Anpassung des Mindestlohns

264 Nach dem Mindestlohngesetz berät die sog. Unabhängige Mindestlohnkommission alle zwei Jahre und schlägt der Bundesregierung die neuen Mindestlohnwerte vor. Dabei orientiert sich die Kommission an der Entwicklung der Tariflöhne in Deutschland. Die Bundesregierung prüft den Vorschlag und macht ihn mittels Verordnung verbindlich.

Mit Wirkung ab 1.1.2024 wurde der gesetzliche Mindestlohn von bisher 12 Euro pro Stunde auf 12,41 Euro erhöht. Abermals steigt er zum 1.1.2025 auf 12,82 Euro.

---

1) BGBl. I 2023 Nr. 146 v. 6.6.2023.

Das Bundeskabinett hat die entsprechende Verordnung am 15.11.2023 auf der Grundlage des Beschlusses der Unabhängigen Mindestlohnkommission vom 26.6.2023 beschlossen. Die Vierte Verordnung zur Anpassung des Mindestlohns (Vierte Mindestlohnanpassungsverordnung – MiLoV4) vom 24.11 2023[1)] wurde am 29.11.2023 im Bundesgesetzblatt verkündet.

> **Anmerkung:**
> Die Minijob-Grenze ist seit Oktober 2022 dynamisch und an den gesetzlichen Mindestlohn gekoppelt. Somit erhöht sich die Verdienstgrenze immer, wenn der Mindestlohn steigt. Mit der Anhebung des gesetzlichen Mindestlohns auf 12,41 Euro pro Stunde erhöht sich die Minijob-Grenze zum 1.1.2024 entsprechend auf 538 Euro im Monat. Im Jahr 2025 beträgt die Minijob-Grenze dann 556 Euro.

5. Sozialversicherungs-Rechengrößen-Verordnung 2024

Das Bundeskabinett hat am 11.10.2023 den Entwurf einer sozialversicherungsrechengrößen-Verordnung 2024 beschlossen. Die Zustimmung des Bundesrates erfolgte am 24.11.2023. Sie wurde am 29.11.2023 im Bundesgesetzblatt verkündet[2)] und trat zum 1.1.2024 in Kraft.

Mit der Sozialversicherungs-Rechengrößen-Verordnung werden die maßgeblichen Rechengrößen der Sozialversicherung gemäß der Einkommensentwicklung des vergangenen Jahres turnusgemäß angepasst.

	West				Ost			
	2023 Monat Euro	2024 Monat Euro	2023 Jahr Euro	2024 Jahr Euro	2023 Monat Euro	2024 Monat Euro	2023 Jahr Euro	2024 Jahr Euro
Beitragsbemessungsgrenze: allgemeine Rentenversicherung	7.300,00	7.550,00	87.600,00	90.600,00	7.100,00	7.450,00	85.200,00	89.400,00
Beitragsbemessungsgrenze: Arbeitslosenversicherung	7.300,00	7.550,00	87.600,00	90.600,00	7.100,00	7.450,00	85.200,00	89.400,00
Beitragsbemessungsgrenze: Kranken- und Pflegeversicherung	4.987,50	5.175,00	59.850,00	62.100,00	4.987,50	5.175,00	59.850,00	62.100,00
Versicherungspflichtgrenze: Kranken- und Pflegeversicherung	5.550,00	5.775,00	66.600,00	69.300,00	5.550,00	5.775,00	66.600,00	69.300,00
Bezugsgröße in der Sozialversicherung	3.395,00	3.535,00	40.740,00	42.420,00	3.290,00	3.465,00	39.480,00	41.580,00

IV. IT-Recht und Datenschutz

1. Cyber Resilience Act

a) Hintergrund

Die Europäische Union setzt ihre **Digital-Offensive** fort und möchte mit dem Entwurf des Cyber Resilience Act neue **Mindeststandards bei der Cybersicherheit von Produkten** setzen. Für Hersteller, Importeure und Händler von „Produkten mit digitalen Elementen" bedeutet dies umfangreiche neue Pflichten, die frühzeitig adressiert werden sollten.

Im Herbst 2022 hat die Europäische Kommission ihren „Vorschlag für eine Verordnung über horizontale Anforderungen an die Cybersicherheit von Produkten mit digitalen

---
1) BGBl. I 2023 Nr. 321 v. 29.11.2023.
2) BGBl. I 2023 Nr. 322 v. 29.11.2023.

Elementen", den Cyber Resilience Act, veröffentlicht. Erklärtes Ziel ist es, der zunehmenden Zahl von **Cyberattacken auf Hard- und Softwareprodukte** zu begegnen. Bislang besteht im Hinblick auf die Cybersicherheit ein gesetzlicher Flickenteppich aus EU-Vorschriften sowie nationalen Gesetzen, die sich wiederum von Branche zu Branche unterscheiden. Der Cyber Resilience Act soll nun einen einheitlichen Mindeststandard in Sachen Cybersicherheit für nahezu alle Branchen schaffen, ohne sektorspezifische Regelungen zu verdrängen.

b) Produkte mit digitalen Elementen

267 Der Entwurf des Cyber Resilience Act erfasst alle „Produkte mit digitalen Elementen", das heißt sämtliche Produkte, die bestimmungsgemäß oder vernünftigerweise vorhersehbar dazu benutzt werden können, eine **Datenverbindung zu einem Gerät oder einem Netzwerk** aufzubauen. Damit dürfte jede Software, jedes „smarte" und jedes mit einem PC oder Smartphone ansteuerbare Produkt von den neuen Anforderungen betroffen sein.

Hersteller, Importeure und Händler, die Produkte mit digitalen Elementen in der EU auf den Markt bringen, müssen künftig einen **umfangreichen Pflichtenkatalog** im Bereich der Cybersicherheit umsetzen.

Beginnend mit dem **Produktentwicklungsprozess bis zu fünf Jahre nach Markteinführung** sind die Hersteller verpflichtet, verschiedene Maßnahmen für ein angemessenes Cybersecurity-Niveau der Produkte umzusetzen. Bei neuen Produkten müssen sicherheitsrelevante Einstellungen vorkonfiguriert sein („Cybersecurity by default").

Nach dem **Inverkehrbringen des Produkts** hat der Hersteller für maximal fünf Jahre sicherzustellen, dass dieses weiterhin den Sicherheitsanforderungen des Cyber Resilience Act gerecht wird; damit führt die EU eine gesetzliche Pflicht ein, dass Sicherheitslücken in diesem Zeitraum durch Updates behoben oder die Produkte zurückgerufen werden müssen.

Weiterhin müssen die Hersteller beispielsweise umfassende **Risikobewertungen** vornehmen, Prozesse zum Erkennen von IT-Schwachstellen einrichten, technische Dokumentationen erstellen (u.a. „Software bill of materials") und sicherheitsrelevante Zwischenfälle an Behörden und Betroffene melden.

Noch weitergehende Pflichten treffen **Hersteller von kritischen oder hochkritischen Produkten** mit digitalen Elementen. Zu diesen zählen etwa Passwortmanager, Firewalls, Microprozessoren oder Betriebssysteme. Hier gelten gesteigerte Anforderungen für die Risikobewertungsprozesse, bis hin zur Durchführung dieser Prüfungen durch unabhängige Dritte. Damit sollen einerseits die Gefahren für solche kritischen Anwendungen reduziert werden und durch die Transparenz auch für zusätzliche Sicherheit gesorgt werden, welche Produkte von vertrauenswürdigen Anbietern stammen.

Die **Importeure und Händler** haben in erster Linie sicherzustellen, dass die von ihnen importierten bzw. vermarkteten Produkte die Anforderungen des Cyber Resilience Act erfüllen, die erforderliche Dokumentation bereitliegt und die Produkte entsprechend gekennzeichnet sind. Wenn Importeure oder Händler ein Produkt mit digitalen Elementen aber unter ihrem eigenen Namen, unter ihrer eigenen Marke oder mit erheblichen Veränderungen auf dem EU-Markt in den Verkehr bringen, gelten sie als Hersteller und unterliegen den Pflichten des Herstellers.

c) Sanktionen

268 Verstöße gegen den Cyber Resilience Act können mit empfindlichen Bußgeldern belegt werden, die bis zu 15 Mio. Euro oder 2,5 % des weltweiten Umsatzes des vorangegangenen Geschäftsjahrs umfassen können.

H. Wirtschaftsrecht

Die Marktaufsichtbehörden sind zudem befugt, geeignete Abhilfemaßnahmen oder Produktrückrufe anordnen.

d) Weiterer Zeitplan

Der Cyber Resilience Act befindet sich derzeit noch im Gesetzgebungsverfahren. Der Entwurf wurde weithin begrüßt, wenngleich in einigen Punkten Nachbesserungsbedarf angemahnt wurde. Eine Verabschiedung ist Anfang 2024 vorgesehen. Als **Verordnung** ist der Cyber Resilience Act **direkt in allen EU-Mitgliedstaaten anwendbar**. Den Unternehmen werden nach der Veröffentlichung der Verordnung im Amtsblatt der Europäischen Union **36 Monate für die Umsetzung** der erforderlichen Maßnahmen bleiben. **269**

> **Beratungshinweis:**
>
> Auch wenn noch Änderungen bis zum finalen Stand der Verordnung zu erwarten sind, wird der Cyber Resilience Act tiefgreifende Anpassungen bei zahlreichen Unternehmen erfordern. Neben der Implementierung neuer Prozesse und der Erstellung von Dokumentationen dürfte auch die Anpassung bestehender Vertragsbeziehungen geboten sein, um die Umsetzung der Pflichten aus dem Cyber Resilience Act in der Supply Chain sicherzustellen. In Extremfällen könnten Unternehmen sogar gezwungen sein, die gesamte Hard- oder Softwarearchitektur ihrer Produkte zu überarbeiten. Wir empfehlen daher, bereits jetzt den Anpassungsbedarf zu evaluieren und den weiteren Gesetzgebungsprozess eng zu verfolgen.

2. Legal AI Act

a) Hintergrund

KI-Systeme können in den unterschiedlichsten Bereichen des (unternehmerischen) Alltags eingesetzt werden. Die vielfältigen Chancen und Risiken, die sich daraus ergeben, haben die EU nun dazu veranlasst, einen ersten Rahmen zur rechtlichen Regulierung der Technologie zu schaffen. **270**

Mit einem Rechtsrahmen für Künstliche Intelligenz sollen **europaweit einheitliche Standards** zum Schutz von Sicherheit und Grundrechten gesetzt werden. Gleichzeitig will die EU damit die Akzeptanz und damit Investitionen in KI fördern.

b) Vorschlag der EU-Kommission zur Regulierung von KI

Die EU-Kommission hat bereits im April 2021 einen ersten Entwurf zur Regulierung von künstlicher Intelligenz in der EU vorgelegt. Adressaten der Verordnung sollen neben den **Anbietern**, also den Entwicklern von KI-Systemen, auch deren **Nutzer** sein, sofern sie die KI für berufliche Aktivitäten einsetzen. **271**

Der Legal AI Act verfolgt einen **risikobasierten Ansatz**, d.h. er unterteilt KI je nach beabsichtigtem Verwendungszweck in vier verschiedene Risikotypen (unannehmbares Risiko, hohes Risiko, begrenztes Risiko, minimales Risiko).

KI-Systeme, die biometrische Identifizierungen bzw. Kategorisierungen vornehmen bzw. in der Rechtspflege oder in kritischen Infrastrukturen wie dem Verkehrswesen eingesetzt werden, werden bspw. als KI mit hohem Risiko eingestuft. Demgegenüber soll der kostenlose Einsatz von KI-gestützten Spamfiltern nur ein geringes Risiko darstellen.

> **Risikogruppen**
>
> **Unannehmbares Risiko**
> KI-Systeme, die eine Bedrohung für die Menschheit darstellen, werden verboten.
> Sie umfassen
> - kognitive Verhaltensmanipulationen von Personen oder bestimmten gefährdeten Gruppen,
> - soziales Scoring: Klassifizierung von Menschen auf der Grundlage von Verhalten, sozioökonomischem Status und persönlichen Merkmalen
> - biometrische Echtzeit-Fernidentifizierungssysteme.
>
> **Hochrisiko-KI-Systeme**
> KI-Systeme mit einem hohen Risiko für die Gesundheit und Sicherheit oder für die Grundrechte natürlicher Personen müssen vor dem Inverkehrbringen und während ihres gesamten Lebenszyklus bewertet werden. Hierbei handelt es sich um
> - KI-Systeme in unter die Produktsicherheitsvorschriften der EU fallenden Produkten
> - KI in acht spezifischen Bereichen, die in einer EU-Datenbank registriert werden müssen:
>   - biometrische Identifizierung und Kategorisierung von natürlichen Personen
>   - Verwaltung und Betrieb von kritischen Infrastrukturen
>   - allgemeine und berufliche Bildung
>   - Beschäftigung, Verwaltung der Arbeitnehmer und Zugang zur Selbständigkeit
>   - Zugang zu und Inanspruchnahme von wesentlichen privaten und öffentlichen Diensten und Leistungen
>   - Strafverfolgung
>   - Verwaltung von Migration, Asyl und Grenzkontrollen
>   - Unterstützung bei der Auslegung und Anwendung von Gesetzen.
>
> Diese KI-Systeme werden vor dem Inverkehrbringen und während ihres gesamten Lebenszyklus bewertet.
>
> **Generative KI**
> Generative KI, wie z.B. ChatGPT muss zusätzliche Transparenzanforderungen erfüllen, wie etwa die Offenlegung, dass Inhalt durch KI generiert wurde.
>
> **Begrenztes Risiko**
> Bei KI-Systemen mit begrenztem Risiko bestehen minimale Transparenzanforderungen, damit der Nutzer fundierte Entscheidungen treffen kann.

Abhängig von der Kategorisierung des jeweiligen KI-Systems sollen unterschiedliche Pflichten und Anforderungen gelten. Systeme mit inakzeptablem Risiko, also solche, die den ethischen Grundsätzen der EU widersprechen, sollen verboten werden. Dies soll laut EU-Kommission beispielsweise für Social-Scoring-Systeme gelten.

Am stärksten reguliert soll **Hochrisiko-KI** werden. Nach dem Kommissionsentwurf sollen Anbieter und Nutzer solcher Systeme u.a. die folgenden Pflichten treffen.

- Gewährleistung einer hohen Datenqualität
- Informationspflichten gegenüber den Endnutzern
- menschliche Aufsichtsmaßnahmen zur Risikominimierung
- Aufzeichnungs- und Dokumentationspflichten
- Implementierung von Risikobewertungs- und Risikominderungssystemen.

Anbieter und gewerbliche Nutzer von KI-Systemen mit begrenztem Risiko sind dagegen vor allem zur Einhaltung bestimmter Transparenzanforderungen verpflichtet.

Nach Angaben der EU-Kommission fällt die überwiegende Mehrheit der derzeit in der EU eingesetzten KI-Systeme in die Kategorie „geringes Risiko". Solche Systeme sollen ohne zusätzliche rechtliche Verpflichtungen entwickelt und eingesetzt werden können.

H. Wirtschaftsrecht

> **Anmerkung:**
>
> Ergänzend zur KI-Verordnung hat die EU-Kommission einen Entwurf für eine **KI-Haftungsrichtlinie** vorgelegt, die die haftungsrechtlichen Folgen von Schäden durch KI-Systeme regeln soll.

c) Weitere Schritte

272 Mit der Veröffentlichung seiner finalen Position zu dem Kommissionsentwurf hat das EU-Parlament am 14.6.2023 noch einige Änderungen an dem Gesetz über künstliche Intelligenz vorgenommen und dieses nun in das Gesetzgebungsverfahren eingebracht.

U.a. wurde die bereits weit gefasste Definition von KI-Systemen nochmals ausgeweitet. Demnach ist KI „ein maschinenbasiertes System, das so konzipiert ist, dass es mit unterschiedlichem Grad an Autonomie arbeitet und für explizite oder implizite Ziele Ergebnisse wie Vorhersagen, Empfehlungen oder Entscheidungen generieren kann, die die physische oder virtuelle Umgebung beeinflussen".

Besonders hervorzuheben ist auch die Ergänzung des EU-Parlaments zur Regulierung von sog. Generativer KI, zu der auch das ChatGPT-Tool zählt. Neben Transparenzpflichten sollen Anbieter solcher Modelle sicherstellen, dass das **System keine rechtswidrigen Inhalte produziert** und detaillierte Zusammenfassungen der urheberrechtlich geschützten Daten veröffentlichen, die sie zu Trainingszwecken verwendet haben.

Flankierend hierzu will das EU-Parlament die Höhe der Bußgelder im Fall eines Verstoßes gegen die Vorschriften bis auf wenige Ausnahmen verringern. Darüber hinaus sollen Ausnahmeregelungen für Forschungsaktivitäten und KI-Komponenten, die im Rahmen von Open-Source-Lizenzen zur Verfügung gestellt werden, KI-Innovationen fördern.

Nach der Positionierung des EU-Parlaments, konnten die abschließenden Verhandlungen im Trilogverfahren am 8.12.2023 abgeschlossen werden. Nun müssen die EU-Staaten und das EU-Parlament der endgültigen Fassung des Legal AI Act noch offiziell zustimmen. Dem Vernehmen nach soll dieser **Prozess Anfang 2024 abgeschlossen** sein. Die Mehrheit der Regelungen wäre nach einer Frist von 24 Monaten von den betroffenen Unternehmen umzusetzen.

Aufgrund der Ausgestaltung als Verordnung sind die Regelungen unmittelbar anwendbar. Eine vorherige Umsetzung in nationales Recht ist nicht erforderlich.

V. Energierecht

1. Anpassung des Energiewirtschaftsrechts an EU-Vorgaben

273 Der Bundestag hat am 10.11.2023 in zweiter und dritter Lesung das „Gesetz zur Anpassung des Energiewirtschaftsrechts an unionsrechtliche Vorgaben und zur Änderung weiterer energiewirtschaftlicher Vorschriften" beschlossen. Der Bundesrat hat den Gesetzesänderungen am 24.11.2023 zugestimmt. Das Gesetz vom 22.12.2023 wurde am 28.12.2023 im Bundesgesetzblatt verkündet.[1)] Es ist in weiten Teilen am 1.1.2024 in Kraft getreten.

Anlass für die Änderungen war die Entscheidung des EuGH vom 2.9.2021,[2)] dass Deutschland insb. die **Unabhängigkeit der BNetzA** von den normativen Vorgaben des nationalen Gesetzgebers **nicht zutreffend umgesetzt** hat. Mit dem beschlossenen Gesetzentwurf soll nun die BNetzA gestärkt und mit umfassenden Festlegungskompetenzen ausgestattet werden. Insbesondere umfassen die Festlegungskompetenzen

– die bisher in der GasNZV und StromNZV geregelten Inhalte (treten mit Ablauf des 31.12.2025 außer Kraft),

---

1) BGBl. I 2023 Nr. 405 v. 28.12.2023.
2) EuGH v. 2.9.2021, C-718/18, EuZW 2021, 893.

- die in der GasNEV geregelten Inhalte (treten mit Ablauf des 31.12.2027 außer Kraft) sowie
- die in der StromNEV und der Anreizregulierungsverordnung geregelten Inhalte (treten mit Ablauf des 31.12.2028 außer Kraft).

Für den schnellen Hochlauf und Ausbau des **Wasserstoffmarktes** haben die Fernleitungsnetzbetreiber ein effizientes, und ausbaufähiges Wasserstoff-Kernnetz zu errichten, dessen Finanzierung bis längstens 2055 unter Berücksichtigung eines Selbstbehalts, durch einen Mechanismus nach §§ 28r und 28s EnWG sichergestellt werden soll.

> **Anmerkung:**
> Hinzuweisen ist in dem Zusammenhang, dass der Umbau der Gas- und Wasserstoffnetze sich klar an den Klimazielen orientieren muss, konkret müssen bis 2045 die Netze zu 100 % mit Erneuerbaren Gasen gespeist werden.

Im Rahmen der Verbändeanhörung hatte das IDW mit Schreiben vom 6.11.2023 Hinweise zur Entflechtung der Rechnungslegung und deren Prüfung für Wasserstoff-Kernnetzbetreiber gegeben.

Die Änderungen betreffen darüber hinaus insb. die Themen:
- Nutzen statt Abregeln von Erneuerbare-Energien-Anlagen bei drohenden Netzengpässen zu günstigeren Preisen (§ 13k EnWG)
- Regelungen zu Wasserstoff-Kernnetz, Wasserstoff-Speicher, Wasserstoff-Infrastruktur (insbesondere Verlängerung der Netzentgeltbefreiung von Speichern und Elektrolyseuren um weitere drei Jahre, § 318 Abs. 6 EnWG)
- Zuschuss für die Netzkosten der Übertragungsnetzbetreiber 2024 in Höhe von 5,5 Mrd. Euro aus Mitteln des Wirtschaftsstabilisierungsfonds.

2. Energiesteuer/Stromsteuer

274 Zum 1.1.2024 sind eine Reihe von Entlastungsmöglichkeiten in Bezug auf die Energie- und Stromsteuer ausgelaufen. Das Auslaufen der Regelungen wurde am 15.12.2023 im Bundesgesetzblatt[1] bekanntgemacht.

Im Einzelnen handelt es sich um die Steuerentlastungen nach
- § 53a Abs. 6 EnergieStG (KWK-Anlagen),
- § 55 EnergieStG (produzierendes Gewerbe),
- § 10 StromStG (Spitzenausgleich) und
- § 9 Abs. 1 und Abs. 3 StromStG für Strom aus flüssiger Biomasse, Klär- und Deponiegas, fester Biomasse jeweils aus Anlagen mit einer Leistung ab 20 MW sowie gasförmiger Biomasse aus Anlagen mit einer Leistung ab 2 MW.

An die Stelle dieser Entlastungen tritt eine Absenkung der Stromsteuer für alle Unternehmen des produzierenden Gewerbes auf den Mindestwert von 0,05 ct/kWh (§ 9b Abs. 2a StromStG), die allerdings nur bis zum 31.12.2025 befristet ist. Die Regelung ist als Art. 13 des Haushaltsfinanzierungsgesetzes 2024 am 1.1.2024 in Kraft getreten.

> **Anmerkung:**
> Strommengen, die für die Elektromobilität verwendet werden, sind von der Entlastung ausgeschlossen. Die Entlastung setzt einen Antrag beim zuständigen Hauptzollamt voraus (Formular 1453).

---
1) BGBl. I 2023 Nr. 361 bis 364 v. 15.12.2023.

3. Kosten für CO$_2$-Zertifikate nach dem Brennstoffemissionshandelsgesetz

275 Als Art. 7 des Haushaltsfinanzierungsgesetzes 2024 ist ebenfalls am 1.1.2024 eine Änderung des Brennstoffemissionshandelsgesetzes in Kraft getreten. Danach beträgt der Preis für ein Emissionszertifikat im Jahr 2024 45 Euro und im Jahr 2025 55 Euro.

Damit gilt wieder der Preispfad, den der Gesetzgeber bereits 2020 beschlossen hatte und der aufgrund der Energiekrise in Folge des russischen Angriffskrieges in der Ukraine abgesenkt worden war. Aufgrund der Kurzfristigkeit der Entscheidung konnten die Vertriebe die Kostensteigerung nicht mehr zum 1.1.2024 umsetzen und werden nun zum 1.3.2024 ihre Preise erneut anpassen müssen.

> **Anmerkung:**
> Lieferanten müssen entscheiden, ob sie den Kostenanstieg nominell weitergeben und damit die Steigerung der Monate Januar und Februar selbst tragen, oder ob die Steigerung der Monate Januar und Februar auf die Preise der Folgemonate aufgeschlagen wird. Da die Kosten nach dem BEHG gesondert auszuweisen sind, hat die Entscheidung auch Auswirkungen auf die Angaben in Verträgen und auf Rechnungen.

4. Energiepreisbremsen

276 Die Preisbremsen nach dem Strompreisbremsengesetz und dem Erdgas- und Wärmepreisbremsengesetz sind nach einigem Hin- und Her zum Jahresende ausgelaufen. Zwar hatte die Bundesregierung im November 2023 eine Preisbremsenverlängerungsverordnung beschlossen, die auch vom Bundestag gebilligt wurde. Im Zuge des Urteils des Bundesverfassungsgerichts zur Verfassungswidrigkeit des Haushalts 2023 vom 15.11.2023[1)] wurde die Verordnung aber nicht mehr in Kraft gesetzt. Die Preisbremsen sind, wie ursprünglich vorgesehen, damit zum Jahresende ausgelaufen.

5. Gebäudeenergiegesetz

a) Gesetzgebungsverfahren

277 Nachdem der Bundestag die umstrittene Novelle des Gebäudeenergiegesetzes (GEG) am 8.9.2023 beschlossen hatte, hat am 29.9.2023 der Bundesrat die Gesetzesänderung gebilligt. Es wurde am 19.10.2023 im Bundesgesetzblatt[2)] verkündet. Das Gesetz tritt zum 1.1.2024 in Kraft.

> **Anmerkung:**
> Selten ist ein Gesetzesvorhaben im Schnittbereich von Umwelt- und Energierecht im Vorfeld derart kontrovers diskutiert worden. Die Neuregelung des GEG soll ein zentraler Bestandteil der sog. Wärmewende sein, mit dem erklärten Ziel, dass in Deutschland bis 2045 klimaneutral geheizt wird. Da dieses Gesetz jedoch u.a. auf eine schrittweise Verpflichtung zum Austausch von Heizungen in Wohngebäuden abzielt, war insb. die Verteilung der damit einhergehenden beträchtlichen Kosten ein zentraler Streitpunkt. Daher drehte sich die monatelange Debatte besonders um Übergangsfristen, technische Wahlmöglichkeiten für Eigentümer, Härtefallklauseln, Umlagefähigkeit von Kosten für Vermieter auf der einen Seite, Schutz für Mieter vor überhöhten Kosten auf der anderen Seite sowie zusätzliche staatliche Förderprogramme. Der Gesetzgeber hat sich nunmehr auf ein Regelwerk von beachtlicher Komplexität festgelegt.

b) Pflicht zum Einbau von klimaneutralen Heizungen

278 Der Kern der Neuregelung besteht in der Verpflichtung, dass eine Heizungsanlage in einem Gebäude nur eingebaut werden darf, wenn sie mindestens 65 % der mit der

---
1) BVerfG v. 15.11.2023, Az. 2 BvF 1/22.
2) BGBl. I 2023 Nr. 280 v. 19.10.2023.

Anlage bereitgestellten Wärme mit erneuerbaren Energien oder unvermeidbarer Abwärme erzeugt. Der Gebäudeeigentümer kann dabei frei wählen, mit welcher Art von Heizungsanlage er diese Anforderungen erfüllen will („Technologiefreiheit").

Der Gesetzgeber geht davon aus, dass insbesondere die folgenden technischen Lösungen hierfür in Betracht kommen:

- Stromdirektheizungen,
- solarthermische Anlagen,
- Heizungsanlagen zur Nutzung von Biomasse oder grünem oder blauen Wasserstoff,
- Wärmepumpen-Hybridheizungen,
- Solarthermie-Hybridheizungen
- und – voraussichtlich mit der höchsten Praxisrelevanz – der Anschluss an ein Wärmenetz sowie der Einbau von elektrisch angetriebenen Wärmepumpen.

Lange umstritten war hierbei insb. die Frage, ab welchem Zeitpunkt diese Verpflichtung für die Gebäudeeigentümer gelten soll. Das GEG sieht hierzu vor, dass die Pflicht nur für **Neubauten** ab 1.1.2024 gilt. Eigentümern von **Bestandsgebäuden** wird eine Übergangsphase gewährt, deren Länge jedoch unterschiedlich ausfallen kann. Es besteht somit keine sofortige Austauschpflicht. Bestehende Heizungen können zunächst weiterlaufen und dürfen auch repariert werden.

c) Verknüpfung mit der kommunalen Wärmeplanung

279 Zum Verständnis des GEG ist insofern aber noch das Wärmeplanungsgesetz in den Blick zu nehmen (WPG), das der Bundestag am 17.11.2023 in zweiter und dritter Lesung[1] verabschiedet hat. Der Bundesrat hat am 15.12.2023 abschließend darüber befunden. Es wurde am 22.12.2023 im Bundesgesetzblatt verkündet[2].

Das WPG ist zum 1.1.2024 in Kraft getreten. Es verpflichtet u.a. die Bundesländer sicherzustellen, dass die Gemeinden kommunale Wärmepläne erstellen. Diese Pläne dienen – kurz gefasst – zur Identifikation des vor Ort besten und kosteneffizientesten Wegs zu einer klimafreundlichen und fortschrittlichen Wärmeversorgung.

Gemeinden mit mehr als 100.000 Einwohnern müssen diese Planung bis spätestens 30.6.2026 abgeschlossen haben. Gemeinden mit weniger Einwohnern haben hierfür Zeit bis 30.6.2028.

> **Anmerkung:**
> Die Anforderungen, die das WPG an Ablauf und Inhalte der kommunalen Wärmeplanung stellt, sind beträchtlich. Es müssen hierfür eine ganze Reihe von Planungsschritten (u.a. Vorprüfungen, Bestandsanalysen, Potentialanalysen, Entwicklung von Zielszenarien, Entwicklung von Umsetzungsstrategien) durchlaufen werden. Es ist dabei schon jetzt abzusehen, dass die Durchführung dieser komplexen Planung gerade für kleinere Kommunen eine enorme Herausforderung darstellen wird.

Ein wesentlicher Bestandteil dieser Planung soll die Klärung der Frage sein, in welchen Gemeindegebieten ein **Anschluss von Gebäuden an ein Wärmenetz** möglich ist und in welchen Gegenden es bei der individuellen Verantwortung der Gebäudeeigentümer für die Wärmeversorgung bleibt.

Dieser Gedanke bildet die Verknüpfung zu den Vorgaben des GEG: In Gemeinden, die noch keine Wärmeplanung haben, dürfen in Bestandsgebäuden bis 30.6.2026 (größere Gemeinden) bzw. 30.6.2028 (kleinere Gemeinden) weiterhin Heizungen ausgetauscht

---
1) BT-Drucks. 20/9344.
2) BGBl. I 2023 Nr. 395 v. 22.12.2023.

oder eingebaut werden, welche die Anforderungen des GEG (65 % erneuerbare Energien) nicht erfüllen. In Gemeinden, in denen eine kommunale Wärmeplanung auf Grundlage des WPG jedoch schon vor Ablauf dieser Fristen verabschiedet wird, gelten grundsätzlich deren Vorgaben über die Ausweisung von Wärmenetzen oder Wasserstoffnetzausbaugebieten und – ansonsten – die Verpflichtung des GEG zum Einbau von Heizungen auf Basis von 65 % erneuerbarer Energien.

Für die Grundeigentümer wird dieses prinzipielle Zusammenspiel von Wärmeplanung und Heizungseinbau durch eine Reihe von Übergangsfristen für unterschiedliche Szenarien abgemildert, die sicherstellen sollen, dass diese nicht zu abrupten Investitionsentscheidungen gezwungen werden.

d) Lastenverteilung zwischen Vermietern und Mietern

280 Um die Wärmewende zu beschleunigen, will der Gesetzgeber einerseits Anreize für Vermieter setzen, in moderne Heizungssysteme zu investieren. Auf der anderen Seite ist der Neuregelung deutlich zu entnehmen, dass Mieter vor zu hohen finanziellen Belastungen geschützt werden sollen. Dieser Balance-Akt soll sowohl durch Anpassungen des GEG als auch durch Neuregelungen im Mietrecht des Bürgerlichen Gesetzbuchs (BGB) gelingen. U.a. wird dort explizit klargestellt, dass der Heizungseinbau zur Erfüllung der Anforderungen des GEG als Modernisierungsmaßnahme gilt, welche grundsätzlich zur Mieterhöhung berechtigt. Jedoch wird hierfür eine **Kappungsgrenze** eingeführt: Die Mieterhöhung aufgrund des Heizungseinbaus darf nicht mehr als 50 Cent pro Quadratmeter Wohnfläche innerhalb von sechs Jahren betragen.

Hat der Vermieter für den Heizungseinbau **öffentliche Förderungen** in Anspruch genommen, darf er die jährliche Miete um 10 % (statt ansonsten 8 %) der für die Wohnung aufgewendeten Kosten abzüglich der in Anspruch genommenen Drittmittel erhöhen. Vermieter sollen dadurch einen zusätzlichen Anreiz haben, die staatlichen Fördermöglichkeiten zu nutzen.

Beim praktisch bedeutsamen Fall des Einbaus einer Wärmepumpe muss der Vermieter **nachweisen**, dass die Jahresarbeitszahl der Wärmepumpe über 2,5 liegt. Kann er diesen Nachweis nicht erbringen, kann er für eine Mieterhöhung auf Grund einer Modernisierungsmaßnahme nur 50 % der für die Wohnung aufgewendeten Kosten zugrunde legen. Dies soll einen hohen Wirkungsgrad der neuen Wärmepumpen sicherstellen, die dann auch wiederum den Mietern zugutekommen.

Schließt der Eigentümer die Immobilie an ein Wärmenetz an oder beauftragt er einen Contractor mit der Wärmelieferung, sind die Mieter durch § 556c BGB und die Wärmelieferverordnung geschützt. Durch diese Regelungen ist gewährleistet, dass die Umstellung der Wärmeversorgung keine Erhöhung der Betriebskosten nach sich zieht (Grundsatz der Warmmietenneutralität). Die Vorgabe zur Warmmietenneutralität erschwert die Umstellung auf eine Wärmelieferung durch Dritte erheblich.

> **Beratungshinweis:**
>
> Eigentümer von Bestandsimmobilien werden genau verfolgen müssen, wie sich die kommunale Wärmeplanung in ihrer Gemeinde entwickelt, um ihre Investitionsentscheidungen vorausschauend planen zu können.
>
> Zu berücksichtigen ist dabei, dass in einzelnen Bundesländern die Erarbeitung von kommunalen Wärmeplänen auf Basis von Landesrecht bereits in vollem Gange ist, z.B. in Baden-Württemberg auf Grundlage des Klimaschutz- und Klimawandelanpassungsgesetzes (KlimaG BW). Hier mussten beispielsweise Stadtkreise und Große Kreisstädte bereits bis zum 31.12.2023 einen kommunalen Wärmeplan vorlegen. Das bedeutet also, dass Immobilieneigentümer neben der Komplexität des GEG auch unterschiedliche Geschwindigkeiten bei der Wärmeplanung in den jeweiligen Bundesländern im Blick behalten müssen.

6. Solarpaket I

281 Am 16.8.2023 hat die Bundesregierung den Entwurf eines Gesetzes zur Änderung des Erneuerbare-Energien-Gesetzes und weiterer energiewirtschaftsrechtlicher Vorschriften zur Steigerung des Ausbaus photovoltaischer Energieerzeugung vorgelegt. Nach der ersten Lesung im Bundestag hat am 15.11.2023 eine Sachverständigenanhörung im Ausschuss für Klimaschutz und Energie stattgefunden. Mit dem Gesetz soll ein Beitrag dazu geleistet werden, die Ausbauziele für erneuerbare Energien durch attraktivere Rahmenbedingungen für PV-Anlagen zu erreichen. U.a. soll neben dem „Mieterstrom" ein neues Instrument, die „gemeinschaftliche Gebäudeversorgung" eingeführt werden.

Statt des angekündigten „Solarpakets" hat der Bundestag allerdings in seiner letzten Sitzung im Jahr 2023 lediglich ein „Windpäckchen" verabschiedet. Die Befassung des Bundesrates steht noch aus.

Mit dem „Gesetz zur Änderung des EEG zur Vermeidung kurzfristig auftretender wirtschaftlicher Härten für den Ausbau erneuerbarer Energien" hat der Bundestag Teile des Entwurfs des „Gesetz zur Änderung des EEG und weiterer energiewirtschaftsrechtlicher Vorschriften zur Steigerung des Ausbaus photovoltaischer Energieerzeugung" verabschiedet, die den Ausbau der Windenergie an Land betreffen.

Die im folgenden dargestellten weiteren Teile des Gesetzentwurfs sollen 2024 verabschiedet werden.

a) Mieterstrom und gemeinschaftliche Gebäudeversorgung

282 Durch eine Änderung in § 21 Abs. 3 EEG soll nach dem EEG geförderter Mieterstrom nicht nur auf Wohn-, sondern auf **allen Gebäuden und Nebenanlagen** möglich werden. Damit wird der geförderte Mieterstrom auch in gewerblich genutzten Immobilien möglich. Eine Einschränkung besteht darin, dass die beteiligten Akteure keine „verbundenen Unternehmen" sein dürfen. Beim erstmaligen Mieterstromzuschlag auf Nichtwohngebäuden sind entsprechende Eigenerklärungen abzugeben.

Durch eine Änderung im Energiewirtschaftsgesetz (EnWG) wird die „gemeinschaftliche Gebäudeversorgung" eingeführt. Dazu wird der Begriff „Gebäudestromanlage" in § 3 Nr. 20a EnWG definiert. Die **„gemeinschaftliche Gebäudeversorgung"** wird als neuer Vertragstyp in § 42b EnWG geregelt werden. Diese gemeinschaftliche Gebäudeversorgung ist dadurch gekennzeichnet, dass der in der Gebäudestromanlage erzeugte Strom durch die Nutzer des Gebäudes ganz oder teilweise verbraucht wird. Die jeweiligen Strommengen werden nicht durch Messung, sondern rechnerisch aufgrund eines zu vereinbarenden Schlüssels auf die Nutzer aufgeteilt. Der Betreiber der Gebäudestromanlage ist nicht verpflichtet, die gesamte Stromversorgung der Gebäudenutzer sicherzustellen.

> **Anmerkung:**
> Darin liegt der wichtigste Unterschied zum Mieterstrom. Der Betreiber der Gebäudestromanlage liefert nur den Gebäudestrom. Jeder Nutzer ist für den Abschluss eines Liefervertrages für den erforderlichen Zusatzstrom selbst verantwortlich.

Die Bundesregierung verspricht sich davon einen Schub für PV-Anlagen auf Nichtwohngebäuden. Der Vorteil gegenüber der bisherigen Rechtslage liegt darin, dass die Lieferung des „Gebäudestroms" von umfangreichen bürokratischen Verpflichtungen befreit wird. Die Herausforderung für die Lieferanten des verbleibenden Zusatzstroms liegt darin, dass die jeweiligen Entnahmestellen kaum mehr sinnvoll irgendwelchen Lastprofilen zugeordnet werden können.

H. Wirtschaftsrecht

> **Anmerkung:**
> Geht es nach den Vorstellungen einiger Marktakteure, ist dies erst der Anfang unkonventioneller Lieferkonstellationen. In Positionspapieren wurde vorgestellt, dass die „gemeinschaftliche Gebäudeversorgung" auch auf ganze Quartiere ausgedehnt werden könne. Sie müsse auch möglich sein, wenn das Netz der allgemeinen Versorgung für den Stromtransport genutzt würde.

b) PV-Zubau auf Dachanlagen

Der Anreiz, Dächer mit PV-Anlagen auszustatten, soll auch durch **weitere Vereinfachungen** gesteigert werden. So wird für Anlagen mit einer Leistung von bis zu 200 kWp das Instrument der „unentgeltlichen Abnahme" geschaffen werden.

283

Anlagenbetreiber mit einem hohen Eigenverbrauch, die nur minimale Mengen in das Netz einspeisen, müssen derzeit trotz geringer Einspeisemengen einen Direktvermarktungsvertrag abschließen, wenn die Anlage eine höhere Leistung als 100 kWp hat. Das bedeutet Kosten und bürokratischen Aufwand für die Anlagenbetreiber. Davon sollen sie durch die „unentgeltliche Abnahme" entlastet werden. Damit wird der Netzbetreiber verpflichtet, die Strommengen physikalisch abzunehmen und auch in den eigenen Bilanzkreis aufzunehmen, ohne dafür ein Entgelt zahlen zu müssen.

> **Anmerkung:**
> Weitere Erleichterungen sollen für die Fernsteuerbarkeit, die Zusammenfassung von Dachanlagen, das Re-Powering von Dachanlagen und in Bezug auf die Meldeverpflichtungen geschaffen werden.

c) Netzanschlüsse

Der Prozess des Netzanschlusses ist als Hemmschuh beim Ausbau von PV-Anlagen identifiziert worden. Durch Änderungen in § 8 EEG soll das Verfahren gestrafft und vereinfacht werden. So sollen Netzbetreiber verpflichtet werden, ergänzende Informationen nicht nacheinander, sondern gebündelt abzufragen. Der Netzanschluss von Anlagen mit einer Leistung von bis zu 30 kWp wird noch einmal vereinfacht. Wenn der Netzbetreiber dem Anschlussbegehren nicht widerspricht, kann die Anlage auch ohne ausdrückliche Genehmigung des Netzbetreibers angeschlossen werden.

284

Auch die Verlegung von Anschlussleitungen wird vereinfacht. Durch eine Änderung im EEG sollen gesetzliche Duldungspflichten für die Eigentümer der betroffenen Grundstücke begründet werden. Dies betrifft Anschlussleitungen von Anlagen mit einer Leistung von mehr als 30 kWp. Durch diese Regelung soll auch eine dingliche Sicherung der Leitungen nicht mehr erforderlich sein, da das Recht zur Verlegung und zum Betrieb durch die gesetzliche Duldungspflicht geregelt ist. Bei der Errichtung und beim Rückbau von Windkraftanlagen wird ein gesetzliches Recht zur Überfahrt und zur Überschwenkung von Grundstücken begründet werden.

d) Erleichterungen für „besondere" PV-Anlagen

Sog. „besondere PV-Anlagen" („Agri-PV" und „Moor-PV") sollen in Bezug auf die Bekanntmachung von Ausschreibungen, den Inhalt der Gebote und den Bekanntmachungen von Zuschlägen gegenüber normalen Freiflächenanlagen privilegiert werden. Einige dieser Regelungen stehen unter dem Beihilfevorbehalt der EU-Kommission.

285

e) Balkonkraftwerke

„Balkonkraftwerke" oder „Stecker-PV" sollen in § 3 Nr. 43 EnWG unter dem Begriff „Stecker-Solargeräte" definiert werden. Im EEG werden Regelungen zur unentgeltlichen Abnahme des in den Anlagen erzeugten Stroms, zu vereinfachten Anschlussrege-

286

lungen, Ausnahmen von der Fernsteuerbarkeit, Ausnahmen von der Anlagenzusammenfassung und ähnlichem geregelt werden. Unverzüglich nach Installation eines solchen Stecker-Solargerätes ist die Marktlokation mit einer modernen Messeinrichtung oder einem intelligentem Messsystem zu installieren. Das Stecker-Solargerät darf allerdings auch ohne moderne Messeinrichtung oder intelligente Messsysteme betrieben werden.

f) Sonstiges

287 Mit einer Änderung in § 6 EEG soll die finanzielle Beteiligung von Kommunen auf weitere Solaranlagen ausgedehnt werden.

Durch eine Neuregelung im EnWG soll ein neues Register eingeführt werden, in dem alle Energieanlagen erfasst sind und das neben dem Marktstammdatenregister betrieben werden wird. Das Marktstammdatenregister soll um Wärmeerzeugungsanlagen erweitert werden, die in ein Wärmenetz einspeisen.

> **Anmerkung:**
> Entgegen ursprünglicher Ankündigungen wird es ein „Solarpaket II" vorerst jedenfalls nicht geben. Gemäß der „Photovoltaikstrategie" der Bundesregierung sollte mit dem „Solarpaket II" der Zubau besonderer Solaranlagen noch einmal erleichtert werden. Erleichtert werden sollten auch Baugenehmigungsverfahren, ein vereinfachter Zugang zur Direktvermarktung sollte ermöglicht werden und das Verhältnis zwischen PV-Ausbau und Denkmalschutzbelangen geprüft und neu geregelt werden.

Dritter Teil: Entwicklungen in Gesetzgebung, Rechtsprechung und Verwaltung 2023

A. Unternehmensbesteuerung

I. Bilanzierung

1. Nutzungsdauer von Computerhardware und Software

288 Steuerpflichtige müssen die durch das BMF-Schreiben vom 22.2.2022[1)] abweichend von den AfA-Tabellen ermöglichte einjährige Nutzungsdauer von Computerhardware und Software **nicht verpflichtend anwenden**. Darauf weist die OFD Frankfurt mit Rundverfügung vom 22.3.2023[2)] hin. Ungeachtet des BMF-Schreibens vom 22.2.2022 könne auch eine üblich anerkannte technische Nutzungsdauer von drei Jahren angesetzt werden.

> **Beratungshinweis:**
>
> Aufwendungen für eine **Homepage** fallen nach Auffassung der OFD Frankfurt von vornherein **nicht** unter das BMF-Schreiben und sind nach wie vor ausschließlich über die übliche technische Nutzungsdauer von Software (regelmäßig drei Jahre) abzuschreiben.

2. Verfassungsmäßigkeit des Abzinsungssatzes für unverzinsliche Verbindlichkeiten

289 Bereits mit Beschluss vom 5.5.2021[3)] hat das FG Münster die Höhe des Abzinsungssatzes von 5,5 % für unverzinsliche Verbindlichkeiten in Wirtschaftsjahren **bis 2013** als **verfassungsgemäß** beurteilt. Mit rechtskräftigem Urteil vom 18.1.2022[4)] hat es diese Auffassung bestätigt. In seiner Begründung verwies das Finanzgericht auf die Entscheidung des BVerfG[5)] zur Verfassungsrechtswidrigkeit des Zinssatzes von 6 % p. a. zur Verzinsung von Steuernachzahlungen und -erstattungen nach § 238 AO. Laut BVerfG ist der Zinssatz für das Jahr 2013 noch als verfassungsgemäß anzusehen. Diese Wertung könne – so das FG Münster – auf den Zinssatz für unverzinsliche Verbindlichkeiten übertragen werden.

Das FG Münster vertrat zudem in einem rechtskräftigen Urteil vom 22.7.2021[6)] die Auffassung, dass die Anwendung des Abzinsungssatzes von 5,5 % auch **in 2016 verfassungskonform** sei. Das FG Hamburg äußerte hingegen mit rechtskräftigem Beschluss vom 31.1.2019[7)] im Rahmen des einstweiligen Rechtsschutzes hinsichtlich der Abzinsung von Verbindlichkeiten in den Jahren 2013 bis 2015 ernstliche Zweifel an der Verfassungskonformität des Abzinsungssatzes.

> **Beratungshinweis:**
>
> Mit dem JStG 2022[8)] ist das **Abzinsungsgebot** für unverzinsliche Verbindlichkeiten **für nach dem 31.12.2022 endende Wirtschaftsjahre weggefallen**, wobei eine Anwendung auch auf frühere Wirtschaftsjahre auf Antrag möglich ist.[9)]

3. Verpflichtungen aus einem Kundenkartenprogramm

290 Der BFH hatte über die Frage der Rückstellungsbildung im Zusammenhang mit einem Kundenkartenprogramm zu entscheiden. Die Kunden konnten in Höhe eines bestimm-

---

1) BMF v. 22.2.2022, S 2190 A – 031 – St 214, BStBl I 2022, 187.
2) OFD Frankfurt v. 22.3.2023, S 2190 A – 031 – St 214, DStR 2023, 1203.
3) FG Münster v. 5.5.2021, 13 V 505/21, EFG 2021, 1205 mit Anm. Jüdes.
4) FG Münster v. 18.1.2022, 2 K 700/18 G, F, EFG 2022, 483 mit Anm. Pichler.
5) BVerfG v. 8.7.2021, 1 BvR 2237/14, 1 BvR 2422/17, HFR 2021, 922 mit Anm. Bopp.
6) FG Münster v. 22.7.2021, 10 K 1707/20, EFG 2021, 1810 mit Anm. Zapf.
7) FG Hamburg v. 31.1.2019, 2 V 112/18, EFG 2019, 525 mit Anm. Lutter.
8) Gesetz v. 16.12.2022, BGBl. I 2022, 2294 = BStBl I 2023, 7.
9) S. auch Ebner Stolz / BDI, Steuer- und Wirtschaftsrecht 2023, Rz. 303.

ten Prozentsatzes ihres Einkaufsumsatzes Bonuspunkte sammeln, die als Gutschein auf weitere Einkäufe angerechnet werden konnten. Dabei sahen die Teilnahmebedingungen des Kundenkartenprogramms vor, dass ein Punkteguthaben innerhalb von zwölf Monaten einzulösen ist. Tatsächlich verfielen die Bonuspunkte erst nach 36 Monaten.

Laut BFH-Urteil vom 29.9.2022[1)] stellen die Bonuspunkte zwar keine Verbindlichkeit dar, weil die Einlösung dem Grunde nach ungewiss sei. Es sei aber eine **Rückstellung für ungewisse Verbindlichkeiten** zu passivieren. Das Handelsunternehmen habe sich in einem separaten Vertrag zur Einlösung der Punkte verpflichtet und den Kunden damit ein besonderes Zahlungsmittel zur Verfügung gestellt. Es bestehe daher eine Außenverpflichtung, deren Höhe von künftigen Käufen abhänge.

> **Anmerkung:**
>
> Das Passivierungsverbot für Verpflichtungen bei Anfall künftiger Einnahmen oder Gewinne (§ 5 Abs. 2a EStG) ist laut BFH nicht einschlägig, denn die Gutschein-Bonuspunkte seien **wirtschaftlich** als **Rabattierung des ersten Wareneinkaufs** eines Kunden zu werten. Damit sei der Fall anders gelagert als der „Friseurgutschein-Fall"[2)], in welchem durch die Ausgabe von Gutscheinen in Höhe eines stets gleichen Betrags, der bei der Inanspruchnahme einer Dienstleistung im Folgejahr genutzt werden konnte, künftige Leistungen rabattiert worden seien.

4. Begrenzung der steuerlichen Rückstellungshöhe auf den handelsrechtlichen Betrag

291 Der BFH bestätigt mit Urteil vom 9.3.2023[3)] seine Rechtsprechung zur Deckelung des steuerlichen Rückstellungswerts auf den handelsrechtlichen Bilanzansatz. Dies gilt nach Auffassung des BFH damit **unverändert auch nach Inkrafttreten** des Bilanzrechtsmodernisierungsgesetzes (**BilMoG**)[4)] im Mai 2009.

Dabei sei die steuerlich zulässige Obergrenze der Rückstellung nach § 6 Abs. 1 Nr. 3a EStG die handelsbilanziell gebildete Rückstellung, und zwar **unabhängig** davon, ob das **Wahlrecht gemäß Art. 67 Abs. 1 Satz 2 EGHGB ausgeübt** wurde oder nicht. Art. 67 Abs. 1 Satz 2 EGHGB ermöglicht nach der BilMoG-Einführung die Beibehaltung von nach altem Recht gebildeten Rückstellungen, soweit ein aufzulösender Betrag spätestens bis 31.12.2024 wieder zugeführt werden müsste. Laut BFH stellt diese Regelung ein intertemporales Rechtsanwendungswahlrecht dar, das nur einen handelsrechtlich zulässigen Wertansatz ergebe.

> **Anmerkung:**
>
> Maßgeblicher Handelsbilanzwert für die Obergrenze nach § 6 Abs. 1 Nr. 3a EStG ist damit laut BFH der Wert, der sich nach den Grundsätzen ordnungsgemäßer Buchführung (GoB) ergibt, die die Anwendung oder aber den Verzicht auf die Anwendung von Beibehaltungswahlrechten einschließen.

5. Steuerschädlicher Vorbehalt bei einer Pensionszusage

292 Enthält eine Pensionszusage einen **Vorbehalt**, wonach die Pensionsanwartschaft oder **Pensionsleistung gemindert oder entzogen** werden kann, ist die Bildung einer Pensionsrückstellung **steuerrechtlich nur in eng begrenzten Fällen zulässig**. Zu diesem Ergebnis kommt der BFH mit Urteil vom 6.12.2022.[5)] Von einem solchen Fall sei nur auszugehen, wenn der Vorbehalt ausdrücklich einen nach der arbeitsgerichtlichen Rechtsprechung anerkannten, eng begrenzten Tatbestand normiert.

---

1) BFH v. 29.9.2022, IV R 20/19, BStBl II 2023, 435; hierzu auch Korn, BeSt 2023, 13.
2) BFH v. 19.9.2012, IV R 45/09, BStBl II 2013, 123.
3) BFH v. 9.3.2023, IV R 24/19, BStBl II 2023, 698; hierzu auch Paschmanns, BeSt 2023, 25.
4) Gesetz v. 25.5.2009, BGBl. I 2009, 1102 = BStBl I 2009, 650 (Auszug).
5) BFH v. 6.12.2022, IV R 21/19, BStBl II 2023, 474; hierzu auch Weber-Grellet, jurisPR-ArbR 18/2023 Anm. 6.

Sieht die Pensionszusage hingegen den Vorbehalt des **jederzeitigen Widerrufs oder sonstige Vorbehalte** vor, die nach der arbeitsgerichtlichen Rechtsprechung den Widerruf nach freiem Belieben zulassen, **schließe dies die Bildung** einer Pensionsrückstellung mit steuerlicher Wirkung **aus**.

> **Beratungshinweis:**
>
> Im Streitfall versagte damit der BFH der Pensionsrückstellung die steuerliche Anerkennung, weil in der Pensionszusage vorgesehen war, dass der Arbeitgeber eine „Transformationstabelle", aus der im Ergebnis die Höhe der Versorgungsleistungen abzuleiten war, einseitig ersetzen konnte.

6. Bewertung von Pensionsrückstellungen: Verfassungskonformität des Rechnungszinsfußes von 6 %

Laut Beschluss des BVerfG vom 28.7.2023[1] war die **Richtervorlage des FG Köln**[2] zur Frage der Verfassungsmäßigkeit des steuerlichen Rechnungszinsfußes von 6 % bei Pensionsrückstellungen unzureichend begründet und daher **unzulässig**.

Das FG Köln vertrat in seinem Beschluss die Rechtsauffassung, dass die Bewertungsregelung gegen den Gleichheitsgrundsatz nach Art. 3 Abs. 1 GG verstoße, weil die Bildung von Pensionsrückstellungen infolge der von den handelsbilanziellen Vorgaben abweichenden steuerbilanziellen Regelungen gegenüber anderweitigem Aufwand, der aber im Wesentlichen gleich sei, steuerlich unterschiedlich behandelt würde. Dem entgegnet das BVerfG, dass es **keine Vergleichbarkeit** eines Unternehmens, das Pensionsrückstellungen bildet, mit anderen Unternehmen sehe, die sich nach den Ausführungen des FG Köln „an das Realisationsprinzip halten müssen".

Auch dem Vorbringen des FG Köln, Ungleiches werde gleichbehandelt, wenn ungeachtet etwaiger Verschuldungskonditionen für den konkreten Steuerpflichtigen typisierend „der Zinsvorteil der späteren Steuerzahlung einheitlich mit 6 %" bemessen werde, folgt das BVerfG nicht. Das FG Köln habe sich dazu nicht ausreichend mit der Entscheidung des BVerfG vom 28.11.1984[3] auseinandergesetzt, worin das BVerfG bereits auf den Typisierungsspielraum des Gesetzgebers eingegangen ist.

> **Anmerkung:**
>
> Die Verfassungsrichter weisen darauf hin, dass sich auch aus dem am 8.7.2021 ergangenen Beschluss des BVerfG[4] zur Verfassungswidrigkeit der Verzinsung von Steuernachforderungen und Steuererstattungen mit ehemals 6 % keine anderen Schlüsse ziehen lassen.

7. Bildung eines passiven Rechnungsabgrenzungspostens durch Schätzung

Rechnungsabgrenzungsposten dienen der periodengerechten Erfassung von Erträgen und Aufwendungen, wenn die entsprechenden Zahlungen bereits vor dem Abschlussstichtag erfolgen. Sie werden für typische Vorleistungen eines Vertragspartners im Rahmen eines gegenseitigen Vertrags oder aufgrund gesetzlicher Bestimmungen gebildet, wenn die Ausgabe bzw. Einnahme für eine bestimmte Zeit nach dem Abschlussstichtag Aufwand bzw. Ertrag darstellt. Bei der **Gegenleistung aus einem Vertragsverhältnis** muss es sich daher um eine **zeitraumbezogene oder zeitlich aufteilbare Leistung** handeln. Eine **Schätzung** dieser zeitlichen Einordnung ist nach Auffassung des BFH[5] **nur anzuerkennen, wenn** sie auf allgemeingültigen Maßstäben beruht. Hinge-

---

1) BVerfG v. 28.7.2023, 2 BvL 22/17, BB 2023, 2220; hierzu auch Spilger, jurisPR-ArbR 46/2023 Anm. 7.
2) FG Köln v. 12.10.2017, 10 K 977/17, EFG 2018, 287 mit Anm. Neu.
3) BVerfG v. 28.11.1984, 1 BvR 1157/82, BStBl II 1985, 181.
4) BVerfG v. 8.7.2021, 1 BvR 2237/14, 1 BvR 2422/17, BVerfGE 158, 282 = HFR 2021, 922 mit Anm. Bopp.
5) BFH v. 26.7.2023, IV R 22/20, DStR 2023, 2151; hierzu auch Pfützenreuter, jurisPR-SteuerR 49/2023 Anm. 1.

gen versagt der BFH die Bildung eines Rechnungsabgrenzungspostens, wenn die angewendeten Maßstäbe auf einer Gestaltungsentscheidung des Steuerpflichtigen beruhen, die geändert werden könnte.

In dem Urteilsfall bildete eine als Projektentwicklerin im Immobilienbereich tätige GmbH & Co. KG für das Streitjahr einen passiven Rechnungsabgrenzungsposten für bereits vereinnahmte Ratenzahlungen für Honorare, die vertragsgemäß erst im Folgejahr zu bezahlen gewesen wären. Der Rechnungsabgrenzung lag eine von der GmbH & Co. KG vorgenommene pauschale Untergliederung der erbrachten Gesamtleistung in mehrere Projektphasen, denen ein prozentualer Anteil an der Gesamtleistung beigemessen wurde, zugrunde.

Die Rechnungsabgrenzung ist nach Auffassung des BFH nicht anzuerkennen, da die Verteilung der Gesamtvergütung auf Phasen ebenso wie deren zeitliche Festlegung und die Gewichtung bezüglich der Wertschöpfung auf individuellen Schätzungen der Klägerin beruhten. Eine Passivierung als erhaltene Anzahlung lehnte der BFH ebenfalls ab, da es an einer Vorleistung auf eine noch zu erbringende Lieferung oder Leistung mangelte.

> **Beratungshinweis:**
>
> Ein passiver Rechnungsabgrenzungsposten sowie die alternative Passivierung erhaltener Anzahlungen für noch ausstehende Leistungen kommen demnach nur auf Grundlage einzelfallbezogener Dokumentationen oder Vertragsausgestaltungen im Hinblick auf den konkreten Baufortschritt in Betracht. Eine periodengerechte Zuordnung der Gewinnauswirkungen aus der Vorleistung des Auftraggebers ist damit allenfalls mittels einer Rückstellung für Erfüllungsrückstand möglich.

8. Genussrechtskapital

295 In seinem **in allen offenen Fällen anzuwendenden** Schreiben vom 11.4.2023[1] geht das BMF zunächst darauf ein, was unter – insbesondere Kapitalgesellschaften – gewährtem Genussrechtskapital zu verstehen ist und grenzt dieses von anderen Kapitalüberlassungen ab.

Laut BMF ist entscheidendes Abgrenzungskriterium für das Vorliegen von **steuerbilanziellem Fremdkapital** das **Bestehen einer Rückzahlungsverpflichtung**. Soll hingegen das zugeführte Kapital dauerhaft der empfangenden Kapitalgesellschaft zur Verfügung stehen, liegt eine Zuführung von Eigenkapital vor. Zwischen der steuer- und handelsrechtlichen Beurteilung können Abweichungen vorliegen, z.B. wenn das Kapital von einem fremden Dritten gewährt wird, was steuerbilanziell grundsätzlich zur Einordnung als Fremdkapital führt, handelsbilanziell aber dennoch unter bestimmten Voraussetzungen als Eigenkapital zu werten sein kann. Allein die Einräumung von Wandlungs- oder Optionsrechten spricht jedenfalls nicht gegen die Einordnung als Fremdkapital, auch wenn vereinbart ist, die Rückzahlungsverpflichtung durch die Gewährung von Gesellschaftsanteilen zu erfüllen. Eine steuerrechtliche Umqualifizierung in Eigenkapital erfolgt in diesem Fall erst mit der Ausübung des Wandlungs- oder Optionsrechts.

Qualifiziert das Genussrechtskapital als Fremdkapital, ist grundsätzlich eine **Verbindlichkeit zu bilanzieren**, es sei denn, es fehlt eine wirtschaftliche Belastung oder der Passivierungsaufschub nach § 5 Abs. 2a EStG greift, weil die Erfüllung von Verpflichtungen erst aus künftigen Einnahmen oder Gewinnen vorgesehen ist.

---

[1] BMF v. 11.4.2023, IV C 6 – S 2133/19/10004 :002, BStBl I 2023, 672.

> **Beratungshinweis:**
>
> Vergütungen auf das Genussrechtskapital, das als Fremdkapital anzusehen ist, stellen bei der Gesellschaft **Betriebsausgaben** dar. Diese mindern allerdings das Einkommen nicht, wenn mit den Genussrechten das Recht auf Beteiligung am Gewinn oder Liquidationserlös der Kapitalgesellschaft verbunden ist (§ 8 Abs. 3 Satz 2 2. Alt. KStG). Das BMF geht näher darauf ein, in welchen Fällen eine solche Beteiligung gegeben ist.

II. Gewinnermittlung

1. Avalprovisionen als Schuldzinsen

Für Schuldzinsen gilt eine **Abzugsbeschränkung**, wenn sog. **Überentnahmen** getätigt worden sind (§ 4 Abs. 4a EStG). Im konkreten Fall ging es um die Frage, ob Provisionen, die ein Tankstellenpächter für ein Aval (eine Bürgschaft) zahlte, das zur Sicherung aller Forderungen des Mineralölunternehmens und für die „Beistellung des Agenturbestands" diente, als Schuldzinsen in diesem Sinne anzusehen sind. **296**

Der BFH betont in seinem Urteil vom 31.8.2022[1], dass der **Schuldzinsbegriff grundsätzlich wirtschaftlich zu verstehen** und weit auszulegen sei und schließt sich damit dem IV. Senat[2] an. Nach den Feststellungen des FG Mecklenburg-Vorpommern (Vorinstanz) habe das Aval der Fremdfinanzierung des Umlaufvermögens gedient. Allerdings ist der Agentur-Warenbestand laut BFH weder zivilrechtliches noch wirtschaftliches Eigentum des Tankstellenpächters, da er im Namen und auf Rechnung des Mineralölunternehmens auftritt. Aufgrund dieses Rechtsfehlers verwies der BFH die Sache zur Aufklärung des maßgeblichen Vertragsverhältnisses an die Vorinstanz zurück.

> **Kritische Stellungnahme:**
>
> Die in Rede stehenden Provisionen dürften laut BFH im Streitfall wohl nicht für überlassenes Fremdkapital gezahlt worden sein. Denn ein Avalkreditvertrag ist, ebenso wie die klassische Bürgschaft, kein Darlehen. Das FG wird aber zu prüfen haben, ob der Avalkredit nicht doch einen die Kreditfinanzierung sichernden Charakter hat.

2. Kein Betriebsausgabenabzug für „Supersportwagen"

Luxusausgaben und **Repräsentationsaufwendungen** sind steuerlich nicht abzugsfähig (§ 4 Abs. 5 Satz 1 Nr. 4 EStG). Laut Urteil des FG München vom 10.10.2022[3] gilt dieses Abzugsverbot auch für einen sog. „Supersportwagen". **297**

Der Streitfall betraf einen Sportwagen mit Formel-1-Technologie, der trotz Serienfertigung im Straßenbild Aufmerksamkeit erregte. Der Sportwagen, für den eine Rennlizenz vorlag, wurde im Streitfall nur wenig bewegt. Er sollte potenziellen Geschäftspartnern ein „Rennfeeling" vermitteln und diente neben der sportlichen Betätigung vor allem Marketingzwecken. Weder dieser Zweck noch die Teilnahme und Organisation von Rennsportveranstaltungen rechtfertigen laut FG München den Betriebsausgabenabzug, da Nachweise dafür fehlten, dass der Sportwagen dort tatsächlich zum Einsatz kam.

> **Beratungshinweis:**
>
> Das FG München kam bereits in einem anderen Fall zu dem Ergebnis, dass die Ausgaben für einen hochpreisigen Sportwagen anteilig wegen ihrer unangemessenen Höhe vom Betriebsausgabenabzug ausgeschlossen sind.[4]

---

1) BFH v. 31.8.2022, X R 15/21, BStBl II 2023, 116.
2) BFH v. 12.2.2014, IV R 22/10, BStBl II 2014, 1216.
3) FG München v. 10.10.2022, 7 K 1693/20, EFG 2023, 744 mit Anm. Forchhammer.
4) FG München v. 9.3.2021, 6 K 2915/17, EFG 2021, 1092 mit Anm. Hennigfeld.

3. Betriebsausgabenabzugsverbot bei EG-Kartellgeldbuße

298 Der **Abschöpfungsteil** einer Geldbuße kann nach § 4 Abs. 5 Satz 1 Nr. 8 Satz 4 Hs. 1 EStG als **Betriebsausgabe** abgezogen werden. Laut BFH-Urteil vom 7.12.2022[1)] **fehlt** es an einer solchen Abschöpfungswirkung, wenn der Betrag der Geldbuße **nicht mit dem wirtschaftlichen Vorteil aus dem Kartellrechtsverstoß zusammenhängt** bzw. eindeutig unabhängig davon bemessen wurde. Für die Feststellung einer objektiven Abschöpfungswirkung müssen demnach die kartellrechtlichen Wertungen bei der Bußgeldfestsetzung geprüft werden. Auf einen subjektiven Abschöpfungswillen der Kartellbehörde kommt es dagegen nicht an.

Aus der in Art. 15 Abs. 2 KartellVO vorgesehenen Deckelung des Bußgelds auf 10 % der Umsätze der beteiligten Unternehmen folgt allein noch keine Abschöpfungswirkung der Geldbuße, da ein Zusammenhang mit den durch die kartellrechtswidrige Handlung erzielten Umsätzen fehlt.

> **Anmerkung:**
> Das Verfahren wurde an die Vorinstanz (FG Rheinland-Pfalz) zurückverwiesen. In dieser Tatsacheninstanz ist nun festzustellen, ob und inwieweit im Streitfall bei der Bußgeldfestsetzung Marktauswirkungen messbar waren, die sich in dem Bußgeld niedergeschlagen haben.

4. § 6b-Rücklage: Höhe des Gewinnzuschlags verfassungskonform

299 Das FG Münster bestätigt in seinem Urteil vom 24.8.2022[2)] die Verfassungsmäßigkeit der Höhe des Gewinnzuschlags nach § 6b Abs. 7 EStG. Unter Ablehnung der Anwendung der Wertungen des BVerfG im Beschluss vom 8.7.2021[3)] zu Nachzahlungs- und Erstattungszinsen stellt das FG **keinen Verstoß gegen den allgemeinen Gleichheitssatz** hinsichtlich des Gewinnzuschlags fest. Die spätere Besteuerung des Gewinnzuschlags von 6 % p.a. stelle **nicht nur einen Ausgleich** des aus einer Veräußerung resultierenden **Liquiditätsvorteils** dar, **sondern** solle auch die missbräuchliche Inanspruchnahme der Rücklage verhindern.

> **Anmerkung:**
> Das FG Münster lässt dahinstehen, ob eine Verfassungswidrigkeit des Gewinnzuschlags für die Streitjahre (bis einschließlich Wirtschaftsjahr 2016/2017) bereits deshalb ausscheidet, weil das BVerfG die Vollverzinsung von Steuernachforderungen und -erstattungen mit einem Zinssatz von 0,5 % pro Monat für Zeiträume bis einschließlich 2018 für weiter anwendbar erklärt hat.

5. Betriebsausgabenpauschale bei selbstständiger schriftstellerischer Tätigkeit

300 Nach H 18.2 Buchst. a EStH „Betriebsausgabenpauschale" 2022 wird eine **Betriebsausgabenpauschale von 30 %** der Einnahmen (höchstens 2.455 € jährlich) berücksichtigt, wenn die schriftstellerische Tätigkeit **hauptberuflich** erbracht wird. Das Finanzamt setzte hierfür voraus, dass der Umfang der schriftstellerischen Tätigkeit mehr als ein Drittel eines Vollzeiterwerbs umfasst. Mit Urteil vom 4.7.2023[4)] hat der BFH für den Fall eines Syndikusrechtsanwalts/-steuerberaters sowie einer Ärztin, die im Nebenberuf jeweils Fachbeiträge bzw. Patientengutachten verfassten, das Vorgehen der Finanzverwaltung bestätigt.

Dazu führt der BFH aus, dass die Verwaltungsanweisung des pauschalen Betriebsausgabenabzugs zu einer **Selbstbindung der Verwaltung** führe. Steuerpflichtige haben –

---
1) BFH v. 7.12.2022, I R 15/19, HFR 2023, 771 mit Anm. Liebl.
2) FG Münster v. 24.8.2022, 7 K 3764/19 E, EFG 2022, 1767 mit Anm. Frantzmann.
3) BVerfG v. 8.7.2021, 1 BvR 2237/14, 1 BvR 2422/17, HFR 2021, 922 mit Anm. Bopp.
4) BFH v. 4.7.2023, VIII R 29/20, BStBl II 2023, 1005; hierzu auch Jachmann-Michel, jurisPR-SteuerR 42/2023 Anm. 1.

so der BFH – damit einen Rechtsanspruch auf Besteuerung nach Maßgabe der Verwaltungsanweisung, sofern die Voraussetzungen erfüllt sind. Die Auslegung des nicht gesetzlich definierten Begriffs der hauptberuflichen Tätigkeit durch das Finanzamt nach dem Zeitkriterium der Drittelregelung, wie es sich auch in R 3.26 Abs. 2 Satz 1 LStR finde, sei möglich und nicht zu beanstanden.

6. Rücknahme des Antrags auf ermäßigte Besteuerung nach § 34 Abs. 3 EStG

Für außerordentliche Einkünfte, wie z.B. den Gewinn aus der Veräußerung eines Gewerbebetriebs, kann einmalig auf Antrag ein ermäßigter Einkommensteuersatz zur Anwendung kommen (§ 34 Abs. 3 EStG).

301

Im konkreten Fall wurde ein im Jahr 2014 gestellter Antrag auf ermäßigte Besteuerung nach § 34 Abs. 3 EStG für die Einkommensteuer 2007 zurückgenommen und stattdessen im Jahr 2016 für die Einkommensteuerveranlagung 2014 gestellt. Der BFH stellt mit Urteil vom 20.4.2023[1] fest, dass der Antrag nach § 34 Abs. 3 EStG zwar **grundsätzlich frei widerruflich** ist, eine Ausübung und Änderung von Antrags- oder Wahlrechten aber nur möglich ist, **solange** der entsprechende Steuerbescheid nicht formell und materiell bestandskräftig ist. Eine spätere Wahlrechtsänderung stellt kein rückwirkendes Ereignis gemäß § 175 Abs. 1 Nr. 2 EStG dar.

Damit sei eine Änderung der Wahlrechtsausübung nur dann zu berücksichtigen, soweit die Änderungsvorschriften der AO (§§ 351 Abs. 1, 177 AO) dies vorsehen. § 34 EStG enthalte keine gegenüber den Vorschriften der AO eigenständige Korrekturvorschrift.

7. Betriebsaufgabe: Sofort- oder Zuflussbesteuerung bei Veräußerung von Wirtschaftsgütern

Im Streitfall veräußerte eine Steuerpflichtige wegen Betriebsaufgabe einen Großteil der Wirtschaftsgüter ihres Handwerksbetriebs (mit Ausnahme des Betriebsgrundstücks und der fest eingebauten Betriebsvorrichtungen) **gegen Zahlung einer lebenslangen monatlichen Rente** an einen Käufer. Die Finanzverwaltung versagte die Zuflussbesteuerung des Veräußerungsgewinns, da es sich nicht um eine Betriebsveräußerung handele, wie in R 16 Abs. 11 EStR vorgesehen.

302

Dem widersprach nun der BFH mit Urteil vom 29.6.2022.[2] Laut BFH ist das **Wahlrecht zur Zuflussbesteuerung** bei einer Betriebsaufgabe, bei der Wirtschaftsgüter gegen langfristig wiederkehrende Bezüge verkauft werden, genauso zu gewähren wie bei einer Betriebsveräußerung, da eine vergleichbare Interessenlage vorliege.

III. Personengesellschaften

1. § 6 Abs. 5 Satz 3 EStG teilweise verfassungswidrig

§ 6 Abs. 5 Satz 3 EStG sieht vor, dass Wirtschaftsgüter

303

– unentgeltlich oder gegen Gewährung oder Minderung von Gesellschaftsrechten aus dem Gesamthandsvermögen einer Personengesellschaft in das Betriebsvermögen ihrer Gesellschafter oder umgekehrt,

– unentgeltlich oder gegen Gewährung oder Minderung von Gesellschaftsrechten aus dem Sonderbetriebsvermögen eines Gesellschafters in das Gesamthandsvermögen derselben Personengesellschaft oder einer anderen Personengesellschaft, an der der Gesellschafter beteiligt ist, oder umgekehrt, oder

– unentgeltlich zwischen den Sonderbetriebsvermögen verschiedener Gesellschafter einer Personengesellschaft

---

1) BFH v. 20.4.2023, III R 25/22, BStBl II 2023, 823; hierzu auch iii, Steinhauff, jurisPR-SteuerR 27/2023 Anm. 2.
2) BFH v. 29.6.2022, X R 6/20, BStBl II 2023, 112 = HFR 2023, 149 mit Anm. Nöcker; hierzu auch Dötsch, jurisPR-SteuerR 15/2023 Anm. 2.

zum Buchwert, und damit ohne Aufdeckung stiller Reserven, übertragen werden können.

Nicht vorgesehen ist allerdings die **Buchwertübertragung** eines Wirtschaftsguts aus dem Gesamthandsvermögen einer Personengesellschaft in das Gesamthandsvermögen einer anderen Personengesellschaft, an der die Gesellschafter im gleichen Verhältnis beteiligt sind (**beteiligungsidentische Personengesellschaften**).

Diese Benachteiligung der Übertragung von Wirtschaftsgütern zwischen beteiligungsidentischen Personengesellschaften **verstößt** laut Beschluss des BVerfG vom 28.11.2023[1] **gegen den allgemeinen Gleichheitssatz nach Art. 3 Abs. 1 GG**. Der Gesetzgeber wird aufgefordert, rückwirkend für Übertragungsvorgänge nach dem 31.12.2000 eine Neuregelung zu treffen. Bis zum Inkrafttreten dieser Neuregelung bleibt § 6 Abs. 5 Satz 3 EStG mit der Maßgabe weiterhin anwendbar, dass die Vorschrift auch für unentgeltliche Übertragungen von Wirtschaftsgütern zwischen beteiligungsidentischen Personengesellschaft nach dem 31.12.2000 anzuwenden ist.

> **Beratungshinweis:**
>
> Mit Wirkung zum 1.1.2024 wurde durch das MoPeG zivilrechtlich der Begriff des Gesamthandsvermögens von Personengesellschaften durch den des Gesellschaftsvermögens ersetzt (→ Rz. 237). Für Zwecke der Ertragsbesteuerung sieht § 39 Abs. 2 Nr. 2 Satz 2 AO in der seit 1.1.2024 geltenden Fassung allerdings explizit vor, dass Personengesellschaften weiterhin als Gesamthand und deren Vermögen als Gesamthandsvermögen gilt (→ Rz. 104). Somit wirkt sich der Beschluss des BVerfG auch auf die aktuelle Rechtslage aus.

2. Teilentgeltliche Übertragung eines Wirtschaftsguts auf bzw. von einer Personengesellschaft

304 Unentgeltliche Übertragungen einzelner Wirtschaftsgüter zwischen dem Betriebsvermögen des Mitunternehmers und der Mitunternehmerschaft oder den Betriebsvermögen der Mitunternehmer können grundsätzlich ohne Aufdeckung der stillen Reserven erfolgen (§ 6 Abs. 5 Satz 3 EStG). Wird für das Wirtschaftsgut eine Gegenleistung erbracht, die geringer als dessen Verkehrswert ist, liegt eine teilentgeltliche Übertragung vor. Insoweit war bisher umstritten, inwieweit stille Reserven realisiert werden.

Nach der von der Finanzverwaltung vertretenen sog. **strengen Trennungstheorie** ist der unentgeltliche Teil der Übertragung mit dem anteiligen Buchwert anzusetzen, während der entgeltliche Teil nach den Vorschriften zur Veräußerung von Wirtschaftsgütern und damit unter Aufdeckung der entsprechend anteiligen stillen Reserven zu behandeln ist.[2] Hierzu hat das LfSt Niedersachsen mit Verfügung vom 9.10.2023[3] mitgeteilt, dass die Finanzverwaltung unter Beachtung der insb. durch den X. Senat des BFH ergangenen Rechtsprechung weiterhin **an dieser Auffassung festhält**.

> **Beratungshinweis:**
>
> Derzeit sind beim BFH unter dem Az. IV R 17/23[4] zur Übertragung von im Betriebsvermögen gehaltenen Wirtschaftsgütern und unter dem Az. IX R 15/23 zur Übertragung von im Privatvermögen gehaltenen Anteilen gemäß § 17 EStG Revisionsverfahren anhängig. Mit Verweis auf das unter dem Az. IV R 17/23 anhängige Revisionsverfahren hinsichtlich Fallkonstellationen der teilentgeltlichen Übertragung eines einzelnen Wirtschaftsguts weist das LfSt Niedersachsen auf das Ruhen entsprechender Einspruchsverfahren kraft Gesetzes hin.

---

1) BVerfG v. 28.11.2023, 2 BvL 8/13.
2) BMF v. 8.12.2011, IV C 6 – S 2241/10/1002, BStBl I 2011, 1279.
3) LfSt Niedersachsen v. 9.10.2023, S 2241-St 221/St 222–864/2023.
4) FG Rheinland-Pfalz v. 14.6.2023, 2 K 1826/20, EFG 2023, 1131 mit Anm. Mang.

A. Unternehmensbesteuerung

3. Vollentgeltliche Übertragung eines Wirtschaftsguts aus dem Privatvermögen in eine Personengesellschaft

Im Streitfall gründeten vier Gesellschafter eine gewerblich tätige GbR, an der sie jeweils mit einem Festkapitalanteil von 2.500 Euro beteiligt waren. Zur Erfüllung der Einlageverpflichtung übertrugen die Gesellschafter ein Grundstück samt Windkraftanlage aus dem Vermögen einer vermögensverwaltend tätigen GbR, an der sie ebenso zu gleichen Teilen beteiligt waren. Der Wert der übertragenen Wirtschaftsgüter wurde in Höhe des Festkapitalanteils jeweils dem **Kapitalkonto I**, der übersteigende Betrag dem **gesamthänderisch gebundenen Rücklagenkonto** gutgeschrieben. **305**

Mit Urteil vom 23.3.2023[1] hält der BFH an seiner bisherigen Rechtsprechung[2] fest, der auch die Finanzverwaltung gefolgt ist,[3] und bewertet die Übertragung der Wirtschaftsgüter als vollentgeltlich, so dass **keine Deckelung der AfA-Bemessungsgrundlage** nach § 7 Abs. 1 Satz 5 EStG zu berücksichtigen ist. Dies gelte jedenfalls dann, wenn die Einbringung für Rechnung des Einbringenden erfolge, es also zu keinen Vermögensverschiebungen zwischen den Gesellschaftern komme. Da der einzelne Einbringende an dem gesamthänderisch gebundenen Rücklagenkonto in Höhe seiner Beteiligungsquote partizipiere, stelle hier die anteilige Gutschrift auf dem gesamthänderisch gebundenen Rücklagenkonto einen Teil der für die Einbringung gewährten tauschähnlichen Gegenleistung dar.

Beratungshinweis:

Etwas anderes ergebe sich auch nicht aus den BFH-Urteilen vom 29.7.2015[4] und vom 4.2.2016[5], wonach der BFH bei einer Übertragung von Wirtschaftsgütern gegen Gutschrift des Gegenwerts **allein auf dem Kapitalkonto II** von einer **Einlage** ausgeht, wenn sich die maßgeblichen Gesellschaftsrechte nach dem Kapitalkonto I bestimmen.[6] Die dort geäußerten Bedenken gegenüber einer Gutschrift sowohl auf dem Kapitalkonto I als auch auf einem anderen Kapitalunterkonto beträfen jedenfalls nicht den hier vorliegenden Fall der Einbringung im Zusammenhang mit der erstmaligen Einräumung einer Mitunternehmerstellung.

Offen gelassen hat der BFH allerdings, ob eine Vollentgeltlichkeit auch anzunehmen ist, wenn „eine relative Erweiterung der Mitunternehmerstellung gegenüber den Mitgesellschaftern aufgrund der Einbringung nicht erfolgt", also in den Fällen, wenn der Gesellschafter vor und nach Übertragung der Wirtschaftsgüter unverändert mit 100 % am Vermögen, Gewinn und Verlust und den Stimmrechten beteiligt ist.

4. Negative Ergänzungsbilanzen bei Gesellschaftereintritt und -austritt

Zu klären hatte der BFH die Frage, wie der entgeltliche Austritt eines Gesellschafters zu behandeln ist, für den bei seinem Eintritt zum Zweck der Buchwertfortführung nach § 24 UmwStG eine positive Ergänzungsbilanz und bei den Altgesellschaftern negative Ergänzungsbilanzen (Nettomethode) gebildet worden waren. Der BFH wendet sich mit Urteil vom 23.3.2023[7] gegen die Auffassung des Finanzamts und der Vorinstanz (Niedersächsisches FG). Nach der Rechtsauffassung des BFH sind die **negativen Ergänzungsbilanzen der Altgesellschafter trotz Auflösung der positiven Ergänzungsbilanz** des gegen Geldabfindung ausscheidenden Gesellschafters **beizubehalten**. Es bestehe nach der Buchwerteinbringung keine gegenseitige Abhängigkeit zwischen positiven und negativen Ergänzungsbilanzen, vielmehr korrespondierten sie allein mit der Bilanzierung und Bewertung der entsprechenden Wirtschaftsgüter in der Gesamthandsbi- **306**

---

1) BFH v. 23.3.2023, IV R 2/20, BStBl II 2023, 999 = HFR 2023, 862 mit Anm. Geissler; hierzu auch Carlé, BeSt 2023, 27.
2) BFH v. 24.1.2008, IV R 37/06, BStBl II 2011, 617.
3) BMF v. 11.7.2011, IV C 6 – S 2178/09/10001, BStBl I 2011, 713.
4) BFH v. 29.7.2015, IV R 15/14, BStBl II 2016, 593.
5) BFH v. 4.2.2016, IV R 46/12, BStBl II 2016, 607.
6) Dazu auch BMF v. 26.7.2016, IV C 6 – S 2178/09/10001, BStBl I 2016, 684.
7) BFH v. 23.3.2023, IV R 27/19, HFR 2023, 886 mit Anm. Geissler; hierzu auch Schiffers, DStZ 2023, 523.

lanz. Zudem dürfe es für die Besteuerungsfolgen nicht darauf ankommen, ob im Beitrittszeitpunkt des Neugesellschafters die Brutto- oder Nettomethode gewählt wurde.

Dabei spreche die Gutschrift der vom (Neu-)Gesellschafter zum Zeitpunkt seines Eintritts geleisteten Bareinlage teilweise auf dessen Festkapitalkonto und teilweise auf dem gesamthänderisch gebundenen Rücklagenkonto nicht gegen die hier vorgenommene Fortführung der Buchwerte in der Gesamthandsbilanz und Bildung einer positiven Ergänzungsbilanz für den (Neu-)Gesellschafter sowie negativen Ergänzungsbilanzen für die Altgesellschafter.

> **Beratungshinweis:**
> Das Ausscheiden des (Neu-)Gesellschafters gegen Abfindung führt laut BFH richtigerweise zu einer Aufstockung der Buchwerte in der Gesamthandsbilanz der Mitunternehmerschaft.

5. Verlustnutzungsbeschränkung nach § 15a EStG

a) Erhöhung des Verlustausgleichsvolumens durch Einlage

307 Der auf einen Kommanditisten entfallende Anteil am Verlust kann nicht mit seinen anderen Einkünften ausgeglichen werden, soweit ein negatives Kapitalkonto entsteht oder sich erhöht (§ 15a Abs. 1 Satz 1 EStG). Um das **Volumen des ausgleichsfähigen Verlusts zu erhöhen**, kann der Kommanditist allerdings **im Wirtschaftsjahr der Verlustentstehung eine Einlage** tätigen.

Unter den **Begriff der Einlage** i.S.d. § 15a Abs. 1 Satz 1 EStG fällt laut Urteil des BFH vom 10.11.2022[1] neben der geleisteten bedungenen Einlage (Pflichteinlage) auch eine geleistete freiwillige Einlage eines Kommanditisten in das Gesellschaftsvermögen. Allerdings setze dies voraus, dass die Zuführung von Sacheinlagen oder Geldmittel das **Gesellschaftsvermögen erhöhe** und den **Kommanditisten wirtschaftlich belaste**. Davon sei im Fall einer freiwilligen Einlage nur auszugehen, wenn eine solche gesellschaftsrechtlich, insb. nach dem Gesellschaftsvertrag, zulässig sei. Ohne eine entsprechende gesellschaftsrechtliche Grundlage sei die Leistung rechtsgrundlos erbracht und könne nicht zu einer Mehrung des bilanziellen Unternehmenswerts führen.

Nur im Falle einer gesellschaftsrechtlich zulässigen freiwilligen Einlage des Kommanditisten in das Gesamthandsvermögen führe die Buchung dieser Einlage auf dem variablen (Eigen-)Kapitalkonto II zu einer Einlage i.S.d. § 15a Abs. 1 Satz 1 EStG.

> **Beratungshinweis:**
> Eine hinreichende gesellschaftsrechtliche Grundlage sieht der BFH u.a. gegeben, wenn freiwillige Einlagen des Kommanditisten im Gesellschaftsvertrag ausdrücklich gestattet sind oder sich dies aus den gesellschaftsvertraglichen Regelungen zur Kontenführung ergibt. Zudem kann ein entsprechender wirksamer Gesellschafterbeschluss eine solche gesellschaftsrechtliche Grundlage darstellen.

b) Keine Anwendbarkeit des § 8c KStG auf verrechenbare Verluste nach § 15a EStG

308 Gemäß § 8c KStG gehen **nicht genutzte Verluste bei einem schädlichen Beteiligungserwerb**, also einem Wechsel von Anteilen an einer Kapitalgesellschaft von mehr als 50 %, **unter**. Nach Auffassung des **FG Köln**[2] gilt dies **nicht für die verrechenbaren Verluste** eines beschränkt haftenden Mitunternehmers einer Kommanditgesellschaft und **widerspricht** damit der Ansicht der **Finanzverwaltung**.[3] Im Streitfall war eine

---
1) BFH v. 10.11.2022, IV R 8/19, BStBl II 2023, 332 = HFR 2023, 330 mit Anm. Haunhorst.
2) FG Köln v. 28.10.2021, 1 K 2563/17, EFG 2022, 700 mit Anm. Falk (Rev. anhängig beim BFH unter IV R 27/21).
3) BMF v. 28.11.2017, IV C 2 – S 2745-a/09/10002 :004, BStBl I 2017, 1645, Rn. 2.

Kapitalgesellschaft als Kommanditistin an einer KG beteiligt. Hierzu wurde für die Kapitalgesellschaft ein verrechenbarer Verlust nach § 15a Abs. 4 EStG gesondert festgestellt.

Die Verlustuntergangsvorschrift des § 8c KStG sei – so das FG Köln – lediglich auf „nicht genutzte Verluste" anwendbar. Da verrechenbare Verluste i.S.d. § 15a EStG im Entstehungszeitpunkt nicht zur Mitunternehmer-Kapitalgesellschaft gelangen, liegen solche, so das Finanzgericht, in diesem Fall jedoch nicht vor. Ein schädlicher Beteiligungserwerb auf Ebene der Kapitalgesellschaft lasse deren (negatives) Kapitalkonto bei der Mitunternehmerschaft unberührt. Erst bei Veräußerung des Mitunternehmeranteils seien die verrechenbaren Verluste wirtschaftlich von der Kapitalgesellschaft als Kommanditistin zu tragen und würden zu diesem Zeitpunkt als „neue Verluste" entstehen.

6. Doppelstöckige Personengesellschaft: Ermittlung des gewerbesteuerlichen Gewinns bei Anteilsveräußerung

Im Streitfall veräußerte die Kommanditistin ihren Mitunternehmeranteil an einer GmbH & Co. KG, die ihrerseits an zwei Unter-KGs beteiligt war (sog. doppelstöckige Personengesellschaft). Die Finanzverwaltung berücksichtigte den **Veräußerungsgewinn** aus der mittelbaren Veräußerung der Untergesellschaften, der aus dem Wegfall der negativen Kapitalkonten beruhte, **im Gewerbeertrag der Obergesellschaft**, ohne ihn mit den **auf Ebene der Untergesellschaften festgestellten verrechenbaren Verlusten** nach § 15a EStG **zu saldieren**. **309**

Mit Urteil vom 16.2.2023[1)] hat das FG Bremen die Vorgehensweise der Finanzverwaltung bestätigt. Der gewerbesteuerliche Veräußerungsgewinn sei allein auf Ebene der Obergesellschaft zu ermitteln, da sich der Veräußerungsvorgang ausschließlich auf die Beteiligung an dieser Gesellschaft beziehe und es sich somit um einen einheitlichen Veräußerungsvorgang handele. Die durch den Wegfall der negativen Kapitalkonten bei den Untergesellschaften entstandenen aufgedeckten stillen Reserven seien daher im Gewerbeertrag der Obergesellschaft zu erfassen. Eine Verrechnung des Gewinns sei nur mit dem für die Obergesellschaft festgestellten Gewerbesteuerverlust möglich, nicht aber mit den verrechenbaren Verlusten der Unter-KGs. Die Grundsätze zur Ermittlung des einkommensteuerlichen Veräußerungsgewinns seien insoweit nicht auf das Gewerbesteuerrecht zu übertragen.

> **Anmerkung:**
> Eine Aufteilung des Veräußerungsgewinns zwischen Ober- und Untergesellschaft oder eine Kürzung des Gewerbeertrags um den bei den Untergesellschaften entstandenen Veräußerungsgewinn nach § 9 Nr. 2 oder 3 GewStG kommt nach Auffassung des FG ebenfalls nicht in Betracht.

IV. Kapitalgesellschaften

1. Übergang vom Anrechnungs- zum Halbeinkünfteverfahren teilweise verfassungswidrig

Im Rahmen des Übergangs vom Anrechnungs- zum Halbeinkünfteverfahren durch das Steuersenkungsgesetz vom 23.10.2000[2)] waren die bislang bestehenden **„Eigenkapitaltöpfe" in mehreren Schritten zusammenzufassen** sowie umzugliedern und daraus das **Körperschaftsteuerminderungspotenzial zu ermitteln**. Mit Beschluss vom 17.11.2009[3)] erklärte das BVerfG die Übergangsregelungen bereits als teilweise verfassungswidrig. **310**

---
1) FG Bremen v. 16.2.2023, 1 K 21/21, EFG 2023, 1473 mit Anm. Hennigfeld (Rev. beim BFH anhängig unter IV R 9/23).
2) Gesetz v. 23.10.2000, BGBl. I 2000, 1433 = BStBl I 2000, 1428.
3) BVerfG v. 17.11.2009, 1 BvR 2192/05, HFR 2010, 521.

Der Gesetzgeber passte daraufhin die Regelungen mit dem JStG 2010[1] an. Nun kommt das BVerfG mit Beschluss vom 24.11.2022[2] auch hinsichtlich dieser **überarbeiteten Übergangsregelungen** zu dem Ergebnis, dass diese **verfassungswidrig** sind, soweit durch die Nichtberücksichtigung von unbelasteten „EK 04" Körperschaftsteuerminderungspotenzial verloren geht.

> **Anmerkung:**
> Der Gesetzgeber wird verpflichtet, den Verfassungsverstoß bis 31.12.2023 rückwirkend für alle noch nicht bestandskräftigen Entscheidungen zu beseitigen.

2. Berechnung der Beteiligungsschwelle für Streubesitzdividenden

311 Im Streitfall war eine GmbH zu knapp unter 10 % an einer AG beteiligt. Am 16.12.2013 schloss die GmbH einen Kauf- und Übertragungsvertrag über weitere Stückaktien an der AG, wodurch nun in der Gesamtschau die Beteiligung mindestens 10 % betrug. Unter der aufschiebenden Bedingung der vollständigen Kaufpreiszahlung trat der Veräußerer sämtliche Mitgliedschaftsrechte aus den verkauften Aktien an die GmbH ab. Der auf die Aktien entfallende Gewinn des laufenden Geschäftsjahres und etwaige noch nicht verteilte Gewinne früherer Geschäftsjahre sollten bereits allein der GmbH zustehen. Die bereits am 16.12.2013 initiierte Überweisung des Kaufpreises schlug allerdings fehl und erfolgte damit erst in 2014.

Laut Urteil des BFH vom 7.6.2023[3] lag dennoch bereits zum 1.1.2014 eine Mindestbeteiligung von 10 % i.S.v. § 8b Abs. 4 Satz 1 KStG an der AG vor, so dass für in 2014 zufließende Dividenden die Körperschaftsteuerbefreiung nach § 8b Abs. 1 i.V.m. Abs. 5 KStG anzuwenden war. Für die Ermittlung der Beteiligungshöhe am Stammkapital sei die **steuerrechtliche Zurechnung der Anteile nach § 39 Abs. 2 Nr. 1 Satz 1 AO** maßgebend, was sich aus der Bezugnahme in § 8b Abs. 4 Satz 1 KStG auf Bezüge i.S.v. § 8b Abs. 1 Satz 1 KStG ergebe. Auf inkongruente Stimmrechts- oder Gewinnverteilungen komme es dagegen nicht an, sodass nach Ansicht des BFH der fehlende Übergang der mit den Aktien verbundenen Verwaltungsrechte nicht relevant war.

3. Verlustrücktrag bei unterjährigem schädlichen Beteiligungserwerb

312 Im Streitfall erwarb eine GmbH am 17.10.2018 Anteile an der E-GmbH und wurde damit zur alleinigen (Fremd-)Gesellschafterin. Mit Vertrag vom 31.10.2018 übertrug die E-GmbH ihr Vermögen als Ganzes im Wege der Aufwärtsverschmelzung auf die GmbH, wobei als Verschmelzungsstichtag der 30.9.2018 bestimmt wurde. Die GmbH machte als Rechtsnachfolgerin der E-GmbH den Rücktrag des zum 30.9.2018 ermittelten Verlusts auf das Vorjahr geltend.

Laut Urteil des FG Köln vom 8.12.2022[4] steht dem Verlustrücktrag **weder ein Abzugsverbot nach den umwandlungssteuerrechtlichen Regelungen**, § 12 Abs. 3 i.V.m. § 4 Abs. 2 Satz 2 UmwStG und § 2 Abs. 4 UmwStG, **noch die Regelung zum Verlustuntergang nach § 8c KStG** entgegen. Die Regelungen des UmwStG sollen ein Überspringen von Verlustvorträgen auf den übernehmenden Rechtsträger verhindern, stehen jedoch einer Nutzung von Verlusten, die vor der Umwandlung entstanden sind, durch den übertragenden Rechtsträger im Wege des Verlustrücktrags nicht entgegen.

§ 8c Abs. 1 KStG versage den Verlustrücktrag nach Ansicht des FG Köln ebenfalls nicht. Der Tatbestand des schädlichen Beteiligungserwerbs ist durch den Erwerb sämt-

---

1) Gesetz v. 8.12.2010, BGBl. I 2010, 1768 = BStBl I 2010, 1394.
2) BVerG v. 24.11.2022, 2 BvR 1424/15, HFR 2023, 285 mit Anm. Bopp.
3) BFH v. 7.6.2023, I R 50/19, DStR 2023, 2061 = HFR 2023, 1087 mit Anm. Witt; hierzu auch Zapf, jurisPR-SteuerR 47/2023 Anm. 1.
4) FG Köln v. 8.12.2022, 13 K 198/20, EFG 2023, 584; Rev. anhängig beim BFH unter I R 1/23.

licher Anteile an der E-GmbH am 17.10.2018 zwar erfüllt. Das BMF vertritt laut Schreiben vom 28.11.2017[1] in diesem Fall auch die Rechtsauffassung, dass die Abzugsbeschränkung des § 8c KStG alle nicht ausgeglichenen sowie noch nicht genutzten Verluste ergreife und sowohl einem Ausgleich mit nach dem schädlichen Beteiligungserwerb entstandenen Gewinnen als auch einem Verlustrücktrag entgegenstehe. Dem folgt das FG Köln jedoch nicht, sondern schließt sich der Rechtsauffassung des FG Münster[2] an, wonach der Verlustrücktrag bezüglich eines unterjährig bis zum schädlichen Beteiligungserwerb erzielten Verlusts nicht eingeschränkt werde. Der Ausschluss des Verlustrücktrags lasse sich dem Wortlaut des § 8c Abs. 1 KStG nicht eindeutig entnehmen. Der Gesetzgeber habe vielmehr mit der Regelung sicherstellen wollen, dass die Verlustnutzung mit der wirtschaftlichen Identität der Gesellschaft verknüpft werde, was im Fall des Verlustrücktrags gegeben sei.

4. Inkongruenter Vorabgewinnausschüttungsbeschluss

In seinem Urteil vom 28.9.2022[3] hatte der BFH zu entscheiden, ob eine **ohne Satzungsgrundlage** beschlossene, **von den Beteiligungsverhältnissen abweichende Vorabgewinnausschüttung** (sog. inkongruente Gewinnausschüttung) steuerlich anzuerkennen ist.

313

Voraussetzung für die steuerliche Anerkennung ist deren **zivilrechtliche Wirksamkeit**. Für diese bedarf es, wenn die Satzung keine abweichende Gewinnverteilung vorsieht, nach Ansicht der Finanzverwaltung einer Satzungsklausel, die es den Gesellschaftern erlaubt, jährlich einen von den Beteiligungsverhältnissen abweichenden Gewinnverteilungsmaßstab zu beschließen.[4]

Da es im konkreten Fall an einer solchen Klausel mangelte und die in mehreren Jahren gefassten Vorabgewinnausschüttungsbeschlüsse nicht notariell beurkundet wurden, vertrat die Finanzverwaltung die Auffassung, dass die Beschlüsse, die als satzungsdurchbrechend mit Dauerwirkung zu werten seien, zivilrechtlich nicht wirksam wären. Bei dem Gesellschafter, der entgegen der Beteiligungsverhältnisse keine Gewinnausschüttung erhielt, wurde demnach eine verdeckte Gewinnausschüttung angenommen.

Dem widersprach der BFH. Da jede Beschlussfassung einer erneuten Zustimmung der Gesellschafter bedurfte und sich deren Wirkung im Abfluss der Ausschüttung erschöpfte, könne nicht von einer beabsichtigten Satzungsänderung ausgegangen werden. Mangels Dauerwirkung handelt es sich laut BFH damit um **lediglich punktuell satzungsdurchbrechende Beschlüsse**. Die fehlende Einhaltung der materiellen und formellen Bestimmungen (bspw. der notariellen Beurkundung) führe nicht zu einer zivilrechtlichen Nichtigkeit, aber zu einer Anfechtbarkeit durch die Gesellschafter. Infolge der Zustimmung aller Gesellschafter im konkreten Fall sei es allerdings zum Verlust der Anfechtungsberechtigung gekommen. Die Beschlüsse seien somit **zivilrechtlich wirksam und auch steuerlich anzuerkennen**. Der BFH verneinte folglich das Vorliegen einer verdeckten Gewinnausschüttung.

> **Anmerkung:**
> Der BFH sah im Streitfall in den inkongruenten Verteilungsabreden zudem keinen Gestaltungsmissbrauch nach § 42 AO.

5. Entstehungszeitpunkt einer Anwartschaft auf den Bezug von GmbH-Anteilen

Der Veräußerungsgewinn aus im Privatvermögen gehaltenen Anteilen an Kapitalgesellschaften ist den Einkünften aus Gewerbebetrieb zuzurechnen, wenn der Anteilseig-

314

---

1) BMF v. 28.11.2017, BStBl I 2017, 1645, Rz. 2 und 31.
2) FG Münster v. 21.7.2016, 9 K 2794/15 K, F, EFG 2016, 1546.
3) BFH v. 28.9.2022, VIII R 20/20, HFR 2023, 225 mit Anm. Levedag; hierzu auch Köster, DStZ 2023, 63.
4) So BMF v. 17.12.2013, IV C 2 – S 2750-a/11/10001, BStBl I 2014, 63.

ner **innerhalb der letzten fünf Jahre vor der Veräußerung mindestens 1 % der Anteile gehalten** hat. Davon sind **auch Anwartschaften** auf den Bezug von durch eine Kapitalerhöhung entstehende Anteile umfasst (§ 17 Abs. 1 Satz 3 EStG).

Laut Urteil des BFH vom 14.9.2022[1)] entsteht eine solche Anwartschaft auf den Bezug von Kapitalgesellschaftsanteilen erst dann, wenn das **Bezugsrecht selbstständig übertragbar** ist. Hierfür sei der Beschluss der Gesellschafterversammlung über die Kapitalerhöhung bzw. die Eintragung des Beschlusses in das Handelsregister erforderlich. Eine Gesellschaftervereinbarung, wonach die Möglichkeit einer Kapitalerhöhung besteht, ohne verpflichtend eine solche vorzunehmen, genüge nicht.

Im Streitfall wurde zwar bereits 1998 eine Vereinbarung zu einer möglichen Kapitalerhöhung getroffen, jedoch erst in 2001 der Beschluss der Gesellschafterversammlung zur Erhöhung des Stammkapitals der Kapitalgesellschaft gefasst. Dabei war zur Übernahme des neuen Geschäftsanteils jedoch nur ein neuer Gesellschafter zugelassen. Die von diesem zu erbringende Bareinlage war allerdings geringer als der gemeine Wert der damit erlangten Anteile. Durch den Verzicht auf die Teilnahme an der Kapitalerhöhung hat laut BFH der Altgesellschafter wirtschaftlich über seine Anwartschaft zugunsten des neuen Gesellschafters, einer Enkelkapitalgesellschaft, im Wege einer verdeckten Einlage verfügt und damit einen Veräußerungsgewinn erzielt.

6. Gesellschafterfremdfinanzierung

a) Fremdübliche Verzinsung

315 Eine GmbH führte für die Streitjahre 2014 und 2015 ein Verrechnungskonto für ihren Gesellschafter-Geschäftsführer. Die darauf ausgewiesene Forderung gegenüber dem Gesellschafter-Geschäftsführer wurde **nicht verzinst**.

In seinem Urteil vom 22.2.2023[2)] bestätigt der BFH, dass aufgrund der fehlenden Verzinsung der Forderung eine **vGA in Form einer verhinderten Vermögensmehrung** vorliegt.[3)]

Die Höhe der vGA richtet sich nach dem Fremdvergleichspreis, wobei zu berücksichtigen ist, dass es häufig nicht „den" Fremdvergleichspreis, sondern eine Bandbreite von steuerlich zu akzeptierenden Preisen gibt. Zur **Bestimmung des angemessenen (fremdüblichen) Zinses** führt der BFH aus, dass unter Verweis auf die jüngere Rechtsprechung **vorrangig** die **Preisvergleichsmethode** anzuwenden sei. Danach ist Fremdpreis der Zins, zu dem Fremde unter vergleichbaren Bedingungen den Kredit am Geld- oder Kapitalmarkt gewährt hätten.[4)]

Sind keine anderen Anhaltspunkte für die regelmäßig gebotene Schätzung dieses fremdüblichen Zinses erkennbar, ist es **nicht zu beanstanden**, wenn nach dem **Grundsatz der Margenteilung** davon ausgegangen wird, dass sich private Darlehensgeber und Darlehensnehmer die banktypische Marge zwischen Soll- und Habenzinsen teilen.[5)]

> **Anmerkung:**
> Der BFH sieht keinen Widerspruch zu der sog. Bandbreitenrechtsprechung, wonach der „richtige" Fremdvergleichspreis keinen Punktwert darstellt, sondern aus einer Bandbreite von – allesamt fremdüblichen – Preisen besteht. Nach seiner Auffassung sei auch der sich aus der Margenteilung

---

1) BFH v. 14.9.2022, I R 47/19, BStBl II 2023, 443; hierzu auch Köster, DStZ 2023, 151.
2) BFH v. 22.2.2023, I R 27/20, BStBl II 2023, 840; hierzu Kahsnitz, BeSt 2023, 35; Märtens, jurisPR-SteuerR 27/2023 Anm. 4.
3) Vgl. dazu bereits BFH v. 23.6.1981, VIII R 102/80, BStBl II 1982, 245.
4) Vgl. BFH v. 18.5.2021, I R 4/17, BStBl II 2023, 678.
5) Vgl. auch BFH v. 28.2.1990, I R 83/87, BStBl II 1990, 649; v. 19.1.1994, I R 93/93, BStBl II 1994, 725; v. 22.10.2003, I R 36/03, BStBl II 2004, 307.

ergebende „Mittelwert" aus Fremdvergleichen abgeleitet und auch nur dann relevant, wenn anderweitige tatsächliche Anhaltspunkte für die Schätzung fehlen. Auch bestünde kein Widerspruch zwischen dem Margenteilungsgrundsatz und neueren Entscheidungen des Senats zu Darlehensgewährungen im Konzern. Vorliegend gehe es um die gänzlich anders gelagerte Situation einer privaten Gelegenheitskreditvergabe durch eine personalistisch strukturierte Gesellschaft an ihren beherrschenden Gesellschafter. Nur insoweit sei der Margenteilungsgrundsatz als praktikables Hilfsmittel für den Fall anzuerkennen.

b) Keine Abgeltungsteuer bei Gesellschafterfremdfinanzierung einer ausländischen Kapitalgesellschaft

316 Mit Beschluss vom 27.6.2023[1)] stellt der BFH fest, dass die Zinsen, die der Darlehensgeber für die Darlehensgewährung an eine ausländische Kapitalgesellschaft erhielt, an der er **mittelbar zu mehr als 10 % beteiligt** war, der tariflichen Einkommensteuer unterlagen. Der Darlehensgeber sei eine nahestehende Person der ausländischen Kapitalgesellschaft i.S.d. § 32d Abs. 2 Nr. 1 Satz 1 Buchst. b Satz 2 EStG, da er Alleingesellschafter einer Kapitalgesellschaft (A-BV) sei, die wiederum ihrerseits 100 % der Anteile an der Schuldner-Kapitalgesellschaft halte.

Die Anwendung des Regelsteuersatzes sei bei sog. unternehmerischer Beteiligung nicht auf inländische Beteiligungen begrenzt. Es kommt laut BFH in der hier auf **bis 31.12.2020** erzielte Kapitalerträge anzuwendenden Fassung des § 32d EStG (zur erstmaligen Anwendung der durch das JStG 2020[2)] geänderten Rechtslage vgl. § 52 Abs. 33b Satz 1 EStG i.d.F. des JStG 2020) nicht darauf an, dass die den Kapitalerträgen entsprechenden Aufwendungen zu inländischen Betriebsausgaben bei der Schuldner-Kapitalgesellschaft führen. Bei der **nun geltenden Gesetzesfassung**, die einen solchen Inlandsbezug vorsieht, handele es sich **nicht um eine bloße Klarstellung** der bereits zuvor geltenden Rechtslage.

Anmerkung:
Die seitens des Darlehensgebers angebrachten Bedenken, es bestehe eine verfassungswidrige Ungleichbehandlung im Vergleich zu Kapitalerträgen aus Darlehensforderungen gegenüber natürlichen Personen ohne Betriebsausgabenabzug, teilt der BFH wegen der Unterschiede in den Lebenssachverhalten nicht.

7. Einlagenrückgewähr

317 Als Reaktion auf die BFH-Rechtsprechung und Reaktion der Finanzverwaltung[3)] wurde mit dem JStG 2022[4)] **mit Wirkung für nach dem 31.12.2022** erbrachte Leistungen und Nennkapitalrückzahlungen der Anwendungsbereich des § 27 Abs. 8 KStG ausgedehnt. Bislang war dessen Anwendung auf Körperschaften und Personenvereinigungen in EU-Mitgliedstaaten beschränkt. Nun werden auch solche **in Drittstaaten und EWR-Staaten erfasst** (§ 27 Abs. 8 Satz 1 KStG).

Damit können nun auch diese Kapitalgesellschaften einen Antrag auf gesonderte Feststellung der Einlagenrückgewähr stellen, so dass Anteilseigner insoweit nach § 20 Abs. 1 Nr. 1 Satz 3 EStG keine steuerpflichtigen Gewinnanteile beziehen. Erfolgt keine gesonderte Feststellung, gilt die Gewinnausschüttung beim Anteilseigner hingegen als steuerpflichtige Einnahme nach § 20 Abs. 1 Nr. 1 oder 9 EStG (§ 27 Abs. 8 Satz 9 KStG).

Der Antrag auf Feststellung der Einlagenrückgewähr ist bis zum Ende des 12. Monats zu stellen sein, der auf das Ende des Wirtschaftsjahres der Leistung folgt (§ 27 Abs. 8 Satz 4 KStG).

---

1) BFH v. 27.6.2023, VIII R 15/21, BStBl I 2023, 903; hierzu auch Schmidt-Herscheidt, jurisPR-SteuerR 48/2023 Anm. 4.
2) Gesetz v. 21.12.2020, BGBl. I 2020, 3096 = BStBl I 2021, 6.
3) BMF v. 21.4.2022, IV C 2 – S 2836/20/10001 :002, BStBl I 2022, 647.
4) Gesetz v. 16.12.2022, BGBl. I 2022, 2294 = BStBl I 2023, 7.

> **Beratungshinweis:**
>
> Mit Schreiben vom 21.4.2022[1]) äußerte sich das BMF dazu, **wie Körperschaften aus EWR- und Drittstaaten eine steuerfreie Einlagerückgewähr (§ 20 Abs. 1. Nr. 1 Satz 3 EStG) nachweisen können**. Zwar ist bei EWR-Kapitalgesellschaften ebenso wie bei EU-Kapitalgesellschaften grundsätzlich ein Antrag auf entsprechende Feststellung des steuerlichen Einlagekontos erforderlich, aus dem die Einlagerückgewähr gespeist wird. Das BMF führt dazu aber aus, dass bei EWR-Kapitalgesellschaften auch ohne einen solchen wirksamen Antrag eine Einlagenrückgewähr angenommen werden kann, wenn diese anderweitig im Rahmen der Steuerveranlagungen der Gesellschafter nachgewiesen wird. Ergänzend dazu weist die OFD Frankfurt a.M. darauf hin, dass dies nicht für Gesellschafter von EU-Gesellschaften gilt.[2]) Vielmehr komme diese Vorgabe nur für Kapitalgesellschaften in EWR-Staaten in Betracht, die nicht zugleich EU-Mitgliedstaaten sind, somit für Gesellschaften in Island, Liechtenstein und Norwegen.

8. Organschaft

a) Keine Organschaft bei gleichzeitiger atypisch stiller Gesellschaft

318 Besteht zwischen einer Kapitalgesellschaft und ihrer Alleingesellschafterin zusätzlich noch eine atypisch stille Gesellschaft, kann die für die steuerliche Anerkennung der Organschaft erforderliche **Verpflichtung zur Abführung des ganzen Gewinns nicht erfüllt** werden. Dies entschied das FG Mecklenburg-Vorpommern mit Urteil vom 5.7.2022.[3])

Im Streitfall hatte eine GmbH mit ihrer Alleingesellschafterin einen Vertrag über die Abführung ihres ganzen Gewinns geschlossen (Ergebnisabführungsvertrag). Daneben bestand zwischen der GmbH und ihrer Alleingesellschafterin ein Vertrag über die Errichtung einer atypisch stillen Gesellschaft. Laut diesem Vertrag war die stille Gesellschafterin zu 10 % am Gewinn und Verlust der GmbH beteiligt.

Voraussetzung für eine körperschaftsteuerliche Organschaft ist u.a., dass die Organgesellschaft ihren ganzen Gewinn an die Organträgerin abführt (§ 14 Abs. 1 KStG). Ob tatsächlich der ganze Gewinn abgeführt wurde, bestimmt sich laut dem Finanzgericht allein anhand der steuerrechtlichen Regelungszwecke und Sachgesetzlichkeiten. Demnach entstehe der Gewinn bei einer atypisch stillen Gesellschaft allein beim „aktiv tätigen Gesellschafter" und wird erst in einem zweiten Schritt an den stillen Gesellschafter verteilt. Die Verpflichtung zur Aufteilung des Gewinns im Rahmen der stillen Gesellschaft stünde einer Abführung des ganzen Gewinns im Rahmen der Organschaft damit entgegen. Eine anderweitige Auffassung würde, so das FG Mecklenburg-Vorpommern, zu einer beliebigen Aufteilung des Ergebnisses der Organgesellschaft führen. Diese Auslegung entspräche auch den zivilrechtlichen Grundsätzen, wonach die stille Beteiligung als Teilgewinnabführungsvertrag behandelt wird.

Mangels eines wirksamen Organschaftsverhältnisses zwischen der GmbH und ihrer Alleingesellschafterin war deren Gewinnabführung im Ergebnis damit als verdeckte Gewinnausschüttung zu behandeln.

> **Beratungshinweis:**
>
> Die **Finanzverwaltung** folgt der Rechtsauffassung des FG Mecklenburg-Vorpommern. So führt die OFD Frankfurt a.M. in ihrer Verfügung vom 1.2.2023[4]) aus, dass eine atypisch stille Gesellschaft, die an einer Kapitalgesellschaft besteht, weder Organträgerin noch Organgesellschaft sein kann. Auch könne die Kapitalgesellschaft selbst weder Organträgerin noch Organgesellschaft sein.

---

1) BMF v. 21.4.2022, IV C 2 – S 2836/20/10001 :002, BStBl I 2022, 647.
2) OFD Frankfurt a.M. v. 28.11.2022, S 2836 A – 2 – St 519.
3) FG Mecklenburg-Vorpommern v. 5.7.2022, 1 K 395/14, EFG 2022, 1942 mit Anm. Tiedchen (Rev. anhängig beim BFH unter I R 33/22).
4) OFD Frankfurt a.M. v. 1.2.2023, S 2770 A – 053 – St 55.

A. Unternehmensbesteuerung

Ergänzend führt die OFD Frankfurt a.M. aus, dass Organschaften mit Organträgern, an deren Handelsgewerbe atypisch stille Beteiligungen bestehen und die am 20.8.2015 bereits existierten, allerdings im Wege der **Billigkeit** und aus Vertrauensschutzgründen weiter steuerlich anerkannt werden können.

b) Organschaft im Fall der Insolvenz

Im Streitfall schlossen eine Holding-GmbH als Organträgerin und eine GmbH als Organgesellschaft in 2006 einen Beherrschungs- und Ergebnisabführungsvertrag (EAV) mit einer Laufzeit von fünf Jahren. Innerhalb dieses Zeitraums wurde das Insolvenzverfahren über das Vermögen beider Gesellschaften eröffnet. Für 2008 wurde ein vorläufiger Jahresüberschuss der GmbH ermittelt und eine entsprechende Gewinnabführung auf das Verrechnungskonto der Holding-GmbH gebucht.

319

Entgegen der Vorinstanz **verneint der BFH** mit Urteil vom 2.11.2022[1] die tatsächliche **Durchführung des EAV durch den vorläufigen Jahresabschluss** und einer entsprechenden **Verbuchung auf dem Verrechnungskonto**. Hierfür sei vielmehr auf das Ergebnis abzustellen, das bei zutreffender Anwendung der handelsrechtlichen Bilanzierungsgrundsätze in einem endgültigen Jahresabschluss auszuweisen wäre, und das an den Organträger abzuführen ist. Weicht der vorläufig abgeführte Gewinn von dem Betrag ab, der in einer endgültigen Bilanz auszuweisen wäre, bejaht der BFH eine schädliche Nichtdurchführung des EAV. Mangels wirksamer Feststellung des Jahresabschlusses kommt eine Heilung nach § 14 Abs. 1 Satz 1 Nr. 3 Satz 4 KStG nicht in Betracht.

Aber auch eine **Heilung** in (analoger) Anwendung des § 14 Abs. 1 Satz 1 Nr. 3 Satz 2 KStG, wonach eine vorzeitige Beendigung des EAV aufgrund wichtiger Gründe unschädlich ist, ist laut BFH **nicht möglich**. Zwar liege mit der Eröffnung des Insolvenzverfahrens über das Vermögen beider Gesellschaften ein wichtiger Grund i.S.d. Vorschrift vor. Jedoch ist nur eine vorzeitige Kündigung innerhalb der Mindestlaufzeit von fünf Jahren unschädlich, nicht jedoch eine fehlerhafte Durchführung des EAV bis zur Beendigung. Eine Ausdehnung der Vorschrift im Wege der Analogie sei angesichts des Ausnahmecharakters der Regelungen und mangels Regelungslücke nicht möglich. Somit sei im Streitfall rückwirkend die Anerkennung der körperschaftsteuerlichen Organschaft zu versagen.

c) EU-Rechtskonformität der organschaftlichen Bruttomethode

Das körperschaftsteuerliche Schachtelprivileg, wonach Gewinnausschüttungen einer in- oder ausländischen Kapitalgesellschaft an eine in- oder ausländische Körperschaft steuerfrei bleiben, ist bei einer Organgesellschaft nicht anzuwenden (§ 15 Satz 1 Nr. 2 Satz 1 KStG). Diese Gewinnausschüttungen sind vielmehr dem Organträger in vollem Umfang zuzurechnen und auf dessen Ebene, abhängig von dessen Rechtsform bzw. der seiner Gesellschafter, nach § 8b KStG oder dem Teileinkünfteverfahren (§ 3 Nr. 40 EStG) steuerfrei zu belassen (sog. Bruttomethode).

320

In dem vom Niedersächsisches FG zu entscheidenden Fall war **streitig, ob die sog. Bruttomethode gegen die Mutter-Tochter-Richtlinie verstößt.** Mit diesem Argument hatte die Organträgerin, eine GmbH & Co. KG, Dividenden von EU-Kapitalgesellschaften, die ihre Komplementär-GmbH erhalten hatte, deren Anteile vollständig von der GmbH & Co. KG gehalten wurden und die deren Organgesellschaft war, steuerfrei gestellt.

Zu der vorgelagerten Frage, ob eine Komplementär-GmbH Organgesellschaft einer hier vorliegenden Einheits-GmbH & Co. KG sein könne, schloss sich das Niedersächsisches **FG**[2] der Auffassung der Finanzverwaltung an. Zumindest für den Fall, dass die

---

1) BFH v. 2.11.2022, I R 29/19, BStBl II 2023, 405 = HFR 2023, 593 mit Anm. Witt.
2) Niedersächsisches FG v. 22.9.2022, 1 K 17/20, EFG 2023, 339 (mit Anm. Siesenop (Rev. beim BFH anhängig unter IV R 29/22).

Komplementär-GmbH nicht an der Organträgerin beteiligt ist, könne zwischen den Gesellschaften eine Organschaft bestehen. Demzufolge seien die Dividenden nicht auf Ebene der Komplementär-GmbH nach § 8b Abs. 1 KStG steuerfrei zu stellen, sondern als Teil des Einkommens der Organgesellschaft der GmbH & Co. KG zuzurechnen (§ 14 Abs. 1 Satz 1 KStG) und bei deren Mitunternehmern nach dem Teileinkünfteverfahren zu besteuern. Eine **Berufung auf die Mutter-Tochter-Richtlinie sei nicht möglich**, da diese nur eine Steuerbefreiung für Kapitalgesellschaften als Empfänger von Ausschüttungen vorsehe, nicht aber für die Mitunternehmer einer Personengesellschaft gelte.

> **Anmerkung:**
>
> Das Niedersächsisches FG hatte keine Zweifel an der Vereinbarkeit der sog. Bruttomethode mit dem Unionsrecht und hielt daher eine Vorabentscheidung des EuGH nicht für erforderlich.

d) Keine Verrechnung vororganschaftlicher Verluste im Organkreis

321 In der Begründung seines Urteils vom 11.8.2021[1] zur Versteuerung eines durch die Aufspaltung der Organgesellschaft ausgelösten Übertragungsgewinns durch den Organträger hat der **BFH** in einem **Obiter dictum** ausgeführt, dass eine Umwandlung der Organgesellschaft auch zu einem Wert oberhalb des Buchwerts (bis hin zum gemeinen Wert) vorgenommen werden könne, um so bei der Organgesellschaft bestehende vororganschaftliche Verluste zu nutzen (Rn. 25).

Dieser Auffassung widerspricht das **BMF** in einem Schreiben vom 10.2.2023.[2] Ein Verlustabzug nach § 10d EStG sei bei der Organgesellschaft untersagt (§ 15 Satz 1 Nr. 1 KStG). Damit können **laufende Verluste der Organgesellschaft** während des Bestehens der Organschaft bei dieser **nicht zu einem Verlustvortrag führen**. Ebenso wenig sei eine Übertragung **vororganschaftlicher Verluste** der Organgesellschaft auf den Organträger und damit eine Verrechnung im Organkreis möglich.

> **Beratungshinweis:**
>
> Damit bleiben **vororganschaftliche Verluste** der Organgesellschaft **während des Zeitraums des Bestehens des Organschaftsverhältnisses steuerlich ungenutzt** und können allenfalls nach Beendigung der Organschaft steuerlich geltend gemacht werden, sofern dem dann keine Verlustnutzungsbeschränkungen entgegenstehen. Gleichzeitig räumt die Finanzverwaltung aber nunmehr entgegen Tz. 25 des Umwandlungssteuererlasses 2011[3] ein, dass ein Übertragungsgewinn von der Organschaft umfasst ist und damit der Organträgerin zuzurechnen ist.

e) Vororganschaftliche Mehrabführung bei unterlassener Teilwertabschreibung

322 In dem zugrundliegenden Streitjahr verzichtete die Organgesellschaft, eine GmbH, im ersten Jahr der Organschaft noch vor Aufstellung des Vorjahresabschlusses auf ein Darlehen ihrer Tochtergesellschaft, um diese wirtschaftlich zu stärken. Im Dezember des Vorjahres hatte die GmbH eine Ausschüttung von dieser Tochtergesellschaft erhalten, die höher war als das erwirtschaftete Ergebnis. Allerdings nahm die GmbH letztlich erst im Streitjahr eine Teilwertabschreibung auf die Beteiligung an ihrer Tochtergesellschaft in der Handelsbilanz vor, obgleich die Ausschüttung bereits im Vorjahr zu einer dauerhaften Wertminderung der Beteiligung geführt hatte. Die Teilwertabschreibung wurde in der Steuerbilanz übernommen. Die Finanzverwaltung sah darin den Tatbestand einer vororganschaftlichen Mehrabführung als verwirklicht an.

---

1) BFH v. 11.8.2021, I R 27/18, BStBl II 2023, 195; hierzu auch Märtens, jurisPR-SteuerR 5/2022 Anm. 5.
2) BMF v. 10.2.2023, IV C 2 – S 2770/19/10006 :008, BStBl I 2023, 250.
3) BMF v. 11.11.2011, IV C 2 – S 1978-b/08/10001, BStBl I 2011, 1314; s. dazu auch Entwurf eines überarbeiteten Umwandlungssteuererlasses, BMF v. 11.10.2023, IV C 2 – S 1978/19/10001 :013.

Das FG Hamburg bestätigte diese Auffassung mit Urteil vom 30.6.2022.[1] Eine **vororganschaftliche Mehrabführung** liegt vor, wenn der an den Organträger **abzuführende handelsrechtliche Jahresüberschuss größer ist als das entsprechende steuerliche Ergebnis** und diese Abweichung **vororganschaftlich veranlasst** ist. Diese ist als Gewinnausschüttung der Organgesellschaft mit 5 % zu versteuern, wenn wie im Streitfall der Organträger eine Kapitalgesellschaft ist (§ 8b Abs. 1 und 5 KStG).

> **Anmerkung:**
> Eine Mehrabführung sei – so das FG Hamburg – auch dann vororganschaftlich, wenn sie erst nach Wirksamwerden des EAV „realisiert" wurde, der entsprechende Geschäftsvorfall aber bereits in vororganschaftlicher Zeit zu bilanzieren war. Dies sei im vorliegenden Fall gegeben, da die Beteiligung an der Tochtergesellschaft bereits im Jahr vor Begründung der Organschaft handelsrechtlich aufgrund der Gewinnausschüttung hätte abgeschrieben werden müssen. Der im Streitjahr erfolgte Darlehensverzicht ändere hieran nichts, da es sich um eine wertbegründende und nicht rein werterhellende Tatsache handele. Insoweit sei das Vorjahr fehlerhaft. Aufgrund des erst im Erstjahr der Organschaft ausgeübten Wahlrechts in der Steuerbilanz bestünde ein Unterschied zwischen der „fiktiven" Handelsbilanz und der Steuerbilanz, der in vororganschaftlicher Zeit begründet wurde. Dass diese Mehrabführung allein auf Grundlage einer fiktiven Handelsbilanz beruht, sei unerheblich. Nach dem Sinn und Zweck der Vorschrift dürfe es keinen Unterschied machen, ob die Handelsbilanz richtig ist oder nicht. Relevant sei allein, ob vororganschaftlich erwirtschaftetes Einkommen in die organschaftliche Zeit verschoben wird. Zudem dürfe die (Nicht-)Anwendung der Vorschrift nicht zu einer Privilegierung eines unkorrekten Bilanzansatzes führen.

f) Rückwirkende Einführung der Regelung zu vororganschaftlichen Mehrabführungen teilweise nichtig

323 Das BVerfG hat sich im Urteil vom 14.12.2022[2] mit der Regelung des § 34 Abs. 9 Nr. 4 KStG i.V.m. § 14 Abs. 3 Satz 1 KStG i.d.F. des Richtlinien-Umsetzungsgesetz (EURLUmsG) vom 9.12.2004 beschäftigt, die potenziell körperschaftsteuererhöhend wirkt. Die Regelung war erstmals auf (vororganschaftliche) Mehrabführungen von Organgesellschaften anzuwenden, deren Wirtschaftsjahr nach dem 31.12.2003 endete, und betraf in den beiden Ausgangsverfahren ehemals gemeinnützige Wohnungsbaugesellschaften.

Aus Sicht des BVerfG führte die Anwendungsvorschrift **in bestimmten Fallgruppen zu einer unechten Rückwirkung**, die gegen den verfassungsrechtlichen Vertrauensschutzgrundsatz verstößt und daher in bestimmten explizit definierten Konstellationen nichtig ist.

> **Anmerkung:**
> Die (teilweise) Nichtigkeit betrifft die rückwirkende Anwendung des § 14 Abs. 3 Satz 1 KStG auf bestimmte Sachverhalte, nicht die Vorschrift als solche.

V. Gewerbesteuer

1. Keine Bagatellgrenze bei der Aufwärtsabfärbung gewerblicher Einkünfte

324 Laut Urteil des FG Münster vom 13.5.2022[3] kommt es für die sog. Abfärberegelung des § 15 Abs. 3 Nr. 1 EStG in einkommensteuerlicher Hinsicht nicht auf die Höhe der Einkünfte an. Im konkreten Fall hielt eine Vermietungs-GbR eine **Beteiligung in Höhe von 4,24 %** an einer gewerblichen tätigen KG, von welcher sie **geringfügige Verluste zugewiesen** bekam. Das FG Münster schließt sich in seiner Beurteilung dem BFH-

---

1) FG Hamburg v. 30.6.2022, 6 K 40/21, EFG 2022, 1629 mit Anm. Rauda (Rev. anhängig beim BFH unter I R 27/22).
2) BVerfG v. 14.12.2022, 2 BvL 7/13, 2 BvL 18/14, NJW 2023, 1947.
3) FG Münster v. 13.5.2022, 15 K 26/20 E, F, EFG 2022, 1446 mit Anm. Schöppner (Rev. anhängig beim BFH unter IV R 18/22).

Urteil vom 6.6.2019[1] an und bestätigt eine Umqualifizierung der Einkünfte aus Vermietung und Verpachtung in Einkünfte aus Gewerbebetrieb.

> **Anmerkung:**
> Neben dem gegen die vorliegende Entscheidung anhängigen Revisionsverfahren ist beim BFH bereits unter dem Az. VIII R 1/22 ein weiteres Verfahren anhängig, in dem die **Frage zu klären** ist, **ob geringfügige gewerbliche Beteiligungseinkünfte einer Freiberufler-Personengesellschaft zu einer Gewerbesteuerpflicht führen.**

2. Beginn der Gewerbesteuerpflicht

a) Einzelunternehmen mit Imbissbetrieb

325 Im Streitfall pachtete ein Einzelunternehmer einen Imbissbetrieb einschließlich Inventar von der bisherigen Betreiberin ab dem 1.12.2017 an. Im Dezember 2017 renovierte er die angepachteten Räume und eröffnete erst im Januar 2018 den Imbissbetrieb für Gäste.

Der BFH versagt mit Urteil vom 30.8.2022[2] die Berücksichtigung dieser Betriebsausgaben, so dass für 2017 ein Gewerbeertrag von 0 Euro zugrunde zu legen ist. Nach ständiger höchstrichterlicher Rechtsprechung seien **bei Einzelunternehmen und Personengesellschaften vorweggenommene Betriebsausgaben**, die vor der Annahme eines Gewerbebetriebs im gewerbesteuerlichen Sinne entstehen bzw. anfallen, **nicht beim Gewerbeertrag zu berücksichtigen**. Ein Gewerbebetrieb könne erst angenommen werden, wenn alle Tatbestandsmerkmale des § 15 Abs. 2 EStG vorliegen, so auch die (aktuelle) Beteiligung am allgemeinen wirtschaftlichen Verkehr. Diese Grundsätze seien auch im Fall des Betriebsübergangs im Ganzen i.S.v. § 2 Abs. 5 GewStG anzuwenden. Die Regelung zu vorübergehenden Unterbrechungen im Betrieb nach § 2 Abs. 4 GewStG erfasse nicht den Fall eines Betriebsübergangs.

Bei einem Imbissbetrieb – wie hier im Streitfall – sei eine Teilnahme am Marktgeschehen und damit eine Beteiligung am allgemeinen wirtschaftlichen Verkehr erst mit der Eröffnung für die Kundschaft zu bejahen. Geschäfte, die zuvor ausschließlich auf der Erwerbsseite getätigt werden, führten somit zu zwar einkommensteuerlich als vorweggenommene Betriebsausgaben abziehbaren, gewerbesteuerlich aber nicht zu berücksichtigenden Ausgaben.

> **Gestaltungshinweis:**
> Bei Kapitalgesellschaften sind hingegen nach § 2 Abs. 2 GewStG bereits Vorbereitungshandlungen dem Gewerbebetrieb im gewerbesteuerlichen Sinne zuzurechnen, so dass hier entsprechende Betriebsausgaben den Gewerbeertrag mindern.

b) Grundbesitzverwaltende Personengesellschaft

326 Die sachliche Gewerbesteuerpflicht einer Immobiliengesellschaft, konkret einer gewerblich geprägten Personengesellschaft, **beginnt mit Abschluss des Mietvertrags** und nicht erst mit einer zeitlich nachfolgenden Übergabe des Grundstücks zur Nutzung an den Mieter. Zu diesem Ergebnis kommt der BFH mit Urteil vom 25.5.2023[3], wenn über eine **nicht standardisierte Immobilie** ein Mietvertrag vereinbart wurde und das Mietobjekt vor der Überlassung an den Mieter noch durch Umbaumaßnahmen an die individuellen Bedürfnisse des Mieters angepasst wird.

---

[1] BFH v. 6.6.2019, IV R 30/16, BStBl II 2020, 649.
[2] BFH v. 30.8.2022, X R 17/21, BStBl II 2023, 396 = HFR 2023, 458 mit Anm. Kulosa.
[3] BFH v. 25.5.2023, IV R 33/19, BStBl II 2023, 927; hierzu auch Korn, kösdi 2023, 23336, 23371, Rz. 395, Bodden, BeSt 2023, 41.

A. Unternehmensbesteuerung

Anmerkung:
Damit unterliegt eine aufgrund Beendigung des Mietvertrags vor der Überlassung der Immobilie getätigte Schadensersatzzahlung des Mieters zur Abgeltung sämtlicher wechselseitiger Ansprüche auch der erweiterten Grundstückskürzung nach § 9 Nr. 1 Satz 2 GewStG. Denn – so der BFH – diese Zahlung resultiere aus der Verwaltung und Nutzung des Grundbesitzes der Immobiliengesellschaft und resultiere somit nicht aus einer kürzungsschädlichen Grundstücksnutzung.

3. Hinzurechnung von Miet- und Pachtzinsen

a) Mieten für Mehrwegbehältnisse im Handel

Im Streitfall wurden einem Unternehmen mittels zweier unterschiedlicher Vertragskonstellationen sog. Mehrwegsteigen zur Nutzung überlassen. Während in der ersten Konstellation ein umfassender Vertrag über die Bereitstellung, Reinigung und den Transport von Gemüsekisten abgeschlossen wurde, beschränkte sich der zweite, mündlich abgeschlossene Vertrag lediglich auf die Nutzungsüberlassung eines bestimmten Steigentyps, der ständig von Lieferanten eingesetzt wurde.

Mit Urteil vom 1.6.2022[1] entschied der BFH, dass eine gewerbesteuerliche Hinzurechnung von Mietaufwendungen für bewegliche Wirtschaftsgüter **ausscheide, wenn das Mietvertragselement dem gesamten Vertrag nicht das Gepräge gibt**. Die im Rahmen der ersten Vertragskonstellation angefallenen Mietaufwendungen waren aufgrund der vereinbarten Werk-, Dienstleistungs- und Transportvertragselemente damit für gewerbesteuerliche Zwecke nicht hinzuzurechnen.

Hinsichtlich des mündlich abgeschlossenen Vertrags bejahte der BFH hingegen eine gewerbesteuerliche Hinzurechnung. Entgegen der Auffassung der Vorinstanz können Wirtschaftsgüter bereits dann dem (fiktiven) Anlagevermögen zuzuordnen sein, wenn gleichartige Wirtschaftsgüter zwar jeweils kurzfristig aber wiederholt beim selben Geschäftspartner angemietet werden. Als Begründung brachte der BFH vor, dass in diesem Fall ein wirtschaftlicher Eigentumserwerb ebenso sinnvoll gewesen wäre.

Anmerkung:
Zur Frage des fiktiven Anlagevermögens als Voraussetzung für die gewerbesteuerliche Hinzurechnung von Miet- und Pachtzinsen hat die Finanzverwaltung mit gleich lautenden Erlassen vom 6.4.2022[2] Stellung genommen und auf die bereits ergangene umfassende Rechtsprechung des BFH verwiesen.

b) Standplätze für mobile Verkaufsstände

Eine gewerblich tätige GmbH betreibt einen mobilen Stand für die Zubereitung und den Verkauf von Speisen auf verschiedenen Veranstaltungen. Für den Verkaufsstand mietet sie kurzzeitig – jeweils für die Dauer von einzelnen Tagen bis hin zu mehreren Wochen – Standplätze auf Märkten, Festivals und anderen Veranstaltungen an.

Das FG Sachsen kommt in seinem Urteil vom 16.11.2021[3] zu dem Ergebnis, dass es sich bei den angemieteten Standplätzen um **fiktives Anlagevermögen** handelt. Denn um Speisen den Besuchern von Veranstaltungen oder Märkten anbieten zu können, sei die Steuerpflichtige auf die **ständige Verfügbarkeit von Standflächen angewiesen**. Die Standflächen dienten damit wie ein „Produktionsmittel" für die gewerbliche Tätigkeit der Steuerpflichtigen. Unerheblich sei hingegen, dass es sich um eine Vielzahl

---
1) BFH v. 1.6.2022, III R 56/20, BStBl II 2023, 875 = HFR 2023, 348 mit Anm. Görke; hierzu auch Selder, jurisPR-SteuerR 11/2023 Anm. 2.
2) Gleich lautende Ländererlasse v. 6.4.2022, BStBl I 2022, 638.
3) FG Sachsen v. 16.11.2021, 1 K 854/21, EFG 2022, 1125 mit Anm. Kessens (Rev. anhängig beim BFH unter III R 39/21).

verschiedener angemieteter Flächen handele, die nur für kurze Zeiträume benötigt werden.

Da die Standflächen als fiktives Anlagevermögen qualifizierten, bejaht das FG Sachsen die gewerbesteuerliche Hinzurechnung nach § 8 Nr. 1 Buchst. e GewStG der aufgewandten Nutzungsentgelte.

c) Aufwendungen für Sponsoring

329 Im vom BFH entschiedenen Streitfall trafen eine GmbH und ein Sportverein Sponsoringvereinbarungen, wonach die GmbH gegen Entrichtung von Sponsoringbeträgen u.a. das Vereinslogo zu Werbezwecken nutzen konnte, das Firmenlogo auf dem Trikot, der Aufwärmebekleidung und der Bekleidung der Offiziellen erschien und Bandenwerbung betrieben wurde. Die GmbH trug zudem die Design- und Produktionskosten für die Werbemaßnahmen.

Entgegen der Auffassung der Finanzverwaltung und dem FG in der Vorinstanz **verneint der BFH** in dem konkreten Streitfall eine **anteilige Hinzurechnung** der angefallenen Aufwendungen für die Banden- und Trikotwerbung nach § 8 Nr. 1 Buchst. d und e GewStG. Laut seinem Urteil vom 23.3.2023[1)] bewertet der BFH die **Sponsoringverträge als im BGB nicht speziell geregelte atypische Schuldverträge**, bei denen die einzelnen Leistungspflichten derart miteinander verknüpft sind, dass sie sich weder rechtlich noch wirtschaftlich trennen lassen. Der Gesponserte schulde regelmäßig neben der Überlassung von Rechten oder Gegenständen eine weitere Aktivität, z.B. die Durchführung einer sportlichen Veranstaltung. Beide Teilleistungen dienten den kommunikativen Zielen (insb. Werbeeffekte) des Sponsors, die z.B. nicht bereits durch einen Werbeaufdruck auf den Trikots, sondern nur durch das Tragen der Trikots während der Sportveranstaltung erreicht werden. Da die im Streitfall vereinbarten Verträge **ihrem wesentlichen rechtlichen Gehalt nach nicht ein Miet- oder Pachtverhältnis** begründen und auch eine teilweise Zuordnung zum Typus eines Miet- oder Pachtvertrags ausscheidet, verneint der BFH insgesamt eine Hinzurechnung.

Ergänzend weist der BFH darauf hin, dass auch bei isolierter Betrachtung der Zurverfügungstellung der Bande für Bandenwerbung keine Hinzurechnung erfolgen würde. Da sich der Verein verpflichtet hatte, die Werbesequenz der GmbH an verschiedenen Stellen der LED-Bande in Rotation mit anderen Werbesequenzen zu zeigen, stehe hier nicht die Benutzung der digitalen Fläche, sondern eine vom Verein zu erbringende Werbeleistung im Vordergrund.

> **Beratungshinweis:**
>
> Die Entscheidung des BFH macht deutlich, dass für die Frage der gewerbesteuerlichen Hinzurechnung im Einzelfall zu prüfen ist, ob die Vereinbarung ganz oder teilweise einem Miet- oder Pachtvertrag entspricht. Unter dem Az. III R 36/22 ist eine weitere Revision beim BFH anhängig, so dass dieser nochmals Gelegenheit haben wird, im Bereich des Sponsorings zu entscheiden.

d) Wartungskosten bei Leasingverträgen

330 Die Steuerpflichtige schloss als Leasingnehmerin Leasingverträge über Kraftfahrzeuge ab und übernahm hierfür, wie vertraglich vereinbart, die anfallenden Wartungskosten. Mit Urteil vom 20.10.2022[2)] entschied der **BFH**, dass **die Wartungskosten der gewerbesteuerlichen Hinzurechnung unterliegen**. Ebenso wie Miet- und Pachtzinsen sei der Begriff „Leasingrate" wirtschaftlich zu verstehen. Vom Leasingnehmer übernommene

---

1) BFH v. 23.3.2023, III R 5/22, BStBl II 2023, 923; hierzu auch Urbach, BeSt 2023, 31, Küsters, jurisPR-SteuerR 25/2023 Anm. 5.
2) BFH v. 20.10.2022, III R 33/21, BStBl II 2023, 879; hierzu Pfützenreuter, jurisPR-SteuerR 14/2023 Anm. 5.

Kosten für Instandhaltung seien demnach Bestandteil der hinzuzurechnenden Leasingaufwendungen, sofern diese nicht bereits aufgrund der gesetzlichen Vorschriften durch den Leasingnehmer zu tragen sind.

Da aber nach den zivilrechtlichen Regelungen des Mietrechts der Leasinggeber gleich einem Vermieter oder Verpächter die Miet-/Leasingsache in einem zum vertragsgemäßen Gebrauch geeigneten Zustand zu erhalten habe, seien die **gesetzlich vom Leasinggeber zu tragenden Kosten vertraglich auf den Leasingnehmer abgewälzt** worden.

> **Anmerkung:**
> Auch wenn in der gängigen Leasing-Vertragspraxis hinsichtlich der Durchführung von Erhaltungs- und Instandhaltungsmaßnahmen von dieser gesetzgeberischen Lastenverteilung abgewichen werden sollte, ändert dies laut BFH nichts daran, dass Wartungskosten wirtschaftlich einen Teil des Leasingentgelts darstellen.

e) Aufwendungen für die Teilnahme an Fachmessen

331 Laut rechtskräftigem Urteil des FG Münster vom 18.8.2022[1)] scheidet eine gewerbesteuerliche Hinzurechnung von Messekosten vollständig aus, wenn **in einem Messeteilnahmevertrag** neben Miet- und Pachtleistungen **(auch) wesentliche miet- und pachtfremde Leistungspflichten vereinbart** werden, die **rechtlich nicht voneinander trennbar** sind. Es liege insofern ein Vertrag „sui generis" (eigener Art) vor. Sowohl aus Sicht des Messeveranstalters als auch aus Sicht der Aussteller stünden bei einem solchen Vertrag nicht die Vermietung von Plätzen oder Ständen im Vordergrund, sondern andere Hauptleistungspflichten, wie z.B. eine zweckmäßige und ansprechende Schau aus Sicht des Veranstalters.

> **Anmerkung:**
> Das FG Düsseldorf kam bereits mit Urteil vom 29.1.2019[2)] zu dem Ergebnis, dass Messekosten nicht hinzuzurechnen sind. Entscheidend war dort allerdings, dass Wirtschaftsgüter im Zusammenhang mit Messeständen nicht als fiktives Anlagevermögen qualifizierten. Zu diesem Ergebnis kam hier auch das FG Münster, wobei die Hinzurechnung bereits mit dem Hinweis auf die vertraglichen Regelungen abgelehnt wurde.
>
> Die Annahme von fiktivem Anlagevermögen lehnte auch der BFH mit Urteil vom 20.12.2022[3)] ab. Dort bestätigte der BFH zunächst eine mittlerweile gefestigte Rechtsprechung zur gewerbesteuerlichen Hinzurechnung von **Messeständen von Produktionsunternehmen**. Für die Prüfung der maßgeblichen Zugehörigkeit zum fiktiven Anlagevermögen sei der Geschäftsgegenstand des Unternehmens zu berücksichtigen und festzustellen, ob dieses entsprechende Wirtschaftsgüter ständig für den Betrieb benötigt. Im konkreten Fall war die Frage zu verneinen, da die Wirtschaftsgüter nur für zehn Tage pro Jahr an drei verschiedenen Messestandorten genutzt wurden. Eine regelmäßige kurze Nutzung eines Wirtschaftsguts begründe nicht die Notwendigkeit, dieses dauerhaft vorzuhalten.

f) Mietaufwendungen einer Kongressveranstalterin

332 Bewegliche und unbewegliche Wirtschaftsgüter, die eine Messe-, Ausstellungs- und Kongressveranstalterin anmietet, qualifizieren als **fiktives Anlagevermögen**, wenn die Veranstalterin **längerfristig dieselben oder wiederholt kurzfristig vergleichbare Wirtschaftsgüter vorhalten muss**, um damit Events bzw. Produktionen für ihre Kunden organisieren zu können. Entsprechende Aufwendungen unterliegen damit der gewer-

---

1) FG Münster v. 18.8.2022, 10 K 1421/19 G, EFG 2022, 1919 mit Anm. Zapf (rkr.); hierzu auch Lutter, jurisPR-SteuerR 4/2023 Anm. 3.
2) FG Düsseldorf 29.1.2019, 10 K 2717/17 G Zerl, EFG 2019, 544 mit Anm. Lürbke (Rev. anhängig beim BFH unter Az. III R 15/19).
3) BFH v. 20.12.2022, III R 35/21, HFR 2023, 586 mit Anm. Wendl; hierzu auch Köster, DStZ 2023, 403.

besteuerlichen Hinzurechnung. Mit Urteil vom 19.1.2023[1)] bestätigt damit der BFH seine Grundsätze zur Abgrenzung von fiktivem Anlage- und Umlaufvermögen für Zwecke der gewerbesteuerlichen Hinzurechnung von Mietaufwendungen.

Dem fiktiven Umlaufvermögen seien die angemieteten Wirtschaftsgüter zuzuordnen, wenn diese voraussichtlich nur für einzelne Events verwendet werden und sie nicht mit anderen angemieteten Wirtschaftsgütern austauschbar sind. In diesem Fall scheide eine gewerbesteuerliche Hinzurechnung der Mietaufwendungen aus.

> **Anmerkung:**
> Der BFH hat das Urteil der Vorinstanz aufgehoben und zur nochmaligen Prüfung an das FG Berlin-Brandenburg zurückverwiesen, das nun nochmals ermitteln muss, ob die Voraussetzungen für die Annahme von fiktivem Anlagevermögen im Streitfall vorliegen.

g) Kurzfristig angemietete Räumlichkeiten für Mitarbeiter

333 In dem vom FG Berlin-Brandenburg mit Urteil vom 13.12.2022[2)] entschiedenen Streitfall mietete eine GmbH für ihre eigenen Mitarbeiter an verschiedenen Tätigkeitsorten Unterkünfte an. Der Geschäftszweck der GmbH lag darin, in verschiedenen Filialen der Auftraggeber (Discounter) ihr eigenes Personal für einfache Inventur- und Lagerarbeiten einzusetzen, wenn dies flexibler und günstiger möglich war als durch Personal der Auftraggeber. **Durch das Anmieten der Übernachtungsmöglichkeiten** für ihre Mitarbeiter sei der GmbH die **Leistungserbringung** durch das Anwerben und den Einsatz günstigen Personals an unterschiedlichen Einsatzorten **erst möglich**. Damit seien die angemieteten Hotel- und Pensionszimmer dem **fiktiven Anlagevermögen** der GmbH zuzuordnen und unterlägen der gewerbesteuerlichen Hinzurechnung.

> **Anmerkung:**
> Unschädlich sei dabei, dass die Räumlichkeiten nur kurzfristig gemietet worden seien. Entscheidend sei vielmehr, dass ausgehend vom Unternehmenszweck die Räume zur Ausübung des Geschäfts zwingend erforderlich waren. Der BFH wird in dem anhängigen Revisionsverfahren abermals Gelegenheit haben, sich mit der Bestimmung des fiktiven Anlagevermögens auseinanderzusetzen.

h) Aufwendungen für Ferienimmobilien zur Weitervermietung

334 Der BFH unterwarf mit Urteil vom 17.8.2023[3)] die von einem Ferienanbieter geleisteten Zahlungen an die Eigentümer von Ferienimmobilien der gewerbesteuerlichen Hinzurechnung (§ 8 Nr. 1 Buchst. e GewStG). Maßgebend dafür war, dass es sich bei dem Vertragsverhältnis zwischen Ferienanbieter und Eigentümern um ein **Mietverhältnis** und keine Geschäftsbesorgung handelte. Dafür sprach laut BFH insbesondere, dass der Anbieter die Objekte langfristig anmietete und im eigenen Namen vermarktete, ohne dafür von den Eigentümern eine Vermittlungsprovision zu erhalten. Vielmehr zahlte er ein erfolgsabhängiges Entgelt an die Eigentümer, was der Einordnung als Mietverhältnis laut BFH ebenso wenig entgegen stand wie die Weitervermietung an Reisende. **Auf Basis des Geschäftszwecks** des Ferienanbieters seien die Ferienimmobilien **dem fiktiven Anlagevermögen zuzurechnen** und erfüllten damit den Tatbestand der gewerbesteuerlichen Hinzurechnung.

---

1) BFH v. 19.1.2023, III R 22/20, BFH/NV 2023, 716 = HFR 2023, 588 mit Anm. Wendl; hierzu auch Bäßler, StEd 2023, 251.
2) FG Berlin-Brandenburg v. 13.12.2022, 8 K 8102/21, EFG 2023, 777 mit Anm. Lutter (Rev. anhängig beim BFH unter III R 3/23).
3) BFH v. 17.8.2023, III R 59/20, BFH/NV 2023, 1460; hierzu auch Korn, kösdi 2023, 23454, 23459, Rz. 494, Bäßler, StEd 2023, 659.

A. Unternehmensbesteuerung

Beratungshinweis:

Der Unterschied zum BFH-Urteil vom 25.10.2016,[1] wo eine Messedurchführungsgesellschaft Immobilien nur auf auftragsbezogene Kundenweisung hin anmietete, bestand im Streitfall darin, dass der Ferienanbieter Verträge zur langfristigen Zusammenarbeit mit den Immobilienbesitzern schloss sowie eine Vielzahl von Immobilien ohne konkreten Auftrag anmietete und vorhielt.

i) Keine vorläufigen Festsetzungen mehr

Der BFH hat in der Vergangenheit in mehreren Entscheidungen die Verfassungsmäßigkeit der gewerbesteuerlichen Hinzurechnungen von Schuld-, Miet- und Pachtzinsen für bewegliche und unbewegliche Wirtschaftsgüter des Anlagevermögens und von Aufwendungen für die zeitlich befristete Überlassung von Rechten bestätigt.[2] Die gegen das BFH-Urteil vom 14.6.2018[3] eingelegte Verfassungsbeschwerde wurde vom **BVerfG nicht zur Entscheidung angenommen**.[4]

335

Infolgedessen heben die **obersten Finanzbehörden der Länder** mit gleich lautenden Erlassen vom 6.2.2023[5] die bisherigen Ländererlasse vom 28.10.2016[6], in denen die vorläufige Festsetzung des Gewerbesteuermessbetrags seit 2008 angeordnet wurde, mit sofortiger Wirkung auf.

Demnach sind sämtliche erstmalige **Festsetzungen des Gewerbesteuermessbetrags für Erhebungszeiträume ab 2008** mit Hinzurechnungen zum Gewerbeertrag nach § 8 Nr. 1 Buchst. a, d, e und f GewStG insoweit **endgültig durchzuführen**.

4. Erweiterte Grundstückskürzung

a) Sondervergütungen an nicht gewerbesteuerpflichtige Mitunternehmer

Sondervergütungen unterliegen auch dann nicht der erweiterten Grundstückskürzung, wenn der empfangende Mitunternehmer nicht gewerbesteuerpflichtig ist. Eine teleologische Reduktion der Vorschrift ist insofern nicht vorzunehmen. Mit dieser Auffassung schloss sich der BFH der Rechtsauffassung der Vorinstanz an.[7]

336

Grundsätzlich unterliegt der Gewerbeertrag aus der Verwaltung und Nutzung eigenen Grundbesitzes auf Antrag des Steuerpflichtigen nicht der Gewerbesteuer (§ 9 Nr. 1 Satz 2 GewStG). Davon **ausgenommen** sind **bestimmte Sondervergütungen**, die die Gesellschaft an ihre Mitunternehmer zahlt. Die Sondervergütungen werden damit faktisch mit Gewerbesteuer belastet (§ 9 Nr. 1 Satz 5 Nr. 1a GewStG). Dadurch sollen Gestaltungen verhindert werden, bei denen ein gewerbesteuerpflichtiger Dritter Mitunternehmer der Gesellschaft wird und Zahlungen an ihn bei der Gesellschaft in die erweiterte Kürzung einbezogen und somit gewerbesteuerfrei gestellt würden. Im konkreten Fall war streitig, ob diese Vorschrift auch auf Sondervergütungen angewendet werden kann, wenn der Empfänger selbst nicht der Gewerbesteuer unterliegt.

Entgegen der herrschenden Literaturmeinung hielt der **BFH** eine **teleologische Reduktion der Vorschrift nicht für gerechtfertigt**. Der eindeutige Wortlaut der Norm erfordere keine Gewerbesteuerpflicht des Vergütungsempfängers. Ebenso sprächen sowohl Sinn und Zweck der Vorschrift als auch systematische Erwägungen gegen eine einschränkende Auslegung.

---

1) BFH v. 25.10.2016, I R 57/15, BStBl II 2022, 273.
2) BFH v. 12.1.2017, IV R 55/11, BStBl II 2017, 725, BFH v. 14.6.2018, III R 35/15, BStBl II 2018, 662.
3) BFH v. 14.6.2018, III R 35/15, BStBl II 2018, 662.
4) BVerfG v. 5.9.2021, 1 BvR 2150/18, StEd 2021, 602.
5) Gleich lautende Erlasse v. 6.2.2023, BStBl I 2023, 215.
6) Gleich lautende Erlasse v. 28.10.2016, BStBl I 2016, 1114.
7) BFH v. 9.3.2023, IV R 25/20, BStBl II 2023, 836 = HFR 2023, 682 mit Anm. Graw; ebenso BFH v. 9.3.2023, IV R 11/20, BStBl II 2023, 830.

> **Beratungshinweis:**
>
> Im Ergebnis unterliegen laut BFH die sowohl an den gewerbesteuerpflichtigen als auch an den nicht gewerbesteuerpflichtigen Gesellschafter gezahlten Vergütungen der Gewerbesteuer, da eine erweiterte Grundstückskürzung nicht in Betracht kommt.

b) Weitervermietungsmodell im Organkreis

337 In dem der Entscheidung des FG Düsseldorf vom 22.9.2022[1)] zugrundeliegenden Streitfall beantragte die ertrag- und umsatzsteuerliche Organträgerin mehrerer Tochtergesellschaften die erweiterte Grundstückskürzung (§ 9 Nr. 1 Satz 2 GewStG) für ihr zuzurechnende Gewerbeerträge ihrer Organgesellschaften. Mehrere Organgesellschaften hatten ihre Grundstücke an die A-GmbH, ebenso eine Organgesellschaft, vermietet, damit diese die Grundstücke wiederum an Dritte vermieten konnte (sog. Weitervermietungsmodell). Die hierfür angefallenen Mietaufwendungen verbuchte die A-GmbH als Aufwand, eine gewerbesteuerliche Hinzurechnung nach § 8 Nr. 1 Buchst. e GewStG fand nicht statt. Die Finanzverwaltung versagte die erweiterte Grundstückskürzung mit der Begründung, dass sich die Erträge und Aufwendungen aus den Mietverhältnissen innerhalb eines Organkreises regelmäßig neutralisieren. Eine zusätzliche Anwendung der erweiterten Grundstückskürzung führe zu einer ungerechtfertigten Begünstigung.

Dem widersprach das FG Düsseldorf aufgrund der im konkreten Fall stattfindenden Weitervermietung an Dritte. Zwar vertrete der **BFH** die Auffassung, dass **Geschäftsbeziehungen im Organkreis grundsätzlich nicht zu gewerbesteuerlichen Hinzurechnungen und Kürzungen** führen, da sich entsprechende Mieterträge und Mietaufwendungen regelmäßig neutralisieren.[2)] Um eine doppelte Begünstigung zu vermeiden, sei aber auch die erweiterte Grundstückskürzung zu versagen. Laut **FG Düsseldorf** ist **infolge der Weitervermietung** außerhalb des Organkreises hier die **erweiterte Kürzung** bei den grundstückshaltenden Organgesellschaften jedoch **nicht vollständig zu versagen**. Allerdings sei die erweiterte Kürzung auf den Betrag beschränkt, der die bisher bei der A-GmbH nicht erfolgte Hinzurechnung von Mietaufwendungen übersteige. Bei der A-GmbH komme zudem eine erweiterte Kürzung mangels Vermietung eigenen Grundbesitzes nicht in Betracht.

c) Reinigungsleistungen im Wohneigentum des Gesellschafters

338 Im Streitfall stellte eine grundbesitzverwaltende GmbH ihrem Gesellschafter-Geschäftsführer Reinigungsleistungen für Gemeinschaftsflächen im Wohneigentum des Gesellschafters in Rechnung, in welchem die GmbH zugleich als Mieterin ihren Sitz und Geschäftsleitungsort hatte.

Für die Anwendung der erweiterten gewerbesteuerlichen Kürzung nach § 9 Nr. 1 Satz 2 GewStG bei der GmbH **fehlte** es damit nach Auffassung des BFH[3)] am Merkmal der **„Ausschließlichkeit"**, da eine **Reinigungsleistung in einer fremden Immobilie** gegen Entgelt eine schädliche Nebentätigkeit zur Haupttätigkeit der Grundbesitzverwaltung darstellt.

Zwar könne die Reinigung von Gemeinschaftsflächen zu den bei der Verwaltung eigenen Grundbesitzes genutzten Räumlichkeiten – im Streitfall den von der GmbH angemieteten Geschäftsleitungssitz – als eine Betreuung von Wohnbauten unmittelbar zum begünstigten Bereich der Verwaltung eigenen Grundbesitzes gehören. Werden die Reinigungsleistungen jedoch gegen Entgelt erbracht, können sie regelmäßig nicht mehr

---

1) FG Düsseldorf v. 22.9.2022, 9 K 2833/21 G, EFG 2023, 136 mit Anm. Jelinek (Rev. anhängig beim BFH unter III R 41/22).
2) BFH v. 18.5.2011, X R 4/10, BStBl II 2011, 887; BFH v. 30.10.2014, IV R 9/11, BFH/NV 2015, 227.
3) BFH v. 23.3.2023, III R 49/20, BFH/NV 2023, 1033; hierzu auch Selder, jurisPR-SteuerR 35/2023 Anm. 2.

der Verwaltung eigenen Grundbesitzes zugeordnet werden und sind somit kürzungsschädlich.

> **Beratungshinweis:**
>
> Der BFH weist darauf hin, dass die Baubewirtschaftungsbetreuung als grundsätzlich unschädliche Nebentätigkeit nicht nur die Verwaltung von Immobilien, sondern auch die praktische Objektbetreuung vor Ort, und somit auch Reinigungsleistungen, umfasst.

d) Komplementär-GmbH einer Zebragesellschaft ohne Vermögensbeteiligung

339 Im Streitfall war eine GmbH, die Liegenschaften errichtete, erwarb und vermietete bzw. verpachtete sowie an Vermietungsgesellschaften in der Rechtsform einer GbR beteiligt war, zudem als Komplementärin ohne Kapitalanteil und Vermögensbeteiligung an einer nicht gewerblich geprägten KG beteiligt. Für die Haftungsübernahme erhielt sie eine Haftungsvergütung.

Mit Urteil vom 20.5.2023[1]) versagt der BFH die erweiterte Grundstückskürzung nach § 9 Nr. 1 Satz 2 GewStG. Zwar hat der Große Senat des BFH die zur Entstehung einer sog. Zebragesellschaft führende Beteiligung einer Gesellschaft, die Kraft Rechtsform gewerbesteuerpflichtig ist (u.a. GmbH), an einer grundbesitzverwaltenden, nicht gewerblich geprägten Personengesellschaft als Form der Verwaltung und Nutzung eigenen Grundbesitzes anerkannt.[2]) Ist eine GmbH jedoch an einer solchen Zebragesellschaft ohne Vermögensbeteiligung beteiligt und übernimmt sie als Komplementär gegen Entgelt die volle Haftung, verwalte und nutze sie fremden Grundbesitz und daneben allenfalls eigenes Kapital- und Beteiligungsvermögen als Absicherungspotential für eine fremde Schuld. Eine Zurechnung des Grundbesitzes der KG nach § 39 Abs. 2 Nr. 2 AO als eigenen Grundbesitz erfolge nur bei denjenigen Gesellschaftern, die am Betriebsvermögen beteiligt sind. **Mangels Vermögensbeteiligung sei der Grundbesitz der KG** für die GmbH somit **fremder Grundbesitz**, und die erweiterte Grundstückskürzung scheidet damit aus.

e) Unterjährige Veräußerung des letzten Grundstücks

340 Die erweiterte gewerbesteuerliche Kürzung für grundbesitzverwaltende Unternehmen ist nach Auffassung des FG Münster auch dann anzuwenden, wenn das wirtschaftliche Eigentum am letzten verbleibenden Grundstück zu Beginn des letzten Tages des Erhebungszeitraums auf einen Erwerber übergeht und keine nachlaufenden schädlichen Tätigkeiten ausgeübt werden. Zu diesem Ergebnis kommt das FG Münster mit Urteil vom 27.10.2022.[3])

Trotz der Veräußerung des letzten Grundstücks einer grundbesitzverwaltenden GmbH bereits mit Beginn des 31.12.2016 habe diese in 2016 ausschließlich ihren eigenen Grundbesitz verwaltet und genutzt. Dazu könne die Verwaltung und Nutzung von Grundbesitz auch innerhalb des Erhebungszeitraums beendet werden. **Solange** aber das Unternehmen **im Erhebungszeitraum tätig** sei, müsse die **Haupttätigkeit die Grundbesitzverwaltung und -nutzung** sein. Das bloße Innehaben unverzinslicher Forderungen und deren Einziehung sei dabei kürzungsunschädlich. Schädlich sein könnten nur solche Tätigkeiten, die nach einkommensteuerlichen Wertungen zu steuerbaren Einkünften führen können.

---

1) BFH v. 20.5.2023, III R 53/20, BStBl II 2023, 933; hierzu auch Selder, jurisPR-SteuerR 33/2023 Anm. 1, Köster, DStZ 2023, 554.
2) BFH v. 25.9.2018, GrS 2/16, BStBl II 2019, 262.
3) FG Münster v. 27.10.2022, 10 K 3572/18 G, EFG 2023, 407 mit Anm. Stalbold (Rev. anhängig beim BFH unter III R 1/23).

f) Überlassung von Wohnungen an ukrainische Kriegsflüchtlinge

341 Die Finanzverwaltung verlängerte die Anwendung der Billigkeitsregelung, wonach nicht geprüft wird, ob Einnahmen aus der Überlassung möblierter Wohnungen an Kriegsflüchtlinge aus der Ukraine als gewerblich anzusehen sind, **bis 31.12.2023**.

Ziel der Billigkeitsregelung laut gleich lautenden Erlassen der obersten Finanzbehörden der Länder vom 11.11.2022[1] ist es weiterhin, dass **Wohnungsunternehmen die erweiterte gewerbesteuerlichen Kürzung erhalten bleibt**, wenn sie ukrainischen Kriegsflüchtlingen möblierte Wohnungen zur Verfügung stellen. Insoweit ist die Finanzverwaltung gehalten, bis 31.12.2023 nicht weiter zu prüfen, ob dadurch die Voraussetzungen der erweiterten Grundstückskürzung nicht mehr erfüllt sind.

Unschädlich für die erweiterte Grundstückskürzung ist zudem, wenn Erträge aus sonstigen Unterstützungsleistungen (z.B. Zurverfügungstellung von Nahrungsmitteln oder Kleidung) erzielt werden, sofern diese nicht höher als 5 % der Mieteinnahmen sind. Wird Wohnraum an juristische Personen des öffentlichen Rechts vermietet, die diesen an Kriegsflüchtlinge überlassen, fallen diese Erträge aus Billigkeitsgründen in den Jahren 2022 und 2023 ebenso unter die 5 %-Grenze und können dementsprechend kürzungsunschädlich sein.

VI. Umwandlungssteuer

1. Relevanter Zeitpunkt des Bestehens einer Schachtelbeteiligung bei Anteilstausch

342 Der Gewerbeertrag wird um darin enthaltene Gewinnausschüttungen aus Beteiligungen an Kapitalgesellschaften gekürzt, sofern diese **zu Beginn des Erhebungszeitraums mindestens 15 %** betragen (Schachtelbeteiligung, § 9 Nr. 2a GewStG). Die Gewinnausschüttung aus einer im Wege des qualifizierten Anteilstauschs im laufenden Jahr in eine GmbH eingebrachten 100 %-GmbH-Beteiligung qualifiziert nach Auffassung des FG Düsseldorf als eine solche Schachteldividende.[2]

Zwar war die GmbH als übernehmende Rechtsträgerin zu Beginn des Jahres nicht an der ausschüttenden Gesellschaft beteiligt. Nach Meinung des FG Düsseldorf ist ihr **als steuerliche Rechtsnachfolgerin** aber die **Vorbesitzzeit des Einbringenden zuzuordnen**. Die Aussage des § 4 Abs. 2 Satz 3 UmwStG, wonach Zugehörigkeitszeiträume der übertragenden Körperschaft beim übernehmenden Rechtsträger anzurechnen seien, sei zwar nicht auf die zeitpunktbezogene Betrachtung für Zwecke der gewerbesteuerlichen Kürzung übertragbar, stehe aber der allgemeinen Anordnung des Eintritts in die steuerliche Rechtsnachfolge (gemäß § 12 Abs. 3 Halbsatz. 1 UmwStG) nicht entgegen.

2. Verschmelzung

a) Abzugsverbot für Übernahmeverlust

343 Nach § 4 Abs. 6 Satz 6 Alt. 2 UmwStG bleibt ein Übernahmeverlust außer Ansatz, soweit die Anteile an der übertragenden Körperschaft innerhalb der letzten fünf Jahre vor dem steuerlichen Übertragungsstichtag entgeltlich erworben wurden.

Der BFH hatte dazu in einem Streitfall zu entscheiden, in dem es um eine Verschmelzung einer GmbH auf ein Einzelunternehmen ging, die mit steuerlicher Rückwirkung zum 31.12.2015 erfolgt war. Die **Anteile** an der GmbH hatte der Kläger **im Rückwirkungszeitraum der Verschmelzung erworben**. Infolge der Verschmelzung ergab sich ein Übernahmeverlust.

---

1) Gleich lautende Ländererlasse v. 11.11.2022, BStBl I 2022, 1527; diese ersetzen die gleich lautenden Erlasse v. 31.3.2022, BStBl I 2022, 335.
2) FG Düsseldorf v. 24.11.2022, 14 K 392/22 G,F, EFG 2023, 419 mit Anm. Drissen (Rev. anhängig beim BFH unter I R 9/23).

Der BFH bejaht mit Urteil vom 17.8.2023[1] das Abzugsverbot für den Übernahmeverlust, auch wenn der Anteilserwerb an der GmbH chronologisch erst nach dem steuerlichen Übertragungsstichtag erfolgt sei. Nach § 5 Abs. 1 UmwStG sei der Gewinn des übernehmenden Rechtsträgers so zu ermitteln, als hätte er die Anteile am steuerlichen Übertragungsstichtag angeschafft. Der steuerliche Übertragungsstichtag rechnet laut BFH zum schädlichen Fünf-Jahreszeitraum. Ob die erworbenen Anteile zum Betriebs- oder Privatvermögen gehörten, sei unerheblich. Die vom Kläger geforderte teleologische Reduktion von § 4 Abs. 6 oder § 7 UmwStG hielt der BFH nicht für geboten, auch wenn im Streitfall ein höheres steuerliches Eigenkapital hauptsächlich aus unterschiedlichen Wertansätzen bei den Pensionsrückstellungen resultieren sollte.

b) Zuordnung von Kosten für den Vermögensübergang

Der BFH hatte zu entscheiden, ob die aufgrund einer Anteilsvereinigung entstandene Grunderwerbsteuer als Kosten für den Vermögensübergang i.S.d. § 12 Abs. 2 UmwStG und damit als Teil des Übernahmeergebnisses aus einer Aufwärtsverschmelzung steuerlich außer Ansatz bleiben.

344

Objektbezogene Aufwendungen, wie etwa die Grunderwerbsteuer beim Übergang eines Grundstücks, sind nach dem Veranlassungsprinzip nicht als solche Kosten für den Vermögensübergang zu werten. Bei einer Anteilsvereinigung unterliegt jedoch nach ständiger Rechtsprechung nicht der Anteilserwerb als solcher der Grunderwerbsteuer, sondern die Vereinigung der Anteile in einer Hand. Damit bestehe bei der **durch die Anteilsvereinigung ausgelösten Grunderwerbsteuer** laut Urteil des BFH vom 23.11.2022[2] **kein solcher Objektbezug**.

Insbesondere aufgrund des Ziels der Gleichbehandlung einer Verschmelzung mit der Veräußerung einer Beteiligung i.S.v. § 8b Abs. 2 KStG seien die Kosten für den Vermögensübergang wie Veräußerungskosten steuerlich unbeachtlich. Entscheidend sei das „auslösende Moment" – und damit der Veranlassungszusammenhang – für die Entstehung der Aufwendungen und die größere Nähe zu Veräußerung bzw. Umstrukturierung oder laufendem Gewinn.

> **Hinweis:**
> Dass die in Folge der Anteilsvereinigung entstandene Grunderwerbsteuer nicht final für die Aufwärtsverschmelzung aufgewendet wurde, ist laut BFH irrelevant. Als Veranlassung reiche aus, dass die Vereinigung von Anteilen an der grundbesitzenden Gesellschaft und damit die Erfüllung eines Grunderwerbsteuertatbestands aufgrund der Verschmelzung erfolgt.

3. Sperrfristverhaftete Anteile bei Formwechsel einer GmbH

Werden Kapitalgesellschaftsanteile zu einem Wert unterhalb des gemeinen Werts in eine weitere Kapitalgesellschaft eingebracht (qualifizierter Anteilstausch), unterliegen die eingebrachten Kapitalgesellschaftsanteile bei einer **binnen sieben Jahre erfolgten Veräußerung** durch die übernehmende Gesellschaft der Besteuerung (sog. Einbringungsgewinn II; § 22 Abs. 2 Satz 1 UmwStG), sofern die Einbringung zu einer Statusverbesserung geführt hat. In einem Streitfall, über den das FG Münster zu entscheiden hatte, ging es um die Frage, ob ein unmittelbar nach dem qualifizierten Anteilstausch erfolgter Formwechsel der Kapitalgesellschaft, deren Anteile sperrfristverhaftet waren, zu einer Besteuerung des Einbringungsgewinn II führt.

345

---

[1] BFH v. 17.8.2023, III R 37/20, DStR 2023, 2666; hierzu auch Korn, kösdi 2023, 23498, 23502, Rz. 538, Feldgen, StEd 2023, 678.
[2] BFH v. 23.11.2022, I R 25/20, BStBl II 2023, 612.

Das FG Münster bejaht dies in seinem Urteil vom 30.12.2021.[1] Der Formwechsel einer Kapitalgesellschaft in eine Personengesellschaft sei ein **tauschähnlicher Vorgang** und somit der **Veräußerung der Gesellschaftsanteile gleichgestellt**. Die Einordnung der Transaktion als Tausch erfordere keinen „vollwertigen" Austausch von Leistung und Gegenleistung. Es reiche damit aus, wenn der Anteilseigner im Zuge des Formwechsels die eingebrachten Kapitalgesellschaftsanteile „hingibt" und „im Gegenzug" Anteile an einer Personengesellschaft erhalte.

> **Anmerkung:**
> Eine teleologische Reduktion des § 22 Abs. 2 Satz 1 UmwStG ist, so das Finanzgericht, unter diesem Gesichtspunkt nicht gerechtfertigt, auch wenn die Wirtschaftsgüter der formgewechselten Kapitalgesellschaft weiterhin im Körperschaftsteuerregime verstrickt bleiben und eine Statusverbesserung aufgrund des Formwechsels nicht (mehr) gegeben ist.

VII. Sonstige Themen der Unternehmensbesteuerung

1. Höhe der Säumniszuschläge verfassungskonform

346 Laut Urteil des BFH vom 15.11.2022[2] ist die Höhe der Säumniszuschläge **für den Zeitraum März 2015 bis April 2016 verfassungskonform**.[3] So lasse sich die Entscheidung des BVerfG[4], wonach die Verzinsung nach §§ 233a, 238 AO in Höhe von 0,5 % pro Monat für Verzinsungszeiträume ab 1.1.2024 verfassungswidrig ist, nicht auf Säumniszuschläge übertragen. Anders als die Verzinsung von Steuernachforderungen und -erstattungen dienen – so der BFH – Säumniszuschläge, die in Höhe von 1 % pro angefangenem Monat der Säumnis anfallen, in erster Linie als Druckmittel zur Durchsetzung fälliger Steuern. Die Abschöpfung von Liquiditätsvorteilen sei hingegen nur Nebenzweck. Zudem fallen Säumniszuschläge erst nach Fälligkeit der Steuerschuld an, so dass die Steuerpflichtigen deren Entstehung bewusst in Kauf nähmen. Dies unterscheide Säumniszuschläge von der Verzinsung nach §§ 233a, 238 AO, bei der zinszahlungspflichtige und nicht zinszahlungspflichtige Steuerschuldner ungleich behandelt würden, je nachdem ob die Steuerfestsetzung noch innerhalb oder außerhalb der 15-monatigen Karenzzeit erfolgt.

> **Anmerkung:**
> Zudem verletze die Höhe des Säumniszuschlags nicht das Rechtsstaatsprinzip wegen eines Verstoßes gegen das Übermaßverbot. Die Zuschlagshöhe sei auch in einer Niedrigzinsphase durch den vom Gesetzgeber intendierten Zweck gedeckt.

In seinem Beschluss vom 13.9.2023[5] verweist der BFH auf die vorgenannten Entscheidungen und kommt auch hinsichtlich Säumniszuschlägen für **Zeiträume nach dem 31.12.2018** zu keinem anderen Ergebnis. So ließen sich insb. die Entscheidungsgrundsätze des BVerfG[6] zur Verfassungswidrigkeit der Zinssatzhöhe zur Verzinsung von Steuernachforderungen und -erstattungen nicht auf den Säumniszuschlag übertragen.

---

1) FG Münster v. 30.12.2021, 4 K 1512/15 F, EFG 2022, 538 mit Anm. Böwing-Schmalenbrock (Rev. anhängig beim BFH unter I R 10/22).
2) BFH v. 15.11.2022, VII R 55/20, BStBl II 2023, 621; hierzu auch Steinhauff, jurisPR-SteuerR 22/2023 Anm. 1.
3) Vgl. dazu auch BFH v. 23.8.2022, VII R 21/21, BStBl II 2023, 304 mit einem entsprechenden Ergebnis zu Säumniszuschlägen für einen Zeitraum bis April 2017.
4) BVerfG v. 8.7.2021, 1 BvR 2237/14, 1 BvR 2422/17, HFR 2021, 922 mit Anm. Bopp.
5) BFH v. 13.9.2023, X B 52/23 (AdV), DStR 2023, 2443.
6) BVerfG v. 8.7.2021, 1 BvR 2237/14, 1 BvR 2422/17, HFR 2021, 922 mit Anm. Bopp.

A. Unternehmensbesteuerung

> **Anmerkung:**
> Nach Auffassung des VIII. BFH-Senats[1] ergeben sich bei summarischer Prüfung hingegen durchaus ernstliche verfassungsrechtliche Zweifel an der Höhe der Säumniszuschläge, soweit diese nach dem 31.12.2018 entstanden sind. Der VIII. Senat vertritt, anders als andere Senate des BFH[2], die Auffassung, dass Säumniszuschläge nicht nur ein Druckmittel sind, sondern zusätzlich die Funktion einer Gegenleistung für das Hinausschieben der Zahlung fälliger Steuern haben.

2. Verfassungsmäßigkeit des Zinssatzes der Aussetzungszinsen

Hat ein Einspruch gegen einen Steuerbescheid keinen Erfolg und wurde die Aussetzung der Vollziehung des streitigen Steuerbetrags gewährt, ist dieser Betrag mit 0,5 % pro Monat zu verzinsen. In zwei Entscheidungen kam das FG Münster zu dem Ergebnis, dass diese Zinssatzhöhe **auch in Niedrigzinsphasen vom Normzweck gedeckt** ist.

Im Urteil vom 8.3.2023[3] ging es um Aussetzungszinsen bei der Einkommensteuer für den Zeitraum September 2014 bis April 2021. Im Beschluss vom 10.2.2023[4] befasste sich ein anderer Senat des FG Münster in einem Verfahren des vorläufigen Rechtsschutzes mit den Aussetzungszinsen bei der Erbschaftsteuer für den Zeitraum Dezember 2017 bis Februar 2021.

In beiden Fällen bestätigten die Finanzrichter die Verfassungsmäßigkeit des Zinssatzes der Aussetzungszinsen mit der Begründung, dass die Verzinsung an einen eigenen Antrag des Steuerpflichtigen auf Aussetzung der Vollziehung anknüpfe und nur bei Erfolglosigkeit seines Rechtsbehelfs die Verzinsung zu leisten sei. Anders als bei der Regelung zur Vollverzinsung nach § 233a AO gehe es nicht um einen Vorteilsausgleich. Vielmehr sollten die Aussetzungszinsen unnötige (aussichtslose) Prozesse vermeiden.

> **Anmerkung:**
> Aus diesen Gründen sieht das FG Münster auch keine Vergleichbarkeit mit der Zinssatzhöhe zur Verzinsung von Steuernachforderungen und -erstattungen, die Gegenstand des BVerfG-Urteils vom 8.7.2021[5] war und worin die Verzinsung von 6 % jährlich ab 2014 als verfassungswidrig beurteilt wurde.

3. Solidaritätszuschlag in 2020 und 2021 verfassungskonform

Der BFH verwarf verfassungsrechtliche Bedenken hinsichtlich des Solidaritätszuschlags in 2020 und 2021. Zu diesem Ergebnis kam er mit Urteil vom 17.1.2023[6] entgegen der Rechtsauffassung der Kläger, die ausführten, der in 1995 eingeführte Solidaritätszuschlag diene als Ergänzungsabgabe zur Einkommen- und Körperschaftsteuer der Finanzierung der Wiedervereinigung. Mit dem Auslaufen des Solidarpakts II und der Neuordnung der Bund-Länder-Finanzbeziehungen ab 2020 entfalle – so die Kläger – die Rechtfertigung für die weitere Erhebung des Zuschlags.

Dieser Argumentation widersprach der BFH und kommt zu dem Ergebnis, dass die **Erhebung des Solidaritätszuschlags in den Jahren 2020 und 2021 noch nicht verfassungswidrig** war.

---

1) BFH v. 11.11.2022, VIII B 64/22 (AdV), BFH/NV 2023, 165; so auch u.a. BFH v. 23.5.2022, V B 4/22 (AdV), BFH/NV 2022, 1030.
2) Neben dem X. Senat, BFH v. 13.9.2023, X B 52/23 (AdV), DStR 2023, 2443 auch VI. Senat, BFH v. 28.10.2022, VI B 15/22 (AdV), BStBl II 2023, 12; hierzu auch Geserich, jurisPR-SteuerR 2/2023 Anm. 1.
3) FG Münster v. 8.3.2023, 6 K 2094/22 E, EFG 2023, 737 mit Anm. Niestegge Rev. anhängig beim BFH unter Az. VIII R 9/23).
4) FG Münster v. 10.2.2023, 3 V 2464/22, EFG 2023, 670 mit Anm. Mai (rkr.).
5) BVerfG v. 8.7.2021, 1 BvR 2237/14, 1 BvR 2422/17, HFR 2021, 922 mit Anm. Bopp.
6) BFH v. 17.1.2023, IX R 15/20, BStBl II 2023, 351 = HFR 2023, 237 mit Anm. Graw; hierzu auch Jachmann-Michel, jurisPR-SteuerR 10/2023 Anm. 1.

Es handele sich in beiden Jahren weiterhin um eine verfassungsrechtlich zulässige Ergänzungsabgabe. Das Auslaufen des Solidarpakts II und die Neuregelung des Länderfinanzausgleichs zum Jahresende 2019 stünden nicht zwingend in rechtstechnischer Verbindung zum Solidaritätszuschlag. Vielmehr bestünde in den Jahren 2020 und 2021 auch weiterhin ein wiedervereinigungsbedingter Finanzbedarf des Bundes.

Einer zu erwartenden Verringerung der Kosten im Laufe der Zeit habe der Gesetzgeber mit der Beschränkung des Solidaritätszuschlags auf die Bezieher höherer Einkommen ab 2021 bereits Rechnung getragen. Daraus werde auch deutlich, dass der Gesetzgeber den Zuschlag nicht unbegrenzt erheben will, sondern nur für einen Übergangszeitraum. Die ab 2021 geltende Beschränkung durch Anhebung der Freigrenzen verstoße auch nicht gegen den allgemeinen Gleichheitssatz, da die Ungleichbehandlung von Beziehern höherer Einkommen mit von den Freigrenzen Begünstigten durch das Sozialstaatsprinzip des Grundgesetzes gerechtfertigt sei.

> **Beratungshinweis:**
>
> Derzeit ist noch eine **Verfassungsbeschwerde** beim BVerfG unter dem Az. 2 BvR 1505/20[1)] anhängig, mit der sich Bundestagsabgeordnete gegen die Fortführung des Solidaritätszuschlagsgesetzes wenden.

4. Forschungszulage: Aktualisierung des Anwendungsschreibens der Finanzverwaltung

349 Das BMF aktualisiert mit Schreiben vom 7.2.2023[2)] seine bisherigen Ausführungen zur Gewährung der Forschungszulage.

So wird u.a. ausgeführt, dass neben der eigenbetrieblichen Forschung auch eine **Auftragsforschung** begünstigt sein kann, wenn zu Teilbereichen entsprechende Aufträge an Dritte erteilt werden. Davon ist laut BMF aber nur dann auszugehen, wenn die Tätigkeiten für das Forschungs- und Entwicklungsvorhaben (FuE-Vorhaben) **erforderlich und unerlässlich** sind und es sich **nicht um reine Beschaffungsmaßnahmen** handelt. Solche reine Beschaffungsmaßnahmen, die nicht begünstigt sind, liegen z.B. vor, wenn für das FuE-Vorhaben benötigte Spezialausrüstung oder eine Spezialanfertigung beschafft wird.

Ergänzt werden zudem u.a. die Ausführungen zu den **beihilferechtlichen Vorgaben** im Forschungszulagengesetz. So stellt die Forschungszulage eine staatliche Beihilfe dar, die nach den Vorgaben der Allgemeinen Gruppenfreistellungsverordnung (AGVO) jedoch gewährt werden darf. Die AGVO ist allerdings nicht auf Unternehmen in Schwierigkeiten anwendbar, so dass die Gewährung einer Forschungszulage an diese EU-rechtlich nicht zulässig ist. Das BMF geht nun explizit auf die Frage ein, welche Auswirkungen es hat, wenn das anspruchsberechtigte Unternehmen mit anderen Unternehmen verbunden ist und sich in Schwierigkeiten befindet. Nach den Ausführungen des BMF kann eine Forschungszulage in diesem Falle weder zugunsten des Unternehmens in Schwierigkeiten noch zugunsten eines anderen verbundenen Unternehmens festgesetzt werden. Dies soll auch dann gelten, wenn sich weder die Muttergesellschaft noch der Unternehmensverbund insgesamt in Schwierigkeiten befinden.

> **Anmerkung:**
>
> Das aktualisierte Schreiben ersetzt das vorgehende Schreiben vom 11.11.2021[3)] und kommt ab dem Zeitpunkt der Bekanntgabe im BStBl, die am 30.3.2023 erfolgte, **in allen noch offenen Fällen** zur Anwendung.

---

1) StEd 2023, 618 mit Anm. Bopp.
2) BMF v. 7.2.2023, IV C 3 – S 2020/22/10007 :003, BStBl I 2023, 364.
3) BMF v. 11.11.2021, IV C 3 – S 2020/20/10029 :007, BStBl I 2021, 2277.

5. Unterstützung der Erdbebenopfer in der Türkei und in Syrien

Laut Schreiben des BMF vom 27.2.2023[1]) gilt für **Zuwendungen im Zeitraum vom 6.2.2023 bis 31.12.2023**, die u.a. auf ein dafür eingerichtetes Sonderkonto einer inländischen juristischen Person des öffentlichen Rechts eingezahlt werden, der vereinfachte Spendennachweis.   350

Steuerbegünstigte Körperschaften können auch außerhalb ihres Satzungszwecks steuerlich unschädlich Spendenaktionen zur Unterstützung der durch das Erdbeben Geschädigten durchführen und vorhandene Mittel hierfür einsetzen.

Zuwendungen aus dem Betriebsvermögen zur Unterstützung von Erdbebengeschädigten können als Sponsoring-Maßnahme zum Betriebsausgabenabzug zuzulassen sein. Auch Zuwendungen an vom Erdbeben geschädigte Geschäftspartner können ungeachtet der Betragsgrenze für Geschenke als Betriebsausgaben zu berücksichtigen sein, wenn dadurch die Geschäftsbeziehung aufrechterhalten werden soll.

Unterstützungen des Arbeitgebers an vom Erdbeben betroffene Arbeitnehmer können bis zu einem Betrag von 600 Euro im Kalenderjahr lohnsteuerfrei geleistet werden. Arbeitslohnspenden können bei der Feststellung des steuerpflichtigen Arbeitslohns außer Ansatz bleiben.

Werden **Gegenstände und Personal für humanitäre Zwecke** oder Einrichtungen zur Bewältigung der Erdbebenfolgen unentgeltlich bereitgestellt, kann auf die Umsatzbesteuerung einer unentgeltlichen Wertabgabe im Billigkeitswege verzichtet werden.

6. Unterstützungen von durch den Ukraine-Krieg Geschädigten

Als Reaktion des Angriffskriegs Russlands auf die Ukraine haben sowohl das BMF als auch die obersten Finanzbehörden der Länder zahlreiche steuerliche Billigkeitsmaßnahmen für Unterstützungsleistungen zugunsten der Kriegsgeschädigten beschlossen, die zwischenzeitlich mehrmals verlängert wurden.   351

So verlängert das **BMF** mit Schreiben vom 24.10.2023[2]) die Anwendung der steuerlichen Ukraine-Unterstützungsmaßnahmen **bis 31.12.2024**. Laut den vorherigen Verlautbarungen[3]) können damit die Billigkeitsmaßnahmen u. a. zur Anwendung des vereinfachten Spendennachweises, zur steuerlichen Behandlung der Unterstützung der vom Krieg geschädigten Arbeitnehmer, bei Zuwendungen aus dem Betriebsvermögen zur Unterstützung von Geschädigten sowie bei Arbeitslohnspenden bis Ende 2024 weiter genutzt werden.

Bereits kurz zuvor verlängerten die Finanzverwaltungen der Länder mit **gleich lautenden Erlassen** vom 17.10.2023[4]) die Billigkeitsmaßnahmen im Zusammenhang mit der Unterbringung von Kriegsflüchtlingen aus der Ukraine[5]) bei der Anwendung der erweiterten gewerbesteuerlichen Kürzung **bis zum 31.12.2024**. Bis dahin prüft die Finanzverwaltung demnach nicht, ob die entgeltliche Überlassung von möbliertem Wohnraum an Kriegsflüchtlinge aus der Ukraine als gewerblich anzusehen und damit schädlich für die erweiterte gewerbesteuerliche Grundstückskürzung nach § 9 Nr. 1 Satz 2 GewStG wäre. Erträge aus sonstigen Unterstützungsleistungen (z.B. das entgeltliche Zurverfügungstellen von Nahrungsmitteln, Hygieneartikeln oder Kleidung) sind dabei nur dann schädlich für die erweiterte Kürzung, wenn sie die Bagatellgrenze von 5 % der Einnahmen aus der Grundbesitzüberlassung nicht übersteigen und aus Vertragsbeziehungen mit den Mietern stammen (§ 9 Nr. 1 Satz 3 Buchst. C GewStG).

---
1) BMF v. 27.2.2023, IV C 4 – S 2223/19/10003 :019, BStBl I 2023, 335.
2) BMF v. 24.10.2023, IV C 4 – S 2223/19/10003 :023, BStBl I 2023, 1869.
3) BMF v. 17.3.2022, IV C 4 – S 2223/19/10003 :013, BStBl I 2022, 330, v. 7.6.2022, IV C 4 – S 2223/19/10003 :017, BStBl I 2022, 923, und v. 13.3.2023, III C 2 – S 7500/22/10005 :005, BStBl I 2023, 404.
4) Oberste Finanzbehörden d. Länder v. 17.10.2023, 33-G 1425–1/49, BStBl I 2023, 1791.
5) Oberste Finanzbehörden d. Länder v. 31.3.2022, BStBl I 2022, 335, und v. 11.11.2022, BStBl I 2022, 1527.

Als Mieter in diesem Sinne werden die Wohnraumnutzenden betrachtet, wenn der Wohnraum z.B. durch juristische Personen des öffentlichen Rechts angemietet und Kriegsflüchtlingen zur Verfügung gestellt wird.

> **Anmerkung:**
>
> Ergänzend wurde mit BMF-Schreiben vom 17.10.2023[1] der Anwendungszeitraum des BMF-Schreibens vom 31.3.2022[2] zur Unterbringung von Kriegsflüchtlingen aus der Ukraine durch Vermietungsgenossenschaften und Vermietungsvereine verlängert. Damit bleiben aus Billigkeitsgründen bis zum 31.12.2024 die Einnahmen aus der Wohnraumüberlassung an Kriegsflüchtlinge aus der Ukraine, die keine Mitglieder der Vermietungsgenossenschaft bzw. des Vermietungsvereins sind, bei der Berechnung der 10 %-Grenze im Sinne des § 5 Abs. 1 Nr. 10 Satz 2 KStG unberücksichtigt.

7. Übergangsregelung für die TSE Version 1

352 Seit 1.1.2020 sind elektronische Aufzeichnungssysteme sowie die entsprechenden digitalen Aufzeichnungen durch zertifizierte technische Sicherheitseinrichtungen (TSE) zu schützen. An der Zertifizierung fehlt es der TSE Version 1 der Firma cv cryptovision GmbH namens D-TRUST TSE Modul allerdings seit 7.1.2023. Bereits mit Schreiben vom 13.10.2022[3] hatte das BMF verlautbart, dass für das D-TRUST TSE Modul eine **Weiternutzung trotz fehlender Zertifizierung bis 31.7.2023** möglich ist, wenn das Modul vor dem 7.7.2022 erworben und eingebaut wurde und die Inanspruchnahme der Übergangsregelung schriftlich oder elektronisch angezeigt wird.

Nun **verlängert** das BMF mit Schreiben vom 16.3.2023[4] den Nichtbeanstandungszeitraum **bis 31.7.2024** und erstreckt die Regelung auch auf nach dem 7.7.2022 erworbene und eingebaute D-TRUST TSE Module. Spätestens ab der Zertifizierung der TSE Version 2 der Firma cv cryptovision GmbH muss jedoch umgehend ein Wechsel auf die neue Version erfolgen.

> **Beratungshinweis:**
>
> Eine erneute Anzeige der Inanspruchnahme der Übergangsregelung beim Finanzamt ist nicht notwendig. Allerdings muss das Vorliegen der Voraussetzungen für die Inanspruchnahme der Übergangsregelung dokumentiert und auf Verlangen nachgewiesen werden.

8. EU-Energiekrisenbeitrag

353 In Umsetzung der Verordnung (EU) 2022/1854 vom 6.10.2022 wurde mit einem EU-Energiekrisenbeitragseinführungsgesetz (EU-EnergieKGB), das im Rahmen des JStG 2022[5] beschlossen wurde, geregelt, dass **im Erdöl-, Erdgas-, Kohle- und Raffineriebereich tätige Unternehmen** und Betriebsstätten der Union einen befristeten EU-Energiekrisenbeitrag, die sog. „Übergewinnsteuer", zu leisten haben (§ 1 Abs. 1, 2 EU-EnergieKBG).

354 Schuldner des EU-Energiekrisenbeitrags sind Unternehmen, die im Wirtschaftsjahr 2022 (nach 31.12.2021 beginnend) und im Wirtschaftsjahr 2023 **mindestens 75 % ihres Umsatzes durch Wirtschaftstätigkeiten in den Bereichen Extraktion, Bergbau, Erdölraffination, Herstellung von Kokereierzeugnissen** (Verordnung (EG) Nr. 1893/2006) erzielt haben (§ 2 Abs. 1 EU-EnergieKBG). Unter den Unternehmensbegriff i.S.d. EU-EnergieKGB fallen unabhängig von der Rechtsform alle inländischen gewerblichen Unternehmen (§ 2 Abs. 2 EU-EnergieKBG).

---

1) BMF v. 17.10.2023, IV C 2 – S 1900/22/10045 :001, BStBl I 2023, 1792.
2) BMF v. 31.3.2022, IV C 2 – S 1900/22/10045 :001, BStBl I 2022, 345.
3) BMF v. 13.10.2022, IV A 4 – S 0319/20/10002 :009, BStBl I 2022, 1436.
4) BMF 16.3.2023, IV A 4 – S 0319/20/10002 :009, BStBl I 2023, 606.
5) Gesetz v. 16.12.2022, BGBl. I 2022, 2294 = BStBl I 2023, 7.

355 **Bemessungsgrundlage** für den EU-Energiekrisenbeitrag ist die positive Differenz zwischen dem steuerlichen Gewinn in den Wirtschaftsjahren 2022 und 2023 und dem um 20 % erhöhten Durchschnitt des steuerlichen Gewinns in den nach dem 31.12.2017 beginnenden und vor dem Wirtschaftsjahr 2022 endenden Wirtschaftsjahren – also regelmäßig der Wirtschaftsjahre 2018 bis 2021 (§ 4 Abs. 1 EU-EnergieKBG). Für Anteile am Gewinn von in- oder ausländischen Mitunternehmerschaften sind Korrekturen der Bemessungsgrundlage vorzunehmen. Weist das Unternehmen ferner nach, dass die Übergewinne Folge einer Umwandlung sind, ist die Bemessungsgrundlage ebenfalls entsprechend zu korrigieren (§ 4 Abs 2 und § 5 EU-EnergieKBG).

Der EU-Energiekrisenbeitrag beträgt **33 %** der Bemessungsgrundlage (§ 4 Abs. 3 EU-EnergieKBG).

356 Betroffene Unternehmen haben für die Wirtschaftsjahre 2022 und 2023 eine **Steueranmeldung** nach amtlichem Vordruck zu übermitteln. Die Steuer ist bis zum Ablauf der Frist zur Abgabe der Steuererklärung für die Einkommen- oder Körperschaftsteuer des betroffenen Kalenderjahres anzumelden (§ 7 Abs. 1 EU-EnergieKBG). Bei dem EU-Energiekrisenbeitrag handelt es sich nicht um eine abziehbare Betriebsausgabe (§ 4 Abs. 2 EU-EnergieKBG).

Für die Verwaltung des EU-Energiekrisenbeitrags ist das BZSt zuständig (§ 6 EU-EnergieKBG).

> **Anmerkung:**
> Der Energiekrisenbeitrag soll dem Bund zustehen und u.a. für finanzielle Unterstützungsmaßnahmen für Endkunden sowie Unternehmen in energieintensiven Branchen verwendet werden dürfen. Zudem sollen dadurch Maßnahmen zur Senkung des Energieverbrauchs sowie zur Weiterentwicklung der Energieautonomie finanziell unterstützt werden (§ 1 Abs. 3 EU-EnergieKBG).

9. Melde- und weitere Pflichten für Plattformenbetreiber

357 Das Plattformen-Steuertransparenzgesetz (PStTG), das als Teil des sog. DAC7-Umsetzungsgesetzes (DAC7-UmsG)[1] verabschiedet und mit dem Art. 8ac sowie der Anhang 5 der Amtshilferichtlinie in nationales Recht umgesetzt wurden, verpflichtet Betreiber digitaler Plattformen, **erstmals für den Meldezeitraum 2023 Melde- und Sorgfaltspflichten** zu erfüllen.[2]

a) Plattform
aa) Voraussetzungen

358 Erfasst von den Regelungen des PStTG werden ausschließlich **digitale Plattformen**. Dabei handelt es sich um Systeme, die auf digitalen Technologien beruhen und es Nutzern ermöglichen, über das Internet mittels einer Software miteinander in Kontakt zu treten und elektronisch Rechtsgeschäfte abzuschließen, die

– auf die Erbringung relevanter Tätigkeiten (§ 3 Abs. 1 Satz 1 Nr. 1, § 5 Abs. 1 Nr. 1 PStTG, → Rz. 368) oder
– auf die Erhebung und Zahlung einer mit diesen Tätigkeiten zusammenhängenden Vergütung (§ 3 Abs. 1 Satz 1 Nr. 2, § 5 Abs. 2 PStTG)

gerichtet sind. Die Definition wurde laut Gesetzesbegründung[3] bewusst weit gefasst, um sicherzustellen, dass auch zukünftige Geschäftsmodelle hiervon erfasst werden.

---
1) Gesetz v. 20.12.2022, BGBl. I 2022, 2730 = BStBl I 2023, 82.
2) Zur Einführung von Melde- und Sorgfaltspflichten für Plattformbetreiber nach dem PStTG vgl. Höring, DStZ 2023, 173, Grotherr, Ubg 2023, 60, Nürnberg, NWB 2023, 1897, Pinkernell/zum Bruch, DB 2023, 1879.
3) BR-Drucks. 409/22 vom 26.8.2022, 48.

Um als Plattform zu qualifizieren, müssen dessen Betreiber und Anbieter laut der Gesetzesbegründung **unterschiedliche Rechtsträger** sein (vgl. auch § 4 Abs. 1 Satz 2 PStTG).

> **Beispiel:**
>
> Der Onlineshop des Elektrowarenherstellers E, der dort ausschließlich selbst hergestellte Waren verkauft, fällt nicht in den Anwendungsbereich des PStTG.
>
> Auch für den Fall, dass E Elektrogeräte in seinem Onlineshop anbietet, die er von Dritten bezogen hat, diese aber im Onlineshop des E nicht als Verkäufer der Waren in Erscheinung treten, somit **nicht als Anbieter registriert** (→ Rz. 366) sind, besteht keine Meldepflicht.

bb) Indirekter Leistungsaustausch

359 Allerdings kann in den Fällen eine Plattform zu bejahen sein, in denen der Leistungsaustausch zwischen Anbietern und Nutzern **indirekt erfolgt**. Ein indirekter Leistungsaustausch liegt vor, wenn der Plattformbetreiber Leistungen von auf seiner Plattform registrierten Anbietern erwirbt, um diese in eigenem Namen an Nutzer zu erbringen. § 3 Abs. 1 Satz 2 PStTG stellt klar, dass auch die indirekte Leistungserbringung unter den Anwendungsbereich des Gesetzes fällt.

> **Beispiel:**
>
> Restaurantbetreiber **R** ist als Anbieter **auf der Plattform des B registriert** und bietet dort seine Mahlzeiten an. Bei Bestellung einer Mahlzeit durch einen Nutzer N erwirbt B diese von R und veräußert sie in eigenem Namen an N weiter. Da R als Anbieter registriert ist, handelt es sich bei dem System des B um eine Plattform.

cc) Ausschlusskriterien

360 § 3 Abs. 1 Satz 3 PStTG benennt **Ausschlusskriterien**, bei deren Vorliegen es sich nicht um eine Plattform i.S.d. PStTG handelt. Das bloße Verarbeiten von Zahlungen, das ausschließliche Bewerben von Tätigkeiten sowie die Umleitung oder Weiterleitung von Nutzern auf eine Plattform unterliegen demnach nicht der Meldepflicht. Online-Bezahldienste, Preisvergleichsseiten, Jobbörsen etc. sind laut der Gesetzesbegründung[1] keine Plattformen i.S.d. PStTG.

dd) Verbindliche Auskunft

361 Ob im konkreten Fall eine digitale Plattform i.S.d. § 3 Abs. 1 PStTG betrieben wird, kann beim BZSt erfragt werden (§ 10 Abs. 1 Satz 1 Nr. 1 PStTG). Voraussetzung einer solchen zu beantragenden **Auskunft** ist ein besonderes Interesse des Antragstellers, welches im Rahmen der Antragstellung darzulegen ist. Zudem hat der Antrag u.a. eine umfassende und abschließende Darstellung des Sachverhalts, der konkreten Rechtslage, sowie des Rechtsstandpunkts des Antragstellers zu enthalten (§ 10 Abs. 2 PStTG).

Die Auskunft des BZSt soll innerhalb von sechs Monaten nach Eingang des Antrags erfolgen und für den konkreten Sachverhalt grundsätzlich bindend sein (§ 10 Abs. 3 und 4 PStTG).

Für die verbindliche Auskunft wird grundsätzlich eine **Gebühr** i.H.v. 5.000 Euro fällig (§ 10 Abs. 5 PStTG).

---

[1] BR-Drucks. 409/22 vom 26.8.2022, 52.

b) Plattformbetreiber

aa) Definition des Plattformbetreibers

Adressat der Melde- und Sorgfaltspflichten des PStTG ist der Plattformbetreiber. Unter einem Plattformbetreiber ist **jeder Rechtsträger** zu verstehen, der sich **gegenüber einem Anbieter verpflichtet**, diesem eine Plattform ganz oder teilweise zur Verfügung zu stellen (§ 3 Abs. 2 PStTG). **362**

> **Anmerkung:**
> Rechtsträger i.S.d. PStTG ist jede juristische Person, Personenvereinigung oder Vermögensmasse (§ 6 Abs. 1 PStTG). Von dem Begriff des Rechtsträgers umfasst werden laut Gesetzesbegründung[1] auch Rechtsgebilde, die nach den staatlichen Rechtsordnungen anderer Staaten möglich sind.

bb) Meldender Plattformbetreiber

Die Pflichten des PStTG treffen nur einen meldenden Plattformbetreiber. Als solcher qualifiziert der Plattformbetreiber, wenn er unter den Voraussetzungen des § 3 Abs. 4 Nr. 1 und 2 PStTG einen spezifischen **Nexus zum Inland** besitzt. Dies ist dann der Fall, wenn der Plattformbetreiber **363**

– Sitz oder Geschäftsleitung im Inland hat,
– nach inländischem Recht eingetragen ist oder
– eine Betriebsstätte im Inland unterhält und kein qualifizierter Plattformbetreiber ist (→ Rz. 364).

> **Anmerkung:**
> Hat ein Plattformbetreiber einen entsprechenden Nexus zu einem anderen EU-Mitgliedstaat, gilt er in der Regel dort als meldender Plattformbetreiber, sofern dieser Mitgliedstaat die Richtlinienvorgaben entsprechend umgesetzt hat.

Zudem kann aber auch ein **nicht in der EU steuerlich ansässiger** Plattformbetreiber meldepflichtig sein, wenn er **nicht** die Voraussetzungen als sog. **qualifizierter Plattformbetreiber** erfüllt. Als qualifiziert gelten Plattformbetreiber, die in einem Drittstaat ansässig sind, der sich zu einem automatischen Informationsaustausch mit allen EU-Mitgliedstaaten verpflichtet hat (§ 7 Abs. 2 und 3 PStTG). Zudem darf die Plattform ausschließlich die Nutzung für Tätigkeiten ermöglichen, zu denen automatisch Informationen mit den zuständigen Steuerbehörden ausgetauscht werden (§ 7 Abs. 4 PStTG). Als meldender Plattformbetreiber gilt ein solcher außerhalb der EU steuerlich ansässiger Plattformbetreiber dann, wenn die Plattform es in der EU ansässigen meldepflichtigen Anbietern ermöglicht, relevante Tätigkeiten über die Plattform zu erbringen, oder relevante Tätigkeiten im Zusammenhang mit Immobilien in einen EU-Mitgliedstaat darüber erbracht werden (§ 3 Abs. 4 Nr. 2 PStTG). **364**

> **Anmerkung:**
> Ein solcher außerhalb der EU ansässiger, nicht qualifizierter Plattformbetreiber ist verpflichtet, sich **in einem EU-Mitgliedstaat** seiner Wahl zu **registrieren** (§ 12 Abs. 1 PStTG). Dies hat mit Inkrafttreten des PStTG bzw. unverzüglich mit dem Vorliegen der vorgenannten Voraussetzungen zu erfolgen. Erfolgt eine solche Registrierung beim BZSt, vergibt das BZSt eine Registriernummer und teilt sie den zuständigen Behörden aller anderen EU-Mitgliedstaaten mit (§ 12 Abs. 3 und 4 PStTG).

---

[1] BR-Drucks. 409/22 vom 26.8.2022, 60.

cc) Ausnahmeregelungen

365 Die Melde- und Sorgfaltspflichten gelten nicht für einen sog. **freigestellten Plattformbetreiber** (§ 3 Abs. 3 PStTG). Dazu ist der Nachweis gegenüber dem BZSt oder der entsprechend zuständigen Behörde in einem EU-Mitgliedstaat zu erbringen, dass die Plattform nicht von meldepflichtigen Anbietern i.S.d. § 4 Abs. 5 PStTG genutzt wird.

Zudem entfällt im Sinne eines als **„Switch-off"-Mechanismus** bezeichneten Ausschlusses eine Meldepflicht auch dann, wenn ein Plattformbetreiber **im Inland** lediglich eine **Betriebsstätte** hat und die Voraussetzungen als **qualifizierter Plattformbetreiber** (→ Rz. 364) erfüllt werden (§ 3 Abs. 4 Nr. 1 b) bb) PStTG). Mit dieser Ausnahmeregelung wird somit dem Umstand Rechnung getragen, dass Informationen über relevante Tätigkeiten bereits an die im Nicht-EU-Ausland örtlich zuständige Steuerverwaltung gemeldet und mittels automatischem Informationsaustausch an die zuständigen Behörden der EU-Mitgliedstaaten weitergeleitet werden.

c) Anbieter

aa) Nutzer und Anbieter

366 Als **Nutzer** einer Plattform kommt **jede natürliche Person oder jeder Rechtsträger** in Betracht. Der Nutzer und der Plattformbetreiber müssen allerdings verschiedene Rechtssubjekte sein (§ 4 Abs. 1 PStTG).

Als **Anbieter** wird wiederum ein Nutzer definiert, der **auf einer Plattform registriert** ist und dort **relevante Tätigkeiten anbieten** kann (§ 4 Abs. 2 PStTG). Laut Gesetzesbegründung[1] ist dabei das Erfordernis der Registrierung weit zu verstehen und erfasst z.B. das Anlegen eines Profils oder eines Benutzerkontos. Auch ist von einer Registrierung auszugehen, wenn ein Vertragsverhältnis mit dem Plattformbetreiber eingegangen wird.

> **Anmerkung:**
> Das BMF geht mit Schreiben vom 2.2.2023[2] u.a. auf den Begriff des Anbieters ein und stellt klar, dass es für die Meldepflicht keine Ausnahme für konzerninterne Plattformen gibt.

bb) Meldepflichtiger Anbieter

367 Ein Anbieter qualifiziert als meldepflichtiger Anbieter, wenn er

– in einem Meldezeitraum eine relevante Tätigkeit erbringt oder eine damit im Zusammenhang stehende Zahlung erhält (aktiver Anbieter, § 4 Abs. 4 PStTG) und

– im Inland oder in einem EU-Mitgliedstaat ansässig ist oder eine relevante Tätigkeit in Bezug auf eine im Inland oder EU-Ausland belegene Immobilie erbracht hat (§ 4 Abs. 6 PStTG).

Ausgenommen hiervon sind **freigestellte Anbieter**. Dabei handelt es sich neben staatlichen Rechtsträgern nach § 4 Abs. 5 PStTG um Rechtsträger, deren Aktien an einer anerkannten Wertpapierbörse gehandelt werden, die im Meldezeitraum mehr als 2.000 relevante Tätigkeiten auf derselben Plattform erbracht haben oder die im Meldezeitraum weniger als 30 relevante Tätigkeiten mit einer Vergütung von insgesamt weniger als 2.000 Euro erbracht haben.

---

1) BR-Ducks. 409/22 vom 26.8.2022, 55.
2) BMF v. 2.2.2023, IV B 6 – S 1316/21/10019 :025, BStBl I 2023, 241; vgl. hierzu Grotherr, Ubg 2023, 113.

> **Anmerkung:**
>
> Entsprechend der Umsetzung der Richtlinienvorgaben sollen damit Anbieter, die aus Sicht der Steuerverwaltungen als risikoarm einzustufen sind, von den Meldepflichten ausgenommen werden.

d) Relevante Tätigkeiten

368 Meldende Plattformbetreiber sind nur dann meldepflichtig, wenn sie eine Plattform betreiben, die Anbietern erlaubt, sog. relevante Tätigkeiten i.S.d. § 5 Abs. 1 PStTG **gegen eine Vergütung** auszuüben. Relevante Tätigkeiten sind

– die zeitlich begrenzte Überlassung von Nutzungen und anderen Rechten jeder Art von unbeweglichem Vermögen,
– die Erbringung persönlicher Dienstleistungen,
– der Verkauf von Waren sowie
– die zeitlich begrenzte Überlassung von Nutzungen und anderen Rechten jeder Art von Verkehrsmitteln.

> **Beratungshinweis:**
>
> Über das Vorliegen der Voraussetzungen des § 5 Abs 1 PStTG erteilt das BZSt auf Antrag eine **gebührenpflichtige Auskunft** (§ 10 Abs. 1 Satz 1 Nr. 1 PStTG; → Rz. 361). Auch geht das BMF in seinem Schreiben vom 2.2.2023[1] darauf ein, was als relevante Tätigkeit anzusehen ist. So fallen u.a. unter persönliche Dienstleistungen Beratungs- und Vermittlungsleistungen, ungeachtet dessen, ob diese über das Internet automatisiert, über das Internet persönlich oder in Präsenz von einem Berater oder Vermittler erbracht werden. Auch der Verkauf von Waren stellt demnach eine relevante Tätigkeit dar. Darunter soll auch das Anbieten von Gutscheinen fallen.

Vergütung i.S.d. PStTG ist jegliche Form von Entgelt, abzüglich aller vom Plattformbetreiber einbehaltener oder erhobener Gebühren, Provisionen oder Steuern, die einem Anbieter im Zusammenhang mit einer relevanten Tätigkeit gezahlt oder gutgeschrieben wird, und deren Höhe dem Plattformbetreiber bekannt ist oder bekannt sein müsste (§ 5 Abs. 2 PStTG). Für Zwecke des PStTG kann die Vergütung laut Gesetzesbegründung[2] in jeglicher Form bspw. auch in Sachleistungen, Kryptowährungen oder der Zurverfügungstellung von (personenbezogenen) Daten erfolgen.

e) Meldepflicht des Plattformbetreibers

369 Meldende Plattformbetreiber unterliegen einer Meldepflicht **für den Meldezeitraum**, der nach § 6 Abs. 6 PStTG dem Kalenderjahr entspricht. Konkret müssen sie **dem BZSt meldepflichtige Informationen spätestens zum 31.1.** des Jahres, das dem Kalenderjahr folgt, in dem ein Anbieter als meldepflichtiger Anbieter identifiziert wurde, nach amtlich vorgeschriebenen Datensatz elektronisch übermitteln (§ 13 Abs. 1 Satz 1, § 15 Abs. 1 PStTG).[3]

Die **meldepflichtigen Informationen** umfassen Angaben zu

– dem meldenden Plattformbetreiber (z.B. Name, Kontaktdaten, Steuer- und ggf. Registriernummer, § 14 Abs. 1 PStTG) sowie
– den meldepflichtigen Anbietern (z.B. Vor- und Nachname bzw. Name, Kontaktdaten, Steuer- und Umsatzsteueridentifikationsnummer, Zahl der relevanten Tätigkei-

---

1) BMF v. 2.2.2023, IV B 6 – S 1316/21/10019 :025, BStBl I 2023, 241.
2) BR-Drucks. 409/22 vom 26.8.2022, 58.
3) Vgl. hierzu BMF v. 15.11.2023, IV B 6 – S 1316/21/10019 :034, BStBl I 2023, 1918; laut Meldung des BZSt vom 5.1.2004 wird für den ersten Meldezeitraum, der grundsätzlich dem Kalenderjahr 2023 entspricht, nicht beanstandet, wenn den Meldepflichten bis 31.3.2024 nachgekommen wird (https://www.bzst.de/SharedDocs/Kurzmeldungen/DE/2024_Kurzmeldungen/20240104_dac7_uebergangsregelung.html).

ten in jedem Quartal des Meldezeitraums, Gebühren, Provisionen oder Steuern, die der Plattformbetreiber in jedem Quartal des Meldezeitraums einbehalten hat, in jedem Quartal gezahlte bzw. gutgeschriebene Vergütungen, ggf. relevante Tätigkeiten im Zusammenhang mit Immobilien, § 14 Abs. 2 bis 4 PStTG).

> **Beratungshinweis:**
>
> Die Meldepflicht soll erstmals für den Meldezeitraum gelten, der dem Kalenderjahr 2023 entspricht (§ 29 PStTG). Somit haben in Deutschland meldende Plattformbetreiber **erstmals zum 31.1.2024** meldepflichtige Informationen an das BZSt zu übermitteln.

f) Sorgfalts- und sonstige Pflichten

370 Neben der Pflicht zu Meldung von relevanten Tätigkeiten unterliegen Plattformbetreiber zudem Sorgfaltspflichten. Dabei steht es dem Plattformbetreiber **frei**, die **Verfahren** zur Erfüllung der Sorgfaltspflichten hinsichtlich der dort registrierten Anbieter erst ab dem Zeitpunkt durchzuführen, ab dem diese Anbieter aktiv sind und relevante Tätigkeiten anbieten (§ 16 PStTG).

> **Beratungshinweis:**
>
> In der Gesetzesbegründung[1] wird darauf hingewiesen, dass bei Nutzung dieser Option Plattformbetreiber sicherstellen müssen, dass sie über angemessene Verfahren und Durchsetzungsmaßnahmen verfügen, um die dann zeitlich korrekte Erfüllung ihrer Sorgfaltspflichten sicher zu stellen.

Zu den Sorgfaltspflichten zählt zum einen die **Pflicht zur Erhebung meldepflichtiger Informationen** (§ 17 PStTG). Dazu hat der meldende Plattformbetreiber alle Informationen, die er zur Erfüllung seiner Meldepflicht von dem jeweiligen Anbieter benötigt, sowie Angaben zur Ansässigkeit des Anbieters zu erheben.

Zum anderen hat der Plattformbetreiber die zu meldenden Angaben zu den Anbietern anhand der ihm vorliegenden Unterlagen und Informationen **auf deren Plausibilität hin zu überprüfen** (§ 18 PStTG).

Bei freigestellten Anbietern (→ Rz. 367) besteht seitens des Plattformbetreibers **keine Melde- und keine Sorgfaltspflicht**. Zur Feststellung, ob ein Anbieter ein freigestellter Anbieter ist, kann sich der Plattformbetreiber nach § 19 Abs. 1 PStTG u.a. auf öffentlich zugängliche Informationen oder eine entsprechende Auskunft des Anbieters verlassen. Bei Anbietern, die in großem Umfang relevante Tätigkeiten im Immobiliensektor erbringen, ist eine Sonderregelung vorgesehen (§ 19 Abs 2 PStTG).

> **Beratungshinweis:**
>
> Die vorgenannten Pflichten sind **bis zum 31.12. des Meldezeitraums** bzw. bei zum Zeitpunkt des Inkrafttretens des PStTG bereits bestehenden Anbietern bis zum 31.12. des zweiten Meldezeitraums zu erfüllen (§ 20 Abs. 1 PStTG). Somit ist den Sorgfalts- und Plausibilisierungspflichten erstmals bei bestehenden Anbietern bis 31.12.2024, bei neuen Anbietern bis 31.12.2023 nachzukommen.
>
> Bei nachfolgenden Meldezeiträumen sind in gewissem Maße Erleichterungen bei der Pflichterfüllung vorgesehen (§ 20 Abs. 2 PStTG).

Zur Erfüllung der vorgenannten Pflichten kann ein **Fremddienstleister** in Anspruch genommen oder die Pflichterfüllung auf einen anderer Plattformbetreiber übertragen werden. Allerdings bleibt die Verantwortung für die Pflichterfüllung unverändert beim meldenden Plattformbetreiber (§ 21 PStTG).

---

1) BR-Drucks. 409/22 vom 26.8.2022, 74.

Zudem hat der meldende Plattformbetreibe **weitere Pflichten** zu erfüllen. Zu diesen gehört die Pflicht, den meldepflichtigen **Anbieter** über die erhobenen und gemeldeten Daten zu **informieren** (§ 22 PStTG). Zudem muss der Plattformbetreiber die **Mitwirkungspflichten des Anbieters durchsetzen**, indem er diesen bei Nichtvorlage der erforderlichen Informationen zwei Mal daran zu erinnern hat und bei weiterer Nichtvorlage den Anbieter an der weiteren Plattformnutzung zu hindern oder Zahlungen der Vergütung an den Anbieter einzubehalten hat (§ 23 PStTG). Schließlich ist der Plattformbetreiber noch zu **weiteren Aufzeichnungen** verpflichtet, die u.a. die Beschreibung der Prozesse zur Pflichterfüllung beinhaltet, die zehn Jahre aufzubewahren sind (§ 24 PStTG). 371

g) Automatischer Informationsaustausch

Informationen, die meldende Plattformbetreiber an das BZSt übermittelt haben, gibt das BZSt hinsichtlich meldepflichtiger Anbieter im EU-Ausland an die zuständigen europäischen Steuerbehörden weiter. Der **Datenaustausch** erfolgt **mit Ablauf des zweiten Monats des Kalenderjahres, das auf den Meldezeitraum folgt**, somit Ende Februar 2024 für das Kalenderjahr 2023 (§ 9 Abs. 3 PStTG). 372

Zugleich erhält das BZSt neben den Informationen der meldenden Plattformbetreiber im Inland auch Informationen zu meldepflichtigen Anbietern im Inland von den zuständigen Behörden im EU-Ausland (§ 9 Abs. 1 PStTG). Diese Informationen **übermittelt das BZSt den Landesfinanzbehörden**, die für die Durchführung des Besteuerungsverfahrens zuständig sind (§ 9 Abs. 2 PStTG). Auch ist das BZSt nach § 9 Abs. 4 PStTG befugt, die gemeldeten Informationen der meldenden Plattformbetreiber auszuwerten. Das BMF hat mit Schreiben vom 27.6.2023[1)] gem. § 9 Abs. 6 Nr. 1 Satz 2 PStTG den zuständigen Behörden aller anderen Mitgliedstaaten der EU mitgeteilt, dass die zuständige deutsche Behörde die Kennung des Finanzkontos im Zusammenhang mit dem verpflichtenden automatischen Austausch der von Plattformbetreibern gemeldeten Informationen nach Art. 8ac der Richtlinie EU/2011/16 nicht zu verwenden beabsichtigt.

h) Bußgelder und sonstige Maßnahmen bei Pflichtverstößen

Verstöße gegen die mit dem PStTG eingeführten Pflichten können als Ordnungswidrigkeiten geahndet werden (§ 25 PStTG)[2)]. So können Bußgelder für das vorsätzliche oder leichtfertige Begehen der folgenden **Verstöße** festgesetzt werden: 373

– Verstoß gegen den Registrierungspflicht (§ 12 Abs. 1, 2 und 3 PStTG),
– Verstoß gegen die Melde- bzw. Korrekturmeldepflicht (§ 13 Abs. 1 Satz 1 PStTG),
– Verstoß gegen die Informationspflicht der Anbieter (§ 22 PStTG),
– Verstoß gegen die Durchsetzung der Mitwirkungspflichten gegenüber den Anbietern (§ 23 Satz 1 PStTG) sowie
– Verstoß gegen die Aufzeichnungspflicht (§ 24 PStTG).

Je nach Art des Verstoßes können Bußgelder **bis zu 50.000 Euro** festgesetzt werden (§ 25 Abs. 2 PStTG).

Als **ultima ratio** ist es dem BZSt außerdem möglich, dem Plattformbetreiber den Betrieb der Plattform zu untersagen und eine Sperrung der Plattform anzuordnen (§ 26 Abs. 2 PStTG).

---

1) BMF v. 27.6.2023, IV B 6 – S 1316/21/10019 :033, BStBl I 2023, 1121.
2) Vgl. hierzu auch Nr. 107 Abs. 4, Nr. 109 Abs. 5 AStBV (St) 2023/2024 v. 16.10.2023, BStBl I 2023, 1798.

B. Arbeitnehmerbesteuerung

I. Lohnversteuerung

1. Arbeitgeberwerbung auf Privatfahrzeug des Arbeitnehmers

374 Mit Beschluss vom 21.6.2022[1] entschied der BFH, dass Entgeltzahlungen an Arbeitnehmer auf Basis gesondert abgeschlossener „Mietverträge Werbefläche" als Arbeitslohn anzusehen sind, da die Erzielung einer Werbewirkung nicht sichergestellt sei und diesen **Verträgen insofern kein eigener wirtschaftlicher Gehalt** zukomme. Zudem orientiere sich die Vergütung in Höhe von 255 Euro jährlich offensichtlich an der Freigrenze für sonstige Einkünfte nach § 22 Nr. 3 EStG und nicht am Werbeeffekt der Maßnahme.

Die Zahlungen sind daher laut BFH durch das Dienstverhältnis veranlasst und unterliegen dem Lohnsteuerabzug, für welchen der Arbeitgeber in Haftung genommen wurde.

2. Zufluss von Arbeitslohn bei Wertguthaben („Mannheimer Modell")

375 Im Streitfall hatte der Arbeitgeber Abfindungszahlungen an Mitarbeiter einem Langzeitkonto gutgeschrieben und zu diesem Zeitpunkt nicht der Lohnsteuer unterworfen. Bei Ausscheiden der Mitarbeiter waren die Langzeitkonten auf Wunsch der Mitarbeiter an die DRV Bund übertragen worden (sog. „Mannheimer Modell").

Der **BFH verneint** in seinem Urteil vom 3.5.2023[2] für die **Gutschrift der Abfindungen auf den Zeitwertkonten einen Zufluss von Arbeitslohn** bei den Arbeitnehmern. Das gelte unabhängig von der Frage, ob die Gutschriften zivilrechtlich wirksam gewesen seien, da die Beteiligten das wirtschaftliche Ergebnis hätten eintreten und bestehen lassen. Auch der Antrag auf Übertragung des Langzeitkontos auf die DRV Bund führe zu keinem Arbeitslohnzufluss. Vielmehr müsse die DRV Bund bei jeder späteren Teilauszahlung aus einem Wertguthaben die Lohnsteuer einbehalten und abführen.

3. Fahrtenbuchmethode bei Schätzung des Treibstoffverbrauchs

376 Im Streitfall führten zwei Angestellte zum Nachweis des Verhältnisses der privaten Fahrten, der Fahrten zwischen Wohnung und erster Tätigkeitsstätte sowie der übrigen Fahrten mit den ihnen überlassenen betrieblichen Fahrzeugen Fahrtenbücher. Bei der Ermittlung des geldwerten Vorteils der außerdienstlichen Kfz-Nutzung nach der Fahrtenbuchmethode setzte der Arbeitgeber Treibstoffkosten nach Durchschnittswerten an, da die Fahrzeuge an einer betriebseigenen Tankstelle ohne Aufzeichnung der tatsächlich angefallenen Treibstoffkosten betankt wurden.

Laut Urteil des BFH vom 15.12.2022[3] setzt die Anwendung der Fahrtenbuchmethode nach dem Wortlaut des § 8 Abs. 2 Satz 4 EStG neben der vollständigen Aufzeichnung der Fahrtstrecken mittels Fahrtenbuch auch die Ermittlung der **insgesamt durch das Kfz entstehenden Aufwendungen** voraus, die **durch Belege nachzuweisen** sind. Die Schätzung von belegmäßig nicht erfassten Kfz-Kosten schließe die Anwendung der Fahrtenbuchmethode aus. Dies gelte auch dann, wenn im Rahmen der Schätzung ein „Sicherheitszuschlag" berücksichtigt werde, so dass sich vermeintlich höhere Gesamtkosten ergeben.

---

1) BFH v. 21.6.2022, VI R 20/20, BStBl II 2023, 87 = HFR 2023, 32 mit Anm. Einsfelder.
2) BFH v. 3.5.2023, IX R 25/21, BStBl II 2023, 978; vgl. hierzu Geserich, jurisPR 42/2023 Anm. 2, Hofer, ArbRAktuell 2023, 469.
3) BFH v. 15.12.2022, VI R 44/20, BStBl II 2023, 442 = HFR 2023, 323 mit Anm. Einsfelder; hierzu auch Hoffmann, BeSt 2023, 16.

> **Beratungshinweis:**
> Das Urteil ist zur Anwendung der Fahrtenbuchmethode bei Kfz-Überlassung an einen Arbeitnehmer ergangen, dürfte aber in gleicher Weise im Falle der Privatnutzung eines betrieblichen Kfz durch den (Mit-)Unternehmer zu beachten sein.

4. Ankauf und Rücküberlassung eines Diensthandys

Die private Nutzung eines Diensthandys ist auch dann **nach § 3 Nr. 45 EStG von der Lohnsteuer befreit**, wenn die Nutzungsüberlassung auf einem Ankauf des Geräts vom Arbeitnehmer und anschließender Rücküberlassung an ihn beruht.

Zu diesem Ergebnis kommt der BFH mit Urteil vom 23.11.2022[1] **auch dann**, wenn der **Ankauf zu einem sehr geringen, unter dem Marktwert liegenden Preis** erfolgt. Die Steuerbefreiung der Vorteile des Arbeitnehmers aus der privaten Nutzung von betrieblichen Datenverarbeitungs- und Telekommunikationsgeräten nach § 3 Nr. 45 EStG setze voraus, dass es sich um betriebliche Geräte handelt. Dies sieht der BFH im Streitfall für gegeben an.

Der Arbeitgeber sei zivilrechtlicher Eigentümer der Geräte. Eine neben dem Arbeitsverhältnis bestehende Sonderrechtsbeziehung, die dem Arbeitnehmer eine dem zivilrechtlichen Eigentum entgegenstehende Verfügungsmacht einräumt, sei nicht gegeben, da durch ergänzende Vereinbarungen zum Arbeitsvertrag die Geräteüberlassung an das bestehende Arbeitsverhältnis gekoppelt wurde.

Dem mit dem Arbeitnehmer abgeschlossenen Kaufvertrag über das Mobiltelefon sei auch nicht die steuerliche Anerkennung zu versagen. Eine Überprüfung nach Fremdvergleichsgrundsätzen sei wegen des natürlichen Interessengegensatzes beim Vertragsabschluss nicht angezeigt. Schließlich erkennt der BFH in dem Verkauf zu einem geringen Kaufpreis auch keinen Missbrauch rechtlicher Gestaltungsmöglichkeiten nach § 42 AO. Es handele sich vielmehr um eine wirtschaftlich angemessene, einfache und zweckmäßige Möglichkeit, dem Arbeitgeber betriebliche Mobiltelefone zu verschaffen.

> **Anmerkung:**
> Entsprechend entschied der BFH auch in zwei weiteren Urteilen vom 23.11.2022.[2]

5. Kurzfristige Beschäftigung

Die Arbeitslohngrenze bei kurzfristiger Beschäftigung wurde mit dem JStG 2022[3] für Zwecke der Pauschalversteuerung ab dem 1.1.2023 von 120 Euro auf **150 Euro** je Arbeitstag angehoben (§ 40a Abs. 1 Satz 2 Nr. 1 EStG). Zudem wurde die Ausnahmeregelung zur Pauschalierung bei einem durchschnittlichen Stundenlohn angepasst. Dieser darf ab 2023 maximal **19 Euro**, zuvor 15 Euro, betragen (§ 40a Abs. 4 Satz 1 Nr. 1 EStG).

6. Erstattungsbeträge für Verdienstausfallentschädigungen

Müssen Arbeitnehmer sich – ohne krank zu sein – in Quarantäne begeben oder unterliegen einem Tätigkeitsverbot, erhalten sie für einen Zeitraum von bis zu sechs Wochen eine **Entschädigung für den Verdienstausfall (§ 56 IfSG)**. Dies gilt grundsätzlich auch für Arbeitnehmer, die aufgrund von temporären Schließungen öffentlicher Betreuungs-

---

1) BFH v. 23.11.2022, VI R 50/20, BStBl II 2023, 584 = HFR 2023, 423 mit Anm. Krüger; hierzu auch Strecker, BeSt 2023, 18.
2) BFH v. 23.11.2022, VI R 49/20, BFH/NV 2023, 373 und VI R 51/20, BFH/NV 2023, 374.
3) Gesetz v. 16.12.2022, BGBl. I 2022, 2294 = BStBl I 2023, 7.

einrichtungen die Beaufsichtigung von Kindern oder behinderten Menschen übernehmen müssen. Die Entschädigung ist vom Arbeitgeber auszuzahlen und wird diesem auf Antrag von der Entschädigungsbehörde erstattet.

Mit Schreiben vom 25.1.2023[1)] stellt das BMF u.a. klar, dass nach der Übermittlung bzw. Ausstellung der Lohnsteuerbescheinigung bekanntgewordene Abweichungen der Entschädigungsbehörde von der ursprünglichen Berechnung des Arbeitgebers für sich genommen **keine Änderung der Lohnsteuerbescheinigung** rechtfertigen. Abhängig davon, ob es sich um einen Fall der unzutreffenden Lohnversteuerung oder der unzutreffenden Steuerfreistellung handle, sei daher **wie folgt zu verfahren**:

Werde vom Arbeitgeber zunächst Arbeitslohn versteuert und erhält dieser nachträglich Erstattungsbeiträge für die lohnsteuerfreie Verdienstausfallentschädigung, handele es sich um eine unzutreffende Lohnversteuerung. In diesem Fall könne der Arbeitnehmer die zu Unrecht einbehaltene Lohnsteuer nur im Rahmen der Einkommensteuerveranlagung geltend machen (Rn. 9 f.).

Im umgekehrten Fall der **unzutreffenden Steuerfreistellung** ist die Rückforderung der zu viel gezahlten Verdienstausfallentschädigung als Minderungsbetrag unter der Nr. 15 der Lohnsteuerbescheinigung einzutragen (Rn. 11 ff.). Bei Verzicht auf die Rückforderung erfolge die Richtigstellung im Rahmen der Einkommensteuerveranlagung oder über eine Lohnsteuer-Nachforderung beim Arbeitnehmer. Für diese Zwecke unterliegt der Arbeitgeber einer Anzeigepflicht (§ 41c Abs. 4 EStG). Sofern die zu viel gezahlte Verdienstausfallentschädigung einen Betrag von **200 Euro pro Quarantänefall nicht übersteigt, beanstandet es die Finanzverwaltung jedoch nicht**, wenn der Arbeitgeber von einer Anzeige absieht. In diesem Fall werden auch die weiteren, gemäß dem BMF-Schreiben grundsätzlich erforderlichen Korrekturmaßnahmen nicht vorgenommen (Rn. 14 f.).

> **Anmerkung:**
> Das BMF-Schreiben ist anzuwenden, wenn eine für die Kalenderjahre 2020 bis 2023 vorzunehmende Änderung des Lohnsteuerabzugs nicht mehr zulässig ist.

II. Werbungskosten

1. Erste Tätigkeitsstätte unter Berücksichtigung von Bereitschaftszeiten

380 Die betriebliche Einrichtung eines Arbeitgebers ist dann erste Tätigkeitsstätte, wenn der **Arbeitnehmer dort dauerhaft zugeordnet** ist. Fehlt eine arbeitsvertragliche oder andere arbeitsrechtliche Bestimmung der ersten Tätigkeitsstätte, ist maßgeblich, ob der Arbeitnehmer in einer betrieblichen Einrichtung dauerhaft mindestens zwei volle Arbeitstage pro Arbeitswoche bzw. mindestens ein Drittel seiner vereinbarten Arbeitszeit tätig werden soll.

Wird ein Arbeitnehmer gemäß seinem Arbeitsvertrag dazu verpflichtet, **nach Einzelanweisung an unterschiedlichen betrieblichen Einrichtungen des Arbeitgebers** tätig zu werden, steht dies laut Urteil des BFH vom 26.10.2022[2)] einer dauerhaften Zuordnung zu einer dieser Einrichtungen nicht per se entgegen. Dabei ist auch die Ableistung von Arbeitsbereitschafts- und Bereitschaftsruhezeiten in einer Einrichtung des Arbeitgebers als eine solche Tätigkeit anzusehen.

Der BFH hob das anderslautende Urteil des FG Rheinland-Pfalz auf und wies den Streitfall an das Finanzgericht zurück. Das FG Rheinland-Pfalz hat nun festzustellen, ob eine dauerhafte Zuordnung zu einer betrieblichen Einrichtung vorlag.

---

1) BMF v. 25.1.2023, IV C 5 – S 2342/20/10008 :003, BStBl I 2023, 207.
2) BFH v. 26.10.2022, VI R 48/20, BStBl II 2023, 582 = HFR 2023, 434 mit Anm. Hettler; hierzu auch Geserich, jurisPR-SteuerR 17/2023 Anm. 3.

Ergänzend wies der BFH darauf hin, dass im Rahmen dieser Feststellung nur eingeschränkt auf die Dienstpläne des Arbeitnehmers zurückgegriffen werden könne. Auch die höchstrichterliche Rechtsprechung, wonach es regelmäßig der Lebenswirklichkeit entspricht, dass der Arbeitnehmer der betrieblichen Einrichtung des Arbeitgebers zugeordnet ist, in der er tatsächlich tätig ist bzw. tätig werden soll, sei nicht ohne Weiteres auf den konkreten Fall anzuwenden.

2. Definition des weiträumigen Tätigkeitsgebiets

381 Im Streitfall wurde ein Hafenmitarbeiter auf Anweisung seines Arbeitgebers an vier verschiedenen Orten innerhalb des Gebiets des Hamburger Hafens eingesetzt, was der BFH mit Urteil vom 15.2.2023[1] als Einsatz an ortsfesten betrieblichen Einrichtungen von vier Kunden des Arbeitgebers einstufte. Ein Einsatz in einem **weiträumigen Tätigkeitsgebiet** i.S.d. § 9 Abs. 1 Satz 3 Nr. 4a Satz 3 EStG, das den Werbungskostenabzug auf die Entfernungspauschale begrenzen würde, liegt laut BFH nur vor, wenn die vertraglich vereinbarte **Arbeitsleistung auf einer festgelegten Fläche** und **nicht innerhalb einer ortsfesten betrieblichen Einrichtung zu erbringen** ist. Dies war im konkreten Fall zu verneinen (ungeachtet dessen, dass sich alle Einsatzorte des Klägers im Hamburger Hafen befanden).

3. Häusliches Arbeitszimmer

a) Gesetzliche Neuregelung

382 Mit dem JStG 2022[2] wurden die Regelungen zum Werbungskosten- bzw. Betriebsausgabenabzug bei einem häuslichen Arbeitszimmer neu geregelt. Sofern das häusliche Arbeitszimmer **Mittelpunkt** der betrieblichen und beruflichen Tätigkeit ist, ist auch für nach dem 31.12.2022 ausgeübte Tätigkeiten ein voller Abzug der Aufwendungen als Werbungskosten bzw. Betriebsausgaben möglich. **Alternativ** kann stattdessen aber eine **Jahrespauschale i.H.v. 1.260 Euro** angesetzt werden (§ 4 Abs. 5 Satz 1 Nr. 6b Satz 1 und 2 EStG).

> **Beratungshinweis:**
>
> Mit Schreiben vom 15.8.2023[3] äußert sich das **BMF** zu der Neuregelung und erläutert u.a. anhand von Beispielen, wann das häusliche Arbeitszimmer den **Mittelpunkt** der gesamten betrieblichen und beruflichen Betätigung bildet. Dies sei der Fall, wenn die dort erbrachten Leistungen für die berufliche Tätigkeit wesentlich und prägend sind. Dabei sei grundsätzlich von einer **qualitativen Betrachtungsweise** auszugehen. Bei der Nutzung des Arbeitszimmers zur Erzielung verschiedener Einkünfte seien alle Tätigkeiten in ihrer Gesamtheit zu betrachten. Die Finanzverwaltung beanstandet es nicht, wenn der Steuerpflichtige auf eine Aufteilung der Jahrespauschale oder der tatsächlichen Aufwendungen verzichtet und diese stattdessen insgesamt einer der Tätigkeiten zuordnet.

Die Jahrespauschale ist **monatsbezogen** anzuwenden und wird daher für jeden vollen Kalendermonat um jeweils ein Zwölftel gekürzt, in dem die Voraussetzungen für den Ansatz der Pauschale nicht vorliegen (§ 4 Abs. 5 Satz 1 Nr. 6b Satz 4 EStG).

> **Beratungshinweis:**
>
> Der bislang auf jährlich 1.250 Euro begrenzte Abzug von Aufwendungen für das häusliche Arbeitszimmer für Fälle, in denen für die betriebliche und berufliche Tätigkeit dauerhaft kein anderer Arbeitsplatz zur Verfügung steht, ist für nach dem 31.12.2022 ausgeübte Tätigkeiten ersatzlos entfallen. Steuerpflichtige werden insoweit auf die Homeoffice-Pauschale verwiesen (→ Rz. 384).

---

1) BFH v. 15.2.2023, VI R 4/21, BStBl II 2023, 829 = HFR 2023, 640 mit Anm. Geserich.
2) Gesetz v. 16.12.2022, BGBl. I 2022, 2294 = BStBl I 2023, 7.
3) BMF v. 15.8.2023, IV C 6 – S 2145/19/10006 :027, BStBl I 2023, 1551.

b) Wohnraumanmietung durch mehrere Personen

383 Analog zur Ehegatten betreffenden BFH-Rechtsprechung bejaht das FG Düsseldorf den vollständigen Werbungskostenabzug von Aufwendungen für ein häusliches Arbeitszimmer, das ein **Partner einer nichtehelichen Lebensgemeinschaft in einem gemeinsam angemieteten Einfamilienhaus alleine nutzt**.

Zu diesem Ergebnis kommt das FG Düsseldorf[1)] in dem Fall, dass die (Miet-)Aufwendungen hälftig von den beiden Partnern bezahlt werden. Voraussetzung ist, dass der das häusliche Arbeitszimmer nutzende Partner Aufwendungen in mindestens dieser Höhe getragen hat.

> **Anmerkung:**
>
> Das FG Düsseldorf wendet dabei die Grundsätze des BFH[2)] an, die für den Fall einer von Ehegatten gemeinsam erworbenen Eigentumswohnung, in der nur ein Ehegatte einen Raum als häusliches Arbeitszimmer nutzt, ergangen sind, und überträgt sie auf den Streitfall, in dem die beiden Partner einer nichtehelichen Lebensgemeinschaft eine Wohnung gemeinsam mieteten.

4. Homeoffice-Pauschale

384 Mit dem JStG 2022[3)] wurden zudem die Regelungen zur Homeoffice-Pauschale für nach dem 31.12.2022 ausgeübte Tätigkeiten modifiziert. Die Pauschale gilt nun für alle Fälle, in denen die **betriebliche oder berufliche Tätigkeit überwiegend** (zuvor ausschließlich) in der häuslichen Wohnung ausgeübt und die erste Tätigkeitstätte nicht aufgesucht wird. Dabei wurde der pro Kalendertag anzusetzende Betrag von bislang 5 Euro auf **6 Euro** angehoben. Im Kalenderjahr ist ein Abzug von **maximal 1.260 Euro**, anstelle von zuvor 600 Euro, möglich (§ 4 Abs. 5 Satz 1 Nr. 6c Satz 1 EStG).

> **Anmerkung:**
>
> Ein Ansatz von tatsächlichen Aufwendungen sowie der Abzug der Entfernungspauschale (§ 9 Abs. 1 Satz 3 Nr. 4 EStG) für denselben Kalendertag ist neben dem Ansatz der Tagespauschale weiterhin grundsätzlich nicht möglich sein.

Steht für die betriebliche oder berufliche Tätigkeit **kein anderer Arbeitsplatz** zur Verfügung, kann die Homeoffice-Pauschale **auch dann** abgezogen werden, **wenn** die Tätigkeit am selben Kalendertag auch auswärts oder an der ersten Tätigkeitsstätte ausgeübt wird (§ 4 Abs. 5 Satz 1 Nr. 6c Satz 2 EStG).

> **Beratungshinweis:**
>
> In seinem Schreiben vom 15.8.2023[4)] führt das BMF dazu erläuternd aus, dass die Homeoffice-Pauschale von einem Arbeitnehmer, dem kein häusliches Arbeitszimmer zur Verfügung steht, angesetzt werden kann, wenn mehr als die Hälfte der täglichen Arbeitszeit in der häuslichen Wohnung ausgeübt wird. Steht zudem dauerhaft kein anderer Arbeitsplatz zur Verfügung, müsse die häusliche Tätigkeit nicht zeitlich überwiegen, um die Homeoffice-Pauschale zum Ansatz bringen zu können. Wann dies der Fall ist, erläutert das Schreiben u.a. anhand verschiedener Beispiele.

Der Ansatz der Homeoffice-Pauschale ist hingegen **nicht möglich, wenn** die berufliche Tätigkeit in einer Wohnung ausgeübt wird, für die Aufwendungen für die doppelte Haushaltsführung (§ 4 Abs. 5 Satz 1 Nr. 6a bzw. § 9 Abs. 1 Satz 3 Nr. 5 EStG) zum Abzug gebracht werden.

---

1) FG Düsseldorf v. 9.9.2022, 3 K 2483/20 E, EFG 2022, 1825 mit Anm. Lürbke (rkr.); hierzu auch Strecker, BeSt 2023, 6.
2) BFH v. 6.12.2017, VI R 41/15, BStBl II 2018, 355 = HFR 2018, 359.
3) Gesetz v. 16.12.2022, BGBl. I 2022, 2294 = BStBl I 2023, 7.
4) BMF v. 15.8.2023, IV C 6 – S 2145/19/10006 :027, BStBl I 2023, 1551.

B. Arbeitnehmerbesteuerung

> **Beratungshinweis:**
>
> Erfüllt der Arbeitsplatz in der häuslichen Wohnung den Typusbegriff des häuslichen Arbeitszimmers, kann der Steuerpflichtige bei Vorliegen der Voraussetzungen für den Abzug von Betriebsausgaben bzw. Werbungskosten nach § 4 Abs. 5 Satz 1 Nr. 6b EStG (→ Rz. 382) zwischen dem Abzug von Aufwendungen für das häusliche Arbeitszimmer und dem Ansatz der Tagespauschale wählen (§ 4 Abs. 5 Satz 1 Nr. 6c Satz 3 EStG).

5. Arbeitnehmer-Pauschbetrag

385 Der Arbeitnehmer-Pauschbetrag wurde mit dem JStG 2022[1] mit Wirkung ab dem VZ 2023 von zuvor 1.200 Euro auf **1.230 Euro** angehoben (§ 9a Satz 1 Nr. 1 Buchst. a EStG).

6. Stellplatzanmietung bei doppelter Haushaltsführung

386 Das FG Mecklenburg-Vorpommern entschied, dass die **Kosten für einen separat angemieteten Pkw-Stellplatz nicht Bestandteil des Höchstbetrags von 1.000 Euro pro Monat** sind, der als Werbungskosten für Unterkunftskosten bei doppelter Haushaltsführung abgezogen werden kann.[2]

Entgegen der Auffassung der Finanzverwaltung gehören die Stellplatzkosten laut dem Finanzgericht nicht zu den Aufwendungen für die Unterkunft, da sie nicht für die Unterkunft, sondern für das Abstellen des Pkws anfallen. Dies gelte zumindest dann, wenn die Stellplatzkosten von den Kosten der Wohnung trennbar seien. Bei einem Stellplatz, der separat angemietet und baulich nicht mit der Unterkunft verbunden ist, sei dies der Fall. Der Einbeziehung in die Unterkunftskosten i.S.d. Vorschrift stehe zudem der Gesetzeszweck entgegen, wonach die aufwendige Berechnung einer steuerlich anzuerkennenden Durchschnittsmiete durch die Deckelung überflüssig gemacht werden sollte. Das Finanzgericht hält es daher für sachgerecht, nur solche Aufwendungen durch den Höchstbetrag zu begrenzen, die üblicherweise in die Berechnung einer **durchschnittlichen Bruttokaltmiete** einzubeziehen sind. Hierzu würden Aufwendungen für einen gesondert angemieteten Stellplatz regelmäßig nicht gehören.

Mit dieser Begründung kam das FG Mecklenburg-Vorpommern zu dem Ergebnis, dass die Höchstbetragsbeschränkung für die Stellplatzkosten nicht gilt und diese daher – neben gedeckelten Unterkunftskosten – in voller Höhe als Werbungskosten abzugsfähig sind.

7. Auslandsdienstreisen

387 Mit Schreiben des BMF vom 23.11.2022[3] wurden die **seit 1.1.2023 geltenden Pauschbeträge** für Verpflegungsmehraufwendungen und Übernachtungskosten bei Dienstreisen ins Ausland und doppelten Haushaltsführungen im Ausland bekannt gegeben. Im Vergleich zu den bisherigen, seit 1.1.2021 anzuwendenden Werte haben sich u.a. die Angaben für Belgien, Dänemark, in Teilen Frankreichs und Griechenlands, Luxemburg und USA geändert.

> **Beratungshinweis:**
>
> Explizit weist das BMF darauf hin, dass für nicht in dem Schreiben genannte Staaten der für Luxemburg geltende Pauschbetrag maßgeblich ist.
>
> Die im Schreiben aufgeführten Pauschbeträge für Übernachtungskosten sind ausschließlich für die Arbeitgebererstattung heranzuziehen (R 9.7 Abs. 3 LStR). Zu den ab 1.1.2024 geltenden Pauschbeträgen s. → Rz. 131. Als Werbungskosten abziehbar sind hingegen nur die tatsächlichen Übernachtungskosten (R 9.7 Abs. 2 LStR).

---

1) Gesetz v. 16.12.2022, BGBl. I 2022, 2294 = BStBl I 2023, 7.
2) FG Mecklenburg-Vorpommern v. 21.9.2022, 3 K 48/22, EFG 2023, 116 mit Anm. Falk (rkr.).
3) BMF v. 23.11.2022, IV C 5 – S 2353719/10010 :004, BStBl I 2022, 1654.

C. Umsatzsteuer

I. Besteuerung der Umsätze

1. Zeitpunkt der Steuerentstehung

a) Umsatzsteuerliche Behandlung von Teilleistungen

388 Dem EuGH folgend entschied der BFH mit Urteil vom 1.2.2022[1]), dass die Umsatzsteuer für eine Vermittlungsleistung **ungeachtet einer Ratenzahlungsvereinbarung in voller Höhe im Zeitpunkt der Ausführung der Vermittlungsleistung** und **nicht pro rata temporis** entsteht. Zudem wird nicht die Fälligkeit der Vergütung vorausgesetzt. Auch führe die Vereinbarung einer Ratenzahlung zu keiner Korrektur der Bemessungsgrundlage wegen Uneinbringlichkeit des Entgelts i.S.d. § 17 UStG.

In Abgrenzung hierzu hatte der **BFH** mit Endurteil vom 26.6.2019[2]) entschieden, dass bei Leistungen, die zu aufeinander folgenden Abrechnungen oder Zahlungen Anlass geben, die **Steuer** nach Art. 64 Abs. 1 MwStSystRL **zahlungsbezogen entstehen kann**. Auf das Vorliegen einer teilbaren Leistung komme es nicht an. Ausreichend sei vielmehr, wenn die Leistung zu aufeinanderfolgenden Zahlungen Anlass gibt, indem die Zahlung an weitere Voraussetzungen geknüpft ist. Die Vereinbarung einer Ratenzahlung allein genügt nicht.

Mit **Schreiben vom 14.12.2022**[3]) übernimmt die Finanzverwaltung nun die durch den BFH mit Urteil vom 1.2.2022[4]) aufgestellten Grundsätze und ergänzt den UStAE entsprechend. Danach setzt **die Steuerentstehung weder eine Fälligkeit der Vergütung voraus, noch führt die Vereinbarung einer Ratenzahlung zu einer Uneinbringlichkeit** i.S.d. § 17 UStG.

> **Beratungshinweis:**
>
> Soweit der BFH in seiner Entscheidung aus 2019[5]) **unabhängig vom Vorliegen von Teilleistungen** eine **zahlungsabhängige Steuerentstehung** anerkannt hat, wird dies durch die Finanzverwaltung durch das nun vorliegende BMF-Schreiben nicht umgesetzt. Steuerpflichtigen bleibt insoweit nur der durch den BFH in der Entscheidung aufgezeigte Weg, sich in derartigen Fällen **unmittelbar auf Unionsrecht** zu berufen.

b) Steuerentstehung mit Leistungsausführung bei späterer Vereinnahmung des Entgelts

389 Mit Beschluss vom 28.9.2022[6]) entschied der BFH, dass bei **Sollbesteuerung** die **Steuer** mit **Leistungsausführung entsteht**, auch wenn das Entgelt vereinbarungsgemäß über einen längeren Zeitraum und in Raten gezahlt wird. Im Streitfall hatte ein Unternehmer für die Errichtung einer **Photovoltaikanlage** mit deren Betreiber vereinbart, dass **das Entgelt nur insoweit geschuldet wird, als es durch Einnahmen aus der Stromeinspeisung beglichen werden kann** und unterwarf nur die entsprechenden Beträge der

---

1) BFH v. 1.2.2022, V R 37/21 (V R 16/19), BStBl II 2022, 860, Folgeentscheidung zu EuGH v. 28.10.2021, X-Beteiligungsgesellschaft, C-324/20, DStR 2021, 2586. Vgl. hierzu Ebner Stolz / BDI Steuer- und Wirtschaftsrecht 2023, Rz. 426 ff.
2) BFH v. 26.6.2019, V R 8/19 (V R 51/16), BStBl II 2022, 854; hierzu auch Prätzler, jurisPR-SteuerR 40/2019 Anm. 6; Folgeentscheidung zu EuGH v. 29.11.2018, Baumgarten Sports & More, C-548/17, HFR 2019, 61.
3) BMF v. 14.12.2022, III C 2 – S 7270/19/10001 :003, BStBl I 2022, 1688.
4) BFH v. 1.2.2022, V R 37/21 (V R 16/19), BStBl II 2022, 860.
5) BFH v. 26.6.2019, V R 8/19 (V R 51/16), BStBl II 2022, 854; hierzu auch Prätzler, jurisPR-SteuerR 40/2019 Anm. 6.
6) BFH v. 28.9.2022, XI R 28/20, BStBl II 2023, 598 = HFR 2023, 481 mit Anm. Rauch; Parallelentscheidung: BFH v. 28.9.2022, XI R 27/20, BFH/NV 2023, 570.

C. Umsatzsteuer

Umsatzsteuer. Diesem Vorgehen widersprach der BFH und bestätigte damit die durch den EuGH und BFH[1)] aufgestellten Grundsätze.

Der BFH führte dazu aus, dass in dem Streitfall **keine (vorübergehenden) Uneinbringlichkeit** vorlag, die zu einer Steuerberichtigung nach § 17 UStG geführt hätte. Für eine ratierliche Erfassung der Umsätze nach Art. 64 MwStSystRL fehlte es nach Auffassung des BFH bereits am kontinuierlichen oder wiederkehrenden Charakter der Leistung, auf den sich die Zahlung bezog.

2. EuGH-Vorlage zur Besteuerung von Gutscheinen in Leistungsketten

In zwei Verfahren musste bzw. muss sich der BFH mit der Besteuerung von **Gutscheinen in Leistungsketten** und deren Behandlung nach **alter und neuer Rechtslage** befassen.

> **Anmerkung:**
>
> Nach **alter Rechtslage** war bis zum **31.12.2018** zwischen Wertgutscheinen und Waren- oder Sachgutscheinen zu differenzieren. Bei der Ausgabe von Wertgutscheinen handelte es sich nicht um eine Leistung im umsatzsteuerlichen Sinne, die Umsatzsteuer entstand erst beim Einlösen des Gutscheins. Bei Waren- oder Sachgutscheinen unterlag bereits die Ausgabe der Gutscheine der sofortigen Anzahlungsbesteuerung.
>
> Ab **1.1.2019** ausgegebene Gutscheine sind in Ein- oder Mehrzweckgutscheine zu unterteilen (§ 3 Abs. 13 bis 15 UStG). Bei einem Einzweckgutschein gilt bereits seine Übertragung als steuerbare Leistung und löst eine Besteuerung aus. Bei einem Mehrzweckgutschein führt erst die Verwendung zu einem steuerbaren Umsatz.

In beiden Verfahren ging es um den Vertrieb von **Guthabenkarten und Gutscheincodes** für den Erwerb digitaler Inhalte über einen **deutschen Onlineshop**.

Im Hinblick auf die **alte Rechtslage** positionierte sich der BFH dahingehend, dass die **Übertragung der Guthabenkarten der Anzahlungsbesteuerung unterliegt**[2)].

Der BFH befand, dass es sich um die Übertragung eines auf eine bestimmte Leistung ausgerichteten Warengutscheins handelte, so dass für die Übertragung dieser Gutscheine Anzahlungsgrundsätze zur Anwendung kamen. Der Ort der Leistung stand fest, da aufgrund einer für jeden Gutschein hinterlegten Länderkennung, die nur eine Aktivierung in Konten des jeweiligen Landes ermöglicht, nur eine Übertragung an im Inland ansässige Endverbraucher in Betracht kam.

Hinsichtlich der Beurteilung durch die Kette gehandelter Gutscheine nach **neuer Rechtslage** wendet sich der BFH hingegen mit zwei Vorlagefragen an den **EuGH**[3)]:

In der **ersten Vorlagefrage**, bittet der BFH den EuGH um die **Einordnung der Gutscheine als Einzweck- oder Mehrzweckgutscheine**. Nach der aktuellen gültigen Rechtslage liegt dann ein Einzweckgutschein vor, wenn der Ort der Leistung, auf die sich der Gutschein bezieht, und die geschuldete Steuer im Zeitpunkt der Ausgabe des Gutscheins feststehen. Dabei sind allerdings Einzelheiten ungeklärt. Sofern diese Parameter nur nach der tatsächlich zu erbringenden Leistung (elektronische Dienstleistung an in Deutschland ansässige Endverbraucher) zu bestimmen sind, wäre ein Einzweckgutschein anzunehmen. Sofern jedoch auch die jeweils vorgelagerte Handelsstufe zu beachten ist, kann der Leistungsort aufgrund möglicherweise in der Leistungskette

390

---

1) BFH v. 1.2.2022, V R 37/21 (V R 16/19), BStBl II 2022, 860, Folgeentscheidung zu EuGH v. 28.10.2021, X-Beteiligungsgesellschaft, C-324/20, DStR 2021, 2586. Vgl. hierzu Ebner Stolz / BDI Steuer- und Wirtschaftsrecht 2023, Rz. 426 ff.
2) BFH, Beschluss v. 29.11.2022, XI R 11/21, BStBl II 2023, 424. Vgl. hierzu Klein, MwStR 2023, 368.
3) BFH v. 3.11.2022, XI R 21/21, DStR 2023, 271 (bis zur Entscheidung des EuGH ausgesetzt); anhängig beim EuGH, Finanzamt O, C-68/23. Vgl. hierzu Ebner Stolz / BDI Steuer- und Wirtschaftsrecht 2023, Rz. 424.

enthaltenen nicht im Inland ansässigen Zwischenhändlern nicht eindeutig bestimmt werden, mit der Folge, dass kein Einzweckgutschein vorläge.

Sollte der EuGH zu dem Ergebnis kommen, dass es sich um einen Mehrzweckgutschein handelt, möchte der BFH im Rahmen der **zweiten Vorlagefrage** wissen, ob dann **Umsatzsteuer tatsächlich nur bei Ausführung der Leistung an den Endverbraucher** entsteht und § 3 Abs. 15 Satz 2 letzter Hs. UStG, wonach bei Mehrzweckgutscheinen alle vorhergegangenen Übertragungen des Gutscheins nicht der Mehrwertsteuer unterliegen, einer Umsatzversteuerung auf Vorstufen entgegensteht. Es handelt sich um das erste Vorabentscheidungsersuchen an den EuGH zum Begriff des Einzweckgutscheins.

3. Behandlung von Gebühren als durchlaufende Posten oder Leistungsentgelt

391 Mit Urteil vom 3.7.2014[1)] entschied der BFH, dass **Gebühren durchlaufende Posten sind**, auch wenn sie gesamtschuldnerisch vom Unternehmer und Leistungsempfänger geschuldet werden. Ferner führte der BFH aus, dass Beträge, die ein Steuerpflichtiger in fremdem Namen und für fremde Rechnung vereinnahmt hat, nur dann als durchlaufender Posten zu behandeln sind, wenn sie auch in der **Buchführung als durchlaufende Posten** verbucht worden sind.

Die **Finanzverwaltung** schließt sich dem im Hinblick auf die Anerkennung von Gebühren als durchlaufende Posten auch im Falle der Gesamtschuldnerschaft an und **ändert den entsprechenden Absatz im UStAE**.[2)] Allerdings muss in diesen Fällen der Unternehmer nachweisen, dass er lediglich die Funktion der Mittelsperson innehat.

Im Hinblick auf die Anerkennung von durchlaufenden Posten nur bei entsprechender Verbuchung in der Buchführung durch den Unternehmer folgt die Finanzverwaltung dem BFH nicht und will insoweit das Urteil nicht über den entschiedenen Einzelfall hinaus anwenden.

> **Beratungshinweis:**
> Die Grundsätze des BMF-Schreibens sind in allen offenen Fällen anzuwenden. Es wird jedoch nicht beanstandet, wenn der Unternehmer sich bei **Umsätzen, die bis zum 31.12.2022 ausgeführt worden sind**, auf die **bisher geltende Verwaltungsauffassung** beruft

4. Elektronisch erbrachte Dienstleistungen

a) Dienstleistungskommission bei elektronisch erbrachten Leistungen

392 Bei einer **Dienstleistungskommission** erbringen Steuerpflichtige Dienstleistungen im eigenen Namen, aber für Rechnung Dritter. Umsatzsteuerlich werden sie so behandelt, als ob sie die Dienstleistungen selbst erhalten und erbracht hätten. Das gilt gem. § 3 Abs. 11a UStG auch für **elektronisch** über ein Telekommunikationsnetz, eine Schnittstelle, ein Portal (wie z.B. einen Appstore) oder eine Internetplattform erbrachte **Dienstleistungen**, wenn nicht der Anbieter der sonstigen Leistung ausdrücklich als Leistender bestimmt ist. Grundlage für die nationale Regelung in § 3 Abs. 11a UStG ist Art. 9a MwStVO.

Der EuGH beschäftigte sich mit Urteil vom 28.2.2023[3)] im Rahmen eines vor Ende des Brexit-Übergangszeitraums vom Vereinigten Königreich vorgelegten Vorabentscheidungsersuchens mit der Frage, ob Leistungen des Betreibers einer **Internetplattform** gem. Art. 9a MwStVO im Rahmen einer Dienstleistungskommission erbracht werden.

---

1) BFH v. 3.7.2014, V R 1/14, BStBl II 2023, 89.
2) BMF v. 11.1.2023, III C 2 – S 7200/19/10004 :005, BStBl I 2023, 179.
3) EuGH v. 28.2.2023, Fenix International Ltd., C-695/20, HFR 2023, 394; hierzu auch Prätzler, jurisPR-SteuerR 20/2023 Anm. 4.

Über die Plattform konnten als sog. Gestalter bezeichnete Nutzer Inhalte in ihren Profilen hochladen, die als Fans bezeichnete Nutzer gegen punktuelle Zahlungen oder in Form von Abonnements nutzen konnten. Zudem konnten die sog. Fans den Gestaltern Spenden oder Trinkgelder geben, für die sie keine Leistung in Form von Inhalten erhielten.

Die Beträge der **monatlichen Abonnements** wurden durch die Gestalter festgelegt, wobei der Betreiber jedoch sowohl für die Abonnements als auch für die **Trinkgelder** die zu zahlenden Mindestbeträge bestimmte. Neben der Plattform stellte der Betreiber die Anwendung, die die Finanztransaktionen ermöglichte, zur Verfügung. Als Vergütung erhielt der Plattformbetreiber 20 % aller Beträge, die die sog. Fans an die Gestalter bezahlten und lediglich dieser Betrag wurde der Umsatzbesteuerung unterworfen.

Nach Auffassung der britischen Finanzbehörden waren unter Berufung auf Art. 9a MwStVO hingegen die von **Fans gezahlten Beträge in vollem Umfang umsatzsteuerpflichtig**. Das vorlegende Gericht hegte Zweifel an der Gültigkeit von Art. 9a MwStVO, dahingehend, als dass darüber der durch die MwStSystRL vorgegebene Anwendungsbereich für Dienstleistungskommissionen nicht nur konkretisiert, sondern vielmehr unzulässig erweitert würde.

Dem widersprach der EuGH nun und bestätigte die **Gültigkeit und damit Anwendbarkeit des Art. 9a Abs. 1 MwStVO**. Damit dürfte in der nachfolgend zu erwartenden britischen Gerichtsentscheidung das Vorliegen einer **Dienstleistungskommission bejaht** und das Vorgehen der britischen Finanzbehörden für rechtens befunden werden.

> **Beratungshinweis:**
>
> Aus deutscher Sicht ist die Entscheidung insofern von Bedeutung, dass **§ 3 Abs. 11a UStG** inhaltlich **auf Art. 9a MwStVO** basiert. Zahlreiche Einzelfragen zur Auslegung der Vorschrift und v.a. der Ausnahme- und Rückausnahmeregelungen sind weiterhin ungeklärt.
>
> Die Entscheidung hat Auswirkungen auf **Plattformbetreiber**, die ein ähnliches Geschäftsmodell wie das dem Urteilsfall zugrundeliegende verfolgen. Plattformbetreiber sollten in diesem Zusammenhang überprüfen, ob die Rechnungsstellung angepasst werden muss, weil sie ebenfalls als Dienstleistungskommissionäre tätig werden.
>
> Außerdem müssen Plattformbetreiber seit dem 1.1.2023 die im **Plattformen-Steuertransparenzgesetz** vorgeschriebenen Melde- und Aufzeichnungspflichten beachten (hierzu im Einzelnen → Rz. 357 ff.).

b) Behandlung sog. Donations im Bereich von Video- bzw. Streaming-Plattformen

Laut einer **Kurzinformation** des **Finanzministeriums Schleswig-Holstein** vom 8.5.2023[1)] stellt die freiwillige Spendenzahlung, die z.B. in Folge eines Unterstützungs- oder Belohnungsaufrufs beim Anschauen des Videos auf einer Streaming-Plattform geleistet wird, ein Entgelt für eine sonstige Leistung dar. Sie ist damit grundsätzlich umsatzsteuerbar. Ähnlich äußerte sich bereits das FG Düsseldorf.[2)]

393

> **Beratungshinweis:**
>
> Betroffen hiervon sind vor allem Geschäftsmodelle auf Video- und Streaming-Plattformen, bei denen kein Entgelt für die Nutzung der Angebote vorgesehen ist, aber zu einer freiwilligen Zahlung, ggf. in beliebiger Höhe, angeregt wird. Aber auch in den Fällen, in denen ein Nutzungsentgelt zu leisten ist, können darüberhinausgehende freiwillige Zahlungen zu einer weiteren Entgeltkomponente führen.

---

1) FinMin Schleswig-Holstein, VI 3510 – S 7100–767, DStR 2023, 1358.
2) FG Düsseldorf v. 4.3.2022, 1 K 2812/19 U, UR 2022, 922 (rkr.); hierzu auch Prätzler, jurisPR-SteuerR 35/2022 Anm. 4.

5. Umsatzsteuerliche Behandlung von Reihengeschäften

394 Ein **Reihengeschäft** liegt immer dann vor, wenn von mehreren Unternehmern Liefergeschäfte über denselben Gegenstand abgeschlossen werden und dieser Gegenstand im Rahmen der Beförderung oder Versendung unmittelbar vom ersten Unternehmer zum letzten Abnehmer gelangt. Mit der Umsetzung von Richtlinienvorgaben in **§ 3 Abs. 6a UStG** wurde mit Wirkung zum 1.1.2020 erstmals eine ausdrückliche gesetzliche Regelung zur **Zuordnung der Warenbewegung** (Beförderung oder Versendung) bei Reihengeschäften gefasst.

> **Anmerkung:**
>
> Die **Zuordnung der Warenbewegung** ist insbesondere bei grenzüberschreitenden Reihengeschäften von Bedeutung, denn die sog. bewegte Lieferung kann nur einer Lieferung zugeordnet werden. Dies bedeutet, dass nur eine Lieferung als **innergemeinschaftliche Lieferung (§ 6a UStG)** oder **Ausfuhrlieferung (§ 6 UStG)** steuerbefreit sein kann.

Mit Schreiben vom 25.4.2023[1] passt das BMF den UStAE an die geänderten gesetzlichen Vorgaben an und fügt u.a. in Abschn. 3.14. Abs. 7 UStAE eine **Definition des Zwischenhändlers** ein und **welche Anforderungen an die Dokumentation der Transportveranlassung zu stellen** sind. Zudem wird in Abschn. 3.14 Abs. 9 bis 11 UStAE ausgeführt, wann von einer Lieferung durch den Zwischenhändler auszugehen ist.

> **Anmerkung:**
>
> Die Grundsätze sind in allen offenen Fällen anzuwenden. Für Zeiträume bis zur Veröffentlichung des Schreibens im BStBl am 17.5.2023 sieht das BMF eine wohlwollende Nichtbeanstandungsregelung vor. Danach wird es nicht beanstandet, wenn die Zuweisung der Transportveranlassung von den Beteiligten in Abweichung zu den Abschn. 3.14. Abs. 7 bis 11 UStAE bestimmt worden ist.

6. Umsatzsteuerliche Leistungen beim Ladevorgang von Elektrofahrzeugen

395 In einem polnischen Fall hatte der EuGH Leistungen, die beim **Laden von Elektrofahrzeugen** an Ladepunkten vom Ladepunktbetreiber an den Endkunden erbracht werden, umsatzsteuerlich zu beurteilen. Konkret ging es um den Betrieb öffentlich zugänglicher Ladestationen, bei denen je nach Bedarf des Kunden bei den einzelnen Ladevorgängen **weitere Dienstleistungen**, wie die **Bereitstellung der Ladevorrichtungen**, die Übertragung der Elektrizität angepasst an die Parameter der Fahrzeugbatterie und die notwendige technische Unterstützung, erbracht werden. Über eine spezielle **Plattform** soll den Nutzern die Möglichkeit eingeräumt werden, einen **Ladeanschluss zu reservieren** und den Verlauf der getätigten Umsätze und Zahlungen zu verfolgen. Die Leistungen sollten mit einem einheitlichen Preis in Rechnung gestellt werden.

Mit Urteil vom 20.4.2023[2] beurteilte der **EuGH** die **Leistungen insgesamt als eine komplexe einheitliche Leistung**, bei der die **Übertragung von Elektrizität grundsätzlich den charakteristischen und dominierenden Bestandteil** der einheitlichen und komplexen Leistung darstelle. Da gemäß der MwStSystRL für Stromlieferungen Liefergrundsätze gelten, beurteilte der EuGH die komplexe Leistung **insgesamt als Lieferung**.

> **Anmerkung:**
>
> Grundsätzlich sind **Einzelleistungen** separat zu beurteilen. Der Entscheidungsfall zeigt anschaulich, in welchen Fällen Ausnahmen von diesem Grundsatz anzunehmen sind und zudem, wie die den Umsatz prägende Leistung zu bestimmen ist. Zahlreiche Fragen zur Umsatzsteuer beim Laden von Elektrofahrzeugen, v.a. in Leistungsketten, sind weiterhin ungeklärt.

---

1) BMF v. 25.4.2023, III C 2 – S 7116-a/19/10001 :003, BStBl I 2023, 778. Vgl. hierzu Bathe, BC 2023, 316.
2) EuGH v. 20.4.2023, P. w W, C-282/22, UStB 2023, 141 mit Anm. Huschens.

7. Aufteilungsgebot bei mitvermieteten Betriebsvorrichtungen

Der EuGH hat am 4.5.2023[1] hinsichtlich des Vorabentscheidungsersuchens des BFH vom 26.5.2021[2] entschieden, dass im Fall einer einheitlichen Leistung bestehend aus **der Vermietung eines Zuchtstalls einschließlich** der zu dessen Betrieb notwendigen auf Dauer eingebauten **Betriebsvorrichtungen** eine insgesamt steuerfreie Leistung vorliegt.

Zwar sei jeder Umsatz grundsätzlich für mehrwertsteuerliche Zwecke als eigenständige und selbständige Leistung zu betrachten. Liege jedoch eine **wirtschaftlich einheitliche Leistung** vor, dürfe diese im Interesse eines funktionierenden Mehrwertsteuersystems nicht künstlich aufgespalten werden. Hiervon sei auszugehen, wenn mehrere Einzelleistungen für den Leistungsempfänger so eng miteinander verbunden sind, dass sie objektiv eine einzige untrennbare wirtschaftliche Leistung bilden, deren Aufspaltung wirklichkeitsfremd wäre.[3]

Im Fall einer wirtschaftlichen einheitlichen Leistung **teile die Nebenleistung das mehrwertsteuerliche Schicksal der Hauptleistung** in dem Sinne, dass auch die **Nebenleistung von der Steuerbefreiung erfasst werde**. Dieser Grundsatz werde auch nicht durch ein gesetzlich normiertes Aufteilungsgebot überschrieben.

Mit Beschluss vom 17.8.2023[4] schließt sich der **V. Senat des BFH** der Rechtsprechung des EuGH an und hält – unter **Änderung seiner bisherigen Rechtsprechung** – nicht mehr an der Annahme eines Aufteilungsgebotes nach § 4 Nr. 12 Satz 2 UStG bei der Mitvermietung von Betriebsvorrichtungen fest, wenn dies eine wirtschaftlich einheitliche Leistung mit der Vermietung oder Verpachtung des Grundstücks darstellt. Zudem bestätigte der BFH die Würdigung des Finanzgerichts, nach der **im Streitfall von einer einheitlichen Leistung** auszugehen ist, bei der die Überlassung der Betriebsvorrichtungen **Nebenleistung** zur umsatzsteuerfreien Stallüberlassung war.

> **Beratungshinweis:**
> Mit einem **BMF-Schreiben** mit Übergangsregelung ist zu rechnen. Angesichts der Rechtsprechungsänderung des BFH ist davon auszugehen, dass zukünftig das Aufteilungsgebot nicht mehr die Grundsätze der Einheitlichkeit der Leistung überschreiben wird. Neben der Mitvermietung von Betriebsvorrichtungen kann die Rechtsprechung **Ausstrahlwirkung auf weitere Leistungen** haben. So ist fraglich, ob das gesetzlich normierte Aufteilungsgebot im Bereich der **Hotelleistungen** dann weiterhin Bestand haben wird. Laut V. Senat des BFH enthält § 12 Abs. 2 Nr. 11 Satz 2 UStG anders als im Entscheidungsfall ein echtes Aufteilungsgebot. Anhängig zu der Frage ist das Verfahren jedoch beim XI. Senat des BFH. Betroffen sein könnte zudem auch die Verwaltungsanweisung in Abschn. 4.12.11 Abs. 2 UStAE, wonach bei der **Überlassung einer gesamten Sportanlage** zwar die Grundstücksüberlassung steuerfrei, die Vermietung der Betriebsvorrichtungen jedoch umsatzsteuerpflichtig erfolgen soll.

8. Keine Hin- und Rücklieferung dezentral verbrauchten Stroms

Der BFH hatte in seinem Urteil vom 11.5.2023[5] darüber zu entscheiden, ob der in einem **Blockheizkraftwerk** erzeugte **und dezentral verbrauchte Strom** umsatzsteuerrechtlich an den Stromnetzbetreiber geliefert wird, wenn der Anlagenbetreiber hierfür einen sog. **KWK-Zuschlag** erhält. Die **Finanzverwaltung** geht in dieser Konstellation teilweise von einer **umsatzsteuerbaren (Hin-)Lieferung** des Stroms vom Anlagenbetreiber an den Netzbetreiber und einer entsprechenden **(Rück-)Lieferung** an die Anlagenbetreiber aus (Abschn. 2.5 Abs. 17 UStAE).

---

1) EuGH v. 4.5.2023, Y/FA X, C-516/21, DStR 2023, 1076; hierzu auch Prätzler, jurisPR-SteuerR 29/2023 Anm. 4.
2) BFH v. 26.5.2021, V R 22/20, UVR 2021, 290.
3) EuGH v. 25.3.2021, Q-GmbH, C-907/19, HFR 2021, 626.
4) BFH v. 17.8.2023, V R 7/23 (V R 22/20), HFR 2023, 1101; hierzu auch Koisiak, StEd 2023, 556.
5) BFH v. 11.5.2023, V R 22/21, BFH/NV 2023, 1289; hierzu auch Korn, kösdi 2023, 23336, 23376, Rz. 411, Prätzler, jurisPR-SteuerR 49/2023 Anm. 6.

Dem widerspricht der BFH und entscheidet, dass umsatzsteuerlich **weder eine Lieferung des Anlagenbetreibers an den Netzbetreiber noch eine sonstige Leistung** vorliege. Damit bestätigte der V. Senat des BFH die Rechtsprechung des XI. Senats, der bereits mit seinem zur amtlichen Veröffentlichung bestimmten Urteil vom 29.11.2022[1] einen umsatzsteuerlichen Leistungsaustausch beim dezentralen Verbrauch von Strom ausgeschlossen hatte.

> **Anmerkung:**
> Die Sache wurde gleichwohl durch den BFH an das Finanzgericht zur anderweitigen Verhandlung und Entscheidung zurückverwiesen. Zweifel an der materiellen Richtigkeit hegte der BFH u.a. deshalb, weil unklar war, ob die Voraussetzungen der **umsatzsteuerlichen Organschaft** erfüllt waren. Im Streitfall wurde der Strom zwischen verbundenen Unternehmen überlassen und dies, aufgrund der angenommenen Organschaft, als **nicht steuerbarer Innenumsatz** behandelt. In diesem Zusammenhang verwies der BFH auf das beim **EuGH** anhängige **Vorabentscheidungsersuchen**,[2] worin die **Nichtsteuerbarkeit der Innenumsätze in Frage gestellt wurde**.

9. EuGH-Vorlage zur Wärmeabgabe von Biogasanlagen

398 Auf Vorlage des **BFH**[3] hat sich **der EuGH mit der Frage der Wertabgabenbesteuerung** bei der **unentgeltlichen Entnahme** von mit einem **Blockheizkraftwerk produzierter Wärme** zu befassen.[4] Im Streitfall ging es konkret um die Zuwendung von Wärme aus dem Blockheizkraftwerk eines Stromlieferanten an ein landwirtschaftliches Unternehmen zum Beheizen von Spargelfeldern. Hierbei möchte der BFH u.a. geklärt wissen, ob es sich dabei um **einen Entnahmetatbestand handelt**, selbst dann, wenn der Begünstigte (hier Spargelbauer) **grundsätzlich zum Vorsteuerabzug** berechtigt ist. Sofern der EuGH einen Wertabgabentatbestand annehmen sollte, möchte der BFH geklärt haben, wie in diesem Fall konkret die **Bemessungsgrundlage für die Wertabgabenbesteuerung** zu bestimmen ist. Der BFH lässt erkennen, dass er Bedenken an der deutschen Auffassung hat, bei einer unentgeltlichen Wertabgabe an einen Unternehmer diesem keinen Vorsteuerabzug zu gestatten.

10. Garantiezusagen eines Kfz-Händlers

399 Der BFH hatte mit Urteil vom 14.11.2018[5] entschieden, dass die entgeltliche **Garantiezusage eines Kfz-Händlers keine unselbständige Nebenleistung zur Fahrzeuglieferung**, sondern eine eigenständige Leistung dargestellt und damit auf ein EuGH-Urteil[6] mit ähnlichem Inhalt reagiert. In Folge des Urteils hat die **Finanzverwaltung** den **UStAE** angepasst und in mehreren **BMF-Schreiben**[7] ergänzend Stellung genommen und dabei den Anwendungsbereich über den Kfz-Händlerbereich **grundsätzlich auf alle Unternehmen erweitert**. Der UStAE wurde dahingehend jedoch nicht erneut angepasst, so dass dort immer noch nur von „entgeltlichen Garantiezusagen durch Kraftfahrzeughändler" gesprochen wird.

Auch das für die **Versicherungsteuer** zuständige **BZSt** hat mit den am 10.3.2023 auf der Homepage veröffentlichten **Fragen und Antworten** zu dem BMF-Schreiben vom 11.5.2021 Stellung bezogen und ist dabei teilweise über die Verlautbarungen des BMF

---

1) BFH v. 29.11.2022, XI R 18/21, BFH/NV 2023, 781 = HFR 2023, 600 mit Anm. Nacke.
2) BFH v. 26.1.2023, V R 20/22 (V R 40/19), BStBl II 2023, 530; hierzu auch Prätzler, jurisPR-SteuerR 22/2023 Anm. 6.
3) BFH v. 22.11.2022, XI R 17/20, BStBl II 2023, 601 = HFR 2023, 603 mit Anm. Nacke; hierzu auch Koisiak, StEd 2023, 207.
4) Az. beim EuGH: C-207/23.
5) BFH v. 14.11.2018, XI R 16/17, BStBl II 2021, 461.
6) EuGH v. 16.7.2015, Mapfre warranty, C-584/13, MwStR 2015, 762.
7) BMF v. 11.5.2021, III C 3 – S 7163/19/10001 :001, BStBl I 2021, 781, ergänzt durch BMF v. 18.6.2021, III C 3 – S 7163/19/10001 :001, BStBl I 2021, 871 und BMF v. 18.10.2021, III C 3 – S 7163/19/10001 :001, BStBl I 2021, 2142.

hinausgegangen. Diese Fragen und Antworten dienen nur als Interpretationshilfe für das BMF-Schreiben und entfalten, auch für die Finanzverwaltung, keine Bindungswirkung.

Diese geänderte Rechtsauffassung ist mit **Ablauf der Übergangsfrist am 31.12.2022 verbindlich von den Steuerpflichtigen anzuwenden**, sodass entgeltliche Garantiegewährungen in bestimmten Konstellationen nicht mehr wie bisher als Nebenleistungen, sondern als eigenständige Hauptleistungen zu behandeln sind.

> **Beratungshinweis:**
>
> In diesen Fällen ergibt sich in der Folge **eine Versicherungsteuerpflicht und Umsatzsteuerfreiheit**. Dementsprechend stellte das BMF in seinem Schreiben vom 11.5.2021 klar, dass die Verkäufe von entgeltlichen Garantiezusagen nun umsatzsteuerfrei seien. Umfasst sind die Gewährung des Versicherungsschutzes und die Leistung des Verkäufers an den Käufer im Schadensfall. Verbundene **Eingangsleistungen berechtigen** dann allerdings **nicht mehr zum Vorsteuerabzug**, woraus Nachteile für Unternehmen eintreten können. Stattdessen unterliegt der Verkauf der Garantiezusage der Versicherungsteuer (zuständige Behörde: BZSt). Insgesamt ist die geänderte Verwaltungsmeinung auf Kritik gestoßen und es sind viele Auslegungsfragen immer noch unklar. Insbesondere ist fraglich, ob Fälle der **reinen Garantieverlängerung von der geänderten Verwaltungsauffassung** umfasst sind. Soweit noch nicht geschehen, sollten betroffene Unternehmen Garantiezusagen auf mögliche versicherungsteuerliche und umsatzsteuerliche Implikationen überprüfen.

II. Vorsteuerabzug

1. Vorsteuerabzug beim Erwerb von Fahrzeugen

a) Kein Vorsteuerabzug aus dem Erwerb von zum Verkauf bestimmten Luxusfahrzeugen

400 In seinem Urteil vom 8.9.2022[1] hatte der BFH über den Vorsteuerabzug aus dem Erwerb von zwei hochpreisigen Fahrzeugen zu entscheiden. Bei dem Erwerber handelte es sich um eine Gesellschaft, deren Haupttätigkeit die Übernahme der Geschäftsführung und Haftung als Komplementär-GmbH einer KG bildet. Die Fahrzeuge wurden nach dem Erwerb ohne Zulassung in einer Halle abgestellt.

Nach Auffassung des BFH steht der Gesellschaft **kein Vorsteuerabzug aus dem Erwerb der Fahrzeuge** zu, da diese mit dem Erwerb der Fahrzeuge **keine wirtschaftliche Tätigkeit** im Hinblick auf diese Gegenstände begründete und diese dem außerunternehmerischen Bereich der GmbH zuzuordnen waren.

Der Erwerb von Gegenständen als **Wertanlagen mit einer möglichen Veräußerungsabsicht** genügten im Streitfall dem BFH nicht für die Begründung einer eigenständigen wirtschaftlichen Tätigkeit. Ebenfalls könnten die Fahrzeugerwerbe nicht als unmittelbare, dauerhafte und notwendige **Erweiterung der originären Unternehmenstätigkeit** eingeordnet werden, durch die ebenfalls ein Handeln als Unternehmer begründet werden könnte.

> **Anmerkung:**
>
> In einer Parallelentscheidung wurde der Vorsteuerabzug mit nahezu gleich lautender Begründung im Fall eines **Einzelkaufmannes** versagt.[2]

b) Pkw-Überlassung im Rahmen des sog. Ehegattenvorschaltmodells

401 In dem Urteilsfall[3] ging es um die **Überlassung eines Pkw** an einen freiberuflich tätigen Arzt durch seine Ehefrau im Rahmen eines sog. **Ehegatten-Vorschaltmodells**: Die

---
1) BFH v. 8.9.2022, V R 26/21, BStBl II 2023, 361 = HFR 2023, 699 mit Anm. Fu.
2) BFH v. 8.9.2022, V R 27/21, BFH/NV 2023, 276.
3) BFH v. 29.9.2022, V R 29/20, BStBl II 2023, 986; hierzu auch Durst, BeSt 2023, 21.

Ehefrau begehrte den Vorsteuerabzug aus dem Erwerb des Pkw, den sie auf Grundlage einer vertraglichen Vereinbarung ihrem Ehemann entgeltlich zur Nutzung überließ.

In seinem Urteil kommt der BFH zu dem Ergebnis, dass es sich bei der **Nutzungsüberlassung** durch die Ehefrau um eine zum **Vorsteuerabzug berechtigende Tätigkeit als Unternehmer** handelt. Dem steht insb. nicht entgegen, dass die Überlassung nur an einen einzigen Kunden erfolgt, da eine Tätigkeit am allgemeinen Markt nicht erforderlich ist. Außerdem hebt der BFH hervor, dass die Überlassung an den Ehemann nicht auf familienrechtlicher Grundlage erfolgte, sondern aufgrund eines **tatsächlich durchgeführten, marktüblichen Leasingvertrags**. Ferner bestand bereits bei Erwerb des Pkw die Absicht, diesen nicht für den Familienbedarf zu nutzen, sondern dem freiberuflich tätigen Ehegatten als umsatzsteuerlichen Unternehmer zu überlassen.

> **Beratungshinweis:**
>
> In seiner bisherigen Rechtsprechung hat der BFH bei der Beurteilung, ob es sich bei Ehegatten-Vorschaltmodellen um **rechtsmissbräuchliche Gestaltungen** handelt, darauf abgestellt, ob der Vermieter-Ehegatte die Mittel für den Erwerb und den Unterhalt des überlassenen Gegenstands aus eigenem Einkommen bzw. Vermögen leisten kann. Danach liegt bei einem **finanziell unabhängigen Vermieter-Ehegatten** selbst dann kein Rechtsmissbrauch vor, wenn dessen Vorschaltung den **Vorsteuerabzug erst ermöglicht**, weil der Ehegatte als Nichtunternehmer oder als Unternehmer mit steuerbefreiten Umsätzen nicht zum Vorsteuerabzug berechtigt ist.[1]

2. Keine Mitteilung der Zuordnungsentscheidung bei gemischt-genutzten Gegenständen erforderlich

402 Mit Urteil vom 29.9.2022[2] bestätigt nunmehr auch der **V. Senat des BFH** im Falle eines Wohn- und Bürogebäudes, welches nach Fertigstellung umsatzsteuerpflichtig vermietet werden soll, dass die **Dokumentation der Zuordnungsentscheidung** keine fristgebundene Mitteilung dieser erfolgten Zuordnung gegenüber der Finanzverwaltung erfordert. Damit schließt der Senat sich der Rechtsprechung des XI. BFH-Senats und des EuGH an.[3]

3. Unternehmereigenschaft und Vorsteuerabzug bei Forschungseinrichtungen

403 Mit BMF-Schreiben vom 27.1.2023[4] ergänzt die Finanzverwaltung den UStAE um eine **einheitliche Begriffsbestimmung zur Unternehmereigenschaft von Forschungseinrichtungen** und Erläuterungen dazu, welche Tätigkeiten dem unternehmerischen Bereich zuzuordnen sind.

Zum unternehmerischen Bereich gehören danach bspw. die Eigenforschung sowie die **Auftragsforschung**, vorausgesetzt die Forschungsergebnisse sollen nachhaltig zur Erzielung von Einnahmen verwendet werden. Auch die **Grundlagenforschung** kann zum unternehmerischen Bereich zählen, wenn sie dazu dient, die unternehmerische Verkaufstätigkeit zu steigern und die Marktposition zu stärken.

Übt eine Forschungseinrichtung ihre Tätigkeit unternehmerisch aus, ist sie unter den Voraussetzungen des § 15 UStG zum Vorsteuerabzug berechtigt. Für den nicht unternehmerischen Bereich ist demgegenüber der Vorsteuerabzug grundsätzlich ausgeschlossen. Ist eine Forschungseinrichtung **sowohl unternehmerisch als auch nicht unternehmerisch tätig**, sind Vorsteuerbeträge grundsätzlich zuzuordnen. Für die Aufteilung von Vorsteuerbeträgen auf nicht direkt zuordenbare Kosten stellt die Finanzverwaltung ein kostenbasiertes pauschales Berechnungsschema zur Verfügung.

---

1) BFH v. 4.5.1994, XI R 67/93, BStBl II 1994, 829.
2) BFH v. 29.9.2022, V R 4/20, BFHE 277, 543; hierzu auch Prätzler, jurisPR-SteuerR 13/2023 Anm. 5.
3) BFH v. 4.5.2022, XI R 29/21 (XI R 7/19), BFH/NV 2022, 881 und XI R 28/21 (XI R 3/19), BFH/NV 2022, 878; vgl. hierzu auch Brill, BeSt 2022, 47, sowie EuGH v. 14.10.2021, E/FA N und Z/FA G, C-45/20 und C-46/20, HFR 2021, 1228. Vgl. hierzu Ebner Stolz / BDI Steuer- und Wirtschaftsrecht 2023, Rz. 431.
4) BMF v. 27.1.2023, III C 2 – S 7104/19/10005 :003, BStBl I 2023, 314.

Die genannten Änderungen werden in Abschn. 2.10 Abs. 10 und 11 UStAE umgesetzt und sind in allen **offenen Fällen** anzuwenden.

4. Vorsteuerabzug bei Betriebsveranstaltungen

In seinem Urteil vom 10.5.2023[1)] stellt der BFH hinsichtlich der Beurteilung des **Vorsteuerabzugs für ein Kochevent als Betriebsweihnachtsfeier** zunächst klar, dass ein Unternehmer nur dann zum Vorsteuerabzug aus Leistungen für Betriebsveranstaltungen berechtigt ist, wenn die bezogenen Leistungen nicht ausschließlich dem privaten Bedarf der Betriebsangehörigen dienen, sondern durch die **besonderen Umstände seiner wirtschaftlichen Tätigkeit bedingt** sind. Steht eine Veranstaltung ausschließlich in Zusammenhang mit dem privaten Bedarf des Personals, resultiere daraus grundsätzlich eine nicht zum Vorsteuerabzug berechtigende **Entnahme**. **404**

Wie schon mit Urteil vom 9.12.2010[2)] entschieden, ist der Unternehmer allerdings zum Vorsteuerabzug berechtigt, wenn eine **Entnahmebesteuerung nach § 3 Abs. 9a Nr. 2 UStG unterbleibt**, weil es sich um eine **Aufmerksamkeit** handelt.

Ehemals wurde dazu die im Lohnsteuerrecht geltende 110 Euro-Freigrenze herangezogen, bei deren lohnsteuerlicher Prüfung die Kosten für die Ausgestaltung der Betriebsveranstaltung grundsätzlich unberücksichtigt blieben.[3)] Seit dem VZ 2015 gilt lohnsteuerlich für Betriebsveranstaltungen ein **Freibetrag von 110 Euro** (§ 19 Abs. 1 Satz 1 Nr. 1a EStG).

Für Zwecke der **Umsatzsteuer** und die Beurteilung von Aufmerksamkeiten orientiert sich der BFH – übereinstimmend mit der Auffassung der Finanzverwaltung[4)] – im vorliegenden Urteil zwar an dieser 110 Euro-Grenze, sieht darin aber auch ab dem VZ 2015 weiterhin eine Freigrenze von 110 Euro. Allerdings seien bei der Prüfung der **Freigrenze** auch die **Kosten des äußeren Rahmens** einzubeziehen, wenn es sich bei der Betriebsveranstaltung um eine einheitliche Leistung handelt.

Lohnsteuerlich liegt **kein Arbeitslohn** der an einer Betriebsveranstaltung teilnehmenden Arbeitnehmer vor, soweit die **Zuwendungen den Freibetrag von 110 Euro nicht übersteigen**. Dieser Freibetrag kann für zwei Veranstaltungen im Kalenderjahr in Anspruch genommen werden. Der Freibetrag **soll durch das Wachstumschancengesetz mit Wirkung ab 2024 auf 150 Euro** angehoben werden (→ Rz. 121).

> **Beratungshinweis:**
>
> Zum **Jahresende 2023** sollte geprüft werden, ob und wie der **110 Euro-Freibetrag bereits genutzt wurde**. Erst ab 2024 würde der erhöhte Freibetrag zur Anwendung kommen. Abzuwarten bleibt, ob auch umsatzsteuerlich von einer entsprechend auf 150 Euro angehobenen Freigrenze ausgegangen werden kann.

5. Vorsteuerabzug einer geschäftsleitenden Holding

Aufgrund eines Vorabentscheidungsersuchens des BFH[5)] hat der EuGH[6)] entschieden, dass einer Führungsholding kein Vorsteuerabzug für Eingangsleistungen zusteht, die als unentgeltliche Gesellschafterbeiträge in ihre Tochtergesellschaften eingelegt werden. **405**

---

1) BFH v. 10.5.2023, V R 16/21, BStBl II 2023, 1023; hierzu auch Korn, kösdi 2023, 23326, 23335, Rz. 377, Strecker, BeSt 2023, 43, Kirch, StEd 2023, 462, Weber-Grellet, jurisPR-ArbR 35/2023 Anm. 6.
2) BFH v. 9.10.2010, V R 17/10, BStBl II 2012, 53.
3) BFH v. 16.5.2013, VI R 94/10, BStBl II 2015, 186.
4) BMF v. 14.10.2015, IV C 5 – S 2332/15/10001, BStBl I 2015, 832.
5) BFH v. 23.9.2020, XI R 22/18, DStR 2021, 346.
6) EuGH v. 8.9.2022, C-98/21, W-GmbH, DStR 2022, 1904; hierzu auch Prätzler, jurisPR-SteuerR 44/2022 Anm. 4, Bleckmann/Fetzer, BB 2023, 668; Reichert, DStR 2022, 2405

In seinem Folgeurteil vom 15.2.2023[1]) entscheidet der **BFH** entsprechend, dass der **Vorsteuerabzug für Eingangsleistungen** einer Führungsholding, die nicht in einem direkten und unmittelbaren **Zusammenhang mit den eigenen Umsätzen der Holding**, sondern mit den Umsätzen Dritter (der Tochtergesellschaft) stehen und keinen Eingang in den Preis der an die Tochtergesellschaft erbrachten steuerpflichtigen Umsätze findet, zu **versagen** sei.

> **Beratungshinweis:**
>
> Vor dem Hintergrund dieses Urteils sollten Holdinggesellschaften beim Bezug von Dienstleistungen auf eine **ausreichende Dokumentation** des Bezugs für das eigene Unternehmen achten.

III. Steuersatz

1. Verlängerung des ermäßigten Umsatzsteuersatzes für Restaurations- und Verpflegungsleistungen und bei Gas-/Wärmelieferungen

406   Mit dem Achten Gesetz zur Änderung von Verbrauchsteuergesetzen[2]) wurde die Anwendung des **ermäßigten Steuersatzes von 7 % auf Restaurant- und Verpflegungsleistungen** bis zum **31.12.2023 verlängert**.[3]) Ab 1.1.2024 gilt wieder der reguläre Umsatzsteuersatz auf Restaurant- und Verpflegungsleistungen in Höhe von 19 %.

Ebenso wurde für **Lieferungen von Gas über das Erdgasnetz** und von **Wärme** über ein Wärmenetz, die vom **1.10.2022 bis zum 31.3.2024** bewirkt werden, die Anwendung des ermäßigten Steuersatzes von 7 % eingeführt.[4]) Nach dem 31.3.2024 erbrachte Gas- und Wärmelieferungen sind damit wieder einheitlich mit dem Regelsteuersatz von 19 % zu versteuern.

> **Beratungshinweis:**
>
> Da die Steuersatzermäßigung zum 31.3.2024 endet, sollten betroffene **Versorgungsunternehmen bzw. die Leistungsempfänger** prüfen, ob die Lieferungen weiterhin als Gesamtleistung bezogen werden oder **ob** Teilleistungen vereinbart und durchgeführt werden können.

2. Nullsteuersatz für Umsätze im Zusammenhang mit bestimmten Photovoltaikanlagen

407   Im Zuge des **JStG 2022**[5]) wurden umfangreiche **ertrag- und umsatzsteuerliche Vereinfachungsregelungen für kleine Photovoltaikanlagen** getroffen und eigens ein neuer **Umsatzsteuersatz von 0 %** für bestimmte Umsätze im Zusammenhang mit Photovoltaikanlagen eingeführt. Konkret unterliegt **seit 1.1.2023** die Lieferung von Photovoltaikanlagen einem Umsatzsteuersatz von 0 %, wenn diese auf oder in der Nähe von **Privatwohnungen, Wohnungen sowie öffentlichen und anderen Gebäuden**, die für dem Gemeinwohl dienende Tätigkeiten genutzt werden, installiert werden. Dem Nullsteuersatz unterliegt zudem **die Einfuhr, der innergemeinschaftliche Erwerb und die Installation** solcher Anlagen (§ 12 Abs. 3 UStG).

In seinem Schreiben vom 27.2.2023[6]) geht das BMF auf die Anwendungsvoraussetzungen ein und nimmt u.a. zur Bestimmung des Leistungszeitpunktes und zur Handhabung der Besteuerung unentgeltlicher Wertabgaben bei Alt- und Neuanlagen Stellung.

---

1) BFH v. 15.2.2023, XI R 24/22 (XI R 22/18), BStBl II 2023, 940 = HFR 2023, 1020 mit Anm. Nacke; hierzu auch Prätzler, jurisPR-SteuerR 37/2023 Anm. 4.
2) Gesetz v. 24.10.2022, BGBl. I 2022, 1838.
3) Vgl. hierzu Ebner Stolz / BDI Steuer- und Wirtschaftsrecht 2023, Rz. 441.
4) Gesetz v. 19.10.2022, BGBl. I 2022, 1743. Vgl. hierzu Ebner Stolz / BDI Steuer- und Wirtschaftsrecht 2023, Rz. 439.
5) Gesetz v. 16.12.2022, BGBl. I 2022, 2294 = BStBl I 2023, 7.
6) BMF v. 27.2.2023, III C 2 – S 7220/22/10002 :010, BStBl I 2023, 351. Vgl. hierzu Becker, MwStR 2023, 290.

> **Beratungshinweis:**
>
> Eine von den allgemeinen Regeln abweichende **Bestimmung des Lieferzeitpunktes** für die Anwendung des Nullsteuersatzes wurde im BMF-Schreiben nicht vorgesehen. Hinsichtlich der Bestimmung des Lieferzeitpunktes gelten **die allgemeinen Regeln**, denn in Abschn. 12.18 Abs. 1 Satz 2 UStAE wird auf Abschn. 13.1 UStAE (Entstehung der Steuer bei der Besteuerung nach vereinbarten Entgelten) verwiesen.
>
> In der Praxis wurden verschiedene mögliche Lieferzeitpunkte diskutiert (Abnahme der Anlage, Anbindung ans Stromnetz, Beginn der entgeltlichen Einspeisung, Genehmigung durch die Stadtwerke etc.). Die Finanzverwaltung nimmt hierzu im Rahmen ihrer Verwaltungsanweisungen nicht detailliert Stellung. Einem auf der Internetseite des BMF veröffentlichten **FAQ** „Umsatzsteuerliche Maßnahmen zur Förderung des Ausbaus von Photovoltaikanlagen" lässt sich jedoch entnehmen, dass die Finanzverwaltung bei an das öffentliche Stromnetz angeschlossenen Anlagen davon ausgeht, dass der Leistungszeitpunkt mit dem (ordentlichen) **Anschluss an das öffentliche Stromnetz** zusammenfällt.

3. Vermietung von Wohncontainern an Arbeitnehmer

408 Werden Wohn- und Schlafräume zur kurzfristigen Beherbergung von Fremden vermietet, greift der ermäßigte Umsatzsteuersatz von 7 % (§ 12 Abs. 2 Nr. 11 UStG). Mit Urteil vom 29.11.2022[1] bejahte der BFH die Anwendung des **ermäßigten Steuersatzes** bei der **saisonalen Vermietung von nicht ortsfesten Wohncontainern an Arbeitnehmer**. Für die Anwendung des ermäßigten Steuersatzes müsse keine Verbindung mit einem Grundstück bestehen (ähnlich der Vermietung von Wohnwägen auf Campingplätzen).

Im Streitfall hatte ein Landwirt für maximal drei Monate Wohncontainer an Erntehelfer vermietet. Laut BFH war die Leistung **mit einer Hotelunterbringung vergleichbar**, denn die Saisonarbeiter hatten kurzfristigen Bedarf an Wohnraum, der anderweitig nur über eine Unterkunft in einem Hotel oder einer Pension zu decken gewesen wäre.

Diese Rechtsprechungsgrundsätze hat **BMF** mit Schreiben vom 6.10.2023[2] und den **UStAE** entsprechend angepasst.

Das BMF-Schreiben ist in **allen offenen Fällen anzuwenden**. Für **bis zum 31.12.2023** ausgeführte Leistungen wird es – auch für Zwecke des Vorsteuerabzugs des Leistungsempfängers – **nicht beanstandet**, wenn sich der leistende Unternehmer auf die Anwendung des **Regelsteuersatzes** beruft.

4. Bedeutung der zollrechtlichen Einordnung für die Anwendung des ermäßigten Steuersatzes

a) Ermäßigter Steuersatz für die Lieferung von Holzhackschnitzeln trotz fehlender zolltariflicher Einordnung

409 Die Anwendung des ermäßigten Steuersatzes setzt nach § 12 Abs. 2 Nr. 1 UStG i.V.m. Anlage 2 eine Zolltarifierung voraus. Diese Zolltarifierung fehlt bei **Holzhackschnitzeln**, so dass nach der bisherigen Rechtsprechung des BFH hierauf der reguläre Steuersatz zur Anwendung kam.[3]

Mit Urteil vom 3.2.2022[4] entschied der **EuGH**, dass es einem Mitgliedstaat gestattet sei, die **Anwendung des ermäßigten Steuersatzes** auf bestimmte **Kategorien von Brennholz** zu begrenzen, sofern der Grundsatz der steuerlichen Neutralität gewahrt bleibe. Dieser sei gewahrt, wenn Holzhackschnitzel und andere Formen von Brennholz aus Sicht des Durchschnittsverbrauchers **nicht austauschbar** seien. Dies zu beurteilen, oblag dem vorlegenden Gericht.

---

[1] BFH v. 29.11.2022, XI R 13/20, BStBl II 2023, 938; hierzu auch Prätzler, jurisPR-SteuerR 19/2023 Anm. 5.
[2] BMF v. 6.10.2023, III C 2 – S 7245/19/10001 :004, BStBl I 2023, 1704.
[3] BFH v. 26.6.2018, VII R 47/17, BStBl II 2023, 457; hierzu auch Fischer, jurisPR-SteuerR 49/2018 Anm. 5.
[4] EuGH v. 3.2.2022, Finanzamt A, C-515/20, HFR 2022, 282; hierzu auch Joost/Szabó, UVR 2022, 100.

In seinem Urteil vom 21.4.2022[1)] kam der **BFH** zu dem Ergebnis, dass das Finanzgericht die erforderliche **Austauschbarkeit** zutreffend bejaht hatte und entschied daher, dass Holzhackschnitzel – entgegen seiner bisherigen Rechtsprechung – dem **ermäßigten Steuersatz** unterliegen. Das Fehlen der für die Anwendung des ermäßigten Steuersatzes erforderlichen zolltariflichen Einordnung stehe dem nicht entgegen.

Mit **BMF-Schreiben** vom 4.4.2023[2)] wendet die Finanzverwaltung nun dieses Urteil an. Das Urteil ist jedoch **nur auf die Lieferung von Holzhackschnitzeln anzuwenden**, die nach der Art ihrer Aufmachung und der verkauften Menge **zum Verbrennen bestimmt** sind. Auf andere nicht in der Anlage 2 zu § 12 UStG enthaltene Waren ohne zolltarifliche Einordnung sei die BFH-Rechtsprechung nicht anzuwenden. Insofern hält die Finanzverwaltung weiterhin am Erfordernis der Zolltarifierung fest. Das BMF-Schreiben ist **in allen offenen Fällen anzuwenden**. Für vor dem 31.12.2023[3)] ausgeführte Leistungen wird es – auch für Zwecke des Vorsteuerabzugs des Leistungsempfängers – nicht beanstandet, wenn sich der leistende Unternehmer auf die Anwendung des Regelsteuersatzes beruft.

b) Umsatzsteuersatzermäßigung für Werbelebensmittel

410 Die **zollrechtlichen Vorschriften**, die für die Auslegung der **Anlage 2** zu § 12 Abs. 2 Nr. 1 UStG relevant sind, stellen auf die objektiven Eigenschaften von Liefergegenständen ab. „Übliche" **Verpackungen sind für die Steuersatzbestimmung unbeachtlich**. Laut BFH[4)] rechtfertigt demnach die **Lieferung von Lebensmitteln zu Werbezwecken** keine Versagung der Steuersatzermäßigung. Der Verwendungszweck von Erzeugnissen sei zolltariflich nur von Bedeutung, wenn er diesem objektiv innewohnt, wobei übliche Verpackungen außer Acht bleiben.

> **Anmerkung:**
> Der BFH hat den Streitfall an das zuständige Finanzgericht zurückverwiesen. Im zweiten Rechtsgang hat das FG Berlin-Brandenburg nun zu prüfen, ob für die Verpackungen eine separate Tarifierung nötig ist oder diese wie das Packgut einzureihen sind.

IV. Organschaft

1. Erneute EuGH-Vorlage des V. Senats zur deutschen Organschaftsregelung

411 Aufgrund zweier **EuGH-Vorlagebeschlüsse** der beiden mit Umsatzsteuer befassten Senate des BFH stand die deutsche Regelung zur umsatzsteuerlichen Organschaft auf dem Prüfstand.[5)] In beiden Verfahren **bestätigte der EuGH** mit Urteilen vom 1.12.2022[6)] die **generelle EU-Konformität der deutschen Organschaftsregelung**, wonach unter bestimmten Voraussetzungen der Organträger zum einzigen umsatzsteuerlichen Steuerpflichtigen einer Gruppe bestimmt werden kann.

Mit seiner **Folgeentscheidung** vom 18.1.2023[7)] **bestätigt der BFH diese Sichtweise** und **modifiziert seine bisherige Rechtsprechung** zur finanziellen Eingliederung: Zwar erfordert die finanzielle Eingliederung im Grundsatz weiterhin, dass dem Organträger die

---

1) BFH v. 21.4.2022, V R 2/22 (V R 6/18), BStBl II 2023, 460; hierzu auch Prätzler, jurisPR-SteuerR 35/2022 Anm. 5.
2) BMF v. 4.4.2023, III C 2 – S 7221/19/10002 :004, BStBl I 2023, 733.
3) BMF v. 29.9.2023, III C 2 – S 7221/19/10002 :004, BStBl I 2023, 1702.
4) BFH v. 23.2.2023, V R 38/21, BStBl II 2023, 797 = HFR 2023, 794 mit Anm. Bender.
5) Vgl. hierzu Ebner Stolz / BDI Steuer- und Wirtschaftsrecht 2023, Rz. 443.
6) EuGH v. 1.12.2022, Norddeutsche Gesellschaft für Diakonie mbH und Finanzamt T, C-141/20 und C-269/20, MwStR 2022, 880 und MwStR 2022, 891. Vgl. hierzu Nücken, AG 2023, 78 und Janott, WPg 2023, 601.
7) BFH v. 18.1.2023, XI R 29/22 (XI R 16/18), BFH/NV 2023, 675. Vgl. hierzu Brinkmann/Walter-Yadegardjam, DStR 2023, 1441; Kirch, StEd 2023, 190.

Mehrheit der Stimmrechte an der Organgesellschaft zusteht. Eine finanzielle Eingliederung kann nunmehr aber auch bei einer Beteiligung von nur 50 % an den Stimmrechten vorliegen, wenn die erforderliche Willensdurchsetzung dadurch gesichert ist, dass der Gesellschafter eine Mehrheitsbeteiligung am Kapital der Organgesellschaft hält und er den einzigen Geschäftsführer der Organgesellschaft stellt. An seiner bisherigen Rechtsprechung, wonach eine Organschaft zwischen reinen Schwestergesellschaften ohne Einbeziehung des gemeinsamen Gesellschafters nicht möglich ist, hält der BFH weiterhin fest.

Nicht eindeutig waren die Aussagen des EuGH zur **Nichtsteuerbarkeit der Innenumsätze**. Daher legte der V. Senat des BFH mit einem weiteren Beschluss vom 26.1.2023[1)] dem **EuGH erneut zwei neue Fragen** zur umsatzsteuerlichen Organschaft vor und rückt damit die Nichtsteuerbarkeit von Innenumsätzen in den Fokus: Zweifel an der Nichtsteuerbarkeit der Innenumsätze ergeben sich für den V. Senat des BFH, insbesondere weil der EuGH die Organgesellschaft in seinen aktuellen Urteilen als selbständig ansieht und zudem die Organschaft nicht zur Gefahr von Steuerverlusten führen dürfe. Dies könnte jedoch der Fall sein, wenn der Organträger, wie im Streitfall, nicht zum vollen Vorsteuerabzug berechtigt ist. Das **Revisionsverfahren** wird bis zur Entscheidung des EuGH **ausgesetzt**.

2. Personengesellschaft als umsatzsteuerliche Organgesellschaft

Bisher setzt die **Einbeziehung einer Personengesellschaft** in einen umsatzsteuerlichen Organkreis nach der Rechtsprechung des V. Senats des BFH und der Finanzverwaltung die **finanzielle Eingliederung der Personengesellschaft** und aller **weiteren Gesellschafter** an dieser voraus.[2)] Dieser restriktiven Auffassung widersprach der **EuGH** auf Vorlage des FG Berlin-Brandenburg mit seinem Urteil vom 15.4.2021.[3)]

412

Dieser Rechtsprechung schließt sich der V. Senat des **BFH** mit Urteil vom 16.3.2023[4)] im Hinblick auf die Einbeziehung von Personenhandelsgesellschaften mit „kapitalistischer Struktur", wie etwa die **GmbH & Co. KG**, an und gibt seine bisherige Rechtsprechung auf. Eine solche Personengesellschaft kann nunmehr auch nach Auffassung des V. Senats **Organgesellschaft sein, wenn an dieser neben dem Organträger auch Personen beteiligt sind, die in das Unternehmen des Organträgers nicht finanziell eingegliedert** sind.

Abzuwarten bleibt nun, wie die Finanzverwaltung auf die Rechtsprechungsänderung reagiert. Offen ist zudem, inwiefern die Grundsätze auch **auf nicht kapitalistisch strukturierte Personengesellschaften** übertragen werden können.

> **Beratungshinweis:**
>
> Weiterhin enthält das Urteil **verfahrensrechtliche Hinweise** zu der geänderten Rechtsauffassung: Organträger und Organgesellschaft können nach Auffassung des BFH nicht beanspruchen, im selben Besteuerungszeitraum für den einen Unternehmensteil (z.B. Organgesellschaft) auf der Grundlage der bisherigen Rechtsprechung und für den anderen Unternehmensteil (z.B. Organträger) nach der geänderten Rechtsprechung besteuert zu werden. Nach Auffassung des BFH kann sich die Personengesellschaft nur dann auf ihre Einbeziehung als Organgesellschaft berufen, wenn der Organträger zur Vermeidung eines widersprüchlichen Verhaltens bei der Anwendung des § 176 Abs. 1 Satz 1 Nr. 3 AO einen **Antrag auf Änderung** der für ihn geltenden **Steuerfestsetzung** stellt.

---

1) BFH v. 26.1.2023, V R 20/22 (V R 40/19), BStBl II 2023, 530 = HFR 2023, 1008 mit Anm. Fu; anhängig beim EuGH, Finanzamt T II, C-184/23.
2) Abschn. 2.8 Abs. 5a Satz 1 UStAE und BFH v. 2.12.2015, V R 25/13, BStBl II 2017, 547.
3) EuGH v. 15.4.2021, Finanzamt für Körperschaften Berlin, C-868/19, HFR 2021, 726.
4) BFH v. 16.3.2023, V R 14/21 (V R 45/19), BFH/NV 2023, 790 = HFR 2023, 1012 mit Anm. Fu.

3. Wirtschaftliche Eingliederung bei umsatzsteuerlicher Organschaft

413 In dem Urteilsfall vom 11.5.2023[1)] war das Vorliegen einer **umsatzsteuerlichen Organschaft** zwischen einer **GmbH** als Organgesellschaft und ihrem **alleinigen Gesellschafter und Geschäftsführer streitig**. Die GmbH war Teil einer **Unternehmensgruppe**, der mehrere Gesellschaften angehörten, die unter einheitlichem Marktauftriff Dienstleistungen im Immobilienbereich (u.a. Projektentwicklung, Finanzierungsberatung von Anlegern und Eigentümern, Sanierungsleistung) anbot. Zur Geschäftstätigkeit der GmbH gehörte u.a. die Verwaltung von Mieteinheiten, die im Eigentum des Gesellschafters standen. Zudem mietete die GmbH Büroräume von einer GbR, an der der Gesellschafter zu 95 % beteiligt war. Im Jahr 2012 wurde das Insolvenzverfahren über das Vermögen der GmbH und des Alleingesellschafters eröffnet. In der Folge beantragte die GmbH für die Jahre 2008 bis 2012 die Herabsetzung der Umsatzsteuer auf 0 Euro wegen einer umsatzsteuerlichen Organschaft zum Alleingesellschafter/Geschäftsführer. Die wirtschaftliche Eingliederung ergebe sich aus der Anmietung der Büroräume. Sowohl das Finanzamt als auch das Finanzgericht verneinten eine umsatzsteuerliche Organschaft.

Der BFH kam hingegen zu dem Ergebnis, dass sich eine **wirtschaftliche Eingliederung** der GmbH **in das Unternehmen des Gesellschafters** grundsätzlich auch mittelbar aufgrund von **Verflechtungen der GmbH mit anderen Gesellschaften der Unternehmensgruppe**, die **ihrerseits Organgesellschaften** des Gesellschafters sind, ergeben kann.

Inwiefern solche Verflechtungen aufgrund wirtschaftlicher Beziehungen zwischen der GmbH und weiteren Gesellschaften der Unternehmensgruppe bestehen, hat das FG nun festzustellen, an das der Streitfall zurückverwiesen wurde. Zwar habe das FG zurecht verneint, dass sich die wirtschaftliche Eingliederung aufgrund der an den Gesellschafter erbrachten Hausverwaltungsleistungen wie **Buchführungs- und Personalverwaltungsdienstleistungen** ergäbe. Allerdings können diese Hausverwaltungsleistungen aufgrund der Bedeutung in der Gruppe dennoch zu einer wirtschaftlichen Verflechtung führen. Bei den Feststellungen sei laut BFH außerdem zu berücksichtigen, dass die Leistungserbringung der GmbH an Dritte keine Verflechtung zwischen der GmbH und weiteren Gesellschaften der Unternehmensgruppe begründen könne. Des Weiteren sei es für die mittelbare wirtschaftliche Eingliederung der GmbH nicht ausreichend, dass der Gesellschafter selbst gegen Zahlung von Provisionen Leistungen an die übrigen Gesellschaften der Unternehmensgruppe erbrachte, da dies lediglich eine Organschaft zwischen ihm und diesen Gesellschaften, nicht aber der GmbH begründen könne.

4. Beendigung der umsatzsteuerlichen Organschaft in Insolvenzfällen

414 Die OFD Frankfurt hat ihre Rundverfügung zur Beendigung der umsatzsteuerlichen Organschaft insb. in Fällen der Insolvenz mit Datum vom 6.9.2023[2)] aktualisiert. Die darin enthaltenen Ausführungen ergänzen die Grundsätze der Beendigung der Organschaft in Insolvenzfällen nach Abschnitt 2.8 Abs. 12 UStAE.

Neben überwiegend redaktionellen Anpassungen und der Aktualisierung der Daten in den erläuternden Beispielen wurde unter 7. ein Passus zur Liquidation und Vermögenslosigkeit ergänzt. Danach hat der **bloße Beschluss über die Auflösung der Gesellschaft** und die anschließende Abwicklung der Geschäfte der Organgesellschaft **keinen Einfluss** auf die umsatzsteuerliche Organschaft. Die Organgesellschaft rechnet vielmehr regelmäßig so lange zum Unternehmen des Organträgers, bis die Liquidation abgeschlossen und das vorhandene Gesellschaftsvermögen veräußert ist. Auch eine Vermögenslosigkeit allein führt nicht zur Beendigung der Organschaft.

[1)] BFH v. 11.5.2023, V R 28/20, BStBl II 2023, 992 = HFR 2023, 1097 mit Anm. Bender; hierzu auch Kirch, StEd 2023, 572.
[2)] OFD Frankfurt v. 6.9.2023, S 7105 A – 00066 – 0357 – St1 – St 110.2, StEd 2023, 667 = MwStR 2023, 786; ersetzt bisherige Rundverfügung v. 9.3.2021, S 7105 A – 21 – St 110.2.

C. Umsatzsteuer

> **Beratungshinweis:**
> Demgegenüber führt die Liquidation des Organträgers regelmäßig zur Beendigung der Organschaft, da mit der Einstellung der aktiven unternehmerischen Tätigkeit des Organträgers die wirtschaftliche Eingliederung entfällt.

V. Sonstige umsatzsteuerliche Themen

1. Ordnungsgemäße Rechnung bei innergemeinschaftlichen Dreiecksgeschäften

Bei **grenzüberschreitenden Warenlieferungen** zwischen mehreren Unternehmern aus unterschiedlichen EU-Mitgliedsstaaten ermöglicht die umsatzsteuerliche Behandlung als sog. **Dreiecksgeschäft** im Rahmen einer Vereinfachungsregelung **die Verlagerung der Umsatzsteuerschuld auf den letzten Erwerber**, sodass der innergemeinschaftliche Erwerb des mittleren Unternehmers im Bestimmungsland als besteuert gilt (§ 25b UStG). Der Zwischenerwerber muss sich daher nicht im Bestimmungsland registrieren.

415

In einem österreichischen Vorabentscheidungsverfahren entschied der **EuGH** mit Urteil vom 8.12.2022[1], dass die **Bestimmung des Empfängers als Steuerschuldner materielle Voraussetzung** für die Anwendung der **Vereinfachungsregelung** für Dreieckgeschäfte sei und folglich für die im Rahmen der für Dreiecksgeschäfte geltenden Ausnahmeregelung die Angabe „Steuerschuldnerschaft des Leistungsempfängers" nicht durch einen anderen Rechnungshinweis ersetzt werden könne.

Ferner führte der EuGH zu der Frage der rückwirkenden Rechnungsberichtigung aus, dass ein fehlender **Hinweis nicht über eine nachträgliche Rechnungsergänzung** (mit Rückwirkung) **nachgeholt** werden könne.

> **Beratungshinweis:**
> Das vorliegende Urteil sollte **keine generelle Ausstrahlwirkung** auf missglückte Dreiecksgeschäfte haben. Dies gilt zumindest in den Fällen, in denen **eine rückwirkende Anwendung der Vereinfachungsregelung für Dreiecksgeschäfte** nach lokalem Recht noch möglich ist und eine Besteuerung beim letzten Abnehmer durch entsprechende Hinweise auf der Rechnung sichergestellt werden kann. Dies deckt sich auch mit der Auffassung der **Generalanwältin** in den **Schlussanträgen**.[2] Danach sollte eine solche Heilung grundsätzlich möglich sein, denn aus der MwStSystRL ergibt sich keine Frist dafür, bis wann die Vereinfachungsregelung in Anspruch genommen werden muss. Zudem sollte die weitere **Rechtsentwicklung** beobachtet werden, so sind zu dem Themenkomplex derzeit verschiedene Verfahren beim BFH anhängig.[3]

2. Unberechtigter und unrichtiger Steuerausweis

a) Steuerschuld für zu Unrecht ausgewiesene Umsatzsteuer

In zwei Verfahren befasste sich der EuGH mit der Frage der Steuerschuld aufgrund eines unberechtigten Steuerausweises in einer Rechnung:

416

Im ersten Fall, einer sale-and-back Konstellation,[4] genügte für einen unberechtigten Steuerausweis bereits ein **Finanzierungsleasingvertrag**, wenn in diesem die für das **materielle Recht auf den Vorsteuerabzug nötigen Pflichtangaben enthalten** sind. Dazu muss der Vertrag zum einen die Mehrwertsteuer ausweisen und zum anderen alle nötigen Angaben enthalten, damit die Steuerverwaltung die materiellen Voraussetzungen für den Vorsteuerabzug prüfen kann. Auf den **Willen der Vertragsparteien**, das Dokument als Rechnung zu verstehen, komme es nicht an.

---

1) EuGH v. 8.12.2022, Luxury Trust Automobil GmbH, C-247/21, HFR 2023, 195 mit Anm. Schmid.
2) EuGH, Gain Kokott, v. 14.7.2021, Luxury Trust Automobil GmbH, C-247/21.
3) Rev. anhängig beim BFH unter XI R 34/22 (XI R 38/19), Vorinstanz FG Rheinland-Pfalz v. 28.11.2019, 6 K 1767/17, EFG 2020, 319 mit Anm. Amendt und Rev. anhängig beim BFH unter XI R 14/20, Vorinstanz FG Münster v. 22.4.2020, 15 K 1219/17 U, AO, EFG 2020, 1097 mit Anm. Schöppner.
4) EuGH v. 29.9.2022, Raiffeisen Leasing, C-235/21, MwStR 2022, 928 mit Anm. Weymüller.

Dritter Teil: Entwicklungen in Gesetzgebung, Rechtsprechung und Verwaltung 2023

> **Anmerkung:**
> Die Entscheidung entspricht den bisher durch den **BFH und die deutsche Finanzverwaltung** aufgestellten Grundsätzen.[1)] Danach genügt für eine Steuerschuld nach § 14c UStG, wenn das Abrechnungsdokument die fünf Mindestangaben enthält (Leistender, Leistungsempfänger, Leistungsbeschreibung, Entgelt und offen ausgewiesene Umsatzsteuer). Die **Angabe des Steuersatzes** ist nach den in Deutschland geltenden Grundsätzen **nicht erforderlich**.

In dem anderen Verfahren **verneinte** der EuGH[2)] demgegenüber die **Steuerschuld** des Rechnungsausstellers, wenn **nicht vorsteuerabzugsberechtigten Endverbrauchern** Rechnungen **mit fehlerhaften Steuerausweis** erteilt wurden, da in diesen Fällen keine Gefährdung des Steueraufkommens besteht.

> **Anmerkung:**
> Die Entscheidung ist zu begrüßen, denn gerade im B2C-Bereich (bspw. Versandhandel an Privatpersonen) stellt die Anforderung von **korrigierten Rechnungen** als Voraussetzung für eine Umsatzsteuerkorrektur nach § 14c UStG einen immensen **Verwaltungsaufwand** für Unternehmen dar. Eine zeitnahe Umsetzung durch die Finanzverwaltung wäre wünschenswert. Dem Vernehmen nach wird das Urteil auf Bund-Länder-Ebene besprochen.

b) Unrichtiger und unberechtigter Steuerausweis bei Ausweis eines negativen Umsatzsteuerbetrags

417 Mit Urteil vom 26.6.2019[3)] hat der BFH entschieden, dass eine Steuer jedenfalls dann **nicht nach § 14c UStG geschuldet wird**, wenn in dem Abrechnungsdokument die **Beträge negativ ausgewiesen** sind und sich zudem aus weiteren Dokumenten ergibt, auf die Bezug genommen wird, dass es sich um die Abrechnung einer Bonusrückvergütung handelt.

Mit BMF-Schreiben vom 18.4.2023[4)] **schließt** sich nun die **Finanzverwaltung dieser Rechtsauffassung an**. Bei der Prüfung, ob mit einem Dokument über eine Leistung abgerechnet oder lediglich eine Entgeltminderung dargestellt wird, sollen nach Auffassung der Finanzverwaltung nur dann weitere Dokumente zur Auslegung herangezogen werden, wenn auf diese ausdrücklich in der Abrechnung Bezug genommen wird. Die Grundsätze des BMF-Schreibens sind in allen offenen Fällen anzuwenden.

3. Vorabentscheidungsersuchen zum Direktanspruch im Umsatzsteuerverfahren

a) Direktanspruch im Umsatzsteuerverfahren in grenzüberschreitenden Fällen

418 Der BFH wendet sich mit Beschluss vom 3.11.2022[5)] mit einem **Vorabentscheidungsersuchen zum Direktanspruch** auf Erstattung einer vom Leistenden nach § 14c Abs. 1 UStG geschuldeten Steuer an den Leistungsempfänger an den EuGH.

Im Streitfall rechnete ein inländisches Unternehmen fälschlicherweise gegenüber einem anderen inländischen Unternehmen mit inländischem Steuerausweis ab, obwohl sich die Rechnungen auf in Italien erbrachte Lieferungen bezogen. Nach Einschätzung des BFH könnte in diesem Sachverhalt ein **Direktanspruch**[6)] gegenüber dem Fiskus auch bestehen, wenn aufgrund eines Irrtums über den Leistungsort die Steuer im falschen Mitgliedstaat entrichtet wurde und die Erstattung einer rechtsgrundlos gezahlten Mehrwertsteuer für den Leistungsempfänger wegen einer Insolvenzeröffnung beim Leistungserbringer übermäßig schwierig ist.

---

1) Absch. 14c.2 Abs. 7 UStAE; BFH v. 17.2.2011, V R 39/09, BStBl II 2011, 734.
2) EuGH v. 8.12.2022, P-GmbH, C-378/21, MwStR 2023, 227 mit Anm. Streit.
3) BFH v. 26.6.2019, XI R 5/18, BStBl II 2023, 521.
4) BMF v. 18.4.2023, III C 2 – S 7282/19/10001 :005, BStBl I 2023, 776.
5) BFH v. 3.11.2022, XI R 6/21, BStBl II 2023, 469 = HFR 2023, 486 mit Anm. Nacke; anhängig beim EuGH, H-GmbH, C-83/23. Vgl. hierzu von Streit/Streit, MwStR 2023, 412.
6) EuGH v. 15.3.2007, Reemtsma Cigarettenfabrik, C-35/05, DStRE 2007, 570 und EuGH v. 13.10.2022, HUMDA, C-397/21, DStRE 2023, 42; hierzu auch Prätzler, jurisPR-SteuerR 11/2023 Anm. 4.

Allerdings hegt der BFH nach den Verhältnissen des Streitfalls auch Zweifel an der Übertragbarkeit der Rechtsgrundsätze zum Direktanspruch, für die er den EuGH um Klärung ersucht. Der BFH möchte z.B. wissen, ob ein **zivilrechtlicher Rückforderungsanspruch** des Leistungsempfängers gegenüber dem Leistenden vorausgesetzt wird. Unabhängig von der grenzüberschreitenden Fragestellung sieht der BFH zudem die Frage als ungeklärt an, an wen der Fiskus die zu Unrecht gezahlte Umsatzsteuer in **Insolvenzfällen** erstatten muss, wenn der Rechnungsaussteller im Insolvenzverfahren den Steuerausweis berichtigt.

> **Beratungshinweis:**
> Die **Finanzverwaltung** hat mit BMF-Schreiben vom 12.4.2022[1)] auf Basis der bis zu diesem Zeitpunkt ergangenen höchstrichterlichen Rechtsprechung zum Direktanspruch im Umsatzsteuerverfahren Stellung bezogen und **hohe Hürden für die Gewährung** formuliert. Nach den durch die Finanzverwaltung in dem BMF-Schreiben aufgestellten Grundsätzen wäre der Direktanspruch wohl zweifelhaft, da dieser nachrangig gegenüber dem Berichtigungsverfahren nach § 14c Abs. UStG sei.

b) Umsatzsteuerlicher Direktanspruch bei zivilrechtlicher Verjährungseinrede

419 Hat der Leistende **unrichtig Umsatzsteuer ausgewiesen** (sog. § 14c UStG-Steuer) und vom Leistungsempfänger vereinnahmt, steht letzterem regelmäßig ein **zivilrechtlicher Erstattungsanspruch** gegen den Rechnungsaussteller zu. Unter bestimmten Voraussetzungen kann der Leistungsempfänger die Erstattung einer rechtsgrundlos an den Leistenden gezahlten Umsatzsteuer direkt vom Fiskus (anstatt vom Leistenden) verlangen. Der **Direkterstattungsanspruch** besteht laut EuGH-Urteil vom 15.3.2007[2)], wenn die (zivilrechtliche) Erstattung der Mehrwertsteuer vom Dienstleistungserbringer unmöglich oder übermäßig, insb. bei Insolvenz, erschwert ist und dieses Recht nicht in missbräuchlicher Absicht geltend gemacht wird.

Mit Urteil vom 7.9.2023[3)] hat der EuGH nun diese Rechtsprechung weiter modifiziert. Danach setzt die Unmöglichkeit oder Unverhältnismäßigkeit der zivilrechtlichen Anspruchsdurchsetzung **nicht zwingend die Zahlungsunfähigkeit des Rechnungsausstellers** voraus. Hierfür genüge vielmehr, wenn dieser die **Einrede der Verjährung** erhoben habe. Auch in diesem Fall stehe dem Leistungsempfänger ein Direktanspruch gegenüber dem Fiskus auf Erstattung der Umsatzsteuerbeträge nebst angemessener Verzinsung zu.

Die Gefahr einer **doppelten Erstattung** hält der EuGH für grundsätzlich ausgeschlossen, denn über die Erhebung der Einrede der Verjährung habe der Rechnungsaussteller sein Recht auf Erstattung gegenüber dem Fiskus verwirkt, die Geltendmachung sei daher missbräuchlich und zu versagen.

> **Beratungshinweis:**
> Die Finanzverwaltung vertritt derzeit die Auffassung, dass ein Direktanspruch gegenüber dem Fiskus nur besteht, wenn der Anspruch gegen den Leistenden noch durchsetzbar ist.[4)]

4. Bruchteilsgemeinschaft kein umsatzsteuerlicher Unternehmer

420 Mit Beschluss vom 28.8.2023[5)] bekräftigt der BFH seine jüngste Rechtsauffassung[6)], wonach eine **Bruchteilsgemeinschaft kein umsatzsteuerlicher Unternehmer sein kann**.

---
1) BMF v. 12.4.2022, III C 2 – S 7358/20/10001 :004, BStBl I 2022, 652.
2) EuGH v. 15.3.2007, Reemtsma Cigarettenfabriken, C-35/05, DStRE 2007, 570.
3) EuGH v. 7.9.2023, Schütte, C-453/22, DStR 2023, 2066; hierzu auch hierzu auch Korn, kösdi 2023, 23410, 23421, Rz. 464, Prätzler, jurisPR-SteuerR 46/2023 Anm. 5.
4) BMF v. 12.4.2022, III C 2 – S 7358/20/10001 :004, BStBl I 2022, 652.
5) BFH v. 28.8.2023, V B 44/22, DStR 2023, 2063 = HFR 2023, 1094 mit Anm. Michel; hierzu auch hierzu auch Korn, kösdi 2023, 23410, 23419, Rz. 456.
6) BFH v. 22.11.2018, V R 65/17, BFH/NV 2019, 359; v. 7.5.2020, V R 1/18, BFH/NV 2020, 1211.

So kann eine Bruchteilsgemeinschaft, anders als ihre Teilhaber, aus umsatzsteuerlicher Sicht weder eine **wirtschaftliche Tätigkeit im eigenen Namen, für eigene Rechnung** und in **eigener Verantwortung** ausüben, noch kann sie das damit verbundene wirtschaftliche **Risiko tragen.**

Im Streitfall hatte der Kläger ein an seinen Sohn umsatzsteuerpflichtig vermietetes Hotelgrundstück zunächst hälftig an seine Ehefrau übertragen und damit mit ihr eine Bruchteilsgemeinschaft gebildet. Anschließend veräußerte das Ehepaar im Jahr 2015 das Grundstück, was nach Auffassung des Finanzamts eine **Vorsteuerberichtigung** beim Kläger auslöste.

Der BFH führt in seinem Beschluss aus, dass eine **Vorsteuerberichtigung beim Kläger** nur bei **Anwendung seiner neuen Auslegungsgrundsätze** denkbar wäre. Käme die zwischenzeitlich überholte Rechtsauffassung des BFH zur Anwendung, wonach einer Bruchteilsgemeinschaft Unternehmereigenschaft zukam, hätte die Vorsteuerberichtigung aufgrund einer Geschäftsveräußerung im Ganzen bei der Bruchteilsgemeinschaft und nicht beim Kläger erfolgen müssen. Allerdings hatte die Vorinstanz, das FG Hessen, weder den Übertragungsvorgang an die Ehefrau gewürdigt noch die nötigen Feststellungen getroffen, um zu entscheiden, ob aus Vertrauensschutzgründen ggf. die alte oder bereits die neue Rechtsauffassung zur Anwendung kommen sollte. Der BFH verwies das Verfahren daher an die Vorinstanz zurück.

> **Anmerkung:**
> Auch wenn der BFH mit seinem Beschluss in der Sache nicht entschieden hat, enthält der Beschluss doch einige Randnotizen, die von Interesse sein können: Mit Geltung ab dem 1.1.2023 wurde mit dem JStG 2022[1] **§ 2 Abs. 1 Satz 1 UStG** um einen Halbsatz ergänzt, wonach als Unternehmer gilt, wer eine gewerbliche oder berufliche Tätigkeit selbständig ausübt, „**unabhängig davon, ob er nach anderen Vorschriften rechtsfähig ist**". Da die Norm im Streitjahr 2015 nicht anwendbar war, lässt der BFH offen, ob sich daraus eine abweichende Beurteilung ergeben hätte; folgt man seinen Ausführungen scheint der BFH trotz Gesetzesänderung **weiterhin Zweifel an der Tauglichkeit einer Bruchteilsgemeinschaft** als eigenständiger **Unternehmer** zu haben.

5. Unternehmereigenschaft einer Gemeinde bei defizitärem Handeln gefährdet

421 Der **EuGH** verneinte in zwei Entscheidungen die **Unternehmereigenschaft** bei **defizitären Betätigungen von Gemeinden** anhand des Kriteriums der fehlenden wirtschaftlichen Tätigkeit, da die Gemeinden hier nicht nachhaltig gehandelt und ihre Leistungen weit unter dem Marktpreis verkauft hatten.

Defizitäres Handeln bei Gemeinden im Speziellen und juristischen Personen des öffentlichen Rechts im Allgemeinen kann sich mitunter daraus ergeben, dass von dritter Seite Zuschüsse gezahlt werden und – ggf. aus sozialpolitischen Gesichtspunkten – ein Entgelt unter dem Marktpreis zu entrichten ist.

In der Rechtssache **Gmina O**.[2] wurden auf Grundstücken im Gemeindegebiet PV-Anlagen errichtet und von den Grundstückseigentümern nur der nicht subventionierte Anteil in Höhe von 25 % der Kosten eingefordert. Im Streitfall verneinte der EuGH, vorbehaltlich der Überprüfung durch das vorlegende Gericht, unter Verweis auf seine ständige Rechtsprechung eine wirtschaftliche Tätigkeit der Gemeinde. Denn der EuGH habe bereits entschieden, dass dann, wenn eine Gemeinde über die Beträge, die sie erhält, nur einen **kleinen Teil der entstehenden Kosten deckt**, während der verbleibende Teil aus **öffentlichen Mitteln finanziert wird**, die betreffenden Beträge **eher einer Gebühr als einem Entgelt** gleichzusetzen sind.[3] Zudem hegte der EuGH Zweifel

---
[1] Gesetz v. 16.12.2022, BGBl. I 2022, 2294 = BStBl I 2023, 7.
[2] EuGH v. 30.3.2023, Gmina O., C-612/21, MwStR 2023, 459; vgl. hierzu auch Prätzler; jurisPR-SteuerR 24/2023 Anm. 6.
[3] EuGH v. 12.5.2016, Borsele, C-520/14, MwStR 2016, 492.

daran, dass die Gemeinde nachhaltig gehandelt habe, weil anhand der Unterlagen nicht ersichtlich war, dass die Gemeinde beabsichtigte, Leistungen der PV-Anlagen und deren **Installation regelmäßig und dauerhaft** zu erbringen.

Ähnlich verhielt es sich in der Rechtssache **Gmina L.**[1] Auch hier war fraglich, ob eine polnische Gemeinde als Unternehmer tätig geworden ist. In diesem Entscheidungsfall beauftragte die Gemeinde Leistungen der Asbestbeseitigung fremd, ohne dass hierfür eine Kostenbeteiligung von den Grundstückseigentümern eingefordert wurde. In Höhe von 40 % bis 100 % wurden die Maßnahmen über einen Umweltschutzfonds der Gemeinde bezuschusst. Auch in diesem Fall verneinte der EuGH, vorbehaltlich der Überprüfung durch das vorlegende Gericht, eine wirtschaftliche Tätigkeit der Gemeinde. Maßgeblich hierfür war nach Auffassung des EuGH, dass **den begünstigten Grundstückseigentümern keinerlei Kosten auferlegt wurden und zudem nur ein Teil über Zuschüsse aus öffentlichen Kassen getragen wurde**.

Defizitäre Tätigkeiten der öffentlichen Hand können dazu führen, dass eine wirtschaftliche Tätigkeit der Gemeinde und damit die Unternehmereigenschaft verneint wird, mit der Folge, dass eine Besteuerung der Ausgangsseite unterbleiben kann. Im Gegenzug ist aber auch kein Vorsteuerabzug mehr möglich.

> **Anmerkung:**
> Nach der bisherigen Rechtsprechung des **BFH** konnte u.U. auch bei defizitärem Handeln gleichwohl eine **wirtschaftliche Tätigkeit der Gemeinde** vorliegen.[2] Die weitere Rechtsentwicklung muss beobachtet werden. Da vorliegend über Vorlagen nach polnischem Recht entschieden wurde, ist jedoch mit einer **zeitnahen Überprüfung des BFH nicht zu rechnen**. Hinzu kommt, dass die Rechtsprechung des EuGH zur öffentlichen Hand als Unternehmer keineswegs konsistent ist. In der Vergangenheit wurden bereits Tätigkeiten mit sehr geringem Entgelt als wirtschaftlich bewertet.
>
> Spannend ist insoweit auch die weitere **Rechtsentwicklung zu § 2b UStG**, dessen verpflichtende Erstanwendung mit dem JStG 2022[3] auf das Jahr 2025 verschoben wurde. Die Behandlung als Unternehmer setzt nicht die Prüfung einer wirtschaftlichen Tätigkeit im Sinne der o.g. Urteile voraus, vor dem Hintergrund könnte zukünftig die EU-Konformität dieser Regelung in Frage gestellt werden.

6. Margenbesteuerung von Reiseleistungen

Für **Reiseleistungen** enthält § 25 UStG eine Sonderregelung (**Margenbesteuerung**) u.a. für die Bestimmung des Leistungsortes. Zudem bestehen Beschränkungen beim Vorsteuerabzug.

422

Seit Anfang 2020 fallen jegliche Reiseleistungen, auch solche die an Unternehmer erbracht werden, grundsätzlich unter die Sonderregelung. Grundsätzlich gilt § 25 UStG für **alle Unternehmer**, die Reiseleistungen erbringen, ohne Rücksicht darauf, ob dies allein Gegenstand des Unternehmens ist. Grundsätzlich wird für das Vorliegen einer Reiseleistung vorausgesetzt, dass der Unternehmer ein **Bündel an Einzelleistungen** erbringt, welches zumindest eine Beförderungs- oder Beherbergungsleistung enthält. Eine einzelne Leistung genügt nur dann, wenn es sich um eine Beherbergungsleistung handelt.[4]

a) Weiterverkauf von Hotelkontingenten

Die Margenbesteuerung von Reiseleistungen gilt laut EuGH auch für den reinen Weiterverkauf von Hotelleistungen.[5]

423

---

1) EuGH v. 30.3.2023, Gmina L., C-616/21, MwStR 2023, 464.
2) BFH v. 28.6. 2017, XI R 12/15, BFH/NV 2017, 1400 = HFR 2017, 965 mit Anm. Rauch.
3) Gesetz v. 16.12.2022, BGBl. I 2022, 2294 = BStBl I 2023, 7.
4) BMF v. 24.6.2021, III C 2 – S 7419/19/10001 :006, BStBl I 2021, 857; Abschn. 25 UStAE mit Verweis auf EuGH v. 19.12.2018, Alpenchalets Ressorts, C-552/17, MwStR 2018, 973 und BFH v. 27.3.2019, V R 10/19 (V R 60/16), BStBl II 2021, 497.
5) EuGH v. 29.6.2023, Dyrektor Krajowej Informacji Skarbowej, C-108/22, MwStR 2023, 528; hierzu auch Prätzler, jurisPR-SteuerR 35/2023 Anm. 4.

In dem Urteilsfall ging es um die Beurteilung der Leistungen eines Konsolidierers von Hotelleistungen, wenn daneben keine zusätzlichen Dienstleistungen, wie Reiseberatung oder -planung, erbracht werden.

Mit Urteil vom 19.12.2018[1)] hatte der EuGH bereits entschieden, dass die Bereitstellung einer Ferienunterkunft unter die Sonderregelung fällt, selbst wenn diese Leistung nur die Unterbringung umfasst. In der aktuellen Entscheidung verweist der EuGH insofern auf die Grundsätze dieser Entscheidung, die auch auf die Fälle anzuwenden sind, in denen der Unternehmer keine Ferienwohnungen aber Hotelkontingente im eigenen Namen ein- und verkauft.

b) Verlängerung der Nichtbeanstandungsregelung bei Reiseleistungen von Drittlandsunternehmen

424 Die Margenbesteuerung für Reiseleistungen nach § 25 UStG ist laut Finanzverwaltung bei Reiseleistungen von im Drittland ansässigen Unternehmen ohne feste Niederlassung im Gemeinschaftsgebiet nicht anwendbar. Diese Rechtsauffassung gilt grundsätzlich für alle offenen Fälle.[2)]

Aus Gründen des Vertrauensschutzes beanstandet es das BMF jedoch nicht, wenn die Margenbeteuerung nach § 25 UStG gleichwohl auf Reiseleistungen von Drittlandsunternehmen angewendet wird. Diese Nichtbeanstandungsregelung wird abermals, nunmehr auf **bis zum 31.12.2026** ausgeführte Reiseleitungen verlängert.[3)]

7. Steuerschuldnerschaft des Leistungsempfängers bei der Übertragung von Emissionszertifikaten

425 Mit Wirkung ab **1.1.2023** wurde mit dem Achten Verbrauchsteueränderungsgesetz[4)] der Anwendungsbereich des **Reverse-Charge-Verfahrens** auf die Übertragung von **Emissionszertifikaten nach § 3 Nr. 2 BEHG** ausgeweitet. Damit geht für nach dem 31.12.2022 ausgeführte Übertragungen die Steuerschuldnerschaft auf den Leistungsempfänger über, der somit die darauf entfallende Umsatzsteuer abzuführen hat.

Mit Schreiben vom 5.9.2023[5)] nimmt die Finanzverwaltung zu Anwendungs- und Zweifelsfragen Stellung und passt Abschn. 13b.1 Abs. 2 Satz 1 UStAE an die Gesetzesänderung an.

> **Beratungshinweis:**
> Wurden Teile des Entgelts vor dem 1.1.2023 in Rechnung gestellt und vereinnahmt, hat der leistende Unternehmer grundsätzlich in der Voranmeldungsperiode der Leistungserbringung Rechnung(en) über diese Zahlungen nach § 27 Abs. 1 Satz 3 UStG zu berichtigen. Aufgrund einer Nichtbeanstandungsregelung kann diese Korrektur unter Umständen entfallen. Diese und weitere Fragen zur Rechnungsberichtigung greift das BMF in dem Schreiben auf. Erfolgt die Rechnungstellung für eine vor dem 1.1.2023 erbrachte Leistung erst im Jahr 2023 bleibt es bei der Steuerschuld des Leistenden, auch dies stellt die Finanzverwaltung klar.

8. Spenden für technische Hilfe zur Reparatur kriegsgeschädigter Infrastruktur in der Ukraine

426 Das BMF hatte bereits mit Schreiben vom 17.3.2022[6)] **steuerliche Maßnahmen zur Unterstützung der vom Ukrainekrieg Geschädigten** bekanntgegeben. Danach kann u.a. im Billigkeitswege bei der **unentgeltlichen Überlassung von Räumen** der öffentlichen Hand sowie von in privater Rechtsform betriebenen Unternehmen der öffentlichen

---

1) EuGH v. 19.12.2018, Alpenchalets Ressorts, C-552/17, MwStR 2018, 973.
2) BMF v. 29.1.2021, III C 2 – S 7419/19/10002 :004, BStBl I 2021, 250.
3) BMF v. 29.3.2021, III C 2 – S 7419/19/10002 :004, BStBl I 2021, 386; BMF v. 27.6.2023, III C 2 – S 7419/19/10002 :004, BStBl I 2023, 1124. Vgl. hierzu Kurzenberger, DStR 2021, 1334.
4) Gesetz v. 24.10.2022, BGBl. I 2022, 1838.
5) BMF v. 5.9.2023, III C 3 – S 7279/20/10004 :003, BStBl I 2023, 1655.
6) BMF v. 17.3.2022, IV C 4 – S 2223/19/10003 :013, BStBl I 2022, 330.

Hand von der Besteuerung als unentgeltliche Wertabgabe oder Vorsteuerkorrektur nach § 15a UStG abgesehen und der Vorsteuerabzug aus laufenden Kosten gewährt werden. Zudem implementierte das BMF-Schreiben eine Billigkeitsregelung für die unentgeltliche Überlassung von Wohnraum durch private Unternehmen; die entgeltliche Überlassung wurde hingegen nicht privilegiert. Begünstigt im Wege einer Billigkeitsregelung wurde zudem die unentgeltliche Bereitstellung von Gegenständen und Personal an bestimmte Einrichtungen.

Ferner verfügt das BMF mit Schreiben vom 13.3.2023[1], dass aus Billigkeitsgründen, auch unentgeltliche Leistungen bis 31.12.2023, die unmittelbar die Reparatur von kriegsgeschädigter Infrastruktur in der Ukraine zum Ziel haben, von der Besteuerung als unentgeltliche Wertabgabe abgesehen wird. Hierunter fallen z.B. die unentgeltliche Bereitstellung von Baumaterialien, Baumaschinen, technischen Einrichtungen und Personal einschließlich Transportleistungen. Der Vorsteuerabzug aus dem Bezug von Leistungen, die für solche unentgeltlichen Leistungen verwendet werden, wird dabei ebenfalls im Billigkeitswege, gewährt.

Mit Schreiben vom 24.10.2023[2] werden die oben genannten steuerlichen Maßnahmen zeitlich auf **Hilfsmaßnahmen, die bis 31.12.2024 durchgeführt werden**, erweitert.

D. Internationales Steuerrecht

I. Doppelbesteuerungsabkommen

1. Stand der DBA

Mit Schreiben vom 18.1.2023[3] aktualisierte das BMF die Übersicht über den gegenwärtigen Stand der DBA.

427

Seit 1.1.2023 anzuwenden sind demnach die mit folgenden Staaten vereinbarten Modifizierungen der bestehenden DBA:

– Mauritius[4]
– Niederlande.[5]

2. Bedeutung des OECD-Musterkommentars für die DBA-Auslegung

Mit Schreiben vom 19.4.2023[6] weist das BMF darauf hin, dass der OECD-Musterkommentar mit seinen regelmäßigen Aktualisierungen formell auf der Ebene des OECD-Council von den Botschaftern der OECD-Mitgliedstaaten beschlossen wird. Sofern keine Bemerkung eines Botschafters eines OECD-Mitgliedstaats gegen die Kommentierung eingelegt wird, dürfe daraus prima facie geschlossen werden, dass die Kommentierung von diesem Staat geteilt werde. Der OECD-Council empfiehlt deshalb, **die OECD-Kommentierung in ihrer jeweils zum Anwendungszeitpunkt aktuellen Fassung** zu befolgen.

428

Dem folgt auch das BMF und sieht die Berücksichtigung der zum Anwendungszeitpunkt geltenden Fassung bei der **Auslegung von dem OECD-Musterabkommen** entsprechenden DBA-Vorschriften vor, insb. auch wenn die Kommentierung im Vergleich zum Zeitpunkt des Inkrafttretens des DBA nachträglich ergänzt oder präzisiert wurde. Die Indizwirkung des OECD-Musterkommentars sei allerdings dann für die innerstaatliche Anwendung widerlegt, wenn sich ein anderes Abkommensverständnis aus einem BMF-Schreiben oder einer sonstigen Verwaltungsanweisung ergibt.

---

1) BMF v. 13.3.2023, III C 2 – S 7500/22/10005 :005, BStBl I 2023, 404.
2) BMF v. 24.10.2023, IV C 4 – S 2223/19/10003 :023.
3) BMF v. 18.1.2023, IV B 2 – S 1301/21/10048 :002, BStBl I 2023, 195.
4) Abkommen v. 29.10.2021, BGBl. II 2022, 530.
5) Abkommen v. 24.3.2021, BGBl. II 2021, 735.
6) BMF v. 19.4.2023, IV B 2 – S 1301/22/10002 :004, BStBl I 2023, 630.

Dritter Teil: Entwicklungen in Gesetzgebung, Rechtsprechung und Verwaltung 2023

> **Beratungshinweis:**
>
> Der BFH vertrat hingegen in seinem Urteil vom 11.7.2018[1)] die Auffassung, dass eine Änderung des OECD-Musterkommentars nur dann für die Auslegung einer DBA-Regelung relevant ist, wenn sich die der Änderung zugrundeliegende Übereinkunft der Vertragsstaaten in einem geänderten Abkommen niedergeschlagen hat.

3. Abzug finaler ausländischer Betriebsstättenverluste

429 Auf Vorlage des BFH entschied der EuGH bereits mit Urteil vom 22.9.2022[2)], dass der Ausschluss der Berücksichtigung finaler Verluste einer Betriebsstätte, deren Gewinne laut dem einschlägigen DBA im Ansässigkeitsstaat des Stammhauses von der Besteuerung freigestellt sind, nicht gegen die **Niederlassungsfreiheit** verstößt.

In zwei Anschlussurteilen versagte nun der BFH die Berücksichtigung von finalen Betriebsstättenverlusten. In dem Urteil vom 22.2.2023[3)] betraf dies die Verluste der britischen Zweigniederlassung einer in Deutschland ansässigen Bank. Nachdem die Zweigniederlassung niemals Gewinne erzielte, wurde sie 2007 geschlossen. Die in Großbritannien erlittenen Verluste konnten dort steuerlich nicht genutzt werden.

Laut BFH folgt aus der sog. Symmetriethese, nach der die abkommensrechtliche Steuerfreistellung ausländischer Einkünfte sowohl positive als auch negative Einkünfte umfasst, dass die Betriebsstättenverluste in Deutschland steuerlich nicht nutzbar sind. Auch wenn es sich bei den Verlusten um sog. finale Verluste handele, sei aus unionsrechtlichen Gründen, namentlich der Niederlassungsfreiheit, keine andere Beurteilung angezeigt.

Mit Urteil vom 12.4.2023[4)] **versagte** der BFH den **Abzug der Betriebsstättenverluste** der italienischen Niederlassung einer inländischen GmbH und argumentierte dabei, dass laut Art. 7 Abs. 1 DBA-Italien Betriebsstättengewinne ausschließlich im Betriebsstättenstaat besteuert werden können. Nach ständiger Rechtsprechung gilt dies entsprechend auch für Betriebsstättenverluste. Die in Abschn. 16 Buchst. d des Protokolls zum DBA-Italien vorgesehene sog. qualifizierte Rückfallklausel ändert laut BFH daran nichts. Demnach gelten zwar Einkünfte nur dann als aus dem anderen Vertragsstaat stammend, wenn sie dort „effektiv besteuert worden sind". Dem sei aber – so der BFH – bereits genüge getan, wenn Verluste im anderen Staat in die steuerliche Bemessungsgrundlage einbezogen werden und ein Ausgleich mit Gewinnen ermöglicht wird. Nicht erforderlich sei hingegen, dass es zu irgendeinem Zeitpunkt tatsächlich zu einem solchen Ausgleich kommt.

> **Anmerkung:**
>
> Damit ist im Freistellungsfall nun abschließend geklärt, dass finale ausländische Betriebsstättenverluste im Rahmen der inländischen Besteuerung nicht berücksichtigt werden.

---

1) BFH v. 11.7.2018, I R 44/16, HFR 2019, 97.
2) EuGH v. 22.9.2022, FA B/W AG, C-538/20, HFR 2022, 1087.
3) BFH v. 22.2.2023, I R 35/22 (I R 32/18), BStBl II 2023, 761, Vgl. hierzu Schulz-Trieglaff, StuB 2023. 539, Märtens, jurisPR-SteuerR 25/2023 Anm. 2, Höring, DStZ 2023, 559.
4) BFH v. 12.4.2023, I R 44/22 (I R 49/19, I R 17/16), BStBl II 2023, 974; hierzu auch Korn, kösdi 2023, 23326, 23327, Rz. 348, Höring, DStZ 2023, 600.

D. Internationales Steuerrecht

II. Außensteuerrecht

1. „Passive Entstrickung" bei Immobilienvermögen in Spanien

Im Jahr 2012 wurde in das DBA-Spanien eine Regelung aufgenommen, wonach **Veräußerungsgewinne aus Anteilen aus Kapitalgesellschaften**, deren Vermögen zu über 50 % aus Grundbesitz besteht, im Belegenheitsstaat des Immobilienvermögens besteuert werden können, wobei die ausländische Quellensteuer vom Ansässigkeitsstaat anzurechnen ist. Bis zum Zeitpunkt der Änderung des DBA-Spanien stand das Besteuerungsrecht für Gewinne aus der Veräußerung von Anteilen an Kapitalgesellschaften ausschließlich dem Ansässigkeitsstaat des Gesellschafters zu. Laut **Urteil des FG Münster vom 10.8.2022**[1] kommt es durch die DBA-Änderung nicht zur Entstrickung und Besteuerung der stillen Reserven i.S.v. § 4 Abs. 1 Satz 3 EStG aus Anteilen an spanischen Immobiliengesellschaften, welche zum Sonderbetriebsvermögen II einer inländischen KG gehörten. Nach Auffassung des FG Münster könne eine reine Rechtsänderung **keine Entnahmewirkung** hervorrufen; es fehle an einer zurechenbaren Handlung des Steuerpflichtigen.

430

Die Finanzrichter lassen zudem offen, ob wegen der Anwendung der Anrechnungsmethode zur Vermeidung der Doppelbesteuerung überhaupt eine Beschränkung des deutschen Besteuerungsrecht anzunehmen wäre.

> **Beratungshinweis:**
>
> Das FG Münster hält die Besteuerung infolge einer passiven Entstrickung zusätzlich für unionsrechtwidrig. Mit dem Revisionsverfahren hat der BFH Gelegenheit, erstmals zur Frage der passiven Entstrickung Stellung zu nehmen.

2. Wegfall der Wegzugsbesteuerung bei vorübergehender Abwesenheit

Der Wegzug einer im Inland unbeschränkt steuerpflichtigen natürlichen Person führt nach den Regelungen des AStG zu einer **fiktiven Veräußerung der Anteile** an einer Kapitalgesellschaft i.S.d. § 17 Abs. 1 Satz 1 EStG und einer Besteuerung des Veräußerungsgewinns (sog. Wegzugsbesteuerung). Ist die durch den Wegzug ausgelöste Beendigung der unbeschränkten Steuerpflicht nur vorübergehend, weil innerhalb eines gesetzlich vorgegebenen Zeitraums ein Rückzug in das Inland erfolgt, entfällt die Besteuerung des fiktiven Veräußerungsgewinns.

431

Während die Finanzverwaltung für eine solche vorübergehende Abwesenheit subjektiv eine Rückkehrabsicht im Zeitpunkt des Wegzugs für erforderlich hält,[2] hat sich der **BFH** mit Urteil vom 21.12.2022[3] der **(eingeschränkten) objektiven Theorie** angeschlossen. Demnach reiche die fristgemäße Rückkehr innerhalb der vorgesehenen Frist (im Streitfall fünf Jahre gemäß § 6 Abs. 3 Satz 1 AStG a.F.) für den rückwirkenden Wegfall der Wegzugsbesteuerung aus. Eine Rückkehrabsicht im Wegzugszeitpunkt sei hingegen nicht erforderlich.

Der BFH begründet dies u.a. mit dem Wortlaut der Vorschrift. Dieser sehe eine **Rückkehrabsicht im Zeitpunkt des Wegzugs nicht zwingend** vor, sodass sich diese auch erst im Laufe des Rückkehrzeitraums bilden könne. Erst für den Fall, dass das Finanzamt eine Verlängerung des Rückkehrzeitraums zulasse (§ 6 Abs. 3 Satz 2 AStG a.F.), werde laut Wortlaut ein Zeitbezug hergestellt. Unterstützt wird diese Auffassung laut BFH durch die Gesetzessystematik, die einen Gleichlauf mit dem rückwirkenden Wegfall der Wegzugsbesteuerung bei Erwerb von Todes wegen vorsieht, wenn der Rechtsnachfolger innerhalb des Fünf-Jahreszeitraums unbeschränkt steuerpflichtig wird (§ 6

---
1) FG Münster v. 10.8.2022, 13 K 559/19 G F, EFG 2023, 37 mit Anm. Schmitz-Herscheidt (Rev. anhängig beim BFH unter I R 41/22).
2) BMF v. 14.5.2004, IV B 4 – S 1340 – 11/04, BStBl I 2004, Sondernr. 1, 3.
3) BFH v. 21.12.2022, I R 55/19, BStBl II 2023, 898. Vgl. hierzu Strahl, NWB 2023, 1224.

Abs. 3 Satz 3 i.V.m. § 6 Abs. 1 Satz 2 Nr. 1 AStG a.F.). Auch hier werde nur auf objektive Umstände abgestellt.

> **Beratungshinweis:**
>
> Das vorliegende Urteil betraf das Streitjahr 2014 und erging daher zu § 6 Abs. 1 AStG a.F. Die der Entscheidung zugrundeliegenden Grundsätze dürften jedoch auf die aktuelle Fassung der Vorschrift uneingeschränkt übertragbar sein. Nach der aktuellen Fassung des § 6 Abs. 3 AStG beträgt allerdings der Rückkehrzeitraum grundsätzlich sieben Jahre und nicht mehr fünf Jahre, d.h. die Steuerpflicht entfällt, wenn der Steuerpflichtige innerhalb von sieben Jahren seit Beendigung der unbeschränkten Steuerpflicht wieder unbeschränkt steuerpflichtig in Deutschland wird.

3. Hinzurechnungsbesteuerung: Verfassungs- und unionsrechtliche Zweifel an der Niedrigsteuerschwelle

432 Der Hinzurechnungsbesteuerung unterliegen passive Einkünfte einer ausländischen Gesellschaft, die von im Inland unbeschränkt Steuerpflichtigen beherrscht wird, und deren Einkünfte einer niedrigen Besteuerung von – **für vor dem 1.1.2024 endende Wirtschaftsjahre** – **weniger als 25 %** unterliegt (§§ 7, 8 AStG). Mit Beschluss vom 13.9.2023[1)] äußert der BFH nach summarischer Prüfung verfassungs- und unionsrechtliche Zweifel an dieser Niedrigsteuerschwelle, weil bei unbeschränkt Körperschaftsteuerpflichtigen für das Streitjahr 2016 die niedrigste Gesamtsteuerbelastung in Deutschland – unter Einbeziehung der Gewerbesteuer – bei 22,825 % liegt. Diese auch im Schrifttum geäußerten Zweifel seien gewichtig, da sich damit die Niedrigsteuerschwelle **nicht mehr mit dem Gesetzeszweck der Bekämpfung der Gewinnverlagerung** in niedrig besteuerte Gebiete sachlich **rechtfertigen lasse**. Vielmehr sei das Festhalten an der Niedrigsteuerschwelle von 25 % geeignet, die Hinzurechnungsbesteuerung in Richtung eines generellen Anrechnungssystems zu ändern, in dem alle betroffenen ausländischen Einkünfte der inländischen Besteuerung unterworfen werden sollen. Insb. im Fall einer inländischen gewerbesteuerpflichtigen Kapitalgesellschaft könne es aber dabei – infolge der im Ausland nicht bekannten Gewerbesteuer – zu Anrechnungsdefiziten kommen, die auch den unionsrechtlichen Vorgaben zum vollen Abzug ausländischer Steuern von der inländischen Steuerschuld widersprechen.

Dennoch **lehnt der BFH die Gewährung einer Aussetzung der Vollziehung** des Steuerbescheids **ab**, da wegen der im Streitfall vorliegenden Nullbesteuerung der Einkünfte bei der ausländischen Gesellschaft der inländische Steuerpflichtige von einer etwaigen Verfassungs- oder EU-Rechtswidrigkeit nicht profitieren könnte. Dem BFH erscheint es als schlechthin ausgeschlossen, dass der Gesetzgeber einen etwaigen Verfassungsverstoß durch eine vollständige Abschaffung der Hinzurechnungsbesteuerung beseitigen würde.

> **Beratungshinweis:**
>
> Derzeit ist beim BVerfG noch eine **Verfassungsbeschwerde** gegen die Regelung der Hinzurechnungsbesteuerung unter dem Az. 2 BvR 923/21 anhängig.
>
> Der Beschluss des BFH erging auf Basis einer früheren Fassung des AStG, allerdings sieht auch die seit 1.1.2022 geltende Fassung des § 8 AStG eine Niedrigsteuerschwelle von 25 % vor. Somit dürften die verfassungsrechtlichen Zweifel des BFH auch auf diese Gesetzesfassung übertragbar sein. Mit dem Mindestbesteuerungsrichtlinie-Umsetzungsgesetz vom 21.12.2023[2)] wurde nun jedoch die Niedrigsteuerschwelle für passive Einkünfte, die in einem nach dem 31.12.2023 endenden Wirtschaftsjahr der ausländischen Gesellschaft entstehen, auf 15 % abgesenkt (→ Rz. 168).

---

1) BFH v. 13.9.2023, I B 11/22 (AdV), BFH/NV 2023, 1426; hierzu auch Höring, StEd 2023, 644.
2) Gesetz v. 21.12.2023, BGBl. I 2023 Nr. 397.

D. Internationales Steuerrecht

III. Quellensteuerabzug

1. Registerfälle

Mit dem JStG 2022[1)] wurde die Besteuerung sog. Registerfälle neu geregelt. So ist seit 1.1.2023 zwischen „sonstigen Rechten" (insb. Patent-, Marken- oder Sonderrechte) und Rechten i.S.d. § 21 Abs. 1 Nr. 1 EStG (Rechte an unbeweglichem Vermögen, an Schiffen und Rechte, die zivilrechtlich dem Recht über Grundstücke unterliegen) zu unterscheiden.

433

Vergütungen für Rechte i.S.d. § 21 Abs. 1 Nr. 1 EStG unterliegen unverändert unter den bereits bislang geregelten Voraussetzungen der beschränkten Steuerpflicht (§ 49 Abs. 1 Nr. 2 Buchst. f Satz 1 und Nr. 6 EStG).

Vergütungen im Zusammenhang mit sonstigen Rechten, die in einem inländischen Register eingetragen sind, ohne dass ein weiterer Inlandsbezug besteht (sog. Registerfälle), stellen hingegen **rückwirkend in allen offenen Fällen keine beschränkt steuerpflichtigen Einkünfte** mehr dar, wenn sie **zwischen fremden Dritten** geleistet wurden (§ 49 Abs. 1 Nr. 2 Buchst. f Satz 2, 1. Alt. § 52 Abs. 45a Satz 3 EStG).

Vergütungen in Registerfällen führen allerdings **weiterhin zu einer beschränkten Steuerpflicht**, wenn sie **zwischen nahestehenden Personen** i.S.d. § 1 Abs. 2 AStG geleistet werden. Eine **Ausnahme** hiervon ist dann vorgesehen, wenn der Besteuerung der Einkünfte die Bestimmungen des jeweils anzuwendenden **DBA** unter Berücksichtigung der ihre Anwendung regelnden nationalen Vorschriften (z.B. § 50d Abs. 3 EStG) entgegenstehen (§ 49 Abs. 1 Nr. 2 Buchst. f Satz 2, 2. Alt. EStG).

> **Beratungshinweis:**
>
> Diese Ausnahmeregelung kommt zur Anwendung bei Vergütungen zwischen nahestehenden Personen, die **nach dem 31.12.2022** zufließen bzw. für Rechte, die nach dem 31.12.2022 veräußert werden (§ 52 Abs. 45a Satz 3 EStG). In früheren Fällen können lediglich die von der Finanzverwaltung gewährten Erleichterungen zur Nutzung des Freistellungsverfahrens herangezogen werden.[2)]

2. Anrechnung ausländischer Quellensteuer

a) Berechnung ausländischer Einkünfte

Im Fall der Anrechnung ausländischer Quellensteuer auf die deutsche Körperschaftsteuer ist bei der Ermittlung der ausländischen Einkünfte der Abzug von Betriebsausgaben und Betriebsvermögensminderungen durch einen **spezifischen Veranlassungsbezug** in sachlicher und zeitlicher Hinsicht begrenzt. Zu diesem Ergebnis kommt der BFH in seinem Urteil vom 17.8.2022[3)], dem folgender Sachverhalt zugrunde lag: Eine in Deutschland unbeschränkt steuerpflichtige GmbH erzielte im Streitjahr aus der Überlassung von Entwicklungsergebnissen an ihre chinesische Tochtergesellschaft Lizenzeinnahmen, auf die in China Quellensteuer einbehalten wurde. Neben mit diesen Lizenzeinnahmen im Zusammenhang stehenden Betriebsausgaben fielen bei der GmbH im Streitjahr zudem Aufwendungen an, die aus laufenden und noch nicht abgeschlossenen Entwicklungsarbeiten resultierten, die erst in späteren Jahren zu Lizenzvergaben und Lizenzeinnahmen aus China geführt haben.

434

Die Anrechnung ausländischer Quellensteuer ist auf die inländische Körperschaftsteuer begrenzt, die auf die ausländischen Einkünfte entfällt (sog. Anrechnungshöchstbetrag gemäß § 26 Abs. 1 Satz 1 KStG i.V.m. § 34c Abs. 1 Satz 1 EStG). Für die Ermittlung der maßgeblichen Einkünfte und damit des Anrechnungshöchstbetrags ist laut

---

1) Gesetz v. 16.12.2022, BGBl. I 2022, 2294 = BStBl I 2023, 7.
2) Zuletzt BMF v. 29.6.2022, IV B 8 – S 2300/19/10016 :009, BStBl I 2022, 957.
3) BFH v. 17.8.2022, I R 14/19, HFR 2023, 342; vgl. hierzu Märtens, jurisPR-SteuerR 12/2023 Anm. 2; vgl. diese Rechtsauffassung auch schon vertretend Zöller/Gläser, ISR 2019, 313.

BFH aus dem Wortlaut des § 34c Abs. 1 Satz 4 EStG zu folgern, dass ein spezifisch zweckgerichteter Veranlassungsbezug zwischen den Betriebsausgaben und Betriebsvermögensminderungen und den dem Quellensteuerabzug unterliegenden Einnahmen erforderlich ist. Zudem sei der Abzug von Betriebsausgaben und Betriebsvermögensminderungen zeitlich dahingehend begrenzt, dass nur die berücksichtigt werden, denen Einnahmen eines konkreten Veranlagungszeitraums in **derselben Zeitspanne** gegenüberstehen. Im Ergebnis waren damit Aufwendungen für laufende Entwicklungsarbeiten, die in späteren Jahren zu Lizenzeinnahmen geführt haben, nicht bei der Berechnung des Anrechnungshöchstbetrags zu berücksichtigen.

b) Anrechnungshöchstbetrag

435 Der BFH hatte den **Umfang der Anrechnung ausländischer Steuern** auf die deutsche Einkommensteuer eines im Inland ansässigen Gesellschafters verschiedener Gesellschaften mit Sitz in den USA zu klären.

Grundsätzlich unterliegen die in den USA erzielten Einkünfte aus der Veräußerung von Beteiligungen an Kapital- und Personengesellschaften dort einer Schedulenbesteuerung (Capital Gains Tax). Anstelle der Schedulenbesteuerung werden die Einkünfte bei der amerikanischen Steuerveranlagung jedoch im Rahmen der Ermittlung des Gesamteinkommens, u.a. unter Verrechnung von Verlustvorträgen aus den ausländischen Personengesellschafts-Beteiligungen, als Bemessungsgrundlage für einen einheitlichen Steuertarif herangezogen. Bei Veräußerung von Kapitalgesellschaftsbeteiligung fließen die Einkünfte in die deutsche Steuerbemessungsgrundlage ein. Im Fall der Veräußerung einer Beteiligung an einer Personengesellschaft unterliegen sie dem Progressionsvorbehalt.

In seinem Urteil vom 15.3.2023[1)] stellt der BFH klar, dass der Höchstbetrag für die Anrechnung einer ausländischen Steuer auf die inländische Steuer nach § 34c EStG der festgesetzten und gezahlten ausländischen Steuer entspricht. Dabei gilt eine **zeitliche und sachliche Begrenzung**, sodass im Sinne einer Verhältnisrechnung nur die ausländische Steuer anrechenbar ist, die auf die im VZ bezogenen und in die inländische Veranlagung als ausländische Einkünfte i.S.d. § 34d EStG einbezogenen Einkünfte entfällt.

Unterliegen die ausländischen Einkünfte, die bei der deutsche Bemessungsgrundlage berücksichtigt werden, zwar im Ausland formal einer Schedulenbesteuerung, während sie tatsächlich aber bei der ausländischen Steuerveranlagung durch negative Einkünfte bzw. Verlustvorträge aus diesem Staat gemindert werden, ist dies bei der Ermittlung der anrechenbaren ausländischen Steuer zu berücksichtigen: Der Anteil der auf diese Einkünfte entfallenden ausländischen Steuer ist dann nach dem Verhältnis dieser Einkünfte zum Gesamteinkommen vor Abzug von Verlustvorträgen zu bestimmen.

IV. Verlagerung der Buchführung ins Ausland

436 Im Rahmen der Vorschriften zur Verlagerung der Buchführung ins Ausland ist es **seit 1.1.2023** möglich, das Führen und das Vorhalten der Buchführungsunterlagen auf einen oder **mehrere EU-Staaten oder Drittstaaten** anstatt bislang nur auf jeweils einen anderen Staat auszulagern (§ 146 Abs. 2a, 2b AO).

> **Anmerkung:**
> Mit dieser durch das DAC7-UmsG[2)] vorgenommenen Änderung soll der zunehmenden Verteilung von Systemen und Sicherungssystemen Rechnung getragen werden.

---

1) BFH v. 15.3.2023, I R 8/20, ErbStB 2023, 205 mit Anm. Günther.
2) Gesetz v. 20.12.2022, BGBl. I 2022, 2730 = BStBl I 2023, 82.

In Drittstaatenfällen ist die Rückverlagerung seit 2023 nicht mehr nur nach Deutschland, sondern auch in andere EU-Staaten zulässig (§ 146 Abs. 2b Satz 3 AO).

V. Mitteilungspflichten

1. Mitteilungspflichten bei Auslandsbeziehungen

Nach § 138 Abs. 2 AO haben inländische Steuerpflichtige dem für sie zuständigen Finanzamt u.a. mitzuteilen, wenn sie eine Beteiligung an einer ausländischen Körperschaft erwerben oder veräußern und die Beteiligung mindestens 10 % beträgt oder die Anschaffungskosten 150.000 Euro übersteigen. Ungeachtet der Höhe der Anschaffungskosten besteht jedoch keine Mitteilungspflicht, wenn die Beteiligung weniger als 1 % beträgt und Aktien der ausländischen Gesellschaft an einer Börse im EU-/EWR-Raum gehandelt werden. **437**

Seit dem 1.3.2023 sind dem zuständigen Finanzamt entsprechende Informationen zu meldepflichtigen grenzüberschreitenden Sachverhalten nach amtlich vorgeschriebenen Datensatz über die amtlich bestimmten Schnittstellen **elektronisch zu übermitteln**. Die bisher gültige Übergangsregelung, dass in allen Bundesländern weiterhin eine Abgabe der Mitteilungen in Papierform möglich war, ist ausgelaufen.

> **Beratungshinweis:**
> Mitteilungen nach § 138 Abs. 2 AO können der Finanzverwaltung über ELSTER übermittelt werden.

2. Mitteilung von grenzüberschreitenden Steuergestaltungen

a) Umfang der Mitteilungspflicht

Seit 1.7.2020 sind bestimmte grenzüberschreitende Steuergestaltungen dem Bundeszentralamt für Steuern zu melden (sog. DAC6-Meldepflichten). Konkret durchzuführen sind die Meldungen dabei regelmäßig von sog. Intermediären, die u.a. die Gestaltung konzipieren oder deren Umsetzung verwalten. **438**

Bei der Meldung einer grenzüberschreitenden Steuergestaltung durch einen Intermediär nach § 138f Abs. 4 Satz 1 AO war bisher eine nachträgliche Information des Nutzers der Steuergestaltung im Anschluss an die Meldung zulässig. **Seit dem 1.1.2023** muss der Intermediär den **Nutzer** vor Übermittlung der Meldung an das BZSt **über die betreffenden Angaben informieren**.

Mit Schreiben vom 23.1.2023[1] passt das BMF das ursprüngliche Anwendungsschreiben[2] entsprechend an.

b) Vereinbarkeit mit den EU-Grundrechten

Die Meldungen über grenzüberschreitende Steuergestaltungen haben über sog. Intermediäre zu erfolgen, die bei der Konzeption, Umsetzung und Nutzung von Steuergestaltungen beteiligt sind. **439**

Dazu sieht Art. 8ab Abs. 5 DAC6-Richtlinie konkret vor, dass ein Intermediär, der sich aufgrund seiner berufsrechtlichen Verschwiegenheitspflicht auf eine Befreiung von der Meldepflicht für grenzüberschreitenden Steuergestaltungen beruft, **andere** ggf. vorhandene **Intermediäre** unverzüglich **über die Meldepflicht unterrichten** muss. Der **EuGH** sieht darin eine Verletzung des in Art. 7 der EU-Grundrechtecharta garantierten

---

1) BMF v. 23.1.2023, IV A 3 – S 0304/19/10006 :013, BStBl I 2023, 183.
2) BMF v. 29.3.2021, IV A 3 – S 0304/19/10006 :010 IV B 1 – S 1317/19/10058 :011, BStBl I 2021, 582.

Rechts auf vertrauliche Kommunikation zwischen Rechtsanwalt und Mandant.[1] Die Richtlinienvorschrift hätte zur Folge, dass dadurch den anderen Intermediär das Bestehen der Mandatsbeziehung und die rechtliche Einschätzung der meldepflichtigen Gestaltung offengelegt werde. Darüber hinaus würden mittelbar auch die Steuerbehörden von dem Mandatsverhältnis Kenntnis erlangen.

Zwar sei eine Einschränkung der Ausübung dieses Grundrechts grundsätzlich zulässig, die in Frage stehende Unterrichtungspflicht sei jedoch nicht unbedingt erforderlich, um zur Bekämpfung von aggressiven Steuerplanungen und zur Verhinderung von Steuerhinterziehung und Steuerbetrug beizutragen. Damit kommt der EuGH zu dem Schluss, dass **Art. 8ab Abs. 5 DAC6-Richtlinie ungültig** ist, soweit die Anwendung der Vorschrift in den Mitgliedstaaten dazu führt, dass Rechtsanwälte dazu verpflichtet werden, andere Intermediäre über die Meldepflichten zu unterrichten.

> **Anmerkung:**
>
> In Deutschland wurde die Richtlinienvorschrift in abgewandelter Form umgesetzt. Anstatt eines Übergangs der Meldepflichten auf einen weiteren Intermediär, sieht die Abgabenordnung für den Fall der Meldepflicht eines Intermediärs mit Verschwiegenheitspflicht ein auf den Intermediär und den Nutzer verteiltes Meldeverfahren vor, sofern der Intermediär nicht von seiner Verschwiegenheitspflicht entbunden wird (§ 138f Abs. 6 AO).
>
> Es bleibt abzuwarten, ob und wie die Richtlinienangaben angepasst werden, die dann ggf. auch in deutsches Recht zu transformieren wären.

VI. Inländischer Wohnsitz bei wiederholtem Auslandsaufenthalt

440 Mit rechtskräftigem Urteil vom 1.3.2022[2] hat das FG Sachsen-Anhalt näher ausgeführt, unter welchen Umständen ein **Wohnsitz im Inland** (§ 8 AO) bei **wiederholten Auslandsaufenthalten aufrechterhalten wird**. Der inländische Wohnsitz führt zur unbeschränkten Einkommensteuerpflicht in Deutschland.

Laut dem Finanzgericht qualifiziert eine im Inland belegene, vollständig eingerichtete **Wohnung** als Wohnsitz, wenn sie dem Steuerpflichtigen **zur jederzeitigen Nutzung** zur Verfügung steht und **regelmäßig genutzt** wird. Der zeitliche Umfang der Nutzung sowie der Umstand, ob die Wohnung den **Lebensmittelpunkt** darstellt, sei dabei nicht entscheidend. Maßgeblich sei vielmehr das objektive Zurverfügungstehen sowie die subjektive Bestimmung zum jederzeitigen Wohnaufenthalt. Ob diese Kriterien erfüllt sind, sei anhand der Umstände des Einzelfalls zu beurteilen. Indizien können dabei eine lediglich unterjährige Abwesenheit und die tatsächliche Nutzung der Wohnung u.a. zur Organisation des außerberuflichen Lebens während des Inlandsaufenthalts sein. Sind diese Kriterien erfüllt, kann nach Auffassung des Finanzgerichts bereits ein **mehr als drei Wochen andauernder Aufenthalt** im Jahr **gegen eine bloße Ferienwohnung** und für einen **Wohnsitz** sprechen.

> **Beratungshinweis:**
>
> Zur Frage der Wohnsitzbegründung führt des FG Sachsen-Anhalt zudem aus, dass diese nur nach den **Verhältnissen des jeweiligen Streitjahres** beurteilt werden kann. Entwicklungen der Folgejahre sind nicht zu berücksichtigen.

---

1) EuGH v. 8.12.2022, Belgian Association of Tax Lawyers, C-694/20, NJW 2023, 667, vgl. Anm. Heydecke, DStR 2023, 351.
2) FG Sachsen-Anhalt v. 1.3.2022, 5 K 1350/15, DStRE 2023, 577 (rkr.).

D. Internationales Steuerrecht

VII. Grenzüberschreitend tätige Arbeitnehmer

1. Auslandstätigkeitserlass

Mit Schreiben vom 10.6.2022[1]) hat das BMF den bisherigen Auslandstätigkeitserlass[2]) überarbeitet, der in der Neufassung **seit dem VZ 2023 anzuwenden** ist. Wie bereits nach den Vorgaben der früheren Fassung wird von der Besteuerung des Arbeitslohns im Inland abgesehen, soweit ein unbeschränkt steuerpflichtiger Arbeitnehmer eines EU-/EWR-Arbeitgebers das Entgelt für eine begünstigte Auslandstätigkeit von mindestens dreimonatiger Dauer in einem Nicht-DBA-Staat erhält. Der Katalog der begünstigten Tätigkeiten wurde hierzu überarbeitet und um eine nicht abschließende Aufzählung nicht begünstigter Tätigkeiten ergänzt. Aufgeführt werden u.a. folgende Tätigkeiten:

441

Begünstigte Tätigkeiten	Nicht begünstigte Tätigkeiten
Planung, Errichtung, Inbetriebnahme von Fabriken, Bauwerken, ortsgebundenen großen Maschinen oder ähnlichen Anlagen	Tätigkeit des Bordpersonals auf Seeschiffen
Einbau, Aufstellung, Instandsetzung oder Wartung sonstiger Wirtschaftsgüter, die von EU-/EWR-Arbeitgebern hergestellt oder instandgesetzt werden	Produktion von Schiffen im Ausland
Aufsuchen und Gewinnen von Bodenschätzen	Finanzielle Beratung, sofern es sich nicht um eine begünstigte deutsche öffentliche Entwicklungshilfe handelt
Beratung ausländischer Auftraggeber zu vorgenannten Vorhaben	Einholen von Aufträgen, ausgenommen die Beteiligung an Ausschreibungen
Deutsche öffentliche Entwicklungshilfe im Rahmen der technischen oder finanziellen Zusammenarbeit, wenn eine Projektförderung aus inländischen öffentlichen Mitteln von mindestens 75 % vorliegt	Tätigkeit im Bereich der humanitären Hilfe

Anmerkung:

Modifiziert wurden zudem die Vorgaben zur Nichtanwendung des Auslandstätigkeitserlasses. So kommt der Auslandstätigkeitserlass u.a. nicht zur Anwendung, soweit der Steuerpflichtige den Nachweis einer Besteuerung der Arbeitseinkünfte im Tätigkeitsstaat mit einer der Einkommensteuer entsprechenden Steuer von mindestens 10 % nicht erbringt.

2. Luxemburg: Grenzgängerregelung bei „remote work"

Deutschland und Luxemburg haben sich am 6.7.2023 auf ein Änderungsprotokoll zum zwischen beiden Staaten bestehenden Doppelbesteuerungsabkommen (DBA) geeinigt. Darin finden sich steuerliche Vereinfachungen zu grenzüberschreitendem Arbeiten, sei es im Home-Office oder in einer anderen Form des „remote work".

442

Zwar beinhaltet das DBA Luxemburg keine sog. Grenzgängerregelung, mit der unter bestimmten Bedingungen vereinfachend das Besteuerungsrecht dem Tätigkeitsstaat zugewiesen wird. Jedoch wurde bereits durch die Konsultationsvereinbarung vom 9.7.2012[3]) eine Bagatellgrenze für Fälle von Grenzpendlern aus Deutschland eingeführt. Ist der Arbeitnehmer in Deutschland als seinem Ansässigkeitsstaat oder in Drittstaaten an weniger als 20 Arbeitstagen im Kalenderjahr tätig und wird der darauf entfallende Arbeitslohn in Luxemburg besteuert, ist dieser in Deutschland von der Besteu-

---

1) BMF v. 10.6.2022, IV C 5 – S 2293/19/10012 :001, BStBl I 2022, 997.
2) BMF v. 31.10.1983, IV B 6 – S 2293 – 50/83, BStBl I 1983, 470.
3) Deutsch-Luxemburgische Konsultationsvereinbarungsverordnung v. 9.7.2012, BGBl. I 2012, 1484.

erung freizustellen. Die Bagatellgrenze wird auf **35 Arbeitstage pro Kalenderjahr angehoben**, so dass z.B. das Arbeiten vom Homeoffice aus in größerem Umfang möglich ist, ohne dass sich dies auf die Besteuerung des Arbeitslohns auswirkt.

> **Anmerkung:**
>
> Während der Corona-Pandemie wurden mit einigen Nachbarstaaten, so auch mit Luxemburg, Sonderregelungen für grenzüberschreitendes Arbeiten getroffen,[1] damit sich das infolge von Reisebeschränkungen und Grenzschließungen erzwungene Arbeiten vom Wohnsitzstaat aus steuerlich nicht negativ für die Arbeitnehmer auswirkte. Die Regelungen sind zum 30.6.2022 ausgelaufen.[2]
>
> Mit der nun mit Luxemburg getroffenen Vereinbarung wird die Empfehlung der EU-Kommission aufgegriffen, Erleichterungen für das mobile grenzüberschreitende Arbeiten auch steuerlich einzuführen. Ob dies in der Praxis auch tatsächlich zu einer Vereinfachung führt, bleibt abzuwarten. Eine **vergleichbare Vereinbarung** zwischen der Schweiz und Frankreich hat bereits aufgrund der zahlreichen Interpretations- und Anwendungsschwierigkeiten für die Anwender eine umfassende Ergänzung erfahren. Faktisch läuft dies auf ein Wahlrecht für die Steuerpflichtigen hinaus.

3. Schweiz: Tätigkeitsortfiktion für leitende Angestellte

443 Laut Art. 15 Abs. 4 DBA-Schweiz kann das Arbeitsentgelt eines leitenden Angestellten einer im anderen Vertragsstaat ansässigen Kapitalgesellschaft ungeachtet seiner persönlichen Ansässigkeit im Ansässigkeitsstaat der Kapitalgesellschaft besteuert werden.

Bislang wurde diese Regel aufgrund einer Verständigungsvereinbarung vom 18.9.2008 nur auf Personen angewendet, deren Prokura bzw. Funktion im Handelsregister eingetragen ist (Vorstandsmitglieder, Direktoren, Geschäftsführer oder Prokuristen). Da diese Vorgabe laut BFH-Urteil vom 30.9.2020[3] verfassungsrechtlich unzulässig ist, haben das BMF und die Schweizer Finanzverwaltung eine **neue Konsultationsvereinbarung** getroffen.[4] Demnach ist Art. 15 Abs. 4 DBA-Schweiz nun auch auf Personen anzuwenden, die mit Einzel- oder Kollektivunterschrift ohne Funktionsbezeichnung im Schweizer Handelsregister eingetragen sind. Ebenso gilt die Regelung bei fehlender Registereintragung für Personen, deren Leitungs- und Vertretungsbefugnisse zivilrechtlich mindestens denen einer **Prokura** entsprechen. Indikatoren dafür können neben einer weitgehenden Befugnis zur Außenvertretung u.a. die Höhe des Arbeitslohns, Gewinnbeteiligungen und Leitungs- und Entscheidungskompetenz in Personalfragen sein.

Die Konsultationsvereinbarung ist auf alle offenen Fälle anzuwenden. Deren Laufzeit ist zunächst **bis 31.12.2025** begrenzt.

> **Beratungshinweis:**
>
> Durch den ausgedehnten Anwendungsbereich der Tätigkeitsortfiktion werden deutlich mehr Fälle erfasst, wodurch aber auch die Rechtsunsicherheit hinsichtlich des Besteuerungsrechts steigt. Zu empfehlen ist deshalb, proaktiv zu erörtern, für welche Personen im Unternehmen die Tätigkeitsortfiktion nun greift.

4. Vorsorgeaufwendungen

a) Drittstaatentätigkeit

444 In dem vom BFH entschiedenen Streitfall erzielte der Steuerpflichtige Einkünfte aus nichtselbständiger Tätigkeit in China, die in Deutschland steuerfrei waren. Die damit im Zusammenhang stehenden Beiträge zur Arbeitslosen- und Rentenversicherung zog

---

1) Vgl. dazu auch Ebner Stolz / BDI, Steuer- und Wirtschaftsrecht 2022, Rz. 450.
2) BMF v. 25.3.2022, IV B 3 – S 1301-LUX/19/10007 :004, BStBl I 2022, 326.
3) BFH v. 30.9.2020, I R 60/17, BStBl II 2023, 629.
4) BMF v. 25.4.2023, IV B 2 – S 1301-CHE/21/10018 :001, BStBl I 2023, 632.

er im Rahmen seiner Einkommensteuererklärung als Sonderausgaben ab. Sowohl die Finanzverwaltung als auch das Finanzgericht Düsseldorf gewährten keinen Sonderausgabenabzug.

Dieser Auffassung stimmte der BFH mit Urteil vom 14.12.2022[1)] zu. Die grundsätzlich als Sonderausgaben zu berücksichtigenden Vorsorgeaufwendungen stünden **in unmittelbarem wirtschaftlichem Zusammenhang** mit den steuerfreien Einkünften aus der Tätigkeit im Drittstaat und seien daher nicht abzugsfähig (§ 10 Abs. 2 Satz 1 Nr. 1 Hs. 1 EStG). Eine anderweitige Beurteilung würde zu einer doppelten steuerlichen Berücksichtigung der Vorsorgeaufwendungen führen.

Dem steht laut BFH auch nicht entgegen, dass die zukünftigen Einkünfte aus der Rentenversicherung der inländischen Besteuerung unterliegen (§ 22 Nr. 1 Satz 3 EStG). Ebenfalls unerheblich sei der Einbezug eines zukünftigen Arbeitslosengelds in den Progressionsvorbehalt (§ 32b Abs. 1 Satz 1 Nr. 1 Buchst. a EStG). Denn maßgeblich für den abzugsschädlichen wirtschaftlichen Zusammenhang sei allein ob die Einnahmen, aus denen die Vorsorgeaufwendungen stammen, steuerfrei sind.

> **Beratungshinweis:**
> Der BFH vertritt zudem die Auffassung, dass das Abzugsverbot mit dem Verfassungsrecht vereinbar ist. Der Gesetzgeber sei verfassungsrechtlich nicht verpflichtet den Sonderausgabenabzug zuzulassen, sofern die Vorsorgeaufwendungen im Drittstaat nicht abzugsfähig sind.

b) EU-grenzüberschreitende Tätigkeit

Im Streitfall erzielte die im Inland unbeschränkt steuerpflichtige Klägerin u.a. Einkünfte aus einer Arbeitnehmertätigkeit in Österreich. Mit Beschluss vom 22.2.2023[2)] versagte der BFH der Klägerin zum einen den Sonderausgabenabzug für in Österreich entrichtete Sozialversicherungsbeiträge bei der Ermittlung des in Deutschland steuerpflichtigen Einkommens, da die Beiträge in Österreich bei der Lohnsteuerermittlung berücksichtigt wurden. Zum anderen lehnte der BFH den **Abzug der Sozialversicherungsbeiträge von den ausländischen Einkünften** für Zwecke des Progressionsvorbehalts ab.[3)]

445

Das inländische Abzugsverbot für bereits im Ausland steuermindernd berücksichtigte Sozialversicherungsbeiträge ist laut BFH nicht unionsrechtswidrig, und zwar auch dann nicht, wenn die Entlastung in Österreich nicht betragsgleich mit einer etwaigen Sonderausgabenabzugsmöglichkeit im Inland ist.

E. Immobilienbesteuerung

I. Gewinnbesteuerung

1. Lineare Abschreibung für Wohngebäude

Mit dem JStG 2022[4)] wurde der lineare AfA-Satz für Wohngebäude modifiziert. Dieser beträgt für neue Wohngebäude, die **nach dem 31.12.2022 fertiggestellt** werden, 3 % (§ 7 Abs. 4 Satz 1 Nr. 2 EStG; zur etwaigen Möglichkeit der degressiven AfA ab 2024 → Rz. 176). Bei zu einem früheren Zeitpunkt fertiggestellten Wohngebäuden verbleibt es bei dem AfA-Satz von 2 %.

446

---

1) BFH v. 14.12.2022, X R 25/21, BFH/NV 2023, 755 = HFR 2023, 647 mit Anm. Reddig; hierzu auch Nöcker, juris-PR-SteuerR 43/2023 Anm. 1.
2) BFH v. 22.2.2023, I R 55/20, DStR 2023, 6; hierzu auch Märtens, jurisPR-SteuerR 24/2023 Anm. 4.
3) Vgl. BFH v. 13.4.2021, I R 19/19, BFH/NV 2021, 1357.
4) Gesetz v. 16.12.2022, BGBl. I 2022, 2294 = BStBl I 2023, 7.

2. Gebäudeabschreibung nach der kürzeren tatsächlichen Nutzungsdauer

447 Nach § 7 Abs. 4 Satz 2 EStG kann bei der Ermittlung der Gebäudeabschreibung eine kürzere tatsächliche Nutzungsdauer zugrunde gelegt werden. Der **BFH** hat dazu in seinem Urteil vom 28.7.2021[1] entschieden, dass sich der Steuerpflichtige zur Darlegung dieser verkürzten tatsächlichen Nutzungsdauer **jeder Darlegungsmethode bedienen** kann, die im Einzelfall zur Führung des erforderlichen Nachweises geeignet erscheint. Ferner hält der BFH fest, dass die Vorlage eines Bausubstanzgutachtens, wie es die Finanzverwaltung regelmäßig gefordert hatte, nicht Voraussetzung für die Anerkennung einer verkürzten tatsächlichen Nutzungsdauer sein kann.

Hierauf geht das **BMF** mit Schreiben vom 22.2.2023[2] ein und stellt zunächst klar, dass die Berücksichtigung der tatsächlichen Nutzungsdauer nach § 7 Abs. 4 Satz 2 EStG dann in Betracht kommt, wenn diese kürzer ist als die der gesetzlichen Regelung in § 7 Abs. 4 Satz 1 EStG zur linearen AfA von Gebäuden jeweils zugrunde liegende Nutzungsdauer. Um die AfA nach der kürzeren tatsächlichen Nutzungsdauer vornehmen zu können, bedarf es laut BMF der **Rechtfertigung auf Grund objektiver Gegebenheiten**. Ist der Abbruch eines Gebäudes beabsichtigt, genügt dazu nicht bereits die bloße Abbruchabsicht. Vielmehr liegt eine Rechtfertigung in diesem Fall erst vor, wenn der Zeitpunkt der Nutzungsbeendigung des Gebäudes feststeht. Bei besonderen Betriebsgebäuden kann sich eine kürzere Nutzungsdauer bereits aus den amtlichen AfA-Tabellen ergeben (z.B. Hallen in Leichtbauweise).

Maßgebliche Einflussfaktoren für die **Schätzung einer kürzeren tatsächlichen Nutzungsdauer** sind laut BMF in Übereinstimmung mit dem BFH der technische Verschleiß, die wirtschaftliche Entwertung und rechtliche Gegebenheiten, die die Nutzungsdauer eines Gebäudes begrenzen können. Dennoch verlangt die Finanzverwaltung als Nachweis einer kürzeren tatsächlichen Nutzungsdauer ein Gutachten eines öffentlich bestellten und vereidigten oder zertifizierten Sachverständigen, wobei sich der Gutachtenzweck ausdrücklich auf den Nachweis einer kürzeren tatsächlichen Nutzungsdauer richten muss. Nachweise mittels eines Verkehrswertgutachtens basierend auf der Immobilienwertermittlungsverordnung sind hingegen aus Sicht der Finanzverwaltung nicht ausreichend.

3. Sonderabschreibung für Mietwohnungsneubau

448 Die Sonderabschreibung nach § 7b EStG, welche für die Herstellung neuer Mietwohnungen, für die im Zeitraum vom 31.8.2018 bis zum 31.12.2021 ein Bauantrag gestellt bzw. eine Bauanzeige getätigt wurde, angesetzt werden konnte, wurde mit dem JStG 2022[3] mit modifizierten Rahmenbedingungen wiedereingeführt.

Für Mietwohnungsneubauten, für die **ab dem 1.1.2023 und vor dem 1.1.2027** ein Bauantrag gestellt oder eine Bauanzeige getätigt wird, kann damit eine Sonderabschreibung geltend gemacht werden, wobei die Voraussetzungen an bestimmte **Effizienzvorgaben** gekoppelt werden (§ 7b Abs. 2 Satz 1 Nr. 2 EStG). Zudem setzt die Förderung wie bislang eine **mindestens zehnjährige Vermietung** zu Wohnzwecken voraus (§ 7b Abs. 2 Satz 1 Nr. 3 EStG). Zudem wird die Sonderabschreibung nur dann gewährt, wenn die Anschaffungs- und **Herstellungskosten 4.800 Euro pro Quadratmeter** nicht übersteigen (§ 7b Abs. 2 Satz 2 Nr. 2 EStG).

Sind die Voraussetzungen der Inanspruchnahme erfüllt, gilt eine Obergrenze für die Bemessungsgrundlage der Sonderabschreibung, die nun 2.500 Euro pro Quadratmeter beträgt (§ 7b Abs. 3 Nr. 2 EStG).

---

1) BFH v. 28.7.2021, IX R 25/19, BFH/NV 2022, 108.
2) BMF v. 22.2.2023, IV C 3 – S 2196/22/10006 :005, BStBl I 2023, 332.
3) Gesetz v. 16.12.2022, BGBl. I 2022, 2294 = BStBl I 2023, 7.

E. Immobilienbesteuerung

> **Anmerkung:**
>
> Die neue Sonderabschreibung wird im Falle von Gewinneinkünften nur unter Beachtung der De-minimus-Beihilfenregelung gewährt (§ 7b Abs. 5 EStG, § 52 Abs. 15a Satz 3 EStG).
>
> Mit dem Wachstumschancengesetz soll die Anwendung der Sonderabschreibung nach § 7b EStG verlängert und weitere Vorgaben modifiziert werden (→ Rz. 177).

4. Mieterabfindungen: Keine anschaffungsnahen Herstellungskosten

449 Abfindungen, die der Vermieter innerhalb von drei Jahren nach dem Immobilienerwerb für die vorzeitige Kündigung des Mietvertrags und die Räumung der Wohnung zur Durchführung von Renovierungsmaßnahmen an seinen Mieter zahlt, sind keine anschaffungsnahen Herstellungskosten. Dies entschied der BFH mit Urteil vom 20.9.2022[1)] und bejahte damit den **Sofortabzug** der Mieterabfindungen als Werbungskosten aus Vermietung und Verpachtung.

Zu den anschaffungsnahen Herstellungskosten nach § 6 Abs. 1 Nr. 1a EStG, die nicht sofort als Werbungskosten abziehbar sind, sondern die AfA-Bemessungsgrundlage erhöhen, gehören laut BFH **nur Aufwendungen für bauliche Maßnahmen an Einrichtungen des Gebäudes oder am Gebäude selbst**. Insofern sei der sachliche Anwendungsbereich begrenzt. Das Bestehen eines (un-)mittelbaren Zusammenhangs zwischen den angefallenen Kosten, wie hier den Mieterabfindungen, und den Instandsetzungs- bzw. Modernisierungsmaßnahmen reiche, so der BFH, dafür nicht aus.

> **Beratungshinweis:**
>
> Der BFH verneinte eine Anwendung der Rechtsprechung[2)] zu Mieterabfindungen, wonach diese bei einem beabsichtigten Gebäudeabbruch und Neubau eines Gebäudes den Herstellungskosten zuzurechnen sind, mit der Begründung, dass der originäre Herstellungskostenbegriff im Gegensatz zum Begriff der anschaffungsnahen Herstellungskosten weit auszulegen sei.

5. Erhaltungsrücklage bei Eigentumswohnungen

450 Laut der Verfügung der OFD Frankfurt a.M. vom 9.11.2022[3)] sind **Zinsen aus der Anlage der Erhaltungsrücklage** als Einkünfte aus Kapitalvermögen zu behandeln.

Wird die Eigentumswohnung vermietet, können die **in die Erhaltungsrücklage geleisteten Beiträge** nicht im Zeitpunkt der Zahlung, sondern erst dann als Werbungskosten bei den Vermietungseinkünften abgezogen werden, wenn die Rücklage zur Erhaltung des gemeinschaftlichen Eigentums oder für andere Maßnahmen verwendet wurden (s. auch H 21.2. „Werbungskosten" EStH). Dementsprechend sind Wohngeldzahlungen gekürzt um die zugeführten Rücklagenbeiträge als Werbungskosten zu berücksichtigen.

Zur steuerlichen Behandlung **beim Erwerber** einer Eigentumswohnung stellt die OFD klar, dass der Kaufpreisanteil für das in der Erhaltungsrücklage angesammelte Guthaben **nicht zu den Anschaffungskosten** der Immobilie gehört (s. auch H 7.3 „Anschaffungskosten" EStH). Dem stehe das BFH-Urteil vom 16.9.2020[4)] nicht entgegen, wonach sich die Grunderwerbsteuer nach dem vereinbarten Kaufpreis bemisst, der nicht um die anteilige Rücklage zu kürzen sei. Dies habe aber keine Auswirkungen auf die Ermittlung der Anschaffungskosten der Immobilie. Unverändert stelle die Erhaltungsrücklage eine vom Grundstückseigentum losgelöste, mit einer Geldforderung vergleichbare Rechtsposition dar.

---

1) BFH v. 20.9.2022, IX R 29/21, BFH/NV 2023, 299 = HFR 2023, 211 mit Anm. Graw; hierzu auch Jachmann-Michel, jurisPR-SteuerR 13/2023 Anm. 1.
2) BFH v. 9.2.1983, I R 29/79, BStBl II 1983, 451.
3) OFD Frankfurt a.M. v. 9.11.2022, S 2211 A-12-St 214.
4) BFH v. 16.9.2020, II R 49/17, BStBl II 2021, 339.

Beim Veräußerer der Eigentumswohnung ist der Anteil an der Erhaltungsrücklage laut OFD **nicht als Werbungskosten** abzuziehen. Er übertrage entgeltlich seine Rechtsposition und erhält über den Kaufpreis vom Erwerber die Erhaltungsrücklage zurück.

II. Grunderwerbsteuer

1. Zurechnung von Grundstücken in mehrstöckigen Gesellschaftsstrukturen

a) Zurechnungserlasse

451 Durch die sog. Ergänzungstatbestände des § 1 Abs. 2a bis 3a GrEStG wird der der Grunderwerbsteuer unterliegende Besteuerungsgegenstand von unmittelbaren Erwerbsvorgängen von Grundstücken auf Anteilsübertragungen ausgeweitet, wenn sich diese (mittelbar) auf grundbesitzende Gesellschaften beziehen. Die Frage, wann eine Gesellschaft „grundbesitzend" ist, bestimmt sich dabei nicht nach dem Zivilrecht, sondern nach der „grunderwerbsteuerlichen Zurechnung", die auf der Rechtsprechung des BFH beruht. Bei Transaktionen, die sich auf mehrstöckige Strukturen beziehen, bedarf es daher der Bestimmung der grundbesitzenden Gesellschaft. Hieraus ergibt sich der grunderwerbsteuerbare Vorgang, der Steuer- und damit Anzeigepflichtige als auch das zuständige Finanzamt.

Der **BFH** hat in zwei Entscheidungen[1] entschieden, ab wann Grundstücke einer Gesellschaft jedenfalls nicht bzw. nicht mehr zuzurechnen sind (s. dazu bestätigend auch nachfolgend → Rz. 452 f.). Die Finanzverwaltung greift in den **gleich lautenden Erlassen** vom 16.10.2023[2] die vom BFH getroffenen Feststellungen zur Zurechnung von Grundstücken auf und kommt zu dem Ergebnis, dass ein Grundstück in mehrstöckigen Strukturen **gleichzeitig mehreren Gesellschaften zuzurechnen sein kann**. Ein Share Deal kann somit hinsichtlich dieses Grundstücks mehrfach der Grunderwerbsteuer unterliegen. Ein Grundstück ist einer Gesellschaft u.a. zuzurechnen, wenn sie einen Erwerbsvorgang nach § 1 Abs. 3 oder Abs. 3a GrEStG verwirklicht. Diese Zurechnung beendet allerdings nicht die Zurechnung des Grundstücks bei der (zivilrechtlich) grundstücksbesitzenden Gesellschaft selbst (Erwerb des Grundstücks i.S.v. § 1 Abs. 1 oder 2 GrEStG). Bei einem nachfolgenden Gesellschafterwechsel an der Gesellschaft, die den Tatbestand gem. § 1 Abs. 3 oder 3a GrEStG verwirklicht hat, soll das Grundstück dann auf zwei Ebenen zu erfassen sein: bei ihr selbst und der originär grundstücksbesitzenden Gesellschaft. Die Erlasse sehen keinerlei Billigkeitsregelungen vor und sollen in allen offenen Fällen anzuwenden sein. Vorgänge nach § 1 Abs. 2a oder 2b GrEStG führen hingegen nicht zu einer Grundstückszuordnung beim Neugesellschafter nach diesen Grundsätzen.

> **Kritische Stellungnahme:**
> Die Erlasse führen zu erheblichen (Betriebsprüfungs-)Risiken. Die Steuerfolgen im Rahmen von Share Deals müssen im Vorfeld genau analysiert werden, um die Anzeigepflichten fristgerecht zu erfüllen. Gegen die Doppelbesteuerung kann nur auf dem Rechtsweg vorgegangen werden. Es ist zweifelhaft, dass sich die Gerichte der Ansicht der Finanzverwaltung hier anschließen werden.

b) Zurechnung auch zur Obergesellschaft

452 In seinem Urteil vom 14.12.2022[3] hat der BFH ausdrücklich seine bisherige Rechtsprechung bestätigt, dass ein **Grundstück einer Untergesellschaft auch der Obergesellschaft grunderwerbsteuerlich zugerechnet werden kann**. Die Frage, wem das Grundstück aus grunderwerbsteuerlicher Sicht „gehört", stellt sich immer dann, wenn ein

---

1) BFH v. 1.12.2021, II R 44/18, BStBl II 2023, 1009 und v. 14.12.2022, II R 40/20, BStBl II 2023, 1012 = HFR 2023, 464 mit Anm. Kugelmüller-Pugh.
2) Oberste Finanzbehörden der Länder v. 16.10.2023, BStBl I 2023, 1872.
3) BFH v. 14.12.2022, II R 33/20, GmbHR 2023, 761.

grunderwerbsteuerbarer Vorgang gemäß § 1 Abs. 2a bis 3a GrEStG vorliegt und zu prüfen ist, inwieweit Grundvermögen „fiktiv" übertragen und damit ggf. Grunderwerbsteuer ausgelöst wird.

Anders als von der Finanzverwaltung in den gleich lautenden Erlassen vom 1.3.2016[1]) bislang vertreten, reicht die bloße 90 %-ige (bzw. ehemals 95 %-ige) Beteiligung der Obergesellschaft an einer grundstücksbesitzenden Gesellschaft nicht aus. Vielmehr stellt der BFH klar, dass nur dann ein Grundstück einer Gesellschaft zuzurechnen ist, wenn sie **zuvor in Bezug auf das Grundstück einen unter § 1 Abs. 1, Abs. 2, Abs. 3 oder Abs. 3a GrEStG fallenden Erwerbsvorgang verwirklicht** hat. Eine Zurechnung gemäß der Ergänzungstatbestände § 1 Abs. 2a oder 2b GrEStG läuft dagegen nach Ansicht des BFH ins Leere, da hier lediglich eine neue Gesellschaft fingiert wird, nicht aber eine Grundstücksübertragung. Hieraus ergibt sich nach Auffassung des BFH keine geänderte Grundstückszurechnung.

> **Anmerkung:**
>
> In dem vom BFH entschiedenen Fall scheiterte die von der Finanzverwaltung angenommene Zurechnung mehrerer Grundstücke bei einer amerikanischen Obergesellschaft, da diese im Rahmen ihrer mittelbaren Beteiligung an mehreren grundstücksbesitzenden deutschen GmbHs keinen Erwerbsvorgang nach § 1 Abs. 1, 2, 3 oder 3a GrEStG ausgelöst hatte. Daher hatte der Übergang der Anteile an dieser Obergesellschaft aufgrund einer in den USA vorgenommenen Verschmelzung, jedenfalls bezogen auf die amerikanische Obergesellschaft, keine unmittelbare grunderwerbsteuerbare Anteilsvereinigung gemäß § 1 Abs. 3 Nr. 2 GrEStG zur Folge.

c) Zurechnung bei Vereinbarungstreuhand

Mit dem teilweise inhaltsgleichen Urteil ebenso vom 14.12.2022[2]) entschied der BFH, dass die Vereinbarung einer Treuhand zwischen einem Treugeber und einer grundbesitzenden Gesellschaft zur **Zurechnung des Grundvermögens bei dem Treugeber** führt. Der BFH begründet dies damit, dass der Treugeber das Verwertungsrecht erhält (§ 1 Abs. 2 GrEStG) und damit der Gesellschaft als zivilrechtlicher Eigentümer das Grundstück nicht mehr zuzurechnen ist.

453

> **Anmerkung:**
>
> Der BFH erteilt mit seinen Urteilen der mehrfachen Zurechnung eines Grundstücks in mehrstöckigen Konzernstrukturen eine Absage, wenn die Zurechnung nur auf den Beteiligungsverhältnissen beruht (zur Auffassung der Finanzverwaltung → Rz. 451). Erforderlich ist vielmehr, dass der Zurechnung ein steuerbarer Vorgang vorangegangen ist. Gleichwohl hat er damit eine mehrfache Zurechnung eines Grundstücks (noch) nicht aufgegeben.

2. Auseinanderfallen von Signing und Closing

Bei grunderwerbsteuerlichen Ergänzungstatbeständen, z.B. bei Übertragung von mindestens 90 % der Anteile an einer grundstückshaltenden Kapital- oder Personengesellschaft, fallen die vertragliche Vereinbarung (Signing) und die dingliche Übertragung (Closing) oftmals zeitlich auseinander. Wie schon die Finanzverwaltung[3]) vertritt nun offensichtlich auch der Gesetzgeber, dass **in beiden Zeitpunkten** ein grundsätzlich **grunderwerbsteuerbarer Erwerbsvorgang** vorliegt, so dass entsprechende Anzeigen und Steuerfestsetzungen zu erfolgen haben.

454

---

1) Gleich lautende Erlasse v. 1.3.2016, BStBl I 2016, 282.
2) BFH v. 14.12.2022, II R 40/20, BStBl II 2023, 1012 = HFR 2023, 464 mit Anm. Kugelmüller-Pugh; hierzu auch Loose, jurisPR-SteuerR 21/2023 Anm. 5.
3) Oberste Finanzbehörden der Länder v. 10.5.2022, BStBl I 2022, 801.

Mit dem § 16 Abs. 4a Satz 1 GrEStG wird ab dem Tag nach der Verkündung des JStG 2022[1], somit ab 21.12.2022, ermöglicht, die Grundsteuerfestsetzung nach § 1 Abs. 3 Nr. 1 oder Nr. 3 oder Abs. 3a GrEStG (Signing) **auf Antrag aufzuheben oder zu ändern**, wenn die Anteile in Erfüllung dieses Rechtsgeschäfts übergehen und dadurch der Tatbestand nach § 1 Abs. 2a oder Abs. 2b GrEStG verwirklicht wird (Closing).

> **Beratungshinweis:**
>
> **Voraussetzung** für die Anwendung dieser Regelung ist jedoch, dass die **Erwerbsvorgänge fristgerecht und in allen Teilen vollständig angezeigt** wurden (§ 16 Abs. 5 Satz 2 GrEStG). Somit sollte in der Praxis besonderes Augenmerk auf die Anzeige im Zeitpunkt des Signing, sofern das Closing nicht innerhalb der Anzeigefrist bereits erfolgt, und auf die Anzeige zum Zeitpunkt des Closing gelegt werden.

3. Konzernklausel: Herrschendes Unternehmen bei mehrstufigen Beteiligungen

455 Bestimmte Umstrukturierungen im Konzern sind von der Grunderwerbsteuer befreit, wenn die an einem steuerbaren Rechtsvorgang Beteiligten herrschende bzw. abhängige Gesellschaften i.S.d. § 6a GrEStG sind und die Vor- und Nachbehaltensfristen eingehalten werden.

Der **BFH** hat entschieden, dass sich die **Definition des „herrschenden Unternehmens" und einer „abhängigen" Gesellschaft** nach dem **jeweiligen Umwandlungsvorgang** richtet, für den eine Steuerbefreiung nach § 6a Satz 1 GrEStG greifen soll.[2] Der BFH begründet seine Rechtsauffassung damit, dass es der Gesetzessystematik und dem Normzweck entspricht, durch die Steuerbegünstigung des § 6a GrEStG Umstrukturierungen innerhalb von Konzernen zu erleichtern, auch wenn diese die Beendigung oder Neugründung von Teilen eines Konzerns bezwecken. Für jeden Rechtsvorgang ist daher gesondert zu prüfen, welches Unternehmen das „herrschende Unternehmen" ist und welche Gesellschaften von diesem herrschenden Unternehmen abhängig sind.

Gemäß den gleich lautenden Erlassen der obersten Finanzbehörden der Länder vom 25.5.2023[3] zur Anwendung des § 6a GrEStG **übernimmt die Finanzverwaltung** die ihrer bisherigen Ansicht widersprechende **BFH-Rechtsprechung**. Diese Erlasse ersetzen die bisherigen Erlasse vom 22.9.2020[4] und sind in allen offenen Fällen anzuwenden

> **Beratungshinweis:**
>
> Weiter führt der BFH in obigem Urteil aus, dass die **Vor- und Nachbehaltensfristen** von fünf Jahren vor und fünf Jahren nach dem Umwandlungsvorgang, innerhalb der eine Beteiligung von mindestens 95 % bestehen muss, **nur einzuhalten sind, sofern dies umwandlungsbedingt überhaupt möglich** ist. So hat der BFH bereits mit Urteil vom 22.8.2019[5] entschieden, dass es bei Verschmelzungen zwischen herrschendem und abhängigem Unternehmen (sog. Upstream- und Downstream-Merger) nur auf die Vorbehaltensfrist ankomme. Bei der Ausgliederung zur Neugründung kommt es laut BFH hingegen nur auf die Nachbehaltensfrist an.[6] Zu einem anderen Ergebnis kommt hingegen das FG München, wenn Grundbesitz auf eine vor weniger als fünf Jahren gegründete Tochtergesellschaft übertragen wird. Hier sei dennoch auch die Vorbehaltensfrist zu erfüllen, um die Steuerbegünstigung nach § 6a GrEStG nutzen zu können.[7] Die Finanzverwaltung geht auch in den gleich lautenden Erlassen vom 25.5.2023[8] auf die Voraussetzung der Einhaltung der Vor- und Nachbehaltensfrist ein.

---

1) Gesetz v. 16.12.2022, BGBl. I 2022, 2294 = BStBl I 2023, 7.
2) BFH v. 28.9.2022, II R 13/20, BStBl II 2023, 666 = HFR 2023, 155 mit Anm. Loose.
3) Gleich lautende Erlasse v. 25.5.2023, BStBl I 2023, 995.
4) Gleich lautende Erlasse v. 22.9.2020, BStBl I 2020, 960.
5) BFH v. 22.8.2019, II R 18/19, BStBl II 2020, 352.
6) BFH v. 21.8.2019, II R 16/19, BStBl II 2020, 333.
7) FG München v. 3.3.2022, 4 K 1241/21, EFG 2022, 1216 mit Anm. Kronawitter (rkr.); NZB als unbegründet zurückgewiesen durch BFH v. 3.5.2023, II B 27/22).
8) Gleich lautende Erlasse v. 25.5.2023, BStBl I 2023, 995.

4. Gegenleistung

a) Leistungen Dritter

Leistungen eines Dritten für den Erwerb der Anteile an einer Grundbesitz erwerbenden Gesellschaft können zur grunderwerbsteuerlichen Bemessungsgrundlage gehören, wenn der Hauptzweck der Leistung darin besteht, den Grundstücksveräußerer zur Übertragung des Grundstücks auf die Gesellschaft zu veranlassen. Dies hat der BFH mit Urteil vom 25.4.2023[1] entschieden. Im Streitfall beabsichtigten zwei Kapitalgesellschaften, ein Grundstück zu erwerben, indem sie die Anteile an einer GmbH erwerben, die kurz darauf das Grundstück von ihrer Muttergesellschaft erwarb. Die GmbH zahlte einen deutlich unter dem Grundstückswert liegenden Kaufpreis, die Wertdifferenz wurde von der Muttergesellschaft als freiwillige Zuzahlung in die Kapitalrücklage geleistet. Bereits im Rahmen des vorgehenden Anteilskaufs hatten die erwerbenden Gesellschaften mit der Muttergesellschaft der GmbH die Zahlung dieses Differenzbetrages als Gegenleistung für die Übertragung der GmbH-Anteile vereinbart.

456

Gegenleistung für den Erwerb eines Grundstücks sind neben dem vertraglich vereinbarten Kaufpreis auch **Leistungen, die ein Dritter an den Veräußerer erbringt, um diesen zur Veräußerung des Grundstücks zu veranlassen** (§ 9 Abs. 2 Nr. 4 GrEStG). Bezogen auf den geschilderten Streitfall stellte der BFH klar, dass dies nur dann gelte, wenn die Veranlassung zur Veräußerung aus Sicht des leistenden Dritten der Hauptzweck der Gegenleistung ist. Unerheblich sei, was die Vertragsparteien des Grundstückskaufvertrags als Gegenleistung für das Grundstück vereinbart hätten. Unerheblich sei auch, dass sich die darüberhinausgehende Gegenleistung nicht aus diesem Grundstückskaufvertrag selbst, sondern aus dem Anteilskaufvertrag ergebe. Der BFH hält hier eine Gesamtschau für geboten. Damit bestätigt der BFH die Auffassung der Finanzverwaltung, die die Gegenleistung für den Erwerb der Anteile an der Tochtergesellschaft in die Bemessungsgrundlage für die Grunderwerbsteuer einbezogen hatte.

> **Anmerkung:**
> Nach Auffassung des BFH liegt auch keine unzulässige Doppelbesteuerung vor. Neben dem Grundstückserwerb der GmbH von ihrer Muttergesellschaft nach § 1 Abs. 1 GrEStG könnte hier zwar ein steuerbarer Anteilserwerb durch die beiden die Anteile an der GmbH erwerbenden Kapitalgesellschaften vorliegen, was nach den konkreten Umständen jedoch zu verneinen war. Diese beiden Erwerbsvorgänge – so der BFH – stehen eigenständig nebeneinander, sodass deren jeweilige Gegenleistungen getrennt voneinander zu ermitteln wären.

b) Verbilligte Wohnraumüberlassung

In dem vom BFH mit Urteil vom 23.11.2022[2] entschiedenen Fall war streitig, ob eine mit dem Erwerb von Grundstücken übernommene Verpflichtung zur verbilligten Wohnraumüberlassung Teil der Bemessungsgrundlage für die Grunderwerbsteuer sei. Die Verpflichtung übernahm der Grundstückserwerber aufgrund eines städtebaulichen Vertrags und erhielt dafür von der Stadt zinsvergünstigte Darlehen.

457

Bemessungsgrundlage für die Grunderwerbsteuer ist bei einem steuerpflichtigen Grundstückskaufvertrag der Kaufpreis einschließlich der vom Erwerber übernommenen sonstigen Leistungen. Zu den sonstigen Leistungen gehören alle Leistungen des Käufers, die dieser als Entgelt für die Veräußerung des Grundstücks gewährt (§ 9 Abs. 1 Nr. 1 GrEStG). Dazu kann grundsätzlich auch die Verpflichtung zur mietverbilligten Wohnraumüberlassung gehören. **Verpflichtet sich der Erwerber jedoch zur Mietpreisbindung und erhält im Gegenzug ein zinsverbilligtes Darlehen**, ist dies laut BFH **keine**

---

[1] BFH v. 25.4.2023, II R 19/20, BStBl II 2023, 1015 = HFR 2023, 997 mit Anm. Kugelmüller-Pugh; hierzu auch Korn, kösdi 2023, 23410, 23423, Rz. 470, Loose, jurisPR-SteuerR 47/2023 Anm. 5.
[2] BFH v. 23.11.2022, II R 26/21, BFH/NV 2023, 387 = HFR 2023, 462 mit Anm. Schaz; hierzu auch Halaczinsky, jurisPR-SteuerR 18/2023 Anm. 4.

sonstige Gegenleistung i.S.d. Grunderwerbsteuergesetzes. Im Streitfall sei die Mietverbilligung Teil eines Gesamtkonzepts zur öffentlichen Wohnraumförderung. Ihr komme daher kein eigenständiger Wert zu. Vielmehr sei die vergünstigte Wohnraumüberlassung im Zusammenhang mit den zinsvergünstigt gewährten Darlehen zu sehen, mit welchen sie sich im Wert ausgleiche.

5. Rückgängigmachung eines Grundstückserwerbs

a) Voraussetzung der Nichtfestsetzung von Grunderwerbsteuer

458 Wird ein Grundstückserwerb innerhalb von zwei Jahren tatsächlich und rechtlich vollständig rückgängig gemacht, wird nach § 16 Abs. 1 Nr. 1 GrEStG auf Antrag keine Grunderwerbsteuer erhoben oder die Steuerfestsetzung aufgehoben. Gemäß ständiger Rechtsprechung ist eine solche Rückgängigmachung nur gegeben, wenn über die zivilrechtliche Aufhebung des den Steuertatbestand erfüllenden Rechtsgeschäfts hinaus die Vertragspartner die Vertragsbindungen derart lösen, dass die Möglichkeit zur Verfügung über das Grundstück nicht beim Erwerber verbleibt, sondern der Veräußerer seine ursprüngliche Rechtsstellung wiedererlangt.

Laut BFH setzt die tatsächliche und vollständige Rückgängigmachung des Erwerbsvorgangs grundsätzlich die Löschung einer Auflassungsvormerkung im Grundbuch voraus.[1] Bei der Aufhebung eines Grundstückskaufvertrags wird nach Erteilung einer Löschungsbewilligung die tatsächliche Löschung einer Auflassungsvormerkung allerdings regelmäßig von der Rückzahlung des Kaufpreises abhängig gemacht. So wurde auch im Streitfall hinsichtlich der Aufhebung eines Grundstückskaufvertrags mit einer GmbH als Ersterwerberin vorgegangen.

Die **Nichtfestsetzung der Grunderwerbsteuer** nach § 16 Abs. 1 Nr. 1 GrEStG ist – so der BFH weiter – allerdings nur dann **ausgeschlossen**, wenn der Ersterwerber bei der Rückgängigmachung des Grundstückserwerbs den aufgrund der noch bestehenden Auflassungsvormerkung bestehenden **Anschein einer Rechtsposition im eigenen wirtschaftlichen Interesse verwertet** hat. Die Interessen ihrer Gesellschafter bzw. Geschäftsführer müsse sich dabei eine Kapitalgesellschaft zurechnen lassen. Im vorliegenden Fall wurde noch vor der Kaufpreisrückzahlung an die GmbH das Grundstück vom ursprünglichen Verkäufer an die Geschäftsführer und mittelbaren Gesellschafter der GmbH veräußert.

> **Anmerkung:**
> Aufgrund dessen bejaht der BFH im Streitfall eine solche Verwertung eigener wirtschaftlicher Interessen, da die GmbH Einfluss auf die Weiterveräußerung nehmen konnte. Letztlich diene die Veräußerung des Grundstücks an die Geschäftsführer und mittelbaren Gesellschafter der GmbH dazu, dass das von der GmbH geplante Bauprojekt doch noch verwirklicht werden könne.

b) Verletzung der Anzeigepflicht

459 In dem vom FG München zu entscheidenden Urteilsfall ging es um die Rückabwicklung eines grunderwerbsteuerlichen Erwerbsvorgangs im Zuge einer Erbauseinandersetzung aufgrund einer geltend gemachten Anfechtung.

Wird die Veräußerung eines Grundstücks oder ein sonstiger grunderwerbsteuerbarer Erwerbsvorgang innerhalb von zwei Jahren rückabgewickelt, wird auf Antrag sowohl für den Rückerwerb als auch für den ursprünglichen Erwerbsvorgang die Steuer nicht festgesetzt oder die Steuerfestsetzung aufgehoben. Gleiches gilt, wenn das dem Erwerbsvorgang zu Grunde liegende Rechtsgeschäft nichtig ist bzw. aufgrund einer Anfechtung als nichtig anzusehen ist. **Weitere Voraussetzung** für die Aufhebung der

---
[1] BFH v. 25.4.2023, II R 38/20, BStBl II 2023, 1018 = HFR 2023, 1085 mit Anm. Loose.

Steuerfestsetzung ist die **fristgerechte und ordnungsgemäße Anzeige des ursprünglichen Erwerbsvorgangs** gegenüber dem Finanzamt.

Das FG München hat nun entschieden, dass es für die Anforderungen an die Aufhebung einer Steuerfestsetzung eines Erwerbsvorgangs unerheblich ist, aus welchen Gründen ein Erwerbsvorgang rückgängig gemacht wurde.[1] Die Aufhebung scheidet gemäß § 16 GrEStG von vornherein aus, wenn der Vorgang nicht ordnungsgemäß angezeigt wurde. Im entschiedenen Streitfall war weder vom Steuerpflichtigen noch von der beurkundenden Notarin – wegen verspäteter Anzeige – eine ordnungsgemäße Anzeige erfolgt. Eine Aufhebung gemäß § 175 Abs. 1 Satz 1 Nr. 2 AO (rückwirkendes Ereignis) aufgrund Anfechtung scheidet ebenfalls aus, da § 16 GrEStG die Anwendung der Norm aufgrund der zwingenden Gesetzessystematik verdrängt.

> **Beratungshinweis:**
>
> Das FG München lässt offen, ob bei Versäumung der Anzeigefrist die Wiedereinsetzung in den vorherigen Stand grundsätzlich möglich ist, da im Urteilsfall die Wiedereinsetzung aufgrund des Verschuldens des Steuerpflichtigen ausscheidet. Eine rückwirkende Fristverlängerung für die erstmalige Anzeige versagt das FG allerdings ausdrücklich.

III. Verfassungskonformität der Grundsteuermodelle

1. Bayerisches Grundsteuermodell verfassungsgemäß

Das FG Nürnberg äußerte in einem Verfahren wegen Aussetzung der Vollziehung keine Zweifel an der Verfassungsmäßigkeit des am 1.1.2022 in Kraft getretenen Bayerischen Flächenmodells für die Ermittlung der Bemessungsgrundlagen für die ab 2025 festzusetzende Grundsteuer. Konkret kam das FG Nürnberg mit Beschluss vom 8.8.2023[2] zur Frage der Aussetzung der Vollziehung von Bescheiden über Grundsteueräquivalenzbeträge sowie über Grundsteuermessbeträge zu dem Ergebnis, dass das Bayerische Äquivalenzmodell nicht verfassungswidrig ist. Zwar müssten sich Typisierungen und Pauschalierungen, die der Gesetzgeber bei der Ausgestaltung der Bewertungsvorschriften vornimmt, in den verfassungsrechtlichen Grenzen halten. Dem sei aber nach Auffassung des Finanzgerichts vor dem Hintergrund des **weiten gesetzgeberischen Gestaltungsspielraums** bei der Umsetzung des Bayerischen Bewertungsmodells Rechnung getragen worden.

Zudem überwiege das öffentliche Interesse am Gesetzesvollzug das besondere berechtigte Aussetzungsinteresse des Antragstellers. Eine Aussetzung der Vollziehung (AdV) der genannten Bescheide würde faktisch zu einer vorläufigen Außerkraftsetzung des Bayerischen Grundsteuergesetzes und damit zu erheblichen Einnahmeausfällen bei den Gemeinden führen. Die Festsetzung der Grundsteueräquivalenzbeträge und der Grundsteuermessbeträge führe dagegen nach Auffassung des FG nicht zu einer schwerwiegenden Belastung mit irreparablen Nachteilen für den Antragsteller. Die AdV sei daher nicht zu gewähren.

> **Beratungshinweis:**
>
> Gegen das Bayerische Grundsteuergesetz ist derzeit eine **Popularklage** beim Bayerischen Verfassungsgerichtshof anhängig (Az. Vf. 17-VII-2022).

2. Aussetzung der Vollziehung von Grundsteuerwertbescheiden nach dem Bundesmodell

In zwei Beschlüssen vom 23.11.2023[3] äußert das FG Rheinland-Pfalz **einfachrechtliche Zweifel** daran, ob angesichts von Datenlücken die Bodenrichtwerte in Rheinland-Pfalz

---

1) FG München v. 26.10.2022, 4 K 2409/21, EFG 2023, 287 mit Anm. Kronawitter (Rev. anhängig beim BFH unter II R 20/23).
2) FG Nürnberg v. 8.8.2023, 8 V 300/23, EFG 2023, 1405 mit Anm. Schmidt (rkr.).
3) FG Rheinland-Pfalz v. 23.11.2023, 4 V 1295/23 und 4 V 1429/23.

rechtmäßig zustande gekommen seien. Zudem müsste dem Steuerpflichtigen die Möglichkeit offenstehen, einen unter dem typisierten Grundsteuerwert liegenden Wert seines Grundstücks nachweisen zu können.

Verfassungsrechtlich zweifelt das FG Rheinland-Pfalz an der Vereinbarkeit der Bewertungsregelungen mit dem allgemeinen Gleichheitssatz nach Art. 3 Abs. 1 GG. Für das Bewertungsrecht sei hieraus ein Gebot der realitäts- und relationsgerechten Grundstücksbewertung abzuleiten. Da aber der Belastungsgrund der Grundsteuer nicht eindeutig sei, könne nicht überprüft werden, ob die erzielten Bewertungsergebnisse relationsgerecht seien. Zweifelhaft sei zudem, ob die Bewertungsregelungen überhaupt geeignet seien, eine realitäts- und relationsgerechte Grundstücksbewertung zu erreichen. Schließlich sieht das FG ein gleichheitswidriges Vollzugsdefizit darin, dass die Ermittlung der Bodenrichtwerte häufig auf einer Aufteilung von Gesamtkaufpreisen in einen Gebäude- und einen Bodenanteil resultierten.

Aufgrund der einfach- und verfassungsrechtlichen Bedenken gewährte das FG Rheinland-Pfalz in beiden Fällen die Aussetzung der Vollziehung der Grundsteuerwertbescheide auf den 1.1.2022, sodass darauf basierend keine Grundsteuerbescheide zum 1.1.2025 erlassen werden könnten.

> **Beratungshinweis:**
>
> Ernstliche Zweifel an der Verfassungsmäßigkeit der Bewertungsvorschriften des Grundsteuergesetzes und des Siebten Abschnitts des Zweiten Teils des Bewertungsgesetzes, die die Regelungen für das Bundesmodell zur Grundstücksbewertung auf den 1.1.2022 enthalten, wurden auch in weiteren gerichtlichen Verfahren geäußert. So sind entsprechende Klagen beim FG Berlin-Brandenburg (Az. 3 K 3026/23, 3 K 3170/22 und 3 K 3018/23) anhängig.
>
> Auch gegenüber dem Landesgrundsteuergesetz Baden-Württemberg wurden verfassungsrechtliche Zweifel laut. Verfahren dazu sind beim FG Baden-Württemberg (Az. 8 K 2368/22 und Az. 8 K 2491/22) anhängig.

F. Erbschaftsteuer

I. Schenkung

1. Bedarfsabfindung im Scheidungsfall

462 Mit Urteil vom 1.9.2021[1]) hatte der BFH die Bedarfsabfindung, die erst im Zeitpunkt der Ehescheidung unter bestimmten Voraussetzungen zu leisten ist, von der Pauschalabfindung vor der Eheschließung abgegrenzt. Eine **Pauschalabfindung**, die für den Verzicht auf einen möglicherweise künftig entstehenden Zugewinnausgleich geleistet wird, würdigt der BFH als eine **freigebige Zuwendung**, die damit grundsätzlich schenkungsteuerpflichtig ist. Eine **Bedarfsabfindung**, die per Ehevertrag vor der Eheschließung in bestimmter Höhe vereinbart werde und bei Vorliegen der Voraussetzungen im Falle der Ehescheidung zu zahlen ist, diene hingegen dem Ausgleich aller Interessensgegensätze der Ehegatten, weshalb es sich nicht um eine Leistung ohne Verpflichtung und ohne rechtlichen Zusammenhang mit einer Gegenleistung handele, so dass laut BFH **keine freigebige Zuwendung** vorliegt.

Mit gleich lautenden Erlassen vom 13.10.2022 haben die obersten Finanzbehörden der Länder das Urteil des BFH vom 1.9.2021 für **nicht** über den Einzelfall hinaus **anwendbar** erklärt.[2]) Es könne nicht generell davon ausgegangen werden, dass Zahlungen zur Erfüllung von freiwilligen vertraglichen Vereinbarungen stets im rechtlichen Zusam-

---

1) BFH v. 1.9.2021, II R 40/19, BStBl II 2023, 146 = HFR 2022, 244 mit Anm. Kugelmüller-Pugh. Vgl. hierzu BDI/Ebner Stolz, Steuer- und Wirtschaftsrecht 2023, 333.
2) Oberste Finanzbehörden der Länder v. 13.10.2022, BStBl I 2022, 1517.

menhang mit einer Gegenleistung stünden und der Zuwendende seine Leistung als entgeltlich ansehe.

> **Beratungshinweis:**
>
> Aus der Reaktion der Finanzverwaltung ist zu schlussfolgern, dass hier stets anhand der Umstände des Einzelfalls zu prüfen ist, ob eine Abfindungszahlung im Scheidungsfall als freigebige Zuwendung zu würdigen oder ob diese als Gegenleistung anzusehen ist.

2. Disquotale Einlage in ungebundene Kapitalrücklage einer KGaA

Im Streitfall gründeten der Kläger und sein Vater eine KGaA. Das Grundkapital wurde vollständig vom Vater des Klägers als alleinigem Kommanditaktionär übernommen. Der Kläger leistete als persönlich haftender Gesellschafter eine Vermögenseinlage in die KGaA. Laut Satzung der KGaA sind die Gesellschafter im Verhältnis ihrer Kapitalkonten zum Gesamtkapital, das sich aus dem Grundkapital und der Vermögenseinlage zusammensetzt, am Gewinn und an den Rücklagen der KGaA beteiligt. Danach betrug das Verhältnis 90 % zu 10 % zugunsten des Klägers.

Kurz nachdem die KGaA ins Handelsregister eingetragen war, erbrachte der Vater eine sog. **disquotale Einlage** in mehrstelliger Millionenhöhe in eine ungebundene Kapitalrücklage der KGaA. Diese ungebundene Kapitalrücklage zählte laut Satzung nicht zu den Kapitalkonten.

Anders als das Finanzamt verneinte das FG Hamburg[1] eine Schenkungsteuerpflicht nach § 7 Abs. 8 Satz 1 ErbStG, wonach als Schenkung unter Lebenden auch die Werterhöhung von Anteilen an einer Kapitalgesellschaft gilt, die eine an der Gesellschaft unmittelbar oder mittelbar beteiligte natürliche Person oder Stiftung (Bedachte) durch die Leistung einer anderen Person (Zuwendender) an die Gesellschaft erlangt. Diese Voraussetzungen lägen vorliegend nicht vor. Zwar handele es sich bei der KGaA um eine Kapitalgesellschaft und der Wert der Beteiligung des Klägers habe sich auch durch die disquotale Einlage des Vaters erhöht. Allerdings sei die Beteiligung des Klägers mangels Beteiligung am Grundkapital der KGaA **kein „Anteil an einer Kapitalgesellschaft" im Sinne des ErbStG**. Dieses habe in § 13a und § 13b ErbStG bereits vor Einführung von § 7 Abs. 8 ErbStG zwischen dem Anteil eines persönlich haftenden Gesellschafters an einer KGaA einerseits und dem Anteil an einer Kapitalgesellschaft andererseits unterschieden. Dieselbe Unterscheidung läge auch Vorschriften des Einkommensteuergesetzes und des steuerrechtlichen Bewertungsgesetzes zu Grunde.

Darüber hinaus sei nach Auffassung des FG Hamburg weder § 7 Abs. 6 ErbStG, d.h. die übermäßige Gewinnbeteiligung bei einer Personengesellschaft, noch der Grundtatbestand des § 7 Abs. 1 Nr. 1 ErbStG erfüllt. Auch vermag das FG Hamburg **keinen Gestaltungsmissbrauch** im Sinne des § 42 AO zu erkennen. Dabei sei dem Gericht bewusst gewesen, dass der Gesetzgeber mit der Vorschrift des § 7 Abs. 8 ErbStG zwar die Besteuerungslücken in Fällen disquotaler Einlagen habe schließen wollen. Jedoch sei im Gesetz eine Lücke verblieben, die der Kläger zu seinen Gunsten genutzt habe. Das Gericht verweist darauf, dass es dem Gesetzgeber vorbehalten sei, diese **Gesetzeslücke** zu schließen.

II. Nicht als Betriebsvermögen begünstigtes Verwaltungsvermögen

1. An Dritte überlassene Grundstücke

a) Im Rahmen einer Betriebsaufspaltung überlassenes Grundstück

Grundstücke, die im Rahmen einer Betriebsaufspaltung oder aus dem Sonderbetriebsvermögen an die Gesamthand zur Nutzung überlassen werden, sind kein Verwaltungs-

---

1) FG Hamburg v. 11.7.2023, 3 K 188/21, EFG 2023, 1466 mit Anm. Berghoff; hierzu auch Halaczinsky, UVR 2023, 305 (Rev, anhängig beim BFH unter II R 23/23).

vermögen. Eine Weiterüberlassung an Dritte ist jedoch steuerschädlich (§ 13b Abs. 2 Satz 2 Nr. 1 Satz 2 Buchst. a ErbStG a.F.).

Ob demnach Verwaltungsvermögen vorliegt, hatte der BFH in einem Streitfall zu entscheiden, bei dem es um eine Schenkung von Kommanditanteilen der Eltern an den Sohn im Jahr 2013 ging. Zum Sonderbetriebsvermögen der Eltern bei der KG gehörte ein Lagergrundstück, das an die Komplementär-GmbH vermietet wurde. Diese vermietete das Grundstück an eine andere GmbH weiter und führte gemäß einer gesonderten Vereinbarung die Lagerbewirtschaftung durch. Die Schenkung der Kommanditanteile unterlag nach der bis 30.6.2016 geltenden Rechtslage vollständig der Erbschaftsteuer, da das als Verwaltungsvermögen eingestufte Grundstück zu einer Verwaltungsvermögensquote von über 50 % führte.

Der BFH bestätigte die Qualifikation des Grundstücks als Verwaltungsvermögen.[1] Zwar sei die **Vermietung** des Grundstücks durch die Eltern **an die Komplementärin** aufgrund ihrer Mehrheitsbeteiligungen an der KG und der Komplementärin **unschädlich**. Hier komme die Rückausnahme zum Tragen, da sie (und nach der Schenkung der Sohn) einen einheitlichen geschäftlichen Betätigungswillen sowohl bei der KG als auch bei der M-GmbH durchsetzen konnten. Allerdings sei die **Weiterüberlassung an Dritte** ungeachtet des Lagerbewirtschaftungsvertrags **steuerschädlich**.

> **Anmerkung:**
> Eine entsprechende Rückausnahmeregelung findet sich nun in § 13b Abs. 4 Nr. 1 Satz 2 Buchst. a ErbStG, so dass der BFH auch nach aktueller Rechtslage zu keinem anderen Ergebnis käme.

b) Im Rahmen einer Betriebsverpachtung überlassene Grundstücke

465 Bislang ist die Frage noch nicht höchstrichterlich geklärt, ob einem Dritten im Rahmen einer Betriebsverpachtung zur Nutzung überlassene Grundstücke auch dann ausnahmsweise nach § 13b Abs. 4 Nr. 1 Satz 2 Buchst. b Doppelbuchst. aa ErbStG nicht zum Verwaltungsvermögen gehören, wenn die Übertragung des Gesamtbetriebs auf den Pächter nicht durch Erbfall, sondern durch Schenkung erfolgt. In dem vom FG München mit rechtskräftigem Urteil vom 20.4.2022[2] entschiedenen Schenkungsfall ging es um die Übertragung des Gesamtbetriebs in 2017, wobei der Beschenkte bereits seit 2007 Pächter des Betriebs samt Immobilie war.

Das FG München hält die **Rückausnahme von der Verwaltungsvermögenszuordnung** für Pachtgrundstücke bei Verpachtung des ganzen Betriebs zwar auch in Schenkungsfällen für anwendbar. Allerdings reiche eine bloße Absicht des Schenkers, den beschenkten Betriebspächter als Erben einzusetzen, dafür nicht aus. Vielmehr müsse – wie auch im Erbfall – im Zusammenhang mit dem Abschluss des Pachtvertrags bereits eine **Erbeinsetzung** erfolgen. Somit war nach Auffassung des FG München das verpachtete Grundstück im Streitfall als Verwaltungsvermögen einzustufen.

c) Grundstücksüberlassung zur Absatzförderung

466 Trotz Fremdvermietung sind Grundstücke erbschaftsteuerlich nicht als Verwaltungsvermögen anzusehen, sondern vielmehr als Betriebsvermögen begünstigt, wenn die Grundstücksüberlassung **vorrangig zur Absatzförderung eigener Erzeugnisse und Produkte** im Rahmen von Lieferverträgen dient (§ 13b Abs. 4 Nr. 1 Satz 2 Buchst. e ErbStG). Nach Auffassung der OFD Frankfurt a.M.[3] soll diese Rückausnahme von der

---

1) BFH v. 10.5.2023, II R 21/21, BFH/NV 2023, 1455 = HFR 2023, 1197 mit Anm. Kugelmüller-Pugh; hierzu auch Korn, kösdi 2023, 23454, 23465, Rz. 522, Höreth, StEd 2023, 643.
2) FG München v. 20.4.2022, 4 K 361/20, EFG 2022, 1315 mit Anm. Wojtkowiak (rkr.); hierzu auch Halaczinsky, UVR 2023, 335.
3) OFD Frankfurt a.M. v. 12.5.2023, S 3812b A – 018 – St 711, ZEV 2023, 788.

Zuordnung zum Verwaltungsvermögen allerdings **nicht im Falle des bloßen Handels mit Produkten** greifen. So sieht die OFD Frankfurt a.M. auch dann Verwaltungsvermögen als gegeben an, wenn die Grundstücke von einem Zwischenhändler vermietet werden, der lediglich mit Produkten handelt. Es fehle am Absatz eigener Produkte, auch wenn das Unternehmen, dem das Grundstück überlassen wird, wiederum die Produkte weitervertreibt.

In komplexen Unternehmensstrukturen, in denen die Grundstücksüberlassung im Rahmen von Lieferverträgen an Kunden häufig durch eine Holdinggesellschaft und nicht durch die produzierende Gesellschaft selbst erfolgt, sei – wie in einer Länderabfrage abgestimmt – bei solchen fremdvermieteten Grundstücken ebenfalls eine enge Auslegung der Rückausnahme zu vertreten und Verwaltungsvermögen zu bejahen. Eine verbundbezogene Betrachtungsweise wird demnach abgelehnt.

2. Geleistete Anzahlungen

Nach der bis 30.6.2016 anzuwendenden Fassung des § 13b Abs. 2 Satz 2 Nr. 4a ErbStG a.F. waren dem Verwaltungsvermögen neben u.a. Zahlungsmitteln und Geldforderungen auch „**andere Forderungen**" zuzurechnen, soweit der gemeine Wert nach Abzug von Schulden insgesamt 20 % des anzusetzenden Werts des Betriebsvermögens überstieg.

467

Im Streitfall hatte der BFH zu klären, ob im Betriebsvermögen einer GmbH ausgewiesene geleistete Anzahlungen im Zusammenhang mit einem Verwaltungsneubau und dem laufenden Geschäftsbetrieb als „andere Forderungen" zu behandeln und somit dem Verwaltungsvermögen zuzurechnen waren. Mit Urteil vom 1.2.2023[1)] führt der BFH aus, dass die Auslegung des Begriffs der „anderen Forderungen" bislang umstritten ist. So werde sowohl vertreten, dass hierunter nur auf Geld gerichtete Forderungen zu erfassen seien, als auch das Sachleistungsansprüche darunterfallen. Der BFH kommt zu dem Ergebnis, dass mit „anderen Forderungen" **in erster Linie Forderungen gemeint sind, die auf Zahlungsmittel gerichtet sind**, wie sich aus der Gesetzesformulierung und dem Gesetzeszweck ergebe. Sachleistungsansprüche seien jedenfalls dann nicht erfasst, wenn diese Ansprüche auf Wirtschaftsgüter gerichtet sind, die nicht als Verwaltungsvermögen qualifizieren, sofern sie zum Bewertungsstichtag bereits aktiviert wären. Ob im umgekehrten Falle tatsächlich eine Qualifizierung als Verwaltungsvermögen erfolgen müsste, konnte der BFH offenlassen, da die Anzahlungen im Streitfall nicht auf den Erwerb von Verwaltungsvermögen gerichtet waren.

> **Beratungshinweis:**
>
> Die Zuweisung von „anderen Forderungen" zum Verwaltungsvermögen findet sich **im aktuell geltenden Recht** in § 13b Abs. 4 Nr. 5 Satz 1 ErbStG in leicht modifizierter Fassung wieder. Die Urteilsgrundsätze dürften insoweit aber auch für die aktuell vorzunehmende Abgrenzung heranzuziehen sein.

III. Rückwirkende Anwendung von §§ 13a und 13b ErbStG ab dem 1.7.2016

Die letzte Erbschaftsteuerreform wurde am 9.11.2016 verabschiedet – mit Wirkung der verschärften Regelungen zur erbschaftsteuerlichen Begünstigung von Betriebsvermögen rückwirkend für Erwerbe ab dem 1.7.2016. Nach Auffassung des FG München ist durch die verspätete Zustimmung des Bundesrats zum Erbschaftsteueranpassungsgesetz am 9.11.2016 und die damit verbundene echte Rückwirkung der Regelungen zum

468

---

1) BFH v. 1.2.2023, II R 36/20, BFH/NV 2023, 906 = HFR 2023, 1089 mit Anm. Hübner; hierzu auch Loose, jurisPR-SteuerR 26/2023 Anm. 3.

Übergang von Betriebsvermögen jedoch **kein erbschaftsteuerfreier Zeitraum vom 1.7.2016 bis zum 9.11.2016** entstanden.[1)]

Es habe ab dem Bundestagsbeschluss vom 24.6.2016 **kein schutzwürdiges Vertrauen** in die alte Rechtslage mehr bestanden, denn damit sei bekannt gewesen, dass die Neuregelungen nach der Bundesratszustimmung rückwirkend zum 1.7.2016 in Kraft treten sollten. Ein Wahlrecht zur Anwendung der neuen oder der alten Rechtslage sei nicht zu gewähren.

IV. Nachlassverbindlichkeiten – Einkommensteuer auf durch Erben rückwirkend erklärte Betriebsaufgabe

469 Der BFH hatte über einen Streitfall zu entscheiden, in dem ein verpachteter land- und forstwirtschaftlicher Betrieb infolge des Tods des Erblassers in 2016 auf seine sechs Erben zu gleichen Teilen überging. Diese erklärten nach dem Todeszeitpunkt des Erblassers die Aufgabe des Betriebs auf einen Zeitpunkt vor dessen Tod unter Inanspruchnahme der Rückwirkung von maximal drei Monaten nach § 16 Abs. 3b Satz 2 EStG. Dadurch entstand ein Aufgabegewinn, der im Rahmen der Einkommensteuerfestsetzung 2016 für den Erblasser berücksichtigt wurde und zu einer Einkommensteuernachzahlung nebst Nebensteuern führte.

Mit Urteil vom 10.5.2023[2)] versagt der BFH die Berücksichtigung der Einkommensteuer und den damit in Zusammenhang stehenden Nebensteuern (Solidaritätszuschlag und Kirchensteuer) als eine vom Erblasser herrührende Nachlassverbindlichkeit nach § 10 Abs. 5 Nr. 1 ErbStG.

Zwar werde nicht vorausgesetzt, dass zum Todeszeitpunkt des Erblassers und damit zum Zeitpunkt der Steuerentstehung eine rechtliche Verpflichtung bereits bestanden habe. Als **Nachlassverbindlichkeiten** könnten vielmehr bereicherungsmindernd auch Steuerschulden aus der Veranlagung des Erblassers für dessen Todesjahr zu berücksichtigen sein, obwohl sie beim Erbfall noch nicht rechtlich entstanden waren.

Entscheidend für den Abzug als Nachlassverbindlichkeiten sei aber, dass der **Erblasser selbst** steuerrelevante Tatbestände **verwirklicht** habe. Werden steuerrelevante Tatbestände hingegen durch den Erben als Gesamtrechtsnachfolger „für den Erblasser" verwirklicht, sei der Abzug als Nachlassverbindlichkeiten abzulehnen. Da die Steuerbelastung erst durch die rückwirkend erklärte Aufgabeerklärung der Erben ausgelöst worden sei, verneint der BFH hier das Vorliegen einer Nachlassverbindlichkeit.

> **Beratungshinweis:**
>
> Zwar entschied der BFH mit Urteil vom 4.7.2012[3)], dass der Abzug der Einkommensteuer für das Todesjahr als Nachlassverbindlichkeiten auch dann möglich sei, wenn im Zeitpunkt des Erbfalls die konkrete Steuerbelastung noch durch mögliche Wahlrechtsausübungen beeinflusst werden kann. Das stehe jedoch nicht im Widerspruch zur nun vorliegenden Entscheidung, da darunter nur Fälle zu fassen seien, in denen der Erblasser bereits den Tatbestand verwirklicht hat, an den die Einkommensteuerpflicht anknüpft. Die rückwirkende Erklärung der Betriebsaufgabe durch die Erben erfülle hingegen erstmals den steuerbegründenden Tatbestand.

V. Erbschaftsteuerliche Freibeträge bei Enkeln und Urenkeln

470 In zwei Urteilen hat sich das Niedersächsisches FG am 28.2.2022 mit der Beurteilung erbschaftsteuerlicher Freibeträge befasst. Spricht die Elterngeneration einen Erbverzicht zugunsten ihrer Kinder und damit der Enkel des Erblassers aus, führt die damit

---

1) FG München v. 8.2.2023, 4 K 2771/21, EFG 2023, 718 mit Anm. Wojtkowiak, vgl. hierzu auch Halaczinsky, UVR 2023, 170 (Rev. anhängig beim BFH unter II R 7/23).
2) BFH v. 10.5.2023, II R 3/21, BFH/NV 2023, 1357 = HFR 2023, 1059 mit Anm. Kugelmüller-Pugh.
3) BFH v. 4.7.2021, II R 15/11, BStBl II 2012, 790 = HFR 2012, 291.

einhergehende **zivilrechtliche „Vorversterbensfiktion"** der Eltern nicht dazu, dass dem Enkelkind des Erblassers der höhere erbschaftsteuerliche Freibetrag nach § 16 Abs. 1 Nr. 2 ErbStG von 400.000 Euro gewährt wird. Vielmehr verbleibt es bei einem Freibetrag nach § 16 Abs. 1 Nr. 3 ErbStG von 200.000 Euro.[1]

Bei **Urenkeln** eines Erblassers ist zudem auch dann ein erbschaftsteuerlicher Freibetrag von 100.000 Euro heranzuziehen, wenn beide vorangegangenen Generationen (vor)verstorben sind.[2] Die Regelung in § 16 Abs. 1 Nr. 4 ErbStG sieht hier – anders als bei Enkeln – keinen höheren Freibetrag bei Vorversterben der Kinder und Enkel des Erblassers vor.

VI. Ausschluss der Erbschaftsteuerbefreiung bei Mietwohngrundstücken in Drittstaaten unionsrechtswidrig

Zu Wohnzwecken vermietete Grundstücke sind für erbschaftsteuerliche Zwecke mit 90 % ihres gemeinen Werts anzusetzen. Das gilt allerdings nur, wenn die Grundstücke im Inland oder der EU/dem EWR belegen sind. Bei in Drittstaaten belegenen Grundstücken kommt hingegen diese Reduktion des gemeinen Werts nicht zur Anwendung.

471

Laut Urteil vom 12.10.2023[3] hält der EuGH diese **Einschränkung des Steuerbefreiungsabschlags von 10 % auf Inlands- und EU-/EWR-Grundstücke für europarechtswidrig**. Da die Steuervergünstigung von der Belegenheit der Güter des Nachlasses abhänge, komme es zu einer Benachteiligung von im Drittland belegenen Grundstücken, was **gegen die Kapitalverkehrsfreiheit** verstoße. Das seitens der deutschen Bundesregierung als Rechtfertigungsgrund angeführte Ziel, mit dem Steuerbefreiungsabschlag bezahlbaren Wohnraum in Deutschland und der EU/dem EWR zu fördern, werde mit der Regelung nicht erreicht.

Mit der Notwendigkeit, die Wirksamkeit der Steueraufsicht zu gewährleisten, kann der Ausschluss von Drittstaatsgrundstücken laut EuGH auch nicht gerechtfertigt werden, da die deutschen Behörden laut den Vereinbarungen in dem im Streitfall maßgeblichen DBA mit Kanada problemlos die nötigen Informationen erlangen könnten.

> **Beratungshinweis:**
> Es bleibt abzuwarten, wie der nationale Gesetzgeber auf diese Entscheidung reagieren wird.

VII. Beschränkte Erbschaftsteuerpflicht

1. Keine beschränkte Steuerpflicht bei Erwerb eines inländischen Grundstücks durch Vermächtnis

In dem durch den BFH entschiedenen Streitfall hatte die in 2013 verstorbene Erblasserin ihrer Nichte ein Vermächtnis über den Anteil an einem im Inland belegenen Grundstück zugewandt. Beide verfügten in Deutschland weder über einen Wohnsitz noch einen gewöhnlichen Aufenthalt. Im Jahr 2014 wurde in Erfüllung des Vermächtnisses als Forderungsrecht ein entsprechender Miteigentumsanteil an dem Grundstück auf die Nichte übertragen.

472

Mit Urteil vom 23.11.2022[4] kommt der BFH zu dem Schluss, dass hier keine beschränkte Steuerpflicht nach § 2 Abs. 1 Nr. 3 Satz 1 ErbStG besteht und somit durch das Vermächtnis keine Erbschaftsteuer angefallen ist. Zwar umfasse die beschränkte Erbschaftsteuerpflicht neben dem Erwerb durch Erbanfall auch den **Erwerb durch Ver-**

---

1) Niedersächsisches FG v. 28.2.2022, 3 K 176/21, EFG 2022, 1118 mit Anm. Vorbeck (Rev. beim BFH anhängig unter II R 13/22).
2) Niedersächsisches FG v. 28.2.2022, 3 K 210/21, EFG 2022, 1120 mit Anm. Vorbeck (rkr.).
3) EuGH v. 12.10.2023, C-670/21, BA/FA X, HFR 2023, 1117 mit Anm. Schmid.
4) BFH v. 23.11.2022, II R 37/19, HFR 2023, 345 mit Anm. Kugelmüller-Pugh; hierzu auch Loose, jurisPR-SteuerR 17/2023 Anm. 4, Wachter, FR 2023, 333.

mächtnis. Allerdings müsse der Gegenstand des daraus resultierenden Vermögensanfalls Inlandsvermögen i.S.d. § 121 BewG sein. Durch das Vermächtnis sei aber nicht das anteilige inländische Grundstück, sondern vielmehr lediglich ein Sachleistungsanspruch auf Verschaffung von Miteigentum an diesem Grundstück erworben worden. Dabei handele es sich weder um **inländisches Grundvermögen i.S.d. § 121 Nr. 2 BewG**, noch könne der Anspruch einer der anderen in § 121 BewG abschließend aufgezählten Kategorien zugeordnet oder eine erweiternde Auslegung vorgenommen werden.

> **Anmerkung:**
>
> Damit besteht derzeit eine **Besteuerungslücke** bei einem Grundstücksvermächtnis in Fällen, in denen keine unbeschränkte Erbschaftsteuerpflicht gegeben ist und Bezug zum Nicht-EU-Ausland besteht bzw. im Falle einer anzuwendenden EU-Rechtsordnung diese dem Vermächtnis keine dingliche Wirkung zuspricht. Zu einem entsprechenden Ergebnis könnte man auch im Fall eines Vermächtnisses über einen anderen in § 121 BewG genannten Vermögensgegenstand kommen.

2. Nachlassverbindlichkeiten bei beschränkter Steuerpflicht

473 Nach § 10 Abs. 6 Satz 2 ErbStG können Schulden und Lasten im Fall der beschränkten Steuerpflicht nur dann als Nachlassverbindlichkeit bei der Ermittlung der Erbschaftsteuer berücksichtigt werden, wenn sie im wirtschaftlichen Zusammenhang mit erworbenen Inlandsvermögen stehen. Der EuGH beurteilte dieses **Abzugsverbot als EU-rechtswidrig**, da der Abzug von Pflichtteilsverbindlichkeiten mangels wirtschaftlichem Zusammenhang mit einzelnen Vermögensgegenständen verhindert werde.[1]

Die **obersten Finanzbehörden der Länder** haben als Reaktion darauf erklärt, Pflichtteilsverbindlichkeiten, Zugewinnausgleichsverbindlichkeiten und Verbindlichkeiten auf Geldzahlungen aufgrund von Untervermächtnissen anteilig als Nachlassverbindlichkeiten **zum Abzug zuzulassen, soweit** die Vermögensgegenstände des Erwerbs der beschränkten Steuerpflicht unterliegen.[2]

> **Beratungshinweis:**
>
> Zur Ermittlung des abzugsfähigen Anteils der nicht im wirtschaftlichen Zusammenhang mit erworbenem Inlandsvermögen bestehenden Nachlassverbindlichkeiten ist die Summe der Werte der im Inland beschränkt steuerpflichtigen Vermögensgegenstände ins Verhältnis zum Gesamtwert des Erwerbs zu setzen.

VIII. DBA Schweden nach Abschaffung der schwedischen Schenkungsteuer

474 In dem zwischen Schweden und Deutschland vereinbarten Doppelbesteuerungsabkommen (DBA Schweden) ist geregelt, wie eine Doppelbesteuerung mit Erbschaft- und Schenkungsteuer verhindert werden kann. Allerdings wird **seit dem Jahr 2005 in Schweden keine Erbschaftsteuer mehr erhoben**. Streitig war nun, ob schwedische Kapitalgesellschaftsanteile, welche ein Vater seiner Tochter im Jahr 2005 geschenkt hatte, in Deutschland der Schenkungsteuer unterliegen.

Laut DBA Schweden war der Vater, der Wohnsitze in Deutschland und Schweden unterhielt, in Schweden ansässig, sodass Schweden das Besteuerungsrecht zugestanden hätte. Da jedoch in Schweden Anfang 2005 die Erbschaft- und Schenkungsteuer abgeschafft wurde, bestand nach Auffassung des BFH für Zwecke der Schenkungsteuer **keine „Ansässigkeit"** in Schweden mehr.[3] Laut BFH braucht es für die abkommensrechtliche Ansässigkeit eine nationale Vorschrift, die für die Steuerpflicht der Schen-

---

1) EuGH v. 21.12.2021, C-394/20, XY/FA V, BStBl II 2023, 156.
2) Gleich lautende Erlasse v. 9.1.2023, BStBl I 2023, 204.
3) BFH v. 24.5.2023, II R 27/20, BFH/NV 2023, 1429.

kung an den Wohnsitz des Schenkers anknüpft und die wegen der Abschaffung der schwedischen Schenkungsteuer fehlte. Die Anteilsübertragung unterlag damit als freigebige Zuwendung der Schenkungsteuer in Deutschland, da der Schenker einen Wohnsitz im Inland hatte.

> **Beratungshinweis:**
> Bei fehlender tatsächlicher Besteuerung ist laut BFH eine abstrakte („virtuelle") Steuerpflicht nur zu bejahen, wenn ein Gesetz existiert, das grundsätzlich eine Steuerpflicht regelt.

IX. Grundstücksbewertung

1. Änderungen für Bewertungen nach dem 31.12.2022

a) Anpassung an die Immobilienwertermittlungsverordnung

Mit dem JStG 2022[1)] wurden insbesondere das Ertrags- und Sachwertverfahren zur Bewertung bebauter Grundstücke sowie die Verfahren zur Bewertung in Erbbaurechtsfällen und Fällen mit Gebäuden auf fremden Grund und Boden für erbschaftsteuerliche Zwecke an die Immobilienwertermittlungsverordnung (ImmoWertV) vom 14.7.2021[2)] angepasst. Die Anpassung greift für auf **Bewertungsstichtage nach dem 31.12.2022** vorzunehmende Bewertungen.

475

Das **Vergleichswertverfahren**, das nach § 182 Abs. 2 BewG bei der Bewertung von Wohnungseigentum, Teileigentum sowie Ein- und Zweifamilienhäusern vorrangig heranzuziehen ist, bleibt hingegen **unangetastet**.

> **Beratungshinweis:**
> Da die für erbschaft- und schenkungsteuerliche Zwecke ermittelten Grundstückswerte nach § 8 Abs. 2 Satz 1 Nr. 3 GrEStG auch für die Ermittlung der Bemessungsgrundlage der Grunderwerbsteuer bei Verwirklichung von Ergänzungstatbeständen relevant ist, könnte sich auch in diesen Bereichen bei Bewertungsstichtagen nach dem 31.12.2022 eine höhere Steuerbelastung ergeben.

b) Änderungen im Ertragswertverfahren

Im Ertragswertverfahren (§§ 184 ff. BewG) werden zum einen Mietgrundstücke und zum anderen Geschäftsgrundstücke und gemischt genutzte Grundstücke, für die sich auf dem örtlichen Grundstücksmarkt eine übliche Miete ermitteln lässt, bewertet.

476

Dieses Verfahren wurde ebenso mit dem JStG 2022[3)] für Bewertungen nach dem 31.12.2022 in wesentlichen Punkten an die Immobilienwertverordnung angepasst. Zunächst wurde die **Gesamtnutzungsdauer**, die neben den nach dem Ertragswertverfahren zu bewertenden gemischt genutzten Grundstücken, wenn es sich um Wohnhäuser mit Mischnutzung handelt, und Mietwohngrundstücken (Mehrfamilienhäuser) auch bei der Bewertung von Ein- und Zweifamilienhäusern sowie Wohnungseigentum heranzuziehen ist, von 70 **auf 80 Jahre verlängert**, was sich werterhöhend auswirken sollte (Anlage 22 zum BewG).

Ferner wurde die Ermittlung der **Bewirtschaftungskosten**, welche nach bisherigem Recht pauschaliert auf Basis eines Prozentsatzes der Jahresmiete bzw. üblichen Miete ermittelt wurden, an Anlage 3 der ImmoWertV angepasst werden (§ 187 Abs. 2 BewG und Anlage 23 zum BewG). Die Ermittlung der Bewirtschaftungskosten erfolgt demnach in Abhängigkeit von einer Wohn- bzw. Gewerbenutzung **differenziert nach** Verwaltungskosten, Instandhaltung und Mietausfallwagnis. Anders als bislang ist dabei

---

1) Gesetz v. 16.12.2022, BGBl. I 2022, 2294 = BStBl I 2023, 7.
2) ImmoWertV v. 14.7.2021, BGBl. I 2021, 2805.
3) Gesetz v. 16.12.2022, BGBl. I 2022, 2294 BStBl I 2023, 7.

ein Rückgriff auf geeignete Erfahrungssätze von den Gutachterausschüssen nicht mehr vorgesehen, sondern vielmehr die **gesetzlichen Bewirtschaftungskosten** auf Basis der angepassten Ermittlungsmethodik **zwingend anzusetzen**.

Die Definition der **Liegenschaftszinssätze** aus der ImmoWertV wurde in § 188 Abs. 1 BewG übernommen. Wie bisher werden die von den Gutachterausschüssen ermittelten Liegenschaftszinssätze für die durchschnittliche marktübliche Verzinsung von Grundstücken herangezogen. Nur wenn diese nicht zur Verfügung stehen, werden die **gesetzlichen Zinssätze** nach § 188 Abs. 2 BewG **ersatzweise** herangezogen. Dabei wurden die gesetzlichen Liegenschaftszinssätze in Abhängigkeit der Grundstücksart im Vergleich zu den bisherigen Regelungen um 0,5 % bis 1,5 % **herabgesetzt,** was im Umkehrschluss grundsätzlich zu höheren Werten führt.

Klarstellend wurde darüber hinaus festgehalten, dass bauliche Außenanlagen und sonstige Anlagen mit dem Ertragswert abgegolten sind (§ 184 Abs. 4 BewG).

c) Änderungen im Sachwertverfahren

477 Im Sachwertverfahren (§§ 189 ff. BewG) werden Ein- und Zweifamilienhäuser sowie Wohnungs- und Teileigentum bewertet, für die kein Vergleichswert vorhanden ist sowie Geschäftsgrundstücke und gemischt genutzte Grundstücke, für die sich keine übliche Miete auf dem örtlichen Grundstücksmarkt ermitteln lässt.

Das Sachwertverfahren änderte sich zwar durch das JStG 2022[1)] strukturell im Vergleich zur geltenden Regelung nicht. Wie bisher ermittelt sich auch für Bewertungen nach dem 31.12.2022 der Gebäuderegelherstellungswert in einem ersten Schritt als Produkt der auf den Bewertungsstichtag angepassten (indexierten) Regelherstellungskosten und der Brutto-Grundfläche. Klarstellend wurde aber aus den „gewöhnlichen" Herstellungskosten die „**durchschnittlichen**" **Herstellkosten** der baulichen Anlagen werden (§ 190 Abs. 1 BewG).

Geändert wurde aber die Ermittlung die Regelherstellungskosten. Durch Ergänzung eines sog. **Regionalfaktors** in § 190 Abs. 5 BewG werden in einem zweiten Schritt regionale Baukostenniveaus bei der Herstellung von Gebäuden ausgeglichen, indem die Regelherstellungskosten mit dem vom Gutachterausschuss zu ermittelnden Regionalfaktor multipliziert werden. Ist kein Regionalfaktor vorhanden, wird dieser mit 1,0 angenommen.

Die Alterswertminderung wurde durch einen **Alterswertminderungsfaktor** nach § 190 Abs. 6 BewG ersetzt. Infolge der vorgenannten verlängerten Gesamtnutzungsdauer für bestimmte Wohnimmobilien könnte sich dadurch ein höherer Bedarfswert ergeben.

Zudem wurde die **Wertzahl** in § 191 BewG i.V.m. Anlage 25 zum BewG an das aktuelle Marktniveau angepasst. Wird vom Gutachterausschuss ein Sachwertfaktor ermittelt, so ist dieser jedoch wie bisher bei der Ermittlung des Sachwerts der Immobilie vorzuziehen. Nur wenn ein solcher nicht vorhanden ist, wird ersatzweise auf die gesetzlichen Wertzahlen zurückgegriffen, die sich grundsätzlich erhöhen haben.

2. Nachweis des niedrigen gemeinen Werts für Grundstücksbewertungen

478 Die Finanzverwaltung äußert sich in gleich lautenden Ländererlassen vom 7.12.2022[2)] zum Nachweis des niedrigeren gemeinen Werts bei Grundstücksbewertungen nach § 198 BewG für Bewertungsstichtage nach dem 22.7.2021. Darin stellen die obersten Finanzbehörden der Länder zunächst klar, dass den Steuerpflichtigen, der die Feststellung des niedrigeren gemeinen Werts begehrt, dazu die **Nachweislast** und nicht eine bloße Darlegungslast trifft. Der Nachweis kann entweder durch ein Sachverständigen-

---

1) Gesetz v. 16.12.2022, BGBl. I 2022, 2294 = BStBl I 2023, 7.
2) Oberste Finanzbehörden der Länder v. 7.12.2022, BStBl I 2022, 1671.

gutachten oder durch einen stichtagsnahen Kaufpreis über das zu bewertende Grundstück erbracht werden; die bloße Vorlage von **Auszügen aus der Kaufpreissammlung** genügt nicht. Im Falle des Nachweises durch ein Sachverständigengutachten umfasst dabei die Nachweislast des Steuerpflichtigen laut Finanzverwaltung auch den Qualifikationsnachweis des Gutachters. Für den Nachweis eines niedrigeren gemeinen Werts durch einen sog. stichtagsnahen Kaufpreis ist ein im gewöhnlichen Geschäftsverkehr innerhalb eines Jahres vor oder nach dem Bewertungsstichtag zustande gekommener Kaufpreis heranzuziehen. Ist sowohl ein Sachverständigengutachten als auch ein stichtagsnaher Kaufpreis vorhanden, gibt die Finanzverwaltung der Bewertung durch den **stichtagsnahen Kaufpreis** den **Vorrang**, da dieser den sichersten Anhaltspunkt für den gemeinen Wert liefere. Ob dies auch für einen außerhalb der Jahresfrist erzielten Kaufpreis gilt, wird in den Erlassen nicht weiter ausgeführt. Allerdings äußerte sich die Finanzverwaltung bereits in R B 198 Abs. 4 ErbStR 2019 dahingehend, dass auch ein außerhalb der Jahresfrist erzielter Kaufpreis bei unveränderten Verhältnissen als Nachweis des niedrigeren gemeinen Werts dienen kann.

Das FG Berlin-Brandenburg entschied hierzu mit Urteil vom 25.5.2022[1], dass auch ein **Verkauf außerhalb der Jahresfrist** im Rahmen der freien Beweiswürdigung durch das Gericht zu berücksichtigen sei, wenn sich die maßgeblichen Verhältnisse für die Bewertung nicht verändert haben. Ein unter fremden Dritten im gewöhnlichen Geschäftsverkehr erzielter Kaufpreis sei regelmäßig der geeignetste Nachweis für den gemeinen Wert. Auch wenn der Steuerpflichtige den Nachweis anhand eines Sachverständigengutachtens antritt, sei demnach im Rahmen der Beweiswürdigung **ein späterer Grundstücksverkauf zu berücksichtigen.** Im konkreten Streitfall fand dieser 18 bzw. 20 Monate nach dem Steuerentstehungszeitpunkt statt und ergab einen deutlich höheren Verkaufspreis. Weicht der Verkaufspreis erheblich von der üblichen Preisbandbreite am Markt ab, sei der Nachweis eines geringeren Werts durch das Sachverständigengutachten nicht gelungen.

> **Beratungshinweis:**
>
> Die Regelungen zum Nachweis des niedrigeren gemeinen Wertes sind auf Bewertungsstichtage nach dem 22.7.2021 für alle offenen Fälle anzuwenden. Für frühere Bewertungsstichtage sind weiterhin R B 198 ErbStR 2019 und die gleich lautenden Erlasse der obersten Finanzbehörden der Länder vom 2.12.2020[2] anzuwenden.

3. Selbstständige Bewertung eines Nießbrauch- oder Wohnrechts an einem Grundstück

Ein zugewendetes Nießbrauch- und Wohnrecht ist grundsätzlich mit seinem **Kapitalwert** der Besteuerung zugrunde zu legen (§ 12 Abs. 1 ErbStG i.V.m. §§ 13 ff. BewG). Im Rahmen der Ermittlung des Jahreswerts wird der durch 18,6 geteilte Wert des belasteten Grundstücks als maximaler Jahreswert des Nießbrauch- und Wohnrechts als Begrenzung des Kapitalwerts herangezogen.

479

Das Landesamt für Steuern (LfSt) Rheinland-Pfalz stellt in seiner Verfügung vom 15.12.2022[3] klar, dass hierbei auf den nach §§ 176 bis 197 BewG typisiert festzustellenden Grundbesitzwert abzustellen ist. Ein im Rahmen der Grundstücksbewertung ggf. berücksichtigter nachgewiesener **niedriger gemeiner Wert**, also ein durch Gutachten ermittelter Verkehrs- oder Marktwert (§ 198 BewG), dürfe **nicht angewendet** werden.

Laut dem LfSt Rheinland-Pfalz sollen die Finanzämter bei Anforderungen, die die eigenständige Bewertung eines Nießbrauch- oder Wohnrecht betreffen, auf diesen Umstand hinweisen.

---

1) FG Berlin-Brandenburg v. 25.5.2022, 3 K 3247/18, ErbStB 2023, 8 (rkr.).
2) Gleich lautende Erlasse v. 2.12.2020, BStBl I 2021, 146.
3) LfSt Rheinland-Pfalz v. 15.12.2022, S 3104 A – St 32 4, ZEV 2023, 127.

> **Anmerkung:**
> Wird ein mit einem dinglichen Nießbrauch- oder Wohnrecht belastetes Grundstück unentgeltlich übertragen und der Wert des Grundstücks mittels Verkehrswertgutachten nachgewiesen, ist das Nießbrauch- oder Wohnrecht bereits in dem festgestellten Grundstückswert berücksichtigt. Es erfolgt daher keine eigenständige Bewertung des belastenden Rechts nach § 14 Abs. 1 BewG. Dementsprechend ist laut dem LfSt Rheinland-Pfalz die Bewertung nach der wirklichen Nutzungsdauer des Wohnrechts (§ 14 Abs. 2 BewG) nicht zu berichtigen, wenn der Zuwendende vorzeitig verstirbt.

G. Besteuerung von Privatpersonen

I. Einkünfte aus Kapitalvermögen

1. Sparerpauschbetrag

480 Mit dem JStG 2022[1] wurde mit Wirkung ab dem VZ 2023 der **Sparer-Pauschbetrag** von bisher 801 Euro auf **1.000 Euro** bzw. bei Ehegatten/Lebenspartnern von 1.602 Euro auf 2.000 Euro angehoben (§ 20 Abs. 9 EStG).

2. Basiszins zur Berechnung der Vorabpauschale für 2023

481 Der vom BMF mit Schreiben vom 4.1.2023[2] veröffentlichte **Basiszins i. H. v. 2,55 %** gilt für die Berechnung der **Vorabpauschale**, die Anlegern eines **Investmentfonds** am 2.1.2024 als zugeflossen gilt. Diese ist durch die Anleger als **Investmentertrag** zu versteuern (§ 16 Abs. 1 Nr. 2 InvStG).

Der Basiszins leitet sich aus der langfristig erzielbaren Rendite öffentlicher Anleihen ab, welche die Deutsche Bundesbank anhand der Zinsstrukturdaten jeweils auf den ersten Börsentag des Jahres errechnet.

> **Anmerkung:**
> Für die Jahre 2022 und 2021 war aufgrund eines jeweils negativen Basiszinssatzes keine Vorabpauschale zu versteuern.[3]

3. Berücksichtigung von Verlusten bei Wirecard-Aktionären

482 Bereits im Dezember 2021 hat die **Finanzbehörde Hamburg** darauf hingewiesen, dass Verluste, die Aktionären aufgrund der wertlosen Ausbuchung von Wirecard-Aktien entstehen, nur gegen Vorlage einer **Verlustbescheinigung** (§ 43a Abs. 3 Satz 4 EStG) oder eines vergleichbaren **Nachweises** in der **Einkommensteuererklärung** berücksichtigt werden können.[4] Ein etwaig erhaltener Schadensersatz sei grundsätzlich steuerpflichtig (§ 20 Abs. 2 Satz 1 Nr. 1 EStG).

Ergänzend hierzu weist die Finanzbehörde Hamburg nun darauf hin, dass bei der **Ausbuchung von wertlosen Aktien** die **Verlustverrechnungsbeschränkung** des § 20 Abs. 6 Satz 6 EStG Anwendung findet.[5]

---

1) Gesetz v. 16.12.2022, BGBl. I 2022, 2294 = BStBl I 2023, 7.
2) BMF v. 4.1.2023, IV C 1 – S 1980–1/19/10038 :007, BStBl I 2023 I, 178. Vgl. Hierzu Schäfer StB 2023, 51.
3) Vgl. hierzu Ebner Stolz / BDI, Steuer- und Wirtschaftsrecht 2023, Rz. 552.
4) FinBeh. Hamburg v. 1.12.2021, S 2252 – 2021/017 – 52.
5) FinBeh. Hamburg v. 22.2.2022, S 2252 – 2021/017 – 52, DStR 2023, 153.

> **Beratungshinweis:**
> Damit können Verluste im **Verlustentstehungsjahr** nur bis zu einem **Betrag von 20.000 Euro mit anderen Kapitaleinkünften ausgeglichen** werden. Darüberhinausgehende Verluste können in Folgejahren in entsprechendem Umfang mit positiven Kapitaleinkünften verrechnet werden. Diese seit 2020 geltende Beschränkung begegnet zahlreichen Bedenken. Die seit 2009 geltende Regelung, im Privatvermögen Aktienveräußerungsverluste nur mit Aktienveräußerungsgewinnen verrechnen zu dürfen, sieht der **BFH** als **verfassungswidrig** an und hat die Frage mit Beschluss vom 17.11.2020[1] dem **BVerfG**[2] vorgelegt.

4. Zurückgezahlte Erstattungszinsen als negative Einnahmen aus Kapitalvermögen

Werden **Erstattungszinsen** aufgrund einer **Einkommensteuererstattung** nach erneuter Zinsfestsetzung an das Finanzamt **zurückgezahlt**, liegen laut BFH **negative Einnahmen aus Kapitalvermögen** vor. Zu diesem Ergebnis kommt der BFH mit Beschluss vom 1.8.2023[3]. Die Berücksichtigung als negative Einnahmen aus Kapitalvermögen setze aber voraus, so der BFH, dass die vom Steuerpflichtigen zu zahlenden Zinsen auf denselben steuerlichen Unterschiedsbetrag, der zu verzinsen ist, und auf denselben Verzinsungszeitraum entfallen, wie die zuvor festgesetzten Erstattungszinsen. **483**

Handelt es sich hingegen um die **erstmalige Zahlung von Nachzahlungszinsen** aufgrund einer **geänderten Steuerfestsetzung**, werden die Zinszahlungen als Nebenleistungen auf Steuern vom Einkommen der Sphäre der steuerrechtlich unbeachtlichen **Einkünfteverwendung** zugerechnet. Somit sind ggf. Zinszahlungen in rückerstattete Erstattungszinsen und Nachzahlungszinsen **aufzuteilen**.

5. Erstattungszinsen auf Steuererstattungen

Mit ihrer **Verfassungsbeschwerde** richteten sich die Beschwerdeführer gegen die Besteuerung der für das Streitjahr 2001 vom Finanzamt gemäß § 233a AO erhaltenen Erstattungszinsen als Einkünfte aus Kapitalvermögen und machten die Nichtsteuerbarkeit der Zinsen geltend. Die entsprechende gesetzliche Regelung (§ 20 Abs. 1 Nr. 7 Satz 3 i.V.m. § 52a Abs. 8 Satz 2 EStG i.d.F. des JStG 2010) sei am 14.12.2010 mit Wirkung für alle zu diesem Zeitpunkt noch nicht bestandskräftigen Veranlagungszeiträume in Kraft getreten und verstoße damit gegen das Rückwirkungsverbot aus Art. 20 Abs. 3 GG. Darüber hinaus verstoße die Nichtabziehbarkeit von Nachzahlungszinsen bei gleichzeitiger Steuerbarkeit von Erstattungszinsen gegen den Gleichheitsgrundsatz gemäß Art. 3 Abs. 1 GG – so die Begründung der Beschwerdeführer. **484**

Das **BVerfG** hat die Beschwerde mit Beschluss vom 12.7.2023[4] **zurückgewiesen**. Wie bereits in der Gesetzesbegründung zum JStG 2010 ausgeführt, sei der **Gleichheitsgrundsatz** im Hinblick zum einen auf die Gleichstellung von Steuerpflichtigen, die Erstattungszinsen erhalten, mit Steuerpflichtigen, die erhaltene Steuererstattungen zinsbringend bei einer Bank anlegen (in beiden Fällen Besteuerung von Zinsen), und zum anderen hinsichtlich der Gleichstellung von Steuerpflichtigen, die Nachzahlungszinsen zahlen und solchen, die eine Steuernachzahlung durch Kredit finanzieren (in beiden Fällen keine steuerliche Berücksichtigung der Zinsen) **gewahrt**. Mit diesen gesetzgeberischen Erwägungen hätten sich die Beschwerdeführer nicht hinreichend argumentativ auseinandergesetzt, weshalb die Rüge der Verletzung des Gleichheitsgrundsatzes unzulässig sei.

Hinsichtlich der Rüge eines Verstoßes gegen das **Rückwirkungsverbot** sei die Beschwerde zwar zulässig, aber **offensichtlich unbegründet**. Nach Auffassung des

---
1) BFH v. 17.11.2020, VIII R 11/18, BStBl II 2021, 562.
2) Anhängig beim BVerfG unter 2 BvL 3/21.
3) BFH v. 1.8.2023, VIII R 8/21, BStBl II 2023, 104 = HFR 2023, 1183 mit Anm. Füssenich.
4) BVerfG v. 12.7.2023, 2 BvR 482/14, FR 2023, 985 mit Anm. Süß/Sendke = StEd 2023, 502 mit Anm. Bopp.

Dritter Teil: Entwicklungen in Gesetzgebung, Rechtsprechung und Verwaltung 2023

BVerfG handelt es sich bei der o.g. Anwendungsvorschrift zwar um eine sog. echte Rückwirkung. Diese sei aber verfassungsrechtlich mangels Vertrauensschutzes gerechtfertigt. Bis zur Rechtsprechungsänderung des BFH mit Urteil vom 15.6.2010[1] mussten Steuerpflichtige davon ausgehen, dass Erstattungszinsen steuerbare Einkünfte darstellen. Etwaiges Vertrauen auf die Nichtsteuerbarkeit von Erstattungszinsen könnte allenfalls zwischen der Veröffentlichung des BFH-Urteils vom 15.6.2010 am 8.9.2010 bis zum Inkrafttreten der gesetzlichen Änderung am 14.12.2010 bestanden haben, was aber mangels Dispositionsmöglichkeit für frühere Sachverhalte irrelevant sei.

6. Beteiligung an einer US-Corporation als Fall des § 17 EStG

485 Laut BFH-Urteil vom 14.2.2023[2] handelt es sich bei **Anteilen an einer „Corporation" US-amerikanischen** Rechts (Delaware) um eine ähnliche Beteiligung i.S.d. **§ 17 Abs. 1 Satz 3 EStG**, da sie nach dem sog. **Typenvergleich** einer **deutschen Aktiengesellschaft** entspricht. Im Hinblick auf die Beteiligungshöhe betont der BFH, dass sich diese nach dem (festen) Anteil am Stamm- oder Grundkapital der Gesellschaft richtet, unabhängig von etwaigen abweichenden Stimmrechts- oder Gewinnbezugsregelungen. Bei ausländischen Kapitalgesellschaftsanteilen komme es darauf an, welchen Beitrag der Gesellschafter zu dem **durch Einlagen gebildeten Gesellschaftsvermögen** (das durch die issued and outstanding shares verkörpert wird) tatsächlich geleistet hat. Auf das genehmigte Kapital (authorized capital) kann laut BFH hingegen nicht abgestellt werden.

II. Private Veräußerungsvorgänge

1. Gewinne aus der Veräußerung von Kryptowährungen

486 Der BFH äußert sich mit seinem Urteil vom 14.2.2023[3] erstmals zur Besteuerung der **Veräußerung privat gehaltener Kryptowährungen**. Diese seien **Wirtschaftsgüter** i.S.d. § 23 Abs. 1 Satz 1 Nr. 2 EStG. Unter dem weit zu verstehenden Wirtschaftsgutsbegriff fallen laut BFH nicht nur Sachen und Rechte, sondern auch tatsächliche Zustände, konkrete Möglichkeiten und Vorteile, die nach der Verkehrsanschauung einer besonderen Bewertung zugänglich sind und die sich ein Kaufmann zu deren Erlangung etwas kosten lassen würde. Kryptowährungen seien solche **objektiv werthaltige und selbständig bewertbare Positionen**, die nach der maßgeblichen Verkehrsanschauung einen **marktüblichen Wert** haben.

Die Kryptowährungen seien dem Kläger als **Eigentümer i.S.v. § 39 Abs. 1 AO** zuzurechnen. Hiervon sei bei einer zivilrechtlich nicht oder nur beschränkt übertragbaren, wirtschaftlich aber werthaltigen Position, wie bei Kryptowährungen, dann auszugehen, wenn der Person eine faktische Berechtigung daran zukommt, was mit der Inhaberschaft des „**Private Key**" der Fall sei.

Bei Anschaffung und Veräußerung oder Tausch der im Privatvermögen gehaltenen Kryptowährungen **innerhalb eines Jahres** unterliege damit der realisierte Veräußerungsgewinn der Besteuerung.

> **Anmerkung:**
> Ein **normatives Vollzugsdefizit** bei der Erfassung und Besteuerung von solchen Gewinnen, das zu einer verfassungswidrigen Ungleichbehandlung führen könnte, sieht der BFH im Jahr 2017, in dem die Realisierungen stattfanden, nicht für gegeben.

---

1) BFH v. 15.6.2010, VIII R 33/07, BStBl II 2011, 503.
2) BFH v. 14.2.2023, IX R 23/21, BStBl II 2023, 557 = HFR 2023, 561 mit Anm. Graw; hierzu auch Jachmann-Michel, jurisPR-SteuerR 26/2023 Anm. 1.
3) BFH v. 14.2.2023, IX R 3/22, BStBl II 2023, 571. Vgl. hierzu Bolik/ Zawodsky, WPg 2023, 659, Urbach, BeSt 2023, 20.

2. Auf kurzzeitig vermietete Räume entfallender Veräußerungsgewinn

Der Gewinn aus der **Veräußerung eines Wohngebäudes** innerhalb von zehn Jahren nach der Anschaffung ist von der Besteuerung ausgenommen, wenn das Gebäude mindestens im Jahr der Veräußerung und den beiden vorangegangenen Jahren **ausschließlich zu eigenen Wohnzwecken** genutzt wurde (§ 23 Abs. 1 Satz 1 Nr. 1 Satz 3 EStG). Dies gilt auch dann, wenn die Wohnimmobilie nur zeitweilig durch den Steuerpflichtigen bewohnt wird, ihm in der übrigen Zeit aber als Wohnung zur Verfügung steht.

487

In seinem Urteil vom 19.7.2022[1] hat der BFH entschieden, dass in diesem Zusammenhang bereits eine **kurzzeitige, auch tageweise Wohnraumvermietung** an einen fremden Dritten ausreiche, dass **keine ausschließliche Nutzung für eigene Wohnzwecke** gegeben sei. Insbesondere sehe das Gesetz dabei **keine räumliche oder zeitliche Bagatellgrenze** vor.

Allerdings liegt ein steuerbares privates Veräußerungsgeschäft nach Auffassung des BFH **damit nur für diejenigen Räume vor, die an Dritte überlassen wurden**. Als Aufteilungsmaßstab für die Ermittlung des steuerbaren Anteils am Veräußerungsgewinn gelte dabei das Verhältnis der Wohnflächen zueinander.

> **Beratungshinweis:**
> Die Nutzung eines Raums in der selbstgenutzten Wohnung als **Arbeitszimmer** schließt hingegen laut BFH die Steuerbefreiung eines Veräußerungsgewinns nicht aus, da hier anders als im Fall der Vermietung an einen Dritten die **Nutzung zu eigenen Wohnzwecken nicht notwendig ausgeschlossen** sei.

III. Persönliche Abzüge

1. Sonderausgabenabzug von Altersvorsorgeaufwendungen

Aufgrund der Änderungen durch das JStG 2022[2] in § 10 Abs. 3 Satz 6 EStG dürfen **Altersvorsorgeaufwendungen** seit dem Jahr **2023** bis zu dem Höchstbetrag zur knappschaftlichen Rentenversicherung (§ 10 Abs. 3 Satz 1 EStG) zu **100 % als Sonderausgaben** berücksichtigt werden.

488

2. Ausbildungsfreibetrag

Der **Ausbildungsfreibetrag** wurde mit dem JStG 2022[3] mit Wirkung ab dem VZ 2023 von bisher 924 Euro auf **1.200 Euro** angehoben (§ 33a Abs. 2 Satz 1 EStG).

489

3. Entlastungsbetrag für Alleinstehende

Mit dem JStG 2022[4] wurde zudem der **Entlastungsbetrag für Alleinerziehende** von bislang 4.008 Euro **ab 2023** auf **4.260 Euro** angehoben (§ 24b Abs. 2 Satz 1 EStG).

490

4. Versorgungsausgleich und Ausgleichsleistungen im Scheidungsfall

Ein **Versorgungsausgleich** dient im Scheidungsfall der gerechten Aufteilung der während der Ehe erworbenen Rentenanrechte zwischen den Ehegatten. Zur Vermeidung des Versorgungsausgleichs, bei dem Anrechte auf eine Alters- und Invaliditätsversorgung geteilt und hälftig auf die ausgleichsberechtigte Person übertragen werden, kön-

491

---

1) BFH v. 19.7.2022, IX R 20/21, BStBl II 2023, 234; hierzu auch Jachmann-Michel, jurisPR-SteuerR 12/2023 Anm. 4.
2) Gesetz v. 16.12.2022, BGBl. I 2022, 2294 = BStBl I 2023, 7.
3) Gesetz v. 16.12.2022, BGBl. I 2022, 2294 = BStBl I 2023, 7.
4) Gesetz v. 16.12.2022, BGBl. I 2022, 2294 = BStBl I 2023, 7.

nen **Ausgleichszahlungen** erfolgen. Laut BMF-Schreiben vom 21.3.2023[1]) kann die ausgleichspflichtige Person für solche Zahlungen einen **Sonderausgabenabzug** in Anspruch nehmen (§ 10 Abs. 1a Nr. 3 EStG), soweit die ausgleichsberechtigte Person zustimmt. Korrespondierend muss die **ausgleichsberechtigte Person** die Zahlungen **als sonstige Einkünfte versteuern** (§ 22 Nr. 1a EStG). Das gilt analog, wenn schuldrechtliche Ausgleichsleistungen an die Stelle des gesetzlichen Versorgungsausgleichs treten.

Leistet die ausgleichspflichtige Person **freiwillig Zahlungen**, um eigene Versorgungsanwartschaften aufzufüllen, die durch den durchgeführten Versorgungsausgleich gemindert wurden, sind diese ebenfalls **zu berücksichtigen**: Beiträge in die **gesetzliche Rentenversicherung** sind im Rahmen des Höchstbetrages nach § 10 Abs. 3 EStG als Sonderausgaben abzugsfähig, Zahlungen zur Auffüllung eines geminderten Versorgungsanspruchs i.S.d. § 19 EStG stellen vorweggenommene Werbungskosten dar.

> **Anmerkung:**
> Das BMF-Schreiben ist ab dem Zeitpunkt der Bekanntgabe im BStBl am 28.4.2023 auf alle **offenen Fälle** anzuwenden.

5. Haushaltsnahe Dienstleistungen und Handwerkerleistungen bei Mietern

492 Mieter können Aufwendungen für haushaltsnahe Dienstleistungen und Handwerkerleistungen auch dann steuerlich geltend machen, wenn sie die **Verträge mit den Dienstleistern nicht selbst geschlossen** haben. Zu diesem Ergebnis kommt der BFH mit Urteil vom 20.4.2023[2]). Bei Tätigkeiten wie Treppenhausreinigung, Schneeräumen und Gartenpflege besteht bspw. der notwendige enge Bezug zur Haushaltsführung, ebenso wie bei der Funktionsprüfung von Rauchwarnmeldern. Erfolgt hierfür eine Weiterberechnung an die Mieter im Rahmen einer Wohnnebenkostenabrechnung, können die Mieter die Steuerermäßigung nach § 35a EStG in Anspruch nehmen, sofern die **Abrechnung die Voraussetzungen eines Rechnungsdokuments** erfüllt. Dazu müssen Angaben zum Erbringer der haushaltsnahen Dienstleistung bzw. der Handwerkerleistung, Leistungsempfänger, Art, Zeitpunkt, Leistungsinhalt und Entgelt enthalten sein. Ergeben sich diese Angaben aus einer Wohnnebenkostenabrechnung, kann die Steuerermäßigung auch in Anspruch genommen werden, wenn die **Leistungen nicht direkt vom Mieter, sondern vom Vermieter an den Leistungserbringer gezahlt** werden.

> **Anmerkung:**
> Der BFH bestätigt damit die Finanzverwaltungsauffassung, wonach als Nachweis eine Bescheinigung entsprechend dem Muster in Anlage 2 des BMF-Schreibens vom 9.11.2016[3]) genügt.

IV. Familienleistungen

1. Kinderfreibetrag

493 Durch das Inflationsausgleichsgesetz[4]) wurde der **Kinderfreibetrag** (§ 32 Abs. 6 EStG) im VZ 2023 erhöht und beträgt **3.012 Euro**, um ab VZ 2024 letztlich auf 3.192 Euro erhöht zu werden.

---

1) BMF v. 21.3.2023, IV C 3 – S 2221/19/10035 :001, BStBl I 2023, 611.
2) BFH v. 20.4.2023, VI R 24/20, BStBl II 2023, 906 = HFR 2023, 870 mit Anm. Krüger; hierzu auch Korn, kösdi 2023, 23326, 23332, Rz. 368, Kahsnitz, BeSt 2023, 39.
3) BMF v. 9.11.2016, IV C 8 – S 2296-b/07/10003 :008, BStBl I 2016, 1213.
4) Gesetz v. 8.12.2022, BGBl. I 2022, 2230 = BStBl I 2023, 3.

G. Besteuerung von Privatpersonen

> **Anmerkung:**
> Unverändert bleibt hingegen der Freibetrag für den Betreuungs- und Erziehungs- oder Ausbildungsbedarf des Kindes bei 1.464 Euro.

2. Kindergeld

494 Mit dem Inflationsausgleichsgesetz[1] wurde zudem auch das **Kindergeld** angehoben (§ 66 EStG). Ab 2023 beträgt dieses **einheitlich für jedes Kind jeweils 250 Euro**.

> **Anmerkung:**
> Korrespondierend wurde das Kindergeld nach § 6 Bundeskindergeldgesetz ab 2023 angehoben.

3. Steuerliche Berücksichtigung eines in Australien studierenden Kindes

495 Kinder werden steuerlich nicht berücksichtigt, so dass weder ein **Anspruch auf Kindergeld** noch auf Berücksichtigung von Freibeträgen nach § 32 Abs. 6 EStG besteht, wenn diese weder ihren **Wohnsitz noch ihren gewöhnlichen Aufenthalt im Inland oder in einem EU-/EWR-Staat** haben. Wird somit der bisherige Inlandswohnsitz z.B. bei den Eltern aufgegeben, entfällt die Berücksichtigung als Kind.

Nach Auffassung des BFH[2] ist für die Frage, was die Voraussetzungen sind, damit ein Kind einen elterlichen Wohnsitz beibehält, zwischen einjährigen und mehrjährigen Auslandsaufenthalten zu Ausbildungs-, Schul- oder Studienzwecken zu unterscheiden: Bei **Auslandsaufenthalten** unter einem Jahr bleibt der elterliche Wohnsitz des Kindes auch erhalten, wenn keine Inlandsbesuche stattfinden. Ab dem Entschluss zu einem **mehrjährigen Aufenthalt** behält ein Kind laut BFH seinen Inlandswohnsitz jedoch nur bei, wenn es sich in der **ausbildungsfreien Zeit überwiegend dort aufhält**. Ein Aufenthalt von zwei bis drei Wochen pro Jahr reicht dafür nicht aus, ebenso wenig wie die Wohnsitzmeldung im Inland.

V. Solidaritätszuschlag

496 Die Freigrenze für den Solidaritätszuschlag wurde mit dem Inflationsausgleichsgesetz[3] für den VZ 2023 von bislang 16.956 Euro (bei zusammenveranlagten Steuerpflichtigen 33.912 Euro) auf **17.543 Euro (bzw. 35.086 Euro)** angehoben. Ab 2024 gilt eine Freigrenze von 18.130 Euro (bzw. 36.260 Euro).

> **Anmerkung:**
> Übersteigt die festgesetzte Einkommensteuer die vorgenannte Freigrenze nicht, ist kein Solidaritätszuschlag zu entrichten. Wird die Freigrenze überschritten, bewirkt § 4 SolZG innerhalb eines Übergangsbereichs eine gewisse Steuerentlastung.

VI. Aufbau eines direkten Auszahlungsweges für öffentliche Leistungen

497 Im Rahmen des JStG 2022[4] wurde das BZSt ermächtigt, künftig eine **Kontoverbindung zu der Identifikationsnummer zu speichern** (§ 139b Abs. 3a AO). Diese gespeicherte Kontoverbindung darf nur für die unbare **Leistung von öffentlichen Mitteln** nach § 139b Abs. 4c AO verwendet werden (§ 139b Abs. 5 Satz 1 AO). Damit soll ein direkter

---

1) Gesetz v. 8.12.2022, BGBl. I 2022, 2230 = BStBl I 2023, 3.
2) BFH v. 21.6.2023, III R 11/21, BStBl II 2023, 970 = HFR 2023, 982 mit Anm. Köhler.
3) Gesetz v. 8.12.2022, BGBl. I 2022, 2230 = BStBl I 2023, 3.
4) Gesetz v. 16.12.2022, BGBl. I 2022, 2294 = BStBl I 2023, 7.

Auszahlungsweg geschaffen werden, um öffentliche Mittel einfach, unbürokratisch und missbrauchssicher unter Nutzung der steuerlichen Identifikationsnummern an Bürger auszuzahlen.

H. Wirtschaftsprüfung

I. Rechnungslegung: Berücksichtigung der aktuellen wirtschaftlichen Entwicklungen und Auswirkungen der Unsicherheiten von Prognosen

1. Schwächephase der deutschen Wirtschaft

498 Die deutsche Wirtschaft befindet sich in einer Schwächephase. Nach den Prognosen der EU-Kommission steuert die deutsche Wirtschaft im Jahr 2023 in die **Rezession**; auch das Wachstum in der Eurozone sinkt. Der Euro schwächelt, während die Stärke des US-Dollar einmal mehr auf einer robusten US-Konjunktur basiert. Die **Inflationsraten** zeigen sich rückläufig, so prognostiziert die EU-Kommission für Deutschland eine Inflationsrate von 6,4 % im Jahr 2023. Die Europäische Zentralbank setzt ihren **Zinserhöhungskurs** im Kampf gegen die Inflation fort. In Deutschland ist ein **starker Rückgang der Kreditvergaben** zu verzeichnen.

Angesichts der schwachen Konjunktur trübt sich auch die Lage auf dem deutschen Arbeitsmarkt ein, die Unternehmen sind bei Neueinstellungen zurückhaltend. Vielen Unternehmen in Deutschland fehlt es an **qualifiziertem Personal – der Fachkräftemangel** betrifft insb. das Gesundheitswesen und die Gastronomie, aber auch in zahlreichen Handwerksbetrieben oder in der Logistikbranche suchen Unternehmen nach Beschäftigten.

Die Corona-Pandemie hat das Wirtschaftsgeschehen massiv beeinträchtigt und bringt nachlaufende Belastungen mit sich. Der Krieg in der Ukraine hat die bereits durch die Corona-Pandemie entstandenen **Lieferkettenstörungen** bzw. Lieferkettenunterbrechungen verschärft.

Die **hohen Energiepreise** (für Gas, Heizöl, Strom) belasten Privathaushalte und Unternehmen gleichermaßen. Die Handelsbeschränkungen und Sanktionen gegen Russland haben erhebliche Auswirkungen, auch auf Unternehmen in Deutschland. Inmitten der wachsenden Rivalität zwischen China und den USA (und damit der westlichen Welt) ist China bestrebt, seine eigene Präsenz auf der internationalen Bühne weiter auszubauen und technologisch unabhängig von den USA zu werden.

Für die sachgerechte Bewertung von Vermögensgegenständen und Schulden benötigen Unternehmen verlässliche Prognosen. Die Prognosen müssen auf vertretbaren Annahmen des Managements beruhen. Externen Hinweisen kommt hierbei eine besondere Bedeutung zu. Vor dem Hintergrund **steigender Unsicherheiten** wird es oftmals **nicht** möglich sein, **vergangenheitsbasierte Annahmen** unverändert fortzuschreiben. Bilanzierende Unternehmen haben sicher zu stellen, dass die Prognosen und Schätzungen über alle Posten und Abschlussbestandteile hinweg plausibel, kohärent und für Dritte nachvollziehbar sind. Mit zunehmenden Unsicherheiten wird die **Unternehmensplanung**, welche die Grundlage für die Prognose von Zahlungsströmen und die Festlegung von Inputfaktoren für Bilanzierungs- und Bewertungssachverhalte bildet, umso **diffziler**. Hier bietet es sich an, **verschiedene Szenarien** zu bilden, und die Abschlussadressaten transparent und umfassend, beispielsweise in Form von Sensitivitätsanalysen, zu informieren.

Unternehmen haben Preiserhöhungen, die Inflation bzw. die Unsicherheiten von Prognosen insb. bei der Bilanzierung nachfolgend genannter Posten zu berücksichtigen.

2. Immaterielle Vermögensgegenstände und Sachanlagen

Die aktuelle Entwicklung erhöht den **Druck auf Geschäfts- oder Firmenwerte**. Bewertungszeitpunkt ist der Abschlussstichtag. Der dem Buchwert gegenüberzustellende Vergleichswert reduziert sich im Barwertkalkül sowohl durch ggf. eingetrübte Ertrags- bzw. Cashflow-Erwartungen (Zähler) als auch durch steigende Kapitalisierungszinssätze (Nenner).

Bei der **Ermittlung des Kapitalisierungszinssatzes** ist aufgrund starker Inflation auf konsistente Verwendung von Nominalwerten oder Realwerten im Zähler und Nenner zu achten. Bei der Prognose der Zahlungsströme sind Inflation und Kostensteigerungen zu berücksichtigen. Die Ermittlung des Barwerts der ewigen Rente basiert auf langfristiger Fortschreibung von Trendentwicklungen. Hierbei ist die Ermittlungsweise kritisch zu hinterfragen, insb. ist das letzte Planjahr der Detailplanungsphase nicht unreflektiert für die Phase der ewigen Rente zu übernehmen. Für Geschäfts- oder Firmenwerte folgen die Regelungen für den Werthaltigkeitstest dem DRS 23 (bzw. DRS 26 für assoziierte Unternehmen). Die Regelungen des DRS 23 sind analog auf Geschäfts- oder Firmenwerte aus einem Asset Deal anzuwenden. Bei Geschäfts- oder Firmenwerten besteht ein Wertaufholungsverbot. Indizien für Wertberichtigungserfordernisse eines Geschäfts- oder Firmenwerts im Konzernabschluss ergeben sich insb. aus der Abschreibung der betreffenden Beteiligung im Jahresabschluss, so dass auf die nachfolgenden Ausführungen zu den Finanzanlagen verwiesen wird. Die gleichen Implikationen ergeben sich für die zukunftserfolgsbasierte Ermittlung eines niedrigeren beizulegenden Werts, bspw. bei Patenten und ähnlichen Rechten.

Infolge **vorübergehend eingeschränkter Nutzungen oder Stilllegungen von Sachanlagen** können sich Notwendigkeiten für **außerplanmäßige Abschreibungen** ergeben, sofern Wertminderungen voraussichtlich dauerhaft und nicht nur vorübergehend sind. Bei einer dauerhaften Stilllegung hat eine außerplanmäßige Abschreibung auf den Veräußerungswert stattzufinden.

Vergleichsmaßstab für die Beurteilung der Dauerhaftigkeit einer Wertminderung sind die planmäßig fortgeführten Buchwerte unter Berücksichtigung der zukünftigen planmäßigen Abschreibungen versus dem beizulegenden Wert am Stichtag. Grundsätzlich wird danach eine Wertminderung als dauerhaft beurteilt, wenn der aktuelle beizulegende Zeitwert eines Vermögensgegenstandes länger als die halbe Restnutzungsdauer oder länger als fünf Jahre unter dem planmäßig fortgeführten Restbuchwert liegt.

Bei **Immobilien** (IDW RS IFA 2 Tz. 40) darf eine vorübergehende Wertminderung nur angenommen werden, wenn schon mittelfristig (drei bis fünf Jahre) die Gründe für die außerplanmäßige Abschreibung wieder entfallen werden. Bei Immobilien mit einer Restnutzungsdauer über 40 Jahre verlängert sich dieser Zeitraum auf bis zu zehn Jahre.

Angesichts der derzeitigen Lage am Immobilienmarkt ist nach Auffassung des FAUB und IFA bei der Erstellung oder Würdigung von Verkehrswertgutachten besondere Sorgfalt erforderlich. Dabei sind insb. die Plausibilität der verwendeten Prämissen, die Aktualität der verwendeten Parameter (insb. Mieten und Mietentwicklung, Liegenschafts- bzw. Kapitalisierungszinssatz) sowie die angemessene Berücksichtigung von Unsicherheiten hinsichtlich der künftigen Nutzungsmöglichkeiten und der (Wert-)Entwicklung der Immobilie zu beurteilen. Diese Auswirkungen sind bei der stichtagsbezogenen Bewertung von Immobilien zu analysieren und zu berücksichtigen. Pauschale Aussagen zum aktuellen Wert bzw. der Wertentwicklung von einzelnen Immobilien sind daher grundsätzlich nicht möglich und sollten kritisch hinterfragt werden.[1]

Höhere Zinsen führen zu einem höheren Diskontierungszinssatz und damit zu geringeren Immobilienwerten bei der Anwendung eines kapitalwertorientierten Verfahrens. Höhere Baufinanzierungszinssätze bewirken dagegen mit einem gewissen Zeitverzug

---

[1] Gemeinsame Berichterstattung des Fachausschusses für Unternehmensbewertung und Betriebswirtschaft (FAUB) und des Immobilienwirtschaftlichen Fachausschusses (IFA) v. 19.10.2023.

den Rückgang der Nachfrage nach Immobilien und damit auch sinkende Immobilienpreise. Ein gegenläufiger Effekt resultiert aus den gestiegenen Baukosten.

3. Finanzanlagevermögen

500 Bei Finanzanlagen besteht ein Wahlrecht zur außerplanmäßigen Abschreibung bei voraussichtlich nicht dauernder Wertminderung. Bei voraussichtlich dauernder Wertminderung ist eine außerplanmäßige Abschreibung geboten.

Durch das steigende Zins- und Preisniveau geraten die Finanzanlagen unter Druck. Bei der Bewertung von Anteilen an verbundenen Unternehmen und Beteiligungen unter Halteabsicht und -fähigkeit ist der **Zukunftserfolgswert** nach IDW RS HFA 10[1] maßgeblich, wofür auf die **Unternehmensplanung** zurückgegriffen wird. Den derzeit herrschenden Unsicherheiten wird in der Unternehmensplanung durch die **Bildung verschiedener Szenarien** begegnet.

In der Unternehmensplanung sind das gestiegene Zins- und Preisniveau zu berücksichtigen. Das gleichzeitige Vorliegen eines steigenden Diskontierungszinssatzes und niedrigerer bewertungsrelevanter Überschüsse kann in der aktuellen Situation zu Wertminderungsbedarf des Beteiligungsansatzes führen, sofern der ermittelte Barwert unter dem Beteiligungswert liegt. Bei Veräußerungsabsicht sind der Bewertung die aktuellen Angebote zugrunde zu legen, sofern diese bereits vorliegen.

Für **nicht öffentlich gehandelte sonstige Wertpapiere** gilt die gleiche Systematik wie bei Anteilen an verbundenen Unternehmen oder Beteiligungen (IDW RS HFA 10).

Der beizulegende Wert am Stichtag von **öffentlich gehandelten sonstigen Wertpapieren** ist der Börsenschlusskurs am letzten Handelstag der Berichtsperiode. Die Beurteilung einer voraussichtlich dauerhaften Wertminderung erfolgt anhand der Aufgriffkriterien des Versicherungsfachausschusses des IDW.[2] Diese Kriterien sind auch für Unternehmen außerhalb der Versicherungswirtschaft anwendbar.

Indizien gemäß IDW RS VFA 2 Tz. 19
- Höhe der Differenz zwischen Anschaffungskosten/Buchwert und Zeitwert am Stichtag
- Stark abweichender Kursverlauf des betreffenden Wertpapiers von der allgemeinen Kursentwicklung
- Substanzverluste des Emittenten
- Verschlechterte Zukunftsaussichten des Unternehmens/der Branche
- Erhebliche finanzielle Schwierigkeiten des Emittenten
- Insolvenz/Sanierungsbedarf des Emittenten hochwahrscheinlich.

Aufgreifkriterien gemäß 149. VFA Sitzung
- Kriterium 1:
  Zeitwert < 80 % des Buchwerts (6 Monate vor dem Stichtag, permanent)
- Kriterium 2:
  - Zeitwert < Buchwert (länger als ein Geschäftsjahr) und
  - 12-Monats-Durchschnitts-Börsenkurs < 90 % des Buchwerts.

4. Vorratsvermögen

501 Bei Vorräten gilt das **strenge Niederstwertprinzip**. Hierbei hat u.a. eine verlustfreie Bewertung der zum Stichtag ausgewiesenen Vorräte unter Berücksichtigung etwaiger noch bis zur Fertigstellung anfallender Herstellungskosten zu erfolgen.

---

1) Vgl. Fachlicher Hinweis des FAUB v. 20.3.2022.
2) Vgl. auch hinsichtlich der Wertminderung von öffentlich gehandelten Wertpapieren, verzinslichen Schuldtiteln und Fonds den Fachlichen Hinweis des VFA v. 27.10.2022.

Gestiegene Preise für Roh-, Hilfs- und Betriebsstoffe (Energie, Vorprodukte, etc.) können dazu führen, dass die Herstellungskosten zuzüglich der nach dem Abschlussstichtag bis zur Veräußerung voraussichtlich noch anfallenden Kosten (Verpackungskosten und Ausgangsfrachten, allgemeine Vertriebskosten, Verwaltungskosten, Fremdkapitalkosten für Lagerung bis zur Veräußerung; im Falle unfertiger Erzeugnisse zusätzlich die noch bis zur Fertigstellung anfallenden Herstellungskosten auf Vollkostenbasis) den Veräußerungserlös übersteigen, was zu einer **außerplanmäßigen Abschreibung** führt, um den andernfalls bei der Veräußerung entstehenden Verlust zu antizipieren.

Bei der Ermittlung der Herstellungskosten für die Vorräte ist auf das **Aktivierungsverbot von Leerkosten** bspw. in Folge von geringeren Auslastungen oder unterbrochenen Herstellungsvorgängen zu achten.

Das HGB lässt aus Gründen der Wirtschaftlichkeit bei der Vorratsbewertung **Bewertungsvereinfachungsverfahren** zu. Die Lifo-Methode führt bei steigenden Beschaffungspreisen zur Bildung stiller Reserven im Vorratsvermögen.

5. Forderungen

Bei der Beurteilung der Werthaltigkeit von Forderungen sind insb. **krisen- oder sanktionsbedingte Zahlungsschwierigkeiten der Schuldner** zu berücksichtigen. Das **Ausfallrisiko**, d.h. das Risiko der Nichterfüllung (oder der nicht vollständigen oder nicht fristgerechten Erfüllung) von Forderungen ist gestiegen.

502

Der Bilanzierende hat Abschreibungen der Forderungen auf den beizulegenden Wert (**Einzelwertberichtigungen**) unabhängig von der voraussichtlichen Dauerhaftigkeit der Wertminderung vorzunehmen.

Ggf. ergibt sich das Erfordernis zur Erhöhung von **Pauschalwertberichtigungen**. Wertaufholungen in künftigen Perioden sind bei Vorliegen der Voraussetzungen geboten.

6. Latente Steuern

Aktive latente Steuern

503

Bei der Bilanzierung von **aktiven latenten Steuern** aus abzugsfähigen temporären Differenzen und für den Vortrag noch nicht genutzter steuerlicher Verluste muss das Unternehmen ebenfalls auf **Prognosen** zurückgreifen. In den Planungsrechnungen und Prognosen des steuerlichen Einkommens müssen aktuelle Unsicherheiten berücksichtigt werden.

Der Ansatz von aktiven latenten Steuern setzt voraus, dass ein künftiges, zu versteuerndes Ergebnis wahrscheinlich zur Verfügung steht, mit dem die abzugsfähigen temporären Differenzen oder die noch nicht genutzten steuerlichen Verluste verrechnet werden. Sofern sich **künftig zu versteuerndes Ergebnis reduziert** oder wegfällt, besteht ein erhöhtes **Risiko von Wertminderungen aktiver latenter Steuern**. Für Handelsbilanzzwecke muss besonders kritisch hinterfragt werden, ob die steuerlichen Verlustvorträge innerhalb der nächsten fünf Jahre geltend gemacht werden können (§ 274 Abs. 1 Satz 4 HGB, DRS 18.18 ff.).

Passive latente Steuern

Die Ansatzpflicht **passiver latenter Steuern** besteht auch in der derzeitigen wirtschaftlichen Situation und bei nachhaltiger Verlustsituation fort.

> **Anmerkung:**
> Ggf. entstehen neue temporäre Steuerlatenzen aufgrund von Ansatz- und Bewertungsänderungen oder aufgrund von Änderungen der Steuergesetzgebung.

7. Rückstellungen

504 Rückstellungen sind handelsrechtlich mit dem nach vernünftiger kaufmännischer Beurteilung notwendigen Erfüllungsbetrag anzusetzen (§ 253 Abs. 1 Satz 2 HGB). Bei der Rückstellungsbewertung sind somit **künftige Preis- und Kostensteigerungen zwingend zu berücksichtigen**. Die Unternehmen haben die mittel- bis langfristigen Preissteigerungen zu schätzen. Wie jede Schätzung unterliegt auch diese Schätzung Schätzunsicherheiten.

Die derzeitigen Entwicklungen führen tendenziell zu steigenden Rückstellungen: Aufgrund der Inflation und der damit verbundenen Preis-, Lohn-, Gehalts-, Renten- und Kostensteigerungen nimmt der notwendige Erfüllungsbetrag (Zähler) deutlich zu, der Diskontierungssatz nimmt aufgrund der steigenden Zinsen (durchschnittlicher Marktzinssatz) ebenfalls zu (Nenner).

Bereits seit Anfang des Jahres 2022 steigen die Zinsen wieder. Langfristige Rückstellungen werden mit einem durchschnittlichen Marktzinssatz abgezinst, wodurch das steigende Zinsniveau – anders als die aktuellen Preissteigerungen auf der Kostenseite – jedoch erst mittelfristig eine Entlastung bei der Rückstellungsbewertung bewirken wird.

> **Anmerkung:**
> Das IDW rät, der Bewertung unternehmens- und branchenspezifische Daten zugrunde zu legen.[1]

8. Pensionsrückstellungen

505 Pensionsrückstellungen werden mit dem durchschnittlichen Marktzinssatz der vergangenen zehn Jahre abgezinst. Dadurch wird das steigende Zinsniveau aufgrund der Durchschnittsbildung erst mittelfristig eine Entlastung bei der Bewertung von Pensionsrückstellungen bewirken.

Darüber hinaus muss eine Bewertung mit dem restlaufzeitentsprechenden 7-Jahres-Durchschnittszinssatz erfolgen, um den Unterschiedsbetrag gemäß § 253 Abs. 6 Satz 1 HGB zu ermitteln. Dieser Unterschiedsbetrag ist im Anhang oder unter der Bilanz anzugeben und unterliegt einer Ausschüttungssperre.

> **Anmerkung:**
> In der Praxis werden die Pensionsrückstellungen regelmäßig unter Inanspruchnahme des Wahlrechts nach § 253 Abs. 2 Satz 1 HGB mit dem durchschnittlichen Marktzinssatz abgezinst, der sich bei einer angenommenen Restlaufzeit von 15 Jahren ergibt.

Aufgrund des gestiegenen Zinsniveaus wird der für die Bewertung in der Bilanz maßgebliche 10-Jahres-Durchschnittssatz in absehbarer Zeit unterhalb des 7-Jahres-Durchschnittszinssatzes liegen. Durch diese Umkehr der Zinsverhältnisse kommt es auch zu einer Umkehr der Verhältnisse in der Bilanz. Das Vorzeichen des Unterschiedsbetrags nach § 253 Abs. 6 Satz 1 HGB wird negativ. Der „negative" Unterschiedsbetrag kann dann nicht mehr als eine Art stille Last interpretiert werden. Der FAB kommt zu dem Ergebnis, dass eine Abweichung von der ausdrücklichen gesetzlichen Regelung zur Bewertung von Pensionsrückstellungen in der Bilanz mit dem 10-Jahres-Durchschnittszinssatz nicht zulässig ist. Auch die Ermittlung und Angabe eines „negativen" Unterschiedsbetrags darf nicht unterbleiben, da § 253 Abs. 6 HGB eine solche Einschränkung nicht enthält. Die Ausschüttungssperre nach § 253 Abs. 6 Satz 2 HGB entfällt jedoch im Falle eines „negativen" Unterschiedsbetrags. Auch eine Verrechnung

---
1) IDW RS HFA 34, Tz. 27.

von ausschüttungsgesperrten Beträgen mit einem „negativen" Unterschiedsbetrag ist nicht möglich.

> **Anmerkung:**
> Das IDW hat mit Schreiben vom 4.10.2022 dem Bundesjustizminister eine kurzfristige Rückänderung von § 253 Abs. 2 Satz 1 HGB auf die Fassung des BilMoG vorgeschlagen, d.h. eine einheitliche Verwendung des Siebenjahresdurchschnittes für alle Rückstellungen. In einem weiteren Schreiben an das Bundesministerium der Justiz vom 6.9.2023 hat das IDW eine etwaige über die Reform der handelsrechtlichen Abzinsungskonzeption hinausgehende Reform dargestellt. Inwiefern der Anregung des IDW eine entsprechende Gesetzesänderung folgt, ist noch nicht abzusehen.

Bei der Bewertung von Pensionsrückstellungen sind u.a. Lohn- und Gehaltstrends sowie Rententrends zu berücksichtigen. Die Festlegung der Trendannahmen beruht z.T. auf den Erwartungen an die künftige Inflation.

> **Anmerkung:**
> Bilanzierende, die Betriebsrenten nach § 16 Abs. 1 i. V. m. Abs. 2 Nr. 1 BetrAVG künftig an die Entwicklung der Verbraucherpreisindexes (VPI) anzupassen haben und diese Pflicht nicht nach § 16 Abs. 3 BetrAVG entfällt, sind hiervon unmittelbar betroffen. Das Erfordernis einer Anpassung der laufenden Rentenzahlungen ist alle drei Jahre zu prüfen.
>
> Für eine sachgerechte Prognose der Entwicklung des VPI für Zwecke der Schätzung der künftigen Rentenanpassungen können neben dem Inflationsziel der Europäischen Zentralbank (EZB), die mittelfristig eine Inflationsrate von 2 % im Euroraum auf Basis des Harmonisierten Verbraucherpreisindexes (HVPS) anstrebt, insb. Expertenschätzungen sowie Kapitalmarktdaten, aus denen Erwartungen der Kapitalmarktteilnehmen an die Inflationsentwicklung ableitbar sind, herangezogen werden. Eine einfache Fortschreibung der Inflationsentwicklung der Vergangenheit in die Zukunft kann aktuell nicht zu sachgerechten Ergebnissen führen.
>
> Die sachgerechte Schätzung **kurz- und mittelfristig** zu erwartender Rentenanpassungen setzt insb. eine Beurteilung darüber voraus, ob und ggf. in welcher Größenordnung nach dem Abschlussstichtag für einen gewissen Zeitraum noch von einer Überinflation, d.h. einer Inflation über 2 %, auszugehen ist.
>
> Die **langfristig** zu erwartenden Anpassungen werden sich regelmäßig an der Größenordnung des EZB-Inflationsziels von 2 % orientieren.

Für die Festlegung der kurzfristig nach dem Abschlussstichtag zu erwartenden Anpassungen der laufenden Rentenzahlungen ist über die kurzfristigen Inflationserwartungen hinaus auch die sog. **aufgelaufene Inflation** („Anpassungsstau") zu ermitteln. Hierbei handelt es sich um die seit dem letzten Anpassungsstichtag innerhalb des dreijährigen Zeitraums nach § 16 Abs. 1 BetrAVG bis zum Abschlussstichtag bereits aufgelaufene Inflationsentwicklung.

9. Anhang

Um Transparenz zu schaffen, ist es zur Vermittlung eines den tatsächlichen Verhältnissen entsprechenden Bildes der Vermögens-, Finanz- und Ertragslage sachgerecht, im Anhang entsprechende **Angaben zu bestehenden wesentlichen Unsicherheiten** zu machen.

Nach § 285 Nr. 33 HGB ist im Anhang über **Vorgänge von besonderer Bedeutung**, die nach dem Schluss des Geschäftsjahres, aber bis zur Beendigung der Aufstellung des Abschlusses eingetreten, und die weder in Bilanz noch Gewinn- und Verlustrechnung berücksichtigt sind, zu berichten. Im sog. **Nachtragsbericht** sind Art und finanzielle Auswirkungen des Vorgangs auf die Vermögens-, Finanz- und Ertragslage zu erläutern.

10. Lagebericht

507 Unternehmen sollen die wesentlichen für die Bilanzierung und Berichterstattung getroffenen Annahmen darlegen. Eine Darstellung der **unternehmensspezifischen Folgen** der aktuellen Entwicklungen sowie eine Darstellung bestehender **bestandsgefährdender Risiken** ist geboten. Die Adressaten müssen sich auf Basis der Ausführungen ein eigenes Bild von der Lage des Unternehmens und der künftigen Entwicklung machen können.

Zur Erhöhung der Transparenz bieten sich Angaben zu Schätzunsicherheiten, Sensitivitätsanalysen, eine Darstellung der Auswirkungen von Schätzungsänderungen sowie Soll-Ist-Vergleiche (aktuelle Geschäftsentwicklung versus Vorjahresprognose) an.

Die Auswirkungen der aktuellen Entwicklungen sind u.a. im Wirtschafts-, Prognose- und Risikobericht darzustellen.

Unternehmen sehen sich derzeit einem erhöhten Maß an Prognoseunsicherheit gegenübergestellt. Ggf. dürften daher die Voraussetzungen nach DRS 20.133 (nämlich eine außergewöhnlich hohe Unsicherheit hinsichtlich der Zukunftsaussichten aufgrund gesamtwirtschaftlicher Rahmenbedingungen und gleichzeitig eine wesentliche Beeinträchtigung der Prognosefähigkeit des Unternehmens) für **ausnahmsweise verringerte Anforderungen an die Genauigkeit von Prognosen** als erfüllt anzusehen sein. Bei kumulativer Erfüllung der Voraussetzungen erlaubt DRS 20.133 dem Unternehmen, anstelle von Punkt-, Intervall- oder qualifiziert-komparativen Prognosen lediglich komparative Prognosen im Lagebericht abzugeben oder in verschiedenen Zukunftsszenarien unter Angabe ihrer jeweiligen Annahmen zu berichten. Ein Unterlassen jeglicher Prognosen ist allerdings nicht zulässig.

Grundsätzlich ist die Einschätzung der Risiken für den Risikobericht im Lagebericht zum Abschlussstichtag vorzunehmen. Ändern sich jedoch die Risiken bis zur Beendigung der Aufstellung des Lageberichts, treten neue Risiken auf oder entfallen Risiken, hat das bilanzierende Unternehmen die geänderte Einschätzung zusätzlich darzustellen (DRS 20.155).

Es sind **wesentliche Einzelrisiken** darzustellen, inklusive der Beurteilung und Analyse der zu erwartenden Konsequenzen. Die Risiken sind zu quantifizieren, wenn dies auch zur internen Steuerung erfolgt und die quantitativen Angaben entscheidungserheblich sind. Unternehmen haben über getroffene Risikobegrenzungsmaßnahmen (öffentliche und private Stützungsmaßnahmen bis zum Aufstellungsdatum) zu berichten. Sofern Risiken aufgrund der derzeitigen wirtschaftlichen Lage bereits im Lagebericht zum 31.12.2022 beschrieben wurden, sind Änderungen zu diesen Einschätzungen bzw. neue Entwicklungen im darauffolgenden Lagebericht zu berichten. Bestandsgefährdende Risiken sind als solche zu bezeichnen.

II. Jahresabschluss: Berücksichtigung von Treuhandverhältnissen und ähnlichen Rechtsgeschäften

1. Ziele des Praxishinweises des IDW

508 Das IDW hat am 2.5.2023 einen Praxishinweis zur Berücksichtigung von Treuhandverhältnissen und ähnlichen Rechtsgeschäften bei der Abschlussprüfung verabschiedet. Dieser gibt Hilfestellungen und praktische Hinweise, wie Treuhandverhältnisse und ähnliche Rechtsgeschäfte im Rahmen der Abschlussprüfung behandelt werden können, und befasst sich außerdem mit den Grundzügen der handelsbilanziellen Abbildung von Treuhandverhältnissen und ähnlichen Rechtsgeschäften.

2. Begriffe „Treuhandverhältnis" und „ähnliche Rechtsgeschäfte"

509 Der Begriff „Treuhandverhältnis" wird weder im deutschen Zivilrecht noch in der (handels-)rechtlichen Kommentierung einheitlich definiert. Den (handels-)rechtlichen Kommentierungen sind zwar Beschreibungen und Systematisierungen von Treuhandverhältnissen zu entnehmen, diese weichen jedoch zum Teil voneinander ab, so dass auch daraus keine einheitliche Definition abgeleitet werden kann.

Zur Einordnung des Begriffs unterscheidet die Literatur danach, wie das Treuhandverhältnis begründet wurde:

- durch **Rechtsgeschäft**, d.h. durch einen privatrechtlichen oder öffentlich-rechtlichen Treuhandvertrag, oder
- durch einen staatlichen Hoheitsakt.

Der IDW Praxishinweis beschränkt sich auf privatrechtliche Treuhandverträge, die ausschließlich auf deutschem Recht beruhen.

Die Literatur systematisiert Treuhandverhältnisse bspw. auch nach der Rechtsstellung, die dem Treuhänder zukommt, oder nach der Aufgabenstellung und dem Zweck der Treuhandschaft. Nach der **Rechtsstellung** des Treuhänders kann unterschieden werden zwischen der Vollrechtstreuhand (Synonyme: fiduziarische Treuhand, echte Treuhand), der Ermächtigungstreuhand (Synonym: unechte Treuhand) und der Vollrechtstreuhand.

Nach der Aufgabenstellung, Interessenlage und dem **Zweck** können drei typische Arten von Treuhandverhältnissen unterschieden werden:

- Verwaltungstreuhand (uneigennützige Treuhandschaft),
- Sicherungstreuhand (eigennützige Treuhandschaft) und
- doppelseitige Treuhand.

Der IDW Praxishinweis befasst sich mit ausgewählten Treuhandverhältnissen, die einer dieser drei typischen Arten zugeordnet werden können, und mit ausgewählten ähnlichen Rechtsgeschäften, die in Bezug auf das Auseinanderfallen von zivilrechtlichem und wirtschaftlichem Eigentum mit den Treuhandverhältnissen vergleichbar sind.

3. Grundzüge der handelsbilanziellen Abbildung von Treuhandverhältnissen und ähnlichen Rechtsgeschäften

Die Abbildung von Treuhandverhältnissen ist im HGB weder für den Treugeber noch für den Treuhänder explizit kodifiziert. Vergleichbares gilt auch für die ähnlichen Rechtsgeschäfte. Lediglich für Pensionsgeschäfte finden sich in § 340b Abs. 4 und 5 HGB konkrete Bilanzierungsgrundsätze, die auch von Bilanzierenden, die nicht die Institutseigenschaft aufweisen, zu beachten sind.

Die Bilanzierung des Treuguts, mit dem Treuhandverhältnis zusammenhängender Verpflichtungen sowie etwaiger Aufwendungen und Erträge aus dem Treuhandverhältnis muss daher aus den **allgemeinen handelsrechtlichen Grundsätzen** abgeleitet werden.

Treugut und wirtschaftliches Eigentum:

Als Treugut versteht man den Gegenstand, für den eine Treuhandschaft begründet wurde. Vor der Begründung des Treuhandverhältnisses befindet sich dieser Gegenstand üblicherweise im Besitz und Eigentum des Treugebers. Wenn infolge des Treuhandverhältnisses das zivilrechtliche Eigentum auf den Treuhänder übertragen wird, bleibt der Treuhänder trotz Übertragung des zivilrechtlichen Eigentums schuldrechtlich im Innenverhältnis durch die Treuhandabrede gegenüber dem Treugeber gebunden. Das Treugut ist nach § 246 Abs. 1 Satz 2 HGB in der Bilanz des wirtschaftlichen Eigentümers anzusetzen. Wirtschaftlicher Eigentümer eines Vermögensgegenstandes ist derjenige, dem Besitz, Gefahr, Nutzungen und Lasten an bzw. aus dem Vermögensgegenstand für dessen wirtschaftliche Nutzungsdauer zustehen. Bei Treuhandverhältnissen liegt das wirtschaftliche Eigentum an dem Treugut grundsätzlich beim Treugeber.

Bilanzierung beim Treugeber:

Als wirtschaftlicher Eigentümer hat der Treugeber grundsätzlich das Treugut zu bilanzieren, auch wenn der Treuhänder das zivilrechtliche Eigentum am Treugut erst im Nachhinein zur Begründung des Treuhandverhältnisses für Rechnung des Treugebers von einem Dritten erwirbt (Erwerbstreuhand) oder sich das Treugut bereits vor Begründung des Treuhandverhältnisses im zivilrechtlichen Eigentum des Treuhänders befand (Vereinbarungstreuhand). Der Treugeber erfasst in der Gewinn- und Verlustrechnung Aufwendungen und Erträge, die aus Rechtsgeschäften resultieren, die der Treuhänder (im eigenen oder im fremden Namen) für Rechnung des Treugebers abschließt.

Bilanzierung beim Treuhänder:

Bezüglich der Bilanzierung des Treuguts beim Treuhänder besteht keine einheitliche Auffassung. Die herrschende Meinung präferiert einen Ausweis des Treuguts unter der Bilanz: Bei der Vollrechtstreuhand weist der Treuhänder das Treugut in seinem Jahresabschluss entweder unter der Bilanz als „Treuhandvermögen" aus oder er gibt das Treuhandvermögen im Anhang an.

Im Fall einer Ermächtigungs- und Vollmachtstreuhand sind dagegen Schulden, die vom Treuhänder im Rahmen des Treuhandverhältnisses im eigenen Namen eingegangen wurden, nach § 246 Abs. 1 Satz 3 HGB trotz bestehendem Treuhandverhältnis in seiner Bilanz zu bilanzieren. Gleichzeitig aktiviert der Treuhänder in gleicher Höhe einen Freistellungs- bzw. Ersatzanspruch gegen den Treugeber. Der Treuhänder erfasst in seiner Gewinn- und Verlustrechnung keine Aufwendungen und Erträge aus dem treuhänderisch gehaltenen Vermögen bzw. aus Geschäftsvorfällen, die der Treuhänder für Rechnung des Treugebers ausgeführt hat. Lediglich Erträge, die dem Treuhänder aus dem Treuhandvertrag als Vergütung für seine Tätigkeit (Provision) gegenüber dem Treugeber zustehen, erfasst der Treuhänder in seiner Gewinn- und Verlustrechnung.

4. Ausgewählte Treuhandverhältnisse und ähnliche Rechtsgeschäfte

511 Der IDW Praxishinweis befasst sich konkret mit den rechtlichen Grundlagen und Bilanzierungsaspekten folgender Treuhandverhältnisse und ähnlicher Rechtsgeschäfte:

VERWALTUNGSTREUHAND	SICHERUNGSTREUHAND	DOPPELSEITIGE TREUHAND
Vermögensverwaltung	Sicherungsübereignung	Treuhandkonto
Einkaufs- und Verkaufskommission	Eigentumsvorbehalt	Anderkonto
Konsignations-/Kommissionslagerverträge	Echte und unechte Pensionsgeschäfte	Contractual Trust Arrangement/Agreements

Im Folgenden wird näher auf die rechtliche Einordnung und die Bilanzierung ausgewählter Treuhandverhältnisse eingegangen.

a) Verwaltungstreuhand

aa) Einkaufskommission

Nach § 383 Abs. 1 HGB ist Kommissionär, wer gewerbsmäßig Waren oder Wertpapiere für Rechnung eines anderen (Kommittenten) in eigenem Namen kauft. **512**

Bei der Einkaufskommission wird der **Kommissionär** mit dem Bezug der von ihm für Rechnung des Kommittenten erworbenen Kommissionsware deren **zivilrechtlicher Eigentümer**. Da der Einkaufskommissionär grundsätzlich für Rechnung und auf Risiko des Kommittenten handelt, ist das **wirtschaftliche Eigentum** an der Ware jedoch dem **Kommittenten** zuzurechnen.

Der **Kommissionär** aktiviert nur die Forderung gegen den Kommittenten (aus dem Geschäftsbesorgungsvertrag, nicht aber bspw. die Ware) und passiviert die Kaufpreisverbindlichkeit gegenüber dem Dritten.

Beim **Kommittenten** erfolgt die Bilanzierung der Ware jedoch frühestens zu dem Zeitpunkt, in dem die Verfügungsgewalt oder Gefahr auf den Kommissionär und damit auch mittelbar auf den Kommittenten übergeht.

bb) Verkaufskommission

Nach § 383 Abs. 1 HGB ist Kommissionär, wer gewerbsmäßig Waren oder Wertpapiere für Rechnung eines anderen (Kommittenten) verkauft. **513**

Bei der Verkaufskommission verbleibt das **Eigentum** an den dem Kommissionär zum Verkauf übergebenen Kommissionsgütern bis zum Verkauf **beim Kommittenten**. Der Kommissionär erwirbt weder das zivilrechtliche noch das wirtschaftliche Eigentum.

Bis zum Verkauf des Kommissionsgutes hat nur der **Kommittent** das Kommissionsgut zu **bilanzieren** (bspw. als Ware und nicht als Forderung). Erst im Zeitpunkt der Veräußerung an den Endabnehmer hat der Kommittent eine Forderung gegen den Kommissionär aus dem Kommissionsgeschäft, der Kommissionär eine Forderung aus dem Kaufvertrag gegen den Erwerber der Ware (Kommissionsgut) zu aktivieren.

Der **Kommissionär** hat gleichzeitig eine entsprechende Verbindlichkeit gegenüber dem Kommittenten aus dem Kommissionsgeschäft zu passivieren. Eine Saldierung von Forderung und Verbindlichkeit im Jahresabschluss des Kommissionärs ist grundsätzlich unzulässig.

cc) Konsignations- bzw. Kommissionslagerverträge

Der **Konsignationslagervertrag** ist ein Lagervertrag nach § 467 HGB. Bei einem Konsignationslager handelt es sich um ein Warenlager eines Lieferanten oder Dienstleisters, welches sich in der räumlichen Nähe eines oder mehrerer Kunden (Abnehmer) befindet und aus dem der Abnehmer bei Bedarf gemäß den vereinbarten Entnahmebedingungen Ware entnehmen kann. **514**

Bei einem **Kommissionslagervertrag** verkauft ein Dritter (Kommissionär) die Waren des Lieferanten (Kommittenten) gegen Provision für Rechnung des Kommittenten an einen oder mehrere Endkunden.

Der **Lieferant (Konsignant)** bleibt bis zur Entnahme der Ware durch den Abnehmer (Konsignatar) oder bis zum Ablauf einer zwischen Lieferanten und Abnehmer festgelegten Frist **zivilrechtlicher Eigentümer** der im Lager befindlichen Ware. Mit Entnahme der Ware aus dem Lager bzw. nach Ablauf der festgelegten Frist geht das zivilrechtliche Eigentum an der Ware vom Konsignanten auf den Abnehmer (Konsignatar) über.

Der Lieferant (Konsignant) bilanziert die Warenbestände und bei Entnahme der Ware durch den Abnehmer (Konsignatar) bzw. nach Ablauf der festgelegten Frist entsprechende Abgänge, Umsatzerlöse und Forderungen gegen die Abnehmer.

Der **Kommissionär** arbeitet beim Kommissionslagervertrag als Lagerhalter und Zwischenhändler der Ware. Es handelt sich rechtlich um eine Verkaufskommission. Der der Nutzung des Kommissionslagers zugrunde liegende Geschäftsbesorgungsvertrag (§ 675 BGB) ist Grundlage für das Treuhandverhältnis.

Hinsichtlich der bilanziellen Behandlung von Kommissionslagerverträgen gelten die Ausführungen zur Verkaufskommission (→ Rz. 513) entsprechend. Wirtschaftlicher Eigentümer ist der Kommittent.

b) Sicherungstreuhand

aa) Sicherungsübereignung

515   Die Sicherungsübereignung wird durch einen dinglichen Vertrag begründet, durch den der Schuldner bzw. Kreditnehmer (Sicherungsgeber) dem Gläubiger bzw. Kreditgeber (Sicherungsnehmer) zur Sicherung einer Schuld bzw. eines Darlehens das zivilrechtliche Eigentum an einer beweglichen Sache oder an einer Sachgesamtheit (z.B. Warenlager) mittels eines **Besitzkonstituts** (§ 930 BGB) überträgt.

Der zugrunde liegende Sicherungsvertrag (Sicherungsabrede) enthält auch die Verpflichtung des Gläubigers zur Rückübertragung des zivilrechtlichen Eigentums an den Schuldner, sobald die Schuld getilgt ist. Alternativ besteht auch die Möglichkeit des Rückfalls des Eigentums nach Erfüllung der Schuld von selbst (z.B. über eine auflösende Bedingung).

Regelmäßig wird der Schuldner (Sicherungsgeber) ermächtigt, über das Sicherungsgut zu verfügen und dieses beispielsweise zu veräußern oder zu verarbeiten.

Mit Eintritt des Sicherungsfalls endet das Besitzrecht des Schuldners. Er muss dann das Sicherungsgut auf Verlangen an den Sicherungsnehmer (Gläubiger und zivilrechtlicher Eigentümer) herausgeben, der es verwerten darf.

Bis zum Eintritt des Sicherungsfalls ist der Vermögensgegenstand beim Sicherungsgeber, dem wirtschaftlichen Eigentümer, zu bilanzieren.

Sobald der **Sicherungsfall eintritt**, hat der Sicherungsnehmer das vereinbarte Herausgaberecht zur Verwertung. Gleichwohl bleibt der Sicherungsgeber bis zur Verwertung wirtschaftlicher Eigentümer des sicherungsübereigneten Vermögensgegenstands, weil er bis zu diesem Zeitpunkt die Chancen und Risiken aus Wertänderungen trägt. Bis dahin ist im Jahresabschluss des Sicherungsgebers nach § 285 Nr. 1 Buchst. b und Nr. 2 HGB eine Anhangangabe zu machen.

Bei **Verwertung des sicherungsübereigneten Vermögensgegenstands** durch den Sicherungsnehmer aktiviert der Sicherungsgeber anstelle des Vermögensgegenstands eine auf die Herausgabe des Verwertungserlöses gerichtete Forderung gegen den Sicherungsnehmer. Bei gegebener Aufrechnungslage (§ 387 BGB) darf der Sicherungsnehmer diese Forderung gegen die Darlehensverbindlichkeit (bzw. der Sicherungsgeber die entsprechende Verbindlichkeit gegen die Darlehensforderung) verrechnen.

bb) Eigentumsvorbehalt

516   Beim Kauf bzw. Verkauf eines Vermögensgegenstands unter Eigentumsvorbehalt wird vereinbart, dass das zivilrechtliche Eigentum erst unter der aufschiebenden Bedingung der vollständigen Zahlung des Kaufpreises auf den Erwerber übertragen wird (§ 449 Abs. 1 BGB).

Auch wenn der Erwerber erst mit vollständiger Zahlung des Kaufpreises das zivilrechtliche Eigentum an dem Vermögensgegenstand erwirbt, darf er ihn nutzen und ggf. verwerten.

Obwohl das **zivilrechtliche Eigentum** bis zur vollständigen Zahlung des Kaufpreises beim **Veräußerer** verbleibt, geht das **wirtschaftliche Eigentum** an der Kaufsache bereits mit Besitzerlangung auf den **Erwerber** über, weil die Nutzung sowie die Chancen und Risiken ab diesem Zeitpunkt bei ihm liegen.

Die **Bilanzierung** der unter Eigentumsvorbehalt gelieferten Vermögensgegenstände erfolgt bereits vor dem Wegfall des Eigentumsvorbehalts **beim Erwerber**, dem wirtschaftlichen Eigentümer.

Im Jahresabschluss des Erwerbers hat eine Anhangangabe nach § 285 Nr. 1 Buchst. b und Nr. 2 HGB zu erfolgen.

cc) Echte und unechte Pensionsgeschäfte

Pensionsgeschäfte sind Verträge, durch die der Pensionsgeber („Veräußerer") das zivilrechtliche Eigentum an einem Vermögensgegenstand (z.B. ein Wertpapier) dem Pensionsnehmer („Erwerber") gegen Zahlung eines Betrags überträgt („in Pension gibt") und in denen gleichzeitig vereinbart wird, dass der Vermögensgegenstand während eines künftigen Zeitraums oder zu einem künftigen Zeitpunkt gegen Entrichtung des empfangenen oder eines anderen im Voraus vereinbarten Betrags an den Pensionsgeber zurückübertragen werden muss oder kann (sog. **Sale-and-buy-back-Geschäfte**). Hinsichtlich der Rechtsfolgen unterscheidet man zwischen „echten" und „unechten" Pensionsgeschäften.

517

Ein **echtes Pensionsgeschäft** ist nach § 340b Abs. 1 und 2 HGB dann gegeben, wenn der Pensionsgeber mit dem Pensionsnehmer nicht nur die Veräußerung von Vermögensgegenständen, sondern zugleich auch deren Rückerwerb und den Rückerwerbspreis vereinbart. Eine (Kauf-)Option des Pensionsgebers ist hierzu ausreichend, wenn die Umstände (z.B. niedrigerer Erwerbspreis oder faktischer Zwang zum Rückerwerb) nahelegen, dass der Pensionsgeber die Option ausüben wird.

Im Fall von echten Pensionsgeschäften ist der **Vermögensgegenstand** weiterhin **beim Pensionsgeber zu bilanzieren**, weil die Chancen und Risiken der Wertänderung nicht auf den Pensionsnehmer übergehen. In diesem Fall ist trotz Übergang des zivilrechtlichen Eigentums der Vermögensgegenstand weiterhin zu den (fortgeführten) Anschaffungskosten in der Handelsbilanz des Pensionsgebers zu erfassen. Eine Gewinnrealisierung ist nicht zulässig. Im Anhang des Jahresabschlusses des Pensionsgebers sind Angaben gemäß § 285 Nr. 1 Buchst. b und Nr. 2 HGB zu machen.

Ein **unechtes Pensionsgeschäft** i.S.d. § 340b Abs. 1 und 2 HGB liegt vor, wenn der Pensionsgeber mit dem Pensionsnehmer nicht nur die Veräußerung von Vermögensgegenständen vereinbart, sondern zugleich im Kaufvertrag auch festgelegt wird, dass der Pensionsnehmer diese zu einem bestimmten Preis zurückveräußern kann, aber nicht muss (Put-Option). Das Recht, den Vermögensgegenstand zurückzuübertragen, verkörpert aus seiner Sicht eine Verkaufsoption (Long Put), bei der der Pensionsgeber die Stillhalterposition einnimmt (Short Put).

Bei einem unechten Pensionsgeschäft gehen die wesentlichen Elemente des **wirtschaftlichen Eigentums grundsätzlich auf den Pensionsnehmer** über, weil der Rückerwerb nicht von vornherein feststeht und daher das Verwertungsrecht und die Chancen der Wertsteigerung auf den Erwerber übergehen. Nach § 340b Abs. 5 HGB werden die **Vermögensgegenstände in der Bilanz des Pensionsnehmers** ausgewiesen. Ggf. besteht eine Anhangangabepflicht nach § 285 Nr. 3 HGB.

III. Konzernabschluss: Änderungen im Bereich Konzernkapitalflussrechnung und im Bereich Konzernlagebericht

518 Das Deutsche Rechnungslegungs Standards Committee e.V. (DRSC) hat am 27.7.2023 mit dem Deutschen Rechnungslegungs Änderungsstandard Nr. 13 (DRÄS 13) Änderungen an DRS 20 Konzernlagebericht sowie DRS 21 Kapitalflussrechnung bekanntgemacht.

Mit dem DRÄS 13 wird das Ziel verfolgt, Anwenderfragen zu adressieren und Unklarheiten im DRS 21 Konzernkapitalflussrechnung zu bereinigen. Die Änderungen sind erstmals für das nach dem 31.12.2022 beginnende Geschäftsjahr anzuwenden.

Mit dem Änderungsstandard werden die branchenspezifischen Anlagen des DRS 20 an die aktuelle Gesetzeslage (§ 340 HGB) angepasst. Diese Anpassungen betreffen die Ausweitung des Geltungsbereichs der branchenspezifischen Anlagen dieses Standards auf Wertpapierinstitute, Zahlungsinstitute, E-Geld-Institute sowie auf Pensionsfonds.

Die Änderungen im Hinblick auf die **Konzernkapitalflussrechnung** enthalten klarstellende Hinweise zum Ausweis von Ein- und Auszahlungen aus Veränderungen des Konsolidierungskreises.

So ist bei der Veräußerung von **Tochter- oder Quotenunternehmen** im Bereich des Cashflows aus der Investitionstätigkeit in der Zeile „Einzahlungen aus der Veränderung des Konsolidierungskreises" der Nettozufluss aus dem/den erhaltenen Verkaufspreis/en abzüglich des/der abgegebenen Finanzmittelfonds eines bzw. der veräußerten Tochter- oder Quotenunternehmen auszuweisen. Beim Erwerb von Tochter- oder Quotenunternehmen enthält die Zeile „Auszahlungen aus der Veränderung des Konsolidierungskreises" den Nettoabfluss aus dem/den gezahlten Kaufpreis/en abzüglich der zum Erstkonsolidierungszeitpunkt zugegangen Finanzmittelfonds dieser Unternehmen.

Weitere Änderungen betreffen den **Ausweis von Einzahlungen** (bzw. Auszahlungen) aus erhaltenen (bzw. gewährten) **Zuwendungen und Zuschüssen** sowohl beim Zuschussempfänger als auch beim Zuschussgeber.

Daneben werden Hinweise zur Darstellung von **Cash-Pool-Forderungen bzw. -Verbindlichkeiten** in den DRS 20 aufgenommen.

H. Wirtschaftsprüfung

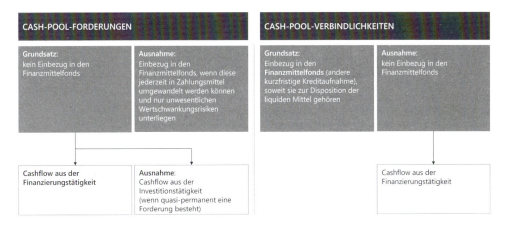

Beratungshinweis:

Bindende Wirkung entfalten die Hinweise zu den Cash-Pool-Forderungen und -Verbindlichkeiten in den Fällen, in denen Unternehmen zur Aufstellung eines Teilkonzerns verpflichtet sind. Für Mutterunternehmen, die für einen Konzernabschluss nach § 11 PublG freiwillig eine Kapitalflussrechnung aufstellen, wird die Beachtung des DRS 21 insgesamt empfohlen. Eine Ausstrahlungswirkung des DRS 21 auf die Ermittlung und Darstellung von Kapitalflussrechnungen bei Einzelunternehmen wird aus unserer Sicht erwartet.

IV. Nachhaltigkeitsberichterstattung

1. Berichterstattung zur Konformität im Rahmen der EU-Taxonomie-Verordnung

a) Hintergrund

Nachdem in nichtfinanziellen Erklärungen, die ab dem 1.1.2022 veröffentlicht wurden (Berichtszeitraum Geschäftsjahre ab dem 1.1.2021), erstmals Angaben gemäß EU-Taxonomie-Verordnung[1] zur Taxonomiefähigkeit aufzunehmen waren, wurde der Umfang der Berichtspflichten für nichtfinanzielle Erklärungen, die ab dem 1.1.2023 veröffentlicht wurden, erweitert. Neben der Berichterstattung über den taxonomiefähigen Anteil der Umsätze, Investitionsausgaben (CapEx) und Betriebsausgaben (OpEx) war nun zusätzlich der taxonomiekonforme Anteil der genannten Kennzahlen anzugeben.[2]

b) Nicht-Finanzunternehmen

Auch für das zweite Berichtsjahr fand die Berichterstattung zunächst für die ersten beiden Umweltziele, auch Klimaziele genannt, **Klimaschutz** und **Anpassung an den Klimawandel** statt. Für die Klimaziele wurden somit die Anteile des Umsatzes, CapEx und OpEx offengelegt, die mit taxonomiefähigen sowie taxonomiekonformen Wirtschaftstätigkeiten in Verbindung stehen.

Während die **Taxonomiefähigkeit** aufzeigt, ob eine wirtschaftliche Aktivität unter den Anwendungsbereich der Taxonomie fällt und hier somit technische Bewertungskriterien definiert sind, zeigt hingegen die Taxonomiekonformität auf, inwieweit diese technischen Bewertungskriterien sowie der Mindestschutz eingehalten werden und die jeweilige Tätigkeit demnach als „nachhaltig" eingestuft werden kann.

---

1) Verordnung (EU) 2020/852 der Europäischen Parlaments und des Rates vom 18. Juni 2020 über die Einrichtung eines Rahmens zur Erleichterung nachhaltiger Investitionen und zur Änderung der Verordnung (EU) 2019/2088, ABl.EU Nr. L 198/13 v. 22.6.2020.
2) Art. 10 (4) der Delegierten Verordnung (EU) 2021/2178.

Dritter Teil: Entwicklungen in Gesetzgebung, Rechtsprechung und Verwaltung 2023

c) Finanzunternehmen

521 Finanzunternehmen[1)] legen in Veröffentlichungen zwischen dem 1.1.2022 und dem 31.12.2023 folgende Informationen offen:
- Anteil der Risikopositionen bei nicht taxonomiefähigen und taxonomiefähigen Wirtschaftstätigkeiten an gesamten Aktiva;
- Anteil der in Art. 7 Abs. 1 und 2 der Delegierten Verordnung (EU) 2021/2178 genannten Risikopositionen an ihren gesamten Aktiva;
- Anteil der in Art. 7 Abs. 3 der Delegierten Verordnung (EU) 2021/2178 genannten Risikopositionen an ihren gesamten Aktiva;
- die in Anhang XI der Delegierten Verordnung (EU) 2021/2178 genannten qualitativen Angaben.

> **Anmerkung:**
>
> Darüber hinaus bestehen für einzelne Gruppen von Finanzunternehmen zusätzliche Angabepflichten:
> - **Kreditinstitute:** Anteil des Handelsportfolios und der kurzfristigen Interbankenkredite an gesamten Aktiva
> - **Versicherungs- und Rückversicherungsunternehmen:** Anteil der taxonomiefähigen und nicht taxonomiefähigen Wirtschaftstätigkeiten im Nicht-Lebensversicherungsgeschäft.

> **Anmerkung:**
>
> Für Finanzunternehmen definiert die im März 2021 in Kraft getretene ‚Verordnung (EU) 2019/2088 des Europäischen Parlaments und des Rates vom 27.11.2019 über nachhaltigkeitsbezogene Offenlegungspflichten im Finanzdienstleistungssektor' (kurz Offenlegungsverordnung oder ‚SFDR' als Abkürzung des englischen Titels) Transparenzanforderungen und Offenlegungspflichten zu nachhaltigen Finanzprodukten. Die Taxonomie-Verordnung ändert die SFDR in der Form, dass die Kriterien für ökologisch nachhaltige Wirtschaftstätigkeiten aus der Taxonomie für die Bewertung von Finanzprodukten anzuwenden sind. Beide Verordnungen sind zentraler Bestandteil des EU-Aktionsplans zur Finanzierung nachhaltigen Wachstums.[2)]

d) Berichterstattung von Nicht-Finanzunternehmen für Veröffentlichungen ab dem 1.1.2024

522 Für Geschäftsjahre ab dem 1.1.2022 (GJ 2022, Veröffentlichungen ab dem 1.1.2023) waren von Nicht-Finanzunternehmen erstmals Angaben zur Taxonomiekonformität der Wirtschaftstätigkeiten in Bezug auf die beiden Klimaziele zu machen.[3)] Für Veröffentlichungen ab dem 1.1.2024 sind die am 27.6.2023 von der EU-Kommission angenommenen Änderungen der Klimaziele zu berücksichtigen. Während einerseits teilweise Änderungen an bestehenden Wirtschaftstätigkeiten oder DNSH-Kriterien, wie bspw. bei Appendix C, vorgenommen wurden, sind andererseits neue Wirtschaftstätigkeiten hinzugefügt worden. Für diese neuen Wirtschaftstätigkeiten der ersten beiden Umweltziele ist ab dem 1.1.2024 die Taxonomiefähigkeit zu berichten. Ab einer Berichterstattung im Jahr 2025 wird zusätzlich eine Angabe über die Taxonomiekonformität gefordert.[4)]

---

1) Art. 10 (3) der Delegierten Verordnung (EU) 2021/2178.
2) Mitteilung der Kommission an das Europäische Parlament, den Europäischen Rat, den Rat, die Europäische Zentralbank, den Wirtschafts- und Sozialausschuss und den Ausschuss der Regionen Aktionsplan: Finanzierung nachhaltigen Wachstums, abrufbar unter https://eur-lex.europa.eu/legal-content/DE/TXT/?uri=CELEX%3A52018DC0097, letzter Zugriff 8.12.2023.
3) Art. 10 (4) der Delegierten Verordnung (EU) 2021/2178
4) Änderung der Delegierten Verordnung (EU) 2021/2139 durch Festlegung zusätzlicher technischer Bewertungskriterien, anhand deren bestimmt wird, unter welchen Bedingungen davon auszugehen ist, dass bestimmte Wirtschaftstätigkeiten einen wesentlichen Beitrag zum Klimaschutz oder zur Anpassung an den Klimawandel leisten, und anhand deren bestimmt wird, ob diese Tätigkeiten erhebliche Beeinträchtigungen eines der übrigen Umweltziele vermeiden.

H. Wirtschaftsprüfung

Für eine Bestimmung der Taxonomiekonformität ist für die taxonomiefähigen Wirtschaftstätigkeiten folgende Bewertung durchzuführen:

aa) Technische Bewertungskriterien

Basierend auf den Technischen Bewertungskriterien auf Ebene der Wirtschaftstätigkeiten für die beiden Klimaziele[1)] ist von Unternehmen in einem ersten Schritt zu prüfen, ob ein wesentlicher Beitrag zum jeweiligen Umweltziel geleistet wird. Sofern dies basierend auf den Technischen Bewertungskriterien bejaht werden kann, muss in einem zweiten Schritt zusätzlich sichergestellt werden, dass keine erheblichen Beeinträchtigungen der anderen fünf Umweltziele vorliegen. Dies ist ebenfalls in den Technischen Bewertungskriterien als „Do No Significant Harm"-Kriterien (DNSH) definiert.

bb) Einhaltung des Mindestschutzes

Darüber hinaus ist gemäß Art. 3 in Kombination mit Art. 18 der Taxonomie-Verordnung für die Wirtschaftstätigkeiten die Einhaltung eines Mindestschutzes für die Erfüllung der Taxonomiekonformität sicherzustellen.

> **Anmerkung:**
> Relevante Richtlinien und Konventionen für den Mindestschutz (Art. 18 der Taxonomie-Verordnung) ergeben sich aus:
> – OECD-Leitsätze für multinationale Unternehmen
> – Leitprinzipien der Vereinten Nationen für Wirtschaft und Menschenrechte
> – Erklärung der Internationalen Arbeitsorganisation (ILO Kernarbeitsnormen)
> – Internationale Charta der Menschenrechte.

Anders als für den wesentlichen Beitrag und die Vermeidung erheblicher Beeinträchtigungen werden **keine Detailanforderungen je Wirtschaftstätigkeit** definiert. Darüber hinaus ist in der Taxonomie-Verordnung keine Verabschiedung einer Delegierten Verordnung für die Spezifizierung weiterer Anforderungskriterien angekündigt.

Die Platform on Sustainable Finance, die die Kommission als Sachverständige zur Umsetzung der technischen Details berät, hat am 11.10.2022 einen „Final Report on Minimum Safeguards" veröffentlicht.[2)]

Er enthält Vorschläge für die Operationalisierung der Vorgaben zum Mindestschutz gemäß Art. 18 der Taxonomie-Verordnung und ist an die Kommission gerichtet, verpflichtet diese aber zu keinerlei Handlung. Entsprechend ist er für Unternehmen im Anwendungskreis der Taxonomie nicht rechtsverbindlich, bildet aber dennoch eine Orientierungshilfe bei der Bewertung der Taxonomiekonformität.

Der Bericht enthält Kriterien für die Themengebiete Menschenrechte, Antikorruption, Besteuerung sowie fairer Wettbewerb. Sie umfassen auf der einen Seite im Unternehmen etablierte Prozesse zur Erfüllung von Sorgfaltspflichten in Bezug auf die vier Themengebiete sowie auf der anderen Seite Indizien, die gegen die Wirksamkeit dieser sprechen könnten, insb. rechtskräftige Verurteilungen.

Darüber hinaus wurde seitens der Kommission in einer Bekanntmachung (2023(C 211/01) die in Artikel 18 geschaffene Verbindung zwischen dem Mindestschutz und dem

---

1) Delegierte Verordnung (EU) …/… der Kommission zur Ergänzung der Verordnung (EU) 2020/852 des Europäischen Parlaments und des Rates durch Festlegung der technischen Bewertungskriterien, anhand deren bestimmt wird, unter welchen Bedingungen davon auszugehen ist, dass eine Wirtschaftstätigkeit einen wesentlichen Beitrag zum Klimaschutz oder zur Anpassung an den Klimawandel leistet, und anhand deren bestimmt wird, ob diese Wirtschaftstätigkeit erhebliche Beeinträchtigungen eines der übrigen Umweltziele vermeidet; C/2021/2800 final.
2) Abrufbar unter https://finance.ec.europa.eu/system/files/2022–10/221011-sustainable-finance-platform-finance-report-minimum-safeguards_en.pdf, zuletzt abgerufen am 8.12.2023.

Grundsatz der Vermeidung erheblicher Beeinträchtigungen gemäß der Offenlegungsverordnung herausgestellt und darauf verwiesen, dass dieser Zusammenhang die Berücksichtigung der Indikatoren für die wichtigsten nachteiligen Auswirkungen in den Bereichen Soziales und Beschäftigung, Achtung der Menschenrechte und Bekämpfung von Korruption und Bestechung erforderlich macht.

Dies umfasst neben den Indikatoren „Verstöße gegen die UNGC-Grundsätze und gegen die Leitsätze der Organisation für wirtschaftliche Zusammenarbeit und Entwicklung (OECD) für multinationale Unternehmen" und „Fehlende Prozesse und Compliance-Mechanismen zur Überwachung der Einhaltung der UNGC-Grundsätze und der OECD-Leitsätze für multinationale Unternehmen", welche bereits durch Schwerpunktsetzung der Platform on Sustainable Finance bewusst waren, zusätzlich eine Berücksichtigung der Indikatoren:

- Unbereinigtes geschlechtsspezifisches Verdienstgefälle
- Geschlechtervielfalt in den Leitungs- und Kontrollorganen
- Engagement in umstrittenen Waffen (Antipersonenminen, Streumunition, chemische und biologische Waffen).

cc) Berechnung der wichtigsten Leistungsindikatoren (KPI)

525 Sofern die Kriterien der drei Prüfschritte erfüllt sind, handelt es sich bei der untersuchten taxonomiefähigen Wirtschaftstätigkeit um eine taxonomiekonforme Wirtschaftstätigkeit. Der aus der konformen Tätigkeit resultierende Umsatz, CapEx und/oder OpEx ist entsprechend auszuweisen.

> **Anmerkung:**
> Für die Berechnung der Kennzahlen sind die Definitionen von Nenner und Zähler aus Anhang I – KPI von Nicht-Finanzunternehmen zu beachten. Insb. in Bezug auf die Betriebsausgaben sind nicht alle Kosten relevant.

dd) Offenlegung

526 Die Ergebnisse der Analyse sind auf Tätigkeitsebene in vorgegebenen Meldebögen für die drei KPI **Umsatz, CapEx und OpEx** zu veröffentlichen. Hinzu kommen **verpflichtende qualitative Begleitinformationen**, z.B. in Bezug auf die Rechnungslegungsmethode und die Anwendung der Regulierung.

Sowohl zu den Meldebögen als auch zu den qualitativen Angaben sind am 27.6.2023 ergänzende Vorschriften sowie Anpassungen der bereits bestehenden Angaben gemäß (EU) 2021/2178 von der Kommission angenommen worden, die bereits bei der Berichterstellung ab 1.1.2024 zu berücksichtigen sind.[1]

---

1) Zur Ergänzung der Verordnung (EU) 2020/852 des Europäischen Parlaments und des Rates durch Festlegung der technischen Bewertungskriterien, anhand deren bestimmt wird, unter welchen Bedingungen davon auszugehen ist, dass eine Wirtschaftstätigkeit einen wesentlichen Beitrag zur nachhaltigen Nutzung und zum Schutz von Wasser- und Meeresressourcen, zum Übergang zu einer Kreislaufwirtschaft, zur Vermeidung und Verminderung der Umweltverschmutzung oder zum Schutz und zur Wiederherstellung der Biodiversität und der Ökosysteme leistet, und anhand deren bestimmt wird, ob diese Wirtschaftstätigkeit erhebliche Beeinträchtigungen eines der übrigen Umweltziele vermeidet, und zur Änderung der Delegierten Verordnung (EU) 2021/2178 in Bezug auf besondere Offenlegungspflichten für diese Wirtschaftstätigkeiten.

ee) Weitere vier Umweltziele

(1) Nicht-Finanzunternehmen

Neben den beiden Zielen Klimaschutz und Anpassung an den Klimawandel definiert Art. 9 der Taxonomie-Verordnung folgende vier Umweltziele: **527**

- Nachhaltige Nutzung und Schutz von Wasser- und Meeresressourcen
- Übergang zu einer Kreislaufwirtschaft
- Vermeidung und Verminderung der Umweltverschmutzung
- Schutz und Wiederherstellung der Biodiversität und der Ökosysteme.

Am 27.6.2023 wurde durch die EU-Kommission der sog. Environmental Delegated Act sowie die weiteren vier Umweltziele angenommen.[1] Analog zu den Anforderungen an die neuen Wirtschaftstätigkeiten der Klimaziele ist für die **Berichterstattungen ab dem 1.1.2024** für die weiteren vier Umweltziele zunächst die **Taxonomiefähigkeit** zu berichten. **Bei Veröffentlichungen ab dem 1.1.2025** (über das Geschäftsjahr 2024) wird zusätzlich eine Angabe zur **Taxonomiekonformität** bezüglich der weiteren vier Umweltziele gefordert.

(2) Berichterstattung Finanzunternehmen

Ab dem 1.1.2024 müssen auch **Finanzunternehmen** die für sie definierten wichtigsten Leistungsindikatoren in Bezug auf die Taxonomiekonformität sowie die entsprechenden qualitativen Begleitinformationen in ihrer **Berichterstattung veröffentlichen**.[2] Dies entspricht **Geschäftsjahren**, die **ab dem 1.1.2023** beginnen. **528**

2. Zusammenspiel zwischen EU-Taxonomie und Corporate Sustainability Reporting Directive

Durch die Corporate Sustainability Reporting Directive (CSRD) wird der **Anwendungskreis** der Art. 19a bzw. Art. 29a der Richtlinie 2013/34/EU des Europäischen Parlaments und des Rates **zur nichtfinanziellen Berichterstattung ausgeweitet**. Da sich die Taxonomie Verordnung für den Anwendungskreis auf ebendiese Artikel bezieht, werden somit alle Unternehmen, die zukünftig nach der CSRD berichtspflichtig werden, auch zur Berichterstattung gemäß Taxonomie Verordnung verpflichtet (→ Rz. 195 ff.). **529**

V. Internationale Rechnungslegung

1. Überblick zu den Angabepflichten in einem EU-IFRS-Konzernabschluss zum 31.12.2023

Bei der Erstellung und Prüfung des Konzernabschlusses sollte ein besonderes Augenmerk auf die **vollständigen Anhangangaben** zu neuen bzw. geänderten Standards gelegt werden. **530**

Anhangangaben sind sowohl für die neu angewendeten Standards und Interpretationen (IAS 8.28), als auch für die verabschiedeten, aber noch nicht angewandten Standards und Interpretationen zu machen (IAS 8.30). Im Folgenden wird ein Überblick über den Stand der durch das IASB verabschiedeten Standards und Interpretationen (Stand: 9.11.2023) gegeben, über die gemäß IAS 8.28 und IAS 8.30 in einem EU-IFRS-Konzernabschluss zum 31.12.2023 zu berichten ist.

---

1) Zur Ergänzung der Verordnung (EU) 2020/852 des Europäischen Parlaments und des Rates durch Festlegung der technischen Bewertungskriterien, anhand deren bestimmt wird, unter welchen Bedingungen davon auszugehen ist, dass eine Wirtschaftstätigkeit einen wesentlichen Beitrag zur nachhaltigen Nutzung und zum Schutz von Wasser- und Meeresressourcen, zum Übergang zu einer Kreislaufwirtschaft, zur Vermeidung und Verminderung der Umweltverschmutzung oder zum Schutz und zur Wiederherstellung der Biodiversität und der Ökosysteme leistet, und anhand deren bestimmt wird, ob diese Wirtschaftstätigkeit erhebliche Beeinträchtigungen eines der übrigen Umweltziele vermeidet, und zur Änderung der Delegierten Verordnung (EU) 2021/2178 in Bezug auf besondere Offenlegungspflichten für diese Wirtschaftstätigkeiten.
2) Artikel 10 (5) der Delegierten Verordnung (EU) 2021/2178.

2. Auswirkungen neuer bzw. geänderter Standards oder Interpretationen (IAS 8.28)

a) Allgemein

531 IAS 8.28 verlangt die Angabe von neuen bzw. geänderten Standards und Interpretationen, wenn ihre erstmalige Anwendung Auswirkungen auf die Berichtsperiode oder eine frühere Periode hat. Der Anwendungsbereich von IAS 8.28 umfasst daher alle **Änderungen von Bilanzierungs- und Bewertungsmethoden,** die sich aus der erstmaligen Anwendung eines neuen oder geänderten Standards oder einer Interpretation ergeben. Die Anhangangaben müssen dann in Bezug auf den neuen Standard oder die Interpretation u.a. folgende Inhalte umfassen:

- Titel des Standards bzw. der Interpretation,
- falls zutreffend, eine Beschreibung der Übergangsvorschriften,
- Art und Änderung der Rechnungslegungsmethode,
- Betrag der Änderung jedes betroffenen Abschlusspostens (einschließlich des Ergebnisses je Aktie) für den Beginn des Vorjahrs, für das Vorjahr und für das laufende Jahr, soweit praktikabel.

Ferner ist zu beachten, dass die Angaben nach IAS 8.28 auch bei einer frühzeitigen freiwilligen Anwendung eines neuen Standards oder einer Interpretation erforderlich sind.

Die folgende Tabelle gibt einen Überblick über potenziell angabepflichtige Vorschriften nach IAS 8.28 in einem EU-IFRS-Konzernabschluss zum 31.12.2023 sowie eine allgemeine Einschätzung hinsichtlich der Auswirkung auf die Bilanzierungspraxis.

Eine Auflistung aller neuen bzw. geänderten Vorschriften ist nicht erforderlich. Ggf. kann nach der Erläuterung der neuen Standards und Interpretationen, deren Anwendung Auswirkungen auf den IFRS Konzernabschluss haben, eine allgemeine Formulierung aufgenommen werden, wonach die übrigen erstmals zum 1.1.2023 verpflichtend in der EU anzuwendenden Standards und Interpretationen keine wesentlichen Auswirkungen auf den Konzernabschluss haben.

Standard	Titel	IASB Effective date*	Erstanwendungszeitpunkt in der EU*	Auswirkung**
Amend. IAS 1, IFRS Practice Statement 2	Offenlegung von Bilanzierungs- und Bewertungsmethoden	1.1.2023	1.1.2023	Grundsätzliche Bedeutung
IAS 8	Bilanzierungs- und Bewertungsmethoden, Änderungen von Schätzungen und Fehler – Definition von rechnungslegungsbezogenen Schätzungen	1.1.2023	1.1.2023	Grundsätzliche Bedeutung
Amend. IAS 12	Ertragsteuern – Latente Steuern, die sich auf Vermögenswerte und Schulden beziehen, die aus einer einzigen Transaktion entstehen	1.1.2023	1.1.2023	Branchen- bzw. unternehmensspezifische Bedeutung
Amed. IAS 12	Ertragsteuern – Internationale Steuerreform – Säule-2-Modellregeln	Sofort und 1.1.2023	Sofort und 1.1.2023***	Branchen- bzw. unternehmensspezifische Bedeutung

Standard	Titel	IASB Effective date*	Erstanwendungs-zeitpunkt in der EU*	Auswirkung**
IFRS 17, Amend. IFRS 17	Versicherungsverträge	1.1.2023	1.1.2023	Branchen- bzw. unternehmensspezifische Bedeutung
IFRS 17, Amend. IFRS 17	Versicherungsverträge: Erstmalige Anwendung von IFRS 17 und IFRS 9 – Vergleichsinformationen	1.1.2023	1.1.2023	Branchen- bzw. unternehmensspezifische Bedeutung

* Für Jahresabschlüsse, die am oder nach diesem Datum beginnen.

** Die allgemeine Einschätzung hinsichtlich der Auswirkung auf die Bilanzierungspraxis dient als Orientierung – die individuellen Auswirkungen auf das einzelne Unternehmen sind davon unabhängig zu erläutern.

***Die Übernahme in EU-Recht der Änderungen an diesem Standard ist unterjährig im Jahr 2023 erfolgt. Gemäß der entsprechenden Verordnung der EU Kommission können die Unternehmen die Ausnahmeregelung sofort anwenden; die Offenlegungspflicht gilt für Geschäftsjahre, die am oder nach dem 1.1.2023 beginnen.

b) Überblick über die Änderungen im Einzelnen

aa) Änderungen an IAS 1 und IFRS Practice Statement 2: Offenlegung von Bilanzierungs- und Bewertungsmethoden

532 Das IASB hat am 12.2.2021 IAS 1 – Darstellung des Abschlusses einschließlich Änderungen am Begleitmaterial **IFRS Practice Statement 2** „Making Materialty Judgements" herausgegeben. Die Änderungen an IAS 1 konkretisieren, in welchem Umfang Bilanzierungs- und Bewertungsmethoden in einem IFRS-Anhang zu erläutern sind. Während die Angabepflicht bislang sämtliche bedeutende (*significant*) Methoden umfasst, ist nun nur auf wesentliche (*material*) Methoden einzugehen (IAS 1.117). Um wesentlich zu sein, muss die Rechnungslegungsmethode zum einen mit wesentlichen Transaktionen oder anderen Ereignissen im Zusammenhang stehen. Zum anderen muss es einen Anlass für die Darstellung geben, wie z.B. die Änderung einer Bilanzierungsmethode infolge der Ausübung eines Wahlrechts oder das Vorliegen einer komplexen oder stark ermessensbehafteten Methode. Ferner kann die Angabepflicht auch solche Methoden umfassen, die aufgrund einer Regelungslücke innerhalb der IFRS vom Unternehmen in Übereinstimmung mit IAS 8.10–11 entwickelt wurden. Damit sollen anstelle standardisierter Ausführungen unternehmensspezifische Ausführungen in den Fokus gerückt werden. Die Leitlinien im Practice Statement 2 wurden entsprechend angepasst.

bb) Bilanzierungs- und Bewertungsmethoden, Änderungen von Schätzungen und Fehler

533 Ebenfalls am 12.2.2021 hat das IASB Änderungen an IAS 8 „Rechnungslegungsmethoden, Änderung von rechnungslegungsbezogenen Schätzungen und Fehler" veröffentlicht. Über die Änderungen an IAS 8 wird erstmals eine **Definition des Begriffs einer „rechnungslegungsbezogenen Schätzung"** (*accounting estimate*) eingeführt, um Änderungen von Rechnungslegungsmethoden besser von Schätzungsänderungen abgrenzen zu können. In IAS 8 wird klargestellt, dass eine rechnungslegungsbezogene Schätzung immer auf eine Bewertungsunsicherheit einer finanziellen Größe im Abschluss bezogen ist. Ein Unternehmen verwendet neben Input-Parametern auch Bewertungsverfahren zur Ermittlung einer Schätzung. Bewertungsverfahren können Schätzverfahren oder Bewertungstechniken sein.

Eine Abgrenzung zu Bilanzierungsmethoden ist entscheidend, da IAS 8 unterschiedliche Folgen für die Änderung von Schätzungen und Rechnungslegungsmethoden vorsieht. Während Änderungen von Bilanzierungs- und Bewertungsmethoden retrospektiv abgebildet werden müssen, hat eine Änderung von Schätzungen prospektiv zu erfolgen.

cc) Änderungen an IAS 12: Ertragsteuern – Latente Steuern

534 Das IASB hat am 7.5.2021 **gezielte Änderungen** an IAS 12 veröffentlicht. Die Änderungen betreffen die bilanzielle Behandlung von latenten **Steuern, die sich auf Vermögenswerte und Schulden beziehen, die aus einer einzigen Transaktion entstehen**, also z.B. bei der Einbuchung von Leasingverhältnissen oder dem Einbezug von Stilllegungsverpflichtungen in die Erstbewertung eines Vermögenswerts.

Neu eingeführt wurde eine Rückausnahme zu den in IAS 12.15 b) und IAS 12.24 definierten Ausnahmen. Diese sehen jeweils vor, dass **keine latente Steuerschuld** anzusetzen ist, wenn diese aus dem erstmaligen Ansatz eines Vermögenswerts oder einer Schuld erwächst, die kein Unternehmenszusammenschluss ist und zum Zeitpunkt des Geschäftsvorfalls weder das bilanzielle Ergebnis vor Steuern noch das zu versteuernde Ergebnis beeinflusst.

Diese Ausnahmen gelten nun nicht mehr für Transaktionen, durch die beim berichterstattenden Unternehmen gleichzeitig sowohl abzugsfähige als auch zu versteuernde temporäre Differenzen entstehen. IAS 12.22A wurde neu eingeführt und enthält einen expliziten Verweis auf Leasingverhältnisse als Hauptanwendungsfall der überarbeiteten Regelung.

Ferner hat das IASB am 23.5.2023 **weitere Änderungen** an IAS 12 „Ertragsteuern" – „Internationale Steuerreform – Säule-2-Modellregeln" veröffentlicht. Damit wird eine **vorübergehende Erleichterung bei der Bilanzierung latenter Steuern** eingeführt, die sich infolge der geplanten Umsetzung der internationalen Steuerreform der OECD ergeben.

Durch die Einführung einer globalen Mindestbesteuerung soll sichergestellt werden, dass multinationale Unternehmen mit einem weltweit erzielten Konzernumsatz von mehr als 750 Mio. Euro zukünftig in jedem Rechtskreis, in dem sie tätig sind, einer effektiven Ertragsteuerbelastung von mindestens 15 % unterliegen (→ Rz. 140 ff.).

Die vom IASB verabschiedeten Änderungen umfassen insb. die Einführung folgender Regelungen:

– Vorübergehende Ausnahmeregelung zur Bilanzierungspflicht aktiver und passiver latenter Steuern i.Z.m. den Ertragsteuern der zweiten Säule der OECD,

– Angabepflichten zur Inanspruchnahme der Ausnahmeregelung für betroffene Unternehmen,

– gesonderter Ausweis des tatsächlichen Steueraufwands (bzw. -ertrags) eines Unternehmens im Zusammenhang mit Ertragsteuern der zweiten Säule sowie

– weitere Angabepflichten zur Darstellung der Betroffenheit der Unternehmen durch die Mindestbesteuerung, insb. in den Berichtsperioden, in denen die Rechtsvorschriften zur Umsetzung der Säule-2-Modellregeln noch nicht in Kraft getreten sind.

> **Anmerkung:**
> Die Ausnahmeregelung ist unmittelbar nach Veröffentlichung der Änderungen des IAS 12 „Ertragsteuern" und retrospektiv gemäß IAS 8 „Bilanzierungs- und Bewertungsmethoden, Änderungen von Schätzungen und Fehler" anzuwenden. Die weiteren Angabevorschriften sind auf Geschäftsjahre anzuwenden, die am oder nach dem 1.1.2023 beginnen.

dd) IFRS 17 „Versicherungsverträge" und Änderungen an IFRS 17

Das IASB hat am 18.5.2017 **IFRS 17 „Versicherungsverträge"** veröffentlicht, der IFRS 4 „Versicherungsverträge" ersetzen soll. Zielsetzung des neuen Standards ist es, durch eine konsistente und prinzipienbasierte Bilanzierung relevante Informationen für Adressaten offen zu legen und eine einheitliche Darstellung und Bewertung von Versicherungsverträgen zu gewährleisten. Die neuen Ansatz-, Bewertungs- und Ausweisvorschriften sind von Unternehmen anzuwenden mit: **535**

– Versicherungsverträgen und aktiven Rückversicherungsverträgen,
– passiven Rückversicherungsverträgen und
– Kapitalanlageverträgen mit ermessensabhängiger Überschussbeteiligung, die ein Unternehmen im Bestand hält, vorausgesetzt, dass das Unternehmen ebenso Versicherungsverträge ausgibt.

Sofern der primäre Zweck eines Vertrags, der nach IFRS 17 einen Versicherungsvertrag darstellt, die Erbringung von Dienstleistungen gegen ein festes Entgelt ist, kann die Bilanzierung nach IFRS 15 „Erlöse aus Verträgen mit Kunden" anstatt nach IFRS 17 erfolgen.

Gezielte **Änderungen und Klarstellungen an IFRS 17** hat das IASB am 25.6.2020 zusammen mit einer Änderung an IFRS 4 veröffentlicht. Dadurch können Versicherer, die bestimmte Anforderungen erfüllen, IFRS 17 weiterhin zusammen mit IFRS 9 erstmalig ab 1.1.2023 anwenden. Bis dahin sind Versicherer von der Anwendung des IFRS 9 befreit. Änderungen bzw. Klarstellungen betreffen acht Bereiche von IFRS 17 und zielen insgesamt darauf ab, die Implementierung des Standards zu erleichtern. Dies soll u.a. durch folgende Änderungen ermöglicht werden:

– Zusätzliche Ausnahmen vom Anwendungsbereich des IFRS 17 für bestimmte Verträge,
– zusätzliche Erleichterungen bei der Anwendung der Risikominderungsoption,
– Änderungen im Rahmen des Ansatzes, der Bewertung und Vereinfachungen hinsichtlich des Ausweises von Versicherungsverträgen sowie
– zusätzliche Übergangserleichterungen, u.a. bei Unternehmenszusammenschlüssen.

> **Anmerkung:**
> Die grundlegenden Prinzipien des Standards wurden nicht geändert.

VI. Energiewirtschaft

1. Handelsrechtliche Bilanzierung im Zusammenhang mit den Energiepreisbremsen

a) Strompreisbremsengesetz und Erdgas-Wärme-Preisbremsengesetz

Das Strompreisbremsengesetz (StromPBG)[1] sowie das Erdgas-Wärme-Preisbremsengesetz (EWPBG),[2] im Folgenden kurz: „Energiepreisbremsen", sind am 24.12.2022 in Kraft getreten und wurden bereits durch das am 3.8.2023 in Kraft getretene Gesetz zur Änderung des Erdgas-Wärme-Preisbremsengesetzes, zur Änderung des Strompreisbremsegesetzes sowie zur Änderung weiterer energiewirtschaftlicher und sozialrechtlicher Gesetze[3] geändert. **536**

Daneben finden regelmäßige Überprüfungen des Bundeswirtschaftsministeriums zur Anpassung der Differenzbeträge statt, letztmals mit Rechtsverordnung 20/7538 zur

---
1) BGBl. I 2022, 2512.
2) BGBl. I 2022, 2560.
3) BGBl. I 2023 Nr. 202 v. 2.8.2023.

Änderung der Differenzbetragsanpassungsverordnung, wonach abweichend zu den bisherigen Regelungen vom 1.10.2023 bis 31.12.2023 bei bestimmten Letztverbrauchern mit Entlastungen von mehr als 2 Mio. Euro, die Referenzpreise für leitungsgebundenes Erdgas von 8 ct/KWh auf 6 ct/KWh und bei Letztverbrauchern von Strom von 24 ct/KWh auf 18 ct/KWh weiter herabgesetzt wurden.

Die Energiepreisbremsen bieten zusätzlich zu bereits bestehenden Maßnahmen wie dem Erdgas-Wärme-Soforthilfegesetz (EWSG)[1] weitere Möglichkeiten zur Kostenentlastung des Gas- und Wärmeverbrauchs und zusätzlich des Stromverbrauchs sowohl für Unternehmen als auch für Haushaltskunden. Um die Entlastungen in Anspruch nehmen zu können, müssen die Begünstigten jedoch bestimmte Voraussetzungen nachweisen.

Für die **Abschlusserstellung von Unternehmen in der Energiebranche** stellen sich Fragen in Bezug auf die bilanzielle Abbildung der Energiepreisbremsen bei den Lieferanten (LF) bzw. Energieversorgungsunternehmen (EVU) und den Verteilernetzbetreibern (VNB) sowie hinsichtlich der bilanziellen Abbildung der Überschusserlösabschöpfung auf Ebene der stromerzeugenden Anlagenbetreiber (SEAB) und der Verteilernetzbetreiber (VNB).

b) Bilanzielle Abbildung der Energiepreisbremsen
aa) Entlastungsmechanismus

537 Energieversorgungsunternehmen gemäß § 4 StromPBG, Erdgaslieferanten gemäß § 3 EWPBG und Wärmeversorgungsunternehmen gemäß § 11 EWPBG, im Folgenden "Lieferanten", sind durch die Energiepreisbremsen dazu verpflichtet, den Letztverbrauchern/Kunden die vorgesehenen Entlastungen zu gewähren.

Im Gegenzug haben sie einen Erstattungsanspruch in Höhe der Entlastungsbeträge im Fall von Erdgas und Wärme entweder gegen die Bundesrepublik Deutschland gemäß § 31 EWPBG oder im Fall von Strom gemäß § 20 StromPBG gegenüber ihrem jeweils regelverantwortlichen Übertragungsnetzbetreiber (ÜNB).

Vorab können die Lieferanten Vorauszahlungen auf ihren Erstattungsanspruch beantragen, die anstelle der Zahlung des Letztverbrauchers oder Kunden treten (gemäß § 32 EWPBG und § 22a StromPBG).

Nach Auffassung des Energiefachausschusses des IDW (EFA) gelten hinsichtlich der Frage der handelsbilanziellen Behandlung der Entlastungsbeträge nach dem EWPBG und dem StromPBG bei den Lieferanten die gleichen Überlegungen wie zu dem EWSG.

---
1) BGBl. I 2022, 2035.

bb) Ausweis in der (Konzern-)Gewinn- und Verlustrechnung

(1) Umsatzrealisierung

Die **Umsatzrealisierung** bleibt durch die Energiepreisbremsen selbst unberührt und basiert weiterhin lediglich auf den vereinbarten Preisen bzw. Tarifen entweder anhand einer Stichtagsablesung oder einer sachgerechten Verbrauchsabgrenzung (Sukzessivlieferung). **538**

(2) Ausweis in der (Konzern-)Bilanz

Die gewährten Entlastungsbeträge werden dem Kundenkonto des Letztverbrauchers als Leistung von dritter Seite gutgeschrieben. **539**

Die Lieferanten erfassen in ihrer Buchführung eine Forderung in Höhe der gewährten Erstattung

– gegen die Bundesrepublik Deutschland im Falle des EWPBG oder
– gegen den Übertragungsnetzbetreiber, soweit es sich um Entlastungen nach dem StromPBG handelt.

Bis zur Verbrauchsabrechnung oder -abgrenzung des Letztverbrauchers/Kunden stellen die vom Übertragungsnetzbetreiber vereinnahmten Zahlungen beim Lieferanten, genauso wie die Abschlagszahlungen der Letztverbraucher/Kunden selbst, erhaltene Anzahlungen dar. Sollte sich im Rahmen der Verbrauchsabrechnung bzw. -abgrenzung herausstellen, dass der gewährte Entlastungsbetrag gegenüber dem Kunden zu hoch war, lebt die ursprüngliche Forderung gegen den Kunden wieder auf.

Falls der Betrag bereits von der Bundesrepublik Deutschland oder dem Übertragungsnetzbetreiber erstattet wurde, muss eine Verbindlichkeit in gleicher Höhe passiviert werden.

> **Anmerkung:**
> Bei der Rechnungstellung von Energieversorgern ergeben sich einige Besonderheiten und **umsatzsteuerliche Risiken**. Durch eine falsche Rechnungsausstellung kann es zu einem zu niedrigen Vorsteuerabzug durch den Letztverbraucher kommen. Daher sollten Energieversorger darauf achten, dass die Entlastungen nach den Energiepreisbremsen nicht zu einer Minderung des Umsatzsteuerausweises führen.

2. Bilanzielle Fragen im Hinblick auf die Überschusserlösabschöpfung

a) Mechanismus der Überschusserlösabschöpfung

Zur **Finanzierung der Entlastungsbeträge** nach dem StromPBG haben bestimmte stromerzeugende Anlagenbetreiber (SEAB), wie bspw. Betreiber von Photovoltaikanlagen, Windparks, Kernkraftwerken oder Braunkohlekraftwerken, gemäß § 14 Abs. 1 Satz 1 StromPBG die Verpflichtung, **90 % der Überschusserlöse**, die sie im jeweiligen Abrechnungszeitraum (1. Abrechnungszeitraum vom 1.12.2022 bis 31.3.2023 sowie 2. Abrechnungszeitraum vom 1.4.2023 bis 30.6.2023) aus den in ein öffentliches Netz eingespeisten Strommengen, die nach dem 1.12.2022 und vor dem 1.7.2023 erzeugt wurden, nach den Regelungen der §§ 13 ff. StromPBG an den angeschlossenen Netzbetreiber abzuführen. **540**

Die Zahlung musste gem. § 14 Abs. 1 Satz 3 StromPBG bis zum 15. Kalendertag des fünften Monats erfolgen, der auf den jeweiligen Abrechnungszeitraum folgt (1. Zahlung bis 15.8.2023 / 2. Zahlung bis 15.11.2023).

> **Anmerkung:**
> Die Regelungen zur Abschöpfung von Überschusserlösen liefen am 30.6.2023 endgültig aus.

Zur Ermittlung der sog. **erwirtschafteten Überschusserlöse** (§ 14 Abs. 2 und 3 i.V.m. §§ 16 bis 18 StromPBG) besteht ein **Wahlrecht**, positive und negative Ergebnisse aus Absicherungsgeschäften vor dem 1.11.2022 zu berücksichtigen (§ 17 Satz 1 Nr. 1 StromPBG). Das Ergebnis ist für jede Erzeugungsanlage zu ermitteln und entspricht der Summe der Fair Value Ergebnisse aller Absicherungsgeschäfte, die für diese Erzeugungsanlage zur finanziellen Absicherung abgeschlossen wurden.

> **Anmerkung:**
> Zur Berechnung haben die Übertragungsnetzbetreiber auf ihrer gemeinsamen Internetseite Netztransparenz.de ein Berechnungstool veröffentlicht.

Schematischer Abwicklungsprozess der Überschusserlösabschöpfung:

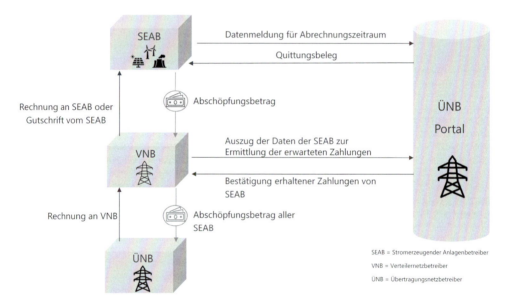

b) Bilanzierung bei den Verteilernetzbetreibern

541 Der Betreiber von Stromerzeugungsanlagen übermittelt die erforderlichen Daten an den Übertragungsnetzbetreiber (§ 29 StromPBG). Dieser prüft, ob die Abrechnung anerkannt werden kann. Der Übertragungsnetzbetreiber gibt dem Verteilnetzbetreiber vor, in welcher Höhe dieser den Abschöpfungsbetrag einziehen und nach Zahlungseingang an den Übertragungsnetzbetreiber weiterleiten muss.

aa) Ausweis in der (Konzern-)Gewinn- und Verlustrechnung

542 Im Prozess der Überschusserlösabschöpfung fungiert der Verteilernetzbetreiber als **Zahlstelle** und leitet nach Einschätzung des EFA in der Rolle eines Treuhänders den Abschöpfungsbetrag lediglich an den Übertragungsnetzbetreiber **ohne Berührung der Gewinn- und Verlustrechnung** weiter.

bb) Ausweis in der (Konzern-)Bilanz

Der Verteilernetzbetreiber erfasst erst mit Zahlungseingang des Abschöpfungsbetrags ohne Berührung der Gewinn- und Verlustrechnung eine Verbindlichkeit gegenüber dem Übertragungsnetzbetreiber in der Bilanz. **543**

Dies schließt nicht aus, dass der Verteilernetzbetreiber über eine **Nebenbuchhaltung** verfolgt, welchen Betrag er vom Betreiber der Stromerzeugungsanlage zu erwarten hat. Die Situation ist vergleichbar mit der Anforderung von Anzahlungen auf Bestellungen, die ebenfalls erst mit dem Zahlungseingang passiviert werden. In der buchhalterischen Erfassung werden die Zahlungseingänge der Anlagenbetreiber und die Verbindlichkeiten gegenüber dem Übertragungsnetzbetreiber mit gleichen Beträgen gegenübergestellt und somit ausgeglichen.

Entstehen dem Verteilernetzbetreiber durch die Vorbereitung und Durchführung der Abschöpfung von Überschusserlösen **Mehrkosten**, hat er in Höhe dieser Mehrkosten einen finanziellen Erstattungsanspruch gegenüber dem vorgelagerten Übertragungsnetzbetreiber (§ 22 Abs. 2 StromPBG). Die Erstattung der Mehrkosten wird gemäß § 277 Abs. 1 HGB als **Umsatzerlös** verbucht. Eine Verrechnung der Mehrkosten ist aufgrund des Saldierungsverbots gemäß § 246 Abs. 2 HGB nicht zulässig.

c) Bilanzierung bei den stromerzeugenden Anlagenbetreibern
aa) Ausweis in der (Konzern-)Gewinn- und Verlustrechnung

In der Gewinn- und Verlustrechnung wird der Abschöpfungsbetrag gemäß § 275 Abs. 2 Nr. 8 bzw. Abs. 3 Nr. 7 bzw. Abs. 5 Nr. 6 HGB unter den **sonstigen betrieblichen Aufwendungen** verbucht. **544**

Eine Minderung der Umsatzerlöse ist nicht sachgerecht, da diese gemäß der IDW EFA-Berichterstattung aus der Vermarktung des Stroms an einen Kunden resultieren, während es sich bei der Überschusserlösabschöpfung um eine Zahlung an einen Dritten aus einem anderen Rechtsgrund handelt. Auch aus der Gesetzesbegründung geht hervor, dass es sich bei der Überschusserlösabschöpfung lediglich um einen Finanzierungsmechanismus der Strompreiskompensation handelt, der auf fiktiven Erlösen beruht, weshalb eine Kürzung der echten Umsatzerlöse nicht erfolgen soll. Ebenfalls scheidet mangels eines Steuercharakters der Schuld ein Ausweis des Aufwands unter den Steuern vom Einkommen und vom Ertrag oder den sonstigen Steuern aus.

bb) Ausweis in der (Konzern-)Bilanz

In der Bilanz der stromerzeugenden Anlagenbetreiber wird der Abschöpfungsbetrag als **sonstige Rückstellung** (§ 266 Abs. 3 B. 3. HGB) ausgewiesen, wenn **Unsicherheiten hinsichtlich der Höhe des Betrags** bestehen, der an den Verteilnetzbetreiber und schließlich an den Übertragungsnetzbetreiber gezahlt werden muss. Dies ist in der Regel der Fall, wenn Anpassungen gemäß § 17 StromPBG in Verbindung mit Ergebnissen aus Absicherungsgeschäften durchgeführt werden müssen. **545**

Wenn jedoch **keine Unsicherheit** hinsichtlich der Höhe der Schuld besteht, ist der Abschöpfungsbetrag als **sonstige Verbindlichkeit** (§ 266 Abs. 3 C. 8. HGB) im Jahresabschluss auszuweisen.

> **Praxistipp:**
> In der Kapitalflussrechnung wird die mit der Zahlung des Abschöpfungsbetrags einhergehende **Minderung des Finanzmittelfonds** dem **Cashflow aus der laufenden Geschäftstätigkeit** (DRS 21.9) zugeordnet.
>
> Im **Anhang** müssen dann Angaben gemacht werden, wenn es sich um einen Sachverhalt von außergewöhnlicher Bedeutung handelt und der Betrag nicht nur von untergeordneter Bedeutung ist. Gemäß § 285 Nr. 31 Alt. 2 bzw. § 314 Abs. 1 Nr. 23 Alt. 2 HGB sind daher Angaben bezüglich des Betrags und der Art der Abschöpfung im Anhang zu machen.

3. Prüfpflichten im Rahmen der Energiepreisbremse

a) Allgemeine Nachweis- und Prüfpflichten

546 Im Jahr 2023 erhielten Unternehmen staatliche Entlastungen im Rahmen der Erdgas-Wärme-Preisbremse sowie der Strompreisbremse (→ Rz. 536). Diesbezüglich sind seitens des Gesetzgebers verschiedene **Prüfpflichten** vorgesehen, die in der Regel von der Höhe der gewährten Zuschüsse abhängen.

Unternehmen, die im Rahmen des Strompreisbremsegesetzes (StromPBG) sowie des Erdgas-Wärme- Preisbremsengesetzes (EWPBG) – im Folgenden Energiepreisbremsen – eine staatliche Förderung erhalten haben, müssen ihren Energieversorgern gegenüber verschiedenen Nachweispflichten, sog. **Schlussrechnung**, nachkommen.

Die maßgebliche **Frist für die Einreichung dieser Nachweise** an die Energieversorger ist nach aktuellem Stand der **31.5.2024**. Ab bestimmten Förderhöhen muss außerdem die **Bestätigung eines Wirtschaftsprüfers** und/oder der zuständigen Prüfbehörde eingeholt werden, die der Schlussrechnung an den Energieversorger ebenfalls beizulegen ist.

Unklarheit im Hinblick auf die Prüfpflichten besteht dahingehend, inwiefern Unternehmen innerhalb eines Unternehmensverbundes i.S.d. VO (EU) 651/2014 Anlage 1 Art. 3 Abs. 3 **von erhöhten Prüfpflichten anderer Verbundunternehmen betroffen** sind.

Während das Institut der Wirtschaftsprüfer (IDW) von einer Ausweitung der Prüfpflichten ausgeht, sobald ein Unternehmen des Verbundes Beihilfen unter den höheren Förderkategorien beantragt, sind auch andere Auslegungsvarianten denkbar. Eine klare Aussage, inwiefern sich die erweiterten Prüfpflichten auf den gesamten Unternehmensverbund beziehen, wird sich wohl erst nach einer Klarstellung durch den Gesetzgeber ergeben.

Im Folgenden soll zunächst nicht weiter auf eine mögliche Verbundbetrachtung eingegangen und nur von einzelnen antragsstellenden Unternehmen ausgegangen werden.

Vorliegend werden lediglich die Prüfpflichten von Unternehmen beleuchtet, welche **über einen Energieversorger Strom, Erdgas oder Fernwärme beziehen**. Direktversorger (sonstige Letztverbraucher i.S.v. § 7 StromPBG), die im Rahmen des StromPBG direkt über den regelzonenverantwortlichen Übertragungsnetzbetreiber entlastet werden, sind nicht Gegenstand der Betrachtungen.

Die derzeit vorgesehen Prüfungspflichten stellen sich im Verhältnis zur beihilferechtlichen Obergrenze wie folgt dar:

1 energieintensiv: Bestimmt sich aus Verhältnis zwischen Umsatz/Produktionswert zu den Energiekosten

2 Branche i. S. d. Anlage 2: Besonders von hohen Energiepreisen betroffene Sektoren und Teilsektoren gemäß Anlage 2 des StromPBG /EWPBG

3 besonders betroffen: Ermittlung anhand des EBITDA-Rückgangs im maßgeblichen Zeitraum

aa) Zusätzliche Prüfungs- und Nachweispflichten bei Entlastung von mehr als 4 Mio. Euro – Verfahren vor der Prüfbehörde

Überschreitet die erhalte Entlastung im Rahmen der Energiepreisbremse einen Betrag von 4 Mio. Euro, ist vor der Einreichung der Schlussrechnung ein **Bescheid durch die zuständige Prüfbehörde** einzuholen, in dessen Rahmen die beihilferechtliche Obergrenze verbindlich festgelegt wird. Dieser Bescheid ist der Schlussabrechnung gegenüber dem Energieversorger als Nachweis beizufügen. Mittlerweile wurde die zuständige Prüfbehörde durch die Bundesregierung festgelegt. Es wurde die Entscheidung getroffen, zwei private Unternehmen zu beauftragen, die zu gleichen Anteilen die Fallbearbeitungen untereinander aufteilen werden. Die Prüfbehörden sind PricewaterhouseCoopers GmbH Wirtschaftsprüfungsgesellschaft („PwC") sowie atene KOM GmbH („atene"). Der Gesetzgeber hat somit von der ihm eingeräumten Möglichkeit Gebrauch gemacht, juristische Personen des Privatrechts als Prüfbehörde zu bestellen. 547

Die Prüfbehörde wird nun in einem ersten Schritt ein **Onlineportal** zur Verfügung stellen, über welches im Anschluss offenbar auch die Überprüfung der Entlastung von größeren Entlastungsanträgen erfolgen soll.

Das **Verfahren** geht hierbei vom Letztverbraucher aus. Die Prüfbehörde entscheidet gemäß § 19 Abs. 1 EWPBG/§ 11 Abs. 1 StromPBG nur auf Antrag. Die Einstufung erfolgt gebündelt für alle Entlastungen im Rahmen der Preisbremsen (Strom-, Gas-, Fernwärmepreisbremsen).

Eine Vorgabe, bis wann der jeweilige Letztverbraucher das entsprechende Verfahren eingeleitet haben muss, besteht nicht. Aufgrund der Nachweispflichten im Zusammenhang mit den EBITDA-Rückgängen im Zeitraum zwischen dem 1.2.2022 und dem 31.12.2023 (→ Rz. 548) dürfte eine Antragsstellung erst im Jahr 2024 denkbar sein. Da der Bescheid der Prüfbehörde spätestens bis zum 31.5.2024 vorgelegt werden muss, sollte die Prüfbehörde spätestens bis zu diesem Datum einen Bescheid erlassen haben.

> **Anmerkung:**
> Inwiefern der Gesetzgeber diese recht knapp bemessene Frist auf einen späteren Zeitpunkt verschieben wird, bleibt abzuwarten.

Die **Höhe der grundsätzlichen Entlastung** im Rahmen der Strom- und Gaspreisbremse ermittelt sich oberhalb der 4 Mio. Euro-Grenze nach folgenden Kriterien. Die diesbezüglichen Prüfungspflichten durch das StromPBG und das EWPBG stehen zumindest in den Grundzügen ebenfalls bereits fest.

bb) Besondere Betroffenheit von hohen Energiepreisen

Die Ermittlung der **besonderen Betroffenheit** erfolgt anhand des **EBITDA-Rückgangs im Entlastungszeitraum** (d.h. zwischen dem 1.2.2022 und dem 31.12.2023) im Verhältnis zum Referenzzeitraum im Jahr 2021. 548

Danach soll die Prüfbehörde die EBITDA-Rückgänge anhand geprüfter Jahresabschlüsse bestätigen. Hierbei ist aber noch nicht final geklärt, inwiefern diesbezüglich noch Überleitungsrechnungen zur Verfügung zu stellen sind. Auch bezüglich des Inhalts der entsprechenden Prüfung fehlt es noch an erläuternden Aussagen des Gesetzgebers. Die aktuell in den Verwaltungshinweisen des BMWK vertretene Auffassung, dass das Jahres-EBITDA für den Vergleich auf Monatsebene jeweils zu zwölfteln ist, dürfte in den wenigsten Fällen eine sachgerechte Lösung darstellen.

Das IDW hat am 4.8.2023 in einem Schreiben an das BMWK bezüglich verschiedener sich aus dem EWPBG und StromPBG ergebenden Unstimmigkeiten um Klarstellung gebeten. U.a. wurde diesbezüglich auch auf den unklaren Wortlaut bezüglich des Begriffs des Entlastungszeitraums in den Gesetzestexten und den erläuternden Materialien (FAQ) hingewiesen.

cc) Energieintensive Unternehmen

549 Letztverbraucher sind **energieintensiv**, sofern sich deren **Energiebeschaffungskosten** für das Kalenderjahr 2021 auf mindestens 3 % des Produktionswertes oder des Umsatzes oder für das erste Halbjahr des Kalenderjahres 2022 auf mindestens 6 % des Produktionswertes oder des Umsatzes belaufen.

Die diesbezüglichen Nachweispflichten gegenüber der Prüfbehörde umfassen die folgenden Punkte:

– Vorlage der Energielieferverträge und der Energierechnungen für Energielieferungen im Kalenderjahr 2021 oder im ersten Halbjahr des Kalenderjahres 2022 (abhängig davon, für welchen Zeitraum die Energieintensivität geltend gemacht wird)
– Vorlage des Prüfungsvermerks eines Wirtschaftsprüfers zu den aus dem Netz jeweils bezogenen und selbst verbrauchten sowie weitergeleiteten Energiemengen, aufgeschlüsselt nach Entnahmestelle, Energieträger und Preis
– Vorlage des Geschäftsberichts
– Vorlage des geprüften Jahresabschlusses für das letzte abgeschlossene Geschäftsjahr und
– Prüfvermerk eines Wirtschaftsprüfers zu
  – den Energiebeschaffungskosten des Letztverbrauchers oder Kunden und
  – Angaben zu Strommengen, leitungsgebundenen Erdgasmengen und Wärmemengen und zu den durchschnittlichen Kosten.

> **Anmerkung:**
> Inwiefern sich die beiden Prüfvermerke unter dem 2. und 5. Spiegelstrich voneinander unterscheiden, wurde seitens des Gesetzgebers bisher noch nicht genauer erläutert. Das IDW hat auch diesbezüglich im Rahmen seiner Rückfrage vom 3.8.2023 das BMWK um eine entsprechende Klarstellung gebeten.

Insb. die **Anforderungen zu den einzureichenden Jahresabschlüssen und Geschäftsberichten** bedürfen einer weiteren Klarstellung durch den Gesetzgeber. Zur Prüfung der Energieintensität in den maßgeblichen Zeiträumen würde die Prüfbehörde jedenfalls die Jahresabschlüsse für die Geschäftsjahre 2021 und/oder 2022 benötigen. Im letzten Fall wäre ebenfalls eine Überleitungsrechnung zur Bestimmung des Produktionswertes und/oder des maßgeblichen Umsatzes im ersten Halbjahr notwendig. Inwiefern eine Nachweispflicht für Unternehmen besteht, die keinen Geschäftsbericht aufstellen oder im Rahmen ihres Jahresabschlusses keiner Prüfpflicht unterliegen, ist derzeit ebenfalls noch offen. Im Rahmen der Nachweispflichten des Energiekostendämpfungsprogramms als eine Art Vorgängerprogramm zu den Energiepreisbremsen hat das Bundesamt für Wirtschaft und Ausfuhrkontrolle festgelegt, dass insb. in den höheren Förderkategorien auch dann geprüfte Jahresabschlüsse einzureichen sind, wenn das antragsstellende Unternehmen nach dem HGB an sich nicht prüfungspflichtig ist. Eine analoge Regelung wäre grundsätzlich auch im Rahmen der Energiepreisbremsen denkbar.

dd) Besonders von hohen Energiepreisen betroffene Sektoren und Teilsektoren nach EU-Vorgaben

Besonders von hohen Energiepreisen betroffene Sektoren und Teilsektoren nach EU-Vorgaben, Branchen nach Anlage 2 zu § 18 EWPG bzw. § 9 StromPBG müssen den folgenden Nachweispflichten gegenüber der Prüfbehörde nachkommen:

550

– Klassifizierung des Letztverbrauchers oder Kunden durch die statistischen Ämter der Länder in Anwendung der Klassifikation der Wirtschaftszweige des Statistischen Bundesamtes, Ausgabe 2008, und die Einwilligung des Unternehmens, dass sich die Prüfbehörde von den statistischen Ämtern der Länder die Klassifizierung des bei ihnen registrierten Letztverbrauchers oder Kunden und seiner Betriebsstätten übermitteln lassen kann, und

– Prüfvermerk eines Wirtschaftsprüfers mit Angaben zum Betriebszweck und zu der Betriebstätigkeit des Letztverbrauchers oder Kunden.

Gemäß § 11 Abs. 4 Nr. 2 StromPBG bzw. § 19 Abs. 4 Nr. 2 EWPBG kann der Nachweis gegenüber der Prüfbehörde hinsichtlich der maßgeblichen Branche auch darüber erbracht werden, dass ein Unternehmen mit einer der in Anlage 2 aufgeführten Tätigkeiten im Jahr 2021 mehr als 50 % seines Umsatzes oder Produktionswertes erzielt hat. Dies dürfte insb. in den Fällen maßgeblich sein, in denen ein Unternehmen zwar im Jahr 2021 noch überwiegend in einer Branche nach Anlage 2 tätig war und dies mittlerweile nicht mehr der Fall ist.

ee) Nachweis der auf den Letztverbraucher anzuwendenden absoluten und relativen Höchstgrenze bei Förderung von mehr als 4 Mio. Euro

Verbraucher, deren Förderung 4 Mio. Euro übersteigt, müssen die auf den Letztverbraucher anzuwendenden absoluten und relativen Höchstgrenzen gegenüber der Prüfbehörde wie folgt nachweisen:

551

– Vorlage der Energielieferverträge und der Energierechnungen für Energielieferungen
  – im Kalenderjahr 2021 und
  – im Zeitraum zwischen dem 1.2.2022 und dem 31.12.2023 und
– der Prüfvermerk eines Wirtschaftsprüfers zu
  – den Energiebeschaffungskosten des Letztverbrauchers oder Kunden und
  – den oben genannten Angaben zu Strommengen, leitungsgebundenen Erdgasmengen und Wärmemengen und zu den durchschnittlichen Kosten.

Dass sich die Vorgaben in § 11 Abs. 4 StromPBG/§ 19 Abs. 4 EWPBG lediglich an Unternehmen richten, welche eine 4 Mio. Euro übersteigende Förderung beantragen, ergibt sich aus dem Referentenentwurf der Bundesregierung zum StromPBG und zum EWPBG. Andernfalls müsste jedes Unternehmen, welches im Rahmen der Energiepreisbremsen Entlastungen erhalten hat, eine entsprechend durch einen Wirtschaftsprüfer geprüfte Aufstellung an die Prüfbehörde übermitteln. Dies stünde im Widerspruch zu den Vorgaben in § 22 EWPBG/§ 30 StromPBG und der Intention des Gesetzgebers, gerade für kleine Unternehmen mit geringen Entlastungsbeträgen den bürokratischen Aufwand so gering wie möglich zu halten.

ff) Nachweispflichten von Unternehmen bei einer Entlastung von mehr als 2 Mio. Euro
(1) Meldepflichten gegenüber dem Energieversorger

Die nach § 11 StromPBG/§ 19 EWPBG prüfpflichtigen Unternehmen sind ebenfalls verpflichtet, bis zum 31.5.2024 eine Schlussabrechnung an ihre Stromversorger zu übermitteln. Da die Endabrechnung gegenüber dem Energieversorgungsunternehmen bis spätestens 31.5.2024 eingereicht werden muss und die Einstufung der Prüfbehörde für

552

Unternehmen, deren Entlastung 4 Mio. Euro überschreitet, der Endabrechnung beizufügen ist, sollte der entsprechende Bescheid der Prüfbehörde spätestens bis zu diesem Zeitpunkt ebenfalls vorliegen.

Eine Verpflichtung zur Einreichung einer Schlussrechnung/Schlusserklärung gegenüber dem Energieversorger gilt auch für jedes andere Unternehmen, das Unterstützungsleistungen im Rahmen der Energiepreisbremsen erhalten hat, wobei hinsichtlich des Umfangs der Nachweispflicht erhebliche Unterschiede bestehen.

Für Unternehmen richtet sich der Umfang der im Rahmen der Schlussrechnung gegenüber dem Energieversorger einzureichenden Dokumente nach § 30 StromPBG/§ 22 EWPBG.

Demnach haben Unternehmen für den Fall, dass sie einer Einstufung durch die Prüfbehörde unterliegen, einen Monat nach Zugang der Feststellung, andernfalls unverzüglich nach dem 31.12.2023, spätestens bis zum 31.5.2024, ihren Energieversorgern gegenüber folgende Mitteilungen zu machen:

– die tatsächlich anzuwendende Höchstgrenze,
– sofern die absolute Höchstgrenze 4 Mio. Euro überschreitet, den Bescheid der Prüfbehörde nach § 11 StromPBG/§ 19 EWPBG,
– wenn sich die endgültig anzuwendende Höchstgrenze auf 4 Mio. Euro beläuft, den Prüfvermerk eines Wirtschaftsprüfers, der
  – die nach Anlage 1 ermittelten krisenbedingten Mehrkosten des Letztverbrauchers ausweist,
  – bestätigt, dass die absolute Höchstgrenze (4 Mio. Euro) und die relative Höchstgrenze nicht überschritten wurden oder
  – der für jedes Energielieferverhältnis die auszugleichenden Fehlbeträge ausweist, mit denen eine Einhaltung der Höchstgrenzen sichergestellt wird.

Folglich sind Unternehmen, welche eine Förderung im Rahmen der Energiepreisbremsen erhalten haben, die 2 Mio. Euro übersteigt aber nicht höher als 4 Mio. Euro ausfällt, ebenfalls prüfungspflichtig, wobei das Testat allerdings nicht an die Prüfbehörde, sondern direkt an den Energieversorger zu übermitteln ist.

(2) Nachweispflichten gegenüber der Prüfbehörde

553 Zu beachten ist, dass Unternehmen, deren Entlastung 2 Mio. Euro übersteigt, ebenfalls Nachweise hinsichtlich der Arbeitsplatzerhaltungspflicht gemäß § 37 StromPBG bzw. § 29 EWPBG einzureichen haben. Hier ist keine Verbundbetrachtung vorzunehmen, sondern jeweils auf das einzelne Unternehmen abzustellen.

Die Nachweispflicht wird zunächst durch eine Selbsterklärung des Antragsstellers oder eine entsprechende tarifvertragliche Regelung erfüllt, welche der Prüfbehörde (und nicht dem Energieversorger) bis zum 31.7.2023 zu übermitteln war. Aufgrund der zunächst noch nicht erfolgten Benennung der Prüfbehörde teilte das BMWK mit, dass es bei einer verspäteten Meldung durch das verpflichtete Unternehmen bis zum 30.9.2023 von entsprechenden Rückforderungen absehen wird.

Die hierzu im Nachgang noch zu erfolgende Prüfung kann aufgrund der Dauer der Selbstverpflichtung frühestens nach dem 30.4.2025 erfolgen.

Unternehmen, deren Entlastung 2 Mio. Euro nicht übersteigt, unterliegen keinen weiteren Prüfpflichten im Rahmen der Energiepreisbremsen. Allerdings müssen auch diese Unternehmen im Rahmen der Schlussrechnung eine Selbsterklärung abgeben, dass die von dem Letztverbraucher einschließlich etwaiger verbundener Unternehmen insgesamt erhaltene Entlastungssumme den Betrag von 2 Mio. Euro nicht überschritten hat.

b) Angaben im Zusammenhang mit Transparenzpflichten auf EU-Ebene

Unternehmen, deren Förderung im Rahmen der Energiepreisbremsen 100.000 Euro im Kalenderjahr 2023 übersteigt, sind außerdem verpflichtet, ihrem regelzonenverantwortlichen Übertragungsnetzbetreiber bis zum 30.6.2024 verschiedene Angaben zur Einhaltung der Transparenzvorgaben der EU-Kommission zu machen. Hierzu gehört u.a. auch die Entlastungssumme, wobei diesbezüglich eine Angabe in Spannen genügt.

554

Für Unternehmen, die in der Primärproduktion landwirtschaftlicher Erzeugnisse oder im Fischerei- und Aquakultursektor tätig sind, besteht die Meldepflicht bereits bei einem Förderbetrag von 10.000 Euro.

4. Begrenzung von kalkulatorischen Nutzungsdauern neuer Erdgasleitungsinfrastrukturen
a) Hintergrund

Die Beschlusskammer 9 der BNetzA hat am 8.11.2022[1)] eine **Möglichkeit der Begrenzung von kalkulatorischen Nutzungsdauern neuer Erdgasleitungsinfrastrukturen** ab 2023 eröffnet.

555

Damit wurde ein **Wahlrecht** geschaffen, für Investitionen in Erdgasleitungsinfrastrukturen ab dem Fertigstellungsjahr 2023 kürzere kalkulatorische Nutzungsdauern bis 2045 zugrunde zu legen.

> **Anmerkung:**
> Vor dem Hintergrund der politischen Zielsetzung der Bundesregierung zur Reduktion der CO_2-Emissionen bis 2045 und dem damit verbundenen Ausstieg aus der Erdgasnutzung schafft die Festlegung nun den regulatorischen Rahmen, um die kalkulatorischen Nutzungsdauern von Netzinfrastrukturen zum Erdgastransport für die Ermittlung der Netzentgelte wahlweise an verschiedene Zukunftsszenarien anzupassen.

Seit 2023 besteht somit das Wahlrecht, für die Berechnung kalkulatorischer Kapitalkosten zur Ermittlung der Erlösobergrenze für neu aktivierte Anlagegüter nach Anlage 1 der Gasnetzentgeltverordnung (GasNEV) solche Nutzungsdauern anzusetzen, die **bis zum Jahr 2045 eine vollständige kalkulatorische Abschreibung** gewährleisten.

Zusätzlich zu den in der Anlage 1 der GasNEV vorgesehenen Anlagengruppen wird die neue Anlagengruppe „LNG-Anbindungsanlagen" eingeführt, der alle Anlagen zuzuordnen sind, die zur für den Netzanschluss erforderlichen Infrastruktur nach § 39a Nr. 3 der Gasnetzzugangsverordnung (GasNZV) gehören.

Die **betriebsgewöhnliche Nutzungsdauer** von ab dem Jahr 2022 aktivierten Fertiganlagen für diese Anlagengruppe entspricht danach der erwarteten Betriebsdauer der angeschlossenen LNG-Anlage, mindestens aber fünf Jahre. Eine verbindliche Verkürzung der kalkulatorischen Nutzungsdauern wird jedoch nicht vorgegeben.

b) Auswirkungen auf handelsrechtliche Jahres- und Konzernabschlüsse

In der Praxis werden die kalkulatorischen Nutzungsdauern häufig auch für die Berechnung der planmäßigen handelsrechtlichen Abschreibungen herangezogen, so dass sich verschiedene Fragen zu den Auswirkungen der Festlegung „KANU" auf handelsrechtliche Jahres- und Konzernabschlüsse ergeben.

556

Fraglich ist zum einen, ob vor dem Geschäftsjahr 2023 aktivierte Anlagen handelsrechtlich anders behandelt werden dürfen als Neuinvestitionen ab dem Jahr 2023 und

---

1) Beschlusskammer 9 der BNetzA v. 8.11.2022, „KANU", BK9–22/614; der Beschluss ist aufrufbar unter https://www.bundesnetzagentur.de/DE/Beschlusskammern/1_GZ/BK9-GZ/2022/2022_bis0999/BK9-22-0614/BK9-22-0614_Festlegung_Download_BF.pdf?__blob=publicationFile&v=2 ; zuletzt aufgerufen am 8.12.2023.

ob ggf. außerplanmäßige Abschreibungen auf die bestehenden Anlagen durchzuführen sind.

Zum anderen ist fraglich, ob und wie die bereits bestehenden Erdgasnetze ggf. anderweitig für Wasserstoffnetze genutzt werden können. Die Festlegung trifft keinerlei Vorgaben darüber, ob und in welchem Umfang die Nutzung der Erdgasnetze tatsächlich eingestellt wird oder inwieweit die Netze ggf. für andere Zwecke weitergenutzt werden können.

Leitungsnetze sind handelsrechtliche Vermögensgegenstände bzw. steuerrechtliche Wirtschaftsgüter, die auf fremden Grund und Boden verlegt und demnach als Scheinbestandteile i.S.v. § 95 BGB einzustufen sind. Die Netzbetreiber sind damit zivilrechtlicher und i.d.R. wirtschaftlicher Eigentümer des Netzes.

Die Erdgasnetze lassen sich als Ortsnetze

- nach den politischen Gemeinden,
- nach Funktionen wie z.B. den Druckstufen (Hochdruck, Mitteldruck, Niederdruck),
- nach Zweckfunktionen (Antransport, Fern- und Zwischentransport, Abnehmergruppen) und
- nach Sonderfunktionen abgrenzen.

Hat ein Ortsnetz (nur) eine eigenständige Funktion, ist es (nur) ein selbständiges Wirtschaftsgut. Wird das Ortsnetz demgegenüber durch Sonderfunktionen (z.B. ein gezielter Weitertransport wird ermöglicht) erweitert, liegen mehrere selbständige Wirtschaftsgüter vor.

> **Anmerkung:**
> Selbständige Wirtschaftsgüter in der Gassparte sind u.a. Gasbehälter (Gaskessel), Generatoren, Hochdruckkompensatoren, Gaszähler, Hausdruckregler, etc.

Zur Bilanzierung von Erdgasleitungsinfrastrukturen sind in der Praxis neben der Behandlung als selbständige Wirtschaftsgüter unterschiedliche Ansätze vorzufinden, wie z.B. die **Jahressammelpostenmethode**, bei der alle aktivierungspflichtigen Herstellungsaufwendungen – nach Wirtschaftsgütern getrennt – für jedes Wirtschaftsjahr erfasst und aktiviert werden. Alle Posten eines Jahres werden (separat) gesammelt und bilanziert. Jeder Jahressammelposten wird über die betriebsgewöhnliche Nutzungsdauer des zugrunde liegenden Wirtschaftsgutes abgeschrieben.

Alternativ kann etwa der **Komponentenansatz** (IDW RH HFA 1.016) herangezogen werden, bei dem eine (gedankliche) Zerlegung einer Sachanlage in ihre wesentlichen Bestandteile erfolgt. Handelsrechtlich wird der Komponentenansatz als zulässig angesehen, wenn physisch separierbare Komponenten ausgetauscht werden, die in Relation zum gesamten Sachanlagevermögensgegenstand wesentlich sind. Die Abnutzung einer Komponente der Sachanlage wird hierbei als Teilabgang/-verbrauch und deren Ersatz als Teilzugang verstanden. Dieser ist folglich nicht als Instandhaltungsaufwand zu buchen, sondern als **nachträgliche Anschaffungs- oder Herstellungskosten** zu aktivieren. Die Abschreibung erfolgt über die Komponentennutzungsdauer.

> **Anmerkung:**
> Weitere anzutreffende branchenspezifische Besonderheiten sind die Aktivierung nach der sog. „100-Meter-Regelung" oder die Aktivierung von Abbruch- und Entsorgungskosten i.Z.m. ortsgebundenen Folgeinvestitionen.

c) Voraussetzungen zur Änderung eines Abschreibungsplans

Handelsrechtlich sind bei Vermögensgegenständen des Anlagevermögens, deren Nutzung zeitlich begrenzt ist, die Anschaffungs- oder Herstellungskosten um planmäßige Abschreibungen zu vermindern.

557

Der Abschreibungsplan muss die Anschaffungs- oder Herstellungskosten auf die Geschäftsjahre verteilen, in denen der Vermögensgegenstand voraussichtlich genutzt werden kann (§ 253 Abs. 3 Sätze 1 und 2 HGB). Handelsrechtlich ist jede Abschreibungsmethode zulässig, die den Grundsätzen ordnungsmäßiger Buchführung entspricht. Die gewählte Abschreibungsmethode muss den tatsächlichen Verlauf des Werteverzehrs berücksichtigen und darf nicht zu einer willkürlichen Verteilung der Anschaffungs- oder Herstellungskosten führen. Sie muss durch die wirtschaftlichen Gegebenheiten gerechtfertigt sein. Durch die gewählte Abschreibungsmethode dürfen stille Reserven nicht willkürlich gelegt werden.

Die **voraussichtliche Nutzungsdauer** ist anhand derjenigen Tatbestandsmerkmale zu schätzen, die den Werteverzehr des Anlagegegenstandes bestimmen. Folgende Tatbestandsmerkmale kommen in Betracht:

– technische Begrenzung der Nutzungsdauer
– wirtschaftliche Einflussfaktoren
– rechtliche-tatsächliche Restriktionen.

Die **Obergrenze** für die Nutzungsdauerschätzung stellt die **technische Nutzungsdauer** dar. Nach Ablauf der – ggf. durch Wartungs- und Instandhaltungsmaßnahmen verlängerten – technischen Nutzungsdauer besteht ab einem bestimmten Zeitpunkt keine sinnvolle Möglichkeit mehr, den Vermögensgegenstand zu nutzen.

Eine **Verkürzung** der unter technischen Gesichtspunkten möglichen Nutzungsdauer tritt regelmäßig **durch wirtschaftliche Gründe** ein. Dahinter stehen beispielsweise Überlegungen, welche die Weiternutzung des betroffenen Vermögensgegenstands nicht länger als vorteilhaft erscheinen lassen. Unterscheiden sich die technische, wirtschaftliche und rechtlich-tatsächliche Nutzungsdauer, ist die kürzeste sich daraus ergebende Nutzungsdauer maßgebend.

Bei der Schätzung sowohl der kalkulatorischen Nutzungsdauern nach Anlage 1 der Gasnetzentgeltverordnung (GasNEV) für die Ermittlung der Erlösobergrenze, als auch bei den für den handelsbilanziellen Abschreibungsplan in der Praxis oft zugrunde gelegten steuerlichen Afa-Tabellen für die Energie- und Wasserversorgung[1], wurde bisher nicht von einer möglichen Endlichkeit des Betriebs der Gasnetze ausgegangen.

Handelsrechtlich sind grundsätzlich nach § 252 Abs. 1 Nr. 6 HGB die auf den vorherigen Jahresabschluss angewandten Bewertungsmethoden beizubehalten. Der **Grundsatz der Bewertungsstetigkeit** beinhaltet die Anwendung der gleichen Bewertungsmethoden, insb. der Wahl der Abschreibungsmethoden und der Schätzung der Nutzungsdauern für gleichartige Sachverhalte bzw. Vermögensgegenstände (vergleichbare Nutzungs- und Risikobedingungen, vgl. IDW RS HFA 38 Tz. 8 ff).

Der Grundsatz der sachlichen Stetigkeit fordert demnach, dass art- und funktionsgleiche Bilanzierungs- und Bewertungsmethoden nicht ohne sachlichen Grund nach unterschiedlichen Methoden bewertet werden dürfen (vgl. IDW RS HFA 38 Tz. 4). Eine Durchbrechung bzw. Abweichung vom Stetigkeitsgebot ist nur in begründeten Ausnahmefällen zulässig, wie bspw. einer Änderung der rechtlichen Gegebenheiten (insb. Änderung von Gesetz und Satzung, Änderung der Rechtsprechung) (vgl. IDW RS HFA 38 Tz. 14).

---

1) BStBl I 1995, 144.

d) Handelsbilanzielle Beurteilung

558 Eine allgemeine Maßgeblichkeit der Festlegung „KANU" auf die Handelsbilanz besteht nach herrschender Meinung nicht. Allerdings hat sich jeder Erdgasnetzbetreiber mit dem regulatorischen und rechtlichen Umfeld auseinanderzusetzen, wie der Änderung des Klimaschutzgesetzes und dem Ziel der Bundesregierung zur Erreichung der Treibhausgasneutralität bis 2045. Er hat zu beurteilen, ob diese Regularien geeignet sein könnten, um handelsrechtlich eine Änderung der Nutzungsdauer herbeizuführen.

Die bilanziellen Auswirkungen sind anhand des Einzelfalls dahingehend zu beurteilen, ob ggf. die handelsrechtlichen Nutzungsdauern anzupassen sind oder außerplanmäßige Abschreibungen notwendig werden. Falls der Fortbestand der Gasnetze als unwahrscheinlich eingestuft wird (weil z.B. keine Transformation in Wasserstoffnetze möglich ist), sollten mögliche Rückbauverpflichtungen nach den Gaskonzessionsverträgen untersucht oder aus einem allgemeinen Beseitigungsanspruch der Kommune nach § 1004 BGB resultierende Verpflichtungen beurteilt werden.

Nach Sichtweise des Energiefachausschusses des IDW (EFA) handelt es sich um einen einheitlichen Vermögensgegenstand Erdgasnetz, weshalb die Gründe für die Anwendung verkürzter Nutzungsdauern nicht nur für Neuinvestitionen ab 2023, sondern auch für bestehende Anlagen gelten müssen.

Eine Berichtigung hat sich handelsrechtlich i.d.R. auf erhebliche Abweichungen zu beschränken, zumal planmäßige Abschreibungen primär der periodengerechten Aufwandszuordnung dienen. Wann eine Abweichung erheblich ist, ist anhand des Grundsatzes der Wesentlichkeit zu entscheiden. Maßgeblich ist danach einerseits der Grad der Abweichung sowie deren Verhältnis zur restlichen Nutzungsdauer und andererseits die materielle Bedeutung der Abweichung für den einzelnen Jahresabschluss. Liegen Abweichungen innerhalb der von vornherein mit zu berücksichtigenden Ungenauigkeiten (Beurteilungsspielraum), greift der **Grundsatz der Bewertungsstetigkeit** nach § 252 Abs. 1 Nr. 6 HGB. Eine zu lang geschätzte Nutzungsdauer ist dementsprechend zu korrigieren, indem der Restbuchwert über die verkürzte Restnutzungsdauer verteilt wird.

e) Angaben im Jahresabschluss

559 Der EFA erachtet es als erforderlich, dass sich jeder Gasnetzbetreiber mit der Klimawende und deren Auswirkungen auf den Jahresabschluss und Lagebericht intensiv auseinandersetzt.

Ob Bedarf besteht, handelsrechtliche Nutzungsdauern anzupassen, außerplanmäßige Abschreibungen vorzunehmen oder die Bewertung einer Rückstellung für Rückbauverpflichtungen zu überdenken, kann nur anhand des Einzelfalls beurteilt werden.

Sofern Kapitalgesellschaften und Personenhandelsgesellschaften i.S.d. § 264a HGB Berichtigungen oder Änderungen des Abschreibungsplanes vornehmen, haben sie diese gemäß § 284 Abs. 2 Nr. 3 im **Anhang** anzugeben und entsprechend zu begründen. Abweichungen vom Gebot der Bewertungsstetigkeit (§ 252 Abs. 1 Nr. 6 HGB) sind erheblich beschränkt, nur in begründeten Ausnahmefällen zulässig und dann begründungspflichtig. Aufgrund des Ausnahmecharakters sind diese so detailliert und ausführlich zu begründen, dass erkennbar wird, aus welchen Gründen und bei welchen Posten die Stetigkeit durchbrochen wird und das damit auch die Vergleichbarkeit des Jahresabschlusses mit dem Vorjahresabschluss gestört ist. Eine Darstellung der Auswirkung erfordert zahlenmäßige Angaben, damit zumindest die Größenordnung der jeweiligen Änderungen in ihrem Einfluss auf die Vermögens-, Finanz- und Ertragslage des Unternehmens abschätzbar wird. Im Anhang sind hierzu nach § 284 Abs. 2 Nr. 2 HGB entsprechende Angaben zu machen (Abweichungen von Bilanzierungs- und Bewertungsmethoden).

H. Wirtschaftsprüfung

f) Angaben im Lagebericht

Im Lagebericht ist die Thematik angemessen zu adressieren (Prognose-, Chancen- und Risikobericht). Da die mittel- bis langfristigen Rahmenbedingungen für eine mögliche Stilllegung oder eine anderweitige Nutzung der Gasnetze noch mit zahlreichen Unsicherheiten verbunden sind, kann sich die Darstellung verschiedener Zukunftsszenarien anbieten.

560

g) Kalkulatorische Auswirkungen und Korrelation zur handelsrechtlichen Bilanzierung

Die im Rahmen des Kapitalkostenaufschlags (KKa) und dem Kostenantrag zur Ermittlung der Erlösobergrenze (EOG) angesetzten kalkulatorischen Nutzungsdauern bilden die **Grundlage für die kalkulatorischen Abschreibungen und Restbuchwerte**. Je niedriger die Nutzungsdauer der Anlagegüter angesetzt wird, desto schneller wird für den Netzbetreiber die Refinanzierung seiner Investition gewährleistet und desto höher sind die Erträge (von den Netzkunden zu tragende Netzentgelte).

561

Gleichzeitig ist, ohne Anpassung der handelsrechtlichen Nutzungsdauern der Anlagen, ein unveränderter Innen- und Außenfinanzierungsbedarf notwendig, wodurch es handelsrechtlich bei unverändertem verzinslichen Fremdkapital und sinkenden kalkulatorischen Restbuchwerten der Erdgasleitungsinfrastrukturen zu einem niedrigeren kalkulatorischen Eigenkapital und demzufolge zu einer sinkenden kalkulatorischen Eigenkapitalverzinsung kommt.

- Höhere kalkulatorische Abschreibungen
- Niedrigere kalkulatorische Restbuchwerte
- Höhere Erträge

- Finanzierung findet auf handelsrechtlicher Ebene statt, hat aber direkte Auswirkungen auf kalkulatorische EK-Quoten und somit die Ertragssituation.
- Die Deckung des Finanzierungsbedarfs mit Fremdkapital führt, wegen des niedrigeren kalkulatorischen Restwerts, zu niedrigerem kalkulatorischen Eigenkapital.

- gleiche HGB-Abschreibungen
- gleiche HGB-Restbuchwerte
- höhere Ergebnisse
- gleiche Innenfinanzierung
- gleicher Finanzierungsbedarf

> Kurz- und mittelfristig:
> KANU-Wahlrecht führt zu einer Entspannung der Refinanzierung und Amortisation der Gasnetzanlagen.

> Langfristig:
> Aufgrund des Auseinanderlaufens der kalkulatorischen und der handelsrechtlichen Betrachtung, wird eine erneute kalkulatorische oder handelsrechtliche Anpassung notwendig.

Im Rahmen eines Schreibens an die BNetzA hat das IDW weiterhin die Fragen aufgeworfen, ob bisher ggf. **zu geringe kalkulatorische Abschreibungen** für Bestandsanlagen den Netzkunden nunmehr nachträglich als höhere Netzentgelte berechnet werden dürfen.

In der ersten vom IDW skizzierten Fallkonstellation wird der Vermögensgegenstand außerplanmäßig auf den Wert abgeschrieben, auf den er von Beginn an mit der kürzeren Restnutzungsdauer abgeschrieben worden wäre. Der neue Restbuchwert wird anschließend über die verbliebene Restnutzungsdauer planmäßig abgeschrieben. Bei einer Berücksichtigung dieser neuen kalkulatorischen Abschreibungen in den Netzentgelten würde die Belastung der Netzkunden derjenigen entsprechen, die sich ergeben hätte, wenn von Anfang an planmäßig über die verkürzte Nutzungsdauer abgeschrieben worden wäre. Bei dieser Konstellation würde jedoch nur ein Teil über erhöhte Netzentgelte nachträglich berücksichtigt. Es wäre zu klären, wer die Belastungen durch die außerplanmäßige Abschreibung zu tragen hat.

In der zweiten skizzierten Fallvariante ohne außerplanmäßige Abschreibungen werden die Restbuchwerte fortan über die verkürzte Restnutzungsdauer bis 2045 abgeschrieben. Hieraus würden jährlich höhere Belastungen durch erhöhte Netzentgelte entstehen als im Fall der außerplanmäßigen Abschreibung.

Fraglich ist, ob die stärkere Belastung der letzten verbliebenen Netzkunden mit erhöhten Netzentgelten verursachungsgerecht bzw. gewollt ist. Ebenso stellt sich die Frage, ob die Netzbetreiber Entschädigungszahlungen von Seiten der öffentlichen Hand erhalten werden, sofern der Betrieb des Gasnetzes vor dem Hintergrund der Dekarbonisierung zwangsweise vor Ablauf seiner ursprünglich angenommenen betriebsgewöhnlichen Nutzungsdauer beendet wird.

Das Fortbestehen der Gasnetze in der derzeitigen Form über das Jahr 2045 hinaus dürfte durch die klimapolitische Zielsetzung höchst unwahrscheinlich sein. Hieran schließen sich Folgefragen an, wie sich der **Rückbau der Gashausanschlüsse** gestaltet und wer etwaige Rückbauverpflichtungen nach Laufzeit der Konzessionsverträge zu tragen und zu bilanzieren hat.

> **Kritische Stellungnahme:**
>
> In der Gesamtbetrachtung ist für die Fragestellung der **Bilanzierung der Erdgasleitungsinfrastruktur** weniger die eigentliche Festlegung „KANU" entscheidend, die ja auch keine unmittelbare Bindung für den handelsrechtlichen Abschluss hat. Zudem werden keinerlei Angaben gemacht, wie die CO_2-Neutralität bis 2045 herzustellen ist.
>
> Bei den betroffenen Erdgasnetzbetreibern ergeben sich vielmehr **Fragestellungen der Finanzierung und der Netzrendite** (Regulated Asset Base – RAB) vor dem Hintergrund der Transformation zur CO_2-Neutralität bis 2045 (in manchen Kommunen auch früher). Das Gebäudeenergiegesetz (GEG) und das Wärmeplanungsgesetz führen voraussichtlich zu geringeren Gasabsätzen mit stetig weniger werdenden Netzkunden, auf die letztlich nicht alle Kosten umgelegt werden können. Es sollte daher nicht ausgeschlossen sein, dass es ab einem gewissen Zeitpunkt trotz Verkürzung der Nutzungsdauern auf 2045 zu weiteren außerplanmäßigen Abschreibungen kommen könnte, sofern die Netze nicht alternativ genutzt werden können. In dem Zusammenhang scheint es auch bedenklich, wenn die letzten Gasnetzkunden durch höhere Netzentgelte indirekt den Hochlauf der Wasserstoffnetze finanzieren.
>
> Bezüglich möglicher Verpflichtungen zum Rückbau sollten die **Konzessionsverträge** beleuchtet und auch mit den Konzessionsgebern erörtert werden, wie deren Wärmeplanung aussieht. Eine im Jahresabschluss 2023 beurteilte Rückbauverpflichtung wird bei unveränderten rechtlichen Gegebenheiten nicht ohne Weiteres wieder aufgelöst werden können.

5. Festlegungen zur Eigenkapitalverzinsung für Strom- und Gasnetze rechtswidrig

a) Hintergrund

562 Zur Berechnung der von den Netzbetreibern zugestandenen **Erlösobergrenzen** für die Netznutzung durch Strom- und Gaslieferanten ist eine **angemessene Verzinsung des eingesetzten Eigenkapitals** zu gewährleisten. Die Festlegungen sehen hierzu bisher eine vergangenheitsorientierte Ermittlung der Verzinsung des eingesetzten Eigenkapitals vor.

Ab der **4. Regulierungsperiode** (Strom 2024 bis 2028/Gas 2023 bis 2027) soll der für den kalkulatorischen Eigenkapitalanteil bis 40 % relevante Eigenkapitalzinssatz I (EKI-Zinssatz) nach § 7 Abs. 6 Strom- und Gasnetzentgeltverordnung für Neuanlagen

5,07 % (3. Regulierungsperiode: 6,91 %) und für Altanlagen 3,51 % (3. Regulierungsperiode: 5,12 %) vor Steuern betragen.

> **Anmerkung:**
> Im Vergleich zur 3. Regulierungsperiode wäre damit ein erheblicher Rückgang der für die Kostenprüfungen und Kapitalkostenaufschläge wichtigen Zinssätze hinzunehmen.

Ab der 4. Regulierungsperiode sieht die Berechnungsgrundlage des Fremdkapitalzinses – also des für die kalkulatorischen Eigenkapitalanteile 40 % übersteigenden relevanten Eigenkapitalzinssatz II (EKII-Zinssatz) – vor, gemäß § 7 Abs. 7 Strom- und Gasnetzentgeltverordnung die Umlaufrenditen der Anleihen der öffentlichen Hand und der Anleihen von Unternehmen im Verhältnis 1 : 2 einzubeziehen. Aufgrund der neuen Berechnungsmodalitäten reduziert sich der EKII-Zinssatz für die 4. Regulierungsperiode für Gasnetzbetreiber auf 2,02 % und für Elektrizitätsnetzbetreiber auf 1,71 %.

Im Vergleich zur 3. Regulierungsperiode ergeben sich für die Netzbetreiber **negative Effekte aus der Senkung der EK-Zinssätze.** Diese Zinssatzsenkungen stehen im Widerspruch zur aktuellen Zinsentwicklung an den Kapitalmärkten und der Umsetzung der ambitionierten Ziele der Bundesregierung zur Klimaneutralität und dem Ausbau der Erneuerbaren Energien, die Investitionen in die Netze notwendig machen.

b) Entscheidung des OLG Düsseldorf

Das OLG Düsseldorf hat mit Beschluss vom 30.8.2023[1] die von der Bundesnetzagentur (BNetzA) erlassenen **Festlegungen** der kalkulatorischen Eigenkapitalzinssätze zur Bestimmung der Erlösobergrenze für die Elektrizitäts- und Gasnetzbetreiber für die 4. Regulierungsperiode **aufgehoben**.

Das OLG Düsseldorf hatte keine formellen Mängel der Festlegungen festgestellt oder Beanstandungen gegen den methodischen Ansatz der BNetzA. Die bisherige Rechtsprechung des OLG Düsseldorf und des BGH zum sog. Capital-Asset-Pricing-Model (CAPM) als zulässige Methode zur Ermittlung des Wagniszuschlags wurde nochmals bestätigt. Ebenfalls wurde die Verwendung der DMS-Daten aus dem „Credit Suisse Global Investment Returns Yearbook 2021" nicht beanstandet.

Zu beanstanden sei aber, so das OLG, dass aufgrund Schätzunsicherheiten und weiterer Aspekte konkrete Anhaltspunkte vorliegen, dass die **Zinssätze** vor dem Hintergrund der Auswirkungen der anhaltenden Niedrigzinsphase auf die Basiszinssätze **nicht dem Grundsatz der Angemessenheit nach § 21 Abs. 2 EnWG entsprechen.** Die BNetzA hat es unterlassen, die von ihr allein unter Heranziehung historischer Datenreihen ermittelte Marktrisikoprämie als Bestandteil des Eigenkapitalzinssatzes einer zusätzlichen Plausibilisierung zu unterziehen. Die ermittelte Marktrisikoprämie und der Eigenkapitalzinssatz liegen zudem im internationalen Vergleich am unteren Ende der Bandbreite. Die BNetzA habe sich mit diesen Ergebnissen rechtswidrig unzureichend auseinandergesetzt.

c) BNetzA bessert bei den Zinssätzen für Strom- und Gasnetze nach

Mit den bisher zugestandenen Zinssätzen für die 4. Regulierungsperiode erfolgt für Strom- und Gasnetzbetreiber keine angemessene Rendite des eingesetzten Eigenkapitals. Die BNetzA sieht vor, die aktuellen Entwicklungen der Zinsen an Kapitalmärkten zu berücksichtigen und eine angemessene, wettbewerbsfähige und risikoangepasste

---

1) OLG Düsseldorf v. 30.8.2023, 3 Kart 878/21, ER 2023, 244 (zu den Beschlüssen der Bundesnetzagentur BK4–21-055 und BK4–21-056).

kalkulatorische Eigenkapitalverzinsung zu gewährleisten und Anreize für Investitionen zu schaffen. Die wesentlichen Eckpunkte betreffen:

- Anpassung im Kapitalkostenaufschlag (KKa) nach § 10 ARegV

  Abweichend von der bisherigen Festlegung soll der Eigenkapitalzinssatz nur für Neuinvestitionen nach dem 31.12.2023 einer höheren Kapitalverzinsung unterliegen. Nach den neuen Berechnungsmodalitäten wird für Investitionen des Jahres 2024 ein höherer EKI-Zinssatz von 7,09 % erwartet und ebenfalls ein höherer Fremdkapitalzinssatz. Investitionen vor 2024 (Bestandsvermögen) sollen weiterhin mit einem EKI-Zinssatz von 5,07 % verzinst werden. Die BNetzA sieht vor, die neue Festlegung auf die 4. Regulierungsperiode zu beschränken.

- Ermittlung des Basiszinssatzes

  Bislang wurde für den Basiszinssatz der 4. Regulierungsperiode ein 10-Jahresdurchschnitt des risikolosen Zinssatzes (2011 bis 2020) herangezogen. Der so ermittelte Basiszins betrug 0,74 %. Künftig soll ein jährlich variabler Basiszins für Neuinvestitionen auf Basis des ersten Quartals eines jeden Kalenderjahres als Planwert herangezogen werden. Der tatsächlich eintretende Basiszins des jeweiligen Jahres findet letztlich Eingang in die Netzentgelte. Differenzen zwischen Plan-Werten und Ist-Werten sind später im Rahmen eines Plan-Ist-Abgleichs sowohl für die Zinsen als auch für die Investitionen über das Regulierungskonto auszugleichen. Anhand des Basiszinses im ersten Quartal 2023 prognostiziert die BNetzA einen Wert von 2,79 %. Unter Berücksichtigung eines unveränderten Wagniszuschlags ergibt sich insgesamt ein höherer EKI-Zinssatz von 7,09 % (inkl. GewSt ca. 8,1 %). Bei gestiegenen Basiszinssätzen wird sich demzufolge ein höherer endgültiger EKI-Zinssatz ergeben.

	EKI-Zinssatz (4. RP neu)	EKI-Zinssatz (4. RP alt)	EKI-Zinssatz (3. RP)
Neuanlagen	Jahreswert (z.B. 7,09 % bei Investitionen in 2024)	5,07 %	6,91 %
	5,07 % (Investitionen bis 31.12.2023)		
Altanlagen	3,51 %	3,51 %	5,12 %

RP = Regulierungsperiode

- Höherer kalkulatorischer Fremdkapitalzinssatz

  Mit der Festlegung zur Bestimmung des Fremdkapitalzinses für Verteilernetzbetreiber vom 14.8.2023[1] hat die BNetzA für die Fremdkapitalverzinsung (§ 10a Abs. 7 ARegV) ebenfalls eine Abkehr vom Abstellen auf einen 10-Jahresdurchschnittszinssatz beschlossen. Es werden für neue Investitionen ab dem 1.1.2024 die Regelungen für Übertragungs- und Fernleitungsnetzbetreiber in § 10 Abs. 7 Sätze 5 bis 8 ARegV zur Ermittlung des kalkulatorischen Fremdkapitalzinssatzes übernommen und auch hier ein Jahreswert angesetzt, der erst nachträglich feststeht. Für das Jahr 2024 ergibt sich derzeit ein Fremdkapitalzinssatz von 4,17 % statt 2,02 % für Gasnetzbetreiber und von 1,71 % für Elektrizitätsnetzbetreiber.

---

[1] Az. BK4-23-001, abrufbar unter: https://www.bundesnetzagentur.de/DE/Beschlusskammern/1_GZ/BK4-GZ/2023/BK4-23-0001/BK4-23-0001_Festlegung_Internet.html?nn=972976, zuletzt aufgerufen am 8.12.2023.

		EKII-Zinssatz (4. RP neu)	EKII-Zinssatz (4. RP)	EKII-Zinssatz (3. RP)
Gasnetz	Jahreswert (z.B. 4,17 % für Investitionen in 2024)		2,02 %	3,03 %
	2,02 % (Investitionen bis 31.12.2023)			
Elektrizitätsnetz	Jahreswert (z.B. 4,17 % für Investitionen in 2024)		1,71 %	2,71 %
	1,71 % (Investitionen bis 31.12.2023)			

Anmerkung:

Die Gerichtsentscheidung ist noch nicht rechtskräftig und die BNetzA hat am 29.9.2023 beim BGH gegen diese Entscheidung Rechtsbeschwerde eingelegt. Wann sich der BGH mit der Beschwerde befassen wird, ist derzeit noch nicht bekannt.

Auch vor dem Hintergrund der weiteren regulatorischen Entwicklungen (Festlegung KANU, Gebäudeenergiegesetz (GEG), Wärmeplanungsgesetz, etc.) sollte die Finanzierung (Eigenkapital/Fremdkapital) und Investitionsplanung insofern eng miteinander abgestimmt werden.

6. Xgen Strom: BGH hebt Urteil des OLG Düsseldorf auf

Die Bestimmung der Erlösobergrenze (EOG) für die Erhebung der Netzentgelte nach § 4 ARegV erfolgt unter Berücksichtigung des nach § 9 ARegV zu ermittelnden generellen sektoralen Produktivitätsfaktors (Xgen). Gemäß § 9 Abs. 1 ARegV wird der Xgen aus der Abweichung des netzwirtschaftlichen Produktivitätsfortschritts vom gesamtwirtschaftlichen Produktivitätsfortschritt und der Einstandspreisentwicklung von der netzwirtschaftlichen Einstandspreisentwicklung ermittelt. Die 3. Regulierungsperiode betraf für Betreiber von Gasversorgungsnetzen den Zeitraum 2018 bis 2022 und für Betreiber von Elektrizitätsversorgungsnetzen den Zeitraum 2019 bis 2023.

Der BGH hat mit Beschluss vom 27.6.2023[1] die Beschlüsse des OLG Düsseldorf vom 16.3.2022[2] aufgehoben.

Dieses hatte entschieden, dass der Beschluss der BNetzA vom 18.11.2018[3] zur Festlegung des generellen sektoralen Produktivitätsfaktors Strom i.H.v. 0,90 % für die Bestimmung der EOG in der 3. Regulierungsperiode rechtswidrig ist. Das OLG hatte nach der Frage der Existenzberechtigung eines Produktivitätsfaktors größer Null, insb. die Einbeziehung des Jahres 2006 bei der Ermittlung des Faktors kritisiert, da dieses zu viele Besonderheiten aufweise und daher nicht aussagekräftig und belastbar sei.

Der BGH hatte sich bereits im Gasbereich mit dem von der BNetzA festgelegten sektoralen Produktivitätsfaktor befasst und – auch hier – die Entscheidung des OLG Düsseldorf, dass dieser rechtswidrig ist, wieder aufgehoben.

Für die **4. Regulierungsperiode** (Strom 2024 bis 2028/Gas 2023 bis 2027) wird der XGen neu festgelegt. In dem in die Berechnung eingehenden Jahr 2022 waren auch die Betreiber von Elektrizitätsversorgungsnetzen gestiegenen Beschaffungspreisen ausgesetzt, die durch die Anreizregulierung, die auf den Verbraucherpreisindex des Vorvorjahres und den sektoralen Produktivitätsfaktor abstellt, nur unzureichend ausge-

---
1) BGH v. 27.6.2023, EnVR 30/22, WM 2023, 2196.
2) OLG Düsseldorf v. 16.3.2022, 3 Kart 53/19 (v), 3 Kart 72/19 (V), 3 Kart 128/19 (V), 3 Kart 191/19 (V), 3 Kart 191/19 (V), 3 Kart 526/19 (V) und 3 Kart 637/19 (V).
3) BNetzA v. 18.11.2018, BK4–18-056; abrufbar unter: https://www.bundesnetzagentur.de/DE/Beschlusskammern/1_GZ/BK4-GZ/2018/BK4-18-0056/BK4-18-0056_Beschluss_download.pdf?__blob=publicationFile&v=3; zuletzt aufgerufen am 8.12.2023.

glichen werden konnten. Die BNetzA hat zur Ermittlung des XGen für die 4. Regulierungsperiode Festlegungen von Vorgaben für die Erhebung von Daten eingeleitet (Strom: BK4–22–084/Gas: BK4–22–085). Die Netzbetreiber sind zur Datenabgabe bis zum 4.10.2023 (Gas) bzw. 31.7.2023 (Strom) verpflichtet. BDEW, VKU und GEODW haben hierzu im Rahmen eines gemeinsamen Projekts „Benchmarking Transparenz (BMT) ein Sonderprojekt „XGen Strom RP4" initiiert, um eine repräsentative Datengrundlage zu erhalten, relevante Einflussfaktoren sowie mögliche Ergebnisse zu analysieren und sich frühzeitig auf die Fachdiskussionen mit der BNetzA vorzubereiten.

Anmerkung:

Die Beschlusskammer 8 – Netzentgelte Strom – der BNetzA hat am 20.9.2023 mit ihrem Informationsschreiben 05/2023 „Hinweise zur Preisbildung und Anpassung der Erlösobergrenze" bekannt gegeben und Hinweise zum generellen Produktivitätsfaktor für das Jahr 2024 erteilt. Dieser lag zum Termin der vorläufigen Preisbildung (15.10.2023) noch nicht vor. Bis zu einer Festlegung ist laut Beschlusskammer 8 der Ansatz von 0 oder den Wert aus der 3. Regulierungsperiode nicht zu beanstanden.

I. Wirtschaftsrecht

I. Zivilrecht

1. Gesetz zur Umsetzung der EU-Verbandsklagenrichtlinie

a) Gesetzgebungsverfahren

566 Am 29.3.2023 hat das Bundeskabinett den Gesetzentwurf zur Umsetzung der RL (EU) 2020/1828 über Verbandsklagen zum Schutz der Kollektivinteressen der Verbraucher und zur Aufhebung der RL 2009/22/EG (Verbandsklagenrichtlinienumsetzungsgesetz – VRUG) beschlossen.

Das **Ziel der Richtlinie** (EU) 2020/1828 des Europäischen Parlaments und des Rates vom 25.11.2020 über Verbandsklagen zum Schutz der Kollektivinteressen der Verbraucher und zur Aufhebung der Richtlinie 2009/22/EG[1] besteht darin, **unionsweit den Schutz der Kollektivinteressen der Verbraucher zu stärken**. Die Richtlinie war von den EU-Mitgliedstaaten bis zum 25.12.2022 in nationales Recht umzusetzen, da die neuen Regelungen bereits **ab dem 25.6.2023** angewendet werden müssen.

Am 7.7.2023 hat der Bundestag das sog. Verbandsklagenrichtlinienumsetzungsgesetz (VRUG)[2] in zweiter und dritter Lesung in der geänderten Fassung des Rechtsausschusses verabschiedet. Eine Billigung durch den Bundesrat erfolgte am 29.9.2023. Das Gesetz vom 8.10.2023 wurde am 12.10.2023 im Bundesgesetzblatt[3] verkündet und ist in weiten Teilen am Tag nach seiner Verkündung, also am 13.10.2023, in Kraft getreten.

b) Zwei Arten von Verbandsklagen

567 Mit dem Gesetz wird die Richtlinie (EU) 2020/1828[4] umgesetzt, die die Mitgliedstaaten verpflichtet, zwei Arten von Verbandsklagen vorzusehen – und zwar **Unterlassungs- sowie Abhilfeklagen**. Bisher gab es im deutschen Recht die Abhilfeklage nicht. Die nunmehr erforderlichen Regelungen für Abhilfeklagen durch Verbände wurden in einem neuen **Verbraucherrechtedurchsetzungsgesetz** (VDuG) gebündelt.

---

1) Richtlinie (EU) 2020/1828 des Europäischen Parlaments und des Rates vom 25.11.2020 über Verbandsklagen zum Schutz der Kollektivinteressen der Verbraucher und zur Aufhebung der Richtlinie 2009/22/EG https://eur-lex.europa.eu/legal-content/DE/TXT/?uri=uriserv%3AOJ.L_.2020.409.01.0001.01.DEU – zuletzt aufgerufen am 28.12.2023.
2) Zum VRUG vgl. auch Waßmuth/Rummel, ZIP 2023, 1515, Axtmann, DB 2023, 2614, Schultze-Moderow/Steinle/Muchow, BB 2023, 72.
3) BGBl. I 2023 Nr. 272 v. 12.10.2023.
4) ABl.EU Nr. L 409, 1 v. 4.12.2020.

c) Neue Abhilfeklage

Die neue Abhilfeklage erstreckt sich auf **alle bürgerlichen Rechtsstreitigkeiten**, die Ansprüche und Rechtsverhältnisse einer **Vielzahl von Verbrauchern gegen ein Unternehmen** betreffen (§ 1 Abs. 1 VDuG). Sie erstreckt sich damit nicht nur auf Verbraucherschutzvorschriften, sondern auch auf das Deliktsrecht. Die Abhilfeklage kann insb. bei datenschutzrechtlichen Schadensersatzansprüchen, Produkthaftungsfällen bzw. Kartellschadensersatzansprüchen in Betracht kommen.

568

Sog. **kleine Unternehmen** werden Verbrauchern gleichgestellt und können sich ebenfalls Verbandsklagen anschließen, § 1 Abs. 2 VDUG. Durch eine vom Rechtsausschuss beschlossene Änderung wurde u.a. festgelegt, dass als kleine Unternehmen nunmehr lediglich solche mit einer Beschäftigtenzahl von weniger als zehn Personen und einem Jahresumsatz oder einer Jahresbilanz von nicht mehr als 2 Mio. Euro gelten.

Klagebefugt sind nicht die Verbraucher selbst, sondern bestimmte qualifizierte inländische Verbraucherverbände sowie entsprechende qualifizierte Einrichtungen aus anderen EU-Mitgliedstaaten, § 2 VDuG. Um an der Abhilfeklage teilzunehmen, müssen sich Verbraucher beim **Verbandsklagenregister** anmelden (sog. Opt-in). Der Zeitpunkt der Anmeldung war im Gesetzgebungsprozess heftig umstritten. Durchgesetzt hat sich ein verbraucherfreundlicher Ansatz. Danach ist die Anmeldung noch drei Wochen nach dem Schluss der letzten mündlichen Verhandlung möglich. Die Anforderungen an die Gleichartigkeit der von der Abhilfeklage betroffenen Ansprüche wurde gegenüber dem Regierungsentwurf gesenkt. So müssen die betroffenen Ansprüche nur noch „im Wesentlichen gleichartig" sein, § 15 Abs. 1 Satz 1 VDuG.

Ebenfalls anders als noch im Regierungsentwurf muss der Kläger nicht mehr glaubhaft machen, dass von der Abhilfeklage Ansprüche von mindestens 50 Verbrauchern betroffen sind. Nunmehr muss der Kläger die **Betroffenheit** nur noch nachvollziehbar darlegen, § 4 Abs. 1 VDuG.

Von besonderer praktischer Relevanz dürfte das Verfahren einer Abhilfeklage nach § 16 Abs. 1 Satz 2 VDuG werden, wonach der klagende Verband die **Leistung an namentlich nicht genannte Verbraucher** geltend macht. Es ergeht also zunächst ein **Abhilfegrundurteil**, das lediglich die Haftungsparameter enthält. Anschließend kann der verurteilte Unternehmer in einer sog. **Vergleichsphase** die Erfüllung der Ansprüche selbst organisieren. Gelingt dies nicht, folgt ein Abhilfeendurteil, in dem etwa bei Zahlungsansprüchen der Unternehmer zur **Zahlung eines kollektiven Gesamtbetrags** verurteilt wird. Die Verteilung an die berechtigten Verbraucher erfolgt durch einen Sachwalter in einem sog. **Umsetzungsverfahren**.

Die Erhebung der Abhilfeklage **hemmt die Verjährung** nur für Ansprüche von angemeldeten Verbrauchern und Kleinunternehmen (§ 204a Abs. 1 Satz 1 Nr. 4 VDuG). Es steht Verbrauchern damit nach wie vor frei, sich nicht zur Abhilfeklage anzumelden und stattdessen den Weg über eine Individualklage zu gehen. Demnach dürfte es neben der Abhilfeklage zukünftig auch nach wie vor Masseverfahren geben. Dies wird letztlich bestehende **Haftungsrisiken für Unternehmen** noch verschärfen.

Ein **Verbandsklageregister** wird beim Bundesamt für Justiz geführt (§ 43 VDuG). Zuständig für die jeweiligen Klageverfahren sind die Oberlandesgerichte am Gerichtsstand des Unternehmens.

> **Anmerkung:**
> Eine Drittmittelfinanzierung für die Klagen nach § 4 Abs. 3 VDuG ist dem Gericht von der klageberechtigten Stelle offenzulegen.

2. Bestimmtheitsanforderungen an die Übereignung von Sachgesamtheiten im Rahmen eines Asset Deals

569 Soll eine **nicht räumlich zusammengefasste Gesamtheit von Gegenständen** im Rahmen eines sog. Asset Deals unter Verwendung eines Gattungsbegriffs übereignet werden, stellt der BGH besondere Anforderungen an den sachenrechtlichen Bestimmtheitsgrundsatz.

Damit hält der BGH am sachenrechtlichen Bestimmtheitsgrundsatz fest, der gemäß Urteil des BGH vom 16.12.2022[1] und in Abgrenzung zur BGH-Rechtsprechung zur Sicherungsübereignung von Containern[2] nur dann gewahrt ist, wenn sich die Vertragsparteien bewusst und erkennbar über Merkmale einigen, aufgrund derer die übereigneten Gegenstände der Gattung individualisierbar sind.

Eine Einigung, wonach nur diejenigen Gegenstände einer bestimmten Gattung übereignet werden sollen, die der Veräußerer nicht näher bezeichneten Dritten überlassen hat (im Streitfall Flüssiggastanks, die nicht näher bezeichneten Kunden überlassen worden sind), genüge für sich genommen nicht den Anforderungen an den sachenrechtlichen Bestimmtheitsgrundsatz

> **Anmerkung:**
> Der BGH formuliert im Hinblick auf den sachenrechtlichen Bestimmtheitsgrundsatz seit 1956 nahezu unverändert, dass für außenstehende Dritte **erkennbar** sein muss, auf welche Gegenstände sich der Übereignungswille der Parteien bezieht. Dabei können Gattungsbegriffe oder Sammelbezeichnungen auch als sog. All-Formeln genügen, wie z.B. alle zum Übergangsstichtag im Lager befindlichen Walzen des Typs A. Sofern eine Sachgesamtheit nicht auf andere Art zu bestimmen ist, ist eine räumliche Abgrenzung erforderlich. Nicht ausreichend sind Verweise auf rechtliche Merkmale oder funktionale Begriffe, wie z.B. Vorräte inklusive Abtretungen und Forderungen. Weiter reichen bilanzielle Referenzen wie „Sachanlagevermögen" nicht, da Ausgangspunkt der Bilanzierung das für Dritte nicht ohne Weiteres erkennbare wirtschaftliche Eigentum ist.
>
> Die **präzise Bezeichnung der zu übertragenden Vermögensgegenstände** ist ein zwingendes Erfordernis des Verfügungsgeschäfts. Bei Anteilskaufverträgen, sog. Share Deals, können diese Anforderungen durch Bezeichnung der Anteile gut umgesetzt werden. Beim Asset Deal ist dies hingegen aufwändiger. Dennoch bedient sich die Praxis vielfach im Rahmen von Carve-Outs, Restrukturierungen oder Käufen aus der Insolvenz sowie aus steuerlichen Gründen des Asset Deals. Dabei werden die praktischen Hürden bei der Bestimmung der zu übertragenden Gegenstände in Kauf genommen. In der **Vertragsgestaltungspraxis** verbleiben im Wesentlichen zwei Möglichkeiten: Es sind entweder (u.U. sehr lange) Listen bzw. Verzeichnisse zu erstellen oder räumliche Angaben (ggf. ergänzt durch auf den Gegenständen angebrachte Etiketten) zu machen, die dem Unternehmenskaufvertrag jeweils als Anlage beigefügt werden und auf die konkret Bezug genommen wird.

3. Unternehmerischer Geschäftsverkehr: Zugang einer E-Mail

570 Der BGH stellt mit Urteil vom 6.10.2022[3] klar, dass eine E-Mail dem Empfänger grundsätzlich dann zugegangen ist, wenn diese im unternehmerischen Geschäftsverkehr innerhalb der üblichen Geschäftszeiten auf dem Mailserver des Empfängers **abrufbereit** zur Verfügung gestellt wird.

Damit sei die E-Mail in den Machtbereich des Empfängers gelangt, wodurch er sie unter gewöhnlichen Umständen zur Kenntnis nehmen könne.

Nicht erforderlich für den Zugang ist laut BGH, dass die E-Mail tatsächlich abgerufen und zur Kenntnis genommen wird.

---

1) BGH v. 16.12.2022, V ZR 174/21, NJW 2023, 1053; vgl. hierzu auch Backhaus, jurisPR-HaGesR 3/2023 Anm. 2.
2) BGH v. 4.10.1993, II ZR 156/92, NJW 1994, 133.
3) BGH v. 6.10.2022, VII ZR 895/21, GmbHR 2022, 1326; vgl. hierzu auch Würdinger, jurisPR-BGHZivilR 24/2022 Anm. 1.

4. Kein ordentliches Kündigungsrecht bei zusammen mit Darlehensvertrag geschlossenem Zinssatz-Swap-Vertrag

Ein im Zusammenhang mit einem variabel verzinslichen Darlehensvertrag separat (und mit verschiedenen Banken) geschlossener Zinssatz-Swap-Vertrag mit fester Laufzeit ist nicht ordentlich kündbar. Eine ordentliche Kündigung scheidet gemäß Urteil des BGH vom 14.3.2023[1)] sowohl in direkter als auch in analoger Anwendung des § 489 Abs. 1 Nr. 2 BGB aus. Nach dieser Vorschrift kann der Darlehensnehmer einen Darlehensvertrag mit gebundenem Sollzinssatz in jedem Fall nach Ablauf von zehn Jahren nach dem vollständigen Empfang unter Einhaltung einer Kündigungsfrist von sechs Monaten ganz oder teilweise kündigen.

Eine **direkte Anwendung** der Vorschrift scheidet laut BGH schon deshalb aus, weil ein Swap-Vertrag kein Darlehensvertrag ist, sondern den Austausch von Zinszahlungen zum Gegenstand hat. Er **verneint** aber auch die Voraussetzungen für eine **Analogie**. Bereits die Gesetzgebungsgeschichte belege, dass das ordentliche Kündigungsrecht aus § 489 Abs. 1 Nr. 2 BGB, das der Kläger entsprechend auf Zinssatz-Swap-Verträge angewendet wissen möchte, weil beide Verträge nahezu zeitgleich abgeschlossen worden waren, vom Gesetzgeber bewusst auf Darlehensverträge zugeschnitten worden sei. Es fehle neben einer planwidrigen Regelungslücke zudem an einer hinreichend vergleichbaren Interessenlage. Wenn die Bank für den Fall einer vorzeitigen Auflösung des Zinssatz-Swap-Vertrags den negativen Marktwert als Ablösebetrag verlangt, stellt dies nach Auffassung des BGH zudem keine Erschwerung hinsichtlich des ordentlichen Kündigungsrechts in Bezug auf den Darlehensvertrag dar. Die Pflicht des Klägers zur Ablösezahlung knüpfe an seine Entscheidung an, den Swap-Vertrag vorzeitig zu beenden. Er könne den Darlehensvertrag nach der genannten Vorschrift auch ohne den Abschluss einer den Swap-Vertrag betreffenden Aufhebungsvereinbarung kündigen und so die Zahlung eines Ablösebetrags vermeiden, auch wenn die Kündigung des Darlehensvertrags derzeit wirtschaftlich uninteressant sei.

> **Anmerkung:**
> Damit schließt sich der BGH der herrschenden Meinung in Rechtsprechung und Literatur an.

5. Pfändbarkeit der Energiepreispauschale

Das AG Aschaffenburg kommt mit Beschluss vom 7.11.2022[2)] zu dem Ergebnis, dass die im Einkommensteuergesetz geregelte **Energiepreispauschale** für Arbeitnehmer und Selbständige **pfändbar** ist.

Der Gesetzgeber hat alle Erwerbstätigen mit der Auszahlung einer einmaligen Energiepreispauschale von 300 Euro zum 1.9.2022 von den finanziellen Folgen der gestiegenen Energiepreise entlastet. Die Pauschale wurde vorrangig durch den Arbeitgeber mit der Entgeltabrechnung für September 2022 ausgezahlt.

Laut AG Aschaffenburg ist diese Zahlung pfändbar. Die in §§ 112 ff. EStG geregelte Energiepreispauschale komme nur Arbeitnehmern und Selbständigen zugute, wohingegen alle Einwohner Deutschlands von den gestiegenen Energiekosten betroffen seien. Daraus schließt das Gericht, dass es an einer **konkreten Zweckbestimmung** der Energiepreispauschale i.S.d. § 851 ZPO **fehlt**. Weder im Gesetz selbst noch in dessen Begründung sei ein konkreter Zweck ersichtlich, für den der Auszahlungsbetrag verwendet werden müsse oder solle. Auch werde nicht geprüft, ob der ausgezahlte Betrag für einen bestimmten Zweck verwendet wird und zudem sei unklar, welcher Zweck das sein sollte. Vielmehr handele es sich bei der Energiepreispauschale um einen

---
1) BGH v. 14.3.2023, XI ZR 420/21, NJW 2023, 2177.
2) AG Aschaffenburg v. 7.11.2022, 654 IK 298/21, ZInsO 2022, 2691; vgl. hierzu auch Bissels/Menke, NZI 2023, 113.

Anspruch aus einem Steuerschuldverhältnis, auf die die Vorschriften der AO über Steuervergütungen entsprechende Anwendung fänden. Aus § 46 AO ergebe sich, dass Steuervergütungen – und damit auch die Energiepreispauschale – gepfändet werden können.

> **Anmerkung:**
>
> Rentner und Studierende erhielten eine entsprechende Unterstützung in Höhe von 300 Euro bzw. 200 Euro im Dezember 2022. Diese Leistungen wurden im Rahmen des Gesetzes zur Zahlung einer Energiepreispauschale an Renten- und Versorgungsbeziehende und zur Erweiterung des Übergangsbereichs sowie des Studierenden-Energiepreispauschalengesetzes (EPPS) umgesetzt.

6. Keine Zahlungspflicht des Verbrauchers auch bei Widerruf nach Vertragserfüllung

573 Widerruft ein vom Unternehmer **nicht über sein Widerrufsrecht belehrter** Verbraucher während der Widerrufsfrist einen bereits erfüllten, außerhalb von Geschäftsräumen abgeschlossenen Dienstleistungsvertrag, ist er **von jeder Zahlungspflicht befreit**. Dies entschied der EuGH mit Urteil vom 17.5.2023.[1]

Im Streitfall hatte ein Verbraucher mit einem Unternehmen einen Vertrag über die Erneuerung der Elektroinstallation seines Hauses geschlossen. Das Unternehmen versäumte es jedoch, den Verbraucher über das Widerrufsrecht zu unterrichten, das Verbrauchern grundsätzlich binnen 14 Tagen nach Vertragsschluss mit einem Unternehmen zusteht, da der Vertrag außerhalb der Geschäftsräume des Unternehmens abgeschlossen worden war.

Nach Abschluss der Arbeiten durch das Unternehmen wollte der Verbraucher nicht bezahlen und widerrief stattdessen den Vertrag. Das LG Essen kam zu dem Ergebnis, dass ein Vergütungsanspruch des Unternehmens nicht besteht, zog aber in Betracht, ob der Verbraucher nicht Wertersatz vor dem Hintergrund einer ungerechtfertigten Bereicherung leisten müsse und wandte sich mit der Frage an den EuGH, ob Art. 14 Abs. 5 der **Verbraucherschutzrichtlinie** (RL 2011/83) so ausgelegt werden müsse, dass der Verbraucher, der nach Vertragserfüllung widerruft, tatsächlich nichts bezahlen muss, wenn ihn das Unternehmen nicht belehrt hat.

Dies bejahte der EuGH. Für den Verbraucher dürften nach Sinn und Zweck der Richtlinie keine Kosten entstehen, auch keine Verpflichtung zum Wertersatz. Die fehlende Belehrung gehe voll zu Lasten des Unternehmers, da Verbraucherschutz nur funktioniere, wenn der Verbraucher tatsächlich über sein Widerrufsrecht informiert sei.

Ein **Wertersatz** des Verbrauchers sei in diesem Fall **nicht mit der Verbraucherschutzrichtlinie vereinbar**. Auch das Argument der ungerechtfertigten Bereicherung werde am Ende vom Verbraucherschutzgedanken der Richtlinie überlagert.

7. Pflicht zur Zahlung von „Negativzinsen" aus einem Schuldscheindarlehen

574 Der BGH hat mit Urteil vom 9.5.2023[2] über die Pflicht zur Zahlung von „Negativzinsen" aus einem Schuldscheindarlehen entschieden und klargestellt, dass es bei einer **Zinsabrede**, nach der eine Änderung des in Bezug genommenen Referenzzinssatzes zu einer **automatischen Veränderung** des Vertragszinses in dem durch einen Zinsaufschlag und eine Zinsobergrenze vorgegebenen Umfang führt, keiner ausdrücklichen Festlegung einer Zinsuntergrenze bedarf, um bei einem Absinken des Referenzzinssatzes einschließlich des Zinsaufschlags unter null eine Verpflichtung des Darlehensgebers zur Zahlung von nominal negativen Zinsen an den Darlehensnehmer auszuschlie-

---

1) EuGH v. 17.5.2023, C-97/22, NJW 2023, 2171; vgl. hierzu auch Kröger, jurisPR-HaGesR 7/2023 Anm. 1.
2) BGH v. 9.5.2023, XI ZR 544/21, NJW 2023, 2183 mit Anm. Servatius.

ßen oder zu begrenzen. Das heißt, wenn der Referenzzinssatz so stark sinkt, dass er mit dem vereinbarten Zinsaufschlag unter null fällt, ist der Darlehensgeber nicht verpflichtet, negative Zinsen an den Kreditnehmer zu zahlen oder diese zu begrenzen.

Der Begriff **Zins** werde **gesetzlich nicht definiert**, sondern von der Privatrechtsordnung vorausgesetzt. Zins bedeute danach das für die Möglichkeit des Gebrauchs von zeitweilig überlassenem Kapital zu leistende Entgelt, das zeitabhängig, aber zugleich gewinn- und umsatzunabhängig berechnet wird. Danach könne ein **Zins – weil ein Entgelt – nicht negativ** werden.

Dies bedeutet laut BGH, dass dem Zins eine definitorische Untergrenze bei 0 % immanent ist, bei deren Erreichen die Pflicht des Darlehensnehmers zur Zinszahlung entfällt. Damit lasse sich eine Umkehrung des Zahlungsstroms von dem Darlehensgeber an den Darlehensnehmer nicht vereinbaren.

> **Anmerkung:**
>
> Unter Zugrundelegung der hier anwendbaren AGB-rechtlichen Auslegungsgrundsätze sei die streitbefangene Zinsklausel dahin auszulegen, dass die Bank nicht zur Zahlung der rechnerisch ermittelten „Negativzinsen" verpflichtet ist. Es sei ohne Belang, ob die Bank bei Absinken des Referenzzinssatzes einschließlich des Zinsaufschlags unter null ihre Gewinn- oder Refinanzierungsmarge ausweiten könnte, je weiter sich der Referenzzinssatz in den negativen Bereich entwickelt. Diese Auslegung der Zinsklausel entspreche auch dem Verständnis redlicher und verständiger Vertragspartner in ihrer Eigenschaft als professionelle Marktteilnehmer. Die Vereinbarung eines bestimmten Referenzzinssatzes lasse keinen Rückschluss darauf zu, dass sich die Bank kongruent zu diesem refinanziert. Die Refinanzierung der Bank sei in der Regel ohnehin nicht vom Erwartungshorizont des Kunden umfasst. Unter Zugrundelegung der hier anwendbaren AGB-rechtlichen Auslegungsgrundsätze sei es ohne Belang, ob nach der Zinsentwicklung bis zum Zeitpunkt des Vertragsschlusses ein Absinken des Referenzzinssatzes einschließlich des Zinsaufschlags unter null während der Vertragslaufzeit für die Vertragsparteien vorherzusehen oder zumindest nicht auszuschließen war.

8. Aufklärungspflichten von Immobilienverkäufern

Einen Immobilienverkäufer treffen **besondere Aufklärungspflichten** in Bezug auf solche Umstände, die für den Käufer von erheblicher Bedeutung sind. Dabei kommt der Verkäufer seiner Aufklärungspflicht nicht bereits dadurch nach, dass er dem Käufer die Möglichkeit gibt, sich Kenntnis von dem offenbarungspflichtigen Umstand durch Nutzung eines virtuellen Datenraums selbst zu verschaffen. Dies gilt nur ausnahmsweise dann nicht, wenn der Verkäufer im Einzelfall davon ausgehen kann, dass der Käufer die Unterlagen gezielt durchsehen wird.

575

Der Umfang der Aufklärungspflichten ist von den **Umständen des Einzelfalls** abhängig. Dabei kommt es darauf an, ob und in welchem Umfang eine Due Diligence durchgeführt wird, um welche offenzulegende Information es sich handelt, in welcher Unterlage diese enthalten ist und schließlich wie der Datenraum und der Zugriff hierauf strukturiert und organisiert ist.

Gemäß Urteil des BGH vom 15.09.2023[1)] ist der Verkäufer seinen Aufklärungspflichten dann nicht nachgekommen, wenn er die entsprechenden Unterlagen - im Streitfall ging es um Kosten für anstehende Sanierungsmaßnahmen am Gemeinschaftseigentum in Höhe von bis zu 50 Mio. Euro - erst drei Tage vor dem geplanten Vertragsabschluss (Notartermin) ohne entsprechenden Hinweis in den virtuellen Datenraum einstellt. Demzufolge hielt das Gericht einen Schadensersatzanspruch des Käufers wegen Verschuldens bei Vertragsschluss für möglich und verwies den Rechtsstreit zurück an die Vorinstanz.

---

1) BGH v. 15.9.2023, V ZR 77/22, DB 2023, 2432; vgl. hierzu auch Schwenker, jurisPR-BGHZivilR 22/2023 Anm. 1.

9. Corona-Pandemie

a) Zweiter Lockdown: Leistungspflicht einer Betriebsschließungsversicherung

576 Verweisen **Versicherungsbedingungen** nur auf im Infektionsschutzgesetz namentlich genannte Krankheiten und Krankheitserreger, ohne diese konkret aufzuzählen oder eine konkrete Gesetzesfassung in Bezug zu nehmen, beschränkt sich das Leistungsversprechen gemäß Urteil des BGH vom 18.01.2023[1)] nicht auf den Rechtszustand im Zeitpunkt des Vertragsschlusses.

In seiner Begründung beruft sich der BGH auf die sog. **Unklarheitenregel** gemäß § 305c Abs. 2 BGB. Danach gehen Auslegungszweifel zu Lasten des Verwenders. Zu Recht könne die Klägerin wegen der teilweisen Einstellung ihres Hotelbetriebs ab dem 2.11.2020 die Versicherung in Anspruch nehmen. Zu diesem Zeitpunkt (**zweiter Lockdown**) wurde die Krankheit COVID-19 und der Krankheitserreger SARS-CoV-2 bereits in § 6 Abs. 1 Satz 1 Nr. 1 Buchst. t und § 7 Abs. 1 Satz 1 Nr. 44a IfSG namentlich genannt.

Dagegen ist der Versicherer nach Auffassung des BGH zu keiner Entschädigungszahlung anlässlich der Betriebsschließung während des sog. **ersten Lockdowns** verpflichtet. Damals habe es an der namentlichen Nennung der Krankheit oder des Krankheitserregers in den §§ 6 und 7 IfSG, d.h. im Gesetz selbst, gefehlt.

> **Anmerkung:**
> Unerheblich ist laut BGH, dass zu diesem Zeitpunkt die Meldepflichten nach dem IfSG auf den Verdacht einer Erkrankung, die Erkrankung sowie den Tod in Bezug auf eine Infektion mit COVID-19 und auf den direkten oder indirekten Nachweis einer Infektion mit SARS-CoV-2 bereits durch Rechtsverordnung ausgedehnt wurden. Für den Versicherungsnehmer sei erkennbar, dass der Versicherer den Versicherungsschutz auf die im Gesetz selbst benannten Krankheiten begrenzen wollte.

b) Anpassung der Miete von gewerblich genutzten Räumen in Pandemie-Zeiten

577 Der BGH stellt klar, dass auf einer hoheitlichen Maßnahme zur Bekämpfung der COVID-19-Pandemie beruhenden Betriebsbeschränkung grundsätzlich ein Anspruch des Mieters von gewerblich genutzten Räumen auf **Anpassung der Miete wegen Störung der Geschäftsgrundlage** in Betracht kommt.

Der BGH kommt in seinem Urteil vom 23.11.2022[2)] zu dem Ergebnis, dass bei der Prüfung des normativen Tatbestandsmerkmals des Wegfalls der Geschäftsgrundlage gemäß § 313 Abs. 1 BGB entscheidend sei, ob dessen Folgen den Mieter so erheblich belasteten, dass ein Festhalten an der vereinbarten Regelung zu einem nicht mehr tragbaren Ergebnis für ihn führt. Maßgeblich sei eine **Gesamtbetrachtung** der wirtschaftlichen Situation des Mieters.

> **Anmerkung:**
> Im Streitfall hatte der Mieter nur einen Umsatzrückgang und das Fehlen staatlicher Unterstützungsleistungen vorgetragen. Offen blieb, ob Einsparungen vorgenommen werden konnten und wie sich der Umsatzrückgang auf sein Geschäftsergebnis ausgewirkt hat. Aus diesem Grund war es nicht möglich, die wirtschaftliche Situation des Mieters in den streitgegenständlichen Zeiträumen in der erforderlichen Weise beurteilen zu können, so dass der Anspruch auf Herabsetzung der Miete verneint wurde.

---

1) BGH v. 18.1.2023, IV ZR 465/21, NJW 2023, 684 mit Anm. Armbrüster.
2) BGH v. 23.11.2022, XII ZR 96/21, NZM 2023, 77; vgl. hierzu auch Zehelein, EWiR 2023, 173.

II. Gesellschaftsrecht

1. Allgemein

a) Gesetz zur Umsetzung der Umwandlungsrichtlinie

aa) Gesetzgebungsverfahren

Zur Umsetzung der sog. Umwandlungsrichtlinie (Richtlinie (EU) 2019/2121 des Europäischen Parlaments und des Rates vom 27.11.2019 zur Änderung der Richtlinie (EU) 2017/1132 in Bezug auf grenzüberschreitende Umwandlungen, Verschmelzungen und Spaltungen)[1] in Deutschland legte das Bundeskabinett am 5.10.2022 den **Regierungsentwurf eines Gesetzes zur Umsetzung der Umwandlungsrichtlinie, sog. UmRUG,** sowie den **Regierungsentwurf zur Umsetzung der Bestimmungen der Umwandlungsrichtlinie über die Mitbestimmung der Arbeitnehmer bei grenzüberschreitenden Umwandlungen, Verschmelzungen und Spaltungen, sog. UmwRMitbestG** vor. Das Gesetz zur Umsetzung der Bestimmungen der Umwandlungsrichtlinie über die Mitbestimmung der Arbeitnehmer bei grenzüberschreitenden Umwandlungen, Verschmelzungen und Spaltungen vom 4.1.2023[2] ist bereits am 31.1.2023 in Kraft getreten (→ Rz. 646).

578

Dagegen war der Entwurf des UmRUG vom Bundestag am 15.12.2022 überraschenderweise einstimmig an den federführenden Rechtsausschuss zurücküberwiesen worden. Am 20.1.2023 hat der Bundestag das UmRUG mit einigen Änderungen beschlossen. Am 10.2.2023 passierte es den Bundesrat und das Gesetz zur Umsetzung der Umwandlungsrichtlinie und zur Änderung weiterer Gesetze vom 22.2.2023 wurde am 28.2.2023 im Bundesgesetzblatt[3] veröffentlicht. Das UmRUG trat am 1.3.2023 in Kraft.[4]

bb) Inhalte im Einzelnen

Die Umsetzung europarechtlicher Vorgaben durch das UmRUG betrifft neben **grenzüberschreitenden Umwandlungen** auch **Erleichterungen für innerstaatliche Umwandlungen**. Erstmalig wird ein europaweit einheitlicher rechtlicher Rahmen in diesem Bereich geschaffen und das Verfahren für grenzüberschreitende Umwandlungen novelliert.

579

Das neue Sechste Buch im Umwandlungsgesetz mit dem Titel „Grenzüberschreitende Umwandlung" umfasst die §§ 305 bis 345 UmwG und greift die bisherige Regelungssystematik im Umwandlungsrecht auf. Es regelt die grenzüberschreitende Verschmelzung (§§ 305 – 319 UmwG)[5], die grenzüberschreitende Spaltung (§§ 320 – 332 UmwG) sowie den grenzüberschreitenden Formwechsel (§§ 333–345 UmwG)[6], wobei innerhalb dieses Buches die Bestimmungen zur grenzüberschreitenden Verschmelzung dem Verfahren der Spaltung und des Formwechsels als Regelungsvorbild dienen.

Die Änderungen stehen in engem Zusammenhang mit der Niederlassungsfreiheit für EU-Kapitalgesellschaften und der diese betreffenden EuGH-Rechtsprechung. Die nati-

---

1) ABl.EU Nr. L 321, 1 v. 12.12.2019.
2) BGBl. I 2023 Nr. 10 v. 13.1.2023. Durch Art. 1 des Gesetzes wurde das Gesetz über die Mitbestimmung der Arbeitnehmer bei grenzüberschreitendem Formwechsel und grenzüberschreitender Spaltung (MgFSG) eingeführt.
3) BGBl. I 2023 Nr. 51 v. 28.2.2023.
4) Vgl. hierzu auch die Übergangsvorschrift des § 355 UmwG sowie die Kommentierung hierzu von Wälzholz in Widmann/Mayer, § 355 UmwG Rz. 1 ff.
5) Vgl. hierzu bereits die Kommentierungen von Heckschen in Widmann/Mayer, § 305 UmwG Rz. 1 ff., § 306 UmwG Rz. 1 ff., und Vossius in Widmann/Mayer, § 313 UmwG Rz. 1 ff., § 314 UmwG Rz. 1 ff., § 314 UmwG Rz. 1 ff., § 316 UmwG Rz. 1 ff., § 317 UmwG Rz. 1 ff., § 318 UmwG Rz. 1 ff. sowie Heckschen in Widmann/Mayer, § 319 UmwG Rz. 1 ff.
6) Vgl. hierzu bereits die Kommentierungen von Stelmaszczyk in Widmann/Mayer, § 333 UmwG Rz. 1 ff., § 334 UmwG Rz. 1 ff., § 335 UmwG Rz. 1 ff., § 336 UmwG Rz. 1 ff., § 337 UmwG Rz. 1 ff., § 338 UmwG Rz. 1 ff., § 339 UmwG Rz. 1 ff., § 340 UmwG Rz. 1 ff., § 341 UmwG Rz. 1 ff., § 342 UmwG Rz. 1 ff., § 343 UmwG Rz. 1 ff., § 344 UmwG Rz. 1 ff. und § 345 UmwG Rz. 1 ff.

onale Umsetzung bezieht sich im Hinblick auf die beteiligten Rechtsträger grundsätzlich auf Kapitalgesellschaften (GmbH, AG, SE, KGaA).

Einige wesentliche Änderungen im Überblick:

- Der **Registervollzug** wird grenzüberschreitend harmonisiert. Die beteiligten Registergerichte kommunizieren hierfür digital über das Europäische System der Registervernetzung („BRIS"), das der Vernetzung der europäischen Registerstellen dient. Erforderliche Informationen und Unterlagen bei Verschmelzung, Spaltung und Formwechsel werden hierüber zugänglich gemacht. Der Informationsaustausch ist Kapitalgesellschaften und Zweigniederlassungen von Kapitalgesellschaften vorbehalten. Für die Personenhandelsgesellschaft gilt insofern die Sonderregelung der Vorlage eines entsprechenden Nachweises.

- Weiterhin wurde für die Registergerichte eine **Missbrauchskontrolle** eingeführt. Die Registergerichte haben zu prüfen, ob die grenzüberschreitende Umwandlungsmaßnahme zu missbräuchlichen oder betrügerischen Zwecken erfolgt, die dazu gedacht sind, sich Unionsrecht oder nationalem Recht zu entziehen oder es zu umgehen, oder zu kriminellen Zwecken vorgenommen werden. Im Einzelfall kann hierunter nach der Gesetzesbegründung auch die gezielte Entziehung oder Umgehung von Arbeitnehmerrechten fallen. In solchen Missbrauchsfällen lehnt das Registergericht die Eintragung ab.

- Auch der **Schutz der Minderheitsgesellschafter** wurde novelliert. So wurde etwa die europarechtliche Vorgabe des unionsweit umzusetzenden Austrittsrechts der Gesellschafter bei Umwandlungen gegen eine angemessene Barabfindung sowie das Recht auf Verbesserung eines unangemessenen Umtauschverhältnisses umgesetzt. Es besteht die Möglichkeit, erforderliche Anpassungen der Wertverhältnisse übertragender und übernehmender Gesellschaften anstelle der baren Zuzahlung durch zusätzliche Aktien auszugleichen. Die hierfür geschaffenen Regelungen sollen nach der Gesetzesbegründung insb. die übernehmende Gesellschaft vor einer nachträglichen Liquiditätsbelastung in ungewisser Höhe schützen.

- Zum **Schutz der Gesellschaftsgläubiger** wurden neue Bestimmungen eingeführt, deren Anliegen der Schutz der Gläubiger vor den Auswirkungen einer Änderung des anwendbaren Rechts und der gerichtlichen Zuständigkeit ist. Diese geben den Gläubigern die Möglichkeit, Sicherheit für eine durch die grenzüberschreitende Umwandlung gefährdete Forderung zu verlangen.

- Ergänzt werden diese Regelungen durch das Gesetz über die Mitbestimmung der Arbeitnehmer bei grenzüberschreitendem Formwechsel und grenzüberschreitender Spaltung (MgFSG). Ziel dieses Gesetzes ist, die in der formwechselnden oder in der sich spaltenden Gesellschaft erworbenen **Mitbestimmungsrechte der Arbeitnehmer** zu sichern. Das grenzüberschreitende Vorhaben darf nicht dazu missbraucht werden, Arbeitnehmern Mitbestimmungsrechte zu entziehen oder vorzuenthalten. Die Mitbestimmung der Arbeitnehmer soll in der aus dem grenzüberschreitenden Vorhaben hervorgehenden Gesellschaft gesichert und gefördert werden (→ Rz. 646).

- Auf nationaler Ebene werden **Konzernprivilegien** ausgebaut und bei der Konzernverschmelzung Verfahrenserleichterungen zum Verschmelzungs- und Prüfungsbericht aufgenommen. Auch für grenzüberschreitende Umwandlungsmaßnahmen bestehen Konzernprivilegien.

- Flankiert wird die Novellierung des UmwG weiter durch Änderungen im Spruchverfahrensgesetz (SpruchG), welches schon bisher auf Umwandlungen Anwendung fand. Bei den Neuerungen handelt es sich neben redaktionellen auch um einige verfahrensrechtliche Änderungen. Beispielsweise ist der Anwendungsbereich des Spruchverfahrens nunmehr auch für die Bestimmung der Zuzahlung, der zusätzlich zu gewährenden Aktien oder der Barabfindung an Anteilsinhaber bei der Gründung oder Sitzverlegung einer SE eröffnet.

I. Wirtschaftsrecht

> **Kritische Stellungnahme:**
>
> Abzuwarten bleibt, wie sich die Umsetzung der Novellierungen in der Praxis bewährt. Zu begrüßen ist, dass nun jedenfalls ein maßgeblicher Grundstein für das Ziel der europaweiten Homogenisierung des Umwandlungsrechts seine nationale Umsetzung gefunden hat.

b) Unverzüglichkeit der Aufnahme einer Gesellschafterliste in das Handelsregister

Eine vom Erwerber in Bezug auf das Gesellschaftsverhältnis vorgenommene Rechtshandlung gilt als von Anfang an wirksam, wenn die (aktuelle) Gesellschafterliste unverzüglich nach Vornahme der Rechtshandlung in das Handelsregister aufgenommen wird, § 16 Abs. 1 Satz 2 GmbHG. Dazu kommt es gemäß rechtskräftigem Beschluss des OLG Schleswig vom 20.3.2023[1] auf die Einreichung der Gesellschafterliste beim Handelsregister an. Die Einreichung sei dabei allenfalls dann unverzüglich, wenn sie innerhalb einer Frist von **höchstens zwei Wochen nach Vornahme der Rechtshandlung** erfolge. Laut OLG Schleswig sei eine Zeitspanne von über zwei Wochen (vorliegend vier Wochen) schon begrifflich nicht mehr als unverzüglich anzusehen.

c) Offenkundigkeit der Eintragungen im elektronischen Handelsregister

Bisher war umstritten, ob der Umstand, dass die Eintragungen im Handelsregister über das Internetportal www.handelsregister.de öffentlich zugänglich sind, es erlaubt, eine dort ausgewiesene Rechtsnachfolge für offenkundig zu erachten. Der BGH entschied nun mit Beschluss vom 24.5.2023[2], dass die im Internet über das Gemeinsame Registerportal der Länder aus dem elektronisch geführten Handelsregister ersichtliche Eintragung der Verschmelzung zweier Rechtsträger eine allgemeinkundige Tatsache gemäß § 727 ZPO ist. Nach seiner Auffassung ist das elektronisch geführte Handelsregister eine zuverlässige, frei zugängliche Informationsquelle.

> **Anmerkung:**
>
> Seit dem 1.8.2022 ist der Abruf der Daten aus dem Handelsregister kostenlos und erfordert keine Registrierung mehr.

2. Gesellschaft bürgerlichen Rechts – Stimmverbot eines Gesellschafters bei Beschlussfassung

Nach § 47 Abs. 4 Satz 1 GmbHG unterliegt der betroffene Gesellschafter bei Beschlussfassungen der Gesellschafter über die Entlastung eines Gesellschafters, die Einleitung eines Rechtsstreits oder die außergerichtliche Geltendmachung von Ansprüchen gegen einen Gesellschafter sowie die Befreiung eines Gesellschafters von einer Verbindlichkeit einem Stimmverbot. Dies gilt auch im Personengesellschaftsrecht. Das an den Fall einer **Interessenkollision geknüpfte Stimmverbot** ist gemäß Urteil des BGH vom 17.1.2023[3] über den Gesetzeswortlaut hinaus **für alle Gesellschafterbeschlüsse verallgemeinerungsfähig**, die darauf abzielen, das Verhalten eines Gesellschafters zu billigen oder zu missbilligen.

Aus diesem Grund sei auch ein Gesellschafter einer Gesellschaft bürgerlichen Rechts (GbR) von der Abstimmung über die Kündigung eines Vertrags ausgeschlossen, wenn der Beschluss darauf abziele, das Verhalten des Gesellschafters zu missbilligen, weil er Pflichtverletzungen begangen habe.

---

1) OLG Schleswig v. 20.3.2023, 2 Wx 56/22, NJW-RR 2023, 1014 (rkr.); vgl. hierzu auch Staake, jurisPR-HaGesR 8/2023 Anm. 3.
2) BGH v. 24.5.2023, VII ZB 69/21, DStR 2023, 1786.
3) BGH v. 17.1.2023, II ZR 76/21, DB 2023, 569; vgl. hierzu auch Hippeli, jurisPR-HaGesR 4/2023 Anm. 2.

> **Anmerkung:**
> Nichtsdestotrotz sei auch bei der konkludenten Beschlussfassung einer GbR der einem Stimmverbot unterliegende Gesellschafter an der Willensbildung der Gesellschaft zu beteiligen. Denn auch der von der Abstimmung ausgeschlossene Gesellschafter müsse die Willensbildung der Gesellschaft nachvollziehen können und die Möglichkeit haben, auf die Meinungsbildung der anderen Gesellschafter Einfluss zu nehmen.

3. Kommanditgesellschaft

a) Haftung des Geschäftsführers einer geschäftsführenden Kommanditisten-GmbH

583 Der Geschäftsführer einer Kommanditisten-GmbH haftet bei sorgfaltswidriger Geschäftsführung grundsätzlich für den entstandenen Schaden der Kommanditgesellschaft. Dies gilt auch dann, wenn diese Geschäftsführung nicht die alleinige oder wesentliche Aufgabe der GmbH ist.

Der BGH erstreckt nach ständiger Rechtsprechung den Schutzbereich des zwischen der Komplementär-GmbH einer GmbH & Co. KG und ihrem Geschäftsführer bestehenden Organ- und Anstellungsverhältnisses im Hinblick auf die Haftung des Geschäftsführers aus § 43 Abs. 2 GmbHG auf die KG. Nach dieser Vorschrift haften Geschäftsführer, die ihre Obliegenheiten verletzen, der Gesellschaft gemäß § 43 Abs. 2 GmbHG solidarisch für den entstandenen Schaden.

Die Grundsätze dieser Rechtsprechung hat der BGH mit Urteil vom 14.3.2023[1] nun auch auf den Fall übertragen, dass der **Geschäftsführer einer geschäftsführenden Kommanditisten-GmbH sorgfaltswidrig handelt und die KG schädigt**. Danach haftet er genauso gegenüber der KG nach den Grundsätzen des Vertrags mit Schutzwirkung zugunsten Dritter wie gegenüber der GmbH. Dies begründet der BGH damit, dass die KG in den Schutzbereich des zwischen der geschäftsführenden Kommanditisten-GmbH und ihrem Geschäftsführer bestehenden Organ- und Anstellungsverhältnisses einbezogen sei. Weiter konkretisiert der BGH, dass sich die Haftung des Geschäftsführers der geschäftsführenden GmbH einer GmbH & Co. KG auch dann auf die KG erstreckt, wenn die Geschäftsführung der KG nicht die alleinige oder wesentliche Aufgabe der GmbH ist. Da eine **Pflicht zur Geschäftsführung im Ganzen** bestehe, lasse auch eine abweichende Ressortzuteilung Überwachungspflichten grundsätzlich nicht entfallen.

b) Publikums-KG: Haftung von Gründungsgesellschaftern aus Vertriebsverantwortung

584 Der BGH hat Hinweisbeschlüsse zu mehreren bei ihm anhängigen Verfahren betreffend die Haftung von Gründungsgesellschaftern einer Publikums-KG wegen Verletzung von Aufklärungspflichten erlassen.

Nach vorläufiger rechtlicher Bewertung kommt gemäß Hinweisbeschluss des BGH vom 27.6.2023[2] eine Haftung der geschäftsführenden Kommanditistin der Fondsgesellschaft unter dem Gesichtspunkt eines **Verschuldens bei Vertragsschluss** in Betracht. Der BGH will an seiner Rechtsprechung festhalten, wonach im Anwendungsbereich der spezialgesetzlichen Prospekthaftung nach § 13 VerkProspG, §§ 44 ff. BörsG (in der bis zum 31.5.2012 geltenden Fassung) eine Haftung der Altgesellschafter wegen Verletzung allgemeiner zivilrechtlicher Aufklärungspflichten nicht ausgeschlossen wird.

---

[1] BGH v. 14.3.2023, II ZR 162/21, NZG 2023, 837 mit Anm. Lüttenberg.
[2] BGH vom 27.6.2023, II ZR 57/21, ZIP 2023, 1588; vgl. hierzu auch Henning, jurisPR-BKR 8/2023 Anm. 1.

> **Anmerkung:**
>
> Die mit dem Gesetz zur Verbesserung des Anlegerschutzes[1] geschaffenen spezialgesetzlichen Aufklärungspflichten und das mit ihnen verbundene Haftungsregime rechtfertigten jedoch eine Neuausrichtung der bestehenden allgemeinen Aufklärungspflichten der Altgesellschafter. Eine vorvertragliche Aufklärungspflicht treffe danach nur noch solche Altgesellschafter, die entweder selbst den Vertrieb der Beteiligungen an Anleger übernehmen oder in sonstiger Weise für den von einem anderen übernommenen Vertrieb Verantwortung tragen.

c) Zur Bestellung eines Ergänzungspflegers bei schenkweiser Übertragung eines Kommanditanteils an ein Kind

585 Minderjährige Kinder sind vom 7. Lebensjahr bis zur Volljährigkeit beschränkt geschäftsfähig. Sie müssen bei einer Schenkung von ihren Eltern ordnungsgemäß vertreten werden. Eine Vertretung ist ausnahmsweise nicht erforderlich, wenn die Schenkung für das minderjährige Kind lediglich rechtlich vorteilhaft ist. Bei rechtlich nachteiligen Schenkungen muss das minderjährige Kind durch dessen Eltern vertreten werden. Beschenken die Eltern das Kind jedoch selbst, muss zum Schutz von Minderjährigen vor negativen Verträgen ein Ergänzungspfleger bestellt werden.

Bei der Beurteilung, ob eine **Schenkung ausschließlich rechtlich vorteilhaft** ist, ist auf die für das Kind aus der Schenkung resultierenden Haupt- und Nebenpflichten abzustellen. Gemäß rechtskräftigem Beschluss des OLG München vom 3.8.2023[2] entspricht es allgemeiner Auffassung, dass die Übertragung eines Kommanditanteils, dessen Einlage vollständig bezahlt ist, für den Erwerber lediglich rechtlich vorteilhaft ist.

An der Vorteilhaftigkeit des Rechtsgeschäfts ändere sich auch dann nichts, wenn die Übertragung des Kommanditanteils nicht an die Bedingung der vorherigen Eintragung im Handelsregister geknüpft ist. Zwar haftete der Erwerber eines Kommanditanteils nach bisheriger Rechtsprechung des BGH vor Eintragung der Übertragung des Kommanditanteils im Handelsregister wie ein Komplementär unbeschränkt. Jedoch habe der Gesetzgeber mit der Neufassung von § 176 Abs. 2 HGB durch das MoPeG[3] die **BGH-Rechtsprechung dahingehend korrigiert**, dass die unbeschränkte Haftung eines eintretenden Kommanditisten nur gelten soll, wenn dieser einen neuen Anteil erwirbt, nicht aber, wenn ihm (wie im Streitfall) ein bereits bestehender Anteil übertragen wird, für den die Einlage vollständig eingezahlt ist. Dies hat der Gesetzgeber dadurch klargestellt, dass in den Wortlaut des § 176 Abs. 2 HGB vor das Wort Kommanditist das Wort „weiterer" eingefügt wird.

> **Anmerkung:**
>
> Sofern die Kommanditgesellschaft ihre Geschäfte begonnen hat, bevor sie in das Handelsregister eingetragen ist, haftet jeder Kommanditist, der dem Geschäftsbeginn zugestimmt hat, gemäß § 176 Abs. 1 Satz 1 HGB für die bis zur Eintragung begründeten Verbindlichkeiten der Gesellschaft gleich einem persönlich haftenden Gesellschafter. Dies gilt nicht, wenn dem Gläubiger seine Beteiligung als Kommanditist bekannt war. Tritt ein Kommanditist in eine bestehende Handelsgesellschaft ein, findet Abs. 1 Satz 1 der Vorschrift für die in der Zeit zwischen seinem Eintritt und dessen Eintragung in das Handelsregister begründeten Verbindlichkeiten der Gesellschaft entsprechende Anwendung, § 176 Abs. 2 HGB.

Wenngleich die Änderungen durch das MoPeG erst zum 1.1.2024 in Kraft traten (→ Rz. 232 ff.), ist nach Auffassung des OLG München die auslegungskorrigierende Neufassung von § 176 Abs. 2 HGB schon jetzt anwendbar. Aus diesem Grund habe es vorliegend keiner Bestellung eines Ergänzungspflegers bedurft.

---

1) BGBl. I 2004, 2630.
2) OLG München v. 3.8.2023, 16 WF 193/23, NZFam 2023, 1137 (rkr.).
3) BGBl. I 2021, 3436.

4. Gesellschaft mit beschränkter Haftung
a) Keine Entlastung des Geschäftsführers durch bloße Feststellung des Jahresabschlusses

586 Die bloße Feststellung des Jahresabschlusses einer GmbH führt nicht zu einem Ausschluss der Geschäftsführerhaftung gegenüber den Gesellschaftern.

In dem vom OLG Brandenburg mit Urteil vom 29.6.2022[1)] entschiedenen Fall hatte sich der Gesellschafter-Geschäftsführer ohne Rücksprache mit den Gesellschaftern eigenmächtig ein erhöhtes Geschäftsführergehalt ausgezahlt. Die gezahlten Beträge waren aus den festgestellten Bilanzen ersichtlich und dem Geschäftsführer war für zwei vergangene Geschäftsjahre bereits Entlastung erteilt worden. Sofern dem Geschäftsführer für den fraglichen Zeitraum bereits wirksam Entlastung erteilt wurde, kann er laut OLG Brandenburg nach § 43 Abs. 2 GmbHG nicht mehr in Anspruch genommen werden. Da die gezahlten Geschäftsführerbeträge aus der Bilanz ersichtlich waren, sei die Entlastung insoweit wirksam.

Jedoch konnte die Gesellschaft für die Geschäftsjahre, in denen die **Jahresabschlüsse lediglich festgestellt** worden waren, aber noch **kein Entlastungsbeschluss** gefasst worden war, die **Ansprüche aus Geschäftsführerhaftung** noch geltend machen. Nach Auffassung des Gerichts bedeutet die Feststellung des Jahresabschlusses nur, dass bestimmte Zahlungen geleistet worden sind, nicht jedoch, ob deren Höhe angemessen gewesen ist. Demnach musste der Geschäftsführer insoweit die überzahlten Beträge zurückzahlen.

b) Geschäftsführerhaftung bei Phishing-Angriff

587 Im Streitfall verneinte das OLG Zweibrücken mit rechtskräftigem Urteil vom 18.8.2022[2)] einen Schadensersatzanspruch gegen eine GmbH-Geschäftsführerin, die durch betrügerische E-Mails zu Geldüberweisungen zulasten der GmbH veranlasst worden war. Sie hatte Zahlungsaufforderungen aus sog. Phishing-E-Mails befolgt, deren Absenderadresse sich nur durch einen Buchstabendreher („…flim.com" statt „…film.com") von der bekannten Adresse eines Geschäftspartners unterschied.

Das OLG Zweibrücken vermochte keinen Organhaftungsanspruch der GmbH gegen die Geschäftsführerin aus § 43 Abs. 2 GmbHG auf Erstattung der Beträge zu erkennen. Zwar habe die Geschäftsführerin leicht fahrlässig gehandelt. Sie habe dabei aber **keine Pflicht** verletzt, die sie gerade in ihrer **Eigenschaft als Geschäftsführerin** treffe. Üblicherweise sei die Überweisung Aufgabe der Buchhaltung gewesen und die Unternehmensleitung sei nicht betroffen. Für Tätigkeiten, die ebenso gut von einem Dritten hätten vorgenommen werden können und nur gelegentlich von der Geschäftsführung vorgenommen worden seien, scheide eine Organhaftung aus.

> **Anmerkung:**
> Weiter verneint das OLG eine Haftung der Geschäftsführerin aus § 280 Abs. 1 BGB wegen Verletzung der sie aus dem Anstellungsvertrag treffenden Dienstpflichten oder aus § 823 BGB. Zugunsten der Geschäftsführerin sei eine **Haftungsmilderung in Anlehnung an die Grundsätze der Haftung von Arbeitnehmern** im Rahmen des **innerbetrieblichen Schadensausgleichs** nach den arbeitsrechtlichen Grundsätzen der betrieblich veranlassten Tätigkeit anzunehmen, da die Entscheidungskompetenzen der Geschäftsführerin begrenzt gewesen seien und sie bei den Fehlüberweisungen bloß leicht fahrlässig gehandelt habe.

c) Angabe des von einer GmbH übernommenen Gründungsaufwands im Gesellschaftsvertrag

588 Der **Gründungsaufwand,** den eine GmbH zu Lasten ihres Nominalkapitals tragen muss, ist **im Gesellschaftsvertrag als Gesamtbetrag offenzulegen**.

---
1) OLG Brandenburg v. 29.6.2022, 7 U 133/21, NZG 2022, 1685.
2) OLG Zweibrücken v. 18.8.2022, 4 U 198/21, NZG 2023, 330 (rkr.); vgl. hierzu von Hesberg, jurisPR-Compl 1/2023 Anm. 1, Fortmann, jurisPR-HaGesR 2/2023, 3.

Wie das OLG Schleswig mit rechtskräftigem Beschluss vom 21.2.2023[1)] ausführt, ist die gläubigerschützende Vorschrift des **§ 26 Abs. 2 AktG analog** auf die Gründung einer GmbH anwendbar. Die Vorschrift besagt, dass der Gesamtaufwand, der zu Lasten der Gesellschaft für die Gründung oder ihre Vorbereitung gezahlt wird, in der Satzung gesondert festzusetzen ist. Laut OLG ist die bloße Bezifferung eines (Gesamt-)Höchstbetrages, bis zu dem die Gesellschaft die Gründungskosten trägt, nicht ausreichend. Vielmehr seien die von der GmbH zu tragenden Kosten als Gesamtbetrag (Endsumme) im Gesellschaftsvertrag auszuweisen. Dabei müssten Beträge, die noch nicht genau beziffert werden können, geschätzt werden.

Weiter führt das Gericht aus, dass diejenigen Gründungskosten, die die Gesellschaft tragen soll, im Einzelnen aufgeführt und beziffert werden müssen, da ansonsten nicht deutlich würde, um welche Kostenpositionen es sich konkret handelt und die Gefahr einer Schmälerung des Haftungskapitals der Gesellschaft durch zweifelhafte Gründungskosten bestünde, ohne dass dies transparent wird.

d) Keine Eintragung eines Gewinnabführungsvertrags bei der Obergesellschaft

589 Der zwischen zwei GmbHs bestehende Gewinnabführungsvertrag kann nicht im Handelsregister der Obergesellschaft eingetragen werden. Diese bisher umstrittene Frage stellte der BGH nun mit Beschluss vom 31.1.2023[2)] klar.

Laut BGH ist der **Gewinnabführungsvertrag** auf Seiten der Obergesellschaft **weder eine eintragungspflichtige noch eine eintragungsfähige Tatsache**. Die Wirksamkeit des Gewinnabführungsvertrages sei nicht von seiner Eintragung im Handelsregister der Obergesellschaft abhängig. Weiter vermochte der BGH auch kein gewohnheitsrechtlich begründetes Eintragungserfordernis zu erkennen.

Zudem sei die Eintragungsfähigkeit der Tatsache auf Grund eines erheblichen Bedürfnisses zu verneinen. Eine fakultative Eintragung des Gewinnabführungsvertrages wäre nämlich geeignet, bei Gläubigern oder künftigen Gesellschaftern der Obergesellschaft Missverständnisse über den Bestand eines solchen Vertrags zu verursachen. Ihr Vertrauen auf das Nichtbestehen eines Gewinnabführungsvertrages im Fall der Nichteintragung wäre gerade nicht geschützt.

e) Verletzung der Neutralitätspflicht: Abberufung eines GmbH-Geschäftsführers

590 Die Abberufung eines GmbH-Geschäftsführers aus wichtigem Grund kann dadurch gerechtfertigt sein, dass er sich in einem länger anhaltenden Gesellschafterstreit zum **einseitigen Fürsprecher** eines am Streit beteiligten Minderheitsgesellschafters macht.

Der Widerruf der Bestellung eines Geschäftsführers kann laut § 38 Abs. 2 GmbHG im Gesellschaftsvertrag darauf beschränkt werden, dass dieser aus wichtigen Gründen erforderlich ist. Solche wichtigen Gründe sind insb. grobe Pflichtverletzungen oder die Unfähigkeit zur ordnungsmäßigen Geschäftsführung. Hierfür reicht gemäß rechtskräftigem Beschluss des KG vom 9.3.2023[3)] ein **tiefgreifendes Zerwürfnis** bzw. eine nachhaltige Zerstörung des Vertrauensverhältnisses zwischen den Beteiligten aus.

> **Anmerkung:**
> Im Streitfall hatten sich weder die Minderheitsgesellschafterin noch die GmbH, vertreten durch den Geschäftsführer, veranlasst gesehen, an der Berichtigung der Gesellschafterliste mitzuwirken, obwohl rechtskräftig gerichtlich entschieden wurde, dass die Klägerin Mehrheitsgesellschafterin

---

1) OLG Schleswig v. 21.2.2023, 2 WX 50/22, NZG 2023, 470 (rkr.); vgl. hierzu auch Cranshaw, jurisPR-HaGesR 8/2023 Anm. 4.
2) BGH v. 31.1.2023, II ZB 10/22, DStR 2023, 717; vgl. hierzu auch Hippeli, jurisPR-HaGesR 5/2023 Anm. 2.
3) KG v. 9.3.2023, 2 U 56/19, NZG 2023, 841 (rkr.).

der beklagten Holding-GmbH ist. Laut KG sind diese gerichtlichen Entscheidungen für die beklagte GmbH und ihren Geschäftsführer auch zu beachten. Eine GmbH und der sie vertretende Geschäftsführer seien aufgrund der sie bindenden Treuepflicht gehalten, auf die im mitgliedschaftlichen Bereich liegenden berechtigten Anliegen eines Gesellschafters der GmbH Rücksicht zu nehmen.

f) Vereinbarung einer variablen Geschäftsführer-Vergütung nur für die Dauer der Bestellung unwirksam

591 Nach § 38 Abs. 1 GmbHG ist die Bestellung der Geschäftsführer zu jeder Zeit widerruflich, davon unbeschadet bleiben jedoch Entschädigungsansprüche aus bestehenden Verträgen. Nach diesem Grundgedanken ist eine **Beschränkung der variablen Vergütung** in einem Geschäftsführerdienstvertrag **auf die Dauer der Bestellung zum Geschäftsführer** gemäß rechtskräftigem Urteil des OLG München vom 3.5.2023[1] **unwirksam** und verstößt gegen § 307 Abs. 1 und 2 BGB.

> **Anmerkung:**
> Wäre eine solche Vereinbarung wirksam, wäre es möglich, den Geschäftsführer zwar als Organ abzuberufen, ihn aber unter Verzicht auf die zugesagte variable Vergütung weiterarbeiten zu lassen, wenn laut der verwendeten Vertragsklausel die Abberufung nicht mit der Freistellung des Geschäftsführers von seinen dienstvertraglichen Pflichten verbunden ist. Dass die Abberufung als Geschäftsführer - wie auch im vorliegenden Fall, wenn auch unwirksam - regelmäßig mit dessen Freistellung verbunden wird, könne nicht als Argument für eine geltungserhaltende Reduktion unwirksamer Allgemeiner Geschäftsbedingungen vorgebracht werden. Daher könne offenbleiben, ob der formularmäßige Ausschluss des Anspruchs auf variable Vergütung für den Fall der Abberufung und gleichzeitigen Freistellung des Geschäftsführers möglich wäre.

g) Anforderungen an die Wahl des richtigen Versammlungsorts einer GmbH

592 Nach § 121 Abs. 5 Satz 1 AktG soll die Hauptversammlung am **Sitz der Gesellschaft** stattfinden, wenn die Satzung nichts anderes bestimmt. Die Vorschrift gilt analog für die GmbH. Ist in der Satzung einer GmbH kein Versammlungsort enthalten, darf gemäß Urteil des OLG München von der **gesellschafterschützenden Sollbestimmung** u.a. dann abgewichen werden, wenn am Sitz der Gesellschaft kein geeignetes Versammlungslokal vorhanden ist oder die Verkehrsverbindung dorthin gestört ist.[2]

In dem zur Entscheidung stehenden Fall sei es darauf jedoch nicht angekommen. Die Satzung habe eine fernmündliche Beschlussfassung vorgesehen. Aus diesem Grund hätte es angesichts der Pandemiesituation im April 2020 nahegelegen, eine Videokonferenz abzuhalten oder zumindest anzubieten und konstitutiv eine schriftliche Stimmabgabe vorzusehen.

Eine im Streitfall vorgesehene Präsenzveranstaltung in Frankfurt statt in München, und damit entgegen der Satzung an einem fernen Ort, habe zugleich eine unzumutbare Belastung für den Kläger dargestellt, der als damals schon über 60-Jähriger einer besonders vulnerablen Personengruppe angehörte.

> **Anmerkung:**
> Der fehlerhafte Versammlungsort macht laut OLG München den in der Gesellschafterversammlung gefassten Beschluss anfechtbar. Dem stehe nicht entgegen, dass der fehlerhafte Versammlungsort keine Auswirkung auf das Beschlussergebnis hatte. Für die Anfechtbarkeit genüge die Relevanz des Fehlers für das Mitwirkungs- oder Partizipationsrecht entsprechend § 243 Abs. 4 AktG, insoweit ist laut OLG der Versammlungsort für das Teilhaberecht eines Gesellschafters von grundsätzlicher Bedeutung.

---

1) OLG München v. 3.5.2023, 7 U 2865/21, DStR 2023, 2455 (rkr.); vgl. hierzu auch Auftenbeck/Gravenhorst, jurisPR-HaGesR 6/2023 Anm. 3.
2) OLG München v. 22.3.2023 7 U 1995/21, NZG 2023, 945.

I. Wirtschaftsrecht

h) Zulässigkeit einer Beschlussfassung im Umlaufverfahren

593 Nach § 48 Abs. 2 GmbHG braucht keine Gesellschafterversammlung abgehalten werden, wenn sich sämtliche Gesellschafter in Textform mit der zu treffenden Bestimmung oder mit der schriftlichen Abgabe der Stimmen einverstanden erklären. Im Zuge der **Corona-Sondergesetzgebung** wurde § 2 COVMG eingeführt, wonach Gesellschafterbeschlüsse abweichend von § 48 Abs. 2 GmbHG in Textform oder durch schriftliche Abgabe der Stimmen auch ohne Einverständnis sämtlicher Gesellschafter gefasst werden können.

Im Rahmen eines Hinweisbeschlusses vom 17.5.2023[1)] stellte das Kammergericht (KG) klar, dass diese Sondergesetzgebung nicht auf solche GmbHs beschränkt ist, in deren Satzung noch gar keine Regelung für Umlaufbeschlüsse vorgesehen ist. Nach Auffassung des KG wäre es mit der Zielsetzung der Sondergesetzgebung nicht vereinbar, wenn gerade bei Gesellschaften, die sich für Umlaufbeschlüsse bereits grundsätzlich geöffnet hätten und in gewissem Sinne Vorsorge getroffen haben, eine Coronabedingte Handlungsunfähigkeit hingenommen würde, während sie bei Gesellschaften ohne solche Vorkehrungen vom Gesetzgeber behoben worden sei.

> **Anmerkung:**
> Damit widerspricht das KG der Auffassung des LG Stuttgart vom 25.1.2021[2)], § 2 COVMG ändere lediglich § 48 Abs. 2 GmbHG, wohingegen der Vorrang der Bestimmungen des Gesellschaftsvertrages vor den Regelungen in §§ 46 ff. GmbHG nicht angetastet werde. Nach Auffassung des LG Stuttgart bleibe es daher bei den gesellschaftsvertraglichen Vorgaben zu den Anforderungen an einen Beschluss im Umlaufverfahren. Das Gericht lehnte eine ergänzende Vertragsauslegung, wonach es dem Willen der Gesellschafter entsprochen hätte, im Falle einer Pandemie per Mehrheitsbeschluss im Umlaufverfahren zu entscheiden, ab.

5. Aktiengesellschaft

a) Selbstbestellung von Vorständen zu Geschäftsführern einer Tochter-GmbH unwirksam

594 Vorstände einer Aktiengesellschaft können sich nicht selbst zu Geschäftsführern einer Tochter-GmbH bestellen. Der BGH stellte damit in seinem Beschluss vom 17.1.2023[3)] eine seit längerem umstrittenen Frage klar.

Wie der BGH ausführt, ist die **Vertretungsmacht des Vorstands** einer AG bei der Beschlussfassung über seine Bestellung als Geschäftsführer einer Tochtergesellschaft, im Streitfall einer GmbH in Gründung, nach § 181 Alt. 1 BGB **beschränkt**. Laut BGH handelt das Vorstandsmitglied im Namen der Mutter-Aktiengesellschaft als für die Vor-GmbH die Bestellungserklärung abgebende Alleingesellschafterin und zugleich bei Annahme des Amts im eigenen Namen. Damit liegt ein Fall des **verbotenen sog. Selbstkontrahierens** vor. Dieses Verbot gelte auch für die Stimmabgabe.

Weiter führt der BGH aus, dass sofern die Beschlussfassung über die Bestellung wegen Verstoßes gegen das Selbstkontrahierungsverbot **schwebend unwirksam** ist, aber **nicht der Aufsichtsrat zur Erteilung der Genehmigung** der Bestellung der Vorstandsmitglieder zu Geschäftsführern **berufen** sei. § 112 Satz 1 AktG, wonach der Aufsichtsrat die Gesellschaft gegenüber Vorstandsmitgliedern vertritt, sei auf die Bestellung des Vorstandsmitglieds einer AG zum Geschäftsführer einer Tochtergesellschaft nicht anwendbar. Bei der Bestellung eines Geschäftsführers handele es sich nämlich um einen Organakt der Untergesellschaft und nicht der Obergesellschaft als deren Alleingesellschafterin.

---

1) KG v. 17.5.2023, 2 U 159/21, MDR 2023, 995; vgl. hierzu auch Leinekugel, EWiR 2023, 649.
2) LG Stuttgart v. 25.1.2021, 44 O 52/20, NZG 2021, 598.
3) BGH v. 17.1.2023, II ZB 6/22, NJW 2023, 1350; vgl. hierzu auch Backhaus, jurisPR-HaGesR 5/2023 Anm. 1, Hippeli, jurisPR-Compl 2/2023 Anm. 2.

Dritter Teil: Entwicklungen in Gesetzgebung, Rechtsprechung und Verwaltung 2023

Beratungshinweis:

Zur Vermeidung solcher verbotener Insichgeschäfte wurden in der Vergangenheit häufig gerne dritte Personen bevollmächtigt. Dieser Gestaltung erteilt der BGH jedoch ebenfalls eine Absage, indem er klarstellt, dass die (Unter-)Vertretung durch eine dritte Person nichts daran ändert, dass das Mitglied des Vorstandes bei einer Selbstbestellung zugleich für sich und in Vertretung der Gesellschaft handelt. Will also das Geschäftsführungsorgan der Muttergesellschaft eigene Organmitglieder zu Geschäftsführern der Tochtergesellschaft bestellen, sollten bei der Muttergesellschaft andere Personen handeln als die bei der Tochtergesellschaft zu bestellenden Personen.

b) Fehlende Vereinbarung der Bemessungskriterien einer erfolgsabhängigen Zusatzvergütung für einen Vorstand

595 Sofern in einem Dienstvertrag zwischen Arbeitgeber und Vorstand verbindlich eine geschäftsjährlich an den Vorstand zu zahlende Tantieme vereinbart ist und die Parteien im Vertrag zugleich das „wie" der Tantiemeregelungen jeweils geschäftsjährlich zu treffenden gesonderten Vereinbarungen vorbehalten, ist die Frage ungeklärt, **anhand welcher konkreter Zielvorgaben** die Tantieme letztlich bemessen werden sollte.

Wenn dann eine wechselseitige Vereinbarung über die Bemessungskriterien der Tantieme unterbleibt, ist der Arbeitgeber laut Urteil des OLG Köln vom 23.2.2023[1] dem Vorstand zum Schadensersatz der ihm entgangenen Tantiemen verpflichtet. Dabei sei allerdings ein Mitverschuldensanteil des Vorstands anspruchsmindernd zu berücksichtigen, nachdem dieser das Geschäftsjahr 2016/2017 habe verstreichen lassen, ohne seinerseits auf den Abschluss der erforderlichen „Tantiemeregelung" hinzuwirken. Diesen Mitverschuldensanteil veranschlagt das Gericht mit 10 %.

Anmerkung:

Gegen das Urteil wurde beim BGH unter dem Az. II ZR 34/23 Nichtzulassungsbeschwerde eingelegt.

6. Vereinsrecht

a) Gesetz zur Ermöglichung hybrider und virtueller Mitgliederversammlungen

596 Der Bundestag hat am 9.2.2023 das Gesetz zur Ermöglichung hybrider und virtueller Mitgliederversammlungen im Vereinsrecht verabschiedet. Der Bundesrat hat das Gesetz am 3.3.2023 gebilligt. Das Gesetz vom 14.3.2023 trat am Tag nach seiner Verkündung[2] und damit am 21.3.2023 in Kraft.

Dadurch können hybride Mitgliederversammlungen aufgrund der **Entscheidung des jeweiligen Beschlussgremiums** – und damit nicht ausschließlich des Vorstands – mit jedweder geeigneten elektronischen Kommunikation – und somit nicht nur mittels Videokonferenztechnik abgehalten werden.

Weiter besteht nunmehr die Möglichkeit, ohne dass die Satzung hierfür geändert werden muss, aufgrund eines Mitgliederbeschlusses rein virtuelle Mitgliederversammlungen durchzuführen, bei denen eine Teilnahme in Präsenz ausgeschlossen ist.

Anmerkung:

Bei der Einberufung einer hybriden oder virtuellen Versammlung muss zugleich angegeben werden, wie die Mitglieder ihre Rechte im Wege der elektronischen Kommunikation ausüben können.

---

1) OLG Köln v. 23.2.2023, 18 U 30/22, NWB 2023, 1690.
2) BGBl. I 2023 Nr. 72 v. 20.3.2023.

I. Wirtschaftsrecht

b) Virtuelle Mitgliederversammlung: Regelungen in Vereinssatzung erforderlich

Die Abhaltung virtueller Mitgliederversammlungen eines Vereins ist auch nach Auslaufen der während der Corona-Pandemie bestehenden Sonderregelungen möglich. Allerdings sind die **wesentlichen Regelungen** zur Abhaltung virtueller Versammlungen in der **Vereinssatzung** niederzulegen.

597

Im Zuge der Corona-Pandemie war die Abhaltung von Mitgliederversammlungen eines Vereins auch virtuell möglich. Im sog. Gesetz zur Abmilderung der Folgen der COVID-19-Pandemie vom 27.3.2020 war eine entsprechende Regelung enthalten, die zum 31.8.2022 ausgelaufen ist. Sollen weiterhin Mitgliederversammlungen virtuell oder hybrid durchgeführt werden, ist eine entsprechende Implementierung in der Vereinssatzung erforderlich, wie das OLG Hamm mit rechtskräftigem Beschluss vom 4.8.2022[1]) zur Rechtslage vor Inkrafttreten des Gesetzes zur Ermöglichung hybrider und virtueller Mitgliederversammlungen im Vereinsrecht (→ Rz. 596) klarstellte.

Sofern die Satzung die hybride Abhaltung einer Mitgliederversammlung eines Vereins für zulässig erachtet, müsse dieser grundsätzlich der **Durchführungsweg der virtuellen Teilnahme** zu entnehmen sein. Es müssten nicht sämtliche Einzelheiten der virtuellen Durchführung in der Satzung geregelt werden, aber sichergestellt sein, dass die virtuell anwesenden Mitglieder ihre Informations- und Mitwirkungsrechte in gleichem Umfang wahrnehmen können wie die physisch anwesenden Mitglieder. Aus diesem Grund müssten in der Satzung Bestimmungen zur Wahrnehmung der Mitgliedschaftsrechte, etwa zu Fragen und Anträgen, enthalten sein. Fehlt es an entsprechenden Bestimmungen, läuft der Verein ggf. Gefahr, dass getroffene Beschlüsse unwirksam sein könnten.

c) Herausgabe von Mitgliederlisten an Vereinsmitglied

Einem Vereinsmitglied steht gemäß rechtskräftigem Urteil des OLG Hamm vom 26.4.2023[2]) ein aus dem **Mitgliedschaftsverhältnis fließendes Recht** gegen den Verein auf Übermittlung einer Mitgliederliste zu.

598

Diese Mitgliederliste kann auch die E-Mail-Adressen der Mitglieder enthalten. Voraussetzung ist, dass das Vereinsmitglied ein berechtigtes Interesse hat, dem keine überwiegenden Geheimhaltungsinteressen des Vereins oder berechtigte Belange der Vereinsmitglieder entgegenstehen. Ein berechtigtes Interesse an dem Erhalt der Mitgliederliste liegt laut OLG Hamm u.a. dann vor, wenn eine Kontaktierung anderer Vereinsmitglieder erfolgen soll, um eine Opposition gegen die vom Vorstand eingeschlagene Richtung der Vereinsführung zu organisieren. In diesem Zusammenhang könne das Vereinsmitglied weder auf ein vom Verein eingerichtetes Internetforum verwiesen werden noch sei es auf die Auskunftserteilung an einen Treuhänder beschränkt.

> **Anmerkung:**
> Die Übermittlung von Mitgliederlisten ist laut OLG Hamm im Übrigen vom Erlaubnistatbestand des Art. 6 Abs. 1 Buchst. b DSGVO gedeckt.

7. Transparenzregister

a) Sanktionsdurchsetzungsgesetz II

Durch das am 28.12.2022 in Kraft getretene Sanktionsdurchsetzungsgesetz II (SDG II) vom 19.12.2022[3]) soll u.a. die **Bekämpfung von Geldwäsche** durch das angestrebte „follow the money"-Prinzip weiter verschärft werden. Dadurch ergeben sich insb. Ver-

599

---

1) OLG Hamm v. 4.8.2022, 27 W 58/22, MDR 2023, 48 (rkr.).
2) OLG Hamm v. 26.4.2023, 8 U 94/22, NJW-Spezial 2023, 400 (rkr.); vgl. hierzu auch Pörksen, jurisPR-ITR 14/2023 Anm. 4.
3) BGBl. I 2022, 2606.

schärfungen hinsichtlich der „Transparenz" von Immobilienbesitz und auch wesentliche Änderungen der Meldepflichten ausländischer Gesellschaften im Zusammenhang mit Immobilienerwerben und -besitz.

aa) Verknüpfung des Immobilienbesitzes mit dem Transparenzregister

600 Im Grundbuch eingetragener Immobilienbesitz juristischer Personen und eingetragener Personengesellschaften wird mit dem Transparenzregister verknüpft. Im Transparenzregister sind Art, Umfang, Beginn und Ende der jeweiligen Berechtigung an Grundstücken für Behörden und Verpflichtete i.S.d. GwG einsehbar, §§ 19a und 19b GwG n.F. Die Grundbuchämter lassen diese Daten der Registerstelle durch ein automatisiertes Verfahren zukommen. Die bereits bestehenden Daten mussten bis zum 31.7.2023 durch die Grundbuchämter zur Registerstelle überführt werden.

> **Anmerkung:**
> Für die Öffentlichkeit sind die Immobiliendaten nicht einsehbar. Für die aufgeführten Behörden, Kredit-, Finanzdienstleistungs-, Zahlungs- und Geldinstitute als Verpflichtete nach dem GwG sowie Notare besteht ab dem 1.1.2026 eine Pflicht zur Abgabe einer Unstimmigkeitsmeldung, soweit Abweichungen zu den eingetragenen Immobiliendaten im Transparenzregister auffallen.

bb) Neue Mitteilungspflicht von Vereinigungen mit Sitz im Ausland mit Bestandsimmobilien in Deutschland

601 Bisher mussten Vereinigungen mit Sitz im Ausland nur dann ihre wirtschaftlich Berechtigten zum deutschen Transparenzregister melden, wenn sie sich verpflichteten, Eigentum an einer Immobilie in Deutschland zu erwerben, also in der Regel im Zusammenhang mit dem Abschluss eines Kaufvertrags. Seit dem 1.1.2023 besteht diese Pflicht zur Meldung auch für **Bestandsimmobilien**, §§ 20 Abs. 1 Satz 2, 59 Abs. 13 GwG n.F.

Meldepflichten gelten für Auslandsgesellschaften auch bei Beteiligungserwerben (sog. Share Deals), durch die die ausländische Gesellschaft über 90 % an einer deutschen Vereinigung mit Immobilienbesitz (unmittelbar oder mittelbar) auf sich vereint.

Die Meldepflicht zum deutschen Transparenzregister gilt wiederum nicht, falls die Auslandsgesellschaft und ihre wirtschaftlich Berechtigten bereits an ein anderes (Transparenz-)Register eines EU-Mitgliedstaates gemeldet wurden.

> **Anmerkung:**
> Der Gesetzgeber gewährte den meldeverpflichteten Auslandsgesellschaften hinsichtlich Bestandsimmobilien für die Meldung eine **Übergangsfrist bis zum 30.6.2023**. Dies galt hinsichtlich „direkten" Immobilienerwerben vor dem 1.1.2020 und Beteiligungserwerben zu mindestens 90 % an deutschen Gesellschaften, die Immobilien besitzen, vor dem 1.8.2021.

cc) Erweiterte Angaben zum fiktiv wirtschaftlich Berechtigten

602 Bei der Meldung von fiktiv wirtschaftlich Berechtigten muss nach § 19 Abs. 3 Satz 2 GwG n.F. angegeben werden, ob ein **tatsächlich wirtschaftlich Berechtigter nicht ermittelt** werden konnte, weil es schlicht keine Person gibt, die als wirtschaftlich Berechtigter nach Maßgabe des GwG anzusehen ist (Streubesitz), oder ob nach Durchführung umfassender Prüfungen (mangels abschließender Erkenntnisse zu den tatsächlich dahinterstehenden natürlichen Personen) kein tatsächlicher wirtschaftlich Berechtigter ermittelt werden kann.

I. Wirtschaftsrecht

dd) Eigentums- und Kontrollstrukturübersichten für Behörden und Verpflichtete

Die registerführende Stelle erstellt bereits seit einer früheren Änderung des GwG für ihre internen Prüfungen Eigentums- und Kontrollstrukturübersichten. Nun können diese Eigentums- und Kontrollstrukturübersichten neben den Angaben nach § 19 Abs. 1 GwG an Behörden und Verpflichtete (also auch den Erstatter einer Unstimmigkeitsmeldung), nicht aber an die Öffentlichkeit, bei Einsichtnahme im Transparenzregister zur Erfüllung der allgemeinen Sorgfaltspflichten übermittelt werden, §§ 23 Abs. 1 Satz 3, 23a Abs. 5 Satz 2 GwG n.F. Dies gilt für Übersichten, die aufgrund einer nach dem 30.6.2023 abgeschlossenen Unstimmigkeitsmeldung vorhanden sind.

603

b) EU-Geldwäscherichtlinie teilweise rechtswidrig

Der EuGH erklärt die **EU-Geldwäscherichtlinie** in seiner Entscheidung vom 22.11.2022[1]) **teilweise für ungültig**, soweit diese vorsieht, dass die Öffentlichkeit grds. uneingeschränkt Einsicht in Register wirtschaftlich Berechtigter (Transparenzregister) nehmen können soll. Er sieht einen schwerwiegenden und unverhältnismäßigen Eingriff in die Grundrechtecharta. Danach dürfte auch das Recht zur öffentlichen Einsichtnahme in das deutsche Transparenzregister rechtswidrig sein.

604

Zur Bekämpfung von Geldwäsche und der Finanzierung von Terrorismus enthält die sog. EU-Geldwäscherichtlinie eine Bestimmung, wonach Angaben zu wirtschaftlichen Eigentümern von Gesellschaften im Hoheitsgebiet der EU in allen Fällen für die Öffentlichkeit einsehbar sein müssen. Der EuGH vertritt jedoch in seinem Urteil vom 22.11.2022[2]) die Auffassung, dass die entsprechenden Teile der Richtlinie gegen Unionsrecht verstoßen.

Nach den Ausführungen des Gerichts ist der mit dieser Maßnahme verbundene Eingriff in die durch die in Art. 7 und Art. 8 der Charta gewährleisteten Grundrechte auf **Achtung des Privatlebens** sowie auf den **Schutz personenbezogener Daten** weder auf das absolut Erforderliche beschränkt noch stehe er in einem angemessenen Verhältnis zu dem verfolgten Ziel. Er begründet seine Auffassung damit, dass die verbreiteten Angaben es einer potenziell unbegrenzten Anzahl von Personen ermöglichten, sich über die materielle und finanzielle Situation eines wirtschaftlichen Eigentümers Kenntnis zu verschaffen. Der Schutz gegen einen möglichen Missbrauch der Informationen sei nicht ausreichend. Aus diesem Grund hält der EuGH die entsprechende Bestimmung in der Richtlinie für ungültig.

Der deutsche Gesetzgeber hat diese Regelung in nationales Recht umgesetzt. Im Zuge des Gesetzes zur Umsetzung der Änderungsrichtlinie zur Vierten EU-Geldwäscherichtlinie (Richtlinie (EU) 2018/843) ist das deutsche Transparenzregister ebenfalls öffentlich einsehbar. Auf der Grundlage der aktuellen Rechtsprechung des EuGH dürfte die öffentliche Einsehbarkeit des deutschen Transparenzregisters ebenfalls EU-rechtswidrig sein sowie einer Überprüfung unterzogen und wieder beschränkt werden müssen.

> **Anmerkung:**
> Für Verpflichtete ist der Abruf von Transparenzregisterauszügen zur Erfüllung der allgemeinen Sorgfaltspflichten gemäß § 10 GwG weiterhin ohne Einschränkung möglich.

Für die öffentliche Einsichtnahme hatte die registerführende Stelle daraufhin die Abrufe seit dem 22.11.2022 zunächst ausgesetzt. Seit dem 12.12.2022 ist die öffentliche Einsichtnahme wieder eingeschränkt möglich. Der Antragstellende muss den **Antrag auf Einsichtnahme begründen** und ein **berechtigtes Interesse** zur Einsichtnahme darlegen (ggf. durch den Upload von Dokumenten).

---

1) EuGH v. 22.11.2022, C-37/20 und C-601/20, NZG 2023, 890 mit Anm. Morapasten.
2) EuGH v. 22.11.2022, C-37/20 und C-601/20, NZG 2023, 890 mit Anm. Morapasten.

Die registerführende Stelle nimmt ein berechtigtes Interesse bspw. in den folgenden nicht abschließend aufgezählten Fällen an:

- Überprüfung der Angaben der eigenen Eintragung (sog. Selbstauskunft),
- Recherchen von Journalisten und Nichtregierungsorganisationen (NGOs) mit Bezug zu Geldwäsche oder Terrorismusfinanzierung,
- ein sonstiger enger Bezug zu Geldwäsche oder damit zusammenhängenden Vortaten.

III. Restrukturierung und Sanierung

1. Gerichtliche Überprüfung eines Restrukturierungsplans

605 Es zeigt sich in der Rechtsprechung, dass sich das Restrukturierungsverfahren nach dem StaRUG in der Praxis als Sanierungsmöglichkeit etabliert. Angesichts zahlreicher sich in diesem Zusammenhang stellender verfahrensrechtlicher Fragen ergehen nun erste Urteile.

So stellte das AG Nürnberg mit Beschluss vom 21.6.2023[1] klar, dass der **Restrukturierungsplan** nach den gesetzlichen Bestimmungen des StaRUG[2] grundsätzlich **zu bestätigen ist, sofern kein gesetzlicher Versagungsgrund vorliegt**. Liegen demnach keine Versagungsgründe vor, muss das Gericht den Plan zwingend bestätigen. Wie das AG weiter ausführt, erstreckt sich der **gerichtliche Prüfungsumfang** nur auf die **Rechtmäßigkeit** des Plans, **nicht** jedoch auf dessen **wirtschaftliche Zweckmäßigkeit**.

> **Anmerkung:**
> Darüber hinaus benötigt der Vorstand laut Beschluss des AG Nürnberg zur Antragstellung nach dem StaRUG die vorherige Zustimmung der Hauptversammlung jedenfalls dann nicht, wenn ausreichend glaubhaft gemacht wurde, dass das Vorhaben im Hinblick auf ein Insolvenzverfahren alternativlos ist. Letztlich hat das AG im Streitfall den Restrukturierungsplan bestätigt und den Minderheitenschutzantrag gemäß § 64 StaRUG zurückgewiesen.

2. Sofortige Beschwerde gegen Unternehmensrestrukturierungsplan

606 Im Stabilisierungs- und Restrukturierungsverfahren bestätigt das Gericht den von den Planbetroffenen angenommenen Restrukturierungsplan durch entsprechenden Beschluss, § 60 StaRUG. Hiergegen steht jedem Planbetroffenen die sofortige Beschwerde zu, § 66 Abs. 1 Satz 1 StaRUG. Die **sofortige Beschwerde** ist allerdings u.a. nur dann zulässig, wenn der Beschwerdeführer glaubhaft macht, dass er durch den Plan wesentlich schlechter gestellt wird als er ohne den Plan stünde und dass dieser Nachteil nicht durch eine Zahlung aus den in § 64 Abs. 3 StaRUG genannten Mitteln ausgeglichen werden kann, § 66 Abs. 2 Nr. 3 StaRUG. Gemäß Beschluss des LG Nürnberg-Fürth vom 17.7.2023[3] muss eine **sichere wesentliche Schlechterstellung** durch den Plan glaubhaft gemacht werden.

> **Anmerkung:**
> Nicht ausreichend sei eine bloße voraussichtliche Schlechterstellung durch den Plan, wie sie § 64 Abs. 1 StaRUG voraussetzt. Dazu stützt sich das Gericht in seiner Begründung auf die Auslegung von § 253 Abs. 2 Nr. 3 InsO, der wortgleich mit § 66 Abs. 2 Nr. 3 StaRUG ist. Danach müsse es sich um eine mindestens 10-prozentige Schlechterstellung handeln, wobei eine Mindestbeschwer von 600 Euro als absolute Geringwertigkeitsgrenze als erforderlich angesehen wird.

---

1) AG Nürnberg v. 21.6.2023, RES 397/23.
2) Art. 1 des Gesetzes zur Fortentwicklung des Sanierungs- und Insolvenzrechts (Sanierungs- und Insolvenzrechtsfortentwicklungsgesetz – SanInsFoG) v. 22.12.2020, BGBl. I 2020, 3256 v. 29.12.2020.
3) LG Nürnberg-Fürth v. 17.7.2023, 4 T 3814/23, ZIP 2023, 794.

I. Wirtschaftsrecht

3. In Insolvenz fortgeführte Unternehmen: Kein Anspruch auf Corona-Soforthilfen

Üblicherweise schließen die Vorgaben hinsichtlich der Gewährung sog. Corona-Soforthilfen Unternehmen aus, die schon **vor Beginn der Pandemie in wirtschaftlichen Schwierigkeiten** waren, u.a. auch deshalb, weil sie Gegenstand eines Insolvenzverfahrens waren.

607

Gemäß unanfechtbarem Beschluss des VGH München vom 3.8.2022 [1] ist es in solchen Fällen nicht zu beanstanden, wenn in der für die Gewährung einer Soforthilfe maßgeblichen Verwaltungspraxis nicht auf das Unternehmen abgestellt wird, wie es vom Insolvenzverwalter fortgeführt wird, sondern allein auf das formelle Kriterium, dass das **Insolvenzverfahren zum maßgeblichen Stichtag noch fortgedauert** hat.

> **Anmerkung:**
> Im Streitfall war neun Monate vor Ausbruch der Corona-Pandemie das Insolvenzverfahren über das betreffende Unternehmen eröffnet worden und dieses dauerte auch noch fort. Aus diesem Grund bestand mangels Antragsberechtigung des Insolvenzverwalters kein Anspruch auf Gewährung der Corona-Soforthilfe.

4. Maßgeblicher Zeitpunkt für Insolvenzanfechtung einer Lohnsteuerzahlung bei Lastschriftverfahren

Eine Zahlung im Wege der SEPA-Lastschrift ist erst mit ihrer **vorbehaltlosen Einlösung** durch die Schuldnerbank insolvenzanfechtungsrechtlich vorgenommen worden. Dies stellte der BGH mit Urteil vom 13.10.2022 [2] klar.

608

Im Streitfall hatte die in Insolvenz geratene Schuldnerin dem Beklagten ein SEPA-Lastschriftmandat erteilt, auf dessen Grundlage am 12.11.2019 die Lohnsteuer für Oktober 2019 eingezogen und dem Konto der Schuldnerin am 14.11.2019 belastet wurde. Am selben Tag ordnete das Insolvenzgericht die vorläufige Eigenverwaltung an. Hierüber unterrichtete die Schuldnerin die Beklagte am 15.11.2019. Die Eröffnung des Insolvenzverfahrens nebst Anordnung der Eigenverwaltung erfolgte am 1.2.2020.

Gemäß § 130 Abs. 1 Satz 1 Nr. 2 InsO ist eine Rechtshandlung, die einem Insolvenzgläubiger eine Sicherung oder Befriedigung gewährt hat, anfechtbar, wenn sie nach dem Eröffnungsantrag vorgenommen wurde und der Gläubiger zur Zeit der Handlung die Zahlungsunfähigkeit oder den Eröffnungsantrag kannte. Die insolvenzanfechtungsrechtlichen Wirkungen des Forderungseinzugs nach dem SEPA-Lastschriftverfahren treten im Verhältnis des Lastschriftschuldners zum Lastschriftgläubiger mit der vorbehaltlosen Einlösung der Lastschrift durch die Schuldnerbank ein. Dabei kommt es nicht auf die Erfüllung der Forderung im Valutaverhältnis an, sondern darauf, wann der Schuldner endgültig verfügt und wann der Zahlungsempfänger eine gesicherte Rechtsposition erlangt hat. Für die Bestimmung des insolvenzanfechtungsrechtlich maßgeblichen Zeitpunkts ist allerdings nicht (alleine) die vorbehaltlose Gutschrift auf dem Konto des Zahlungsempfängers maßgeblich, sondern zusätzlich die **Einlösung durch die Schuldnerbank** und der Ablauf der in den AGB-Banken/AGB-Sparkassen vorgesehenen und vereinbarten zweitätigen Stornierungsfrist erforderlich.

5. Haftung des Geschäftsführers für Zahlungen nach Eintritt der Insolvenzreife einer GmbH

Geschäftsführer dürfen nach dem Eintritt der Zahlungsunfähigkeit oder der Überschuldung der Gesellschaft keine Zahlungen mehr für diese vornehmen, sofern diese nicht mit der Sorgfalt eines ordentlichen und gewissenhaften Geschäftsleiters vereinbar sind. Anderenfalls sind sie zur Erstattung der geleisteten Zahlungen verpflichtet, § 15b Abs. 4 InsO.

609

---

1) VGH München v. 3.8.2022, 22 ZB 22.1151, NZI 2022, 871; vgl. hierzu Schröder, EWiR 2023, 56.
2) BGH v. 13.10.2022, IX ZR 70/21, DStR 2023, 103; vgl. hierzu Cranshaw, jurisPR-InsR 1/2023 Anm. 1, Nassall, jurisPR-BGHZivilR 25/2022 Anm. 2.

Gemäß rechtskräftigem Beschluss des OLG Düsseldorf vom 22.12.2022[1] kann der Umstand, dass ein Schuldner, nachdem ein mehrmonatiger Mietzahlungsrückstand für die Betriebsimmobilie aufgelaufen ist, eine **Stundungsvereinbarung** mit dem Vermieter abgeschlossen wurde und er anschließend weder in der Lage war, die vereinbarte Teilzahlung auf den Rückstand noch den laufenden Mietzins zu zahlen, so dass weitere Rückstände auflaufen, bereits den **Schluss auf eine Zahlungseinstellung** rechtfertigen und einen Ersatzanspruch des Insolvenzverwalters aus § 15b Abs. 4 InsO begründen.

> Anmerkung:
>
> Weiter führte das Gericht aus, dass sich der Geschäftsführer gegenüber dem Ersatzanspruch des Insolvenzverwalters nicht auf ein **Zurückbehaltungsrecht** wegen eines Auskunftsanspruchs zur Vorbereitung behaupteter Schadensersatzansprüche aus einer nicht der **DSGVO** entsprechenden Verarbeitung personenbezogener Daten bei der Verwertung der Insolvenzmasse berufen kann. Diese Ansprüche stünden nicht in einem so engen Zusammenhang, dass sie nur gemeinsam geltend gemacht und durchgesetzt werden dürften.

6. Speicherung personenbezogener Daten über Restschuldbefreiung durch Wirtschaftsauskunfteien

610 Gemäß § 3 Abs. 1 der Verordnung zu öffentlichen Bekanntmachungen in Insolvenzverfahren und Restrukturierungssachen im Internet (InsoBekV) wird die in einem elektronischen Informations- und Kommunikationssystem erfolgte Veröffentlichung von Daten aus einem Insolvenzverfahren einschließlich des Eröffnungsverfahrens spätestens sechs Monate nach der Aufhebung oder der Rechtskraft der Einstellung des Insolvenzverfahrens gelöscht. Sofern das Verfahren nicht eröffnet wird, beginnt die Frist mit der Aufhebung der veröffentlichten Sicherungsmaßnahmen.

Gemäß rechtskräftigem Urteil des OLG Brandenburg vom 4.5.2023[2] ist die **Speicherung personenbezogener Daten** innerhalb dieser Frist auch nach Erteilung einer Restschuldbefreiung **zulässig**. Denn der Umstand einer Restschuldbefreiung sei schon deshalb eine für die im Wirtschaftsleben tätigen Unternehmen relevante Information, weil der Schuldner zu diesem Zeitpunkt vermögenslos war. Das Fehlen weiteren einsetzbaren Vermögens stelle einen für die Kreditwürdigkeit maßgeblichen Gesichtspunkt dar. Durch die Restschuldbefreiung werde zudem belegt, dass der Schuldner fällige Forderungen in einem Zeitraum von mehreren Jahren nicht habe begleichen können.

7. Energiesteuerschulden als Masseverbindlichkeiten

611 Der BFH äußert sich in seinem Urteil vom 13.12.2022[3] erstmals zu der Frage, ob die während des Insolvenzeröffnungsverfahrens entstandene Energiesteuer eine Masseverbindlichkeit darstellt.

Im konkreten Fall hatte ein Energieversorger feste Lieferverträge mit Kunden abgeschlossen, ohne sich gegen steigende Einkaufspreise abzusichern, und war dadurch in Zahlungsschwierigkeiten geraten. Die nach Bestellung eines vorläufigen Insolvenzverwalters durch die Stromlieferungen entstandene **Energiesteuer** ist laut BFH keine Masseverbindlichkeit i.S.v. § 55 Abs. 4 InsO a.F., sondern eine **Insolvenzforderung** (§ 38 InsO). Hintergrund ist, dass Steuerschulden aus Altgeschäften, die allein vom Schuldner begründet wurden, nicht als Masseverbindlichkeiten zu erfassen sind. Der BFH betont, dass es bei der Energiesteuer (anders als bei der Umsatzsteuer) nicht auf die Entgeltvereinnahmung durch den vorläufigen Insolvenzverwalter, sondern auf die tatsächliche Stromentnahme ankomme. Für die Stromlieferungen aus den Altverträgen bedurfte es keiner Zustimmung des vorläufigen Insolvenzverwalters und er hätte die

---

1) OLG Düsseldorf v. 22.12.2022, 12 U 46/22, NZI 2023, 273 (rkr.); vgl. hierzu Wagner, EWiR 2023, 341.
2) OLG Brandenburg v. 4.5.2023, 1 U 11/22, NZI 2023, 588.
3) BFH v. 13.12.2022, VII R 49/20, DStR 2023, 1198; hierzu Anzinger, EWiR 2023, 499.

I. Wirtschaftsrecht

Lieferung als schwacher Insolvenzverwalter auch nicht verhindern können. Seine Zustimmung sei nicht zu unterstellen. Insofern könnten lediglich Energiesteuerverbindlichkeiten aus Neugeschäften Masseverbindlichkeiten darstellen.

> **Anmerkung:**
> Auch die Änderung des § 55 Abs. 4 InsO durch das Gesetz zur Fortentwicklung des Sanierungs- und Insolvenzrechts[1] lässt laut BFH keine andere Sichtweise zu.

IV. Arbeitsrecht

1. Arbeitszeit

a) Zeiterfassungspflicht von Arbeitgebern

612 Nach dem Beschluss des Bundesarbeitsgerichts vom 13.9.2022[2] sind alle Arbeitgeber verpflichtet, ein System einzuführen, mit dem die gesamte, von den Arbeitnehmern geleistete Arbeitszeit zu erfassen ist. Aus den Urteilsgründen ergibt sich explizit, dass die **umfassende Zeiterfassungspflicht ab sofort** gilt.

aa) Rechtlicher Hintergrund

613 In dem sog. **Stechuhr-Urteil** vom 14.5.2019[3] zur Auslegung der Arbeitszeitrichtlinie hatte der EuGH klargestellt, dass die EU-Mitgliedstaaten die Arbeitgeber zur Einführung von Zeiterfassungssystemen verpflichten müssen. Arbeitgeber sollen demnach verpflichtet werden, ein **objektives, verlässliches und zugängliches System** einzurichten, mit dem die **täglich geleistete Arbeitszeit** eines jeden Mitarbeitenden gemessen werden kann. Eine entsprechende gesetzgeberische Umsetzung des Urteils steht in Deutschland bislang aus.

Nach der Entscheidung des BAG vom 13.9.2022[4] ist das Urteil des EuGH, unabhängig von noch ausstehenden gesetzgeberischen Planungen, bereits heute von den Arbeitgebern in Deutschland zu beachten.

Die Rechtsgrundlage hierfür bildet laut BAG das geltende **Arbeitsschutzgesetz** (§ 3 Abs. 2 Nr. 1 ArbSchG). Demnach muss der Arbeitgeber für eine geeignete Organisation sorgen und geeignete Mittel bereitstellen, um die erforderlichen Maßnahmen des Arbeitsschutzes zu treffen. Hieraus folgert das BAG, dass der Arbeitgeber verpflichtet ist, ein System einzuführen, mit dem die von den Mitarbeitenden geleistete Arbeitszeit erfasst werden kann. Über dieses System soll sichergestellt werden, dass die – den Gesundheitsschutz der Mitarbeitenden bezweckenden – Regelungen über die Höchstarbeitszeit und die Ruhezeiten eingehalten werden.

Damit sind Arbeitgeber **mit sofortiger Wirkung** dazu verpflichtet, die Arbeitszeit der Mitarbeitenden zu erfassen. Eine Aufzeichnung nach den Vorgaben des **Arbeitszeitgesetzes** (§ 16 Abs. 2 ArbZG), das Arbeitgeber lediglich dazu verpflichtet, die werktägliche Arbeitszeit über acht Stunden sowie die gesamte Arbeitszeit an Sonn- und Feiertagen aufzuzeichnen, **soll dabei nicht ausreichen**. Vielmehr ist die gesamte Arbeitszeit einschließlich Beginn und Ende aufzuzeichnen.

> **Anmerkung:**
> Das Bundesministerium für Arbeit und Soziales legte am 18.4.2023 einen Referentenentwurf für ein geändertes Arbeitszeitgesetz vor (→ Rz. 261 ff.).

---

1) BGBl. I 2020, 3256.
2) BAG v. 13.9.2022, 1 ABR 22/21, NZA 2022, 1616; vgl. hierzu Wedde, jurisPR-ArbR 3/2023 Anm. 1.
3) EuGH v. 14.5.2019, CCOO, C-55/18, NZA 2019, 683.
4) BAG v. 13.9.2022, 1 ABR 22/21, NZA 2022, 1616; vgl. hierzu Gravenhorst, jurisPR-ArbR 50/2022 Anm. 1.

bb) Auswirkungen auf flexible Arbeitszeitmodelle

614 Da durch die Arbeitszeiterfassung lediglich die Einhaltung des Arbeitszeitgesetzes sichergestellt wird, die Einhaltung möglicher vertraglich geschuldeter Arbeitszeiten jedoch dadurch nicht überwacht werden soll, hat das Urteil des BAG **keine Auswirkungen** auf flexible Arbeitszeitmodelle wie die Vertrauensarbeitszeit.

Auch hinsichtlich der Arbeitszeiterfassung für mobile Arbeit ergeben sich keine Änderungen, da die Vorgaben des Arbeitszeitgesetzes zur täglichen Höchstarbeitszeit und zu Ruhezeiten bereits heute unabhängig vom Arbeitsort und damit auch bei mobiler Arbeit eingehalten werden müssen.

b) Dienstliche SMS müssen in Freizeit nicht gelesen werden

615 Mit der Änderung des Dienstplans eines Mitarbeiters, im Streitfall eines Notfallsanitäters, übt der Arbeitgeber sein Direktionsrecht aus. Dabei handelt es sich um ein Gestaltungsrecht, das durch Gestaltungserklärung ausgeübt wird. Die Änderung des Dienstplans muss dem Mitarbeiter zugehen. Dabei ist der Mitarbeiter nach einem Urteil des LAG Schleswig-Holstein vom 27.9.2022[1] **nicht verpflichtet, sich in seiner Freizeit zu erkundigen**, ob sein Dienstplan geändert worden ist. Auch sei er nicht verpflichtet, eine Mitteilung des Arbeitgebers – etwa per Telefon – entgegenzunehmen oder eine SMS zu lesen. Nimmt er eine Information über eine Dienstplanänderung nicht zur Kenntnis, gehe ihm diese erst bei Dienstbeginn zu. Das BAG sah dies anders und hob das Urteil des LAG auf die Revision des beklagten Arbeitgebers auf.[2]

c) Tägliche Ruhezeit unabhängig von wöchentlicher Ruhezeit

616 Die tägliche Ruhezeit und die wöchentliche Ruhezeit stellen **zwei autonome Rechte** dar. Laut EuGH müssen die danach jeweils vorgeschriebenen Zeiten unabhängig voneinander eingehalten werden.

Im Streitfall ungarisches Recht betreffend gewährte der Arbeitgeber einem Lokführer eine wöchentliche Mindestruhezeit von 42 Stunden. Diese lag deutlich höher als die nach der Arbeitszeitrichtlinie vorgegebenen 24 Stunden. Allerdings gewährte der Arbeitgeber keine tägliche Ruhezeit, wenn er dem Arbeitnehmer die wöchentliche Ruhezeit oder Urlaub gewährte. Damit handelte der Arbeitgeber so, als sei die tägliche Ruhezeit Teil der wöchentlichen Ruhezeit.

Der EuGH stellte in seinem Urteil vom 2.3.2023[3] klar, dass die **tägliche Ruhezeit nicht Teil der wöchentlichen Ruhezeit** ist, sondern zu dieser hinzukommt, auch wenn sie dieser unmittelbar vorausgeht. Er begründet dies damit, dass **mit beiden Ruhezeiten unterschiedliche Ziele verfolgt** werden. Über die tägliche Ruhezeit könne sich der Arbeitnehmer nach einer Arbeitsperiode aus seiner Arbeitsumgebung zurückziehen. Über die wöchentliche Ruhezeit könne er sich ausruhen.

> **Anmerkung:**
> Laut EuGH würde der Anspruch auf die tägliche Ruhezeit ausgehöhlt, wenn sie bei der Inanspruchnahme der wöchentlichen Arbeitszeit wegfällt. Dies ergebe sich aus Art. 5 der **Arbeitszeitrichtlinie**, wonach jedem Arbeitnehmer pro Siebentageszeitraum eine kontinuierliche Mindestruhezeit von 24 Stunden zuzüglich der täglichen Ruhezeit von elf Stunden gemäß Art. 3 der Richtlinie zu gewähren ist.

---

1) LAG Schleswig-Holstein v. 27.9.2022, 1 Sa 39öD/22.
2) BAG v. 23.8.2023, 5 AZR 349/22, EzA-SD 2023, Nr 25, 11.
3) EuGH v. 2.3.2023, MÁV-START, C-477/21, NZA 2023, 349; vgl. hierzu Holler, jurisPR-ArbR 15/2023 Anm. 1.

Hieran ändere sich dadurch nichts, dass der Lokführer von seinem Arbeitgeber sogar eine längere Ruhezeit bekommt als nach der Richtlinie vorgegeben. Denn eine günstigere Regelung könne dem Arbeitnehmer nicht andere Rechte nehmen, insb. nicht das Recht auf tägliche Ruhezeit. Daher müsse die tägliche Ruhezeit unabhängig von der Dauer der in der anwendbaren nationalen Regelung vorgesehenen wöchentlichen Ruhezeit gewährt werden.

d) Verteilung der Arbeitszeit bei Teilzeittätigkeit

617 Nach § 8 Abs. 4 S. 1 TzBfG muss ein Arbeitgeber der Verringerung der Arbeitszeit zustimmen und ihre Verteilung entsprechend den Wünschen des Arbeitnehmers festlegen, soweit betriebliche Gründe nicht entgegenstehen. Dabei sind die betrieblichen Gründe allerdings nicht an den persönlichen Belangen, wegen derer Teilzeit beantragt wird, und deren Gewicht zu messen. Wie das LAG Mecklenburg-Vorpommern in seinem Urteil vom 13.7.2023[1] klarstellt, sieht das Gesetz keine Abwägung zwischen den Interessen des Arbeitgebers und denen des Arbeitnehmers vor. Führt die vom Arbeitnehmer gewünschte Verteilung der Arbeitszeit zu einer **wesentlichen Beeinträchtigung des Organisationskonzepts**, hat der Arbeitnehmer nach Auffassung des Gerichts keinen Anspruch auf Änderung des Arbeitsvertrags mit der von ihm gewünschten Verteilung der Arbeitszeit.

> **Anmerkung:**
> Im Streitfall ging es um den ausschließlichen Einsatz in einer Bäckerei in der Mittelschicht und nicht am Samstag bei Wechselschichtsystem.

Zwar muss der Arbeitgeber bei der Bestimmung der Lage der Arbeitszeit auch auf die Personensorgepflichten des Arbeitnehmers Rücksicht nehmen, sofern betriebliche Gründe oder berechtigte Belange anderer Arbeitnehmer nicht entgegenstehen. Dabei darf er sich aber auf die für ihn ohne weiteres nachvollziehbaren persönlichen Umstände der Beschäftigten beschränken. Die familiären Verhältnisse in ihren Einzelheiten muss der Arbeitgeber nicht näher erforschen.

> **Anmerkung:**
> Gegen das Urteil wurde Nichtzulassungsbeschwerde beim BAG eingelegt (Az. 5 AZN 629/23).

e) Arbeit auf Abruf: Dauer der wöchentlichen Arbeitszeit

618 Das BAG stellte mit Urteil vom 18.10.2023[2] klar, dass bei der Vereinbarung von Arbeit auf Abruf nach § 12 Abs. 1 Satz 2 TzBfG arbeitsvertraglich eine bestimmte Dauer der wöchentlichen Arbeitszeit festgelegt werden müsse. Unterbleibt dies, schließe § 12 Abs. 1 Satz 3 TzBfG diese **Regelungslücke** und unterstelle eine **Arbeitszeit von 20 Stunden**.

Eine davon abweichende Dauer der wöchentlichen Arbeitszeit könne im Wege der **ergänzenden Vertragsauslegung** nur dann angenommen werden, wenn die Fiktion des § 12 Abs. 1 Satz 3 TzBfG im betreffenden Arbeitsverhältnis keine sachgerechte Regelung sei und objektive Anhaltspunkte dafür vorlägen, dass die Arbeitsvertragsparteien bei Vertragsschluss bei Kenntnis der Regelungslücke eine andere Bestimmung getroffen und eine höhere oder niedrigere Dauer der wöchentlichen Arbeitszeit vereinbart hätten.

---

1) LAG Mecklenburg-Vorpommern v. 13.7.2023, 5 Sa 139/22, EzA-SD 2023, Nr. 18, 6.
2) BAG v. 18.10.2023, 5 AZR 22/23, ArbRAktuell 2023, 597.

> **Anmerkung:**
> Die Parteien können in der Folgezeit ausdrücklich oder **konkludent** eine andere Dauer der wöchentlichen Arbeitszeit vereinbaren. Das **Abrufverhalten des Arbeitgebers** in einem bestimmten, lange nach Beginn des Arbeitsverhältnisses liegenden und scheinbar willkürlich gegriffenen Zeitraum allein reiche jedoch nicht aus. Nur seinem Abrufverhalten komme ein rechtsgeschäftlicher Erklärungswert, dass er sich für alle Zukunft an eine höhere Dauer der wöchentlichen Arbeitszeit binden wolle, nicht zu. Und auch die Bereitschaft des Arbeitnehmers, in einem bestimmten Zeitraum mehr als nach § 12 Abs. 1 Satz 3 TzBfG geschuldet zu arbeiten, rechtfertige nicht die Annahme, dass er sich dauerhaft in einem höheren zeitlichen Umfang als gesetzlich vorgesehen binden wolle.

2. Vergütungen

a) Lohngleichheit bei Teilzeitbeschäftigung

619 **Geringfügig Beschäftigte**, die in Bezug auf Umfang und Lage der Arbeitszeit keinen Weisungen des Arbeitgebers unterliegen, jedoch Wünsche anmelden können, denen dieser allerdings nicht nachkommen muss, dürfen bei gleicher Qualifikation für die identische Tätigkeit **keine geringere Stundenvergütung** erhalten als vollzeitbeschäftigte Arbeitnehmer, die durch den Arbeitgeber verbindlich zur Arbeit eingeteilt werden.

Im Streitfall machte eine nebenamtliche – geringfügig beschäftigte – Rettungsassistentin ihre geringere Stundenvergütung als Benachteiligung ohne sachlichen Grund geltend, § 4 Abs. 1 TzBfG. Zu Recht, wie das BAG mit Urteil vom 18.1.2023[1)] entschied. Die haupt- und nebenamtlichen Rettungsassistenten seien gleich qualifiziert und übten die gleiche Tätigkeit aus. Der vom Arbeitgeber pauschal behauptete erhöhte Planungsaufwand bei der Einsatzplanung der nebenamtlichen Rettungsassistenten bilde keinen sachlichen Grund zur Rechtfertigung der Ungleichbehandlung. Es sei bereits nicht erkennbar, dass dieser Aufwand unter Berücksichtigung der erforderlichen „24/7-Dienstplanung" und der öffentlich-rechtlichen Vorgaben zur Besetzung der Rettungs- und Krankenwagen signifikant höher ist. Selbst wenn man unterstellen würde, dass der Arbeitgeber durch den Einsatz hauptamtlicher Rettungsassistenten mehr Planungssicherheit hat, weil er diesen einseitig Schichten zuweisen könne, sei er hierbei nicht frei, sondern habe u.a. die durch das Arbeitszeitgesetz vorgegebenen Grenzen in Bezug auf die Dauer der Arbeitszeit und die Einhaltung der Ruhepausen zu beachten. Die nebenamtlichen Rettungsassistenten bildeten insoweit seine Einsatzreserve. Unerheblich sei, dass diese frei in der Gestaltung der Arbeitszeit sind.

Der beklagte Arbeitgeber lässt laut BAG insoweit unberücksichtigt, dass die nebenamtlichen Rettungsassistenten weder nach Lage noch nach zeitlichem Umfang einen Anspruch auf Zuweisung der gewünschten Dienste hätten. Dass sich ein Arbeitnehmer auf Weisung des Arbeitgebers zu bestimmten Dienstzeiten einfinden muss, rechtfertige in der gebotenen Gesamtschau keine höhere Stundenvergütung gegenüber einem Arbeitnehmer, der frei ist, Dienste anzunehmen oder abzulehnen.

b) Entgeltgleichheit von Männern und Frauen

620 Eine Frau hat Anspruch auf gleiches Entgelt für gleiche oder gleichwertige Arbeit, wenn der Arbeitgeber männlichen Kollegen aufgrund des Geschlechts ein höheres Entgelt zahlt. Daran ändert es nichts, wenn der männliche Kollege ein höheres Entgelt fordert und der Arbeitgeber dieser Forderung nachgibt, so das BAG vom 16.2.2023.[2)]

Die Klägerin machte geltend, dass der Arbeitgeber ihr ein ebenso hohes Grundentgelt wie ihrem fast zeitgleich eingestellten männlichen Kollegen zahlen müsse, und zwar u.a. deshalb, weil sie die gleiche Arbeit wie er verrichte.

---
1) BAG v. 18.1.2023, 5 AZR 108/22, NJW 2023, 1602.
2) BAG v. 16.2.2023, 8 AZR 450/21, ZIP 2023, 1494; vgl. hierzu Holler, jurisPR-ArbR 36/2023 Anm. 2.

Das BAG sah die Klägerin aufgrund ihres Geschlechts benachteiligt, weil ihr, obgleich sie und der männliche Kollege gleiche Arbeit verrichteten, ein niedrigeres Grundentgelt gezahlt wurde als dem männlichen Kollegen, der **bei seiner Einstellung ein höheres Gehalt ausgehandelt** hatte. Sie habe deshalb einen Anspruch nach Art. 157 AEUV, § 3 Abs. 1 und § 7 EntgTranspG auf das gleiche Grundentgelt wie ihr männlicher Kollege. Der Umstand, dass die Klägerin für die gleiche Arbeit ein niedrigeres Grundentgelt erhalten hat als ihr männlicher Kollege, begründe die vom Arbeitgeber nicht widerlegte Vermutung nach § 22 AGG, dass die Benachteiligung aufgrund des Geschlechts erfolgt ist.

Darüber hinaus hat das BAG dem Antrag der Klägerin auf Zahlung einer **Entschädigung** nach § 15 Abs. 2 AGG **wegen einer Benachteiligung aufgrund des Geschlechts** teilweise entsprochen und sprach ihr einen Betrag von 2.000 Euro zu.

> **Anmerkung:**
> Der Grundsatz der Entgeltgleichheit zwischen Mann und Frau ist rechtlich etabliert. Die Auswirkungen für Personalabteilungen sind noch nicht abzusehen, da Folgeprozesse derzeit nicht ausgeschlossen werden und sich **individuelle Vergütungsverhandlungen erschweren** können.

c) Gleichbehandlungsgrundsatz gilt auch bei variabler Vergütung

Grundsätzlich besteht keine allgemeine prozessuale Pflicht zur Auskunftserteilung für die Parteien eines Rechtsstreits. Abweichend hiervon kann allerdings materiell-rechtlich nach **Treu und Glauben** gemäß § 242 BGB dennoch eine Auskunftspflicht bestehen. Wie das BAG mit Urteil vom 26.4.2023[1] klarstellt, muss zwischen den Parteien eine besondere rechtliche Beziehung bestehen und die Existenz eines Leistungsanspruchs des Auskunftsfordernden gegen den Anspruchsgegner muss zumindest wahrscheinlich sein. Weiter muss der Auskunftsfordernde entschuldbar in Unkenntnis über Bestehen und Umfang seiner Rechte und dem Anspruchsgegner die Auskunftserteilung zumutbar sein. Ferner darf die Darlegungs- und Beweissituation im Prozess durch materiell-rechtliche Auskunftsansprüche nicht unzulässig verändert werden.

Darüber hinaus führt das BAG aus, dass der arbeitsrechtliche Gleichbehandlungsgrundsatz inhaltlich durch den allgemeinen Gleichheitssatz des Art. 3 Abs. 1 GG bestimmt wird. Danach muss ein Arbeitgeber seine Arbeitnehmer oder Gruppen von Arbeitnehmern, die sich in vergleichbarer Lage befinden, bei Anwendung einer selbst gesetzten Regel gleichbehandeln. Verboten ist sowohl die willkürliche Schlechterstellung einzelner Arbeitnehmer innerhalb einer Gruppe als auch eine sachfremde Gruppenbildung.

Das BAG stellt klar, dass der **Gleichbehandlungsgrundsatz** trotz des Vorrangs der Vertragsfreiheit **auch bei der Zahlung der Arbeitsvergütung anwendbar** ist, wenn diese durch eine betriebliche Einheitsregelung generell angehoben wird oder der Arbeitgeber die Leistung nach einem erkennbaren und generalisierenden Prinzip durch Festlegung von Voraussetzungen oder Zwecken gewährt.

Die Begünstigung einzelner Arbeitnehmer erlaube noch nicht den Schluss, diese bildeten eine Gruppe. Eine Gruppenbildung liege vielmehr erst dann vor, wenn die Besserstellung nach bestimmten Kriterien vorgenommen wird, die bei allen Begünstigten vorliegen. Darüber hinaus ist der arbeitsrechtliche Gleichbehandlungsgrundsatz ebenfalls anwendbar, wenn der Arbeitgeber – nicht auf besondere Einzelfälle beschränkt – nach Gutdünken oder nach nicht sachgerechten oder nicht bestimmbaren Kriterien Leistungen erbringt.

---

1) BAG v. 26.4.2023, 10 AZR 137/22, NJW 2023, 2592.

d) Unterschiedlich hohe Tarifzuschläge bei regelmäßiger und unregelmäßiger Nachtarbeit

622 Eine tarifvertragliche Regelung, die für unregelmäßige Nachtarbeit einen höheren Zuschlag vorsieht als für regelmäßige, verstößt dann nicht gegen den allgemeinen Gleichheitssatz des Art. 3 Abs. 1 GG, wenn ein **aus dem Tarifvertrag erkennbarer sachlicher Grund** für die Ungleichbehandlung vorliegt.

In seinem Urteil vom 22.2.2023[1] erkennt das BAG als solchen sachlichen Grund an, wenn mit dem höheren Zuschlag neben den spezifischen Belastungen durch die Nachtarbeit auch die Belastungen durch die **geringere Planbarkeit** eines Arbeitseinsatzes in unregelmäßiger Nachtarbeit ausgeglichen werden sollen.

Nach Auffassung des BAG sind zwar Arbeitnehmer, die regelmäßige bzw. unregelmäßige Nachtarbeit im Tarifsinn leisten, miteinander vergleichbar. Auch werden sie ungleich behandelt, indem für unregelmäßige Nachtarbeit ein höherer Zuschlag gezahlt wird als für regelmäßige Nachtarbeit. Für diese Ungleichbehandlung bestehe aber ein aus dem streitgegenständlichen Tarifvertrag erkennbarer sachlicher Grund.

Der Manteltarifvertrag beinhaltete zunächst einen angemessenen Ausgleich für die **gesundheitlichen Belastungen** sowohl durch regelmäßige als auch durch unregelmäßige Nachtarbeit und habe damit Vorrang vor dem gesetzlichen Anspruch auf einen Nachtarbeitszuschlag nach § 6 Abs. 5 ArbZG. Daneben bezwecke er aber auch, Belastungen für die Beschäftigten, die unregelmäßige Nachtarbeit leisten, wegen der **schlechteren Planbarkeit** dieser Art der Arbeitseinsätze auszugleichen. Den Tarifvertragsparteien sei es im Rahmen Tarifautonomie nicht verwehrt, mit einem Nachtarbeitszuschlag neben dem Schutz der Gesundheit weitere Zwecke zu verfolgen. Eine Angemessenheitsprüfung hinsichtlich der Höhe der Differenz der Zuschläge erfolge nicht. Es liege im Ermessen der Tarifvertragsparteien, wie sie den Aspekt der schlechteren Planbarkeit für die Beschäftigten, die unregelmäßige Nachtarbeit leisten, finanziell bewerten und ausgleichen.

> **Anmerkung:**
>
> Im Rahmen des Vorabentscheidungsersuchens des BAG[2] entschied der EuGH mit Urteil vom 7.7.2022[3], dass die Regelung von Nachtarbeitszuschlägen in Tarifverträgen keine Durchführung von Unionsrecht ist.

3. Urlaubsansprüche

a) Hinweis auf drohenden Verfall von Urlaubsansprüchen

623 In seinem Urteil vom 20.12.2022[4] stellte das BAG klar, dass Urlaub nur verjährt, wenn der Arbeitnehmer vorher von seinem Arbeitgeber **auf seinen Urlaubsanspruch hingewiesen** wurde. Damit setzt das Gericht zwingende Vorgaben des EuGH um.

Laut BAG unterliegt der gesetzliche Anspruch eines Arbeitnehmers auf bezahlten Jahresurlaub zwar der gesetzlichen Verjährung (§ 214 Abs. 1, § 194 Abs. 1 BGB), die dreijährige Verjährungsfrist beginnt aber erst am Ende des Kalenderjahres, in dem der Arbeitgeber den Arbeitnehmer über seinen konkreten Urlaubsanspruch und die Verfallfristen belehrt und der Arbeitnehmer den Urlaub dennoch aus freien Stücken nicht genommen hat. Fehlt es hieran, können auch noch Ansprüche aus früheren Jahren geltend gemacht werden.

---

1) BAG v. 22.2.2023, 10 AZR 332/20, NZA 2023, 638.
2) BAG v. 22.2.2023, 10 AZR 332/20 (A), NZA 2023, 638.
3) EuGH v. 7.7.2022, Coca-Cola European Partners Deutschland, C-257/21, NZA 2022, 971; vgl. hierzu Temming, jurisPR-ArbR 51/2022 Anm. 3.
4) BAG v. 20.12.2022, 9 AZR 266/20, NZA 2023, 683.

Das BAG legte die Frage der „Haltbarkeit" von Urlaubsansprüchen dem EuGH zum Vorabentscheid vor. Dieser entschied mit Urteil vom 22.9.2022[1], dass eine nationale Regelung, wonach der Anspruch auf bezahlten Jahresurlaub nach Ablauf einer Frist von drei Jahren nach Ende des Anspruchsentstehungsjahres verjährt, wie in § 195 BGB vorgesehen, gegen EU-Recht verstößt, wenn der Arbeitgeber den Arbeitnehmer nicht tatsächlich in die Lage versetzt hat, diesen Anspruch wahrzunehmen. Andernfalls würde im Ergebnis ein Verhalten gebilligt, das zu einer unrechtmäßigen Bereicherung des Arbeitgebers führt, und dem Zweck, die Gesundheit des Arbeitnehmers zu schützen, zuwiderläuft.

Eine Abgeltung der Urlaubstage wegen Verjährung scheidet nach Auffassung des EuGH nur dann aus, wenn der Arbeitgeber dafür gesorgt hat, dass der Arbeitnehmer seinen Urlaubsanspruch tatsächlich wahrnehmen konnte.

Das BAG hat nun mit seiner Entscheidung die entsprechenden Vorgaben des EuGH umgesetzt.

> **Anmerkung:**
> Arbeitgeber müssen ihre Mitarbeitenden rechtzeitig darauf hinweisen, Resturlaub zu nehmen. Anderenfalls ist die Verjährung von Urlaubsansprüchen ausgeschlossen.

In einem weiteren Urteil vom 20.12.2022 entschied das BAG[2], dass der Anspruch auf gesetzlichen Mindesturlaub aus einem Urlaubsjahr, in dem der Arbeitnehmer tatsächlich gearbeitet hat, bevor er aus gesundheitlichen Gründen an der Inanspruchnahme seines Urlaubs gehindert war, regelmäßig nur dann nach Ablauf eines Übertragungszeitraums von 15 Monaten erlischt, wenn der Arbeitgeber ihn rechtzeitig in die Lage versetzt hat, seinen Urlaub in Anspruch zu nehmen. Dies folgt aus einer richtlinienkonformen Auslegung des § 7 Abs. 1 und Abs. 3 BUrlG unter Berücksichtigung der Vorgaben des EuGH vom 22.9.2022[3] aufgrund des Vorabentscheidungsersuchens des BAG gemäß Beschluss vom 7.7.2020.[4]

b) Urlaubsabgeltungsansprüche: Beginn der Verjährungsfrist

624 Der gesetzliche Urlaubsabgeltungsanspruch unterliegt einer **dreijährigen Verjährungsfrist**. Diese beginnt am Ende des Jahres, in dem das Arbeitsverhältnis endet, **ohne** dass es auf die Erfüllung von **Mitwirkungsobliegenheiten** ankommt.

Das BAG stellt mit Urteil vom 31.1.2023[5] klar, dass die dreijährige Verjährungsfrist eines gesetzlichen Urlaubsabgeltungsanspruchs in der Regel mit dem Ende des Jahres beginnt, in dem der Arbeitnehmer aus dem Arbeitsverhältnis ausscheidet.

> **Anmerkung:**
> Sofern das Arbeitsverhältnis vor der EuGH-Entscheidung vom 6.11.2018[6] endete und es dem Arbeitnehmer nicht zumutbar war, Klage auf Abgeltung zu erheben, konnte die Verjährungsfrist allerdings laut BAG nicht vor dem Ende des Jahres 2018 beginnen.

Zuvor hatte das BAG mit Urteil vom 20.12.2022[7] bereits klargestellt, dass Urlaubsansprüche verjähren können (→ Rz. 623). Allerdings beginnt die dreijährige Verjährungs-

---

1) EuGH v. 22.9.2022, LB, C-120/21, NZA 2022, 1326; vgl. hierzu Kloppenburg, jurisPR-ArbeR 49/2022 Anm. 2.
2) BAG v. 20.12.2022, 9 AZR 245/19, AP BUrlG § 7 Nr. 109.
3) EuGH v. 22.9.2022, C-518/20 und C-727/20, NJW 2022, 3203 mit Anm. Bayreuther.
4) BAG v. 7.7.2020, 9 AZR 401/19, NZA 2020, 1541.
5) BAG v. 31.1.2023, 9 AZR 456/20, NZA 2023, 757; vgl. hierzu Nier, jurisPR-ArbR 29/2023 Anm. 2.
6) EuGH v. 6.11.2018, Max-Planck-Gesellschaft zur Förderung der Wissenschaften, C-684/16, NZA 2018, 1474.
7) BAG v. 20.12.2022, 9 AZR 266/20, NZA 2023, 683.

frist erst am Ende des Kalenderjahres, in dem der Arbeitgeber den Arbeitnehmer über seinen konkreten Urlaubsanspruch informiert und ihn im Hinblick auf Verfallfristen aufgefordert hat, den Urlaub tatsächlich zu nehmen. Sofern der Arbeitgeber diesen Mitwirkungsobliegenheiten nicht entsprochen hat, könne der nicht erfüllte gesetzliche Urlaubsanspruch aus möglicherweise mehreren Jahren im laufenden Arbeitsverhältnis weder nach § 7 Abs. 3 BUrlG verfallen noch nach § 195 BGB verjähren. Vielmehr sei er bei Beendigung des Arbeitsverhältnisses nach § 7 Abs. 4 BUrlG abzugelten.

Dieser Urlaubsabgeltungsanspruch unterliege seinerseits der Verjährung. Die dreijährige Verjährungsfrist für den Abgeltungsanspruch beginnt laut BAG in der Regel am Ende des Jahres, in dem das Arbeitsverhältnis endet, ohne dass es auf die Erfüllung der Mitwirkungsobliegenheiten ankommt. Dies begründet das BAG damit, dass die **rechtliche Beendigung des Arbeitsverhältnisses eine Zäsur** bildet. Der Urlaubsabgeltungsanspruch sei anders als der Urlaubsanspruch nicht auf Freistellung von der Arbeitsverpflichtung zu Erholungszwecken unter Fortzahlung der Vergütung gerichtet, sondern vielmehr auf dessen finanzielle Kompensation beschränkt. Die strukturell schwächere Stellung des Arbeitnehmers, aus der der EuGH die Schutzbedürftigkeit des Arbeitnehmers bei der Inanspruchnahme von Urlaub ableitet, ende mit der Beendigung des Arbeitsverhältnisses.

c) Verfall von Urlaubsansprüchen bei Langzeiterkrankungen

625 Das BAG entschied mit Urteil vom 31.1.2023[1], dass die bei richtlinienkonformer Auslegung des § 7 BUrlG bei Langzeiterkrankungen geltende 15-monatige Verfallfrist ausnahmsweise unabhängig von der Erfüllung der Aufforderungs- und Hinweisobliegenheiten beginnen kann.

Dies setzt laut BAG voraus, dass die Arbeitsunfähigkeit des Arbeitnehmers so früh im Urlaubsjahr eintritt, dass es dem Arbeitgeber tatsächlich nicht möglich war, zuvor seinen Obliegenheiten nachzukommen.

So kann laut BAG ein Anspruch auf bezahlten Erholungsurlaub aus einem Bezugszeitraum, in dessen Verlauf der Arbeitnehmer tatsächlich gearbeitet hat, bevor er aufgrund einer seitdem fortbestehenden Krankheit arbeitsunfähig geworden ist, bei richtlinienkonformer Auslegung von § 7 Abs. 1 und 3 BUrlG grundsätzlich nur dann nach Ablauf eines Übertragungszeitraums von 15 Monaten erlöschen, wenn der Arbeitgeber seinen **Mitwirkungsobliegenheiten rechtzeitig** nachgekommen ist. Allerdings dienen laut BAG die Aufforderungs- und Hinweisobliegenheiten des Arbeitgebers keinem Selbstzweck. Deshalb erlischt nach seiner Auffassung der Urlaubsanspruch bei fortdauernder Erkrankung unabhängig von der Mitwirkung des Arbeitgebers mit Ablauf eines Übertragungszeitraums 15 Monate nach Ende des Urlaubsjahres, wenn die Arbeitsunfähigkeit des Arbeitnehmers so früh im Urlaubsjahr eintritt, dass es dem Arbeitgeber tatsächlich nicht möglich war, den Arbeitnehmer zur Inanspruchnahme des Urlaubs zu veranlassen.

Damit weist das BAG dem Arbeitgeber das Risiko, wegen einer im Urlaubsjahr eintretenden Krankheit Urlaubsansprüche nicht erfüllen zu können, erst zu, wenn dieser seine **Obliegenheiten tatsächlich erfüllen** konnte. Bis dahin trägt der Arbeitnehmer das Verfallrisiko. Mit Entstehung des Urlaubsanspruchs muss der Arbeitgeber seiner Verantwortung bei der Inanspruchnahme des Urlaubs unverzüglich (konkret in der Regel innerhalb von sechs Werktagen) nachkommen, um nicht das Risiko zu tragen, dass Urlaub nicht wegen einer im Verlauf des Urlaubsjahres eintretenden krankheitsbedingten Arbeitsunfähigkeit des Arbeitnehmers nicht am Ende von 15 Monaten erlischt.

---

[1] BAG v. 31.1.2023, 9 AZR 107/20, AP BUrlG § 7 Nr. 112; vgl. hierzu Rüschenbaum, jurisPR-ArbR 24/2023 Anm. 3.

> **Anmerkung:**
> Weiter stellt das BAG klar, dass Urlaub außerdem nur in dem Umfang erhalten bleiben kann, in dem der Arbeitnehmer ihn bis zum Eintritt der krankheitsbedingten Arbeitsunfähigkeit tatsächlich hätte in Anspruch nehmen können. Soweit der Arbeitnehmer den Urlaub selbst bei ordnungsgemäßer Erfüllung der Mitwirkungshandlungen aus gesundheitlichen Gründen nicht hätte antreten können, treffen den Arbeitgeber nicht die grundsätzlichen eintretenden nachteiligen Folgen der Obliegenheitsverletzung. Eine Kausalität zwischen der Nichtinanspruchnahme des Urlaubs durch den Arbeitnehmer und der Nichtvornahme der Mitwirkung durch den Arbeitgeber ist in diesem Fall ausgeschlossen.

d) Urlaubsanspruch bei Altersteilzeit wegen Krankheit und Wechsel in die Freistellungsphase

626 Eine nationale Regelung, wonach der Anspruch auf bezahlten Jahresurlaub, den ein Arbeitnehmer durch Arbeitstätigkeit im Rahmen einer Altersteilzeitregelung erworben hat, mit Ablauf des Urlaubsjahres oder zu einem späteren Zeitpunkt erlischt, wenn der Arbeitnehmer vor der Freistellungsphase krankheitshalber daran gehindert war, diesen Urlaub zu nehmen, verstößt gegen Art. RL 2003/88/EG.

Zu diesem Ergebnis kommt der EuGH mit Urteil vom 27.4.2023.[1] Einem Arbeitnehmer, der aufgrund eines **unvorhergesehenen Umstands** daran gehindert war, vor Beendigung des Arbeitsverhältnisses seinen Anspruch auf bezahlten Jahresurlaub wahrzunehmen, jeglichen Anspruch auf eine solche finanzielle Vergütung zu versagen, läuft nach Auffassung des EuGH darauf hinaus, dem in der Richtlinie vorgesehenen Recht auf bezahlten Jahresurlaub seine Bedeutung zu nehmen.

> **Anmerkung:**
> Im Streitfall konnte der Arbeitnehmer infolge einer Erkrankung lediglich 2 $^{2}/_{3}$ Urlaubstage nicht nehmen. Der EuGH kommt aber auch im Fall einer nicht langen Abwesenheit zu keinem anderen Ergebnis. Arbeitgeber sind gut beraten, einer Ansammlung von Urlaubsansprüchen durch Erfüllung ihrer Mitwirkungsobliegenheiten (insb. die Information über Urlaubsansprüche und deren drohenden Verfall) nachzukommen und in anstehenden Sondersituationen, wie z.B. der Vereinbarung von Altersteilzeitmodellen, rechtzeitig auf den Abbau bestehender Urlaubsansprüche hinzuwirken.

e) Tilgung von Urlaubsansprüchen bei fehlender Tilgungsbestimmung des Arbeitgebers

627 Das BAG legt in seinem Urteil vom 28.3.2023[2] die **Tilgungsreihenfolge von auf unterschiedlichen Rechtsgrundlagen beruhenden Urlaubsansprüchen** innerhalb eines Kalenderjahres fest.

Beruhen Ansprüche auf Erholungsurlaub aus einem Kalenderjahr auf unterschiedlichen Anspruchsgrundlagen und gelten für sie unterschiedliche Regelungen, liegen laut BAG selbständige Urlaubsansprüche vor. Auf diese findet § 366 BGB Anwendung, wenn die Urlaubsgewährung durch den Arbeitgeber nicht zur Erfüllung sämtlicher Urlaubsansprüche ausreicht. Nimmt der Arbeitgeber in einem solchen Fall bei der Urlaubsgewährung keine Tilgungsbestimmung i.S.v. Abs. 1 der Vorschrift vor, komme § 366 Abs. 2 BGB zur Anwendung, wonach zuerst die gesetzlichen Urlaubsansprüche und erst dann die den gesetzlichen Mindesturlaub übersteigenden Urlaubsansprüche erfüllt werden.

4. Befristung von Arbeitsverhältnissen bei Tätigkeit in leitender Position

628 Nach § 14 TzBfG kann die Befristung eines Arbeitsverhältnisses durch einen sachlichen Grund, etwa durch die Eigenheit der Arbeitsleistung, gerechtfertigt sein. Dieser Sach-

---
[1] EuGH v. 27.4.2023, FI / BMW-AG, C-192/22, NZA 2023, 681.
[2] BAG v. 28.3.2023, 9 AZR 488/21, NZA 2023, 826; vgl. hierzu Rüschenbaum, jurisPR-ArbR 34/2023 Anm. 5.

grund rechtfertigt eine Befristung aber nur dann, wenn die Arbeitsleistung Besonderheiten aufweist, aus denen sich ein berechtigtes Interesse insb. des Arbeitgebers ergibt, statt einem unbefristeten nur einen befristeten Arbeitsvertrag abzuschließen. Diese besonderen Umstände müssen das Interesse des Arbeitnehmers an der Begründung eines dauerhaften Arbeitsverhältnisses überwiegen.

Das BAG stellt in seinem Urteil vom 1.6.2022[1] jedoch klar, dass **Tätigkeiten als Führungskraft oder in leitenden Positionen keine befristungstauglichen Eigenheiten** der Arbeitsleistung darstellen – auch, wenn diese Positionen typischerweise mit einem geringeren Grad der Bindung an Weisungen des Arbeitgebers einhergehen und aufgrund der übertragenen Verantwortung Auseinandersetzungen mit dem Arbeitgeber bewirken können.

5. Beendigung von Arbeitsverhältnissen

a) Beginn des Kündigungsverbots für schwangere Arbeitnehmerinnen

629 § 17 Abs. 1 Nr. 1 des Mutterschutzgesetzes (MuSchG) untersagt die Kündigung des Arbeitsverhältnisses mit einer Frau während ihrer Schwangerschaft. Schon unter der Geltung des bis Ende 2017 maßgeblichen § 9 MuSchG war es ständige Rechtsprechung des BAG, dass der Beginn der Schwangerschaft rechnerisch zu ermitteln sei, indem vom ärztlich attestierten voraussichtlichen Geburtstermin **280 Tage zurückzurechnen** sei. Dieser Auffassung wurde sowohl im Schrifttum wie auch durch das LAG Baden-Württemberg[2] widersprochen, da sie nicht berücksichtige, dass eine Schwangerschaft typischerweise lediglich 266 Tage dauere und damit der Mutterschutz auch auf Frauen erstreckt würde, die bei Zugang der Kündigung noch gar nicht schwanger gewesen seien. Das BAG hält jedoch gemäß Urteil vom 24.11.2022[3] an seiner bisherigen Auffassung fest, wonach das Kündigungsverbot während der Schwangerschaft aus § 17 Abs. 1 Satz 1 Nr. 1 MuSchG 280 Tage vor dem ärztlich festgestellten voraussichtlichen Entbindungstermin beginnt. Dieser Zeitraum stelle die **äußerste zeitliche Grenze** dar, innerhalb derer eine Schwangerschaft vorliegen könne. Diese Auslegung stehe im Einklang mit dem Unionsrecht. Das in Art. 10 Nr. 1 Mutterschutzrichtlinie vorgesehene Kündigungsverbot solle verhindern, dass sich die Gefahr, aus Gründen entlassen zu werden, die mit dem Zustand der schwangeren Arbeitnehmerin in Verbindung stehen, schädlich auf ihre physische und psychische Verfassung auswirken könne. Daher sei vom **frühestmöglichen Zeitpunkt einer Schwangerschaft** auszugehen, um die Sicherheit und den Schutz von schwangeren Arbeitnehmerinnen zu gewährleisten.

Weiter stellt das BAG klar, dass soweit die Arbeitnehmerin die Frist zur Mitteilung der Schwangerschaft an den Arbeitgeber unverschuldet versäumt habe, diese unverzüglich beim Arbeitgeber nachgeholt werden müsse. Eine Zurechnung des Verschuldens Dritter bei der Schwangerschaftsmitteilung erfolge nicht.

b) Widersprüchliches Arbeitgeberverhalten: Fristlose Kündigung und Annahmeverzugslohn

630 Kündigt der Arbeitgeber ein Arbeitsverhältnis fristlos, weil er meint, die Fortsetzung des Arbeitsverhältnisses sei ihm nicht zuzumuten, und bietet er aber **gleichzeitig** dem Arbeitnehmer „zur Vermeidung von Annahmeverzug" die **Weiterbeschäftigung** zu unveränderten Bedingungen während des Kündigungsschutzprozesses an, verhält er sich gemäß Urteil des BAG vom 29.3.2023[4] widersprüchlich.

Nach Auffassung des BAG befand sich der beklagte Arbeitgeber aufgrund seiner unwirksamen fristlosen Kündigungen im Annahmeverzug, ohne dass es eines Arbeitsangebots des Klägers bedurft hätte. Weil der Arbeitgeber selbst davon ausging, eine

---

1) BAG v. 1.6.2022, 7 AZR 151/21, NZA 2022, 1525.
2) LAG Baden-Württemberg v. 1.12.2021, 4 Sa 32/21, NZA-RR 2022, 78.
3) BAG v. 24.11.2022, 2 AZR 11/22, NJW 2023, 937.
4) BAG v. 29.3.2023, 5 AZR 255/22, NZA 2023, 894.

Weiterbeschäftigung des Klägers sei diesem nicht zuzumuten, spreche wegen seines widersprüchlichen Verhaltens eine tatsächliche Vermutung dafür, dass er dem Kläger kein ernstgemeintes Angebot zu einer Prozessbeschäftigung unterbreitet hätte. Auch lasse die Ablehnung eines solchen „Angebots" nicht auf einen fehlenden Leistungswillen des Klägers i.S.d. § 297 BGB schließen.

> **Anmerkung:**
>
> Es käme lediglich in Betracht, dass der Kläger sich nach § 11 Nr. 2 KSchG böswillig unterlassenen Verdienst anrechnen lassen müsste. Das schied im Streitfall jedoch aus, weil dem Kläger aufgrund der gegen ihn im Rahmen der Kündigungen erhobenen Vorwürfe und der Herabwürdigung seiner Person eine Prozessbeschäftigung bei dem Arbeitgeber nicht zuzumuten war. Dem stehe nicht entgegen, dass der Kläger im Kündigungsschutzprozess vorläufige Weiterbeschäftigung beantragt hatte, da dieser Antrag auf die Prozessbeschäftigung nach festgestellter Unwirksamkeit der Kündigungen gerichtet war.

c) Fehler im Massenentlassungsanzeigeverfahren: Aussetzung der Überprüfung des Sanktionssystems

631 Angesichts bestehender Bedenken im Hinblick auf das Sanktionssystem bei Massenentlassungsanzeigeverfahren hat das BAG vier streitige Verfahren mit Beschluss vom 11.5.2023[1] bis zur Entscheidung des EuGH in der Rechtssache C-134/22 ausgesetzt.

Arbeitgeber haben eine Anzeigepflicht gegenüber der Agentur für Arbeit, bevor sie in Betrieben mit in der Regel mehr als 20 und weniger als 60 Arbeitnehmern mehr als fünf Arbeitnehmer innerhalb von 30 Kalendertagen entlassen, § 17 Abs. 1 KSchG. Das für die Ermittlung der erforderlichen personellen Betriebsstärke relevante Tatbestandsmerkmal „in der Regel" enthält dabei weder eine Stichtagsregelung noch ist eine Durchschnittsbetrachtung erforderlich. Abgestellt wird vielmehr auf die Anzahl der beschäftigten Arbeitnehmer, die für den gewöhnlichen Ablauf des betreffenden Betriebs kennzeichnend ist. Hierfür ist ein Rückblick auf den bisherigen Personalbestand und ggf. eine Einschätzung der zukünftigen Entwicklung erforderlich, wie der EuGH bereits klargestellt hat.

Sofern ein Arbeitgeber jedoch die Betriebsgröße falsch beurteilt und deshalb keine Massenentlassungsanzeige erstattet hat, ist nach Auffassung des BAG derzeit noch unklar, ob dies – wie von ihm in ständiger Rechtsprechung seit 2012 angenommen – weiterhin zur **Unwirksamkeit der Kündigung** führt. So stehe das vom BAG entwickelte Sanktionssystem möglicherweise nicht im Einklang mit der Systematik des Massenentlassungsschutzes, wie er durch die Massenentlassungsrichtlinie vermittelt wird, und könnte darum unverhältnismäßig sein.

d) Information an Behörden über Massenentlassung vermittelt keinen Individualschutz der Arbeitnehmer

632 Das BAG hatte den EuGH mit Beschluss vom 27.1.2022[2] im Rahmen eines Vorabentscheidungsersuchens im Zusammenhang mit der Frage angerufen, welche Sanktion ein Verstoß gegen die in § 17 Abs. 3 Satz 1 KSchG vorgesehene Anzeigepflicht gegenüber der Agentur für Arbeit bei einer Massenentlassung nach sich zieht.

Dazu wollte das BAG vom EuGH wissen, welchem Zweck die in Art. 2 Abs. 3 Unterabs. 2 MERL geregelte Übermittlungspflicht gegenüber der zuständigen Behörde dient. Nach Auffassung des BAG soll hiervon abhängen, ob § 17 Abs. 3 Satz 1 KSchG – ebenso wie andere, den Arbeitnehmerschutz zumindest auch bezweckende Vorschriften im Massenentlassungsverfahren – als Verbotsgesetz gemäß § 134 BGB anzusehen ist und demnach entsprechende Kündigungen unwirksam wären.

---

1) BAG v. 11.5.2023, 6 AZR 157/22 (A), NZA 2023, 1040; vgl. hierzu Holler, jurisPR-ArbR 35/2023 Anm. 3.
2) BAG v. 27.1.2022, 6 AZR 155/21, NZA 2022, 491.

Dritter Teil: Entwicklungen in Gesetzgebung, Rechtsprechung und Verwaltung 2023

Der EuGH stellt nun mit Urteil vom 13.7.2023[1)] klar, dass Art. 2 Abs. 3 Unterabs. 2 MERL **nicht** den Zweck hat, den von Massenentlassungen betroffenen Arbeitnehmern **Individualschutz** zu gewähren. Die dort vorgesehene Übermittlung von Informationen an die zuständige Behörde diene nur zu Informations- und Vorbereitungszwecken, damit diese ggf. ihre Befugnisse aus der MERL wirksam ausüben könne. Bezweckt würde mit der Anzeigepflicht, dass die zuständige Behörde die negativen Folgen beabsichtigter Massenentlassungen so weit wie möglich abschätzen könne, um in effizienter Weise nach Lösungen für die dadurch entstehenden Probleme suchen zu können.

6. Entsendung von Arbeitnehmern

a) Grenzüberschreitendes Entsenderecht im Straßenverkehr

633 Am 15.6.2023 hat der Bundestag das **Gesetz zur Regelung der Entsendung von Kraftfahrern und Kraftfahrerinnen** im Straßenverkehrssektor und zur grenzüberschreitenden Durchsetzung des Entsenderechts vom 28.6.2023 verabschiedet. Der Bundesrat hat am 16.6.2023 seine Zustimmung erteilt. Mit der Veröffentlichung im Bundesgesetzblatt am 30.6.2023[2)] ist das Gesetz am 1.7.2023 in Kraft getreten.

> **Anmerkung:**
> Nach den Vorgaben des Gesetzes ist das Entsenderecht auch im Straßenverkehrssektor anzuwenden. Das Gesetz dient der Umsetzung der RL 2020/1057/EU (Straßenverkehrsrichtlinie) und der RL 2014/67/EU (Durchsetzungsrichtlinie) in deutsches Recht.

Technisch erfolgt die Umsetzung durch **Anpassungen des sog. Arbeitnehmerentsendegesetzes**, kurz AEntG. Von den Anpassungen betroffen sind z.B. im Inland arbeitende Kraftfahrer, die von einem im EU-Ausland ansässigen Unternehmen beschäftigt werden. Geregelt werden u.a. Aspekte wie Höchstarbeitszeiten, Mindestruhezeiten und auch die Ruhepausenzeiten. Weiter wird festgelegt, dass entsendete Kraftfahrer während ihrer Arbeit im EU-Ausland nach den dortigen Lohnregelungen vergütet werden.

> **Anmerkung:**
> Nicht betroffen sind Fahrer, die EU-Länder nur durchfahren sowie bilaterale Transporte durchführen.

Nach den neuen Vorgaben müssen Unternehmen spätestens bei Beginn der Entsendung eine **Entsendemeldung** übermitteln. Dafür steht ein neues mehrsprachiges Portal zur Verfügung. Weiter müssen Arbeitgeber ihren Fahrern für die Zeit im Ausland bestimmte Unterlagen mitgeben, die auf Verlangen vorzuzeigen sind. Hierzu zählen u.a. die Identität des Unternehmens sowie Beginn und Ende der Beschäftigung. Die Kontrolle der Vorgaben übernimmt der deutsche Zoll. Bei Verstößen drohen Geldbußen.

b) Versetzung von Mitarbeitern ins Ausland

634 Ein Arbeitgeber kann einen Arbeitnehmer aufgrund **arbeitsvertraglichen Direktionsrechts** ins Ausland versetzen. Dies entschied das BAG mit Urteil vom 30.11.2022[3)].

Sieht der Arbeitsvertrag **keinen bestimmten inländischen Arbeitsort** vor, sondern ist **ausdrücklich eine unternehmensweite Versetzungsmöglichkeit** vorgesehen, kann ein

---

[1)] EuGH v. 13.7.2023, G GmbH, C-134/22, NZA 2023, 887; vgl. hierzu Bissels/Emmert/Schmitter, jurisPR-ArbR 25/2023 Anm. 2.
[2)] BGBl. I 2023 Nr. 172.
[3)] BAG v. 30.11.2022, 5 AZR 336/21, NJW 2023, 1383; vgl. hierzu Neumair, jurisPR-ArbR 25/2023 Anm. 4.

Arbeitgeber seinen Arbeitnehmer aufgrund seines arbeitsvertraglichen Direktionsrechts anweisen, an einem Arbeitsort des Unternehmens im Ausland zu arbeiten. § 106 GewO begrenzt laut BAG das Weisungsrecht des Arbeitgebers insoweit nicht auf das Territorium der Bundesrepublik Deutschland. Die Ausübung des Weisungsrechts im Einzelfall unterliegt nach dieser Bestimmung allerdings einer **Billigkeitskontrolle**.

> **Anmerkung:**
> Im Streitfall hielt ein klagender Pilot die Versetzung zumindest insofern für unbillig, als ihm sein **tariflicher Vergütungsanspruch entzogen** werde und ihm auch ansonsten erhebliche Nachteile entstünden. Dass der Kläger den Anspruch auf das höhere tarifliche Entgelt verliert, liegt laut BAG an dem von den Tarifvertragsparteien vereinbarten Geltungsbereich des Vergütungstarifvertrags, der auf die in Deutschland stationierten Piloten beschränkt ist. Es sei auch nicht unbillig i.S.d. § 106 Satz 1 GewO, wenn der Arbeitgeber mit der Versetzung verbundene sonstige Nachteile des Klägers, der seinen bisherigen Wohnort nicht aufgeben will, finanziell nicht stärker ausgleicht, als es im Tarifsozialplan vorgesehen ist.

c) Vorübergehende Auslandsentsendung: Hypotax-Verfahren bei tarifvertraglich vorgesehener Bruttovergütung

635 Für die Dauer einer vorübergehenden Auslandsentsendung des Arbeitnehmers kann im Rahmen eines Hypotaxverfahrens eine **Nettolohnvereinbarung** getroffen werden, wenn kein Anspruch auf eine tariflich vorgesehene Bruttovergütung, sondern ein durch eine Bezugnahmeklausel vermittelter vertraglicher Anspruch besteht.

In dem vom BAG mit Urteil vom 7.9.2022[1] zu entscheidenden Fall war die Höhe der Vergütung streitig, nachdem der Arbeitgeber während einer zeitlich befristeten Entsendung des Arbeitnehmers nach Frankreich hypothetisch für ihn in Deutschland anfallende Steuern im sog. Hypotax-Verfahren von seinem Entgelt einbehalten hatte. Bei der sog. Hypotax handelt es sich um eine fiktive Steuer vom Einkommen eines ins Ausland entsandten im Heimatland steuerpflichtig beschäftigen Arbeitnehmers. Sie entspricht dem Steuerbetrag, den der ins Ausland entsandte Mitarbeiter im Heimatland hätte entrichten müssen.

Dazu stellte das BAG klar, dass der Arbeitgeber während einer vorübergehenden Auslandsentsendung des Arbeitnehmers den darauf gerichteten Anspruch bei Steuerpflicht im Einsatzland nicht teilweise durch den Einbehalt der hypothetisch in Deutschland zu entrichtenden (im Vergleich höheren) Lohnsteuer erfüllen kann, wenn der Tarifvertrag eine Bruttovergütung vorsieht.

Besteht dagegen mangels beiderseitiger Tarifgebundenheit kein Anspruch des Arbeitnehmers auf eine tariflich vorgesehene Bruttovergütung, sondern ein **durch eine Bezugnahmeklausel vermittelter vertraglicher Anspruch**, können die Parteien abweichend hiervon für die Dauer einer vorübergehenden Auslandsentsendung des Arbeitnehmers im Rahmen eines sog. Hypotax- oder Steuerausgleichsverfahrens eine **Nettolohnvereinbarung** treffen, wonach der Arbeitnehmer trotz Steuerpflicht im Einsatzland weiter die (im Vergleich niedrigere) Nettovergütung erhält, die er bei hypothetischer Weitergeltung des deutschen Steuerrechts beziehen würde.

7. Sonstiges Arbeitsrecht

a) Erstattung nachentrichteter Lohnsteuer durch den Arbeitnehmer

636 Hat der Arbeitgeber zu wenig Lohnsteuer von den Einkünften des Arbeitnehmers einbehalten und an das Finanzamt abgeführt, kann er bis zur Inanspruchnahme durch das Finanzamt **vom Arbeitnehmer Freistellung von etwaigen Nachforderungen verlangen**.

---

[1] BAG v. 7.9.2022, 5 AZR 128/22, NZA 2023, 240.

Dritter Teil: Entwicklungen in Gesetzgebung, Rechtsprechung und Verwaltung 2023

Weiter kann der Arbeitgeber nach Inanspruchnahme die **Erstattung der gezahlten Lohnsteuern im Wege des Gesamtschuldnerausgleichs** vom Arbeitnehmer fordern. Laut rechtskräftigem Urteil des LAG Baden-Württemberg vom 10.2.2023[1)] besteht die Regresspflicht des Arbeitnehmers unabhängig davon, ob der Arbeitgeber freiwillig oder aufgrund eines Haftungsbescheids die Steuernachforderung für den Arbeitnehmer erfüllt.

b) Betriebliche Altersvorsorge: Unwirksamer Kapitalabfindungsvorbehalt mangels Wertgleichheit

637 Ein in **Allgemeinen Geschäftsbedingungen** geregeltes Recht eines Versorgungsträgers, wonach der Versorgungsträger nach seiner freien Entscheidung die Zusage laufender Renten durch eine einmalige Kapitalzahlung, sog. **Kapitalabfindungsvorbehalt**, ersetzen kann, ist **unwirksam**, wenn die Einmalleistung betragsmäßig nicht mindestens dem versicherungsmathematisch ermittelten Barwert der laufenden Renten entspricht.

Eine im Leistungsplan enthaltene ABG-Klausel mit Ersetzungsbefugnis, wonach sich der Versorgungsträger als Schuldner einer betrieblichen Altersversorgung vorbehält, den Anspruch auf die laufende Rente nachträglich inhaltlich zu einer einmaligen Abfindungszahlung abzuändern, verstößt gemäß Urteil des BAG vom 17.1.2023[2)] gegen § 308 Nr. 4 BGB (Klauselverbot mit Wertungsmöglichkeit) und ist somit unwirksam, wenn die Kapitalleistung geringer als der Barwert der laufenden Renten ist.

> **Anmerkung:**
>
> Im Streitfall konnte der Versorgungsträger statt einer lebenslangen Altersrente eine Kapitalleistung in Höhe der zehnfachen Jahresrente auszahlen. Eine solche Klausel, die eine Ersetzung durch eine nicht mindestens (bar) wertgleiche Kapitalleistung, sondern eine geringere Kapitalleistung vorsieht, ist laut BAG für den Versorgungsempfänger unzumutbar. Damit würde dem Versorgungsempfänger bereits erdientes Entgelt im Nachhinein, nämlich kurz vor Eintritt des Versorgungsfalls, zumindest teilweise wieder entzogen.

c) Teilzeit: Endgehaltsbezogene Betriebsrente

638 Zur Berechnung der Betriebsrentenleistung kann eine Betriebsrentenzusage auf das im letzten Kalenderjahr vor dem Ausscheiden durchschnittlich bezogene Monatsgehalt abstellen, das bei Teilzeitbeschäftigung innerhalb der letzten zehn Jahre vor dem Ausscheiden mit einem Faktor für den durchschnittlichen Beschäftigungsumfang in diesem Zeitraum modifiziert werden kann.

Das BAG begründet seine Auffassung gemäß Urteil vom 20.6.2023[3)] damit, dass bei einer endgehaltsbezogenen Betriebsrentenzusage, selbst wenn diese zudem die erbrachte Dienstzeit honoriert, auf das **zuletzt maßgebliche Entgelt auch bei Teilzeitkräften** abgestellt werden darf. Die endgehaltsbezogene Betriebsrente diene insoweit dem legitimen Zweck der Erhaltung des letzten im Erwerbsleben erarbeiteten Lebensstandards im Ruhestand.

Es sei hierbei nicht zu beanstanden, wenn die Zusage einen Betrachtungszeitraum von zehn Jahren vor dem Ausscheiden zur Bestimmung des maßgeblichen durchschnittlichen Beschäftigungsumfangs von Teilzeitbeschäftigten zugrunde legt. Denn dies sei typischerweise ein Zeitraum, in dem sich der durch den jeweiligen Arbeitsverdienst geprägte Lebensstandard, der durch die Altersrente gesichert werden soll, verfestigt habe. Teilzeitbeschäftigte würden dadurch nicht unzulässig benachteiligt.

---

1) LAG Baden-Württemberg v. 10.2.2023, 12 Sa 50/22, DStR 2023, 1019 (rkr.); vgl. hierzu Weber-Grellet, jurisPR-ArbR 17/2023 Anm. 7.
2) BAG v. 17.1.2023, 3 AZR 220/22, NZA 2023, 355; vgl. hierzu Langohr-Plato, jurisPR-ArbR 16/2023 Anm. 1.
3) BAG v. 20.6.2023, 3 AZR 221/22, BB 2023, 3003; vgl. hierzu auch Langohr-Plato, jurisPR-ArbR 50/2023 Anm. 3.

I. Wirtschaftsrecht

d) Zusatzvereinbarung über Tätigkeit im Homeoffice gesondert kündbar

Ist in einer Zusatzvereinbarung über die Tätigkeit im Homeoffice ausdrücklich für beide Parteien das **Recht zum Ausspruch einer Teilkündigung** hinsichtlich der Zusatzvereinbarung vorgesehen, ist diese Abrede nach einem rechtskräftigen Urteil des LAG Hamm vom 16.3.2023[1)] wirksam.

639

Nach Auffassung des LAG Hamm wird durch eine solche Abrede **kein zwingender Kündigungsschutz umgangen**, weil sich die Zusatzvereinbarung nur auf den Ort der Arbeitsleistung (hier: die eigene Wohnung) bezieht, der kündigungsrechtlich nicht besonders geschützt ist, sondern dem Direktionsrecht des Arbeitgebers gemäß § 106 Satz 1 GewO unterliegt.

> **Anmerkung:**
> Selbst wenn die Zusatzvereinbarung insgesamt oder speziell im Hinblick auf die Regelung der Teilkündbarkeit als Allgemeine Geschäftsbedingung i.S.d. § 305 Abs. 1 BGB oder jedenfalls als Einmalbedingung i.S.d. § 310 Abs. 3 Nr. 1 und Nr. 2 BGB anzusehen wäre und diese der Inhaltskontrolle gemäß §§ 307 bis 309 BGB unterläge, führt dies nach den Ausführungen der Richter nicht zur Unwirksamkeit der Kündbarkeitsregelung.
>
> Nach der Kündigung der Homeoffice-Vereinbarung durch den Arbeitgeber hat der klagende Arbeitnehmer demnach keinen Anspruch auf eine Tätigkeit aus dem Homeoffice.

e) Arbeitnehmer muss Provision für Personalvermittlung nicht erstatten

Eine Regelung im Arbeitsvertrag, wonach der Arbeitnehmer verpflichtet ist, dem Arbeitgeber eine von ihm für das Zustandekommen des Arbeitsvertrags an einen Personaldienstleister gezahlte Vermittlungsprovision zu erstatten, wenn der Arbeitnehmer das Arbeitsverhältnis vor Ablauf der Probezeit beendet, ist unwirksam.

640

Wie das BAG in seinem Urteil vom 20.6.2023[2)] ausführt, verstößt eine entsprechende Regelung gegen die **Inhaltskontrolle für Allgemeine Geschäftsbedingungen** gemäß § 307 Abs. 1 Satz 1 BGB und ist unwirksam. Durch eine solche Regelung werde der Arbeitnehmer in seinem Recht auf freie Wahl des Arbeitsplatzes (Art. 12 Abs. 1 GG) beeinträchtigt, ohne dass dies durch begründete Interessen des Arbeitgebers gerechtfertigt wäre. Denn dieser habe grundsätzlich das unternehmerische Risiko dafür zu tragen, dass sich von ihm getätigte finanzielle Aufwendungen für die Personalbeschaffung nicht „lohnen", weil der Arbeitnehmer sein Arbeitsverhältnis in rechtlich zulässiger Weise beendet. Laut BAG besteht deshalb kein billigenswertes Interesse des Arbeitgebers, solche Kosten auf den Arbeitnehmer zu übertragen. Schließlich erhalte der Arbeitnehmer auch keinen Vorteil, der die Beeinträchtigung seiner Arbeitsplatzwahlfreiheit ausgleichen könnte.

f) Unangemessene Benachteiligung eines Arbeitnehmers durch zu hohe Vertragsstrafe in AGB

Eine in einer Weiterbildungsvereinbarung zur Fachärztin vorgesehene Vertragsstrafe in Höhe von drei Bruttomonatsvergütungen führt zu einer unangemessenen Benachteiligung der Fachärztin und ist unwirksam.

641

Gemäß Urteil des BAG vom 20.10.2022[3)] gibt es zwar keinen Rechtssatz, dass eine Vertragsstrafe in AGB, deren Höhe ein Bruttomonatsgehalt übersteigt, den betroffenen Arbeitnehmer stets i.S.v. § 307 Abs. 1 Satz 1 BGB unangemessen benachteiligen würde und deshalb unwirksam wäre. Es komme vielmehr auf eine **Einzelfallprüfung** an. Jedoch könne eine Vertragsstrafe in Höhe von drei Bruttomonatsgehältern für den Fall, dass ein Arzt in Weiterbildung zum Facharzt vor Ablauf des vereinbarten Weiterbil-

---
1) LAG Hamm v. 16.3.2023, 18 Sa 832/22, NZA-RR 2023, 401.
2) BAG v. 20.6.2023, 1 AZR 265/22, BB 2023, 2686.
3) BAG v. 20.10.2022, 8 AZR 332/21, NJW 2023, 1152.

dungszeitraums von im Streitfall 3,5 Jahren das Arbeitsverhältnis durch ordentliche Eigenkündigung beendet, unangemessen hoch sein.

> **Anmerkung:**
> Sofern die volle Vertragsstrafe bereits dann geschuldet wäre, wenn der Arbeitnehmer unmittelbar nach der Probezeit von fünf Monaten das Arbeitsverhältnis ordentlich kündigt, führe dies zu einer **Übersicherung des Arbeitgebers**. Während der Probezeit hätten die ausbildenden Ärzte nämlich nur überschaubare Aufwendungen für die Ausbildung erbracht.

g) Grundsätzlich kein Verwertungsverbot bei offener Videoüberwachung

642 Gemäß Urteil des BAG vom 29.6.2023[1] besteht auch dann bei offener Videoüberwachung grundsätzlich kein Verwertungsverbot, wenn die Überwachungsmaßnahme des Arbeitgebers **nicht vollständig im Einklang mit** den Vorgaben des **Datenschutzrechts** steht.

Im Streitfall machte der Arbeitgeber geltend, der Arbeitnehmer habe eine sog. Mehrarbeitsschicht in der Absicht nicht geleistet, sie gleichwohl vergütet zu bekommen. Der Arbeitnehmer habe nach seinem eigenen Vorbringen zwar an diesem Tag zunächst das Werksgelände betreten. Die auf anonymen Hinweis hin erfolgte Auswertung der Aufzeichnungen einer durch ein Piktogramm ausgewiesenen und auch sonst nicht zu übersehenden Videokamera an einem Tor zum Werksgelände ergab jedoch, dass der Arbeitnehmer dieses noch vor Schichtbeginn wieder verlassen hat. Der Arbeitnehmer macht geltend, dass die Erkenntnisse aus der Videoüberwachung einem Sachvortrags- und Beweisverwertungsverbot unterlägen und im Kündigungsschutzprozess nicht berücksichtigt werden dürften.

Nach Auffassung des BAG ist im Rahmen der Beweiswürdigung ggf. auch die betreffende Bildsequenz aus der Videoüberwachung am Tor zum Werksgelände in Augenschein zu nehmen. Dies folge aus den einschlägigen Vorschriften des Unionsrechts sowie des nationalen Verfahrens- und Verfassungsrechts. Es spiele dabei keine Rolle, ob die Überwachung in jeder Hinsicht den Vorgaben des Bundesdatenschutzgesetzes bzw. der Datenschutz-Grundverordnung (DSGVO) entsprach. Selbst wenn dies nicht der Fall gewesen sein sollte, wäre eine Verarbeitung der betreffenden personenbezogenen Daten des Arbeitnehmers durch die Gerichte für Arbeitssachen nach der DSGVO nicht ausgeschlossen. Dies gelte jedenfalls dann, wenn die Datenerhebung – wie hier – offen erfolgt und vorsätzlich vertragswidriges Verhalten des Arbeitnehmers in Rede steht. In einem solchen Fall sei es grundsätzlich irrelevant, wie lange der Arbeitgeber mit der erstmaligen Einsichtnahme in das Bildmaterial zugewartet und es bis dahin vorgehalten hat.

> **Anmerkung:**
> Offenbleiben konnte, ob ausnahmsweise aus Gründen der Generalprävention ein Verwertungsverbot in Bezug auf vorsätzliche Pflichtverstöße in Betracht kommt, wenn die offene Überwachungsmaßnahme eine schwerwiegende Grundrechtsverletzung darstellt. Das sei vorliegend nicht der Fall gewesen.

h) Erschütterung des Beweiswerts einer Krankschreibung

643 Nach der Rechtsprechung des BAG kommt einer ordnungsgemäß ausgestellten ärztlichen Arbeitsunfähigkeitsbescheinigung ein hoher Beweiswert zu, der jedoch unter bestimmten Voraussetzungen erschüttert werden kann. Dieser **Beweiswert** kann laut

---

1) BAG v. 29.6.2023, 2 AZR 296/22, NJW 2023, 3113; vgl. hierzu Spitz, jurisPR-ITR 18/2023 Anm. 3.

Urteil des LAG Niedersachsen vom 8.3.2023[1] dadurch **erschüttert** werden, dass der Arbeitnehmer sich im Falle des Erhalts einer arbeitgeberseitigen Kündigung unmittelbar zeitlich nachfolgend krankmeldet bzw. eine Arbeitsunfähigkeitsbescheinigung einreicht. Dies gelte vor allem dann, wenn **lückenlos der gesamte Zeitraum der Kündigungsfrist** – auch durch mehrere Arbeitsunfähigkeitsbescheinigungen – abgedeckt wird.

Meldet sich jedoch der Arbeitnehmer zunächst krank und geht ihm einen Tag später eine arbeitgeberseitige Kündigung zu, fehlt es nach Auffassung des Gerichts an dem für die Erschütterung des Beweiswertes der Arbeitsunfähigkeitsbescheinigung notwendigen Kausalzusammenhang. Allein die Tatsache, dass ein Arbeitnehmer bis zur Beendigung eines Arbeitsverhältnisses arbeitsunfähig krankgeschrieben ist, am unmittelbar darauffolgenden Tag gesundet und bei einem anderen Arbeitgeber zu arbeiten beginnt, erschüttere in der Regel ohne Hinzutreten weiterer Umstände den Beweiswert von Arbeitsunfähigkeitsbescheinigungen nicht. Damit bejahte das Gericht einen Entgeltfortzahlungsanspruch des Arbeitnehmers.

> **Anmerkung:**
> Gegen das Urteil wurde Revision beim BAG unter dem Az. 5 AZR 137/23 eingelegt.

i) Mindestlohn: Keine persönliche Haftung von GmbH-Geschäftsführern

Wie das BAG mit Urteil vom 30.3.2023[2] klarstellt, haften Geschäftsführer einer GmbH gegenüber den Arbeitnehmern der Gesellschaft nicht deshalb auf Schadensersatz wegen Verstoßes gegen ein sog. Schutzgesetz i.S.v. § 823 Abs. 2 BGB, weil sie im Einzelfall bußgeldlich für Verstöße der GmbH gegen deren Verpflichtung, ihren Arbeitnehmern ein Arbeitsentgelt mindestens in Höhe des gesetzlichen Mindestlohns gemäß § 20 MiLoG zu zahlen, verantwortlich sind (§ 21 Abs. 1 Nr. 9 MiLoG i.V.m. § 9 Abs. 1 Nr. 1 OWiG).

644

Der besagte Bußgeldtatbestand stellt nach Auffassung des BAG **kein Schutzgesetz** i.S.v. § 823 Abs. 2 BGB zugunsten der Arbeitnehmer der GmbH in ihrem Verhältnis zu den Geschäftsführern der Gesellschaft dar. Dies begründet das BAG damit, dass die Annahme eines Schutzgesetzes das Haftungssystem des GmbHG, das eine allgemeine Durchgriffshaftung auf die Geschäftsführer der Gesellschaft nicht vorsieht, für den Bereich der Vergütungspflicht des Arbeitgebers – jedenfalls in Höhe des Mindestlohns – vielfach konterkarieren würde. Dies habe der Gesetzgeber nicht beabsichtigt.

Eine Haftung gegenüber außenstehenden Dritten gebe es grundsätzlich nicht. Die nach § 43 Abs. 2 GmbHG beschränkte Haftung gegenüber der Gesellschaft mache deutlich, dass Schadensersatzansprüche wegen nicht ordnungsgemäßer Geschäftsführung eben die Gesellschaft habe, nicht außenstehende Dritte, so die Erfurter Richter unter Bezugnahme auf ihre ständige Rechtsprechung. Anders könnte es nur dann sein, wenn ein besonderer Haftungsgrund bestünde. Den aber gebe es bei der Nichtzahlung des Mindestlohns nicht.

j) Leiharbeit: Abweichung durch Tarifvertrag vom equal-pay-Grundsatz wirksam

Ein Tarifvertrag kann gemäß § 8 Abs. 2 Arbeitnehmerüberlassungsgesetz (AÜG) von dem Grundsatz, dass Leiharbeitnehmer für die Dauer einer Überlassung Anspruch auf gleiches Arbeitsentgelt wie vergleichbare Stammarbeitnehmer des Entleihers haben („equal pay"), „nach unten" abweichen. Dies hat zur Folge, dass der Verleiher dem Leiharbeitnehmer **nur die niedrigere tarifliche Vergütung** zahlen muss.

645

---

1) LAG Niedersachsen v. 8.3.2023, 8 Sa 859/22, NZA-RR 2023, 285 mit Anm. Barrein; vgl. hierzu auch Bissels/Singraven, jurisPR-ArbR 24/2023 Anm. 6.
2) BAG v. 30.3.2023, 8 AZR 120/22, DStR 2023, 1850 (Parallelentscheidung 8 AZR 199/22).

Dritter Teil: Entwicklungen in Gesetzgebung, Rechtsprechung und Verwaltung 2023

> **Anmerkung:**
> Der Interessenverband Deutscher Zeitarbeitsunternehmen (iGZ) hatte einen entsprechenden Tarifvertrag mit der Gewerkschaft ver.di geschlossen.

Laut aktuellem Urteil des BAG vom 31.5.2023[1] genügt ein solcher Tarifvertrag den unionsrechtlichen Anforderungen von Art. 5 Abs. 3 der Leiharbeitsrichtlinie. Danach sei eine **finanzielle Schlechterstellung von Leiharbeitnehmern ausdrücklich zulässig**, vorausgesetzt dies erfolge unter Achtung des Gesamtschutzes der Leiharbeitnehmer. Dazu müssen Ausgleichsvorteile eine Neutralisierung der Ungleichbehandlung ermöglichen. Zu diesen Ausgleichsvorteilen gehörten die Fortzahlung der Vergütung auch in verleihfreien Zeiten, die Unabdingbarkeit des Anspruchs auf Annahmeverzugsvergütung im Leiharbeitsverhältnis und das Verbot der Unterschreitung des gesetzlichen Mindestlohns.

> **Anmerkung:**
> Die Rechtsprechung des BAG ist im Anschluss an die Entscheidung des EuGH vom 15.12.2022[2] ergangen.

8. Mitbestimmung

a) Gesetz zur Umsetzung der Bestimmungen der Umwandlungsrichtlinie über die Arbeitnehmermitbestimmung

646 Am 1.12.2022 verabschiedete der Bundestag in zweiter und dritter Lesung das Gesetz zur Umsetzung der Bestimmungen der Umwandlungsrichtlinie über die Mitbestimmung der Arbeitnehmer bei grenzüberschreitenden Umwandlungen, Verschmelzungen und Spaltungen vom 4.1.2023. Eine Zustimmung des Bundesrates zu diesem Gesetz war nicht erforderlich. Es wurde am 13.1.2023 im Bundesgesetzblatt[3] veröffentlicht.

Mit dem Gesetz soll der Abbau von Arbeitnehmerrechten bei grenzüberschreitenden Unternehmensfusionen und -aufspaltungen oder einem Formwechsel vermieden werden. Gemäß einer neuen sog. Vier-Fünftel-Regelung sind Verhandlungen über die Mitbestimmung schon dann erforderlich, wenn eine beteiligte Gesellschaft eine Anzahl an Arbeitnehmern beschäftigt, die mindestens vier Fünftel des Schwellenwertes entspricht, den die Unternehmensmitbestimmung im jeweiligen Wegzugsstaat vorsieht.

b) Unterbliebene innerbetriebliche Stellenausschreibung

647 Der Arbeitgeber muss eine – vom Betriebsrat verlangte – innerbetriebliche Ausschreibung von Arbeitsplätzen vornehmen, bevor er eine Entscheidung über die Besetzung einer offenen Stelle trifft und den Betriebsrat zu der beabsichtigten personellen Maßnahme um Zustimmung ersucht.

Damit der Betriebsrat den innerbetrieblichen Arbeitsmarkt aktivieren kann, sieht § 93 BetrVG die Durchführung eines innerbetrieblichen Ausschreibungsverfahrens vor, bevor dann der Arbeitgeber die Entscheidung über die Besetzung der freien Stelle trifft und den Betriebsrat um eine entsprechende Zustimmung ersucht. Darüber hinaus bezweckt die Vorschrift, für die Belegschaft eine **erhöhte Transparenz** von betrieblichen Vorgängen zu schaffen. Dieser Zweck ist nicht gewährleistet, wenn die innerbe-

---

1) BAG v. 31.5.2023, 5 AZR 143/19, DB 2023, 2507; vgl. hierzu Bissels/Singraven, jurisPR-ArbR 40/2023 Anm. 3.
2) EuGH v. 15.12.2022, TimePartner Personalmanagement, C-311/21, NZA 2023, 31.
3) BGBl. I 2023 Nr. 10 vom 13.1.2023.

triebliche Stellenausschreibung erst erfolgt, nachdem der Arbeitgeber seine Entscheidung über die Stellenbesetzung getroffen und sie dem Betriebsrat mit der Bitte um Zustimmung unterbreitet hat.

Bereits die Unterrichtung des Betriebsrats über eine Besetzungsentscheidung birgt die Gefahr, dass der Eindruck vermittelt wird, der Arbeitgeber habe die – aus seiner Sicht – am besten geeignete Person für die zu besetzende Stelle bereits ausgewählt mit der Folge, dass Belegschaftsangehörige bei einer späteren Ausschreibung von einer eigenen Bewerbung absehen, weil sie ihr keinen Erfolg einräumen. Nach Auffassung des BAG in seiner Entscheidung vom 11.10.2022[1] können durch eine **bloße Nachholung der Ausschreibung die gesetzlichen Ziele beeinträchtigt** werden.

Unerheblich sei, dass der Arbeitgeber bei seiner Auswahl nicht an den Kreis innerbetrieblicher Bewerber gebunden ist und es grundsätzlich in seinem Ermessen liegt, die Stelle mit einem Arbeitnehmer seiner Wahl zu besetzen.

> **Anmerkung:**
> Wie das BAG weiter klarstellte, kann die Ausschreibung grundsätzlich nicht während des gerichtlichen Zustimmungsersetzungsverfahrens nachgeholt werden.

9. Sozialversicherung

a) Gesetz zur Vereinbarkeit von Beruf und Privatleben für Eltern und pflegende Angehörige

648 In Umsetzung der Richtlinie RL 2019/1158/EU hat der Bundestag am 1.12.2022 das Gesetz zur weiteren Umsetzung o.g. Richtline zur Vereinbarkeit von Beruf und Privatleben für Eltern und pflegende Angehörige verabschiedet. Der Zustimmung des Bundesrates bedarf es nicht. Das Gesetz vom 19.12.2022 wurde am 23.12.2022 im Bundesgesetzblatt verkündet und trat am 24.12.2022 in Kraft.[2]

Im Zuge der Änderungen des Bundeselterngeld- und Elternzeitgesetzes, des Pflegezeitgesetzes, des Familienpflegezeitgesetzes sowie des Allgemeinen Gleichbehandlungsgesetzes ergeben sich **neue Pflichten für Arbeitgeber**. Sie müssen unabhängig von der Betriebsgröße die Ablehnung eines Antrags auf flexible Arbeitsregelungen in der Elternzeit begründen. Arbeitgeber von Kleinbetrieben müssen Anträge der Beschäftigten auf den Abschluss einer Vereinbarung über eine Freistellung nach dem Pflegezeit- sowie dem Familienpflegezeitgesetz innerhalb von vier Wochen nach Zugang des Antrags beantworten und im Fall der Ablehnung begründen. Für Beschäftigte in Kleinbetrieben, die mit ihrem Arbeitgeber eine Freistellung nach dem Pflegezeit- oder dem Familienpflegezeitgesetz vereinbaren, gelten die damit verbundenen Rechte und Rechtsfolgen, insb. haben sie auch einen Kündigungsschutz für die Dauer der vereinbarten Freistellung.

b) Gesetz zur Unterstützung und Entlastung in der Pflege

649 Der am 5.4.2023 vom Bundeskabinett beschlossene Entwurf eines Gesetzes zur Unterstützung und Entlastung in der Pflege (Pflegeunterstützungs- und -entlastungsgesetz – PUEG) wurde am 27.4.2023 in erster Lesung im Bundestag beraten. Die Verabschiedung im Bundestag in zweiter und dritter Lesung erfolgte am 26.5.2023 Eine Zustimmung des Bundesrates war nicht erforderlich. Nach dem PUEG soll die gesetzliche Pflegeversicherung in zwei Schritten reformiert werden. Das Gesetz vom 19.6.2023 wurde am 23.6.2023 im Bundesgesetzblatt verkündet.[3]

---

1) BAG v. 11.10.2022, 1 ABR 16/21, NJW 2023, 864; vgl. hierzu Fischer, jurisPR-ArbR 12/2023 Anm. 7.
2) BGBl. I 2022, 2510 v. 23.12.2022.
3) BGBl. I 2023 Nr. 155 v. 23.6.2023.

Konkret geht es um die Stabilisierung der Finanzen zum 1.7.2023 und die Anhebung sämtlicher Leistungsbeträge zum 1.1.2025. Dabei sind u.a. folgende Maßnahmen vorgesehen:

- Verbesserung der Pflegeleistungen und Begrenzung der finanziellen Belastungen.
- Zur Stärkung der häuslichen Pflege wurde das **Pflegegeld** zum 1.1.2024 um 5 % erhöht.
- Ebenfalls wurden die **ambulanten Sachleistungsbeträge** zum 1.1.2024 um 5 % angehoben.
- Das **Pflegeunterstützungsgeld** kann von Angehörigen ab 1.1.2024 pro Kalenderjahr für bis zu zehn Arbeitstage je pflegebedürftiger Person in Anspruch genommen werden und ist nicht mehr beschränkt auf einmalig insgesamt zehn Arbeitstage je pflegebedürftiger Person.
- Zum 1.7.2025 werden die Leistungsbeträge für Verhinderungspflege und für Kurzzeitpflege in einem neuen Gemeinsamen Jahresbetrag für Verhinderungspflege und Kurzzeitpflege zusammengeführt. Danach steht ein **Gesamtleistungsbetrag** von bis zu 3.539 Euro zur Verfügung, den die Anspruchsberechtigten wahlweise flexibel für beide Leistungsarten einsetzen können. Die bisherige sechsmonatige Vorpflegezeit vor erstmaliger Inanspruchnahme der Verhinderungspflege wurde abgeschafft, sodass die Leistungen unmittelbar ab Feststellung von mindestens Pflegegrad 2 genutzt werden können.
- Zur sofortigen Unterstützung von **Familien mit pflegebedürftigen Kindern** wurde der Anspruch auf den Gemeinsamen Jahresbetrag aus Verhinderungs- und Kurzzeitpflege für Pflegebedürftige der Pflegegrade 4 und 5, die das 25. Lebensjahr noch nicht vollendet haben, zum 1.1.2024 eingeführt.
- Der **Zugang pflegender Angehöriger zu Vorsorge- und Rehabilitationsleistungen wurde erleichtert**, indem die Möglichkeit zur Mitaufnahme des Pflegebedürftigen in die stationäre Vorsorge- oder Rehabilitationseinrichtung der Pflegeperson erweitert und weiterentwickelt wird.
- Zum 1.1.2024 wurden die Zuschläge (nach § 43c SGB XI), die die Pflegekasse an die Pflegebedürftigen in vollstationären Pflegeeinrichtungen zahlt, erhöht. Die Sätze werden
    - von 5 % auf 15 % bei 0 bis 12 Monaten Verweildauer,
    - von 25 % auf 30 % bei 13 bis 24 Monaten,
    - von 45 % auf 50 % bei 25 bis 36 Monaten und
    - von 70 % auf 75 % bei mehr als 36 Monaten angehoben.
- Zum 1.1.2025 und zum 1.1.2028 werden die **Geld- und Sachleistungen regelhaft** in Anlehnung an die Preisentwicklung automatisch dynamisiert. Für die langfristige Leistungsdynamisierung und die langfristige Finanzierung der Pflegeversicherung wird die Bundesregierung bis Ende Mai 2024 Vorschläge erarbeiten.
- Die komplex und intransparent gewordenen Regelungen zum **Verfahren zur Feststellung der Pflegebedürftigkeit** in § 18 SGB XI wurden neu strukturiert und systematisiert. Verfahrens- und leistungsrechtliche Inhalte sind in voneinander getrennten Vorschriften übersichtlicher und adressatengerechter aufbereitet.

Stabilisierung der Finanzen

Zur Absicherung bestehender Leistungsansprüche der sozialen Pflegeversicherung und der im Rahmen dieser Reform vorgesehenen Leistungsanpassungen wurde der allgemeine **Beitragssatz** zum 1.7.2023 **um 0,35 Prozentpunkte angehoben**. Ferner wurde die Bundesregierung ermächtigt, den Beitragssatz durch Rechtsverordnung festzusetzen, sofern auf kurzfristigen Finanzierungsbedarf reagiert werden muss. Bundestag und Bundesrat sind dabei zu beteiligen.

Differenzierung der Beitragssätze nach der Kinderzahl

Ebenfalls bereits zum 1.7.2023 wurde zur Umsetzung des Beschlusses des BVerfG vom 7.4.2022[1)] eine Differenzierung des Beitragssatzes nach der Kinderzahl eingeführt. Danach zahlen Eltern generell 0,6 Beitragssatzpunkte weniger als Kinderlose.

Unten aufgeführte Abschläge gelten, innerhalb der sog. Erziehungsphase, d.h. so lange alle jeweils zu berücksichtigenden Kinder unter 25 Jahre alt sind. Nach der Erziehungsphase entfällt der Abschlag wieder. Nach der Zeit, in der der wirtschaftliche Aufwand der Kindererziehung typischerweise anfällt, ist eine weitere Differenzierung zwischen Mitgliedern mit unterschiedlicher Kinderzahl nicht mehr vorgesehen. Bei Mitgliedern mit mehreren Kindern gilt nach der Erziehungszeit daher wieder der reguläre Beitragssatz in Höhe von 3,40 %.

Es gelten somit folgende Beitragssätze:

Mitglieder	Beitragssatz	Arbeitnehmeranteil	Arbeitgeberanteil
ohne Kinder	4,00 %	2,30 %	1,70 %
mit einem Kind	3,40 %	1,70 %	1,70 %
mit zwei Kindern	3,15 %	1,45 %	1,70 %
mit drei Kindern	2,90 %	1,20 %	1,70 %
mit vier Kindern	2,65 %	0,95 %	1,70 %
mit fünf und mehr Kindern	2,40 %	0,70 %	1,70 %

Anmerkung:
Um Versicherte und beitragsüberführende Stellen zu entlasten, sieht das Gesetz vor, dass bis zum 31.3.2025 ein digitales Verfahren zur Erhebung und zum Nachweis der Anzahl der berücksichtigungsfähigen Kinder entwickelt wird. Die Bundesregierung wird bis zum 31.12.2023 über den Stand der Entwicklung dieses Verfahrens berichten. Für den Zeitraum vom 1.7.2023 bis zum 30.6.2025 ist ein vereinfachtes Nachweisverfahren vorgesehen. Der Zeitraum für die Rückerstattung überzahlter Beiträge wird bis zum 30.6.2025 verlängert; die Rückerstattung ist für den gesamten Zeitraum zu verzinsen.

c) Achtes SGB IV-Änderungsgesetz

Am 20.5.2022 veröffentlichte das Bundesministerium für Arbeit und Soziales den Referentenentwurf eines Achten SGB IV-Änderungsgesetzes, der am 31.8.2022 in den Bundestag eingebracht und am 1.12.2022 in zweiter und dritter Lesung verabschiedet wurde. Das Gesetz vom 20.12.2022 wurde am 28.12.2022 im Bundesgesetzblatt[2)] verkündet und ist in großen Teilen zum 1.1.2023 in Kraft getreten.

Mit dem Achten SGB IV-Änderungsgesetz wurde das Verfahren in der Sozialversicherung effektiver, digitaler und unbürokratischer ausgestaltet. Arbeitgeber sind verpflichtet, Beginn und Ende der Elternzeit im Rahmen eines elektronischen Meldeverfahrens an die entsprechende Krankenkasse zu melden. Ebenfalls sind im Gesetz Regelungen zur Neustrukturierung der Ausstellung von A1-Bescheinigungen enthalten. Des Weiteren wurde die Hinzuverdienstgrenze in der gesetzlichen Rentenversicherung für einen flexibleren Übergang in die Rente beim Bezug einer vorgezogenen Altersrente abgeschafft und die Verdienstgrenze beim Bezug einer Erwerbsminderungsrente erhöht. Schließlich ist die Pflicht zur Vorlage eines Sozialversicherungsausweises entfallen. Stattdessen erfolgt ein automatisierter Abruf der Versicherungsnummer durch den Arbeitgeber bei der Rentenversicherung. Außerdem wurde der Sozialversicherungsausweis durch einen Versicherungsnummern-Nachweis ersetzt.

---

1) BVerfG v. 7.4.2022, 1 BvL 3/18, 1 BvR 717/1, 1 BvR 2257/16 und 1 BvR 2824/17, NJW 2022, 2169.
2) BGBl. I 2022, 2759 v. 28.12.2022.

d) Zusatzleistungen als beitragspflichtiges Arbeitsentgelt

651 Vom Arbeitgeber durch Entgeltumwandlung unter **Freiwilligkeitsvorbehalt** und ohne Anerkennung einer Rechtspflicht für die Zukunft gewährte Zusatzleistungen, wie bspw. Internetpauschalen, Kindergartenzuschüsse, Kosten für Fahrten von der Wohnung zur Arbeitsstätte sowie Restaurantgutscheine, sind gemäß Urteil des LSG Baden-Württemberg vom 12.5.2023[1)] dann **kein beitragspflichtiges Arbeitseinkommen** nach § 14 Abs. 1 Satz 1 SGB IV i.V.m. § 1 Abs. 1 Satz 1 SvEV, wenn es sich hierbei um **von der Grundvergütung rechtlich getrennte Leistungen** und nicht um Surrogate derselben handelt.

Rechtlich getrennte Leistungen lägen dabei dann vor, wenn die durch die Entgeltumwandlung verminderte Grundvergütung auch bei Wegfall der Zusatzleistung weiterhin gilt und daher in einem solchen Fall nicht automatisch wieder Anspruch auf die Grundvergütung in der ursprünglichen Höhe besteht. Maßgeblich sei ausschließlich die rechtliche Abtrennbarkeit und Eigenständigkeit. Demgegenüber ist die Ausweisung der Verminderung der Grundvergütung als Lohnverzicht in den Gehaltsabrechnungen kein maßgebliches Kriterium. Es komme vielmehr darauf an, dass die Höhe und das Fortbestehen der Verringerung der Grundvergütung rechtlich getrennt und unabhängig vom Bestand der freiwilligen Leistungen vereinbart wurden.

> **Anmerkung:**
> Weiter stellt das BAG klar, dass es bei der Prüfung, ob ein beitragspflichtiges Arbeitseinkommen vorliegt, ausschließlich auf die zur Zeit des Zuflusses der Zusatzleistungen geltenden arbeitsvertraglichen Regelungen ankommt. Gegen das Urteil wurde Revision beim BSG eingelegt (Az. B 12 BA 10/23 R).

e) Aufhebung eines Statusfeststellungsbescheids bei wesentlicher Änderung der Verhältnisse

652 Mittels sog. Statusfeststellungsbescheid legt die Deutsche Rentenversicherung Bund (DRV Bund) fest, ob eine abhängige Beschäftigung oder eine selbständige Tätigkeit vorliegt. Laut Urteil des BSG vom 29.3.2022[2)] ist das von einer Statusentscheidung betroffene Unternehmen dazu verpflichtet, Änderungen der Gesellschafterverhältnisse anzuzeigen, wenn diese dazu führen, dass ein Gesellschafter-Geschäftsführer, der aufgrund seiner Anteile am Stammkapital bisher über eine (echte) Sperrminorität verfügt hat, aufgrund der Verschiebung nur noch einen derart geringen Anteil hält, dass er kein (umfassendes) Vetorecht gegen Gesellschafterbeschlüsse mehr besitzt.

> **Anmerkung:**
> Unterbleibt eine solche Anzeige, handelt das Unternehmen (mindestens) grob fahrlässig. Der Statusbescheid ist laut BSG mit Wirkung für die Vergangenheit vom Zeitpunkt der Änderung der Verhältnisse aufzuheben.

f) Teilnahme an Firmenlauf: Kein Unfallversicherungsschutz

653 Stürzt ein Arbeitnehmer bei einem Firmenlauf und verletzt er sich dabei, besteht kein Schutz in der gesetzlichen Unfallversicherung. Dies entschied das LSG Berlin-Brandenburg mit Urteil vom 21.3.2023[3)].

Wer freiwillig in der Freizeit an einem Skating-Wettbewerb im Rahmen eines Firmenlaufs teilnimmt, erfülle zunächst **keine Pflicht aus einem Beschäftigungsverhältnis**, so das LSG. Der Unfall habe sich nicht bei einer Aktivität ereignet, die mit der Beschäfti-

---

1) LSG Baden-Württemberg v. 12.5.2023, L 8 BA 373/22, DStR 2023, 1953.
2) BSG v. 29.3.2022, B 12 KR 1/20 R, DStR 2023, 345 (mit Anm. Lachmann).
3) LSG Berlin-Brandenburg v. 21.3.2023, L 3 U 66/21.

gung in einem engen rechtlichen Zusammenhang stehe. Die Teilnahme an einem nur einmal jährlich stattfindenden Firmenlauf habe auch **nicht als Ausübung von Betriebssport** im sachlichen Zusammenhang mit der versicherten Tätigkeit unter Versicherungsschutz gestanden. Für Betriebssport maßgeblich sei nämlich das Kriterium regelmäßig stattfindender Übungsstunden.

> **Anmerkung:**
> Der Firmenlauf – einschließlich der danach stattfindenden „Run-Party" – könne auch nicht als betriebliche Gemeinschaftsveranstaltung gewertet werden. Er war gerade nicht auf die Teilnahme eines wesentlichen Teils der Belegschaft ausgerichtet und diente nicht der Förderung der allgemeinen Gesundheitsprävention durch den Laufsport. Auch sei die Teilnahme unter dem Aspekt des betrieblichen Gesundheitsmanagements nicht der versicherten Tätigkeit zuzurechnen. Abzuwarten bleibt, ob gegen die Entscheidung des LSG Revision eingelegt wird.

g) Arbeitsunfall auch im Pausenbereich „beim Luftschnappen" möglich

Gemäß Urteil des LSG Baden-Württemberg vom 27.2.2023[1)] verwirklicht sich eine **spezifische Betriebsgefahr**, die zum Unfallversicherungsschutz auch in einer Zeit ohne betriebsbezogene Verrichtung führt, wenn ein Beschäftigter, der sich zu einem arbeitsrechtlich gestatteten **„Luftschnappen"** in einem ausgewiesenen Pausenbereich auf dem Betriebsgelände aufhält, dort von einem Gabelstapler angefahren und verletzt wird. 654

Die zuständige Berufsgenossenschaft hatte die Anerkennung eines Arbeitsunfalls noch abgelehnt, weil der Kläger zur Zeit des Unfalls eine privatnützige Verrichtung ausgeführt habe. Auch das Sozialgericht verneinte den Unfallversicherungsschutz. Anders sieht es die Berufungsinstanz. Laut LSG ist der Betrieb von Gabelstaplern eine spezifische Betriebsgefahr, der ein Beschäftigter im alltäglichen Straßenverkehr nicht ausgesetzt ist. Ein Beschäftigter dürfe darauf vertrauen, dass er in einem Pausenbereich keiner solchen besonderen Gefahr ausgesetzt ist. Weiter führt das Berufungsgericht aus, dass der Unfallversicherungsschutz bei Verwirklichung einer spezifischen besonderen Betriebsgefahr nicht nur im unmittelbaren „räumlich-zeitlichen" Umfeld des konkreten Arbeitsplatzes besteht.

> **Anmerkung:**
> Der Senat hat die Revision zum Bundessozialgericht zugelassen. Denn es sei nicht endgültig geklärt, ob der Versicherungsschutz wegen einer spezifischen betriebsbezogenen Gefahr nur in unmittelbarer Nähe des konkreten Arbeitsplatzes bestehe oder auch in einem weiter entfernt liegenden Pausenbereich. Ob die Berufsgenossenschaft Revision einlegt, ist derzeit noch offen.

V. IT-Recht und Datenschutz

1. Kein Auskunftsanspruch eines Insolvenzverwalters gegenüber Steuerbehörden zu Schuldnerdaten

Insolvenzverwalter sind laut Urteil des VG Schleswig keine betroffene Person i.S.v. Art. 15 DSGVO und haben danach **keinen Auskunftsanspruch gegenüber Steuerbehörden**. 655

Gemäß der Datenschutzgrundverordnung (DSGVO) haben sog. betroffene Personen das Recht unter bestimmten Voraussetzungen ein Recht auf Auskunft über personenbezogenen Daten. Dazu stellt das VG Schleswig mit Urteil vom 11.4.2022[2)] klar, dass ein Insolvenzverwalter hinsichtlich der Daten des Insolvenzschuldners keine entsprechende betroffene Person ist.

---

1) LSG Baden-Württemberg v. 27.2.2023, L 1 U 2032/22, NZS 2023, 515.
2) VG Schleswig v. 11.4.2022, 10 A 19/22, ZD 2023, 61.

In seiner Begründung bezieht sich das VG Schleswig auf die Rechtsprechung des BVerwG[1], wonach lediglich die natürliche Person, die durch die jeweiligen personenbezogenen Daten identifizierbar oder identifiziert ist, auf die sich die personenbezogenen Daten also beziehen, nicht jedoch der Insolvenzverwalter hinsichtlich der personenbezogenen Daten des Insolvenzschuldners betroffene Person ist. Ein Insolvenzverwalter sei auch nach der Erweiterung des Art. 15 DSGVO durch § 2a Abs. 5 AO nicht Betroffener in diesem Sinne, sondern vielmehr ein nicht von dieser Regelung erfasster Dritter. Weiter führt das Gericht aus, dass vom Insolvenzverwalter verfolgte wirtschaftliche Zwecke einer möglichst umfassenden Informationsgewinnung für ein effektives Insolvenzverfahren von der Zielrichtung des datenschutzrechtlichen Auskunftsanspruchs nicht erfasst würden.

Anmerkung:

Schließlich versagt das Gericht einen Anspruch auf Auskunft und Akteneinsicht auch aus § 3 Satz 1 Informationszugangsgesetz Schleswig-Holstein. Die Finanzbehörden gehörten nicht zu informationspflichtigen Stellen nach diesem Gesetz, sofern Vorgänge der Steuerfestsetzung, Steuererhebung und Steuervollstreckung betroffen seien.

Gegen das Urteil wurde Berufung beim OVG unter dem Az. 4 LA 32/22 eingelegt.

2. Offenlegung der Empfänger von weitergegebenen Daten

656 Laut EuGH hat jeder das Recht zu erfahren, an wen seine personenbezogenen Daten weitergegeben wurden.

Im Rahmen des Auskunftsrechts des Betroffenen nach Art. 15 Abs. 1 Buchst. c der DSGVO hat der EuGH in seinem Urteil vom 12.1.2023[2] klargestellt, dass der Verantwortliche verpflichtet ist, der betroffenen Person konkret die Identität der jeweiligen Empfänger mitzuteilen, wenn die Daten des Betroffenen gegenüber den Empfängern offengelegt worden sind oder noch offengelegt werden.

Nur wenn es (noch) nicht möglich ist, diese Empfänger zu identifizieren, oder wenn der Verantwortliche nachweist, dass der Auskunftsantrag offenkundig unbegründet oder exzessiv ist, darf sich der Verantwortliche laut EuGH darauf beschränken, lediglich die Kategorien der betreffenden Empfänger mitzuteilen.

3. Verschiedene DSGVO-Rechtsbehelfe können nebeneinander eingelegt werden

657 Die in der DSGVO vorgesehenen verwaltungs- und zivilrechtlichen Rechtsbehelfe können laut EuGH nebeneinander und unabhängig voneinander eingelegt werden.

Bezüglich der **Gefahr einander widersprechender Entscheidungen** der betroffenen nationalen Verwaltungsbehörden und Gerichte verweist der EuGH in seinem Urteil vom 12.1.2023[3] darauf, dass es den Mitgliedstaaten obliegt, durch den Erlass der hierfür erforderlichen Verfahrensvorschriften und in Ausübung ihrer **Verfahrensautonomie** sicherzustellen, dass die in der DSGVO nebeneinander und unabhängig voneinander vorgesehenen Rechtsbehelfe weder die praktische Wirksamkeit und den effektiven Schutz der durch die DSGVO garantierten Rechte in Frage stellen. Dies gilt auch für die gleichmäßige und einheitliche Anwendung der Bestimmungen der DSGVO oder das Recht auf einen wirksamen Rechtsbehelf bei einem Gericht.

---

1) BVerwG v. 16.9.2020, 6 C 10/19, NVwZ 2021, 80 mit Anm. Brink, Krieger.
2) EuGH v. 12.1.2023, Österreichische Post, C-154/21, GRUR-RS 2023, 89; vgl. hierzu Scharpf, jurisPR-ITR 7/2023 Anm. 6.
3) EuGH v. 12.1.2023, C-132/21, BE, ZD 2023, 209 (mit Anm. Schwamberger).

4. Deutsche Regelung zum Arbeitnehmerdatenschutz nicht EU-rechtskonform?

Der EuGH hat Ende März in einer Entscheidung klargestellt, dass spezifischere Vorschriften zur Datenverarbeitung im Beschäftigungskontext nur in dem durch die DSGVO vorgegebenen Rahmen zulässig sind. Wird dieser Rahmen nicht eingehalten, sind nationale Regelungen unwirksam und es gelten die **Grundsätze der DSGVO**. Ob der in Deutschland geregelte Arbeitnehmerdatenschutz dem vollumfänglich gerecht wird, darf bezweifelt werden.

Gegenstand des Streits war die Verarbeitung der personenbezogenen Daten von Lehrerinnen und Lehrern während der COVID-19-Pandemie bei der Durchführung von Videokonferenz-Livestreams für den hybriden Schulunterricht. In der vom EuGH entschiedenen Rechtssache ging es konkret um eine hessische Regelung im Landesdatenschutzgesetz zum Arbeitnehmerdatenschutz. Auf Basis dieser Regelung sah es das Hessische Kultusministerium nicht für erforderlich an, von Lehrerinnen und Lehrern eine datenschutzrechtliche Einwilligung für die Videokonferenz-Livestreams einzuholen. Schüler hingegen wurden um deren Einwilligung, ggf. vertreten durch die Eltern, gebeten. Sowohl das Hessische Kultusministerium als auch das zuständige Verwaltungsgericht auf die Klage des Hauptpersonalrats der Lehrerinnen und Lehrer sahen in der hessischen Regelung zum Arbeitnehmerdatenschutz eine „spezifischere Vorschrift" i.S.d. Art. 88 Abs. 1 DSGVO, die damit die Verarbeitung vorrangig erlaubt und damit eine Einwilligung der Lehrerinnen und Lehrer nicht benötigt wird. Nach Art. 88 DSGVO sind Mitgliedstaaten ermächtigt, spezifischere, nationale Regelungen zur Gewährleistung des Schutzes der Rechte und Freiheiten von Beschäftigten hinsichtlich der Verarbeitung ihrer personenbezogenen Daten im Beschäftigungskontext zu fassen. Allerdings zweifelte das Verwaltungsgericht die Vereinbarkeit der hessischen Regelung mit den Voraussetzungen des Art. 88 Abs. 2 DSGVO an und ersuchte deshalb den EuGH um eine Vorabentscheidung.

In seinem Urteil vom 30.3.2023[1]) führt der EuGH zunächst aus, dass der Videokonferenz-Livestream des öffentlichen Schulunterrichts grundsätzlich in den sachlichen Anwendungsbereich der DSGVO fällt. Die Übertragung der Kamerabilder sowie Namensangaben im Rahmen der Videokonferenz sind eine Verarbeitung personenbezogener Daten i.S.d. DSGVO. Hinsichtlich der hessischen Regelung zum Arbeitnehmerdatenschutz, woraus das Hessische Kultusministerium gefolgert hatte, dass keine ausdrückliche datenschutzrechtliche Einwilligung der Lehrerinnen und Lehrer erforderlich sei, urteilt der EuGH, dass es sich nur dann um eine nach Art. 88 Abs. 1 DSGVO „spezifischere Vorschrift" handeln kann, wenn diese auch die Vorgaben des Art. 88 Abs. 2 DSGVO erfüllt.

Als „**spezifischere Vorschriften**" gefasste Regelungen eines Mitgliedstaats dürften sich dabei aber **nicht auf eine bloße Wiederholung der Bestimmungen der DSGVO** zur Verarbeitung personenbezogener Daten beschränken. Vielmehr sei erforderlich, dass die Regelungen sich von dem allgemeinen Regelungsgehalt der DSGVO unterscheiden und auf den zusätzlichen Schutz der Rechte und Freiheiten der Beschäftigten abzielen müssen. Zudem sei gemäß Art. 88 Abs. 2 DSGVO erforderlich, dass die „spezifischeren Vorschriften" geeignete und besondere Maßnahmen zur Wahrung der menschlichen Würde, der berechtigten Interessen und der Grundrechte der betroffenen Person, insb. im Hinblick auf die Transparenz der Verarbeitung, der Übermittlung personenbezogener Daten innerhalb einer Unternehmensgruppe sowie der Überwachungssysteme am Arbeitsplatz treffen. Nur wenn diese beiden Anforderungen erfüllt sind, finden nationale Regelungen zum Beschäftigtendatenschutz Anwendung. Sind die Anforderungen nicht oder nur teilweise erfüllt, sind die Regelungen nicht anwendbar und es verbleibt beim gesetzlichen Rahmen der DSGVO.

---

1) EuGH v. 30.3.2023, Hauptpersonalrat der Lehrerinnen und Lehrer, C-34/21, NZA 2023, 487 mit Anm. Meinecke.

Ob die gegenständlichen Normen diese Anforderungen erfüllen, muss nun das vorlegende Gericht, hier das zuständige Verwaltungsgericht, beurteilen. Sofern das nationale Gericht dies verneint, seien die Bestimmungen nicht anwendbar.

> **Beratungshinweis:**
>
> Im Rahmen der Einführung der DSGVO haben der Bundesgesetzgeber und die Länder vermeintlich von ihrer Befugnis aus Art. 88 DSGVO Gebrauch gemacht und gesonderte Regelungen zum Beschäftigtendatenschutz im BDSG und den Landesdatenschutzgesetzen aufgenommen. Die Gesetzgeber haben dabei jedoch entweder die bisherigen Regelungen (etwa § 32 BDSG alt) nahezu wortgleich übernommen oder in Anlehnung an die Regelungen der DSGVO formuliert.
>
> Mit seinem Urteil stellt der EuGH nun klar, dass es für die vorrangige Anwendung von nationalen Regelungen im Beschäftigtendatenschutz nicht allein darauf ankommt, dass der nationale Gesetzgeber eigene Regelungen erlassen hat, sondern er muss auch sicherstellen, dass diese Regelungen einen eigenen, über die Regelungen der DSGVO hinausgehenden Schutzbereich haben. Ist dies nicht der Fall, bleibt es beim Vorrang der DSGVO.
>
> Gerade im Rahmen der Regelungen zur Begründung, Durchführung und Beendigung des Arbeitsverhältnisses bestehen nunmehr erhebliche Zweifel, ob § 26 BDSG oder die vergleichbaren Regelungen in den Landesdatenschutzgesetzen weiterhin angewandt werden können, da diese keinen zusätzlichen Schutz zu den Regelungen der DSGVO für die Betroffenen bieten. Diese Einschätzung teilt nun auch der Hamburgische Beauftragte für den Datenschutz. Er hält die **Regelungen zum Arbeitnehmerdatenschutz** im BDSG und den jeweiligen Landesgesetzen für **unanwendbar**.
>
> Die Verarbeitung von Beschäftigtendaten wird dadurch nicht unzulässig, aber Arbeitgeber müssen erneut die einschlägigen Rechtsgrundlagen bei der Verarbeitung personenbezogener Daten von Mitarbeiterinnen und Mitarbeitern überprüfen und insb. Datenschutzhinweise anpassen. Auch die allgemeinen Regelungen der DSGVO bieten ausreichend Grundlage für die Verarbeitung von Mitarbeiterdaten, wie sich auch in anderen Mitgliedstaaten der EU zeigt. Deutschland war eines der wenigen Länder, das von der Öffnungsklausel in Art. 88 DSGVO Gebrauch gemacht hat. Im Einzelfall kann auch der Abschluss zusätzlicher Betriebsvereinbarungen hilfreich sein, wenn die Verarbeitung nicht auf die allgemeinen Regelungen der DSGVO gestützt werden kann.
>
> Ob die nationalen Regelungen nun vollständig unwirksam sind, bleibt jedoch abzuwarten. Zunächst ist darauf zu achten, zu welchem Ergebnis das zuständige Verwaltungsgericht für die hessische Regelung kommt. Sollte das Verwaltungsgericht die Regelungen für unwirksam halten, wird man davon ausgehen können, dass auch die Regelungen des BDSG und den übrigen Landesgesetzen nicht anwendbar sind. Der Gesetzgeber wird seine Regelungen anpassen müssen, sollte er einen weitergehenden Schutz als die DSGVO beabsichtigen.
>
> Unternehmen bleiben bis dahin aber gut beraten, stets zu prüfen, auf welcher Rechtsgrundlage nach der DSGVO sie die personenbezogenen Daten ihrer Mitarbeiter verarbeiten und ggf. erforderliche Anpassungen zu treffen.

5. EuGH-Vorlage zur Datenverarbeitung im Arbeitsverhältnis

659 Das BAG legte dem EuGH mehrere Fragen zum Beschäftigtendatenschutz vor. Konkret geht es um die Auslegung von Art. 88 Abs. 1 und 82 Abs. 1 DSGVO. Bei der einen Frage ging es darum, welche Anforderungen an den immateriellen Schadensersatzanspruch nach Art. 82 DSGVO zu stellen sind. Die andere Frage beschäftigte sich mit der Rechtsgrundlage für die Datenverarbeitung.

Nach Art. 88 Abs. 1 DSGVO können die Mitgliedstaaten für die Datenverarbeitung im Beschäftigungskontext durch Rechtsvorschriften oder durch Kollektivvereinbarungen, z.B. durch Betriebsvereinbarungen, spezifischere Vorschriften zur Gewährleistung des Schutzes der Rechte und Freiheiten hinsichtlich der Verarbeitung personenbezogener Beschäftigtendaten vorsehen. Die Frage, wie diese Ermächtigung zu verstehen ist, möchte das BAG gemäß Vorlagebeschluss vom 22.9.2022[1)] vom EuGH geklärt haben.

Nach § 26 Abs. 4 BDSG ist die Verarbeitung personenbezogener Daten einschließlich besonderer Kategorien personenbezogener Daten von Beschäftigten für Zwecke des Beschäftigungsverhältnisses auf der Grundlage von Kollektivvereinbarungen unter

---

1) BAG v. 22.9.2022, 8 AZR 209/21 (A), NZA 2023, 363; vgl. hierzu Sittard/Rombay, EWiR 2023, 380.

Beachtung der speziellen Vorgaben von Art. 88 Abs. 2 DSGVO zulässig. Das BAG möchte nunmehr vom EuGH geklärt haben, ob Art. 88 Abs. 1 DSGVO es zulässt, die Vorschrift des § 26 Abs. 4 BDSG so auszulegen, dass außer den Vorgaben in Art. 88 Abs. 2 DSGVO keine weiteren Vorgaben der DSGVO von Bedeutung sind.

Sollte dies der Fall sein, wäre bei einer Regelung durch Kollektivvereinbarung, im Streitfall einer Betriebsvereinbarung, – anders als bei einer Regelung durch Gesetz – die Erforderlichkeit der Datenverarbeitung nicht jeweils anhand der Vorgaben der DSGVO zu prüfen.

6. Umfang des Rechts auf Kopie

Die betroffene Person hat laut Art. 15 Abs. 1 DSGVO ein Auskunftsrecht in Bezug auf die Verarbeitung von personenbezogenen Daten, die sie betreffen. Dazu muss der Verantwortliche eine Kopie der personenbezogenen Daten, die Gegenstand der Verarbeitung waren, zur Verfügung stellen, Art. 15 Abs. 3 DSGVO. Gemäß einem Urteil des EuGH vom 4.5.2023[1] bedeutet dies, dass der betroffenen Person eine **originalgetreue und verständliche Reproduktion aller Daten** überlassen werden muss. Das setze weiter das Recht der betroffenen Person voraus, eine Kopie von Dokumenten oder von Auszügen aus Dokumenten oder auch von Auszügen aus Datenbanken, die u.a. diese Daten enthalten, zu erlangen, wenn die Zurverfügungstellung einer solchen Kopie unerlässlich ist, um der betroffenen Person die wirksame Ausübung der ihr durch diese Verordnung verliehenen Rechte zu ermöglichen. Insoweit seien die Rechte und Freiheiten anderer zu berücksichtigen.

660

> **Anmerkung:**
> Außerdem hat der EuGH klargestellt, dass sich der i.S.d. Art. 15 Abs. 3 Satz 3 DSGVO verwendete Begriff „Informationen" ausschließlich auf personenbezogene Daten bezieht, von denen der für die Verarbeitung Verantwortliche gem. Satz 1 dieses Absatzes eine Kopie zur Verfügung stellen muss.

7. Ersatz immateriellen Schadens ohne Erheblichkeitsschwelle

Nicht jeder Verstoß gegen die DSGVO eröffnet für sich genommen einen Schadensersatzanspruch. Dies stellte der EuGH mit Urteil vom 4.5.2023[2] klar.

661

In dem zu klärenden Fall legte der österreichische Oberste Gerichtshof dem EuGH die Frage zur Vorabentscheidung vor, ob Schadensersatz bereits allein für die Verletzung von DSGVO-Vorgaben zuzusprechen oder ein immaterieller Schaden genauer darzulegen sei. Weiter bat er um Klärung, ob es im Einklang mit dem Unionsrecht stehe, wenn für die Verurteilung zur Zahlung immateriellen Schadensersatzes eine Rechtsverletzung von einigem Gewicht verlangt werden könne, die über den durch die Rechtsverletzung hervorgerufenen Ärger hinausgehe.

Gemäß Art. 82 Abs. 1 DSGVO hat jede Person, der wegen eines Verstoßes gegen die DSGVO ein **materieller oder immaterieller Schaden** entstanden ist, **Anspruch auf Schadenersatz** gegen den Verantwortlichen oder gegen den Auftragsverarbeiter. Dieser Schadensersatzanspruch ist laut EuGH an **drei kumulative Voraussetzungen** geknüpft:

– einen Verstoß gegen die DSGVO,
– einen materiellen oder immateriellen Schaden, der aus diesem Verstoß resultiert, und

---
1) EuGH v. 4.5.2023, C-487/21, NJW 2023, 2253; vgl. hierzu Seiler, jurisPR-BKR 5/2023 Anm. 1.
2) EuGH v. 4.5.2023, C-300/21, NJW 2023, 1930; vgl. hierzu Herbrich, jurisPR-ITR 13/2023 Anm. 2.

- einen Kausalzusammenhang zwischen dem Schaden und dem Verstoß, weswegen nicht jeder Verstoß gegen die DSGVO für sich genommen den Schadensersatzanspruch eröffne. Vielmehr müsse ein individueller Schaden nachgewiesen werden.

Dabei sei aber ein bestehender Schadensersatzanspruch nicht auf immaterielle Schäden beschränkt, die eine gewisse Erheblichkeit erreichen. Denn die **DSGVO kenne keine Erheblichkeitsschwelle**. Eine solche Beschränkung stünde im Widerspruch zu dem vom Unionsgesetzgeber gewählten weiten Schadensbegriff. Jedoch habe die Festlegung der Kriterien für die Ermittlung des Schadensumfangs nach dem Recht der einzelnen Mitgliedstaaten zu erfolgen. Dabei sei zu berücksichtigen, dass die DSGVO einen vollständigen und wirksamen Schadensersatz für den erlittenen Schaden sicherstellen solle.

8. Vorlage eines zum Zwecke der Steuerprüfung erstellten Personalverzeichnisses als Beweismittel vor Gericht

662 Der EuGH hat mit Urteil vom 2.3.2023[1] im Zusammenhang mit der Vorlage eines Personalverzeichnisses, das personenbezogene Daten Dritter für **Zwecke der Steuerprüfung**, konkret Arbeitszeiten von Baustellenarbeitern, enthält, die Vorgaben des Art. 6 Abs. 3 und 4 DSGVO als in einem Zivilgerichtsverfahren anwendbar erklärt.

Dabei stellt er klar, dass die nationalen Gerichte bei der Beurteilung der Frage, ob die Vorlage eines Dokuments mit personenbezogenen Daten anzuordnen ist, verpflichtet sind, die **Interessen der betroffenen Personen** zu berücksichtigen. Die Interessen sind je nach den Umständen des Einzelfalls, der Art des betreffenden Verfahrens und unter Berücksichtigung des Verhältnismäßigkeitsgrundsatzes sowie nach denjenigen Anforderungen abzuwägen, die sich aus dem Grundsatz der Datenminimierung nach Art. 5 Abs. 1 Buchst. c DSGVO ergeben.

VI. Environmental Social Governance

1. Lieferkettensorgfaltspflichtengesetz

a) Gesetzgebungsverfahren

663 Das Bundesministerium für Arbeit und Soziales legte am 28.2.2021 den Referentenentwurf eines Gesetzes über die unternehmerischen Sorgfaltspflichten in Lieferketten, das sog. Lieferkettensorgfaltspflichtengesetz (kurz LkSG) vor. Der Bundestag verabschiedete das Gesetz am 11.6.2021. Die Billigung durch den Bundesrat erfolgte am 25.6.2021. Das Lieferkettensorgfaltspflichtengesetz vom 16.7.2021 wurde am 22.7.2021 im Bundesgesetzblatt verkündet.[2]

Durch das LkSG sind bereits seit 1.1.2023 bestimmte vom Geltungsbereich betroffene Unternehmen verpflichtet, ein angemessenes und wirksames **Risikomanagement** zur Beachtung **menschenrechts- und umweltbezogener Sorgfaltspflichten** einzurichten.[3] Weitere Unternehmen sind von den umfassenden Verpflichtungen **ab dem 1.1.2024** betroffen (→ Rz. 664)

b) Betroffene Unternehmen

664 Im Rahmen des Lieferkettensorgfaltspflichtengesetzes (LkSG) müssen Unternehmen mit mehr als 3.000 Beschäftigten im Inland seit 2023 und mit mehr als 1.000 Beschäftigten im Inland ab 2024 bestimmten Sorgfaltspflichten in Bezug auf menschenrechtliche und umweltbezogene Risiken in ihrem direkten Geschäftsbereich sowie in ihrer Lieferkette nachkommen. Die Zurechnung der Beschäftigtenzahlen erfolgt dabei von unten nach oben zur obersten Konzernmutter.

---

1) EuGH v. 2.3.2023, Norra Stockholm Bygg AB, C-268/21, ZD 2023, 396.
2) BGBl. I 2021, 2959.
3) Leuering/Rubner, NJW-Spezial 2021, 399.

I. Wirtschaftsrecht

> **Anmerkung:**
> Sofern sich für einige mittelständische Unternehmen keine unmittelbare Betroffenheit durch die Vorgaben des LkSG ergibt, kann eine **mittelbare Betroffenheit** dadurch gegeben sein, dass diese im Rahmen der Lieferkette den durch das Sorgfaltspflichtengesetz verpflichteten Unternehmen Rechenschaft zu den menschenrechtlichen und umweltbezogenen Sorgfaltspflichten ablegen müssen.

c) Anwendungsbereich des Gesetzes

Das LkSG betrifft Unternehmen mit Sitz in Deutschland ungeachtet ihrer Rechtsform. Es findet somit auch Anwendung auf gemeinnützige Unternehmensformen, juristische Personen des Privatrechts in öffentlicher Hand und juristische Personen des öffentlichen Rechts, sofern diese nicht ausschließlich Verwaltungsaufgaben einer Gebietskörperschaft wahrnehmen und am Markt nicht unternehmerisch tätig sind.[1] Gebietskörperschaften können dagegen nicht selbst Verpflichtete nach dem LkSG sein.[2]

665

> **Anmerkung:**
> Auch bei dezentral organisierten, verbundenen Unternehmen empfiehlt sich ein konzernweiter Ansatz zur Umsetzung der Anforderungen des LkSG, um zum einen die unternehmensweite Überwachung sowie zum anderen die Ausübung der Aufsichtspflicht durch die Geschäftsleitung und eine kollektive Berichterstattung nach § 10 LkSG durch einen gemeinsamen Bericht aller verbundenen Unternehmen zu ermöglichen.

d) Lieferkette

Laut Gesetz umfasst die Lieferkette „alle Schritte im In- und Ausland, die zur Herstellung der Produkte und zur Erbringung der Dienstleistungen erforderlich sind" (§ 2 Abs. 5 LkSG). Dabei ist der Begriff „erforderlich" sehr weit zu verstehen: Er umfasst neben der eigentlichen Geschäftstätigkeit auch Hilfsschritte, wie Bürobedarf, Gebäudereinigung und Kantinenbetrieb.[3]

666

e) Risikoanalyse

Die Risikoanalyse der relevanten menschenrechtlichen und umweltbezogenen Risiken im eigenen Geschäftsbereich und in der Lieferkette bildet den Ausgangspunkt für die Ausgestaltung der weiteren Anforderungsbestandteile des Gesetzes. Bei der Betrachtung des eigenen Geschäftsbereichs sind in verbundenen Unternehmen auch diejenigen konzernangehörigen Gesellschaften einzubeziehen, auf die die Obergesellschaft einen bestimmenden Einfluss ausübt. Dies kann durchaus auch ausländische Gesellschaften einbeziehen und ist unabhängig von der Mitarbeiterzahl zu bestimmen.[4] Die Ergebnisse der Risikoanalyse prägen dabei das grundlegende Verständnis der Risikodisposition des eigenen Unternehmens, die notwendigen Ressourcen sowie die Ausgestaltung der relevanten Sorgfaltsprozesse.[5]

667

Mindestens **jährlich** durchzuführen ist eine **Analyse der Risiken im eigenen Geschäftsbereich** sowie bei **unmittelbaren Zulieferern**. Ganz i.S.d. Gesetzesbegründung steht hierbei insb. das Bemühen um zunehmende Transparenz über die eigenen Geschäfts-

---
1) BAFA: Fragen und Antworten zum Lieferkettengesetz, Abschnitt III, 4.4.
2) BAFA: Fragen und Antworten zum Lieferkettengesetz, Abschnitt III. 9.
3) BAFA: Fragen und Antworten zum Lieferkettengesetz, Abschnitt II, 3.3, 4.4. (https://www.bafa.de/DE/Lieferketten/Ueberblick/ueberblick_node.html;jsessionid=5023C0DFED3E-BED350F750633BB97355.1_cid390)
4) BAFA: Fragen und Antworten zum Lieferkettengesetz, Abschnitt IV., 6.
5) BAFA (2022): Risiken ermitteln, gewichten und priorisieren. Handreichung zur Umsetzung einer Risikoanalyse nach den Vorgaben des Lieferkettensorgfaltspflichtengesetzes.

beziehungen im Vordergrund.[1] Je komplexer die Struktur der eigenen Geschäftstätigkeiten und der Lieferkette, desto mehr Zeit und Ressourcen sollten für die Risikoanalyse eingeplant werden. Das Vorgehen sollte dabei einer konsistenten Systematik folgen, die bereits im Hinblick auf die jährlich verpflichtende Berichterstattung nachvollziehbar zu dokumentieren ist.

Den relevanten **menschenrechtlichen und umweltbezogenen Risiken** kann man sich dabei zunächst über eine abstrakte Betrachtung der branchen- und länderspezifischen Risiken im eigenen Geschäftsbereich sowie in Bezug auf Geschäftspartner nähern. In einem zweiten Schritt werden dann konkrete Risiken in Bezug auf Geschäftspartner und Gesellschaften identifiziert, im Hinblick auf Schweregrad der Verletzung und Eintrittswahrscheinlichkeit bewertet und priorisiert. Auf diese Weise können im eigenen Geschäftsbereich besonders risikobehaftete Standorte oder Gesellschaften und Hochrisikolieferanten unter den unmittelbaren Geschäftspartnern identifiziert werden.[2] Nach LkSG sind keine Lieferanten von vornherein automatisch aus der Risikoanalyse auszuschließen, doch gewährt das Gesetz in Bezug auf die Risikoanalyse gewisse Freiräume durch die angemessene Gewichtung und Priorisierung der Risiken. Dort wo der Verursachungsbeitrag zu Menschenrechts- und Umweltverstößen gering ist oder gänzlich fehlt, kann das Risiko im Rahmen der Geschäftspartnerrisikoanalyse als gering bewertet werden.[3]

> **Anmerkung:**
> Für die identifizierten Risiken empfiehlt sich eine **Integration in die bereits bestehenden Risikomanagementsysteme**. So sollten die relevanten Risiken beschrieben, in das Risikoinventar aufgenommen und mit konkreten Verantwortlichen und angemessenen Maßnahmen hinterlegt werden.

Für **mittelbare Lieferanten** muss die Risikoanalyse **anlassbezogen** durchgeführt werden, wenn substantiierte Kenntnis von Anhaltspunkten für Verstöße gegen menschenrechtliche oder umweltbezogene Pflichten vorhanden ist (§ 9 Abs. 3 LkSG). Hierbei reicht es bereits aus, wenn dem Unternehmen konkrete Anhaltspunkte für Verstöße vorliegen, die z.B. über den Beschwerdemechanismus oder über seriöse Publikationen oder Medienberichte bekannt geworden sind. [4]

f) Interne Verantwortlichkeiten

668 Nach § 4 Abs. 3 LkSG schreibt das Gesetz die Festlegung einer internen Überwachungsfunktion fest, bspw. durch Benennung eines Menschenrechtsbeauftragten. Die Geschäftsleitung hat sich mindestens jährlich über die Arbeit dieser Funktion zu informieren.

Diese Pflicht zur Einholung von Informationen sowie die Pflicht der Abgabe einer Grundsatzerklärung durch die Unternehmensleitung nach § 6 Abs. 2 LkSG schließt die vollständige Delegation der Pflichten nach dem LkSG von der Unternehmensführung auf diese Überwachungsfunktion aus.

Die Überwachungsfunktion kann von einer Person oder einem Gremium ausgeführt werden. Im Falle einer Verteilung der Verantwortung auf mehrere Personen, etwa einen Menschenrechts- und einen Umweltbeauftragten, muss dies jedoch mit einer klaren Abgrenzung der Verantwortungsbereiche einhergehen. Bei der Benennung ist außerdem auf ausreichende Kompetenzen, Autorität, Unabhängigkeit sowie Kapazitä-

---

1) Gesetzesentwurf zum LkSG der Bundesregierung, BT-Drucks. 28649 v. 19.4.2021.
2) BAFA 2022.
3) BAFA: Fragen und Antworten zum Lieferkettengesetz, Abschnitt II, 4.4.
4) BAFA: Fragen und Antworten zum Lieferkettengesetz, Abschnitt VI, 13.13.

ten für die Ausübung der Aufgabe zu achten.[1] Da das Gesetz in § 4 Abs. 3 LkSG die Festlegung der Verantwortlichkeit innerhalb des Unternehmens thematisiert, ist eine vollständige Übertragung der Verantwortlichkeit auf eine externe Stelle nicht möglich.

> **Anmerkung:**
>
> Um angemessene Kompetenzen in Bezug auf Menschenrechte und Umwelt beim Verantwortlichen sicherzustellen, empfiehlt sich eine Ansiedelung der Position im **Compliance- oder Nachhaltigkeitsbereich**. Für die notwendige Unabhängigkeit der Überwachung sollte die Person weder mit der Implementierung der Prozesse zur Umsetzung des LkSG betraut gewesen noch in operativer Funktion direkt vom LkSG betroffen sein, wie z.B. im Einkauf.

g) Präventions- und Abhilfemaßnahmen

669 Im eigenen Geschäftsbereich des Unternehmens und gegenüber den unmittelbaren Zulieferern sind **angemessene Präventionsmaßnahmen** zu verankern, § 6 Abs. 3 und 4 LkSG.

Werden menschenrechtsbezogene oder umweltbezogene Pflichtverletzungen im eigenen Unternehmen oder bei einem unmittelbaren Zulieferer festgestellt bzw. stehen solche unmittelbar bevor, sind unverzüglich angemessene Abhilfemaßnahmen zu ergreifen, § 7 Abs. 1 LkSG. Die Wirksamkeit dieser Abhilfemaßnahmen ist anlassbezogen, mindestens jedoch einmal jährlich zu überprüfen. Der relevante Erfolg einer solchen Abhilfemaßnahme hängt von den rechtlichen und tatsächlichen Einflussmöglichkeiten des Unternehmens ab.

Sofern das Unternehmen eine menschenrechts- oder umweltbezogene Pflichtverletzung bei einem **unmittelbaren Zulieferer** nicht kurzfristig beenden kann, muss ein Konzept zu Abstellmaßnahmen erstellt und umgesetzt werden. Als Ultima Ratio ist bei einem Fortbestand der Pflichtverletzung der vollständige Abbruch der Geschäftsbeziehungen in Betracht zu ziehen.

Sorgfaltspflichten bestehen in gewissem Umfang auch im Hinblick auf **mittelbare Zulieferer**. Hier muss das Unternehmen Maßnahmen ergreifen, wenn tatsächliche Anhaltspunkte vorliegen, die eine entsprechende Pflichtverletzung bei mittelbaren Zulieferern möglich erscheinen lassen, § 9 Abs. 3 LkSG. Dazu muss ein als substantiierte Kenntnis bezeichneter Verdacht vorliegen. Ist ein solcher gegeben, muss das Unternehmen eine Risikoanalyse durchführen und angemessene Präventionsmaßnahmen gegen den Verursacher verankern. Zudem ist ein Konzept zur Verhinderung, Beendigung oder Minimierung und Vermeidung der Verletzung zu erstellen und entsprechend umzusetzen.

h) Dokumentation und Berichterstattung

670 Die Einhaltung der Sorgfaltspflichten ist unternehmensintern zu **dokumentieren**. Die Dokumentation ist ab ihrer Erstellung mindestens **sieben Jahre lang aufzubewahren**, § 10 Abs. 1 LkSG.

Ferner muss die **jährliche Berichterstattung** bis **spätestens vier Monate nach Schluss des Geschäftsjahres** in deutscher Sprache sowohl online als auch an das Bundesamt für Wirtschaft und Ausfahrkontrolle (BAFA) erfolgen. Der Bericht generiert sich aus den Antworten eines strukturierten Fragebogens, den das BAFA inzwischen digital[2] und analog bereitstellt. Die Berichte sind nach einer Registrierung über den elektronischen Berichtsfragebogen beim BAFA einzureichen, § 12 Abs. 1 LkSG.

---

1) Deutsches Institut für Compliance (2022): 30 FAQ zum Menschenrechtsbeauftragten. Stand August 2022.
2) https://elan1.bafa.bund.de/bafa-portal/lksg.

Dritter Teil: Entwicklungen in Gesetzgebung, Rechtsprechung und Verwaltung 2023

Unter gebührender Wahrung von Betriebs- und Geschäftsgeheimnissen müssen Unternehmen in diesem Bericht Auskunft geben,

- ob und welche menschenrechtlichen und umweltbezogenen Risiken identifiziert worden sind,
- wie die Wahrung der Sorgfaltspflichten sichergestellt worden ist,
- wie Auswirkungen und Wirksamkeit der Maßnahmen bewertet werden und
- welche Schlüsse für zukünftige Maßnahmen gezogen worden sind.[1]

Anmerkung:
Unternehmen mit abweichendem Geschäftsjahr in 2023 oder 2024 müssen bereits vier Monate nach Ende des Geschäftsjahres den ersten Bericht zur Umsetzung der Sorgfaltspflichten der Behörde vorlegen und online veröffentlichen. Die Berichterstattung umfasst dabei ausschließlich Angaben in Bezug auf das Rumpfgeschäftsjahr 2023 bzw. 2024, muss jedoch inhaltlich alle Vorgaben zur Berichterstattung abdecken.

i) Kontrollen und Sanktionen

671 Mit dem Lieferkettensorgfaltspflichtengesetz wird den zuständigen Behörden (Bundesamt für Wirtschafts- und Ausfuhrkontrolle) die Befugnis eingeräumt, **vor Ort Kontrollen** durchzuführen und mit **Zwangs- und Bußgeldern** mitunter drastische Sanktionen zu verhängen.

Zudem können Unternehmen, gegen die ein hohes Bußgeld verhängt wurde, bis zu drei Jahre **von öffentlichen Ausschreibungen ausgeschlossen** werden. Branchenabhängig dürfte auch ein möglicher **Reputationsschaden** bei dem betroffenen Unternehmen nicht zu unterschätzen sein.

Anmerkung:
Eine **zivilrechtliche Haftung** sieht das Lieferkettensorgfaltspflichtengesetz hingegen nicht vor.

j) Mögliche Verschärfungen aufgrund der EU Corporate Sustainability Due Diligence Directive

aa) Verfahrensstand

672 Das Europäische Parlament hatte immer wieder eine stärkere Rechenschaftspflicht von Unternehmen und verbindliche Rechtsvorschriften über deren Sorgfaltspflichten gefordert.[2] Daraufhin hatte die EU-Kommission am 23.2.2022 einen Richtlinien-Entwurf für ein EU-Lieferkettengesetz, sog. Corporate Sustainability Due Diligence Directive (CSDDD) vorgelegt.

Ziel der CSDDD ist es, Unternehmen in der EU zur Umsetzung bestimmter Sorgfaltspflichten zu verpflichten, um negative **Auswirkungen ihrer Geschäftstätigkeit auf die Menschenrechte und Umwelt in ihren Wertschöpfungsketten** innerhalb und außerhalb der EU zu vermeiden. Insb. sollen betroffene Unternehmen **künftig Risiken entlang der gesamten Wertschöpfungskette** ermitteln, Präventions- und Abhilfemaßnahmen ergreifen und darüber berichten müssen. Dabei sollen die betroffenen Unternehmen sowohl die vorgelagerte als auch die nachgelagerte Wertschöpfungskette berücksichtigen müssen.

Am 1.12.2022 hatte der Rat seine Verhandlungsposition zu der CSDDD dargelegt und am 1.6.2023 hatte das Europäische Parlament seine Änderungsvorschläge dazu ver-

---
1) BAFA: Fragen und Antworten zum Lieferkettengesetz, Abschnitt XIII, 1.1.
2) Vgl. Entschließung des Europäischen Parlaments vom 10.3.2021 mit Empfehlungen an die Kommission zur Sorgfaltspflicht und Rechenschaftspflicht von Unternehmen (2020/2129(INL)).

öffentlicht, so dass nun die nächste Stufe im EU-Gesetzgebungsprozess angetreten werden und im Rahmen der im Juni 2023 gestarteten Trilog-Verhandlungen zwischen den drei Institutionen der endgültige Richtlinientext verabschiedet werden kann. Es wird erwartet, dass die finale CSDDD in 2024 verkündet wird. Danach haben die EU-Mitgliedstaaten zwei Jahre Zeit zur Umsetzung der Richtlinie in innerstaatliches Recht.

> **Kritische Stellungnahme:**
> Der Entwurf aus Brüssel geht in vielen Punkten deutlich über das derzeit geltende deutsche Lieferkettensorgfaltspflichtengesetz (→ Rz. 663 ff.) hinaus.

bb) Betroffene Unternehmen

Laut Entwurf der EU-Kommission soll die CSDDD auf drei Gruppen von Unternehmen Anwendung finden: **673**

- EU-Unternehmen **ab 500 Arbeitnehmern** und einem weltweiten jährlichen **Nettoumsatz von 150 Mio. Euro**
- EU-Unternehmen **ab 250 Arbeitnehmern** mit einem **Jahresumsatz von mindestens 40 Mio. Euro**, wenn sie mindestens 20 Mio. Euro ihres Umsatzes in einem **Risikosektor** tätigen. Hierzu gehören etwa Textil, Land- und Forstwirtschaft, Fischerei, Lebensmittel, Chemie sowie die Gewinnung mineralischer Ressourcen, bspw. Rohöl, Erdgas, Kohle, Metalle und Erze.
- **Drittstaat-Unternehmen** bei einem Nettojahresumsatz von entweder 150 Mio. Euro oder einem Nettojahresumsatz von mindestens 40 Mio. Euro, sofern sie dann mindestens 20 Mio. Euro ihres weltweiten Umsatzes in einem Risikosektor erzielen.

Die Änderungsvorschläge des Rats der europäischen Union und des Europäischen Parlaments sehen noch deutlich niedrigere Schwellen mit anderen Differenzierungen vor.

cc) Sorgfaltspflichten nach dem CSDDD

Das CSDDD in der Fassung der EU-Kommission sieht vor, dass Unternehmen menschenrechtliche und bestimmte umweltbezogene Risiken in ihren Wertschöpfungsketten ermitteln, Präventions- und Abhilfemaßnahmen ergreifen und darüber berichten. Dabei sollen Unternehmen das tun, was angesichts der Schwere des Risikos und ihrer individuellen Einflussmöglichkeiten angemessen ist. **674**

Wesentlich ist, dass sich die Sorgfaltspflichten gleichermaßen auf die vorgelagerte und die nachgelagerte Wertschöpfungskette beziehen.

> **Anmerkung:**
> Die vorgelagerte Wertschöpfungskette soll alle Unternehmensaktivitäten zur Herstellung des Produkts umfassen. Die nachgelagerte Wertschöpfungskette erfasst alle Aktivitäten der Geschäftspartner in Bezug auf Vertrieb, Transport, Lagerung oder Entsorgung. Eine ausdrückliche Abgrenzung zwischen mittelbaren und unmittelbaren Lieferanten wie im deutschen LkSG wird nicht vorgenommen. Abnehmer und Verbraucher sind im Rahmen der Wertschöpfungskette nicht zu berücksichtigen.

Daneben liegt der Fokus verstärkt auch auf **umweltbezogenen Sorgfaltspflichten**. Gemäß dem Entwurf der CSDDD sollen große Unternehmen mit mehr als 500 Mitarbeitenden einen Klimaplan erstellen müssen, um die Unternehmensstrategie im Einklang mit dem 1,5 °C-Ziel auszurichten und sich entsprechende Ziele zur Verringerung der Emissionen zu setzen.

Auch an die **Berichtspflichten** werden strenge Anforderungen gestellt. Außerdem sind die Bewertungen von Geschäftsbeziehungen ebenso wie die Wirksamkeit von Maßnahmen im Turnus von zwölf Monaten zu wiederholen.

dd) Sanktionen

675 Der Richtlinienentwurf der EU-Kommission sieht Sanktionen für Unternehmen vor, die gegen die darin festgelegten Pflichten verstoßen. Die Entscheidung darüber, welche Art von Sanktionen auferlegt werden, soll den jeweiligen Mitgliedsstaaten vorbehalten bleiben; nach den Vorgaben der EU-Kommission sind sie jedoch „effektiv, verhältnismäßig und abschreckend" auszugestalten. Zudem sollen die Beschlüsse der Aufsichtsbehörden über Sanktionen veröffentlicht werden. Etwaige finanzielle Sanktionen haben sich dabei am Umsatz des Unternehmens zu orientieren.

Es ist insb. eine **zivilrechtliche Haftung** für Verstöße der an der jeweiligen Lieferkette beteiligten Unternehmen vorgesehen, etwa wenn Maßnahmen versäumt wurden und dies zu einem Schaden in der Lieferkette geführt hat. Die Vorschläge zur Haftung verlangen teilweise nicht ausdrücklich das Vorliegen eines Verschuldens des Unternehmens.

> **Kritische Stellungnahme:**
>
> Das deutsche Lieferkettensorgfaltspflichtengesetz begründet jedenfalls eine solche zivilrechtliche Haftung nicht, sondern sieht vielmehr Bußgelder für verstoßende Unternehmen vor. Eine anderweitige Haftung bleibt davon jedoch unberührt bestehen, dies gilt insb. für die persönliche Haftung der Vorstände oder Geschäftsführer.
>
> Wie der den Mitgliedstaaten eingeräumte Ermessensspielraum bei den Sanktionen durch den deutschen Gesetzgeber konkret ausgeübt wird, bleibt abzuwarten. Da der Entwurf der Brüsseler Behörde in vielen Punkten über die Anforderungen des deutschen Lieferkettensorgfaltspflichtengesetzes hinausgeht, steht insgesamt zu erwarten, dass der deutsche Gesetzgeber im Hinblick darauf weitere Anpassungen im Sinne einer Verschärfung und Erweiterung des Anwendungsbereichs wird vornehmen müssen.
>
> Auf diese Perspektive sollten sich die Unternehmen frühzeitig einstellen. Insb. der klassische Mittelstand, der sich bislang tendenziell weniger unmittelbar betroffen sah, wird sich zwangsläufig mit den weiten Anforderungen im Rahmen der Lieferkette eingehend auseinandersetzen müssen.

2. CO_2-Grenzausgleichsmechanismus: Die neuen CBAM-Berichtspflichten für Importeure

a) Einführung

676 Die Bestrebungen der EU-Kommission, dem Klimawandel und der Umweltzerstörung im Rahmen des EU-Green-Deals entgegenzuwirken, sollen vor allem mit dem **EU-Klimaschutzpaket „Fit For 55"** umgesetzt werden. Ziel ist die Senkung der Netto-Treibhausgasemissionen (wie CO_2-Emissionen) bis 2030 um mindestens 55 % gegenüber 1990. Als ein Grundpfeiler des Fit-For-55-Pakets wurde das neue CO_2-Grenzausgleichssystem (englisch: Carbon Border Adjustment Mechanism/CBAM) mit der Verordnung (EU) 2023/956 beschlossen, welches zum 17.5.2023 in Kraft getreten ist. Erste Meldepflichten für CO_2-intensive Importe in die EU gelten bereits seit 1.10.2023.

b) Ziele der CBAM-Verordnung

677 Internationale Partner verfolgen gegenüber den Vorgaben der EU weniger ambitionierte Ziele, weswegen die Gefahr der Verlagerung von CO_2-Emissionen, dem sog. **Carbon Leakage**, in Drittstaaten besteht. Das CBAM soll verhindern, dass Unternehmen in bestimmten Sektoren und Teilsektoren der Industrie aus Kostengründen ihre Produktion in andere Länder verlagern oder dass anstelle von Waren mit weniger Treibhausgasemissionen gleichwertige Erzeugnisse mit niedrigeren Anforderungen zur Emissionsreduktion importiert werden. Bezweckt wird die finanzielle Gleichstellung von Herstellern aus Drittländern und EU-Herstellern.

c) Anwendungsbereich und Zeitplan

Die CBAM gilt grundsätzlich für Importeure, die aus Drittstaaten Waren beziehen, die dem sachlichen Anwendungsbereich des CBAM unterliegen. Es bestehen nur sehr enge Ausnahmeregeln für Unternehmen und Privatpersonen. **678**

Betroffen sind grundsätzlich die in Anhang I und Anhang II der Verordnung (EU) 2023/956 aufgeführten Waren mit Ursprung in einem Drittland. Hiervon ausgenommen sind die EFTA-Staaten und Gebiete, die nach Anhang III i.V.m. Art. 2 Abs. 4 Verordnung (EU) 2023/956 nicht in den Anwendungsbereich der Verordnung fallen, wie z.B. Helgoland.

CBAM gilt für die Produktgruppen

– Aluminium,
– Chemikalien,
– Eisen und Stahl,
– Düngemittel,
– Strom und
– Zement.

Es ist davon auszugehen, dass der Anwendungsbereich künftig noch erweitert wird.

Ab dem **1.10.2023** beginnt eine bis 31.12.2025 andauernde **Übergangsphase**. Für Einführer mit Ansässigkeit innerhalb der EU, deren indirekte Zollvertreter sowie für die indirekten Zollvertreter von nicht in der EU ansässigen Einführern gelten u.a. folgende Verpflichtungen:

– Berechnung und Dokumentation der direkten und indirekten Emissionen, welche im Produktionsprozess der importierten Güter entstanden sind,
– Pflicht zur quartalsweisen Vorlage eines Berichts, erstmals zum 31.1.2024, mit Angaben
  – zur Gesamtmenge jeder Warenart,
  – den tatsächlichen Gesamtemissionen, berechnet nach der in Anhang IV der Verordnung (EU) 2023/956 beschriebenen Methode, und
  – zum CO_2-Preis, der in einem Ursprungsland für die in den eingeführten Gütern enthaltenen Emissionen gezahlt wurde, wobei jede verfügbare Ausfuhrerstattung oder andere Form von Ausgleich zu berücksichtigen ist.

Ab dem **31.12.2024** bestehen die Pflicht zur Registrierung als CBAM-Anmelder sowie die Möglichkeit zur Registrierung von Betreibern und Anlagen in Drittländern im CBAM-Register.

Ab **1.1.2026** dürfen **nur noch zugelassene CBAM-Anmelder** CBAM-Waren einführen. Dann erfolgt auch die Bepreisung von direkten und indirekten Emissionen der CBAM-Ware. Ggf. ist ab dann auch der Erwerb kostenpflichtiger CBAM-Zertifikate erforderlich. Der Preis für diese Zertifikate entspricht dem Kohlenstoffpreis, der im Rahmen des EU-Emissionshandelssystems festgelegt und wöchentlich veröffentlicht wird.

Schließlich ist **ab 1.1.2026** jährlich eine **CBAM-Erklärung** bis zum 31.5. jeden Kalenderjahres abzugeben.

3. EU-Verordnung für entwaldungsfreie Lieferketten
a) Einführung

Die Beendigung der Entwaldung und die Wiederherstellung geschädigter Wälder sind u.a. wesentliche Bestandteile der **Sustainable Development Goals**, SDG. Diese Agenda sollte insb. dazu beitragen, die insgesamt 17 Ziele u.a. in den Bereichen Leben an Land **679**

(SDG 15) und Klimaschutz (SDG 13) zu erreichen. Die einschlägige Zielvorgabe 15.2, die Entwaldung bis 2020 zu stoppen, wurde nicht erreicht. Die EU ist einer der größten Wirtschaftakteure in diesem Sektor und möchte mit der am 29.6.2023 in Kraft getretenen EU-Verordnung für entwaldungsfreie Lieferketten (**WaldschutzVO**, VO (EU) 2023/1115) nunmehr der weltweiten Entwaldung und Waldschädigung Einhalt gebieten.

b) Ziele

680 Mit der WaldschutzVO werden **umfassende Sorgfaltspflichten zum Schutz globaler Wälder** gegen Rodung und Ausbeutung in Zusammenhang mit der Produktion verschiedener Agrarerzeugnisse eingeführt. Es soll sichergestellt werden, dass bestimmte Rohstoffe und Erzeugnisse, die in die EU ein- und ausgeführt bzw. gehandelt werden, nicht mehr zur Entwaldung und Waldschädigung beitragen. Dies soll durch Einfuhr-/Bereitstellungs- und Ausfuhrverbote von nicht entwaldungsfreien Waren erfolgen. Zwar gelten diese **Verbote erst ab dem 31.12.2024**; Stichtag für die Beurteilung der Entwaldungsfreiheit der erfassten Waren ist jedoch bereits der 31.12.2020, so dass sich Importeure und Händler schon **seit dem 29.6.2023 auf die neuen Sorgfaltspflichten** der WaldschutzVO einstellen müssen.

Konkret sieht die Verordnung vor, dass Waren, die dem sachlichen Anwendungsbereich der Verordnung unterliegen und die von Flächen stammen, die nach dem 31.12.2020 abgeholzt werden, weder in die EU eingeführt noch aus ihr ausgeführt werden dürfen.

c) Anwendungsbereich und Sorgfaltspflichten

681 Die WaldschutzVO gilt grundsätzlich für alle Marktteilnehmer, die von der WaldschutzVO erfasste Waren aus Drittstaaten in die EU importieren, diese in der EU handeln oder aus der EU exportieren.

> **Anmerkung:**
> KMU-Marktteilnehmer und -Händler profitieren von vereinfachten Sorgfaltspflichten. Kleinstunternehmen müssen die WaldschutzVO erst **ab dem 30.6.2025** befolgen.

Die in der WaldschutzVO enthaltenen Verpflichtungen beziehen sich auf die „relevanten" Rohstoffe

- Rinder,
- Kakao,
- Kaffee,
- Ölpalme,
- Kautschuk,
- Soja und
- Holz

wie auch „relevante" Erzeugnisse, die diese Rohstoffe enthalten, mit diesen gefüttert oder unter deren Verwendung hergestellt wurden und im Anhang I der WaldschutzVO aufgeführt sind.

Die Verordnung fordert von den betroffenen Unternehmen den Nachweis, dass ihre Lieferketten nicht zur Zerstörung oder Schädigung von Wäldern beitragen. Sie dürfen nur solche Produkte auf den Markt bringen und exportieren, die frei von Abholzung sind und im Einklang mit den jeweiligen Rechtsvorschriften des Produktionslandes hergestellt wurden.

Dazu müssen Nicht-KMU-Marktteilnehmer oder -Händler **ab dem 31.12.2024** die sog. relevanten Rohstoffe und Erzeugnisse nur unter den folgenden kumulativen Voraussetzungen in die EU einführen, auf dem EU-Markt herstellen, handeln oder ausführen:

– Die Rohstoffe/Erzeugnisse sind entwaldungsfrei,
– sie wurden gemäß den einschlägigen Rechtsvorschriften des Erzeugerlandes erzeugt und
– für sie liegt eine sog. Sorgfaltserklärung (Due Diligence Statement) vor.

Zu den Sorgfaltspflichten der WaldschutzVO, die zunächst hauptsächlich Nicht-KMU-Marktteilnehmer und Nicht-KMU-Händler zu beachten haben, gehören u.a.:

– die Einführung allgemeiner Sorgfaltspflichtenregelungen,
– die Datensammlung in Bezug auf die erfassten Rohstoffe und Erzeugnisse,
– eine Risikobewertung der gesammelten Daten und
– ggf. eine Risikominimierung bzgl. der Entwaldungsfreiheit und legalen Herstellung.

Das Einfuhr- und Ausfuhrverbot wird durch die Abgabe der Sorgfaltserklärung an ein noch zu schaffendes **EU-Informationssystem**, das über eine elektronische Schnittstelle zum Zoll verfügen soll, überwacht. Marktteilnehmer und die national zuständige Behörde, die Bundesanstalt für Lebensmittel und Ernährung (BLE), sollen **ab 30.12.2024** Zugang zu diesem EU-Informationssystem haben. Die **elektronische Schnittstelle zum Zoll** soll **bis 30.6.2028** zur Verfügung stehen. Bis dahin hat die Kommunikation zwischen dem Zoll und der BLE anderweitig zu erfolgen.

4. Einwegkunststofffondsgesetz und -verordnung

a) Gesetzgebungsverfahren

Am 23.3.2022 veröffentlichte das Bundesministerium für Umwelt, Naturschutz, nukleare Sicherheit und Verbraucherschutz den Referentenentwurf eines Gesetzes zur Umsetzung bestimmter Regelungen der EU-Einwegkunststoffrichtlinie, sog. Einwegkunststoff-Fondsgesetz. Das Bundeskabinett beschloss den Entwurf am 2.11.2022. Der Bundestag verabschiedete das Gesetz am 2.2.2023 in zweiter und dritter Lesung und der Bundesrat erteilte am 2.3.2023 seine Zustimmung. Das EWKFondsG v. 11.5.2023 ist am Tag nach der Verkündung, also am 16.5.2023 in Kraft getreten[1], wesentliche Teile gelten ab 1.1.2024; die ergänzende EWKFondsV trat am 31.12.2023 in Kraft.

682

b) Regelungen des Einwegkunststofffondsgesetzes

Im Rahmen des EWKFondsG sollen Hersteller von Einwegplastikprodukten an den Kosten der Müllbeseitigung in Parks und Straßen und Maßnahmen der Sensibilisierung beteiligt werden, indem sie einen jährlichen Betrag in einen zentralen Fonds einzahlen. Zu den betroffenen Produkten zählen u.a. To-Go-Behälter und Getränkebecher aber auch Feuchttücher, Luftballons sowie Tabakfilterprodukte. Die Abgabenhöhe des jeweiligen Herstellers bemisst sich anhand der Art und Menge des Produkts, das er in den Verkehr bringt.

683

Hersteller ist u.a. jede natürliche oder juristische Person oder rechtsfähige Personengesellschaft, die in Deutschland niedergelassen ist, und als Produzent, Befüller, Verkäufer oder Importeur gewerbsmäßig Einwegkunststoffprodukte erstmalig auf den deutschen Markt bereitstellt. Zudem gilt als Hersteller, wer nicht in Deutschland niedergelassen ist, aber gewerbsmäßig Einwegkunststoffprodukte mittels Fernabsatzverträgen unmittelbar an private Haushalte oder andere Nutzer in Deutschland verkauft.

Aus den jährlichen Einnahmen des Fonds, der vom Umweltbundesamt verwaltet werden soll, können öffentlich-rechtliche Entsorgungsträger Mittel erhalten, um Abfallbe-

---

1) BGBl. I 2023 Nr. 124 v. 15.5.2023.

wirtschaftungskosten zu decken. Die Bundesregierung geht von einem jährlichen Betrag von bis zu 450 Mio. Euro aus. Bisher werden diese Kosten von der Allgemeinheit getragen.

Den aus dem Einwegkunststofffondsgesetz verpflichteten Personenkreis treffen folgende Pflichten:

– Registrierungspflicht des Herstellers bei dem vom Umweltbundesamt eingerichteten Register
– Jährliche Meldepflicht der Produktmengen bis zum 15.5. eines Jahres für das vorangegangene Kalenderjahr. Die Meldung bedarf der Prüfung durch einen registrierten Sachverständigen bzw. Wirtschaftsprüfer, Steuerberater oder vereidigten Buchprüfer, es sei denn, die relevanten Einwegkunststoffprodukte aus dem Vorjahr beliefen sich auf weniger als 100 kg.
– Pflicht zur Entrichtung einer nach dem EWKFondsV bestimmten Abgabe.

Wird den Verpflichtungen nicht nachgekommen, drohen folgende Sanktionen:

– Einziehung der Produkte
– Verbot des Inverkehrbringens und Vertriebs von nicht-registrierten Einwegkunststoffen.

Die aus dem Fonds begünstigten Anspruchsberechtigten treffen folgende Verpflichtungen:

– Registrierungspflicht beim Umweltbundesamt bis 1.1.2024
– Ab 1.1.2025 jährliche Meldepflicht jeweils zum 15.5. des betreffenden Jahres bezüglich der erbrachten Leistungen (Sammlungskosten, Reinigungskosten, Sensibilisierungskosten sowie Datenerhebungs- und -übermittlungskosten).

Kommen sie ihren Verpflichtungen nicht nach, kann keine Auszahlung aus dem Einwegkunststofffonds erfolgen.

c) Einwegkunststofffondsverordnung

684 Das Bundesministerium für Umweltschutz (BMUV) veröffentlichte im März 2023 einen Referentenentwurf zu einer Verordnung über die Abgabesätze und das Punktesystem des Einwegkunststofffonds (Einwegkunststofffondsverordnung – EWKFondsV). Am 28.9.2023 beschloss der Bundestag die Einwegkunststofffondsverordnung. Sie trat am 1.1.2024 in Kraft.

Die EWKFondsV dient der Festlegung der Höhe der Abgabesätze, die die Hersteller für die Einwegkunststoffabgabe zu bezahlen haben sowie der Definition des Punktesystems für die Auszahlung der Mittel aus dem Einwegkunststofffonds an öffentlich-rechtliche Entsorgungsträger. Mit der Verordnung werden damit die Verpflichtungen des BMUV aus § 14 und § 19 EWKFondsG umgesetzt. Die in der Verordnung festgelegten Werte beruhen auf den wissenschaftlichen Grundlagen eines vom Umweltbundesamt in Auftrag gegebenen Forschungsvorhabens.

In § 1 EWKFondsV werden die von den Herstellern zu zahlenden Abgabesätze des jeweiligen Einwegkunststofftyps in Euro pro Kilogramm wie folgt angegeben:

Einwegkunststoffprodukt	Abgabesätze in Euro pro Kilogramm
Lebensmittelbehälter	0,177
Tüten- und Folienverpackungen	0,876
nicht bepfandete Getränkebehälter	0,181
bepfandete Getränkebehälter	0,001
Getränkebecher	1,236
leichte Kunststofftragetaschen	3,801

Einwegkunststoffprodukt	Abgabesätze in Euro pro Kilogramm
Feuchttücher	0,061
Luftballons	4,340
Tabakprodukte mit Filtern und Filter für Tabakprodukte	8,972

Die Auszahlung der Mittel des Fonds an die öffentlich-rechtlichen Entsorgungsträger und andere Anspruchsberechtigte soll gemäß § 19 Abs. 1 EWKFondsG nach einem Punktesystem erfolgen. Das vom BMUV vorgeschlagene Punktesystem unterscheidet grundsätzlich nach Leistungen inner- und außerorts:

Leistungen innerorts

Reinigungsleistung (Strecke)	10,0 Punkte pro 1 km Reinigungsstrecke
Sammlungsleistung (Papierkorb)	1,0 Punkte pro 100 l Papierkorbvolumen
Reinigungsleistung (Fläche)	3,0 Punkte pro 1.000 m² Reinigungsfläche
Reinigungsleistung (Sinkkasten)	2,4 Punkte pro 1 Sinkkasten
Entsorgungsleistung (Abfallmenge)	31,5 Punkte pro 1 t Abfall
Sensibilisierungsleistung	15,8 Punkte pro 1 Mitarbeiterstunde

Leistungen außerorts

Reinigungsleistung (Strecke)	7,3 Punkte pro 1 km Reinigungsstrecke
Sammlungsleistung (Papierkorb)	0,7 Punkte pro 100 l Papierkorbvolumen
Reinigungsleistung (Fläche)	2,4 Punkte pro 1.000 m² Reinigungsfläche
Entsorgungsleistung (Abfallmenge)	31,5 Punkte pro 1 t Abfall
Sensibilisierungsleistung	15,8 Punkte pro 1 Mitarbeiterstunde

Welcher Betrag an die öffentlich-rechtlichen Entsorgungsträger ausgezahlt wird, richtet sich nach § 21 EWKFondsG. Danach ergibt sich die Höhe der ausgezahlten Mittel aus der für die erbrachten Leistungen nach dem Punktesystem errechneten Punktzahl multipliziert mit dem Punktewert. Der Punktewert wird gemäß § 20 Abs. 1 Satz 2 EWKFondsG durch die Division des Gesamtauszahlungsbetrags mit der Gesamtpunktzahl ermittelt. Dadurch entsteht folgende Formel zur Berechnung der zustehenden Mittel:

$$\textit{Auszahlungsbetrag} = \textit{individuelle Punktzahl} \times \left(\frac{\textit{Gesamtauszahlungsbetrag}}{\textit{Gesamtpunktzahl}}\right)$$

Der Gesamtauszahlungsbetrag ergibt sich gemäß § 20 Abs. 2 EWKFondsG aus den bis zum 31.8. eines Jahres eingegangenen Einnahmen des Einwegkunststofffonds. Die Gesamtpunktzahl ist nach § 20 Abs. 3 EWKFondsG die gemeldete Summe der Punkte aller öffentlich-rechtlichen Entsorgungsträger und anderer Anspruchsberechtigten für die im vorangegangenen Kalenderjahr erbrachten Leistungen.

Da erstmals 2025 Auszahlungen aus dem Einwegkunststofffonds erfolgen sollen, sind sowohl Hersteller als auch die öffentlichen Anspruchsberechtigen angehalten, bereits jetzt Daten zu erheben. Spätestens ab dem 1.1.2024 sollten alle Daten lückenlos erfasst werden, damit sowohl eine korrekte Ein- wie auch Auszahlung gewährleistet wird.

5. Rechtmäßigkeit der Tübinger Verpackungssteuer

Seit dem 1.1.2022 wird in Tübingen eine Steuer auf Einwegverpackungen erhoben. Diese Maßnahme dient der Generierung von Einnahmen für den städtischen Haushalt, der Verringerung von Verschmutzung des Stadtbildes durch weggeworfene Verpackungen im öffentlichen Raum und der Förderung von Mehrwegsystemen. Die Steuer betrifft Einwegverpackungen, Einweggeschirr und Einwegbesteck, die für den unmittelbaren Verzehr vor Ort oder als Mitnahme-Gerichte oder -Getränke verkauft werden.

Pro Einwegverpackung beträgt die Steuer 0,50 Euro, pro Einwegbesteck(-set) 0,20 Euro. Der maximale Steuersatz pro „Einzelmahlzeit" beläuft sich auf 1,50 Euro.

Eine Franchise-Nehmerin eines Fast Food Konzerns in Tübingen stellte gegen die Verpackungssteuer einen Normkontrollantrag, der zunächst vor dem VGH Baden-Württemberg[1] erfolgreich war. Der VGH erklärte die Satzung insgesamt für unwirksam und begründete dies mit der fehlenden räumlichen Begrenzung der Steuer, ihrer Unvereinbarkeit mit dem Bundesabfallrecht und der mangelnden Durchsetzbarkeit der Höchstgrenze der Besteuerung.

Das BVerwG hat die Entscheidung des VGH mit Urteil vom 24.5.2023[2] aufgehoben und im Revisionsverfahren die **kommunale Verpackungssteuer größtenteils für rechtmäßig** erklärt. Im Gegensatz zur Vorinstanz handelt es sich nach Auffassung des BVerwG bei der Verpackungssteuer um eine **örtliche Verbrauchsteuer**, für deren Einführung die Stadt Tübingen zuständig sei. Die Steuer beziehe sich auf den Konsum von Speisen und Getränken, die entweder vor Ort oder zum Mitnehmen verkauft werden. Der Steuertatbestand sei zudem so begrenzt, dass der Konsum und somit auch der Verbrauch der entsprechenden Verpackungen typischerweise innerhalb des Stadtgebiets stattfänden. Damit sei der lokale Charakter der Steuer ausreichend gewährleistet.

Zwar seien laut BVerwG die zu unbestimmte Obergrenze der Besteuerung (1,50 Euro pro „Einzelmahlzeit") nach § 4 Abs. 2 der Satzung, wie auch die Regelung des § 8 der Satzung, wonach der Stadtverwaltung ohne zeitliche Begrenzung das Betretungsrecht im Rahmen der Steueraufsicht gewährt wird, rechtswidrig. Jedoch berühren die einzelnen Verstöße nicht die allgemeine Rechtmäßigkeit der Satzung. Vielmehr stehe die kommunale Verpackungssteuer als Lenkungssteuer nicht im Widerspruch zum Bundesabfallrecht. Sie hat laut BVerwG das Ziel, die Entstehung von Verpackungsabfällen im Stadtgebiet zu reduzieren und verfolgt damit auf lokaler Ebene das gleiche Ziel wie der Gesetzgeber auf EU- und Bundesebene. Die Abfallvermeidung habe oberste Priorität in der Abfallhierarchie, wie in der EU-Verpackungsrichtlinie, der EU-Einwegkunststoffrichtlinie, dem Kreislaufwirtschaftsgesetz und dem Verpackungsgesetz festgelegt ist.

VII. Energierecht: Risiken und Problembereiche im Zusammenhang mit Energiepreisbremsen

1. Entlastungsmechanismus

686 Mit den Energiepreisbremsen entlastet der Gesetzgeber innerhalb bestimmter Schwellenwerte seit März 2023 rückwirkend ab Januar 2023 Unternehmen und Privathaushalte von den hohen Kosten für Strom, Gas und Fernwärme. Zwar erfolgt die Entlastung ohne eine separate Antragsstellung, Unternehmen sind aber bei höheren Entlastungsbeträgen zur **Meldung beihilferelevanter Informationen** an ihre Energielieferanten und/oder die zuständige Behörde verpflichtet. Unsicherheiten bei der Erhebung der relevanten Daten im Unternehmensverbund und der Ermittlung der beihilferechtlichen Höchstgrenzen erschweren die Einhaltung von Mitteilungspflichten sowie die Berücksichtigung von Energiepreisbremsen in Liquiditätsplanungen.

Die Entlastung im Rahmen der Energiepreisbremsen ermittelt sich gemäß untenstehenden Tabellen. Somit wurden die ab Januar 2023 bis Dezember 2023 geschuldeten Preise für Gas-, Strom- und Fernwärme auf ein bestimmtes Preisniveau gedeckelt. Die Entlastung belief sich auf der Differenz zwischen dem geschuldeten Preis und dem Referenzpreis und erfolgte für eine Entlastungsmenge, die je nach Entlastungsberechtigtem 70 % oder 80 % des Verbrauchs im Jahr 2021 oder der aktuellen Verbrauchsprognose entsprach. Die Entlastung wurde direkt über eine Verrechnung auf den jeweiligen Strom- und Gasrechnungen bzw. Wärmerechnungen gewährt.

---

[1] VGH Mannheim v. 29.3.2022, 2 S 3814/20, ZKF 2022, 131 = KommJur 2022, 170.
[2] BVerwG v. 24.5.2023, 9 CM 1.22, NVwZ 2023, 1406.

Entlastung im Rahmen der Strompreisbremse nach dem Strompreisbremsengesetz (StromPBG):

Entnahmestelle	Entlastungskontingent	Entlastungspreis
bis 30.000 kWh/Jahr	› 80 % der aktuellen Verbrauchsprognose (bei RLM des Verbrauchs 2021)	› 40 Cent/kWh incl. Netzentgelte, Messstellenentgelte, staatlich veranlasste Preisbestandteile und USt.
> 30.000 kWh/Jahr	› 70 % der aktuellen Verbrauchsprognose (bei RLM des Verbrauchs 2021)	› 13 Cent/kWh vor Netzentgelte, Messstellenentgelte, staatlich veranlasste Preisbestandteile und USt.

Entlastung im Rahmen der Gaspreisbremse nach dem Erdgas-Wärme-Preisbremsengesetz (EWPBG):

Entnahmestelle	Entlastungskontingent	Entlastungspreis
bis 1,5 GWh/Jahr	› 80 % der Verbrauchsprognose aus September 2022 (bei RLM des Verbrauchs 2021)	› 12 Cent/kWh incl. Netzentgelte, Messstellenentgelte, staatlich veranlasster Preisbestandteile und USt.
> 1,5 GWh/Jahr	› 70 % der Verbrauchsprognose aus September 2022 (bei RLM des Verbrauchs 2021)	› 7 Cent/kWh vor Netzentgelte, Messstellenentgelte, staatlich veranlasster Preisbestandteile und USt.

Mit der Differenzanpassungsverordnung und deren Änderung wurden die Referenzbeträge für Unternehmen mit hohem Entlastungsanspruch (> 2 Mio. Euro) abgesenkt.

2. Problembereiche

a) Beihilferechtliche Obergrenzen

Da es sich bei der Preisdeckelung für Energiekosten um staatliche Beihilfen handelt, sind im Rahmen der Förderung die durch die **EU-Kommission definierten Obergrenzen einzuhalten**. Diese bestimmen sich anhand der krisenbedingten Energiemehrkosten im Zeitraum zwischen Februar 2022 und Dezember 2023 sowie anhand einer absoluten Höchstgrenze, welche für nicht besonders betroffene Unternehmen bei maximal 4 Mio. Euro liegt. Für besonders betroffene Unternehmen sind höhere Entlastungen möglich. Die beihilferechtlichen Obergrenzen beziehen sich immer auf den **gesamten Unternehmensverbund** und es muss ggf. eine Aufteilung der Höchstgrenze auf die Unternehmen im Verbund erfolgen.

687

b) Meldepflichten nach § 22 EWPBG und § 30 StromPBG

Eine Meldepflicht hinsichtlich verschiedener beihilfenrelevanter Sachverhalte bestand zunächst für Unternehmen, deren **monatliche Entlastung** für Strom, Gas und Fernwärme insgesamt **150.000 Euro** übersteigt.

688

Des Weiteren waren auch Unternehmen, die – ggf. unter Einbeziehung ihres zugehörigen Unternehmensverbunds – eine **Gesamtförderung von mehr als 2 Mio. Euro** erhalten, zu verschiedenen Mitteilungen verpflichtet. Eine Meldung musste bis zum 31.3.2023 erfolgen. Bei einer Nichteinhaltung der Meldepflichten drohte schlimmstenfalls ein anteiliger Verlust der Entlastung.

c) Sachgerechte Datenerhebung und Abbildung der Energiepreisbremsen in Unternehmensplanungen

Um eine zuverlässige Liquiditätsplanung aufstellen und die beihilferechtliche Obergrenze ermitteln zu können, muss eine **Erhebung der maßgeblichen Daten je Entnahmestelle über den Gesamtverbund** erfolgen. Die isolierte Betrachtung einzelner Unternehmen birgt die Gefahr, dass beihilferechtliche Wechselwirkungen unberücksichtigt bleiben. Gerade für energieintensive Unternehmen kommt einer sachgerechten Abbil-

689

VIII. Wirtschaftsstrafrecht: Hinweisgeberschutzgesetz

1. Gesetzgebungsverfahren

690 Mit über einem Jahr Verspätung hat der Gesetzgeber die sog. **Whistleblower-Richtlinie** in deutsches Recht umgesetzt.

Nachdem das Bundeskabinett zunächst am 27.7.2022 den Entwurf eines Gesetzes für einen besseren Schutz hinweisgebender Personen beschlossen und in das Gesetzgebungsverfahren eingebracht hatte, verabschiedete der Bundestag daraufhin am 16.12.2022 das sog. Hinweisgeberschutzgesetz (HinSchG) mit den Empfehlungen des Rechtsausschusses. Am 10.2.2023 legte jedoch der Bundesrat sein Veto dagegen ein.

Auch der zweite Versuch scheiterte. Nach großer Kritik gegen die Aufteilung des Gesetzes in einen zustimmungsbedürftigen und einen nicht-zustimmungsbedürftigen Teil wurden die Entwürfe kurzfristig von der Tagesordnung des Bundestages am 30.3.2023 genommen. Der danach angerufene Vermittlungsausschuss konnte sich schließlich auf eine Beschlussempfehlung einigen und legte diese am 11.5.2023 dem Bundestag vor. Nach der Verabschiedung im Bundestag stimmte der Bundesrat am 12.5.2023 dem Gesetzentwurf nun ebenfalls zu. Es wurde am 2.6.2023 im Bundesgesetzblatt[1] veröffentlicht. Das Gesetz vom 31.5.2023 trat zum ganz überwiegenden Teil am 2.7.2023 in Kraft.

2. Implementierungsfristen für die Hinweisgebersysteme

691 Nach den EU-rechtlichen Vorgaben hätte die Richtlinie (EU) 2019/1937 (sog. „Whistleblower-Richtlinie") bereits bis zum 17.12.2021 in deutsches Recht umgesetzt werden müssen. Die **verspätete Umsetzung** konnte **teilweise** zur **unmittelbaren Anwendung der EU-Richtlinie** führen.

Dies galt insb. für **Unternehmen aus dem öffentlichen Sektor.** Hier müssten deshalb bereits entsprechende Hinweisgebersysteme implementiert sein.

Private Unternehmen konnten dagegen die Umsetzung der Richtlinie in deutsches Recht abwarten. Die Pflicht zur Einführung eines entsprechenden Hinweisgebersystems besteht für **Unternehmen mit mehr als 249 Mitarbeitern** bereits einen Monat nach der Gesetzesverkündung und damit ab dem 2.7.2023.

Lediglich **Arbeitgeber mit in der Regel 50 bis 249 Beschäftigten** mussten ein entsprechendes Hinweisgebersystem erst zum 17.12.2023 implementieren, § 42 HinSchG.

3. Betroffene Unternehmen

692 Die Pflicht zur Implementierung eines Hinweisgebersystems trifft grundsätzliche **alle privatrechtlichen und öffentlich-rechtlichen Unternehmen mit jeweils in der Regel mindestens 50 Beschäftigten**. In § 12 Abs. 3 HinSchG wird die Pflicht für bestimmte Unternehmen unabhängig von ihrer Beschäftigtenzahl angeordnet.

Erleichterungen bestehen hierbei grundsätzlich nur für mittelgroße Unternehmen mit einer Beschäftigtenzahl von **50 bis 249 Mitarbeitern**. Nach § 14 Abs. 2 HinSchG kön-

---

[1] BGBl. I 2023 Nr. 140 v. 2.6.2023.

nen diese Unternehmen für die Entgegennahme von Meldungen und für die weiteren nach diesem Gesetz vorgesehenen Maßnahmen eine **gemeinsame Stelle** einrichten und betreiben. Sie bleiben aber weiterhin verpflichtet, den Verstoß abzustellen und dem Hinweisgeber Rückmeldung zu erteilen. Für **konzernangehörige Gesellschaften** ist insoweit eine Erleichterung vorgesehen, als auch bei einer anderen Konzerngesellschaft eine unabhängige und vertrauliche Stelle als „Dritter" eingerichtet werden kann, die auch für mehrere selbstständige Unternehmen in dem Konzern tätig sein kann. Interne Meldungen müssen sodann auch in der im jeweiligen beauftragenden Tochterunternehmen vorherrschenden Arbeitssprache möglich sein. Durch die Beauftragung einer zentralen Meldestelle bei einer Konzerngesellschaft dürfen keine zusätzlichen Hürden für hinweisgebende Personen aufgebaut werden.

Soweit der **Bund oder ein Land** Beschäftigungsgeber ist, können die obersten Bundes- oder Landesbehörden Organisationseinheiten in Form von einzelnen oder mehreren Behörden, Verwaltungsstellen, Betrieben oder Gerichten bestimmen, die interne Meldestellen einzurichten und zu betreiben haben. Für **Gemeinden und Gemeindeverbände** und solche Beschäftigungsgeber, die im Eigentum oder unter der Kontrolle von Gemeinden und Gemeindeverbänden stehen, richtet sich die Pflicht nach dem jeweiligen Landesrecht. Insoweit kann im jeweiligen Landesrecht auch vorgesehen werden, dass Gemeinden und Gemeindeverbände mit weniger als 10.000 Einwohnern von der Pflicht zur Einrichtung interner Meldestellen ausgenommen werden. Für diese ist bereits jetzt von einer unmittelbaren Geltung der EU-Richtlinie auszugehen.

4. Mögliche Hinweisgebersysteme

Für die hinweisgebenden Personen bestehen grundsätzlich **zwei gleichwertig nebeneinanderstehende Meldewege**. Hierbei handelt es sich zum einen um interne und zum anderen um externe Meldekanäle, § 7 HinSchG. Dabei sollte die hinweisgebende Person jedoch nach § 7 Abs. 1 Satz 2 HinSchG in den Fällen, in denen intern wirksam gegen den Verstoß vorgegangen werden kann und sie keine Repressalien befürchtet, die Meldung an eine interne Meldestelle bevorzugen.

693

a) Interne Meldestellen

Bei der genauen Ausgestaltung der internen Meldestelle besteht **Gestaltungsspielraum**, §§ 12 ff. HinSchG. Die interne Meldestelle kann eingerichtet werden, indem

694

– eine bei dem jeweiligen Beschäftigungsgeber beschäftigte Person,
– eine aus mehreren beschäftigten Personen bestehende Arbeitseinheit oder
– ein Dritter

mit den Aufgaben der internen Meldestelle betraut wird. Damit kann insb. auch ein **Rechtsanwalt als externe Ombudsperson** mit den Aufgaben der internen Meldestelle beauftragt werden. In jedem Fall benötigt die betreffende Person hinreichende Kompetenzen, um die notwendige rechtliche Bewertung der Meldungen vornehmen zu können.

Zu den Aufgaben der internen Meldestelle gehören:

– das Betreiben der Meldekanäle,
– die Durchführung des Verfahrens nach § 17 HinSchG sowie
– das Ergreifen von angemessenen Folgemaßnahmen.

Die Meldewege müssen so ausgestaltet sein, dass die **Hinweise in schriftlicher oder mündlicher Form** erfolgen können.

Eine in der letzten Fassung des Gesetzentwurfs vorgesehene Verpflichtung zur Einrichtung von Meldestellen, die auch eine **anonyme Meldung** ermöglichen, besteht nach dem nunmehr verabschiedeten Gesetz **nicht** mehr. § 16 Abs. 1 Satz 4 HinSchG sieht lediglich vor, dass die interne Meldestelle auch anonym eingehende Meldungen bearbeiten sollte. Den Unternehmen steht allerdings frei, die anonyme Kontaktaufnahme sowie die anonyme Kommunikation zwischen hinweisgebender Person und interner Meldestelle zu ermöglichen. Dies gilt insb. auch für diejenigen, die bereits solche Kanäle eingerichtet haben.

Geht eine Whistleblower-Meldung im Unternehmen ein, ist die **Vertraulichkeit** der Identität des Hinweisgebers, der Personen, die Gegenstand der Meldung sind und sonstiger in der Meldung genannten Personen zu wahren, § 8 HinSchG. Ausnahmen von diesem Vertraulichkeitsgebot sind nur in sehr eng begrenzten Fällen vorgesehen, vgl. § 9 HinSchG.

Als Hinweisgebersystem bietet sich vor dem Hintergrund der gesetzlichen Vorgaben in erster Linie die **Einrichtung einer elektronischen Meldemöglichkeit** an. Außerdem muss nach § 16 Abs. 3 HinSchG auf Wunsch des Hinweisgebers auch eine **physische Zusammenkunft** innerhalb eines angemessenen Zeitrahmens ermöglicht werden. Die Möglichkeit für hinweisgebende Personen, ein persönliches Gespräch zu führen, hat insb. bei der Betrauung eines Dritten mit den Aufgaben einer internen Meldestelle eine herausragende Bedeutung. Mit Einwilligung der hinweisgebenden Person kann die Zusammenkunft jedoch auch im Wege der Bild- und Tonübertragung erfolgen (§ 16 Abs. 3 HinSchG).

Der interne Meldekanal muss zumindest den Beschäftigten und Leiharbeitnehmern des Unternehmens offenstehen. Freiwillig kann das Hinweisgebersystem auch solchen Personen zugänglich gemacht werden, die im Rahmen ihrer beruflichen Tätigkeit mit dem jeweiligen Unternehmen in Kontakt stehen. Hierbei handelt es sich etwa um Organmitglieder und Aktionäre des Unternehmens, Bewerber, Selbstständige bzw. ehemalige Arbeitnehmer.

b) Externe Meldestellen

695 Neben der Etablierung eines internen Meldesystems müssen die Unternehmen ihren Mitarbeitern als potenziellen Hinweisgebern aber auch **verständliche und leicht zugängliche Informationen über die Möglichkeiten externer Meldungen an bestimmte Behörden** erteilen. Auch für die externen Meldestellen gilt, dass sie anonyme Meldungen bearbeiten sollen, jedoch keinen entsprechenden Kanal hierfür einrichten müssen, § 27 Abs. 1 HinSchG. Zugleich sieht § 24 Abs. 2 HinSchG eine Aufgabe der externen Meldestellen darin, insb. auch über die Möglichkeit einer internen Meldung zu informieren.

c) Vorrang interner Meldestellen

696 Der Hinweisgeber kann zwar grundsätzlich entscheiden, ob er Verstöße unternehmensintern meldet oder sich extern an eine Behörde wendet. Allerdings sollen die internen Meldestellen, bevorzugt werden, § 7 Abs. 1 HinSchG (→ Rz. 693 f.). Nach § 7 Abs. 3 HinSchG sollen Beschäftigungsgeber weiterhin **Anreize** dafür schaffen, dass sich hinweisgebende Personen vor einer Meldung an eine externe Meldestelle zunächst an die jeweilige interne Meldestelle wenden und für Beschäftigte klare und leicht zugängliche Informationen über die Nutzung des internen Meldeverfahrens bereitstellen. Zugleich sind sie nach § 13 Abs. 2 HinSchG verpflichtet, über externe Meldeverfahren zu informieren.

5. Meldungen mit Whistleblower-Schutz

697 Das Hinweisgeberschutzgesetz geht in seinem Anwendungsbereich **über die Vorgaben der EU-Richtlinie hinaus**. Danach sind Hinweisgeber bei der Meldung von Verstößen geschützt, die strafbewehrt oder (mit einigen Einschränkungen) bußgeldbewehrt sind, § 2 Abs. 1 Nr. 1 und 2 HinSchG. Die Meldung muss Informationen über Verstöße bei dem Beschäftigungsgeber, bei dem die hinweisgebende Person tätig ist oder war, oder bei einer anderen Stelle, mit der die hinweisgebende Person aufgrund ihrer beruflichen Tätigkeit im Kontakt steht oder stand, beinhalten (vgl. § 3 Abs. 3 HinSchG).

Darüber hinaus erstreckt sich der sachliche Anwendungsbereich auf sonstige Verstöße gegen Rechtsvorschriften des Bundes und der Länder sowie unmittelbar geltende Rechtsakte der EU und der Europäischen Atomgemeinschaft, § 2 Abs. 1 Nr. 3 bis 10, Abs. 2 HinSchG. Darunter fallen u.a. insb. folgende Bereiche:

– die Bekämpfung von Geldwäsche und Terrorismusfinanzierung,
– Produktsicherheit und -konformität,
– Verkehrssicherheit Eisenbahnsicherheit, Seeverkehr und die Luftverkehrssicherheit,
– Umweltschutz,
– Strahlenschutz und kerntechnische Sicherheit,
– Lebensmittel- und Futtermittelsicherheit, Tiergesundheit und Tierschutz,
– öffentliche Gesundheit,
– Verbraucherschutz,
– Schutz der Privatsphäre und personenbezogener Daten sowie Sicherheit von Netz- und Informationssystemen,
– bestimmte Verstöße gegen das Gesetz gegen Wettbewerbsbeschränkungen (GWB).

Der Anwendungsbereich des Hinweisgeberschutzgesetzes erfasst des Weiteren bspw. auch Äußerungen von Beamtinnen und Beamten, die einen Verstoß gegen die Pflicht zur Verfassungstreue darstellen.

6. Folgen einer Whistleblower-Meldung

698 Dem Hinweisgeber muss der **Eingang der Meldung** innerhalb von sieben Tagen bestätigt werden. Der eingegangene Hinweis wird sodann durch die interne Meldestelle geprüft. Anschließend müssen **angemessene Folgemaßnahmen** nach § 18 HinSchG ergriffen werden. Beispielsweise kann das Verfahren zwecks weiterer Untersuchungen auch an eine bei dem Unternehmen für interne Ermittlungen zuständige Arbeitseinheit abgegeben werden, § 18 Nr. 4 HinSchG. Zudem wird in den Erläuterungen klagestellt, dass zur Durchführung interner Untersuchungen – unter Wahrung der Vertraulichkeit – auch Informationen an Arbeitseinheiten bei dem Unternehmen weitergegeben werden können.

Die interne Meldestelle muss der hinweisgebenden Person innerhalb von drei Monaten nach Bestätigung des Eingangs der Meldung eine **Rückmeldung** erteilen. Die Rückmeldung umfasst die Mitteilung geplanter sowie bereits ergriffener Folgemaßnahmen sowie die Gründe hierfür.

Die eingehenden Meldungen sind zu dokumentieren, § 11 HinSchG. Ggf. sollte dem Hinweisgeber die **Dokumentation** zum Zwecke der Verifizierung vorgelegt werden.

Inwieweit Beschäftigungsgeber Anreize schaffen sollen, zunächst interne Meldeverfahren zu nutzen, gibt das Gesetz nicht vor. Da die hinweisgebende Person die internen Meldewege bevorzugen soll, wenn keine Repressalien zu befürchten sind und zu erwarten ist, dass wirksam gegen den Verstoß vorgegangen wird, kann dies als ausdrücklicher Appell des Gesetzgebers für entsprechende professionelle interne Strukturen gesehen werden. Nur wenn Hinweisgeber darauf vertrauen können, dass Unternehmen Hinweise ernst nehmen, ihnen sorgfältig nachgehen und Straftaten bzw. Unregelmäßigkeiten aufklären sowie angemessen sanktionieren, werden sie diese internen Meldestrukturen auch wie vorgesehen bevorzugen.

7. Schutzwirkung für den Hinweisgeber

699 Whistleblower genießen nur dann rechtlichen Schutz, wenn ein **berechtigter Grund** zu der Annahme bestand, dass die gemeldeten Informationen über Verstöße zum Zeitpunkt der Meldung der Wahrheit entsprachen, in den Anwendungsbereich des Gesetzes fielen und sie diese über die vorgegeben internen oder externen Meldekanäle abgegeben haben. Unter diesen Voraussetzungen **verbietet** das Gesetz **jede Form von Repressalien**, Diskriminierungen oder Benachteiligungen, § 33 ff. HinSchG. Die Hinweisgeber müssen bei einer ordnungsgemäßen Meldung keine arbeitsrechtlichen Konsequenzen befürchten. Im Falle eines arbeitsrechtlichen Prozesses ist eine Beweislastumkehr zugunsten des Hinweisgebers vorgesehen, § 36 Abs. 2 HinSchG. Danach muss der Arbeitgeber beweisen, dass kein Zusammenhang mit der Meldung des Hinweises durch den Arbeitnehmer bestand. Bei einem Verstoß gegen das Verbot von Repressalien besteht ein Schadensersatzanspruch für Vermögensschäden des Hinweisgebers.

Bei Verstößen sind Sanktionierungen mit empfindlichen Geldbußen zwischen 10.000 und 50.000 Euro vorgesehen, § 40 HinSchG. Für die **Nicht-Einrichtung einer entsprechenden internen Meldestelle** werden die Bußgelder erst mit einer Übergangsfrist von sechs Monaten und damit ab dem sechsten Monat nach Gesetzesverkündung verhängt. Die Bußgelder können sowohl die Verantwortlichen als auch (über § 30 OWiG) die jeweiligen Unternehmen betreffen. Bei bestimmten Verstößen kann sich das Bußgeld gegen das Unternehmen auch verzehnfachen, § 40 Abs. 6 Satz 2 HinSchG!

8. Handlungsbedarf

700 Nach einem langen Hin und Her im Gesetzgebungsverfahren müssen die Unternehmen nun umgehend ein Hinweisgebersystem, das den Anforderungen des Hinweisgeberschutzgesetzes entspricht, implementieren, um insb. empfindliche Geldbußen zu verhindern. Sofern solche Systeme vorhanden sind, erfüllen sie häufig zumindest nicht die nun verabschiedeten gesetzlichen Vorgaben. Insofern ist es ratsam, sich schnellstmöglich mit der Implementierung eines solchen Systems einschließlich der gesetzlichen Rahmenbedingungen auseinander zu setzen und Personen mit den anstehenden Aufgaben zu betrauen.

Damit Mitarbeiter sich nicht an externe Meldestellen wenden, muss das Hinweisgebersystem transparent ausgestaltet werden und die Mitarbeiter sollten über die Nutzung des Hinweisgebersystems frühzeitig und vollumfänglich informiert werden. Flankierend hierzu sollte eine unternehmensinterne Hinweisgeberrichtlinie implementiert bzw. in einen Code of Conduct eingebettet werden.

Anhang

Steuerterminkalender 2024

Monat	Abgabetermin	Zahlungstermin[1]	Ende der Zahlungsschonfrist[2]	Steuerarten							Sozialversicherungsbeiträge	
				Lohnsteuer		Umsatzsteuer		Gewerbesteuer	Grundsteuer	Einkommensteuer	Körperschaftsteuer	Abgabe	Fälligkeit[3]
				Monat	Quartal	Monat	Quartal						
Januar	10.	10.	15.	■	■	■	■					25.	29.
Februar	12.	12.	15.	■		■						23.	27.
		15.	19.					■	■				
März	11.	11.	14.	■		■			31.[4]	■	■	22.	26.
April	10.	10.	15.	■	■	■	■					24.	26.
Mai	10.	10.	13.	■		■						24.[5]/27.	28.[5]/29.
		15.	21.					■	■				
Juni	10.	10.	13.	■		■				■	■	24.	26.
Juli	10.	10.	15.	■	■	■	■					25.	29.
August	12.	12.	15./16.[6]	■		■						26.	28.
		15./16.[6]	19.					■	■				
September	10.	10.	13.	■		■				■	■	24.	26.
Oktober	10.	10.	14.	■	■	■	■					24./25.[7]	28./29.[7]
November	11.	11.	14.	■		■						25.	27.
		15.	18.					■	■				
Dezember	10.	10.	13.	■		■				■	■	19.	23.
									15.[8]				

1) Bei Zahlung durch Scheck ist zu beachten, dass die Zahlung erst drei Tage nach Eingang des Schecks beim Finanzamt oder der Kommune (im Hinblick auf Gewerbesteuer und Grundsteuer) als erfolgt gilt.
Ist eine Steuer z. B. am 10. eines Monats fällig, muss der Scheck spätestens am 7. des Monats beim Finanzamt eingehen.
2) Erfolgt die Zahlung innerhalb der Schonfrist, setzt die Finanzverwaltung keinen Säumniszuschlag fest. Bei Zahlung durch Scheckeinreichung wird keine Zahlungsschonfrist gewährt.
3) Sozialversicherungsbeiträge sind einheitlich am drittletzten Bankarbeitstag des laufenden Monats zur Zahlung fällig.
4) Fristablauf für Antrag auf Grundsteuer-Erlass 2023.
5) 30.5.2024 Feiertag in Baden-Württemberg, Bayern, Hessen, Nordrhein-Westfalen, Rheinland-Pfalz und Saarland, dadurch Verschiebung der Abgabefrist und Fälligkeit.
6) 15.8.2024 Feiertag in Saarland und einigen Gemeinden in Bayern, dadurch entsprechende Verschiebung des Zahlungstermins und der Zahlungsschonfrist.
7) 31.10.2024 Feiertag in Brandenburg, Mecklenburg-Vorpommern, Sachsen, Sachsen-Anhalt, Thüringen, dadurch entsprechende Verschiebung der Abgabefrist und Fälligkeit.
8) Fristablauf für Antrag auf Abgeltungsteuer-Verlustbescheinigung bei den Kreditinstituten.

Durch regionale Feiertage können sich Abweichungen ergeben.
Die vorstehenden Angaben wurden sorgfältig zusammengestellt, erfolgen jedoch ohne Gewähr.

Stichwortverzeichnis

Die Ziffern des Stichwortverzeichnisses verweisen auf die Randziffern.

1

11. GWB-Novelle
– Anmeldepflicht 258
– Bundeskartellamt 257 ff.
– Digital Markets Act 260
– Eingriffsbefugnisse 257
– Gesetzgebungsverfahren 256
– Kartellrecht 256
– Sektoruntersuchungen 257
– Unternehmenszusammenschlüsse 258
– Vorteilsabschöpfung 259

14. Verordnung zur Änderung der Sozialversicherungsentgeltverordnung
– Sachbezugswerte 2024 128

–

§ 6b-Rücklage
– Gewinnzuschlag 299

§ 7g EStG
– Sonderabschreibung 72

A

Abberufung
– GmbH-Geschäftsführer 590
– Neutralitätspflicht 590

Abbildung, bilanzielle
– Energiepreisbremsen 538 f.

Abbildung, handelsbilanzielle
– Jahresabschluss 510
– Treuhandverhältnisse 510

Abfärberegelung
– Gewerbesteuerpflicht 324
– gewerbliche Einkünfte 324

Abhilfeklage
– Gesetz zur Umsetzung der EU-Verbandsklagenrichtlinie 568
– Verbraucherrechtedurchsetzungsgesetz 568

Abrechnungssysteme
– Bestandsschutz 37
– Diskussionspapier 37
– eRechnung 37

Abschluss
– IAS 1 227, 532

Abschreibung
– degressive 71
– Sammelposten 70
– Sofortabschreibung GWG 69
– Wohngebäude 446

Abschreibung, degressive
– Wohngebäude 176

Abschreibungsplan
– Erdgasleitungsinfrastrukturen 557
– Nutzungsdauern, kalkulatorische 557

Abzinsung
– Verbindlichkeiten, unverzinslich 289
– Zinssatz 289

Achtes Gesetz zur Änderung von Verbrauchsteuergesetzen
– Emissionszertifikate, Reverse-Charge-Verfahren 425
– Restaurations- und Verpflegungsleitungen, Steuersatz 406

Achtes SGB IV-Änderungsgesetz
– Digitalisierung 650
– Gesetzgebungsverfahren 650

Aktien, elektronische
– Zukunftsfinanzierungsgesetz 250

Altersteilzeit
– Urlaub 626

Altersvorsorge, betriebliche
– Kapitalabfindungsvorbehalt 637
– Wertgleichheit 637

Altersvorsorgeaufwendungen
– Sonderausgaben 488

Stichwortverzeichnis

Amount B, Pillar I
– Routinevertriebstätigkeiten   172
– Verrechnungspreise   172

Amtshilfe
– Drittstaaten   120
– gemeinsame Prüfung   117 f.
– gleichzeitige Prüfung   117, 119

Anbieter
– aktiver   367
– freigestellter   367
– meldepflichtiger   367
– registrierter   366

Anforderungen, allgemeine
– ESRS 1   209
– European Sustainability Reporting Standards   209

Angaben, unternehmensspezifische
– ESRS   207
– European Sustainability Reporting Standards   207

Angabepflichten
– EU-IFRS-Konzernabschluss   530

Anhang
– Inflation   506
– Preiserhöhungen   506
– Prognoseunsicherheiten   506

Anlagenbetreiber, stromerzeugender
– Bilanz   545
– Gewinn- und Verlustrechnung   544
– Überschusserlösabschöpfung   544 f.

Anrechnungsverfahren und Halbeinkünfteverfahren
– Verfassungswidrigkeit   310

Anschaffungsnahe Herstellungskosten
– Mieterabfindungen   449

Anteilstausch
– Schachtelbeteiligung   342

Anteilstausch, qualifizierter
– Sperrfristverhaftete Anteile   345

Anteilsübertragungen
– Gesellschaft bürgerlichen Rechts   244

Anwartschaft auf Bezug von Anteilen
– Entstehungszeitpunkt   314
– Veräußerung von Anteilen an Kapitalgesellschaften (§ 17 EStG)   314

Anwendung, erstmalige, DAC7-UmsG
– Plattformen-Steuertransparenzgesetz   369

Arbeit auf Abruf
– Arbeitszeit, wöchentliche   618

Arbeitgebererstattung
– Auslandsdienstreisen   387

Arbeitgeberwerbung   374

Arbeitnehmer
– Massenentlassungsanzeige   632
– Tätigkeitsortfiktion   443

Arbeitnehmer, Benachteiligung
– Vertragstrafe   641

Arbeitnehmerdatenschutz
– EU-rechtswidrig   658

Arbeitnehmerentsendung
– Hypotax-Verfahren   635
– Versetzung   634

Arbeitnehmer-Pauschbetrag   385

Arbeitsentgelt
– Betriebsveranstaltungen   121

Arbeitsentgelt, beitragspflichtiges
– Zusatzleistungen   651

Arbeitskräfte, Wertschöpfungskette
– ESRS S2   222
– European Sustainability Reporting Standards   222

Arbeitslohn
– Arbeitgeberwerbung   374
– Diensthandy   377
– Fünftelungsregel   129
– Gruppenunfallversicherung   130
– Mannheimer Modell   375
– Wertguthaben   375

Arbeitsmarkt
– Inklusion   263

Arbeitsunfall
– Pausenbereich   654

Stichwortverzeichnis

Arbeitsverhältnis
– Datenverarbeitung 659

Arbeitsverhältnis, Beendigung
– Arbeitgeberverhalten, widersprüchlich 630
– Kündigung, fristlose 630
– Kündigungsverbot 629
– Schwangerschaft 629

Arbeitsverhältnis, befristetet
– Position, leitende 628

Arbeitszeit
– Teilzeittätigkeit 617

Arbeitszeit, wöchentliche
– Arbeit auf Abruf 618

Arbeitszeitgesetz
– Referentenentwurf 261

Arbeitszeitmodelle, flexible
– Zeiterfassung 614

Asset Deal
– Bestimmtheitsanforderungen 569
– Sachgesamtheiten 569

Atypisch stille Gesellschaft
– Organschaft 318

Aufbewahrungspflichten
– Steuerpflichtige mit Überschusseinkünften 184

Auflösung
– Gesellschaft bürgerlichen Rechts 241

Aufschiebende Besteuerung
– Anwendungsbereich 124
– Besteuerungszeitpunkt, final 125
– Dienstverhältnis, Beendigung 126
– Haftungsregelung, optionale 127
– Mitarbeiterbeteiligung 123
– Zukunftsfinanzierungsgesetz 123 f.

Aufzeichnungspflicht, DAC7-UmsG
– Plattformen-Steuertransparenzgesetz 371

Ausbildungsfreibetrag 489

Auskunftsanspruch
– DSGVO 655
– Schuldnerdaten 655

Auskunftspflicht
– Immobilienverkäufer 575

Ausländische Homeoffice-Tätigkeit
– Vermittlungsverfahren 24
– Wachstumschancengesetz 24

Auslandsdienstreisen
– Arbeitgebererstattung 387
– Pauschbeträge 131
– Werbungskosten 387

Auslandstätigkeitserlass
– begünstigte Auslandstätigkeit 441
– nicht begünstigte Auslandstätigkeit 441

Ausschlusskriterien, DAC7-UmsG
– Plattformen-Steuertransparenzgesetz 360

Außensteuerrecht
– Hinzurechnungsbesteuerung 168
– Wegzugsbesteuerung 169

Außerhalb der EU ansässiger, DAC7-UmsG
– Plattformen-Steuertransparenzgesetz 364

Aussetzungszinsen
– Verfassungskonformität 347

Ausstellungspflicht
– eRechnung 43

Auszahlung
– Kontoverbindung 497
– öffentliche Leistungen 497

Avalprovisionen
– Schuldzinsen 296
– Überentnahmen 296

B

Balkonkraftwerk
– Solarpaket I 286

Bayerisches Grundsteuermodell
– Verfassungskonformität 460

Bedarfsabfindung im Scheidungsfall
– Erbschaftsteuer 462

BEFIT
– Anwendungsbereich 63
– Bemessungsgrundlage, steuerliche 64

415

Stichwortverzeichnis

– Bewertung 66
– Hintergrund 60
– Richtlinienvorschlag 61
– Verfahrensrecht 65
– Zielsetzung 62

Beginn der Gewerbesteuerpflicht
– Personengesellschaft, grundbesitzverwaltend 326

Begünstigung von Betriebsvermögen
– geleistete Anzahlungen 467
– Grundstücke 464 ff.
– Verwaltungsvermögen 464 ff.

Beihilferecht
– Energiepreisbremse 687

Belegschaft, eigene
– ESRS S1 221
– European Sustainability Reporting Standards 221

Bemessungsgrundlage
– Mindeststeuer, globale 52

Bemessungsgrundlage, steuerliche
– BEFIT 64

Bemessungskriterien
– Zusatzvergütung, erfolgsabhängige 595

Berechtigter, fiktiv wirtschaftlicher
– Angaben, erweiterte 602
– Sanktionsdurchsetzungsgesetz II 602
– Transparenzregister 602

Berichterstattung
– Lieferkettensorgfaltspflichtengesetz 670

Berichterstattung, finanzielle
– ESMA 231
– IFRS Konzernabschluss 231
– Prüfungsschwerpunkte, europäische 231

Berichtspflichten
– CO_2-Grenzausgleichsmechanismus 676 ff.
– Corporate Sustainability Due Diligence Directive 674
– Zeitplan 678
– Ziele 677

Berichtszeitraum
– ESRS 1 210
– European Sustainability Reporting Standards 210

Beschlussfassung
– Gesellschaft bürgerlichen Rechts 238

Beschränkte Steuerpflicht
– Arbeitseinkünfte 134
– Erbschaftsteuer 472
– Nachlassverbindlichkeit 473

Beschwerde, sofortige
– Restrukturierungsplan 606

Bestandsimmobilien, deutsche
– Sanktionsdurchsetzungsgesetz II 601
– Transparenzregister 601
– Vereinigungen, ausländische 601

Beteiligungsschwelle
– Streubesitzdividenden 311

Beteiligungsveräußerung
– gewerbesteuerliche Zuordnung 309
– Personengesellschaft, doppelstöckig 309
– US-Corporation 485

Betriebsaufgabe
– Nachlassverbindlichkeit 469
– Zuflussbesteuerung 302

Betriebsausgabenabzug
– Supersportwagen 297

Betriebsausgabenabzugsverbot
– Kartellgeldbuße 298

Betriebsausgabenpauschale
– schriftstellerische Tätigkeit 300

Betriebsrat
– Stellenausschreibung, innerbetriebliche 647

Betriebsrente
– Teilzeit 638

Betriebsschließungsversicherung
– Corona-Pandemie 576

Betriebsstätte, ausländische
– Verluste, finale 429

Betriebsveranstaltung
– Arbeitsentgelt 121
– Freibetrag 121
– Vorsteuerabzug 404

Betriebsvorrichtungen
– Umsatzsteuer 396
– Vermietung 396

Beweiswert
– Krankschreibung 643

Bilanz
– Anlagenbetreiber, stromerzeugender 545
– Überschusserlösabschöpfung 543, 545
– Verteilernetzbetreiber 543

Bilanzierung
– Erdgasleitungsinfrastrukturen 558
– Nutzungsdauern, kalkulatorische 558

Bilanzierungs- und Bewertungsmethoden
– IFRS Practice Statement 2 532
– Schätzungen, rechnungslegungsbezogene 533

Biogasanlage
– Umsatzsteuer 398

Biologische Vielfalt
– ESRS E4 219
– European Sustainability Reporting Standards 219

Börsenmantelaktiengesellschaft
– Zukunftsfinanzierungsgesetz 253

Bruchteilsgemeinschaft
– Umsatzsteuer 420
– Unternehmer 420

Bruttomethode
– EU-Rechtskonformität 320
– Organschaft 320

Buchführung
– Drittstaat 436
– Verlagerung, Ausland 436

Buchführungspflichtgrenze
– Anhebung 113

Buchwertübertragung
– Schwesterpersonengesellschaften 303
– Verfassungswidrigkeit 303

Bundesamt zur Bekämpfung von Finanzkriminalität
– Finanzkriminalitätsbekämpfungsgesetz 248

Bundeskartellamt
– 11. GWB-Novelle 257 ff.
– Anmeldepflicht 258
– Digital Markets Act 260
– Sektoruntersuchungen 257
– Unternehmenszusammenschlüsse 258
– Vorteilsabschöpfung 259

Bundesmodell, grundsteuerliches
– Verfassungskonformität 461

Bundesnetzagentur
– Eigenkapitalverzinsung 564
– Strom- und Gasnetze 564

Bußgelder
– Plattformen-Steuertransparenzgesetz 373

C

CO_2-Grenzausgleichsmechanismus
– Berichtspflichten 676 ff.
– Zeitplan 678
– Ziele 677

Computerhardware
– Nutzungsdauer 288

Corona-Pandemie
– Betriebsschließungsversicherung 576
– Corona-Soforthilfen 607
– Insolvenz 607
– Miete Gewerberäume 577
– Mietzinsanpassung 577

Corona-Soforthilfen
– Corona-Pandemie 607
– Insolvenz 607

Corporate Sustainability Due Diligence Directive
– Berichtspflichten 674
– Haftung, zivilrechtliche 675
– Klimaschutz 674
– Sanktionen 675
– Sorgfaltspflichten, umweltbezogene 674
– Unternehmen, betroffene 673
– Verfahrensstand 672

Corporate Sustainability Reporting Directive
– Anwendungsbereich 196

Stichwortverzeichnis

– ESRS 197
– European Sustainability Reporting Standards 197
– EU-Taxonomie 199, 529
– Green Deal 195
– Inhalt 198
– Nachhaltigkeitsberichterstattung 197 ff.
– Offenlegung 200
– Prüfungspflicht 200
– Recht, nationales 201

CSRD

– Anwendungsbereich 196
– ESRS 197
– European Sustainability Reporting Standards 197
– EU-Taxonomie 199, 529
– Green Deal 195
– Inhalt 198
– Nachhaltigkeitsberichterstattung 197 ff.
– Offenlegung 200
– Prüfungspflicht 200
– Recht, nationales 201

Cyber Resilience Act

– Cybersicherheit 266
– EU 266
– Geltung 269
– Produkt, digitale Elemente 267
– Sanktionen 268

Cybersicherheit

– Cyber Resilience Act 266
– EU 266

D

DAC7-UmsG

– Plattformen-Steuertransparenzgesetz 357 f., 361, 365 ff., 370, 372 f.
– Verrechnungspreisdokumentation 170

Dachanlagen

– Solarpaket I 283

Datenerhebung

– Energiepreisbremse 689

Datenspeicherung

– Restschuldbefreiung 610

Datenverarbeitung

– Arbeitsverhältnis 659

Datenweitergabe

– DSGVO 656
– Offenlegung 656

Dauerrechnungen

– eRechnung 46

Dezemberhilfe 2022

– Wegfall Besteuerung 183

Dezentral verbrauchter Strom

– KWK-Zuschlag 397
– Umsatzsteuer 397

Diensthandy

– Ankauf 377
– Rücküberlassung 377

Dienstleistungskommission

– elektronische Leistungen 392

Dienstwagen

– Lohnsteuer 376

Dienstwagenbesteuerung

– Vermittlungsverfahren 20
– Wachstumschancengesetz 20

Digital Markets Act

– 11. GWB-Novelle 260
– Bundeskartellamt 260

Direktanspruch

– Umsatzsteuer 418 f.
– Verjährungseinrede 419

Disquotale Einlage

– Schenkungsteuer 463

Dokumentation

– Lieferkettensorgfaltspflichtengesetz 670

Donations

– Streaming-Plattform 393
– Umsatzsteuer 393

Doppelbesteuerungsabkommen

– OECD-Musterabkommen 428
– Stand zum 1.1.2023 427

Dreiecksgeschäft

– Rechnungsstellung 415
– Umsatzsteuer 415

Drittstaatentätigkeit
– Vorsorgeaufwendungen 444

DSGVO
– Auskunftsanspruch 655
– Datenweitergabe 656
– Erheblichkeitsschwelle 661
– Kopie 660
– Offenlegung 656
– Personalverzeichnis 662
– Rechtsbehelfe 657
– Schaden, immaterieller 661
– Schuldnerdaten 655
– Steuerzweck 662

E

E-Bilanz
– Taxonomie 67

EBITDA-Vortrag
– Entstehung 76
– Untergang 76
– Zinsschranke 9, 76

EDI
– Bestandsschutz 42
– eRechnung 42

E-Fahrzeug
– Privatnutzung 78

eGbR 235 f.

Ehegatte
– Pkw-Überlassung 401

Eigenkapital-Escape 77

Eigenkapitalverzinsung
– Bundesnetzagentur 564
– Rechtswidrigkeit 563
– Strom- und Gasnetze 562 ff.

Eigentums- und Kontrollstrukturübersichten
– Sanktionsdurchsetzungsgesetz II 603
– Transparenzregister 603

Eigentumsvorbehalt
– IDW Praxishinweis 516
– Jahresabschluss 516

Eigentumswohnung
– Erhaltungsrücklage 450

Einkaufskommission
– IDW Praxishinweis 512
– Jahresabschluss 512

Einkommensteuertarif
– Grundfreibetrag 185
– kalte Progression 186
– Tarifeckwerte 186

Einkünfte
– Berechnung ausländischer Einkünfte 434

Einlagen
– Bewertung 68
– Zuführung aus dem Privatvermögen 68

Einlagenrückgewähr
– Drittstaatsgesellschaften 317
– EWR-Staatsgesellschaften 317

Eintragung
– Gewinnabführungsvertrag 589
– Handelsregister, elektronisches 581
– Obergesellschaft 589

Einwegkunststofffondsgesetz
– Einwegplastikprodukte 683
– Gesetzgebungsverfahren 682

Einwegkunststofffondsverordnung
– Einwegplastikprodukte 684

Einwegplastikprodukte
– Einwegkunststofffondsgesetz 683
– Einwegkunststofffondsverordnung 684

Einzelunternehmen
– Beginn des Gewerbebetriebs 325

Elektrofahrzeug
– Ladevorgang 395
– Umsatzsteuer 395

Elektronische Leistungen
– Dienstleistungskommission 392

E-Mail
– Geschäftsverkehr 570

Emissionszertifikate
– Reverse-Charge-Verfahren 425
– Steuerschuldnerschaft 425
– Umsatzsteuer 425

Stichwortverzeichnis

EN 16931
- Diskussionspapier 36
- eRechnung 36

Endnutzer
- ESRS S4 224
- European Sustainability Reporting Standards 224

Energien, erneuerbare
- Investitionserleichterungen 255
- Zukunftsfinanzierungsgesetz 255

Energiepreisbremse
- Abbildung, bilanzielle 538 f.
- Beihilferecht 687
- Betroffenheit 548
- Datenerhebung 689
- Energieversorger 552
- Entlastung 686
- Entlastung mehr als 2 Mio. Euro 552 f.
- Entlastung mehr als 4 Mio. Euro 547 ff.
- Entlastungsmechanismus 537
- EU-Transparenzpflichten 554
- Förderung mehr als 4 Mio. Euro 551
- Konzernbilanz 539
- Letztverbraucher 551
- Meldepflichten 688
- Nachweis 551
- Nachweispflicht 547 ff., 552 f.
- Prüfbehörde 547, 553
- Prüfpflichten 546
- Prüfungspflicht 547 ff.
- Sektoren, energieintensiv 550
- Teilsektoren 550
- Umsatzrealisierung 538
- Unternehmen, energieintensiv 549
- Unternehmensplanung 689

Energiepreispauschale
- Pfändbarkeit 572

Energiesteuerschulden
- Masseverbindlichkeit 611

Energiewirtschaftsrecht
- EU-Vorgaben 273

Entfernungspauschale
- Tätigkeitsgebiet, weiträumiges 381

Entgeltgleichheit
- Frauen 620
- Männer 620

Entgelttransparenzrichtlinie
- Gender Pay Gap 262

Entlastung
- Feststellung Jahresabschluss 586
- GmbH-Geschäftsführer 586

Entlastung mehr als 4 Mio. Euro
- Energiepreisbremse 547 ff.
- Nachweispflicht 547 ff.
- Prüfbehörde 547 f.
- Prüfungspflicht 547 ff.
- Sektoren, energieintensiv 550
- Teilsektoren 550
- Unternehmen, energieintensiv 549

Entlastungsbetrag Alleinerziehende 490

Entlastungsmechanismus
- Energiepreisbremsen 537

Entsenderecht
- Straßenverkehr 633

Entstrickung, passive
- DBA-Änderung 430

Equal-pay-Grundsatz
- Leiharbeit 645

Erbschaftsteuer
- Bedarfsabfindung im Scheidungsfall 462
- beschränkte Steuerpflicht 472 f.
- DBA Schweden 474
- erbschaftsteuerliche Freibeträge 470
- Grundstücksbewertung 478
- MoPeG 106
- Nießbrauch, Bewertung 479
- Personengesellschaft 106
- rückwirkende Anwendung Betriebsvermögensbegünstigung 468
- Steuerbefreiung Mietwohngrundstücke 471

Erbschaftsteuerbefreiung Mietwohngrundstücke
- EU-Rechtswidrigkeit 471

Erbschaftsteuerliche Freibeträge
- Enkel 470
- Urenkel 470

Erbschaftsteuerpause 468

Erdbebenopfer Türkei Syrien
– Unterstützungsmaßnahmen 350
– Zuwendungen 350

Erdgasleitungsinfrastrukturen
– Abschreibungsplan 557
– Bilanzierung 558
– Jahres- und Konzernabschluss 556
– Jahresabschluss 559
– kalkulatorische Auswirkungen 561
– Lagebericht 560
– Nutzungsdauern, kalkulatorische 555 ff.

Erdgas-Wärme-Preisbremsengesetz
– Zweck 536

eRechnung
– Abrechnungssysteme 37
– Ausstellungspflicht 43
– Bestandsschutz 37
– BMF-Schreiben 44
– Dauerrechnungen 46
– Diskussionspapier 35 ff.
– Dokumente, begleitende 45
– EDI 42
– EN 16931 36
– EU-Kommission 33
– Gesetzentwurf 40 f.
– Koalitionsvertrag 34
– Meldesystem 39, 48
– Rechnungpflichtangaben 45
– Unternehmen, kleine 38
– Verträge 46
– Vorsteuerabzug 47
– Wachstumschancengesetz, Entwurf 135

Ergänzungsbilanzen
– Gesellschafteraustritt 306
– Gesellschaftereintritt 306

Ergänzungssteuerregelung, nationale
– GloBE-Regeln 57

Erhaltungsrücklage
– Eigentumswohnung 450
– Werbungskosten 450

Erlösobergrenze
– Netzentgelte 565

– Produktivitätsfaktor, sektoraler 565
– Xgen 565

Ermäßigte Besteuerung § 34 Abs. 3 EStG
– Antrag 301
– Widerruf des Antrags 301

Ermittlungszentrum Geldwäsche
– Finanzkriminalitätsbekämpfungsgesetz 248

Erstattung
– Lohnsteuer, nachentrichtete 636

Erstattungszinsen
– Kapitalvermögen 483

Erstattungszinsen auf Steuererstattungen
– Kapitaleinkünfte 484
– Verfassungsrecht 484

Ertragsteuerinformationsbericht
– Anwendungsbereich 190
– Berichtszeitraum 192
– erstmalige Anwendung 174
– Gesetzgebungsverfahren 189
– Inhalt 191
– Offenlegung 192
– Prüfung 193
– Public Country by Country Reporting 189 ff.
– Richtlinie (EU) 2021/2101 174
– Sanktionen 194

Ertragsteuern
– Internationale Rechnungslegung 534
– Steuern, latente 534

Ertragswertverfahren
– Grundstücksbewertung 476

Erweiterte Grundstückskürzung
– Gewerbesteuer 336 ff.
– Reinigungsleistungen 338
– Sondervergütungen 336
– ukrainische Kriegsflüchtlinge 341
– unterjährige Grundstücksveräußerung 340
– Weitervermietungsmodell 337
– Zebragesellschaft 339

ESMA
– Berichterstattung, finanzielle, nichtfinanzielle 231

Stichwortverzeichnis

– IFRS Konzernabschluss 231
– Prüfungsschwerpunkte, europäische 231

ESRS
– Angaben, unternehmensspezifische 207
– Corporate Sustainability Reporting Standards 197
– CSRD 197
– Entwicklung 203
– Hintergrund 202
– Nachhaltigkeitsberichterstattung 197
– Rechtsakt, Delegierter 202
– Standards, sektorspezifische 206
– Standards, sektroagnostische 205
– Standards, thematische 215
– Standards, weitere 208
– Überblick 204

ESRS 1
– Anforderungen, allgemeine 209
– Berichtszeitraum 210
– ESRS 2 213
– European Sustainability Reporting Standards 213
– Nachhaltigkeitserklärung, Struktur 211
– Übergangsregelungen 212

ESRS 2
– ESRS 1 213
– Zielsetzung 214

ESRS E1
– Klimawandel 216

ESRS E2
– Umweltverschmutzung 217

ESRS E3
– Wasser- und Meeresressourcen 218

ESRS E4
– biologische Vielfalt 219
– Ökosysteme 219

ESRS E5
– Kreislaufwirtschaft 220

ESRS G1
– European Sustainability Reporting Standards 225
– Unternehmenspolitik 225

ESRS S1
– Belegschaft, eigene 221

ESRS S2
– Arbeitskräfte, Wertschöpfungskette 222

ESRS S3
– Gemeinschaften, betroffene 223

ESRS S4
– Endnutzer 224
– Verbraucher 224

EU-Energiekrisenbeitrag
– Berechnung 355
– JStG 2022 353
– Schuldner 354
– Verfahren 356

EU-Geldwäscherichtlinie
– Transparenzregister 604

EU-IFRS-Konzernabschluss
– Angabepflichten 530

European Sustainability Reporting Standards
– Anforderungen, allgemeine 209
– Angaben, unternehmensspezifische 207
– Berichtszeitraum 210
– Corporate Sustainability Reporting Standards 197
– CSRD 197
– Entwicklung 203
– ESRS 1 213
– ESRS 2 213 f.
– ESRS E1 – Klimawandel 216
– ESRS E2 – Umweltverschmutzung 217
– ESRS E3 – Wasser- und Meeresressourcen 218
– ESRS E4 – Biologische Vielfalt 219
– ESRS E4 – Ökosysteme 219
– ESRS E5 – Kreislaufwirtschaft 220
– ESRS G1 – Unternehmenspolitik 225
– ESRS S1 – Belegschaft, eigene 221
– ESRS S2 – Arbeitskräfte, Wertschöpfungskette 222
– ESRS S3 – Gemeinschaften, betroffene 223
– ESRS S4 – Endnutzer 224
– ESRS S4 – Verbraucher 224
– Hintergrund 202
– Nachhaltigkeitsberichterstattung 197

– Nachhaltigkeitserklärung, Struktur 211
– Rechtsakt, Delegierter 202
– Standards, sektoragnostische 205
– Standards, sektorspezifische 206
– Standards, thematische 215
– Standards, weitere 208
– Überblick 204
– Übergangsregelungen 212

EU-Taxonomie
– Corporate Sustainability Reporting Directive 199, 529
– CSRD 199, 529
– Nachhaltigkeitsberichterstattung 199

EU-Taxonomie-Verordnung
– Bewertungskriterien, technische 523
– Finanzunternehmen 521, 528
– KPI 525
– Leistungsindikatoren 525
– Mindestschutz 524
– Nachhaltigkeitsberichterstattung 519 ff.
– Nicht-Finanzunternehmen 520, 522 ff.
– Offenlegung 526
– Umweltziele, weitere 527 f.
– Veröffentlichungen ab 1.1.2024 522

F

Fachmessen, Aufwendungen für Teilnahme
– Gewerbesteuer 331

Fehler
– Bilanzierungs- und Bewertungsmethoden 533
– Schätzungen, rechnungslegungsbezogene 533

Ferienimmobilien zur Weitervermietung
– Gewerbesteuer 334

Feststellung Jahresabschluss
– Entlastung 586
– GmbH-Geschäftsführer 586

Finanzanlagevermögen
– Inflation 500
– Preiserhöhungen 500
– Prognoseunsicherheiten 500

Finanzgeschäfte
– Standardvertragsklauseln 254
– Zukunftsfinanzierungsgesetz 254

Finanzierungsbeziehungen
– Fremdvergleichsgrundsatz 171
– Verrechnungspreise 171

Finanzkriminalitätsbekämpfungsgesetz
– Bundesamt zur Bekämpfung von Finanzkriminalität 248
– Ermittlungszentrum Geldwäsche 248
– Geldwäsche 248
– Immobilientransaktionsregister 248
– Transparenzregister 248

Finanzunternehmen
– EU-Taxonomie-Verordnung 521, 528
– Nachhaltigkeitsberichterstattung 521, 528
– Umweltziele, weitere 528

Firmenfahrzeug
– E-Fahrzeug 78
– Hybridfahrzeug 78
– Privatnutzung 78

Firmenlauf
– Unfallversicherung 653

Forderungen
– Inflation 502
– Preiserhöhungen 502
– Prognoseunsicherheiten 502

Formwechsel
– Sperrfristverhaftete Anteile 345

Forschungseinrichtung
– Unternehmereigenschaft 403
– Vorsteuerabzug 403

Forschungszulage
– AfA 88
– Auftragsforschung 88, 349
– Aufwendungen, förderfähige 88
– Beihilferecht 349
– Bemessungsgrundlage 89
– Eigenleistungen 88
– Höhe der Forschungslage 89
– Leistung der Forschungslage 90
– Prozentsatz 89

– Vorauszahlungen, Anpassung 90
– Wachstumschancengesetz, Entwurf 3, 87 ff.

Freiberufler
– GmbH & Co. KG 246

Freibetrag für Betriebsveranstaltungen
– Vermittlungsverfahren 22
– Wachstumschancengesetz 22

Freibetrag, substanzbasierter
– Mindeststeuer, globale 54

Freigrenze
– Vermietungseinkünfte 180

Freizeit
– SMS, dienstliche 615

Fremdkapital
– Genussrechtskapital 295

Fremdübliche Verzinsung
– Gesellschafterfremdfinanzierung 315
– Margenteilung 315

Fremdvergleichsgrundsätze
– Zinshöhenschranke 10

Fünftelungsregel
– Streichung beim Lohnsteuerabzug 129

Fünftelungsregelung, Abschaffung
– Vermittlungsverfahren 23
– Wachstumschancengesetz 23

G

Garantiezusage
– Kfz-Händler 399
– Umsatzsteuer 399
– Versicherungssteuer 399

Gaslieferung
– Steuersatz 406

GbR
– MoPeG 233

Gebäudeabschreibung
– Nutzungsdauer, kürzere tatsächliche 447

Gebäudeenergiegesetz
– Gesetzgebungsverfahren 277
– Heizungen, klimaneutral 278

– Mieter 280
– Vermieter 280
– Wärmeplanungsgesetz 279

Gebäudeversorgung, gemeinschaftliche
– Solarpaket I 282

Gebühren
– Umsatzsteuer 391

Gegenleistung
– Grunderwerbsteuer 456 f.
– Leistungen Dritter 456
– Wohnraumüberlassung, verbilligt 457

Geldwäsche
– Finanzkriminalitätsbekämpfungsgesetz 248

Geleistete Anzahlungen
– Begünstigung von Betriebsvermögen 467
– Erbschaftsteuer 467
– Verwaltungsvermögen 467

Gemeinde
– Umsatzsteuer 421
– Unternehmereigenschaft 421

Gemeinsame Prüfung
– Amtshilfe 118

Gemeinschaften, betroffene
– ESRS S3 223
– European Sustainability Reporting Standards 223

Gemischt-genutzte Gegenstände
– Vorsteuer 402
– Zuordnungsentscheidung 402

Gender Pay Gap
– Entgelttransparenzrichtlinie 262

Genussrechtskapital
– Fremdkapital 295

Gesamthand
– MoPeG 104
– Personengesellschaft 104

Gesamthand, Aufgabe
– Gesetz zur Modernisierung des Personengesellschaftsrechts 13
– Kreditzweitmarktförderungsgesetz 13
– Wachstumschancengesetz 13

Stichwortverzeichnis

Gesamthandsvermögen
- Gesellschaft bürgerlichen Rechts 237

Geschäftsführerhaftung
- Insolvenzreife 609
- Kommanditisten-GmbH 583

Geschäftsführung
- Gesellschaft bürgerlichen Rechts 238

Geschäftsverkehr
- E-Mail 570

Gesellschaft bürgerlichen Rechts
- Anteilsübertragungen 244
- Auflösung 241
- Beschlussfassung 238
- eGbR 235 f.
- Gesamthandsvermögen 237
- Geschäftsführung 238
- Gesellschafter, Ausscheiden 240
- Gesellschaftsregister 235
- Grundbuch 243
- Haftung 239
- Handlungs- und Unterlassungspflichten 242
- Liquidation 241
- MoPeG 233
- Rechtsfähigkeit 234
- Stimmverbot 582
- Transparenzregister 236
- Umwandlungen 245

Gesellschafterbeschluss
- Streitigkeiten 247
- Umlaufverfahren 593

Gesellschafterfremdfinanzierung
- Abgeltungsteuer 316
- ausländische Kapitalgesellschaft 316
- fremdübliche Verzinsung 315

Gesellschafterliste
- Handelsregister 580

Gesellschafterversammlung
- GmbH 592

Gesetz über die unternehmerischen Sorgfaltspflichten in Lieferketten
- Abwehrmaßnahmen 669
- Anwendungsbereich 665
- Berichterstattung 670
- Corporate Sustainability Due Diligence Directive 672
- Dokumentation 670
- EU 672
- Gesetzgebungsverfahren 663
- Kontrollen 671
- Lieferkette 666
- Mittelstand 664
- Präventionsmaßnahmen 669
- Risikoanalyse 667
- Sanktionen 671
- Unternehmen, betroffene 664
- Verantwortlichkeiten, interne 668
- Verschärfung 672

Gesetz zur Ermöglichung hybrider und virtueller Mitgliederversammlungen
- Verein 596

Gesetz zur Modernisierung des Personengesellschaftsrechts
- Anteilsübertragungen 244
- Auflösung 241
- Beschlussfassung 238
- eGbR 235 f.
- eingetragene Gesellschaft bürgerlichen Rechts 235 f.
- Freiberufler 246
- Gesamthand, Aufgabe 13
- Gesamthandsvermögen 237
- Geschäftsführung 238
- Gesellschaft bürgerlichen Rechts 233 ff.
- Gesellschafter, Ausscheiden 240
- Gesellschafterbeschlüsse 247
- Gesellschaftsregister 235
- Gesetzgebungsverfahren 232
- GmbH & Co. KG 246
- Grundbuch 243
- Haftung 239
- Handlungs- und Unterlassungspflichten 242
- Kreditzweitmarktförderungsgesetz 13
- Liquidation 241
- Rechtsfähigkeit 234
- Streitigkeiten 247
- Transparenzregister 236
- Umwandlungen 245
- Wachstumschancengesetz 13

Gesetz zur Umsetzung der Bestimmungen der Umwandlungsrichtlinie über die Arbeitnehmermitbestimmung

– Mitbestimmung 646

Gesetz zur Umsetzung der EU-Verbandsklagenrichtlinie

– Abhilfeklage 568
– Gesetzgebungsverfahren 566
– Verbandsklagen 567

Gesetz zur Umsetzung der Umwandlungsrichtlinie

– Gesetzgebungsverfahren 578
– Regelungsgehalt 579

Gesetz zur Unterstützung und Entlastung in der Pflege

– Gesetzgebungsverfahren 649
– Pflegegeld 649
– Pflegeleistungen 649
– Pflegeunterstützungsgeld 649
– Pflegeversicherung, Beitragssatz 649

Gesetz zur Vereinbarkeit von Beruf und Privatleben für Eltern und pflegende Angehörige

– Arbeitgeberpflichten 648

Gewerbesteuer

– Abfärberegelung 324
– Beginn der Gewerbesteuerpflicht 325 f.
– erweiterte Grundstückskürzung 336 ff.
– Hinzurechnung von Miet- und Pachtzinsen 327 ff.

Gewinn- und Verlustrechnung

– Anlagenbetreiber, stromerzeugender 544
– Überschusserlösabschöpfung 542, 544
– Verteilernetzbetreiber 542

Gewinnabführungsvertrag

– Eintragung 589
– Obergesellschaft 589

Gewinnzuschlag

– § 6b-Rücklage 299

Gleichbehandlungsgrundsatz

– Vergütung, variable 621

Gleichzeitige Prüfung

– Amtshilfe 119

Globale Mindeststeuer

– EU 140
– Mindestbesteuerungsrichtlinie-Umsetzungsgesetz 140
– OECD 140
– Richtlinie 140

GloBE 140

GloBE-Regeln

– Ergänzungssteuerregelung, nationale 57
– Primärergänzungssteuerregelung 56
– Sekundärergänzungssteuerregelung 56
– Subject-to-Tax-Rule 58
– Switch-Over-Rule 58

GmbH

– Gesellschafterversammlung 592

GmbH & Co. KG

– Freiberufler 246

GmbH-Geschäftsführer

– Abberufung 590
– Bestellung 591
– Entlastung 586
– Feststellung Jahresabschluss 586
– Haftung 587, 644
– Mindestlohn 644
– Neutralitätspflicht 590
– Phishing-Angriff 587
– Vergütung, variable 591

GmbH-Gesellschaftsvertrag

– Gründungsaufwand 588

Green Deal

– Corporate Sustainability Reporting Directive 195
– CSRD 195

Grenzgänger

– Remote work 442

Größenklassen

– Schwellenwerte 188

Gründungsaufwand

– GmbH-Gesellschaftsvertrag 588

Gründungsgesellschafter

– Haftung 584

Grundbuch

– Gesellschaft bürgerlichen Rechts 243

Grunderwerbsteuer
– Closing 454
– Gegenleistung 456 f.
– Konzernklausel 455
– MoPeG 105
– Personengesellschaft 105
– Rückgängigmachung eines Grundstückserwerbs 458 f.
– Signing 454
– Zurechnung von Grundstücken 451 ff.

Grundfreibetrag
– Einkommensteuertarif 185

Grundsteuerreform
– Bayerisches Grundsteuermodell 460
– Bundesmodell 461

Grundstücksbewertung
– Erbschaft- und schenkungsteuerliche Zwecke 475 ff.
– Ertragswertverfahren 476
– niedriger gemeiner Wert 478
– Nießbrauch 479
– Sachverständigengutachten 478
– Sachwertverfahren 477
– Vergleichswertverfahren 475
– Wohnrecht 479

Grundstückskürzung, erweitert
– Mieterstrom 179

Grundstücksveräußerung, unterjährig
– gewerbesteuerliche Kürzung 340

Gruppenunfallversicherung
– Grenzbetrag, Streichung 130
– Pauschalbesteuerung 130

Gutschein
– Leistungskette 390
– Onlineshop 390
– Umsatzsteuer 390

GWG
– Höchstgrenze 69
– Sofortabschreibung 69

H

Häusliches Arbeitszimmer
– Anwendungsschreiben 382
– JStG 2022 382
– Neuregelung 382
– Nutzung, mehrere Personen 383

Haftung
– Gesellschaft bürgerlichen Rechts 239
– GmbH-Geschäftsführer 587
– Gründungsgesellschafter 584
– Phishing-Angriff 587

Haftung, zivilrechtliche
– Corporate Sustainability Due Diligence Directive 675

Handelsregister
– Gesellschafterliste 580

Handelsregister, elektronisches
– Eintragung 581
– Offenkundigkeit 581

Handwerkerleistungen
– Mieter 492

Haushaltsführung, doppelte
– Stellplatzkosten 386

Haushaltsnahe Dienstleistungen
– Mieter 492

Heizungen, klimaneutral
– Gebäudeenergiegesetz 278

Hinweisgeber
– Schutzwirkung 699

Hinweisgeberschutzgesetz
– Gesetzgebungsverfahren 690
– Handlungsbedarf 700

Hinweisgebersystem
– Folgen 698
– Gesellschaften, konzernangehörige 692
– Implementierungsfristen 691
– Meldekanäle 693
– Meldestelle, extern 695
– Meldestelle, gemeinsame 692
– Meldestelle, intern 694, 696
– Meldung 697 f.
– Unternehmen 692

Hinweispflicht
– Urlaubsanspruch, Verfall 623

Stichwortverzeichnis

Hinzurechnung von Lizenzen
- Gewerbesteuer 335
- Verfassungskonformität 335

Hinzurechnung von Miet- und Pachtzinsen
- Fachmessen, Aufwendungen für Teilnahme 331
- Ferienimmobilien zur Weitervermietung 334
- Gewerbesteuer 327 ff.
- Mehrwegbehältnisse im Handel 327
- Sponsoringaufwendungen 329
- Übernachtungsmöglichkeiten Mitarbeiter 332 f.
- Verfassungskonformität 335
- Verkaufstand, mobil 328
- Wartungskosten bei Leasingverträgen 330

Hinzurechnungsbesteuerung
- Niedrigsteuerschwelle 168, 432
- verfassungsrechtliche Zweifel 432

Holding
- Vorsteuerabzug 405

Holzhackschnitzel
- Steuersatz 409
- Umsatzsteuer 409
- Zolltarif 409

Homeoffice
- Kündigung 639
- Tagespauschale 384
- Zusatzvereinbarung 639

Homeoffice-Tätigkeit
- beschränkte Steuerpflicht 134

Hybridfahrzeug
- Privatnutzung 78

Hypotax-Verfahren
- Arbeitnehmerentsendung 635

I

IAS 1
- Abschluss 532
- Darstellung 532

IAS 7, IFRS 7
- Finanzinstrumente: Angaben 228

- Kapitalflussrechnung 228
- Lieferantenfinanzierungsvereinbarungen 228

IAS 8.28
- Interpretationen 531
- Standards, geänderte 531
- Standards, neue 531

IAS 8.30
- Interpretationen 226
- Standards, geänderte 226
- Standards, neue 226

IAS 12
- Ertragsteuern 534
- Steuern, latente 534

IAS 21
- Umtauschbarkeit 230
- Wechselkurse 230

Identifikationsnummer
- Kontoverbindung 497

Identifikationsnummer von Beschäftigten
- Vermittlungsverfahren 21
- Wachstumschancengesetz 21

IFRS 1
- Abschluss 227
- Schulden, Klassifizierung 227

IFRS 16
- Leasingverhältnisse 229

IFRS 17
- Versicherungsverträge 535

IFRS Practice Statement 2
- Bilanzierungs- und Bewertungsmethoden 532
- Offenlegung 532

Immobilienbesitz
- Sanktionsdurchsetzungsgesetz II 600
- Transparenzregister 600

Immobilientransaktionsregister
- Finanzkriminalitätsbekämpfungsgesetz 248

Immobilienverkäufer
- Auskunftspflicht 575

Inflation
- Anhang 506

– Finanzanlagevermögen 500
– Forderungen 502
– Lagebericht 507
– Pensionsrückstellungen 505
– Rechnungslegung 498
– Rückstellungen 504
– Sachanlagen 499
– Steuern, latente 503
– Vermögensgegenstände, immaterielle 499
– Vorratsvermögen 501

Inflationsausgleichsgesetz
– Grundfreibetrag, Anhebung 2024 185
– kalte Progression 186
– Solidaritätszuschlag, Anhebung Freigrenze 187

Informationsaustausch
– Kryptowerte 175

Informationsaustausch, automatisch 372

Inklusion
– Arbeitsmarkt 263

Innenumsätze 411

Insolvenz
– Corona-Pandemie 607
– Corona-Soforthilfen 607
– Organschaft 319

Insolvenzanfechtung
– Lastschriftverfahren 608
– Lohnsteuerzahlung 608

Insolvenzreife
– Geschäftsführerhaftung 609

Internationale Rechnungslegung
– Abschluss 227
– Angabepflichten 530
– Bilanzierungs- und Bewertungsmethoden 532 f.
– Darstellung Abschluss 532
– Ertragsteuern 534
– EU-IFRS-Konzernabschluss 530
– Fehler 533
– Finanzinstrumente: Angaben 228
– IAS 1 227, 532
– IAS 7, IFRS 7 228
– IAS 8.28 531
– IAS 8.30 226

– IAS 12 534
– IAS 21 230
– IFRS 16 229
– IFRS 17 535
– IFRS Practice Statement 2 532
– Interpretationen 226, 531
– Kapitalflussrechnung 228
– Leasingverhältnisse 229
– Offenlegung 532
– Schätzungen, rechnungslegungsbezogene 533
– Schulden, Klassifizierung 227
– Standards, geänderte 226, 531
– Standards, neue 226, 531
– Steuern, latente 534
– Versicherungsverträge 535
– Wechselkurse 230

Interpretationen
– IAS 8.28 531

Investitionsentscheidungen
– Mindeststeuer, globale 53

Investitionserleichterungen
– Energien, erneuerbare 255
– Zukunftsfinanzierungsgesetz 255

Investitionsprämie
– Wachstumschancengesetz 2

Investmentfonds
– Vorabpauschale 481

Ist-Versteuerungsgrenze
– Anhebung 139

J

Jahres- und Konzernabschluss
– Erdgasleitungsinfrastrukturen 556
– Nutzungsdauern, kalkulatorische 556

Jahresabschluss
– Eigentumsvorbehalt 516
– Einkaufskommission 512
– Erdgasleitungsinfrastrukturen 559
– IDW Praxishinweis 508, 511 ff.
– Kommissionslagervertrag 514
– Konsignationslagervertrag 514
– Nutzungsdauern, kalkulatorische 559

Stichwortverzeichnis

– Pensionsgeschäfte 517
– Sicherungsübereignung 515
– Treuhandverhältnisse 508 f., 511
– Verkaufskommission 513

JStG 2022
– Abschreibung für Wohngebäude 446
– Abzinsungsgebot, Wegfall 289
– Arbeitnehmer-Pauschbetrag 385
– Bruchteilsgemeinschaft, umsatzsteuerlicher Unternehmer 420
– Einlagenrückgewähr 317
– EU-Energiekrisenbeitrag 353 ff.
– Gemeinde, umsatzsteuerliche Unternehmereigenschaft 421
– Grunderwerbsteuer bei auseinanderfallenden Signing und Closing 454
– Grundstücksbewertung 475 ff.
– Homeoffice 384
– kurzfristige Beschäftigung 378
– Photovoltaikanlangen 407
– Registerfälle 433
– Sonderabschreibung Mietwohnungsneubau 448

K

Kalkulatorische Auswirkungen
– Erdgasleitungsinfrastrukturen 561
– Nutzungsdauern, kalkulatorische 561

Kalte Progression
– Einkommensteuertarif 186

KANU
– Abschreibungsplan 557
– Bilanzierung 558
– Hintergrund 555
– Jahres- und Konzernabschluss 556
– Jahresabschluss 559
– kalkulatorische Auswirkungen 561
– Lagebericht 560

Kapitalabfindungsvorbehalt
– Altersvorsorge, betriebliche 637
– Wertgleichheit 637

Kapitaleinkünfte
– Erstattungszinsen auf Steuererstattungen 484

Kapitalgesellschaft
– Anrechnungsverfahren und Halbeinkünfteverfahren 310
– Anwartschaft auf Bezug von Anteilen 314
– Streubesitzdividenden 311
– Verlustausgleichsvolumen i.S.d. § 15a EStG 308
– Verlustnutzung 312
– Vorabgewinnausschüttungsbeschluss, inkongruenter 313

Kapitalvermögen
– zurückgezahlte Erstattungszinsen 483

Kartellgeldbuße
– Abschöpfungsteil 298
– Betriebsausgabenabzugsverbot 298

Kartellrecht
– 11. GWB-Novelle 256
– Gesetzgebungsverfahren 256

Kind
– Ergänzungspfleger 585
– Kommanditanteil 585
– Schenkung 585

Kinderfreibetrag 493
– Ausland 495

Kindergeld 494
– Ausland 495

Kleinunternehmerregelung
– Erklärungsfrist 138
– Frist zum Verzicht 138

Klimaschutz
– Corporate Sustainability Due Diligence Directive 674

Klimaschutz-Investitionsprämie
– AfA-Bemessungsgrundlage 85
– Anspruchsberechtigte 82
– begünstigte Investitionen 83
– Ertragsteuerliche Behandlung 85
– EU-rechtliche Aspekte 86
– Höhe der Prämie 84
– Wachstumschancengesetz, Entwurf 81 ff.

Klimawandel
– ESRS E1 216
– European Sustainability Reporting Standards 216

Körperschaft
– ausländische 114
– Steuerschuldner 114

Kommanditanteil
– Ergänzungspfleger 585
– Kind 585
– Schenkung 585

Kommanditisten-GmbH
– Geschäftsführerhaftung 583

Kommissionslagervertrag
– IDW Praxishinweis 514
– Jahresabschluss 514

Kommunen
– Solarpaket I 287

Konsignationslagervertrag
– IDW Praxishinweis 514
– Jahresabschluss 514

Konzernbilanz
– Energiepreisbremsen 539

Konzernkapitalflussrechnung
– DRÄS 13 518

Konzernklausel
– herrschendes Unternehmen 455
– Vor- und Nachbehaltensfrist 455

Konzernlagebericht
– DRÄS 13 518

KPI
– EU-Taxonomie-Verordnung 525
– Nachhaltigkeitsberichterstattung 525

Krankschreibung
– Beweiswert 643

Kreditzweitmarktförderungsgesetz
– Dezemberhilfe 2022, Wegfall 183
– Gesamthand, Aufgabe 13
– Gesetz zur Modernisierung des Personengesellschaftsrechts 13
– Lohnsteuer 15
– MoPeG, Definition rechtsfähiger und nicht rechtsfähiger Personenvereinigung 103
– MoPeG, erbschaft- und schenkungsteuerliche Anpassungen 106
– MoPeG, Grunderwerbsteuer 105
– MoPeG, steuerliche Anpassungen 102
– Steuerschuldner, ausländische Körperschaft 114
– Zinsschranke 5 ff., 74

Kreislaufwirtschaft
– ESRS E5 220
– European Sustainability Reporting Standards 220

Kryprowährungen
– privates Veräußerungsgeschäft 486
– Veräußerung 486

Kryptowerte
– Informationsaustausch 175

Kündigung
– Homeoffice 639
– Zusatzvereinbarung 639

Kündigung, fristlose
– Arbeitgeberverhalten, widersprüchlich 630
– Arbeitsverhältnis, Beendigung 630

Kündigungsverbot
– Arbeitsverhältnis, Beendigung 629
– Schwangerschaft 629

Künstliche Intelligenz
– EU-Kommission 270
– Legal AI Act 270

Kundenkartenprogramm
– Rückstellung 290

Kurzfristige Beschäftigung
– Lohnsteuerpauschalierung 378

KWK-Zuschlag
– Umsatzsteuer 397

L

Lagebericht
– Erdgasleitungsinfrastrukturen 560
– Inflation 507
– Nutzungsdauern, kalkulatorische 560
– Preiserhöhungen 507
– Prognoseunsicherheiten 507

Langzeiterkrankung
– Urlaubsanspruch 625
– Verfall 625

Stichwortverzeichnis

Lastschriftverfahren
– Insolvenzanfechtung 608
– Lohnsteuerzahlung 608

Leasingverhältnisse
– IFRS 16 229

Legal AI Act
– EU-Kommission 270
– Künstliche Intelligenz 270
– Risikotypen 271
– Verfahren 272

Leiharbeit
– equal-pay-Grundsatz 645

Leistungsaustauche, indirekt, DAC7-UmsG
– Plattformen-Steuertransparenzgesetz 359

Leistungsindikatoren
– EU-Taxonomie-Verordnung 525
– Nachhaltigkeitsberichterstattung 525

Leistungskette
– Gutschein 390
– Umsatzsteuer 390

Lieferantenfinanzierungsvereinbarungen
– IAS 7, IFRS 7 228

Lieferkette
– Lieferkettensorgfaltspflichtengesetz 666

Lieferkette, entwaldungsfreie
– Sorgfaltspflichten 681
– WaldschutzVO 679 ff.
– Ziel 680

Lieferkettensorgfaltspflichtengesetz
– Abwehrmaßnahmen 669
– Anwendungsbereich 665
– Berichterstattung 670
– Corporate Sustainability Due Diligence Directive 672
– Dokumentation 670
– EU 672
– Gesetzgebungsverfahren 663
– Kontrollen 671
– Lieferkette 666
– Mittelstand 664
– Präventionsmaßnahmen 669
– Risikoanalyse 667
– Sanktionen 671

– Unternehmen, betroffene 664
– Verantwortlichkeiten, interne 668
– Verschärfung 672

Liquidation
– Gesellschaft bürgerlichen Rechts 241

Lohngleichheit
– Teilzeitbeschäftigung 619

Lohnsteuer
– Dienstwagenbesteuerung 376
– Kreditzweitmarktförderungsgesetz 15
– Vermittlungsverfahren 18
– Wachstumschancengesetz 14, 18

Lohnsteuer, nachentrichtete
– Erstattung 636

Lohnsteuerabzug
– Arbeitgeberwerbung 374

Lohnsteuerbescheinigung
– Verdientausfallenschädigung 379

Lohnsteuerzahlung
– Insolvenzanfechtung 608
– Lastschriftverfahren 608

M

Mahlzeiten
– Sachbezugswerte 128

Mannheimer Modell
– Lohnsteuer 375
– Zufluss, Arbeitslohn 375

Margenbesteuerung
– Reiseleistung 422
– Umsatzsteuer 422

Massenentlassungsanzeige
– Individualschutz 632

Massenentlassungsanzeigeverfahren
– Überprüfung, Aussetzung 631

Masseverbindlichkeit
– Energiesteuerschulden 611

Mehrstimmrechtsaktien
– Zukunftsfinanzierungsgesetz 252

Meldepflicht
– Energiepreisbremse   688
– Plattformbetreiber   369
– Plattformen-Steuertransparenzgesetz   369

Meldestelle, extern
– Hinweisgebersystem   695

Meldestelle, intern
– Hinweisgebersystem   694, 696

Meldesystem
– Diskussionspapier   39
– eRechnung   39, 48

Meldeverfahren, elektronisches
– Achtes SGB IV-Änderungsgesetz   650

Meldung
– Folgen   698
– Hinweisgebersystem   697 f.

Miete Gewerberäume
– Corona-Pandemie   577
– Mietzinsanpassung   577

Mieter
– Gebäudeenergiegesetz   280

Mieterabfindungen
– Herstellungskosten, anschaffungsnah   449

Mieterstrom
– Grundstückskürzung, erweiterte   179
– Solarpaket I   282
– Wohnungsgenossenschaften   178

Mietwohnungsneubau
– Sonderabschreibung   177, 448

Mietzinsanpassung
– Corona-Pandemie   577
– Miete Gewerberäume   577

Mindestbesteuerung
– Verlustvortrag   80

Mindesteuer
– Funktionsweise   143

Mindestlohn
– GmbH-Geschäftsführer   644
– Haftung, persönliche   644
– Vierte Verordnung zur Anpassung des Mindestlohns   264

Mindestmarktkapitalisierung
– Zukunftsfinanzierungsgesetz   251

Mindeststeuer, globale
– anerkannte nationale Ergänzungssteuer   154, 158
– angepasste erfasste Steuern   149
– Anwendungsbereich   51, 141
– Bemessungsgrundlage   52
– Bewertung, Wirtschaft   59
– CbCR-Safe-Harbour   164
– De-Minimis-Test   164
– effektiver Steuersatz   147, 150
– Ergänzungssteuersatz   151
– Erleichterungen   159
– Erstanwendung   142
– Freibetrag, substanzbasierter   54
– Historie   49
– in Teileigentum stehende Muttergesellschaft   156
– Investitionsentscheidungen   53
– kleine Geschäftseinheiten   162
– länderbezogener Bericht   164
– Mindeststeuer-Bericht   167
– Mindeststeuererklärung   166
– Mindeststeuer-Gewinn   148
– Mindeststeuergruppe   144
– Mindeststeuersatz   52
– Mindeststeuer-Verlust   148
– oberste Muttergesellschaft   144
– Primärergänzungssteuerregelung   156
– Routinegewinntest   164
– Safe-Harbour   159
– Safe-Harbour anerkannte nationale Ergänzungssteuer   161
– Safe-Harbour für vereinfachte Berechnungen   160
– Sekundärergänzungssteuerbetrag-Safe-Harbour   165
– Sekundärergänzungssteuerregelung   157
– Steuerentstehung   146
– Steuererhöhungsbetrag   151
– Steuerschuldner   145
– substanzbasierter Freibetrag   152
– Übergangszeitraum   163
– untergeordnete Tätigkeit   163
– US-Mindeststeuersystem   55
– Wesentlichkeitsgrenze   54, 162

433

– Zielsetzung 50
– Zuordnung Steuererhöhungsbetrag 155
– zusätzlicher Steuererhöhungsbetrag 153
– zwischengeschaltete Muttergesellschaft 156

Mindeststeuersatz

– Mindeststeuer, globale 52

MinStRL-UmsG

– Hinzurechnungsbesteuerung 168
– Wegzugsbesteuerung 169

Mitarbeiterkapitalbeteiligung

– aufschiebende Besteuerung 123 f.
– Freibetrag, steuerlicher 27, 122
– Zukunftsfinanzierungsgesetz 26, 122
– Zusätzlichkeit 27

Mitbestimmung

– Gesetz zur Umsetzung der Bestimmungen der Umwandlungsrichtlinie über die Arbeitnehmermitbestimmung 646

Mitgliederlisten

– Verein 598

Mitgliederversammlung, virtuelle

– Vereinssatzung 597

Mitteilungspflicht innerstaatliche Steuergestaltungen

– Einführung 107
– Erstanwendung 107
– intermediär 109
– Main-Benefit-Test 108
– Meldeverfahren 110
– Merkmale 108
– nutzer- oder gestaltungsbezogenes Kriterium 108
– Sanktionen 112
– Steuererklärung, Angaben 111
– Steuergestaltungen 11
– Wachstumschancengesetz 11

Mitteilungspflichten

– Auslandsbeziehungen 437
– grenzüberschreitende Steuergestaltungen 438 f.
– Übermittlung, elektronische 437

MoPeG

– Anteilsübertragungen 244
– Auflösung 241
– Beschlussfassung 238
– eGbR 235 f.
– eingetragene Gesellschaft bürgerlichen Rechts 235 f.
– Freiberufler 246
– GbR 233
– Gesamthandsvermögen 237
– Geschäftsführung 238
– Gesellschaft bürgerlichen Rechts 234 ff.
– Gesellschafter, Ausscheiden 240
– Gesellschaftsregister 235
– Gesetzgebungsverfahren 232
– GmbH & Co. KG 246
– Grundbuch 243
– Haftung 239
– Handlungs- und Unterlassungspflichten 242
– Liquidation 241
– Personengesellschaft 104 ff.
– Personenvereinigung 103
– Rechtsfähigkeit 234
– steuerrechtliche Anpassungen 102
– Transparenzregister 236
– Umwandlungen 245

N

Nachhaltigkeitsberichterstattung

– Bewertungskriterien, technische 523
– Corporate Sustainability Reporting Directive 197 ff.
– CSRD 197 ff.
– ESRS 197
– European Sustainability Reporting Standards 197
– EU-Taxonomie 199
– EU-Taxonomie-Verordnung 519 ff.
– Finanzunternehmen 521, 528
– Inhalt 198
– KPI 525
– Leistungsindikatoren 525
– Mindestschutz 524
– Nicht-Finanzunternehmen 520, 522 ff.
– Offenlegung 200, 526
– Prüfungspflicht 200
– Recht, nationales 201

– Umweltziele, weitere 527 f.
– Veröffentlichungen ab 1.1.2024 522

Nachhaltigkeitserklärung, Struktur
– ESRS 1 211
– European Sustainability Reporting Standards 211

Nachlassverbindlichkeit
– beschränkte Steuerpflicht 473
– Betriebsaufgabe 469
– Einkommensteuer 469

Nachspaltungsveräußerungssperre
– Umwandlungssteuer 101

Nachtarbeit
– Tarifzuschläge 622

Nachweispflicht
– Betroffenheit 548
– Energiepreisbremse 547 ff.
– Entlastung mehr als 4 Mio. Euro 547 ff.
– Prüfbehörde 547
– Sektoren, energieintensiv 550
– Teilsektoren 550
– Unternehmen, energieintensiv 549

Negativer Umsatzsteuerbetrag
– unberechtigter Steuerausweis 417
– unrichtiger Steuerausweis 417

Negativzinsen
– Schuldscheindarlehen 574

Netzanschlüsse
– Solarpaket I 284

Netzentgelte
– Erlösobergrenze 565
– Produktivitätsfaktor, sektoraler 565
– Xgen 565

Neutralitätspflicht
– Abberufung 590
– GmbH-Geschäftsführer 590

Nicht-Finanzunternehmen
– Bewertungskriterien, technische 523
– EU-Taxonomie-Verordnung 520, 522 ff.
– KPI 525
– Leistungsindikatoren 525
– Mindestschutz 524

– Nachhaltigkeitsberichterstattung 520, 522 ff.
– Offenlegung 526
– Umweltziele, weitere 527
– Veröffentlichungen ab 1.1.2024 522

Nießbrauch
– Bewertung 479

Nutzer
– Plattformen-Steuertransparenzgesetz 366

Nutzungsdauer
– Computerhardware und Software 288
– Gebäudeabschreibung 447

Nutzungsdauern, kalkulatorische
– Abschreibungsplan 557
– Bilanzierung 558
– Erdgasleitungsinfrastrukturen 555 ff.
– Jahres- und Konzernabschluss 556
– Jahresabschluss 559
– kalkulatorische Auswirkungen 561
– Lagebericht 560

O

Obergesellschaft
– Eintragung 589
– Gewinnabführungsvertrag 589

Ökosysteme
– ESRS E4 219
– European Sustainability Reporting Standards 219

Offenlegung
– Corporate Sustainability Reporting Directive 200
– CSRD 200
– Datenweitergabe 656
– DSGVO 656
– IFRS Practice Statement 2 532
– Nachhaltigkeitsberichterstattung 200

Onlineshop
– Gutschein 390
– Umsatzsteuer 390

Optionsmodell
– Anwendungsbereich, persönlicher 97
– Betriebsgrundlagen, wesentliche 99

Stichwortverzeichnis

– Komplementärin, Anteile 99
– Modifizierungen 96
– Optionsausübung, erstmalige 98
– Zufluss Gewinnanteile 100

Organschaft

– atypisch stille Gesellschaft 318
– Beendigung 414
– Bruttomethode 320
– EuGH 411
– Innenumsätze 411
– Insolvenz 319, 414
– Organgesellschaft 412
– Personengesellschaft 412
– Umsatzsteuer 411 ff.
– vororganschaftliche Mehrabführung 322 f.
– vororganschaftliche Verluste 321
– wirtschaftliche Eingliederung 413

P

Pauschbetrag für Berufskraftfahrer

– Vermittlungsverfahren 19
– Wachstumschancengesetz 19

Pensionsgeschäfte

– IDW Praxishinweis 517
– Jahresabschluss 517

Pensionsrückstellungen

– Inflation 505
– Pensionszusage 292
– Preiserhöhungen 505
– Prognoseunsicherheiten 505
– Rechnungszinsfuß 293
– steuerschädlicher Vorbehalt 292

Pensionszusage

– steuerschädlicher Vorbehalt 292

Personalvermittlung

– Provision 640

Personalverzeichnis

– DSGVO 662
– Steuerzweck 662

Personengesellschaft

– Buchwertübertragung 303
– doppelstöckig 309
– Erbschaftsteuer 106
– Ergänzungsbilanzen 306
– Gesamthand 104
– Grunderwerbsteuer 105
– Optionsmodell 96 ff.
– Organgesellschaft 412
– Thesaurierungsbegünstigung 91 ff.
– Übertragung Wirtschaftsgut 304
– Veräußerungsgewinn Beteiligung 309
– Verlustausgleichsvolumen i.S.d. § 15a EStG 307
– Zurechnung von Wirtschaftsgütern 104

Personenvereinigung

– nicht rechtfähig 103
– Rechtfähig 103

Pflegegeld

– Gesetz zur Unterstützung und Entlastung in der Pflege 649

Pflegeleistungen

– Gesetz zur Unterstützung und Entlastung in der Pflege 649

Pflegeunterstützungsgeld

– Gesetz zur Unterstützung und Entlastung in der Pflege 649

Pflegeversicherung, Beitragssatz

– Gesetz zur Unterstützung und Entlastung in der Pflege 649

Phishing-Angriff

– GmbH-Geschäftsführer 587
– Haftung 587

Photovoltaikanlagen

– Nullsteuersatz 407
– Steuersatz 407
– Umsatzsteuer 407

Pillar 2 140

Plattform 359 f.

– verbindliche Auskunft 361
– Voraussetzungen 358

Plattformbetreiber

– Ausnahmen 365
– Definition 362
– freigestellter 365
– meldender 363
– Plattformen-Steuertransparenzgesetz, DAC7-UmsG 362

– qualifizierter 364 f.
– Rechtsträger 362

Plattformen-Steuertransparenzgesetz
– Anbieter 366 f.
– Bußgelder 373
– Informationsaustausch, automatisch 372
– Meldepflicht 357, 369
– Nutzer 366
– Plattform 358 ff.
– Plattformbetreiber 362 ff.
– relevante Tätigkeit 368
– Sorgfalts- und sonstige Pflichten 370 f.

Position, leitende
– Arbeitsverhältnisse, befristete 628

Preiserhöhungen
– Anhang 506
– Finanzanlagevermögen 500
– Forderungen 502
– Lagebericht 507
– Pensionsrückstellungen 505
– Rechnungslegung 498
– Rückstellungen 504
– Sachanlagen 499
– Steuern, latente 503
– Vermögensgegenstände, immaterielle 499
– Vorratsvermögen 501

Primärergänzungssteuerregelung
– GloBE-Regeln 56

Produkt, digitale Elemente
– Cyber Resilience Act 267

Produktivitätsfaktor, sektoraler
– Erlösobergrenze 565
– Netzentgelte 565

Prognoseunsicherheiten
– Anhang 506
– Finanzanlagevermögen 500
– Forderungen 502
– Lagebericht 507
– Pensionsrückstellungen 505
– Rechnungslegung 498
– Rückstellungen 504
– Sachanlagen 499
– Steuern, latente 503

– Vermögensgegenstände, immaterielle 499
– Vorratsvermögen 501

Provision
– Personalvermittlung 640

Prüfungspflicht
– Betroffenheit 548
– Corporate Sustainability Reporting Directive 200
– CSRD 200
– Energiepreisbremse 546 ff.
– Entlastung mehr als 4 Mio. Euro 547 ff.
– Nachhaltigkeitsberichterstattung 200
– Prüfbehörde 547
– Sektoren, energieintensiv 550
– Teilsektoren 550
– Unternehmen, energieintensiv 549

Prüfungsschwerpunkte, europäische
– Berichterstattung, finanzielle, nichtfinanzielle 231
– ESMA 231
– IFRS Konzernabschluss 231

Prüfungsverfahren
– ETACA 116
– ICAP 116

Public CbCR
– erstmalige Anwendung 174
– Richtlinie (EU) 2021/2101 174

Public Country by Country Reporting
– Anwendungsbereich 190
– Ertragsteuerinformationsbericht 189 f.
– Gesetzgebungsverfahren 189

PV-Anlage, besondere
– Solarpaket I 285

PV-Zubau
– Solarpaket I 283

Q

Quellensteuer
– Anrechnung ausländischer Quellensteuer 434

Stichwortverzeichnis

– Anrechnungshöchstbetrag 435
– Rechteüberlassung 173

R

Rabattierung der Einkäufe
– Rückstellung 290

Ratenzahlung
– Steuerentstehung 388
– Umsatzsteuer 388
– Uneinbringlichkeit 388

Rechengrößen
– Sozialversicherung 265

Rechnungsabgrenzungsposten, passiver
– Bildung 294
– Schätzung 294

Rechnungslegung
– Anhang 506
– Finanzanlagevermögen 500
– Forderungen 502
– Inflation 498
– Lagebericht 507
– Pensionsrückstellungen 505
– Preiserhöhungen 498
– Prognoseunsicherheiten 498
– Rückstellungen 504
– Sachanlagen 499
– Steuern, latente 503
– Vermögensgegenstände, immaterielle 499
– Vorratsvermögen 501

Rechnungspflicht, elektronische
– EU-Kommission 33
– Koalitionsvertrag 34

Rechnungspflichtangaben
– Dokumente, begleitende 45
– eRechnung 45

Rechnungsstellung
– Dreiecksgeschäft 415

Rechnungszinsfuß
– Pensionsrückstellung 293

Recht, nationales
– Corporate Sustainability Reporting Directive 201

– CSRD 201
– Nachhaltigkeitsberichterstattung 201

Rechteüberlassung
– Freigrenze 173
– Quellensteuer 173

Rechtsbehelfe
– DSGVO 657

Rechtsträger 362

Registerfälle
– beschränkte Steuerpflicht 433
– nahestehende Personen 433

Reihengeschäft
– Umsatzsteuer 394
– Zwischenhändler 394

Reinigungsleistungen
– Gewerbesteuer 338

Reisekosten
– Auslandsdienstreisen 131

Reiseleistung
– Umsatzsteuer 422

Relevante Tätigkeit
– entgeltlich 368
– Plattformen-Steuertransparenzgesetz 368

Remote work
– Grenzgänger 442

Rentenbesteuerung
– Doppelbesteuerung 181

Restaurations- und Verpflegungsleitungen
– Steuersatz 406

Restrukturierungsplan
– Beschwerde, sofortige 606
– Überprüfung, gerichtliche 605

Restschuldbefreiung
– Datenspeicherung 610

Risikoanalyse
– Lieferkettensorgfaltspflichtengesetz 667

Risikotypen
– Legal AI Act 271

Rückgängigmachung eines Grundstückserwerbs
– Grunderwerbsteuer 458 f.

- Nichtfestsetzung der Grunderwerbsteuer 458
- Verletzung der Anzeigepflicht 459

Rückstellung
- Begrenzung Rückstellungshöhe 291
- Inflation 504
- Kundenkartenprogramm 290
- Preiserhöhungen 504
- Prognoseunsicherheiten 504

Rückstellungshöhe
- BilMoG 291
- handelsrechtlicher Bilanzansatz 291

Ruhezeit
- tägliche 616
- wöchentliche 616

S

Sachanlagen
- Inflation 499
- Preiserhöhungen 499
- Prognoseunsicherheiten 499

Sachbezugswerte
- Mahlzeiten 128

Sachgesamtheiten
- Asset Deal 569
- Bestimmtheitsanforderungen 569

Sachwertverfahren
- Grundstücksbewertung 477

Säumniszuschläge
- Verfassungskonformität 346

Sammelposten, Abschreibung
- Auflösung 70
- Höchstgrenze 70

Sanktionen
- Corporate Sustainability Due Diligence Directive 675
- Cyber Resilience Act 268
- Lieferkettensorgfaltspflichtengesetz 671

Sanktionsdurchsetzungsgesetz II
- Angaben, erweiterte 602
- Berechtigter, fiktiv wirtschaftlicher 602
- Bestandsimmobilien, deutsche 601
- Eigentums- und Kontrollstrukturübersichten 603
- Immobilienbesitz 600
- Transparenzregister 599 ff.
- Vereinigungen, ausländische 601

Schachtelbeteiligung
- Anteilstausch 342

Schaden, immaterieller
- DSGVO 661
- Erheblichkeitsschwelle 661

Schätzung
- Rechnungsabgrenzungsposten, passiver 294

Schätzungen, rechnungslegungsbezogene
- Bilanzierungs- und Bewertungsmethoden 533
- Fehler 533

Schenkung
- disquotale Einlage 463
- Ergänzungspfleger 585
- Kind 585
- Kommanditanteil 585
- steuerfreie Wertverschiebung 463

Schenkungsteuer
- Begünstigung von Betriebsvermögen 464 ff.
- disquotale Einlage 463
- geleistete Anzahlungen 467
- steuerfreie Wertverschiebung 463
- Verwaltungsvermögen 464 ff.

Schriftstellerische Tätigkeit
- Betriebsausgabenpauschale 300

Schulden, Klassifizierung
- IAS 1 227

Schuldnerdaten
- Auskunftsanspruch 655
- DSGVO 655

Schuldscheindarlehen
- Negativzinsen 574

Schuldzinsen
- Avalprovisionen 296
- Überentnahmen 296

Stichwortverzeichnis

Schutzwirkung
– Hinweisgeber 699

Schwangerschaft
– Arbeitsverhältnis, Beendigung 629
– Kündigungsverbot 629

Schwellenwerte
– Größenklassen 188

Sektoruntersuchungen
– 11. GWB-Novelle 257
– Bundeskartellamt 257

Sekundärergänzungssteuerregelung
– GloBE-Regeln 56

Sicherungsübereignung
– IDW Praxishinweis 515
– Jahresabschluss 515

SMS, dienstliche
– Freizeit 615

Software
– Nutzungsdauer 288

Solarpaket I
– Balkonkraftwerk 286
– Dachanlagen 283
– Gebäudeversorgung, gemeinschaftliche 282
– Gesetzgebungsverfahren 281
– Kommunen 287
– Mieterstrom 282
– Netzanschlüsse 284
– PV-Anlage, besondere 285
– PV-Zubau 283

Solarpaket II 287

Solidaritätszuschlag
– Anhebung der Freigrenze 187
– Freigrenze 187, 496
– Verfassungskonformität 348

Sollbesteuerung
– Entstehung der Umsatzsteuer 389

Sonderabschreibung
– § 7g EStG 72
– Mietwohnungsneubau 177

Sonderabschreibung Mietwohnungsneubau
– Effizienzvorgaben 448

Sonderausgaben
– Altersvorsorgeaufwendungen 488

Sondervergütungen
– Gewerbesteuer 336

Sonstige Einkünfte
– Freigrenze 182

Sonstige Pflichten
– Durchsetzungspflicht 371
– Informationspflicht 371

Sorgfaltspflicht
– Informationserhebung 370
– Lieferkette, entwaldungsfreie 681
– Plausibilisierung 370
– WaldschutzVO 681

Sorgfaltspflichten, umweltbezogene
– Corporate Sustainability Due Diligence Directive 674

Soziale Pflegeversicherung, Beitragssatzdifferenzierung
– Vermittlungsverfahren 25
– Wachstumschancengesetz 25

Sozialversicherung
– Rechengrößen 265

Sozialversicherungs-Rechengrößen-Verordnung 2024 265

SPAC
– Zukunftsfinanzierungsgesetz 253

Sparerpauschbetrag
– Kapitaleinkünfte 480

Spenden
– Ukraine 426
– Umsatzsteuer 426
– Zuwendungsbestätigung 115

Sponsoringaufwendungen
– Gewerbesteuer 329

Sportwagen, Luxuswagen
– Betriebsausgabenabzug 297

Stand-alone-Klausel 77

Standards, geänderte
– IAS 8.28 531

Stichwortverzeichnis

Standards, neue
– IAS 8.28   531

Standards, sektoragnostische
– ESRS   205
– European Sustainability Reporting Standards   205

Standards, sektorspezifische
– ESRS   206
– European Sustainability Reporting Standards   206

Standards, thematische
– ESRS   215
– European Sustainability Reporting Standards   215

Standards, weitere
– ESRS   208
– European Sustainability Reporting Standards   208

Standardvertragsklauseln
– Finanzgeschäfte   254
– Zukunftsfinanzierungsgesetz   254

Statusfeststellungsbescheid
– Aufhebung   652
– Verhältnisse, Änderung   652

Stellenausschreibung, innerbetriebliche
– Betriebsrat   647

Steuergestaltungen
– Mitteilungspflicht, innerstaatliche   11, 107 ff.
– Wachstumschancengesetz   11, 107 ff.

Steuergestaltungen, grenzüberschreitend
– Mitteilungspflichten   438 f.
– Unionsrechtswidrigkeit   439

Steuern, latente
– Ertragsteuern   534
– Inflation   503
– internationale Rechnungslegung   534
– Preiserhöhungen   503
– Prognoseunsicherheiten   503

Steuerschuldnerschaft
– Vereinfachung   136

Steuerterminkalender 2024   701

Steuerzweck
– DSGVO   662
– Personalverzeichnis   662

Stimmverbot
– Gesellschaft bürgerlichen Rechts   582

Straßenverkehr
– Entsenderecht   633

Streaming-Plattform
– Umsatzsteuer   393

Streubesitzdividenden
– Beteiligungsschwelle   311

Strom- und Gasnetze
– Eigenkapitalverzinsung   562 ff.

Strompreisbremsengesetz
– Zweck   536

Strompreispaket
– Entlastungen   274
– Unternehmen   274

Subject-to-Tax-Rule
– GloBE-Regeln   58

Switch-Over-Rule
– GloBE-Regeln   58

T

Tätigkeitsstätte, erste
– Zuordnung, dauerhafte   380

Tarifeckwerte
– Einkommensteuertarif   186

Tarifzuschläge
– Nachtarbeit   622

Taxonomie
– E-Bilanz   67

Teilleistungen
– Ratenzahlung   388
– Steuerentstehung   388
– Umsatzsteuer   388

Teilzeit
– Betriebsrente   638

Teilzeitbeschäftigung
– Lohngleichheit   619

Stichwortverzeichnis

Teilzeittätigkeit
– Arbeitszeit 617

Thesaurierungsbegünstigung
– Begünstigungsvolumen 92
– Modifizierungen 91
– Nachversteuerung 93
– nachversteuerungspflichtiger Betrag, Fortführung 94
– Verzinsung 95
– Wachstumschancengesetz 12

Tilgungsbestimmung
– Urlaubsanspruch 627

Tochter-GmbH
– Selbstbestellung 594
– Vorstand 594

Transparenzregister
– Angaben, erweiterte 602
– Berechtigter, fiktiv wirtschaftlicher 602
– Bestandsimmobilien, deutsche 601
– Eigentums- und Kontrollstrukturübersichten 603
– EU-Geldwäscherichtlinie 604
– Finanzkriminalitätsbekämpfungsgesetz 248
– Immobilienbesitz 600
– Sanktionsdurchsetzungsgesetz II 599 ff.
– Vereinigungen, ausländische 601

Trennungstheorie, strenge
– Personengesellschaft 304
– Übertragung Wirtschaftsgut 304

Treuhandverhältnisse
– Abbildung, handelsbilanzielle 510
– Definition 509
– IDW Praxishinweis 508, 511
– Jahresabschluss 508 ff.

TSE
– Übergangsregelung 352

U

Übergangsregelungen
– ESRS 1 212
– European Sustainability Reporting Standards 212

Übernachtungsmöglichkeiten Mitarbeiter
– Gewerbesteuer 332 f.

Übernahmeverlust
– Anteilserwerb im Rückwirkungszeitraum 343
– Verschmelzung 343

Überprüfung, gerichtliche
– Restrukturierungsplan 605

Überschusserlösabschöpfung
– Anlagenbetreiber, stromerzeugender 544 f.
– Bilanz 543, 545
– Bilanzierung 541
– Gewinn- und Verlustrechnung 542, 544
– Mechanismus 540
– Verteilernetzbetreiber 541 ff.

Übertragung Wirtschaftsgut
– Personengesellschaft 304 f.
– Trennungstheorie, strenge 304
– Vollentgeltlichkeit 305

Ukraine
– Spenden 426
– Umsatzsteuer 426

Ukraine-Krieg
– Unterstützungen, steuerliche 351

Ukrainische Kriegsflüchtlinge
– gewerbesteuerliche Kürzung 341

Umlaufverfahren
– Gesellschafterbeschluss 593

Umsatzrealisierung
– Energiepreisbremsen 538

Umsatzsteuer
– Direktanspruch 418 f.
– Gemeinde 421
– Ist-Versteuerungsgrenze 139
– Kleinunternehmerregelung 138
– Organschaft 414
– Steuerschuldnerschaft 136
– Umsatzsteuer-Voranmeldungen 137
– Vereinfachung 136 ff.

Umsatzsteuerliche Organschaft
– EuGH 411
– Innenumsätze 411

– Organgesellschaft 412

– Personengesellschaft 412

Umsatzsteuer-Voranmeldungen

– Schwellenwert 137

Umsetzung

– Corporate Sustainability Reporting Directive 196
– CSRD 196

Umwandlungen

– Gesellschaft bürgerlichen Rechts 245

Umwandlungssteuer

– Nachspaltungsveräußerungssperre 101
– Verschmelzung 344

Umweltverschmutzung

– ESRS E2 217
– European Sustainability Reporting Standards 217

Unberechtigt ausgewiesene Umsatzsteuer

– Steuerschuld 416
– Steuerausweis 417

Unentgeltliche Wertabgabe

– Biogasanlage 398

Unfallversicherung

– Firmenlauf 653

Unrichtiger Steuerausweis 417

Unternehmen

– Corporate Sustainability Due Diligence Directive 673

Unternehmen, kleine

– Diskussionspapier 38
– eRechnung 38

Unternehmensplanung

– Energiepreisbremse 689

Unternehmenspolitik

– ESRS G1 225
– European Sustainability Reporting Standards 225

Unternehmenszusammenschlüsse

– 11. GWB-Novelle 258
– Anmeldepflicht 258
– Bundeskartellamt 258

Unternehmer

– Bruchteilsgemeinschaft 420

Unternehmereigenschaft

– Gemeinde 421
– Umsatzsteuer 421

Urlaub

– Altersteilzeit 626

Urlaubsabgeltungsansprüche

– Verjährungsfrist 624

Urlaubsanspruch

– Langzeiterkrankung 625
– Tilgungsbestimmung 627
– Verfall 625

Urlaubsanspruch, Verfall

– Hinweispflicht 623

US-Mindeststeuersystem

– Mindeststeuer, globale 55

V

Veräußerungsgewinn

– eigene Wohnzwecke 487
– häusliches Arbeitszimmer 487
– kurzzeitig vermietete Wohnung 487

Verbandsklagen

– Abhilfeklage 567
– Unterlassungsklage 567

Verbindliche Auskunft

– Plattform 361

Verbraucher

– ESRS S4 224
– European Sustainability Reporting Standards 224

Verbraucherrechtedurchsetzungsgesetz

– Abhilfeklage 567 f.
– Unterlassungsklage 567

Verdienstausfallentschädigung

– Lohnsteuerbescheinigung 379

Verein

– Gesetz zur Ermöglichung hybrider und virtueller Mitgliederversammlungen 596
– Mitgliederlisten 598

Stichwortverzeichnis

Vereinigungen, ausländische
– Bestandsimmobilien, deutsche 601
– Sanktionsdurchsetzungsgesetz II 601
– Transparenzregister 601

Vereinnahmung Entgelt
– Umsatzsteuer 389

Vereinssatzung
– Mitgliederversammlung, virtuelle 597

Verfahrensrecht
– BEFIT 65

Vergütung 368

Vergütung, variable
– Bestellung 591
– Gleichbehandlungsgrundsatz 621
– GmbH-Geschäftsführer 591

Verjährungsfrist
– Urlaubsabgeltungsansprüche 624

Verkaufskommission
– IDW Praxishinweis 513
– Jahresabschluss 513

Verletzung der Anzeigepflicht
– Grunderwerbsteuer 459
– Rückgängigmachung eines Grundstückserwerbs 459

Verlustabzug
– Betriebsstätte, ausländische 429

Verlustausgleichsvolumen i.S.d. § 15a EStG
– Erhöhung durch Einlage 307
– kein Untergang durch § 8c KStG 308

Verlustrücktrag
– § 8c KStG 312
– Höchstbetragsgrenze 79
– Rücktragszeitraum 79
– unterjähriger Beteiligungserwerb 312
– Verschmelzung, rückwirkend 312

Verlustverrechnung
– Aktien 482
– Verlustrücktrag 79
– Verlustvortrag 80
– Wachstumschancengesetz 4

Verlustvortrag
– Mindestbesteuerung 80

Vermieter
– Gebäudeenergiegesetz 280

Vermietung
– Betriebsvorrichtungen 396

Vermietungseinkünfte
– Freigrenze 180

Vermögensbeteiligungen
– Besteuerungszeitpunkt 29
– KMU 28
– Lohnsteuerpauschalisierung 31
– optionale Handlungsmöglichkeit 30
– Zukunftsfinanzierungsgesetz 28 ff.

Vermögensgegenstände, immaterielle
– Inflation 499
– Preiserhöhungen 499
– Prognoseunsicherheiten 499

Verpackungsteuer
– Tübingen 685

Verpflegungspauschalen
– Vermittlungsverfahren 19
– Wachstumschancengesetz 19

Verrechnungspreisdokumentation
– Anforderung 170
– Vorlagefrist 170

Verrechnungspreise
– Amount B, Pillar I 172
– Finanzierungsbeziehungen 171
– Routinevertriebstätigkeiten 172

Verschmelzung
– Kosten für den Vermögensübergang 344

Verschonungsregelungen
– Zinsschranke 6

Versetzung
– Arbeitnehmerentsendung 634

Versicherungsverträge
– IFRS 17 535

Versorgungsausgleich
– Ausgleichszahlungen 491
– Einkommensteuer 491

Verteilernetzbetreiber
– Bilanz 543

– Bilanzierung 541
– Gewinn- und Verlustrechnung 542
– Überschusserlösabschöpfung 541 ff.

Verträge
– eRechnung 46

Vertragserfüllung
– Widerruf 573
– Zahlungspflicht 573

Vertragstrafe
– Arbeitnehmer, Benachteiligung 641

Vertrauensarbeitszeit
– Zeiterfassung 614

Verwaltungsvermögen
– Betriebsaufspaltung 464
– Betriebsverpachtung 465
– Grundstücke 464 ff.
– Grundstücksüberlassung zur Absatzförderung 466

Verwertungsverbot
– Videoüberwachung 642

ViDA
– EU-Kommission 33
– Koalitionsvertrag 34

Videoüberwachung
– Verwertungsverbot 642

Vierte Verordnung zur Anpassung des Mindestlohns
– Mindestlohn, Anpassung 264

Vollentgeltlichkeit
– Personengesellschaft 305
– Übertragung Wirtschaftsgut 305

Vorabgewinnausschüttungsbeschluss, inkongruenter
– Wirksamkeit, rechtliche 313

Vorabpauschale
– Basiszins 481

Vororganschaftliche Mehrabführung
– Organschaft 322 f.
– Teilwertabschreibung, unterlassene 322
– verfassungswidrige Rückwirkung 323

Vororganschaftliche Verluste
– Organschaft 321
– Verrechnungsbeschränkung 321

Vorratsvermögen
– Inflation 501
– Preiserhöhungen 501
– Prognoseunsicherheiten 501

Vorsorgeaufwendungen
– Drittstaatentätigkeit 444
– EU-grenzüberschreitende Tätigkeit 445

Vorstand
– Selbstbestellung 594
– Tochter-GmbH 594

Vorsteuerabzug
– Betriebsveranstaltung 404
– Ehegatte 401
– eRechnung 47
– Fahrzeug 400
– Holding 405
– wirtschaftliche Tätigkeit 400

Vorteilsabschöpfung
– 11. GWB-Novelle 259
– Bundeskartellamt 259

W

Wachstumschancengesetz, Entwurf
– Abschreibung, degressive 71
– Amtshilfe 117
– Betriebsveranstaltungen, Freibetragsanhebung 121
– Buchführungsgrenzen, Anhebung 113
– Einlagen 68
– elektronische Firmenfahrzeuge, Freigrenzenanhebung 78
– eRechnung 40 f., 135
– erweiterte Grundstückskürzung, Mieterstrom 179
– Forschungszulage 3, 87 ff.
– Fünftelungsregelung, Wegfall 129
– Gesamthand, Aufgabe 13
– Geschenke, Freigrenze 73
– Gesetz zur Modernisierung des Personengesellschaftsrechts 13
– Gesetzgebungsverfahren 1

Stichwortverzeichnis

- Gruppenunfallversicherung 130
- GWG, Höchstgrenze für Sofortabschreibung 69
- Homeoffice-Tätigkeit 134
- Investitionsprämie 2
- Ist-Versteuerungsgrenze, Anhebung 139
- Kleinunternehmerregelung, Vereinfachung 138
- Klimaschutz-Investitionsprämie 81 ff.
- Kreditzweitmarktförderungsgesetz 13
- Lohnsteuer 14, 18
- Mitteilungspflicht innerstaatliche Steuergestaltungen, Einführung 11, 107
- Nachspaltungsveräußerungssperre 101
- Optionsmodell, Modifizierungen 96
- Pauschbetrag, Berufskraftfahrer 133
- Prüfungsverfahren, ICAP und ETACA 116
- Quellensteuer, Rechteüberlassung 173
- Rentenbesteuerung 181
- Sammelposten, Höchstgrenze 70
- Sonderabschreibung, Mietwohnungsneubau 177
- Sonderabschreibung nach § 7g EStG, Ausweitung 72
- sonstige Einkünfte, Freigrenze 182
- Steuerschuldnerschaft, Vereinfachung 136
- Thesaurierungsbegünstigung, Modifizierungen 12, 91
- Umsatzsteuer-Voranmeldung, Vereinfachung 137
- Verlustverrechnung 4
- Verlustrücktrag, Ausweitung 79
- Verlustvortrag, Befristung Mindestbesteuerung 80
- Vermietungseinkünfte, Freigrenze 180
- Vermittlungsverfahren 18
- Verpflegungspauschalen, Anhebung 132
- Verrechnungspreise, Finanzierungsbeziehungen 171
- Zinshöhenschranke 10
- Zinsschranke 5 ff., 74 ff.
- Zuwendungsbestätigung 115

Wärmelieferung
- Steuersatz 406

WaldschutzVO
- Anwendungsbereich 681
- Lieferkette, entwaldungsfreie 679 ff.
- Sorgfaltspflichten 681
- Ziel 680

Wartungskosten bei Leasingverträgen
- Gewerbesteuer 330

Wasser- und Meeresressourcen
- ESRS E3 218
- European Sustainability Reporting Standards 218

Wechselkurse
- IAS 21 230
- internationale Rechnungslegung 230
- Mangel an Umtauschbarkeit 230

Wegzugsbesteuerung
- Abwesenheit, vorübergehend 431
- Rückkehrabsicht 431
- Stundung 169
- Wegfall der Stundung 169

Weitervermietungsmodell
- Gewerbesteuer 337
- Organkreis 337

Werbelebensmittel
- Steuersatz 410
- Umsatzsteuer 410
- Zolltarif 410

Werbungskosten
- Arbeitnehmer-Pauschbetrag 385
- Auslandsdienstreisen 131, 387
- Entfernungspauschale 381
- Fahrtkosten 380
- häusliches Arbeitszimmer 382 f.
- Haushaltsführung, doppelte 386
- Pauschbetrag für Berufskraftfahrer 133
- Tätigkeitsstätte, erste 380
- Verpflegungspauschalen 132

Wertgleichheit
- Altersvorsorge, betriebliche 637
- Kapitalabfindungsvorbehalt 637

Wertguthaben
- Arbeitslohn 375
- Lohnsteuer 375

Widerruf
- Vertragserfüllung 573
- Zahlungspflicht 573

Wirecard-Aktionäre
– Verlustverrechnung 482

Wohncontainer
– Umsatzsteuer 408
– Vermietung 408

Wohngebäude
– Abschreibung 446
– Abschreibung, degressive 176

Wohnraumüberlassung, verbilligt
– Gegenleistung 457
– Grunderwerbsteuer 457

Wohnsitz
– Ferienwohnung 440
– unbeschränkte Steuerpflicht 440

Wohnungsgenossenschaften
– Mieterstrom 178

X

Xgen
– Erlösobergrenze 565
– Netzentgelte 565

Z

Zahlungspflicht
– Vertragserfüllung 573
– Widerruf 573

Zebragesellschaft
– Gewerbesteuer 339

Zeiterfassung
– Arbeitgeber 612 f.
– Arbeitszeitmodelle, flexible 614
– Stechuhr-Urteil 613
– Vertrauensarbeitszeit 614

Zinshöhenschranke
– Fremdvergleichsgrundsätze 10
– Wachstumschancengesetz 10

Zinssatz
– Abzinsung unverzinsliche Verbindlichkeiten 289

Zinssatz-Swap-Vertrag
– Kündigungsrecht 571

Zinsschranke
– Anwendungsregelung 74
– Ausschlussgründe 77
– EBITDA-Vortrag 9, 76
– Eigenkapital-Escape 77
– Kreditzweitmarktförderungsgesetz 5
– Stand-alone-Klausel 77
– Verschonungsregelungen 6
– Wachstumschancengesetz 5 f., 9
– Zinsbegriff 75
– Zinsvorträge 7, 76 f.
– Zinsvorträge, Restriktionen 8
– Zinsvorträge, Untergang 9

Zinsvorträge
– Untergang 76
– Zinsschranke 7

Zinsvorträge, Restriktionen
– Zinsschranke 8

Zinsvorträge, Untergang
– Zinsschranke 9

Zolltarif
– Holzhackschnitzel 409
– Werbelebensmittel 410

Zuflussbesteuerung
– Betriebsaufgabe 302

Zukunftsfinanzierungsgesetz
– Aktien, elektronische 250
– aufschiebende Besteuerung 123 ff.
– BDI 32
– Bewertung 32
– Börsenmantelaktiengesellschaft 253
– Energien, erneuerbare 255
– Finanzgeschäfte 254
– Freibetrag 27
– Freibetrag, steuerlicher 122
– Gesetzgebungsverfahren 249
– Intention 26
– Investitionserleichterungen 255
– KMU 28
– Mehrstimmrechtsaktien 252
– Mindestmarktkapitalisierung 251
– Mitarbeiterbeteiligung 122
– SPAC 253
– Standardvertragsklauseln 254

Stichwortverzeichnis

– Vermögensbeteiligungen 28
– Vermögensbeteiligungen, Besteuerungszeitpunkt 29
– Vermögensbeteiligungen, Lohnsteuerpauschalisierung 31
– Vermögensbeteiligungen, optionale Handlungsmöglichkeit 30
– Zusätzlichkeit 27

Zuordnungsentscheidung
– gemischt 402
– Vorsteuer 402

Zurechnung von Grundstücken
– Grunderwerbsteuer 451 ff.

– mehrstöckige Gesellschaftsstruktur 451 ff.
– Obergesellschaft 452
– Vereinbarungstreuhand 453
– Zurechnungserlasse 451

Zusatzvereinbarung
– Homeoffice 639
– Kündigung 639

Zusatzvergütung, erfolgsabhängige
– Bemessungskriterien 595

Zwischenhändler
– Reihengeschäft 394